# EL PROBLEMA DE VENEZUELA
## 1998-2016

# ASDRÚBAL AGUIAR

Miembro de la Real Academia Hispanoamericana
de Ciencias, Artes y Letras de España
Ministro de Relaciones Interiores y
Encargado de la Presidencia de la República de Venezuela (1998)

# EL PROBLEMA DE VENEZUELA
# 1998-2016

Editorial Jurídica Venezolana

Caracas, 2016

© Asdrúbal Aguiar
Todos los derechos reservados

Email: asdrubalaguiar@yahoo.es
Depósito Legal: lf54020163201117
ISBN: 978-980-365-338-5

Ilustración de la portada:
*Piedad*, Autor Rayma Suprani,
Acrilico sobre tela 1.60 x 1.20 cms
Año 2014

Editado por: Editorial Jurídica Venezolana
Avda. Francisco Solano López, Torre Oasis, P.B., Local 4,
Sabana Grande,
Apartado 17.598 - Caracas, 1015, Venezuela
Teléfono 762-25-53, 762-38-42. Fax 763.5239
http://www.editorialjuridicavenezolana.com.ve
Email fejv@cantv.net

Impreso por: Lightning Source, an INGRAM Content company
para: Editorial Jurídica Venezolana International Inc.
Panamá, República de Panamá.
Email: ejvinternational@gmail.com

Diagramación, composición y montaje
por: Mirna Pinto, en letra Times New Roman, 12
Interlineado: 13, Mancha 11,5 x 18

**Ingreso a la Real Academia Hispanoamericana**

*A los ex jefes de Estado y de Gobierno firmantes de las declaraciones de Iniciativa Democrática de España y las Américas (IDEA), quienes, en el caso de Venezuela y con sus oportunas declaraciones, reafirman los elementos esenciales de la democracia y los componentes fundamentales de su ejercicio formalizados en la Carta Democrática Interamericana, y vituperados por los autoritarismos populistas que renacen en la región al apenas inaugurarse el siglo XXI.*

*A Rafael Caldera, en el centenario de su nacimiento*

*A mi esposa Mariela, testigo de excepción de estas páginas*

*A mis hijos Paola, Camilo, María Andrea, Juan y Santiago, y mis nietas, Camila y Alexandra, hacedores del porvenir*

"Hay un momento fatal en la historia de todos los pueblos, y es aquel en que, cansados los partidos políticos de luchar, piden antes de todo, el reposo de que por largos años han carecido, aun a expensas de la libertad o de los fines que ambicionaban; este es el momento en que se alzan los tiranos que fundan dinastías e imperios".

Domingo Faustino Sarmiento, *Facundo*, 1845

"Pocas cosas hemos aprendido de la historia, maestra de la vida, fuera de ésta: que las revoluciones se institucionalizan y al enfriarse se transforman en una costra maciza, que las ideas se condensan en un sistema de ortodoxia, los poderes en una forma jerárquica, y que lo único que puede dar vida al cuerpo social osificado es el hálito de la libertad".

Norberto Bobbio, *Libertá e potere*, 1955

# CONTENIDO

# NOTA INTRODUCTORIA DEL AUTOR

*En Venezuela, tanto como ocurre en Ecuador, Bolivia y Argentina, se instaura un régimen de la mentira, pariente del fascismo de mediados del siglo XX. Y en él ocurre "algo más profundo y complicado que una torva ilegalidad". Es "simulación de la legalidad, es el fraude legalmente organizado de la ilegalidad".*

*"Bajo tal sistema –lo recuerda un eximio jurista italiano, Piero Calamandrei– las palabras de la ley no tienen más el significado registrado en el vocabulario jurídico, sino un significado diverso... Hay un ordenamiento oficial que se expresa en las leyes, y otro oficioso, que se concreta en la práctica política sistemáticamente contraria a las leyes... La mentira política, en suma, como la corrupción o su degeneración, en el caso... se asume como el instrumento normal y fisiológico del gobierno".*

El título del presente libro que tomo de mi discurso de incorporación a la Real Academia Hispanoamericana de Ciencias, Artes y Letras de España sugiere, en apariencia, una cuestión coyuntural; quizás muy actual, que lo es sin lugar a dudas, pero abarca un tiempo de larga transición, de ruptura de lazos afectivos, de dureza e incertidumbre en la vida de los venezolanos. Cubre, casi, una generación –20 años– pero tensiona su mirada hacia atrás, hacia nuestra génesis republicana, y hacia adelante, en búsqueda de los nuevos horizontes de civilidad que nos menguan como pueblo y nación.

El contenido del libro es, por lo mismo, una suerte de respuesta detenida y progresiva a la pregunta que a diario nos trastorna a muchos venezolanos y horada nuestras conciencias, y que nos hacen repetidamente nuestros interlocutores extranjeros: ¿Qué no les pasó? ¿Qué les paso? Pero, a la vez, es un esbozo que a lo largo de su trayecto y en su desembocadura identifica desafíos, traza caminos, fija un norte posible, puesto que la política no es sólo manejo de realidades sino hacer realidad lo posible.

Es, pues, como volver a las raíces que de modo débil nos dan identidad nacional y luego desaparecen o se marchitan en un instante preciso para dejarnos en la soledad, aislados los unos frente a los otros; o que acaso entregan su cosecha ya lista para que tomemos finalmente el camino de nuestra emancipación social, con la mirada puesta en un tiempo distinto que otra vez se nos anuncia y que porfiados retrasamos; como nos sucede, fatalmente, al término de cada siglo de nuestra magra historia.

Así es en el siglo XIX y en el siglo XX. Llegamos al primero en 1830, para cerrar la hornada de los hombres de espada y darle de nuevo su espacio a las luces para que dibujen a la república en mora; pisamos el primer escalón del segundo siglo a la muerte del General Juan Vicente Gómez, ya concluido el año 1935, otra vez para ponerle punto final a la tarea de las armas que nos pacifican y nos hacen Estado a la medida de los cuarteles, pero que asimismo nos tornan anhelantes de gobiernos civiles y democráticos.

Cuando se agota la república civil de partidos que nace en 1958 y al cambiar nuestro horizonte político e institucional –como lo advierte la fenecida Comisión para la Reforma del Estado– en un momento en el que todo varía para todas las naciones, pues, además, se fractura la historia de la Humanidad y sobre la disolución que procuran la caída del Muro de Berlín y el ingreso a la sociedad de la información emerge todo género de fundamentalismos, desde 1989 esperamos los venezolanos de otro alumbramiento prometedor. Pero no llega.

Antes bien, en el vacío o en la transición larga que sobreviene a partir de dicho año, ocurrido El Caracazo del 27 de febrero, los autoritarismos, los uniformes con sus caponas y divisas vuelven y se afanan en la búsqueda de un poder que dicen propio e intransferible;

que arguyen usurpado por los civiles y prosternaría la deuda insalvable que tienen los venezolanos para con los soldados de la patria, desde la Independencia. Y ya pasan, si es que acaso tocamos al 2019, 30 años más, otra generación según los cálculos del fallecido historiador Tomás Polanco Alcántara.

Pero la cuestión, como lo demuestran luego los hechos, hace relación con, pero también desborda el acusado desencuentro –aún no resuelto– entre el mundo civil y militar, que se cree históricamente despejado después de la caída de la dictadura del general Marcos Pérez Jiménez a inicios de 1958.

Un error de óptica, en efecto, limita la percepción inicial acerca de los acontecimientos políticos e institucionales que discurren entre el siglo XX y los años transcurridos del siglo XXI venezolano en evolución.

En carta que dirijo el 27 de febrero de 1992 al hoy fallecido expresidente Carlos Andrés Pérez, en ejercicio y a propósito de la Jornadas de Trabajo Institucional realizadas con los oficiales y suboficiales participantes del golpe militar del 4F, en las que participo como expositor central sobre la política exterior venezolana, me hago eco de esa falsa perspectiva –civilidad vs. militarismo– y su reduccionismo:

"...Algunos oficiales me interrogaron sobre la base de aproximaciones estereotipadas, es decir, apelando a generalizaciones o matrices de opinión aprendidas, más no digeridas ni contrastadas... La experiencia del Instituto de Altos Estudios de la Defensa Nacional, que propicia periódicamente una convergencia entre militares y civiles que participan con dotes de liderazgo en la vida pública y privada venezolana, le ha permitido a nuestro estamento militar evitar "desinformaciones" mediante el debate y la reflexión de temas críticos de la realidad nacional...Quizá, en un inmediato futuro, podría convenir la extensión de este valioso experimento de convivencia plural hacia los grados anteriores a la oficialidad superior de nuestras Fuerzas Armadas Nacionales. Probablemente, ello contribuiría a reafirmarlas en su inequívoca vocación democrática y permitiría que sus integrantes calibren mejor los avatares de nuestra dinámica socio-política y valoren el significado de la alternabilidad constitucional".

Sin otear lo que apenas se especula, y llega a mis oídos en el marco de esa suerte de "terapia" con los alzados, a saber, la penetración en el movimiento insurgente de los grupos de extrema izquierda radical y procastristas, apenas transcurridos siete días del segundo golpe de Estado que se sucede el mismo año –el del 27 de noviembre– intento, ahora sí, descifrar el conjunto a partir de sus extrañas manifestaciones, pero nada más.

Así, en ensayo que hago público en 1993 y escribo para la Organización Demócrata Cristiana de América (ODCA), e integra luego mi libro sobre *El nuevo orden mundial y las tendencias direccionales del presente*, editado en 1997 con prólogo de Luis Castro Leiva, afirmo que:

"El último 4 de febrero de 1992, luego de la medianoche precedente y al ritmo de las campanas anunciando un nuevo día consagrado a San Juan de Britto, mártir de la cristiandad, una forma inédita de neofundamentalismo hace su aparición en segmentos importantes de las Fuerzas Armadas... La experiencia latinoamericana nos dice que las asonadas y *madrugonazos* no cristalizados concluyen con el ostracismo del contumaz. Y ello le implica la cárcel o la degradación, la inhabilitación *ad perpetuam* para el ejercicio de funciones públicas o el extrañamiento del territorio patrio. Salvo excepciones que confirman la regla, no se admiten habitáculos para la concertación, menos aún debilidades pedagógicas ante la alternativa libertad vs. dictadura. De cara al movimiento de los "bolivarianos" las autoridades civiles de Venezuela –bajo el gobierno del presidente Pérez– conservan en todo momento el ejercicio fáctico del poder constituido y la fuerza de las armas. Sin embargo, una vez contenida la revuelta, aquéllas sorprenden con la temprana liberación o el sobreseimiento de la mayoría de los implicados. Media, apenas, una catarsis de neto contenido pedagógico, que permite la reincorporación de éstos, sin reservas de peso, al desempeño de sus funciones militares ordinarias. La mera imprevisión de lo no previsible favorece el eclipse de la insurgencia. Pero sus orígenes y móviles no encubiertos todavía laten en la inteligencia del ciudadano común. Continúan allí circunstantes, a manera de estímulo para la reflexión sin pausa y para atizar las correcciones que activa o pasivamente ha postergado el país".

En las páginas que siguen –complemento o argumentación política razonada de nuestra *Historia inconstitucional de Venezuela*

(2012), limitada a la denuncia y como *cahiers de doléances*– se reúnen, cronológicamente, año tras año, desde finales de 1998 hasta el presente, papeles que elaboro sobre el hecho o la cuestión venezolana y diálogos de prensa que me interpelan a propósito de la experiencia revolucionaria que hoy se agota y sobre sus realidades, de ordinario y en apariencia huidizas, incoherentes o accidentales.

Busco situarlas, a medida en que ocurren y se desarrollan en un contexto amplio y en retrospectiva –lejos de lo trivial y subalterno– para mejor calibrarlas y, a fin de cuentas, como propósito pedagógico destinado a las generaciones sufrientes de la actual diáspora republicana; ello, para que hagan de la tragedia una oportunidad y de la atracción histórica la palanca de los cambios necesarios en el presente y para una promisoria forja del porvenir.

Se trata, en efecto, de una memoria –de anales críticos– para aprender sobre nuestras verdades sin subestimarlas, y para valorar, en los entrelineas de cada texto inserto y en su contexto, a la luz de temas varios pero enlazados y de narrativas omnicomprensivas, que existe un continuo que motiva nuestro acontecer actual; a la vez explica sus porqués y también los porqués de las dificultades que hemos encontrado los venezolanos para revertirlo, a través de arrestos meritorios de voluntarismo y ejercicios consistentes de democracia.

Ha sido azarosa nuestra vida patria en medio de su luminosidad emancipadora. No pocas veces está dominada y acaso marcada ora por las traiciones o la saña cainita o, siendo justos, hipotecada por taras genéticas que no logramos domeñar hasta ahora, el Mito de El Dorado y el culto por el gendarme necesario. ¡Y sobre ellas, justamente, es que se monta la malhadada Revolución Bolivariana!, antes de mudar en Socialismo del siglo XXI y de acompañarlo con elementos de "ineditez" ajenos a nuestra tradición y costumbres.

Como se aprecia y confirma con retardo inexcusable, el desiderátum revolucionario no es no otro que el de jamás abandonar el poder –de allí la importación de la enseñanza cubana castrista– hasta que el ejercicio lúdico y pasional del poder le arranque la vida al régimen; como en efecto así sucede y luego de advertir el propio Hugo Chávez Frías, ante uno de sus más próximos compañeros de hornada golpista su sorpresa por lo fácil que le resulta obtenerlo –el poder– mediante los votos y frente la maquinaria democrática del siglo XX: ¡De aquí no me saca nadie!, son sus palabras. Y su circunstancia es, en cuanto a lo dicho, una suerte de réplica de la igual consideración que se hace, a su turno, el dictador y general de montoneras citado, Gómez, cuya personalidad llena la primera mitad de nuestro siglo XX hasta su fallecimiento en Maracay un 17 de diciembre.

La asunción por éste del Poder Ejecutivo, en 1908, es producto de una desleal asonada –otra patada histórica más, otra traición– como la que Simón Bolívar profiere a los repúblicos de 1811 y a su jefe militar, Francisco de Miranda, antes de que la repita en su contra su lugarteniente, José Antonio Páez. Y eso hace Gómez, quien derroca a su compadre y presidente, Cipriano Castro. Lo deja en el exilio, en un quítate tú para ponerme yo; pero que saluda en la hora y con ingenua esperanza la élite de pensamiento democrático nacional, representada por don Rómulo Gallegos, antes que el desengaño haga de las suyas; como de las suyas hace el mismo desengaño con relación a la élites que saludan el advenimiento de Chávez al apenas concluir el siglo XX.

Esta vez la oferta redentora y constituyente, de 1998, llega con efectos enajenantes y es canto de sirenas que cautiva, justamente, a tirios y troyanos, demócratas y soldados, golpistas o institucionales, incluidos sus primeros soportes y posteriores víctimas propiciatorias: parte de la prensa independiente venezolana y hasta el Departamento de Estado norteamericano.

El primero, Gómez, "padre bueno y justo", "benemérito", como diferencia ostensible le da al país su tesitura de andamiaje público y jurídico moderno bajo la férula militar y la consigna de una "revolución restauradora" en una nación primitiva, rural, e inexistente por despoblada. El segundo, sobre la deslealtad constitucional que consuma a fuego lento desde en 1983 hasta que emerge, el citado 4 de febrero de 1992, y luego electo en 1998 para un período quinquenal único que, sucesivamente, deriva en sexenio renovable por una vez y en período que se hace óctuple por dictado del Supremo Tribunal y se extiende sin solución de continuidad con la enmienda inconstitucional habida en 2008, usa su tiempo vital para destruir nuestra modernidad. La hace añicos a fin de reescribir la historia y le solaza pisotear aquella.

A nombre de lo militar-cívico y de la revolución que encarna, pretende devolver las páginas recorridas hasta aquélla que muestra al Padre Libertador, Simón Bolívar, febril y anegado de ilusiones, y que el primero juzga debe redimir para refundarnos, para hacernos "hombres nuevos" a los venezolanos.

Lo distinto e irrepetible es que el propio Chávez, a diferencia del taimado general de La Mulera, hombre de montaña y de suyo acotado, ni siquiera usa del andamiaje formal del Estado para realizar los sacramentos de su gobierno absoluto. Le da a su párvulo país –así lo ve– el igual trato que le dicta la enseñanza bolivariana y por considerar que éste no está maduro, para el bien supremo de la libertad; necesitado como se encuentra de la cuidadosa tutela de su líder mesiánico. Pero se apalanca para ello –es lo novedoso e imprevisible– en la deriva digital y tecnológica, en la corriente globalizadora que nominalmente combate.

Confluyen, para su ventura y la desventura de todos, su mirada rústica de llanero, negado a los límites, disoluto, mirando al mundo sin fronteras ni mediaciones institucionales, con el instante en el que nacen el periodismo subterráneo o de redes y el mundo satelital disuelto, que da lugar a ese bodrio que algunos politólogos llaman la "posdemocracia".

Leer y releer los escritos que forman este libro, paso a paso y como yo mismo lo hago antes de decidir su edición, ayuda a comprender no tanto lo predicado por ellos –que puede ser a veces errático desde el ángulo de quien escribe, por atado a aconteceres políticos puntuales y con una limitada armazón de conceptos– como a tener conciencia, luego de la lectura, de los dos elementos que sirven de línea transversal al problema de Venezuela: Uno, las mencionadas taras genéticas aún no superadas, en especial nuestro culto por el hombre providencial; dos, saber que lo vivido y padecido por el pueblo venezolano a lo largo de la generación política transicional descrita, por gravoso que es y sigue siendo no es un traspiés. Sin ser predecibles los acontecimientos que nutren a las dos décadas precedentes en la vida del país, responden a un contexto histórico que favorece un plan y le sirve de causa eficiente, restándoles arbitrariedad a sus procederes, en medio de la maldad del régimen de la mentira que los anima.

No son acasos, en efecto, ni el momento constituyente de 1999 ni la debilidad sobrevenida de los viejos partidos –atribuidas a la corrupción o a meros errores del pasado para no hurgar más– al momento de enfrentar la atípica revolución en cierne; ni el manido vacío de poder o la crisis militar del 11 de abril de 2002. Como tampoco es mera circunstancia la traición internacional que sufre nuestra democracia durante el referendo revocatorio de 2004, o la progresiva colusión del gobierno de Venezuela con la narco-guerrilla colombiana y el intento para decantar la alianza con Cuba en la reforma constitucional fallida de 2007. Tanto que la revolución se anuncia pacífica pero también armada, y desde su génesis, por ende, organiza milicias y círculos "bolivarianos" violentos, previendo a la vez los momentos de crisis futura, el amagar los precios del petróleo que la sostienen o la cesación del beneplácito popular a través de los votos, como se constata desde el pasado 6 de diciembre.

Sin mengua de que algunos de los escritos contenidos en cada uno de los cinco tramos de la obra pueda no ser cabalmente consistente con los títulos generales de éstos, la mayoría sí lo son; y el descuadre se explica en la ordenación cronológica con la que son presentados para que el lector pueda, paso a paso, apreciar el proceso político venezolano reciente en su decantación, a la luz de los factores –oficiales e ideológicos, opositores, sociales o históricos– que lo determinan y proyectan sin solución de continuidad, hasta que alcance su regeneración, quizás propulsado por otro accidente o por otra traición, como siempre ha sido. Pero, sobre todo, para aprender y no repetir los yerros palmarios del espacio temporal que aquéllos cubren en el instante de trillar nuevos derroteros.

**I. *Para comprender la Venezuela posdemocrática*,** a partir de mi declaración pública de 1998 e igual mensaje ante el último Congreso de la democracia, en 1999, dice sobre el probable advenimiento de una "perestroika" a la venezolana, alejada de aventuras militaristas, y explica la esperanza que toma espacio en el país tanto como se frustra en lo inmediato, dado el pecado de una Constitución de remiendos levantada sobre el atentado a la Constitución de 1961. E intenta desentrañar las tendencias, el "rostro oculto" de la revolución naciente, dando cuenta como, en medio de la profunda crisis de identidad que acusa la oposición partidaria y cuyas correas de transmisión clásicas ceden –los partidos políticos– en la hora, por razones tanto internas –la disolución de la armazón de los factores componentes de la misma revolución y la paralela persecución del sector productivo– como otras internacionales concurrentes después del trágico 11 de septiembre en los Estados Unidos, la realidad doméstica se rasga y hace crisis deliberada. Llega el 11 de abril con su "golpe de micrófonos" y una masacre, la de Miraflores. Se desdibuja, desde entonces, el panorama venezolano. Sus logros ingentes durante la modernidad democrática quedan ocultos o marchita su memoria. Se trastoca, en lo adelante, la justa apreciación de nuestro devenir por parte de los observadores domésticos y extranjeros, en lo particular, los europeos y norteamericanos.

**II.** *La democracia, víctima de la democracia*, describe y analiza, en sus distintos escritos, el intento del país para reencontrarse alrededor del diálogo entre sus actores fundamentales –contando con la mediación internacional del Centro Carter y la OEA– y para darle una salida constitucional, pacífica, electoral y democrática a las diferencias profundas que acusa nuestra sociedad y que se atizan desde el gobierno. Se da cuenta, como antecedente y sobre el mismo curso de los hechos, de la incitación a la violencia y el odio por el Presidente de la República, su persecución de los medios privados independientes, y su abierto desafío a los estándares de la democracia constantes en la Carta Democrática Interamericana. No obstante, el desiderátum es, para la sociedad civil en general, asumir *ex novo* la diferida reconstitución democrática del país; pero la aborta la colusión de los intereses internacionales con el *statu quo* oficial bolivariano y la abulia o falta de voluntad en algunos opositores. El precio del petróleo y la estabilidad de su suministro como de los ingentes beneficios que ya pródiga a múltiples intereses –gubernamentales y privados– concertados y/o coludidos en América Latina y Europa, se sobreponen. Carter y la OEA avalan el fraude del referendo revocatorio, prefiriendo los riesgos del arraigo de un modelo constitucional heterónomo y no consensuado, susceptible de exportación y denominado La Nueva Etapa: El Nuevo Mapa Estratégico de la Revolución Bolivariana. El mismo hace mudar a ésta, a partir de 2004, en Socialismo del siglo XXI.

**III.** *Se entroniza el socialismo del siglo XXI* revisa, a profundidad, la emergencia de esa "constitución material paralela" de corte marxista y émulo de la cubana, que se impone luego en los hechos y con desmedro de la constitución formal que rige desde 1999, siendo objeto de violaciones sistemáticas. Aquélla le da rienda suelta a la neo-dictadura y sus manifestaciones abiertas de corrupción política y económica como de confrontación y expansión en lo internacional, y ésta, sólo rige para contener, mediante interpretaciones a conveniencia por parte de jueces militantes y subordinados del Poder Ejecutivo, los intentos de resurrección opositora, persiguiéndosela con saña y ludibrio. La fallida reforma constitucional chavista de 2007 no logra su cometido, pero tampoco le impide al régimen su implementación fáctica –la del poder popular y la forja del modelo comunal de organización del Estado– por vía legislativa, hasta ejercer dominio sobre todo el aparato nacional, social, político, económico, financiero, y comunicacional.

**IV.** *El final de la república y su hegemonía comunicacional*, observa el tiempo en el que el despojo de propiedades y medios de producción como de las empresas de comunicación social y la misma banca privada tradicional es botín de conquista revolucionaria, tras la paulatina declinación de la bonanza petrolera. Pero vuelve a tomar textura, según consta en los ensayos o papeles que forman al título de marras, la voluntad nacional por salvar o sostener los activos intelectuales y democráticos subyacentes o latentes y como ejemplaridad ante lo ominoso del declive social y político del país. Dos narrativas se oponen por vez primera sin ambages ni disimulos –civilidad versus militarismo populista– y superan las perturbaciones de lenguaje impuestas por la hegemonía comunicacional, hasta cuando llega el debate por la sucesión en el poder, que marca la muerte moral de la república. Quedan al desnudo, tras el paroxismo revolucionario, sus efectos devastadores sobre todo orden social y sus anclajes éticos, dándose la toma del país por un sedicente y supérstite narco-Estado criminal y sus cárteles asociados.

**V.** *La lucha agonal por la refundación de la república*, da razón del intersticio que corre durante el período turbulento de los causahabientes del chavismo, Nicolás Maduro Moros y el teniente Diosdado Cabello. Advierte la resurrección del país como un todo en medio de la crisis más profunda que haya vivido hasta el presente. A la sazón y como se explica, sin desaparecer, los íconos que marcan nuestro complejo tránsito como nación se derrumban o desaparecen en el instante, sea el mito de El Dorado, sea el César "democrático"; tanto como para ofrecernos a los venezolanos motivos para redimirnos y levantarnos con el mismo coraje racional de nuestros Padres Fundadores. Es el momento, de suyo, cuando la revolución socialista muestra su rostro más perverso y mefistofélico, al cerrar su ciclo e inevitable declive con otra masacre, la del Día de la Juventud, y el envío a la cárcel de los líderes opositores que osan reclamar una transición hacia la democracia. El país en su conjunto y en mayoría determinante, incluso así se alza contra el miedo. Y por lo pronto, sin que desaparezcan los espacios que sostiene la razón de facto y el régimen de la ilegalidad, con sus votos deja constancia de que apuesta por otro rumbo. Demanda justicia transicional y hace cuentas de los crímenes y latrocinios de Estado ocurridos durante 17 años. La Unidad Democrática –suerte de rompecabezas partidario y no jerarquizado– casi que se muestra como el ícono heterodoxo y el probable nuevo modelo de organización política de la sociedad venezolana en medio de la sociedad global e inorgánica de las comunicaciones.

Son varias las consideraciones que, dentro del último título, se afincan en lo vertebral, analizan nuestra crisis corriente de gobernabilidad, recrean el dilema cívico-militar, y al efecto abren luces, con apoyo en enseñanzas autorizadas; sobre las alternativas que nos ofrecen la moral y la práctica política para la reconstrucción de la nación, de su democracia y su Estado de Derecho. El Cardenal Jorge Mario Bergoglio, actual Papa Francisco, y el ex presidente Rafael Caldera, surgen, así, lejos de las aprehensiones que cada quien pueda tener, como referentes intelectuales; y el último, de modo particular, por ser artesano de nuestro Estado de Derecho. Y no se olvide, al respecto, lo que con pertinencia recuerda el maestro italiano de la filosofía del Derecho, Norberto Bobbio: "La democracia es una construcción jurídica (racional) y el derecho es el instrumento necesario para modelar y garantizar (racionalmente) a la democracia".

Al final hago constar un hecho relevante, como es el regreso de la comprensión y solidaridad internacionales perdidas por la Venezuela democrática a partir de 1999, esta vez por la vía informal de quienes dejan el poder –los ex Jefes de Estado y de Gobierno de España y las Américas– pero conservan su autoridad como demócratas probados. Ellos, los expresidentes, le sirven de aliento al pueblo en una hora como la actual, en la que deben desafiar, con las reglas de la democracia, a las armas de la violencia y el despotismo.

Ante una muy grave crisis humanitaria presente y los obstáculos opuestos por el gobierno a la expresión de la soberanía popular, no obstante, los votos de los venezolanos le otorgan mayoría absoluta en la Asamblea Nacional a las fuerzas de oposición "a lo actual". La realidad política partidaria, paradójicamente y en su composición, se sitúa, 17 años después, en los mismos predios sociales dilemáticos de 1998, recreándonos el mito de Sísifo; pero en condiciones hoy ominosas.

Todo está y queda por hacerse otra vez, y ahora, por vez primera en el curso de nuestro bicentenario recorrido como patria en fragua permanente y al igual que en 1811 o en 1958 o en 1998, o las cosas se hacen como pueblo organizado y ordenado, maduro en sus diferencias y con miras al Bien Común, o la transición autoritaria puede robarse otra generación más. Si medra huérfana de narrativa –nuestros papeles describen la democrática y su arraigo histórico como civil– otro caudillo ignoto puede aparecer afirmando que aún nos falta tesitura social para alcanzar los bienes de la civilización planetaria en marcha; que se viene formando para otros, distante, entre cruces de culturas con pretensiones de universalidad y con velocidad de vértigo, en un mundo asimismo ganado para las singularidades.

El aquí estoy, en el espacio, nada significa en lo inmediato. El tiempo y su bien gastar o mal gastar es lo que importa, por ser lo que se agota durante cada generación y para costo mayor de las sucedáneas, si no es aprovechado con criterio acabadamente humano, en favor de la libertad y su Justicia, y no como burladero para la estabilidad laboral de un gobernante de ocasión.

Mi epílogo necesario, escrito a propósito de dos exposiciones que realizó, una en Gainesville, en University of Florida, durante la sexta edición del prometedor Plan País –tanque de pensamiento de los estudiantes universitarios venezolanos residentes en USA– y otra en Columbia University, en Nueva York, es bastante ilustrativo al respecto. Es mi intento de respuesta, al vuelo, sobre el difícil problema que acusa Venezuela, evitando la trampa inmovilizadora del diagnóstico.

No huelga subrayar, en este orden, dos detalles que no olvido de este tiempo viejo transcurrido y viejo por haber recreado en Venezuela lo decimonónico.

Al apenas iniciarse 1999, el ex presidente Caldera, de quien soy su ministro secretario presidencial y luego ministro de gobierno, me previene sobre mis expectativas con la constituyente. A su edad generosa, habiendo recorrido con su mirada y su hacer los tiempos políticos y generacionales de casi todo el siglo pasado, me anuncia que nace en Venezuela, para nuestra tragedia, otra dictadura; pero confía en la fortaleza de los venezolanos, pues, según sus palabras, nos hemos acostumbrado a vivir en libertad.

En contrapartida –como lo indico en mi memoria al último congreso de la democracia– y en la mixtura abigarrada que entonces dibuja el pueblo mediante el voto, eligiendo a la vez a un presidente felón junto a un congreso plural y democrático, y sin que ninguna fuerza política pueda aplanar a la otra, intento ver en ello la posibilidad de una "perestroika a la criolla"; y así lo repito en el epílogo del libro, como realidad pendiente de hacerse, pasados tres lustros y algo más.

Apuesto desde la hora primera de este tránsito histórico al diálogo necesario y modernizador, largo tiempo esperado por el país. Y no se da. Me equivoco al predecirlo. La oportunidad constituyente se ve secuestrada desde el momento electoral referendario de 1999. Pero quizás, a pesar del desenlace forzado de los acontecimientos habido, como aún lo creo, ello en modo alguno vitupera el deber ser, es decir, la exigencia impostergable y pendiente, la lucha diaria por la conquista perfectible de la democracia civil que otra vez se nos asoma al apenas concluir 2015. A fin de cuentas, como lo recuerda alguna vez el ex presidente Rómulo Betancourt, la libertad y su credo civil es, entre nosotros, un intersticio, entre largos períodos de oprobio y bayonetas. Así la es en 1811, en 1830, en 1947, en 1961.

No es ingenuidad tratar de lidiar con nuestros demonios, en lo particular, con el cesarismo, que amamantan los positivistas venezolanos de comienzos del siglo XX. Y eso hacen, exactamente, los miembros de las generaciones de 1928 y 1936. ¡Y es que, en todo caso, como lo digo en uno de mis diálogos constantes en este libro y al citar al presidente Misael Pastrana, padre de Andrés Pastrana, también gobernante que ha sido de Colombia!: "El peor crimen de un dirigente político es sembrar la desesperanza y el pesimismo en el corazón de su pueblo".

Chávez y sus herederos, no cabe duda, antes que fungir como árbitros entre facciones o banderías que se hacen intolerantes o lo son raizalmente –por perspectivas que se excluyen desde sus cimientos, una por apolínea, otra por dionisíaca– y obviando que son obligados árbitros y pacificadores de la nación según el mandato constitucional que les obliga, en abril de 2002 y en febrero de 2014 prefieren atizar la controversia al precio de masacres inducidas, de perfidia, pérdida de vidas inocentes, para dominar bajo la lógica maquiavélica del terror.

La embajadora salvadoreña, Margarita Escobar, quien a la sazón preside el Consejo Permanente de la OEA durante los sucesos de abril de 2002, observa preocupada al mirar nuestra realidad, ante el Secretario General, César Gaviria y en la visita que ambos realizan a Caracas, que los datos que observa de primera mano le recuerdan la polaridad que le hace cuna a la guerra vivida por su patria, cuyo legado son 300.000 muertos.

La cifra se parece a la nuestra y parece adocenarse con lo que ahora, al apenas inaugurarse el año corriente, nos muestra como sociedad disuelta, sin afectos, desesperada, desgarrada: los linchamientos populares; pero el desenlace nuestro, al término y así debo creerlo a pie juntillas, mejor ha de mirarse en la perspectiva que aguas abajo, recorrido el trayecto de un tempestuoso río, con su deslave de enseñanzas, describe Jesús "Chuo" Torrealba al asumir como Secretario de la unidad opositora en la Mesa de la Unidad Democrática, en 2014: "No se trata de ganar una guerra sino de imponer la paz".

Ese es y sigue siendo el desafío a la razón y a la paciencia, como lo creo en lo particular, de la naciente Asamblea Nacional instalada el pasado 5 de enero.

El presente libro, en fin, reúne escritos sin pretensiones de relato histórico. Es una memoria, nada más, y la historia reclama de distancia como la crónica o el análisis de lo inmediato, pues es obra del instante; fugaz no pocas veces y apenas pretende fijarlo en la misma medida en que se le escapa. No omite, pues, el sesgo y hasta la parcialidad, de los que mal puede alejarse, en medio del fragor u obviando el defecto de óptica, quien vive como actor u observador un momento de la historia y lo cuenta a su manera.

Desde el primer día que marcan las páginas siguientes y hasta ahora, mi aporte sin desmayo para la imaginación de una Venezuela posible, que se emancipe de sus taras colombinas y pre-independentistas y nos permita a los venezolanos reunirnos otra vez bajo el signo de la convivencia, como lo imaginan nuestros Padres Fundadores de 1811 y de 1961, se hace presente como intención en la totalidad de mis elaboraciones sobre nuestro problema nacional. Mi trinchera, lo saben los que me conocen, es la palabra.

Nada espero y por nada lucho, junto a mis falencias muchas, en fin, que no sea por descubrir como virtudes de nuestro pueblo y a través del escribir o disertar, siguiendo a Cicerón, las ideas de "justicia, sabiduría, grandeza de espíritu cívico sobre el militar y templanza". Nada más, nada menos, a pesar de que algunos entiendan a la política como un mero hecho práctico o de moldeo de realidades, negado a las narrativas, tanto como quien cree que puede hacerse religioso –libre de la fe y de la razón– con sólo visitar las iglesias.

No por azar, el señalado Marco Tulio le canta al filosofar, al ejercicio de la reflexión necesaria con vistas al acontecer y para hacerlo cabalmente humano: eres "guía de la existencia". Indagadora de la virtud victoriosa adversaria de los vicios... Tú has hecho nacer la ciudad, has llamado a reunirse a los hombres que vegetaban dispersos, les has unido en la convivencia social... tú has revelado a los hombres la posibilidad comunicativa del lenguaje y de la escritura. Has inventado las leyes, has suscitado la comunidad, has dictado los deberes".

Caracas, 31 de mayo de 2016

# I. PARA COMPRENDER A LA VENEZUELA POSDEMOCRÁTICA

# 1. "EL PAÍS CAMBIÓ, PERO LA DIRIGENCIA ESTÁ CONFUNDIDA"

Diálogo con David González, El Nacional/Siete Días, Caracas

18 de octubre de 1998

*El ministro de Relaciones Interiores no cree que algún suceso pueda quebrantar la paz durante las elecciones regionales y presidenciales. Recuerda que el general Rubén Rojas Pérez, yerno del presidente Caldera y comandante general del Ejército, es obediente y no deliberante. "Nada de lo que dicen está pasando en Venezuela".*

Horas antes de ser juramentado como presidente encargado de la República, Asdrúbal Aguiar, ministro de Relaciones Interiores, ratificó su prédica de paz para cortar una escalada de rumores sobre bandas armadas y conspiraciones militares que enrarecen el clima electoral. Esperaba en su despacho a Leopoldo Puchi, secretario general del Movimiento al Socialismo (MAS) quien debía ratificar sus denuncias contra la Policía de Caracas, a la que acusa de entregar armas del hampa común a militantes de Acción Democrática. También tenía en su agenda la visita del diputado Rafael Marín, secretario general de AD en Caracas, interesado en solicitar una investigación sobre las acusaciones del partido socialista. "Veré que cosas nuevas me traen, que ya no sepa como ministro de Relaciones Interiores".

**¿Hay conspiraciones en marcha para entorpecer la campaña electoral?**

No pretendo pecar de ingenuo cuando afirmo categóricamente que nuestro proceso eleccionario y nuestro proceso político transcurren en absoluta paz. Entiendo, eso sí, que estas elecciones son atípicas en la vida democrática venezolana: no se parecen a ningún otro (de los) comicios de los últimos 40 años. Y tengo dudas severas de que todos los dirigentes políticos y sociales hayan comprendido los cambios ocurridos en Venezuela. Quizás por esa razón surgen las interpretaciones erráticas sobre la dinámica que estamos viviendo, y la angustia que aparece en algunos espíritus. En el fondo, es una angustia frente a lo nuevo.

A. *Lejos del debate*

**- ¿Coincide con quienes aseguran que los partidos tradicionales venderán cara su derrota?**

El panorama electoral está caracterizado por una gran pluralidad y permeabilidad de las voluntades. En unas jurisdicciones, los partidos que sustentaron la vida democrática en los últimos 40 años, apoyan las opciones de las organizaciones que ahora llaman "emergentes". En otras regiones, en contraste, se divorcian de esos nuevos partidos. Esto es un síntoma de que el país avanza hacia un ejercicio más profundo de la libertad y no hacia un escenario de explosión social, de trauma político, o de probable insurrección. Invitamos a observadores internacionales para que presencien la pluralidad democrática de las elecciones venezolanas, y no para que tutelen un país primitivo en el ejercicio del voto o una nación sometida a una gran incertidumbre política.

**- Se acusa a la policía de Caracas de entregar armamento a los militantes de Acción Democrática**

No puedo caer en la especulación de provocar sobre lo que dicen o dejan de decir los actores electorales. Ellos están en las elecciones y el Gobierno no tiene candidatos: hay que marcar distancia. Mi apreciación, como ministro del Interior, es que Venezuela tiene las condiciones de estabilidad, sosiego y tranquilidad para concluir con éxito sus elecciones. Tenemos cinco años hablando de explosión política y social, pero no ha pasado nada, y apenas faltan dos semanas para los comicios de gobernadores y parlamentarios. Respeto las apreciaciones de los diferentes actores electorales; sin embargo, a unos y a otros les digo que en Venezuela hay paz y tranquilidad social.

### B. *Conspiraciones en marcha*

La campaña electoral se ha convertido en un laboratorio de teorías conspirativas. Las autoridades responsables de la Seguridad del Estado, sin embargo, respiran confianza y sostienen que las elecciones de noviembre y diciembre próximos ocurrirán sin contratiempo alguno. No es, sin duda, el mismo ambiente que perciben los actores involucrados en los comicios: casi todos lanzan señales de alarma sobre posibles atentados contra la democracia. Ni siquiera el Gobierno se ha librado de las sospechas.

La seccional capitalina del Movimiento al Socialismo acusó esta semana a la Policía de Caracas de entregar a militantes del Partido Acción Democrática armamento decomisado al hampa común. Según Carlos Herrera, subsecretario general de la seccional socialista en el Municipio Libertador, el desvío de armas responde a un plan para atentar contra las elecciones presidenciales de diciembre próximo. "La intención es promover disturbios armados en cinco zonas claves de Caracas, con el fin de impedir que los simpatizantes de Hugo Chávez Frías asistan a las mesas de votación", dice Herrera.

Los dirigentes socialistas de Caracas también acusan a la policía capitalina de intimidar a la militancia del Polo Patriótico y de actuar como "brazo armado" de Acción Democrática en la zona. La versión del MAS contrasta con la de Hernán Matute, presidente de la Policía de Caracas, quien aseguró que "los políticos están involucrando a la organización en un pleito electoral. Es injusto (…). Ésta es una policía preventiva, que no actúa en barrios. No se puede arriesgar el prestigio de una institución por pleitos parroquiales. Si tienen pruebas concretas, simplemente que las presenten". En coyunturas electorales, todo puede decirse. Y también todo puede ocurrir.

C. *Sin información*

**- ¿Se habla de allanamientos policiales en los que son confiscadas cédulas, documento indispensable para votar?**

No sé de qué policías me habla. La Policía de Caracas depende de la Alcaldía del Municipio Libertador, y la Policía Metropolitana, de la Gobernación del Distrito Federal. No tengo información alguna de que ocurran decomisos de los documentos de identidad. Si alguien pierde su cédula, en definitiva, tiene la garantía de que puede renovarla con rapidez y efectividad a través de la Oficina Nacional de Identificación y Dirección de Extranjería. Ratifico mi idea inicial: el país cambió. Algunos intérpretes de la vida nacional están confundidos y juegan con las mismas variables de procesos electorales anteriores.

**- ¿Puede precisar qué actores?**

No puedo señalar, más allá del concepto general, a actores particulares. El Gobierno no puede caer en la provocación de hacerse parte de un proceso electoral frente al que debe mantenerse como una instancia moral, armonizadora y de equilibrio. Por esa razón no tenemos candidato presidencial. Bien pudimos apostar, por ejemplo, a alguna de las opciones que están ahora en el mercado electoral. Pero la decisión fue no participar en los comicios. Y existen miembros del Gobierno cuyas simpatías electorales están con los distintos candidatos en juego. Con esta administración culmina un ciclo histórico que debe terminar con paz absoluta y normalidad. Repito una frase que dije tiempo atrás: estamos viviendo con retardo nuestra *Perestroika*.

D. *Obediencia garantizada*

**- ¿Eso descarta que otras partes del Ejército puedan conspirar para favorecer alguna candidatura? Al general Freddy Alcázar, comandante general de la Guardia Nacional, también se le atribuyen planes conspirativos.**

El Gobierno de Venezuela no permitirá que las Fuerzas Armadas Nacionales sean arrastradas a un ejercicio electoral. La institución armada sabe qué papel le corresponde en la vida democrática venezolana. En las elecciones, las Fuerzas Armadas Nacionales deben cumplir con una tarea: el Plan República. Lo demás son especulaciones propias de quienes están en el mercado electoral, pero ni el Gobierno ni las Fuerzas Armadas se dejarán arrastrar a debates coyunturales relacionados con los comicios.

### E. *Milicia electoral*

**- ¿Se encarga el MRI de investigar la veracidad de estas versiones?**

Hasta el día de hoy, nadie ha traído un papel serio que demuestre que hay un indicio de algo distinto a lo que he venido predicando. Por razones elementales, y por ser ministro encargado de la seguridad del Estado, estoy informado de lo que está pasando en el país. Y en Venezuela no ocurre nada de lo que se dice. Y en las Fuerzas Armadas no sucede nada de lo que se especula. Pueden pagarse y darse el vuelto quienes toman esos temas como argumentos de la campaña electoral. En el país hay paz, estabilidad y tranquilidad. La institución armada está cohesionada afectiva y efectivamente; es plenamente obediente y no deliberante. Quien gane las elecciones contará no sólo con el respaldo del país, sino con el reconocimiento del Gobierno y de las Fuerzas Armadas.

**- Hay otro hecho que genera desconfianza en el electorado: la juramentación de reservistas militares hecha por Hugo Chávez Frías ¿No se trata de una milicia armada con fines electorales?**

El Gobierno no está autorizado para estarle revisando el pasado o los antecedentes a los ciudadanos que dentro de la democracia están jugando en el proceso electoral. En ese sentido, digo que cada quien es responsable de su pasado y de su presente. Los dirigentes políticos son responsables de su trayectoria ante el país y ante los propios electores, a quienes persiguen convencer para obtener la votación.

- **¿No cree que la campaña adquiere un tono violento? Ya hay, por ejemplo, cuñas que fueron prohibidas por el Consejo Nacional Electoral.**

Como hijo de la democracia puedo decir que sólo recuerdo la violencia del 27 de febrero de 1989, la del 4 de febrero de 1992 y la del 27 de noviembre del mismo año. Era un imberbe cuando se habló de la violencia de los años 60. En la memoria reciente de la democracia, está fresca la violencia que vivimos los venezolanos en esos tres desgarradores acontecimientos.

F.  *Sin miedos*

- **¿Entonces ¿nada le inquieta alrededor del proceso electoral?**

Sin necesidad de cambiar la Constitución Nacional, el país experimento grandes cambios en los ámbitos económico y político: se avanzó en la descentralización y también en la desregulación de económica. Desde luego hay una deuda social pendiente. Misael Pastrana, padre del actual presidente de Colombia, decía que el peor crimen de un dirigente político es sembrar la desesperanza y el pesimismo en el corazón de su pueblo.

- **¿No quisieron matar a Chávez?**

Eso es especulación. Cumplo con la obligación que tengo, a través de los organismos de seguridad, de observar y cuidar a los dirigentes políticos fundamentales. Tomamos las precauciones necesarias para que a nadie le ocurra lo que le pasó al ex presidente Luis Herrera Campíns, a quien le dieron un cabillazo después de un mitin en Parque Central. Este es un país sin tradición de violencia política. La tolerancia del venezolano es proverbial.

## 2. HEMOS CUMPLIDO CON VENEZUELA

(Mensaje al último Congreso de la democracia)

28 de enero de 1999

He sido titular del ministerio de relaciones interiores –luego de ejercer, a partir de 1994, como gobernador de Caracas y sucesivamente ministro de la Presidencia– durante el segundo semestre del año respectivo; caracterizado por las negociaciones de la Ley Habilitante que permitiera legislar –mediante Decretos con fuerza de Ley– sobre materias pendientes de la Agenda Venezuela e indispensables para la reordenación de la economía nacional, así como en asuntos atinentes a la reforma laboral y de seguridad social convenida por los actores de la Comisión Tripartita.

Lo que es más importante, en dicho lapso se realizaron las elecciones del 8 de noviembre para la elección de Gobernadores, legisladores estadales y Senadores y Diputados al Congreso de la República, y las del 6 de diciembre, en las que resultó electo por votación popular, universal y secreta, el nuevo Jefe de Estado y de Gobierno quien asumirá las atribuciones de su cargo el próximo 2 de febrero.

### A.  *El quinquenio constitucional y sus enseñanzas*

Sin perjuicio de lo anterior, juzgo de obligante introducir un breve comentario sobre las circunstancias y acciones administrativas que dominaron la vida política del país a lo largo del quinquenio constitucional que finaliza, dado su carácter de período <<puente>> entre una etapa de la vida democrática que inicia el 23 de enero de 1958 y otra, probablemente distinta, que predica la idea de modernizar y legitimar el sistema constitucional y de libertades, adecuarlo a las exigencias de un país convocado por los desafíos del próximo milenio y, con ello, abrir cauces para solventar la severa deuda social que se acrecienta bajo los dictados de la emergente globalización económica.

En este orden, puedo sostener que la Paz y la férrea voluntad de cambio en democracia, que ha prendido en el corazón de los venezolanos, son activos inalienables propios a la presente realidad y han de preservarse mediante el diálogo sin prejuicios y la práctica de la tolerancia. No aludo, al decir esto, a un estadio caracterizado por la Paz del silencio ni convoco a aquella ausente o huérfana de contradicciones o de carencias materiales y humanas; puesto que la Paz y los cambios son el producto del perpetuo quehacer y de la búsqueda perfectible de la asociación para alcanzar el respeto y la garantía –por todos y para todos– de los derechos de la persona humana. Sólo se alcanza la Paz y se madura en los cambios, en efecto, cuando <<todos y cada uno de nosotros>> somos capaces de reconocer a los <<otros>> en su igual e inmanente dignidad.

1994 para Venezuela fue el año inicial de la transición. Para entonces el país estaba dominado por la confusión y la desesperanza. Pocos apostábamos, en contravención a nuestros íntimos deseos y convicciones, por la durabilidad del proyecto democrático y la conservación de las libertades que, luego del decenio del oprobio y con no pocas dificultades, entre errores y no pocos aciertos, nos dimos en el curso de los últimos 40 años.

Circunstancias propias y ajenas se juntan en el pórtico de esta compleja diáspora vivida por Venezuela partir de 1989, quizá por efecto mismo de la inflexión cultural y política profunda que también significa para Occidente la caída del Telón de Acero. En todo caso, la antesala del presente período de Gobierno acumula en su seno antecedentes gravosos, contributivos de la anomia social y la desvalorización creciente de la autoridad como de la capacidad integradora del sector público. El entorno internacional dominante, desde entonces transita, sin pausa ni consideraciones de ningún género o especie, hacia la mundialización y desregulación de las economías y de las comunicaciones; dentro de un contexto caracterizado por la emergencia general de una contra-cultura no sólo negadora del Estado y de las ideologías y de reprobación a los colectivismos, antes bien antagonista de las ideas de Bien Común, Orden Público o Interés General.

Las consecuencias gravosas de este posicionamiento, en lo práctico e intelectual, no se hacen esperar. Y no podía ser de otro modo, pues a la muerte de un sistema que afirmado en la igualdad se olvida de la libertad, el orden dominante y en cierne, de contextura unipolar, pretende hablar y practicar una libertad ajena a la alteridad y a los valores compensatorios de la igualdad.

En el plano de lo doméstico los venezolanos somos testigos y víctimas, hacia los inicios del Gobierno que represento, de esta tendencia direccional; de allí, justamente, los sucesos del 27 de febrero de 1989 y, en alguna medida, la sucesión de los dos intentos de golpe de Estado del 4 de febrero y del 27 de noviembre de 1992 históricamente regresivos. En su conjunto, estas expresiones en la superficie del cuerpo nacional, evidencian los severos desajustes sobrevenidos en la cohesión institucional de la República y en el sentido de <<pertenencia ciudadana>> de los venezolanos.

En orden a lo anterior, como mera demostración fáctica de la afirmación señalada, recuerdo las elevadas cifras que alcanza la criminalidad urbana en vísperas e inicios de esta Administración, en buena parte derivadas de la práctica primitiva de la auto-tutela o del llamado <<ajuste de cuentas>> entre miembros de la población más pobre de la capital de la República. Las mismas revelan de manera súbita una distorsión atípica, si se las compara con la evolución de las curvas estadísticas de la criminalidad en décadas anteriores e inherentes al crecimiento expansivo y no controlado de la población en las áreas metropolitanas.

La incapacidad sobrevenida del Estado de providencia para sostener el financiamiento regular de los servicios públicos esenciales, dentro de un cuadro de crisis y de reconversión de la economía mundial como la mencionada y, en nuestro caso, atizada por el desmoronamiento ético y material que apareja la quiebra generalizada del sistema bancario y financiero local, se suman al torbellino de la crisis actuante para fines de 1993 e inicios de 1994.

Además de ello y como consecuencia de la sintomatología globalizadora, a la ruptura de la unidad afectiva y efectiva de la institución militar por obra de los sucesos acaecidos en el quinquenio precedente se agrega el desprestigio de la capacidad y autoridad conductora de los partidos políticos, la emigración de los capitales nacionales e internacionales, en suma, la pérdida de la esperanza como denominador común sobre el que todos teníamos el deber de abordar la coyuntura y –en palabras del mismo Presidente Rafael Caldera– <<pegar el rompecabezas>>.

No se puede comprender el sentido de esta última afirmación, que acaso resulta demagógica o populista a primera vista, de mediar ignorancia o la mala fe en el juicio de esta realidad que busca domeñar quien, desde la Jefatura del Estado, funge cabalmente de artesano de la Paz. El tiempo transcurrido hasta hoy comienza a demostrar que, de no haber mediado sensatez y moderación en la conducción política del Gobierno que hoy concluye, la violencia estuviese conviviendo en estéril pugna dentro de una sociedad disuelta, dominada por los egoísmos.

En los años que van desde 1994 hasta 1998, en consecuencia, la acción política reclama de un esfuerzo pedagógico constante, de una lucha tenaz contra el escepticismo y el desarrollo de acciones <<emblemáticas>> que sirviesen para conducir al país hacia un nuevo esfuerzo colectivo de recuperación.

¿Qué se hace al respecto?

B. *La tarea del Despacho de interior*

Desde el ángulo de competencias del Ministerio de Relaciones Interiores, como responsable de la coordinación de los organismos nacionales de seguridad y de orden público, el Plan Integral de Seguridad, aprobado por el Consejo de Ministros a inicios de la gestión gubernamental, viene a significar una ruptura con el esquema represivo tradicional, absolutamente inviable dentro del marco de tensiones sociales presentes en Venezuela.

La asunción por parte de las autoridades de una actitud de apertura y de comprensión democrática ante el fenómeno latente y masivo de <<cultura de la protesta>>, deriva en el afianzamiento del diálogo como alternativa a la anarquía y el desarraigo ciudadanos. La incorporación activa de las comunidades vecinales a las acciones preventivas de seguridad y como protagonistas de su propia recomposición, es propósito en el que se trabaja con verdadero entusiasmo. Allí están, a manera ejemplo, la constitución de los respectivos

Comités Vecinales de Seguridad en las barriadas del área metropolitana y, a manera de emblema, el Programa <<Caracas Te Quiero>> impulsado por las comunidades de la Urbanización 23 de Enero en Caracas; asimismo, la elaboración y presentación al Congreso del Proyecto de Ley de Protección de la Seguridad Ciudadana sustitutiva de la autoritaria y denigrante Ley de Vagos y Maleantes, finalmente anulada por la Corte Suprema de Justicia al advertir su contrariedad con las normas de la Constitución y de los Pactos Internacionales sobre Derechos humanos de los que es parte Venezuela.

El modelo de actuación es consistente, en suma, con la idea explicativa de que la violencia criminal emergente –es decir, aquella derivada de la pérdida de los referentes institucionales familiares e integradores en el espacio de lo público– y la necesidad de alcanzar el propósito de reinserción y reintegración de los venezolanos en un proyecto común de renovación asociativa, apoyada en el reconocimiento de la dignidad del Hombre como sujeto y objeto de la acción política, resulta incompatible con los mecanismos clásicos de la represión policial.

El discurso sostenido sobre el tema del respeto a los derechos humanos y de su preeminencia en la vida del Estado y en sus relaciones de servicio a la sociedad; la creación de la Comisión Nacional de Derechos Humanos; el debate público y sin complejos por el Gobierno de los informes internos e internacionales elaborados a propósito de la situación de Venezuela, asumiendo aquel las responsabilidades que le corresponden y rechazando, por otra parte, las generalizaciones desvinculadas de la <<crisis histórica y de transición>> vividas por el país; el encuentro entre las más altas autoridades del Ejecutivo Nacional y los representantes de las Organizaciones No Gubernamentales con vistas al establecimiento de un Plan Nacional de Derechos Humanos; el desarrollo amplio de programas de entrenamiento sobre derechos humanos y sobre las normas que han de acatar los funcionarios encargados de la aplicación de la Ley, sumados a la depuración profunda y sin pausa, que puede contabilizarse en varios centenares, de miembros de los cuerpos de policía señalados de desviaciones, son ejemplos de una actuación de Gobierno sensible a las circunstancias vividas por el país, pero a la vez consciente de que si la Paz se afirma en el respeto a los derechos humanos *in totus*, no hay posibilidad de su garantía al margen de un Estado y de unas instituciones políticas y sociales fuertes, arraigadas y comprometidas con la dinámica democrática y con el ejercicio de la libertad.

La circunstancia misma de que en la actual Administración su Consejo de Ministros dicta un Reglamento de la Policía Metropolitana que en su parte dispositiva recoge las normas sobre derechos humanos relacionadas con la aplicación de la Ley por los funcionarios policiales y crea el Comisionado para los Derechos Humanos y la Policía, con autoridad para investigar las denuncias de violaciones y recomendar las sanciones respectivas, indica la filosofía de actuación asumida por el Gobierno con vistas al proceso histórico que vive el país.

## C. *La descentralización*

La descentralización política y la desconcentración funcional en la gerencia de los servicios públicos, como vía para que la gestión del Estado se aproxime en todo lo posible al ciudadano, constituye, por otra parte, una palanca de primordial orden a este respecto. Al principio del quinquenio resulta inevitable el planteamiento de una controversia abierta y constructiva entre el Poder Ejecutivo Central y los Gobernadores de Estado –como así ocurre– a objeto de que éstos asuman un mayor grado de compromiso en el liderazgo reintegrador de la Nación y ponderasen la suma de responsabilidades que tanto ellos como los Alcaldes han de asumir como primeros responsables de la acción pública de cara a sus respectivas comunidades.

Ello explica la otra iniciativa adoptada en el campo de la reordenación de los cuerpos de policía a lo largo del período de Gobierno. De manera independiente a la renovación material alcanzada por los cuerpos de policía nacional, en particular por la Dirección de los Servicios de Inteligencia y Protección y el Cuerpo Técnico de Policía Judicial, incluida la depuración de sus cuadros, fue de especial cuidado el desarrollo de un proyecto de Sistema Educativo Policial que incorpora el estudio de las normas sobre respeto y garantía de los derechos humanos y, mejor aún, la entrega a las Cámaras Legislativas del Proyecto de Ley Nacional de Policías. La importancia de ésta última radica en que su texto, a diferencia de los proyectos anteriores de Ley –así, la de Policía Federal, la de Policía Nacional o la de Coordinación Nacional de Policías– abandona el criterio centralista, afirmado en la única idea de ensamblar los cuerpos nacionales en cuanto a su funcionamiento y repartición de atribuciones, por otro que, sin perjuicio de éste, por vez primera toma cuenta del mandato constitucional que ordena la organización de las policías de los Estados y de los Municipios y su coordinación con los niveles centrales de la Administración.

En el fondo, la política de descentralización no tiene otro propósito que propender a un nuevo equilibrio de poderes producto de la elección directa de Alcaldes y de Gobernadores, comprometiendo a éstos con una visión funcional en la que, con independencia de las adscripciones partidarias y del necesario criterio ordenador de la desconcentración de la actividad pública, la provincia no quede relegada o relevada de la obligante unidad de conducción del Gobierno, en los términos reclamados por el momento histórico contemporáneo y por la <<crisis de cambio>> característica de la transición. No eran ni podrían ser los Gobernadores y Alcaldes una suerte de sindicato apenas reivindicador de los reclamos populares, por muy legítimos que éstos son y en confrontación permanente con el Poder Central. El aceptar esto como tendencia, rechazada por el Presidente Caldera, de suyo profundiza la sensación desintegradora acusada por los venezolanos en consonancia con las circunstancias internas e internacionales señaladas.

Hoy puede decirse que los venezolanos ahora se ven más en el espejo de sus Gobernadores y de sus Alcaldes Municipales que en las expectativas que pueda concitarles la dirección pública y política desde la capital de la República. Y ello fortalece a la democracia de participación creándole su primera malla o red de protección necesaria. Ha permitido un sistema de gobiernos plurales, sanamente competitivos los unos con los otros y ha favorecido, igualmente, la movilización de una población –por esto mismo– más crítica del quehacer del Gobierno y, por ende, menos pasiva y dócil ante el partidismo autista y prepotente. Así, tienen lugar y se hacen posibles la celebración de cinco Convenciones de Gobernadores y cinco Consejos Nacionales de Alcaldes durante el período constitucional, y se alcanzan a suscribir 59 acuerdos previos a la transferencia y de cogestión en los servicios públicos de educación, deporte, atención al menor, salud pública, nutrición y promoción de la agricultura, y 40 Convenios de Transferencia que además de dichas áreas cubren las áreas de uso indebido de las drogas y promoción de la agricultura.

En este orden, junto a la comprensión y el compromiso cada vez mayor de los mandatarios locales con la orientación de los asuntos <<nacionales>>, lo cual facilita el manejo de los inexcusables sacrificios planteados a la sociedad civil venezolana por la propia transición, el nivel central de Gobierno, por su parte, e incluyendo dentro de éste al mismo Congreso de la República, encuentra en los Estados y en las Municipalidades canales apropiados para fortalecer la acción social pública, atenuándose los gérmenes de conflictividad latentes desde los inicios del período constitucional. A estos fines, aneja a la transferencia creciente y concertada de los recursos necesarios para la ejecución de los Programas Sociales previstos por la Agenda Venezuela, el compromiso con la <<descentralización>> hace también posible el incremento de los recursos fiscales transferidos hacia la localidad fortaleciéndose el esquema de redistribución equitativa de la riqueza. Provenientes del Situado Constitucional, los Estados y Municipios reciben recursos hasta por Bs. 4.968.432.910.000, y pueden acceder –para sus correspondientes gastos de inversión mediante el régimen de proyectos– al Fondo Intergubernamental para la Descentralización (FIDES), puesto en funcionamiento durante el presente Gobierno

El FIDES aprueba desde 1995, en efecto, 5.067 proyectos de inversión en todo el país (995 para los Estados y 4.112 para los Municipios), que alcanzan un compromiso de financiamiento hasta por 722 millardos de bolívares y de los cuales se constituyen fideicomisos hasta por 504 millardos de bolívares que cubren un total de 4.156 proyectos.

Los Gobernadores y Alcaldes reciben, asimismo, recursos provenientes de la Ley de Asignaciones Especiales autorizada por la actual legislatura y sancionada por el Presidente de la República, que alcanzan durante los años 1997 y 1998 a la cantidad de Bs. 326.787.347.402,19. Además, junto a otros aportes no recurrentes recibidos por distintos conceptos y por vía de créditos adicionales –para emergencias u obligaciones laborales, entre otros conceptos– los Estados y Municipios son beneficiarios de los Programas Extraordinarios 1.000 y 2.000 dispuestos por el Congreso para obras públicas puntuales y de interés colectivo en el interior de la República.

Con independencia de los recursos transferidos, importantes en su monto si se tiene en cuenta la severa crisis económica y fiscal vivida por Venezuela en el curso del quinquenio –que se inicia con la quiebra del sector financiero y concluye con la caída abrupta de los precios del petróleo– lo significativo durante 1994-1998 es la modificación que tiene lugar en los parámetros para la asignación de recursos por parte del FIDES, a objeto de comprender dentro de los criterios tradicionales de población y de extensión geográfica de los Estados y Municipios aquel de la asignación de recursos basada en los índices de pobreza relativa. Lo cual, sin duda, alguna, viene a restablecer el valor ordenador del criterio de Justicia Social fundado en la aplicación de la igualdad compensatoria para la realización de las políticas económicas y sociales del Estado.

La necesaria participación y actuación concertada entre los distintos niveles del poder público: nacional, regional y municipal, dentro de un contexto de fortalecimiento de la descentralización política y de la urgente renovación de los <<referentes>> institucionales y del sentido de ciudadanía, en los términos antes anotados, es posible dado el cambio del patrón ministerial de la conducción política en el Alto Gobierno al transformarse el Ministerio de Interior en un verdadero Ministerio de Estado facilitador del diálogo democrático, articulador de los esfuerzos para la seguridad de los ciudadanos y con los ciudadanos, y gerentes de un modelo de gestión financiera con los Estados y Municipios negado al clientelismo providencial y construido conforme a la idea de la redistribución equitativa y reproductora de los ingresos públicos y la gestión compartida de la inversión social.

D. *Apertura con rostro humano*

Si fuese posible recapitular la gestión pública del actual quinquenio, cosa difícil dada la diversidad de los ángulos comprometidos en el esfuerzo político de recomposición social y política que ha comprometido a todos los venezolanos en la hora presente, es válido señalar que Venezuela logra lo siguiente: Unidad efectiva del estamento militar alrededor del credo democrático, luego de los inéditos y desgarradores sucesos que le comprometen en el precedente quinquenio; emergencia de un compromiso de los venezolanos con la cultura de los derechos humanos y la promoción de la paz, obligando y convocando al Estado a comportarse de manera coherente con tal exigencia; transformación profunda del Estado Central y presidencialista, en otro caracterizado por una fuerte descentralización política y funcional, consistente con la prédica del tránsito desde la democracia de representación pura hacia la participación democrática; y, finalmente, avances ciertos para la renovación del sistema de Administración de Justicia, en modo de proscribir el advenimiento del fenómeno criminal de la autotutela y sus efectos en el desarrollo exponencial de la violencia.

La sanción del nuevo Código Orgánico Procesal Penal, durante la presente gestión, a manera de ejemplo, promete en lo inmediato desterrar la impunidad y el terrorismo judicial, consagrando el monopolio de la acción judicial en el Ministerio Público; afianzando la participación ciudadana –mediante el régimen de jurados y escabinos– en el control de la Justicia; y privilegiando el principio de libertad y las garantías judiciales por sobre la detención o restricción de la libertad y su consiguiente efecto bienhechor en el congestionamiento y degradación del sistema penitenciario.

Aún más, la sanción de las Reformas Parciales de las leyes del Consejo de la Judicatura y otras atinentes al funcionamiento del Poder Judicial abren un camino claro para la recomposición del Sistema de Administración de Justicia, uno de cuyos síntomas alentadores lo constituye el establecimiento en Venezuela de un proyecto piloto con apoyo de Naciones Unidas y del Banco Interamericano de Desarrollo, ya considerado ejemplar a nivel hemisférico. La citada reforma de la Ley del Consejo de la Judicatura, en lo particular, alcanza separar el régimen de inspección de los tribunales y el de carácter disciplinario –bajo control real por parte de la Corte Suprema de Justicia– de todo lo relacionado con la gerencia administrativa del sector, que reclama de criterios de gestión afirmados en la eficiencia y la meritocracia.

Finalmente, no puede dejar de mencionarse que luego de la crisis bancaria y financiera sufrida por el país y que apareja la pérdida de ahorros a varios millones de venezolanos de medianos y bajos recursos, entre aciertos y errores propios a lo inédito y violento de la experiencia, en tiempo relativamente breve se logra recomponer la señalada columna vertebral de la economía nacional. Se restablece así la confianza internacional y la de los venezolanos en sus respectivos bancos locales. Ella es condición indispensable para el establecimiento de un piso económico proclive al crecimiento y al cambio en las condiciones muy menguadas de nuestro bienestar.

Si bien éste crecimiento se ha visto severamente limitado por las circunstancias anotadas y por la adversidad estructural y no solo coyuntural de los mercados internacionales –piénsese en la crisis asiática y en la irradiación de sus efectos en el plano mundial–, cabe reparar en las fortalezas demostradas por el país para digerir la caída brutal de sus ingresos durante el último año de la presente gestión, que alcanza a la cifra de casi 7.000 millones de dólares. A pesar de todo ello, la deuda externa e interna logra reducirse de manera apreciable en el curso del mandato constitucional, la inflación baja en términos considerables, las reservas internacionales crecen hasta un nivel importante, no es necesario devaluar la moneda o controlar los cambios y, se apela al recorte del gasto público en términos muy fuertes, es verdad, pero demostrativo de una nueva disciplina y el cultivo de la responsabilidad política que las circunstancias le exigen a los venezolanos de la era corriente.

Como suma de lo anterior, es dable referir que, luego de cinco años sembrados sobre una grave disyuntiva y animados por un esfuerzo de recomposición política y económica, Venezuela avanza hacia un nuevo proceso de reafirmación democrática de características extraordinarias.

Restablecida la unidad militar, recompuesta la fractura del medio económico y financiero, afianzada la descentralización y la participación políticas en el país y, además, apoyados en un modelo de cogestión social y económica <<tripartito>> que –incluso dentro de las condiciones menos favorables– alcanza reformar a fondo el sistema de relaciones laborales y de la seguridad social, al final de la jornada puede decirse, sin ambages, que <<todos>> logramos conciliar los retos de la apertura y de la <<desregulación>> económica en boga con su obligante servicio a las exigencias superiores de la política y de la dignidad humana.

Se alcanza, no sin tropiezos, el diseño de un modelo propio de apertura con rostro humano, apelando a la imaginación y al diálogo constantes, a la cultura de la protesta y confiando en el sentido arraigado de tolerancia de nuestro pueblo, hasta llegar a otra jornada de libertad, sin el peso de una sola muerte como producto de la controversia política.

### E. *El proceso electoral y su mensaje, cambio en democracia*

Las elecciones celebradas el pasado 8 de noviembre y 6 de diciembre marcan, cabe subrayarlo, el límite de un cambio profundo operado en el país, en Paz y con libertad. Luego de una fuerte controversia sobre la conformación del Consejo Nacional Electoral, que sucede al antiguo Consejo Supremo Electoral organizado sobre bases fundamentalmente partidistas, los comicios se celebran con total éxito, incluso mediando el desafío de la automatización de las elecciones; en una experiencia desconocida por los venezolanos y en proporciones de cobertura no alcanzadas comparativamente por otros países del hemisferio.

La separación de las elecciones regionales y parlamentarias, por una parte, de las elecciones para Presidente de la República, por la otra, facilita la consolidación del fenómeno de la descentralización y de la participación política y su estima, como fundamental, por los venezolanos comprometidos con la democracia; y, a su vez, al realzar el carácter emblemático e integrador en lo nacional del Presidente de la República, cuya elección es el producto de un acto consciente y reflexivo, la separación de su elección y su desarrollo en fecha posterior a los comicios locales, crea las condiciones para el advenimiento de unos nuevos equilibrios, teñidos por su pluralidad y más consustanciados con los valores de la localidad y del compromiso político personal, propios de los nuevos tiempos.

El mandato que han de asumir las nuevas autoridades, dentro del contexto de la realidad política que caracteriza al final de éste período constitucional, queda así condicionado a distintos elementos que deben ponderar y conciliar con sabiduría los dirigentes democráticos recién electos. Las elecciones regionales cristalizan a un país político ávido de descentralización y de participación política. Las comunidades eligen a sus nuevos gobernadores, reeligen a otros y designan representantes a las legislaturas y al Congreso de la República, apreciando más al dirigente respectivo en su compromiso individual de servicio antes que a la mecánica adhesión de éstos o de sus electores a corrientes partidarias o movimientos de opinión.

La lectura de los hechos es evidente: La acción política y pública en el futuro debe mirarse en el espejo de la provincia y del país en su totalidad. Los partidos y movimientos han de reconvertirse para asumir un nuevo papel como factores de promoción del bien común y de agregación de intereses específicos dentro de la pluralidad social, no ya como diafragmas impermeables entre la sociedad civil y la sociedad política. El dirigente público deberá ser individualmente responsable ante el colectivo y ante sus instituciones, sin que pueda diluir su conducta o acciones encubriéndolas bajo éstas, para atenuar de tal modo sus errores u omisiones.

Las elecciones del 6 de diciembre, por distintas en su alcance y contenido y como producto de la misma separación comicial y su naturaleza, en modo alguno implican una relectura de los comicios precedentes. La elección como nuevo Presidente de Venezuela de uno de los actores fundamentales del golpe del 4 de febrero de 1992, hace manifiesta, por una parte, la voluntad del país de optar por un conductor férreo que asuma el liderazgo de la nueva etapa que, sustentada en esta transición, enlace con el país político del tercer milenio y dentro del novedoso contexto internacional y nacional que todavía se gesta en medio de no pocas incertidumbres.

La condición y los antecedentes políticos del elegido muestran la disposición del país por el cambio profundo que aflora en lo político, en lo económico y en lo social. Pero esa voluntad de cambio, ensamblada a los mensajes que dictó la soberanía popular en las elecciones del 8 de noviembre y como cabe advertirlo, no implica la transferencia al mismo de un mandato o endoso al portador realizado por el pueblo. Las elecciones del 8 de noviembre junto a sus signos y a su legitimidad no pueden ser contestadas por otras elecciones realizadas un mes después de las primeras. De admitirse esto, siquiera a manera de hipótesis, cabría suponer que las elecciones del 6 de diciembre pecan de la misma precariedad y defectos que la anterior.

El país, entonces, le ha otorgado al nuevo Presidente un mandato limpio y transparente, preñado de suficiente legitimidad para el liderazgo de los cambios. Eso sí, cambios en democracia y en libertad y, comprometidos con la salvaguarda de la Paz reconstituida por el país en el curso del último lustro. Las elecciones del 6 de diciembre mal podrían expresar, entonces, una legitimación sobrevenida de las rupturas acaecidas durante el lustro precedente, pues el pueblo no acompañó a la insurgencia como si lo hizo en las elecciones del 6 de diciembre, al expresar su solidaridad con la voluntad de cambio reclamada por los otrora dirigentes de los <<golpes>> de Estado: Cambio en democracia es, entonces, la consigna ineluctable. Cambio dentro de la descentralización y de la participación política y de su respeto. Cambio dentro de la pluralidad de las fuerzas que suman al país y que encuentran representación equilibrada en los órganos parlamentarios. Cambio, en fin, como vía para la reafirmación de la Paz.

Al gobierno que concluye y cuya cartera política me correspondió desempeñar durante el último semestre del año de las elecciones, bajo los dictados de Rafael Caldera, Presidente de la República y artesano de la Paz, le fue imperativo, por todo lo ya dicho, ejercitar una disposición de diálogo activo y sin protagonismos odiosos con las fuerzas políticas del Congreso. Le correspondió hacer no todo lo que hubiese deseado en condiciones distintas dentro de la vida venezolana, pero, sí hizo con fe y abnegación todo cuanto pudo hacer dentro de las limitaciones impuestas por la transición: La Paz y la reafirmación de los valores de la democracia son el legado más preciado, que bien pudo perderse en medio del desasosiego de los tiempos y del desesperado y no por ello menos legítimo reclamo de quienes pudieron sentir que el país había perdido toda opción o alternativa dentro de la libertad.

Hemos cumplido con Venezuela y su Paz es nuestro legítimo emblema.

# 3. PREFACIO Y EPÍLOGO A NUESTRA "REVISIÓN CRÍTICA DE LA CONSTITUCIÓN BOLIVARIANA" DE 1999

14 de enero de 2000

La Constitución de la República Bolivariana de Venezuela (CRB) es aprobada mediante referéndum el pasado 15 de diciembre de 1999 y es publicada en la *Gaceta Oficial* del 30 de diciembre siguiente. A partir de este momento, por mandato de su disposición final única entra en vigencia y, de consiguiente, según lo establecido por su disposición derogatoria, cesa en sus efectos la Constitución de 1961 (CN). Sobre los fundamentos de ésta, así debemos puntualizarlo, se desarrolla la experiencia democrática pluralista venezolana de los últimos cuarenta años, que da lugar al espacio de gobierno civil más amplio que haya conocido la República desde la Independencia.

En el *inter regno*, según los términos de la citada disposición derogatoria como de las disposiciones transitorias de la CRB, "el resto del ordenamiento jurídico mant[iene] su vigencia en todo lo que no contradiga a [la] Constitución" sancionada. Y, hasta tanto se sancione la legislación respectiva, la señalada transitoriedad abarca al régimen sobre competencias de los Estados. De igual manera, pendientes como se encuentren de ser dictadas las otras leyes pertinentes, se preserva la autoridad de las leyes orgánicas del Distrito Federal y de Régimen Municipal en cuanto hace al funcionamiento del nuevo Distrito Capital, de las leyes orgánicas del Ministerio Público y de la Contraloría General de la República, y la legislación sobre tierras baldías, y las relacionadas con el ejercicio y la colegiación profesional.

## A. *Paternalismo de Estado y disgregación social*

La Constitución Bolivariana es, sin lugar a dudas, una suerte de subproducto del síndrome de impermeabilidad y de la crisis de identidad, padecidas tanto, por la sociedad civil como por la sociedad política nacionales desde los años finales de la década de los '80 y que alcanzan su plenitud durante el curso de la década de los '90. Así, en las elecciones presidenciales de diciembre de 1993, que por segunda vez llevan a la Presidencia de la República al Dr. Rafael Caldera, el liderazgo bipartidista que inaugura en 1958 nuestra última experiencia democrática pierde el beneplácito popular y su legitimidad a manos, paradójicamente, del más emblemático sobreviviente del Pacto de Puntofijo.

Tal fenómeno luego se repite, para consolidarse en apariencia, durante los comicios de diciembre de 1998 al ser electo, como Presidente, Hugo Chávez Frías, Teniente Coronel del Ejército, coautor del frustrado golpe de Estado del 4 de febrero de 1992 contra el entonces Presidente de la República y líder fundamental del Partido Acción Democrática, Carlos Andrés Pérez.

El debilitamiento del carácter integrador del Estado en Venezuela y de las relaciones entre el pueblo y el vértice de su poder político coincide desde sus inicios, por cierto, con la quiebra de la bipolaridad internacional Este-Oeste, el subsiguiente cuestionamiento de los modelos colectivistas de sociedad, y sus efectos disolventes en el plano de lo ideológico y de lo económico. Surge en la escala planetaria, en efecto, una fuerte y globalizada corriente revisionista de la organización pública y de la influencia tradicional de los partidos en la vida cotidiana de los pueblos. Un movimiento subterráneo e inédito aflora e intenta borrar, desde entonces y en la transición hacia un Orden Nuevo, toda la experiencia histórica que le da vida a la teoría general del Estado y hace posible las doctrinas a cuyo tenor la sociedad sólo adquiere su personalidad en o por medio del Estado.

En mayo de 1997, en el Palacio de los Derechos del Hombre de Estrasburgo, la Ministro francesa Anne-Marie Couderc, ya realizaba un diagnóstico preciso de esta circunstancia que no ha sido ajena para nosotros al decir que "si el fenómeno de la pobreza, e incluso de la pobreza extrema, no es nuevo, los años '80 han introducido una dimensión suplementaria [a la crisis] agregando a la privación material la disolución de los lazos sociales" (Apud. *La Charte sociale du XXIe. Siecle: Colloque organisé par le Secrétariat Général du Conseil de l'Europe*, Strasbourg, Editions du Conseil de l'Europe, 1997, pp. 5-6)

En Venezuela, la tendencia referida se presenta de un modo igualmente perentorio, dado que su dinámica nacional y a pesar de las flexibilizaciones introducidas por el tiempo y en el curso de la experiencia reciente, nunca deja de estar sujeta a la acción pública estatal y a la intermediación partidaria. Una y otra, según lo ya dicho, hacen evidente sus ineficacias sobrevenidas desde el mismo momento en que al variar los paradigmas para la inserción internacional y para la justificación contemporánea de los Estados, coetáneamente se incrementa la demanda social interna no satisfecha mientras decrecen de manera abrupta los precios del petróleo. Para colmo, se suman a estos factores de perturbación el desmoronamiento del sistema financiero local con sus consecuencias disolventes en la autoestima y ética venezolanas, y una división afectiva en la otra vertiente no partidaria que desde antaño le ha dado cohesión y sustento a nuestra institucionalidad: Las Fuerzas Armadas Nacionales.

En suma, el paternalismo del Estado y la tutela interpartidaria de la sociedad civil, en nuestro caso, pierden su *auctoritas* una vez se revelan como insuficientes sus capacidades clientelares de respuesta y desbordadas como son, a su vez, las exigencias políticas, sociales y económicas de la población. Por lo mismo, a la planteada idea de un deslinde radical pero democrática con el pasado, subyace en lo esencial el anhelo de la gente por un retorno a los tiempos de la abundancia conocida.

Paradójicamente, sin subestimar la influencia cultural y condicionante de los medios de comunicación en la anomia social sobrevenida y en la crisis nacional de coyuntura, es propulsora de sus fuerzas y a la vez amortiguadora de su violencia anexa la descentralización y desconcentración del poder público en favor de los Estados y los Municipios, que se inicia durante el quinquenio 1989-1994. De modo que, con el pasar de los días, la corriente de movilización popular provocada por el característico movimiento federalista venezolano de estos finales de siglo hace cortocircuito cuando, de manera inexplicable y suicida, coetáneamente se ve congelada la movilidad en los liderazgos domésticos por las cúpulas nacionales de los partidos. Éstas, negadas a admitir o entender la severidad alcanzada por el cambio de ciclo histórico, también pecan intencionalmente al omitir y proscribir todo debate sincero sobre la reforma de fondo presentada en marzo de 1992 por la Comisión Bicameral para la Revisión de la Constitución que preside el entonces Senador Vitalicio Rafael Caldera.

De seguidas y en lo que hace al inevitable camino de ruptura que abre el inédito movimiento constituyente que da origen a la nueva Constitución, cabe admitir que más allá de su modelo y sus prescripciones o de la consciencia acerca de su legitimidad o sus bondades, es ella un exitoso símbolo movilizador y reanimador de las voluntades contrarias o favorables del pueblo. Lamentablemente y por la razón señalada, pudiendo haberse aprovechado esta Carta Fundamental naciente –y la sensibilidad favorable del país– para la reunificación de la sociedad civil y para su reencuentro con la sociedad política, los signos que acompañan al proceso desde sus inicios la desvirtúan; y hacen de la misma, antes bien, un burladero para la segmentación ciudadana, el establecimiento de un régimen monopartidista cívico militar, y el despeje de toda referencia a la historia buena o mala del último medio siglo venezolano.

Hoy se advierte en el ánimo popular la emergencia de una nueva cuanta lastimosa realidad, signada por la división y el antagonismo virulento entre quienes logran tener y poseer por obra de la democracia y quienes son –por obra propia o ajena– excluidos de sus beneficios; entre la vieja clase de la representación y la masa poblacional ahora movilizada bajo el liderazgo caudillista, fuerte, unipersonal y carismático de Chávez Frías, proclive más al sistema de democracia directa y de mayorías que al de participación e integración social responsable.

Es de referir, en línea con esta exposición, que pocos de los artículos de la Constitución de 1961 han sido trasplantados textualmente a la novísima Constitución Bolivariana, si bien algunos de sus capítulos poco se distancian del esquema formalmente acogido por la mayoría de las constituciones que le anteceden. Por ende, no puede afirmarse que el proceso constituyente esta vez realizado enmienda o reforma nuestra vieja ingeniería constitucional, hasta ahora sustentada en la versión inicialmente liberal y progresivamente social del llamado Estado de Derecho.

El modelo en cierne y los distintos equilibrios que plantea determinan un giro cualitativo en el mapa político de la nación, tanto en lo dogmático como en lo orgánico, que trasvasa el acusado agotamiento del régimen de representación de partidos y al propio Estado de bienestar, subsidiario como es del ciudadano y promotor del Bien Común según la óptica de los constituyentes de 1947 y de 1961. Las virtudes o defectos de la CRB, de consiguiente, sólo pueden ser apreciados con el pasar de los años; aun cuando, como lo hemos dicho, sus paradigmas esenciales sugieren –en un enfoque preliminar– formas institucionales regresivas en lo temporal y en lo material y de suyo de improbable o difícil conciliación con los postulados que, actualmente, ensaya el orden mundial y globalizado de la Era posbipolar.

En nuestra personal perspectiva podemos afirmar que toda teleología política constitucional es o ha de estar siempre el servicio a la libertad. Ello nos lo enseña la doctrina, a pesar de sus diversas manifestaciones (Véanse, al respecto, a R. Carré de Malberg, *Teoría general del Estado*, México, UNAM/FCE, 1998, pp. 29 ss., y a Germán Bidart Campos, *Doctrina del Estado democrático*, Buenos Aires, EJEA, 1961, pp. 17 ss.) y sin que pretendamos negarle formalidad constitucional a los sistemas políticos que se separan o desvían de tal propósito. En tal sentido, de preguntársenos ¿cuánto de constitución formal tiene la CRB? tendríamos que responder que es Constitución *in totus*, pero dejando a salvo las serias observaciones que algunos juristas de reputada trayectoria le hacen al proceso constituyente venezolano desde su misma concepción en 1999 y apoyados, probablemente, en la tesis que sostiene que el pueblo o la nación no adquieren su personalidad antes de asumir su dimensión política como Estado; de donde aquella, la nación, sólo puede ejercer sus potestades soberanas dentro del contexto jurídico e institucional establecido y por las vías o métodos fijados de antemano para el Estado y por su Constitución en vigor.

En otro plano, si reparamos en la adecuación de la CRB a los repartos de conducta inherentes o que se desprenden de la dinámica social y política actuante en la Venezuela contemporánea y que harían posible su "efectividad" normativa, tendríamos que decir que, por lo pronto, es riesgoso concluir por lo pronto y fuera de las hipótesis elementales que nos suministra el entorno conocido. Y vale advertir a este propósito que, junto a quienes aún pregonan la tesis latinoamericana del *gendarme necesario* otros, como el mismo ex presidente Rafael Caldera, sostienen con absoluta convicción que, luego de más de cuarenta años de vivir y de acostumbrase a vivir en libertad, nuestro pueblo no le da su asentimiento fáctico a los repartos autoritarios que a contrapelo de la democracia y de sus postulados pretendan ser impuestos, incluso por los mismos integrantes de la nueva elite política bolivariana que se hace del poder y de la legitimidad a partir del 2 de febrero de 1999.

¿Cuánto de compatible, entonces, tiene la CRB con el ideal de una sociedad justa de hombres y de mujeres individualmente responsables, participativa, solidaria, no mediatizada y cuyos postulados y formas orgánicas, asimismo, se revelen en el reconocimiento, respeto y garantía de la dignidad de la persona humana? Apenas podemos afirmar, al respecto, que este ideal sólo se da o es posible dentro de la democracia y al amparo de un régimen representativo y participativo a la vez; en donde el Estado, como expresión de la dimensión política del ciudadano y de la misma sociedad –mas no como efecto de una transustanciación de éstos en aquel– actúe en un plano de subsidiariedad o en paralelo, no de ausencia o de indiferencia y menos de sobre posición, al servicio y para la promoción del Bien Común. Y tal adecuación puede tener lugar –en modo de asegurarse la preeminencia del individuo y de la sociedad por sobre o en el Estado, o afianzando la función personalizadora y política de éste con relación a aquellos o incluso defendiendo su propia personalidad pero impidiéndosele conforme al mismo orden constitutivo toda desviación autoritaria potencial– sólo cuando se dispone la separación neta y el equilibrio funcional entre los poderes públicos constituidos: Legislativo, Ejecutivo y Judicial. Lo dice con su sapiencia y desde el pasado siglo Beaujour: "en las sociedades que son una colección de familias, los ...poderes deben estar separados, porque no pueden ser moderados, sino estando distribuidos en manos diversas. Mas, para moderar estos... poderes no-basta separarlos uno de otro, es menester aun dividir cada poder en particular para moderarlo mejor" (*Cf.* B. de Boujour, *Teoría de los gobiernos*, París, Imprenta de Bruneau, 1839, Tomo primero, pp. 14-15).

Al tenor de estas apreciaciones –que hacemos nuestras, pero que pertenecen al patrimonio jurídico occidental y cristiano– y bajo su guía, seguros estamos de que en lo inmediato no es imposible introducir un primer e hipotético juicio interpretativo del modelo propuesto por la Constitución de la República Bolivariana de Venezuela, en vigor desde el primer día del año corriente. Sin embargo, no es el objetivo de estos apuntes avanzar más allá de la sugerencia de algunos elementos para el debate y para la reflexión propia y ajena, nacidos de una reflexiva pero general lectura del texto fundamental mencionado. Éstos, quizá puedan ser formulados o estructurados luego y como hipótesis de trabajo para una revisión crítica y especializada posterior; que permita comparar y conciliar la realidad de la nación venezolana con las descripciones y prescripciones establecidas por la Asamblea Nacional Constituyente y juzgadas como sean, aquella y éstas, desde la vertiente de los valores éticos de la democracia.

## B.  *Hacia el fundamentalismo bolivariano*

A manera de ensayo inicial podemos decir que la CRB a diferencia de la CN es ideológicamente unidireccional. Sostiene la totalidad de su establecimiento y los valores que le presiden, sólo en la doctrina y el pensamiento de Simón Bolívar, El Libertador. Y de suyo, por ser prolijos y plurales tal doctrina y tal pensamiento en razón de las circunstancias históricas en las que fraguan, necesitan de su reinterpretación *ahistórica* y de su adecuación a la realidad nacional concomitante. Mas, no diciéndose por la CRB quien o que órgano habrá de fungir como intérprete de dicho pensamiento o de dicha doctrina, abre la misma un ignoto escenario de estimación subjetiva que bien puede arriesgar las seguridades del orden propuesto o impulsar sus desviaciones por quien funja en la práctica como supremo repartidor del poder constituido: ¿El Presidente, el partido y sus autoridades, la Asamblea como intérprete de su voluntad política y no de la voluntad constitucional formalizada, los jueces constitucionales electos en segundo grado?

Por otra parte, si bien la normativa relacionada con el reconocimiento y la garantía de los derechos humanos de la primera, segunda e incluso tercera generación, es mejorada de manera novedosa por virtud del trasplante que hacia la CRB se hace de las disposiciones más actuales de los tratados y de la doctrina internacional, cierto es que cuando en sus partes declarativa y orgánica se fijan los parámetros del modelo de Estado y de las formas públicas que están al servicio de la garantía y realización de tales derechos, el poder estatal readquiere una presencia dominante y en no pocos casos protagónica con relación al individuo y para la conducción de la misma sociedad venezolana hacia sus nuevos derroteros.

La razón de esta presencia envolvente y "totalizante" de lo orgánico y de lo público en la CRB quizá sea la derivación de un contra-efecto en la coyuntura, originado en la ausencia y omisión acusadas por el Estado de nuestro tiempo y validadas por la tendencia dominante hacia la globalización y el discurso coetáneo y maniqueo que aún predica el rol dominante de las reglas de lo económico por sobre lo político. Los defensores de esta última tesis se afincan, para beneficio de sus argumentos, en la experiencia que a nuestra generación le suministra el agotamiento del modelo marxista real con la caída de la Unión Soviética; cuyos efectos, extrañamente, abrazan a nuestra lejana e inconfundible realidad local y latinoamericana. Y, en efecto, así como el exceso de Estado hipoteca, desde siempre, el protagonismo individual y social de la persona humana y el carácter socialmente heterónomo de su dignidad inmanente, también la ausencia de Estado hace posible –como lo demuestra el caso venezolano reciente– la entronización de la anarquía y la arbitraria sobre posición de los fuertes por sobre los débiles; fracturándose, lamentablemente, la relación finalista que debe darse y mantenerse entre los principios de la libertad y de la igualdad y sus respectivas traducciones en derechos y en deberes humanos.

La CN es, dentro de su perspectiva y a diferencia de la CRB, una constitución flexible. Tanto que, bajo la autoridad de sus postulados y durante el tiempo de su vigencia el Estado venezolano pasa de su condición de Estado centralizado, interventor, regulador, promotor y gestor fundamental de la vida económica y social del país hacia su actual situación, cierta y no meramente nominal, de Estado federal descentralizado; cuyas competencias se ven progresivamente desplazadas hacia manos de la sociedad civil mediante el mecanismo de las privatizaciones o la transferencia o desconcentración de los servicios públicos fundamentales hacia los niveles decrecientes de la pirámide del poder público. Ello determina, así pues, que la actividad pública y política nacional traslade su centro de acción durante el curso del último decenio, desde el nivel gubernamental capitalino y presidencial hacia los estados y los municipios, en otras palabras, desde el Jefe del Ejecutivo Nacional hacia los Gobernadores y los Alcaldes en tanto que Jefes de los Ejecutivos regionales y municipales.

La función económica y sus políticas, de su parte y por efecto pendular, logran moverse desde el modelo clásico regional de economías protegidas hacia otro sustentado en la competencia de los mercados, sujetos éstos a un proceso acelerado de desregulación y de inserción progresiva en los espacios internacionales.

Lo dicho no atenúa, en todo caso, la inflexibilidad de la CN en cuanto al funcionamiento del sistema de representación, al hacerlo depender de modo absoluto y como lo hemos dicho, de la intermediación partidaria. Pero, incluso con este sesgo tan peculiar, el régimen bipartidista que abriga a la vida económica y social de Venezuela durante la vigencia de aquélla, no pudo impedir la generación por vía eleccionaria y popular de una elite política distinta y no alternativa –la bolivariana– bajo respaldo de las mismas masas populares que antes integran la militancia de los partidos tradicionales: Acción Democrática (social demócrata) y COPEI (social cristiano). Y todo ello fue posible, incluso, sin necesidad de una enmienda o reforma integral de la Constitución de 1961 y en acatamiento formal de sus reglas políticas.

Desde un punto de vista sociológico podría sostenerse –pero sólo a manera de hipótesis, lo repetimos– la convergencia en el nuevo modelo constitucional de la CRB de una suerte de nominalismo libertario y revolucionario afincado en el valor taumatúrgico del pueblo en tanto que expresión dominante de lo colectivo, aunado a una renovación y fortalecimiento del Estado como intérprete y cara visible del señalado colectivismo popular. En esta perspectiva no es el Estado, como debería serlo, mediador para la realización de la persona humana en lo individual y como parte de un entorno social que le realiza en conjunción a las otras personas, igualmente libres e independientes en voluntad y derechos. Podría decirse, extremando lo metafórico, que la CRB experimenta una concertación entre el oxidado espíritu de la Revolución Francesa y los hábitos autocráticos del Antiguo Régimen.

¿Acaso sea este modelo, de alguna manera, la transfiguración de una realidad social subyacente en la venezolanidad y su mestizaje, por ser como somos colectivistas, abiertos y sedentarios en la vertiente de lo indígena? ¿Por dependientes como grupo colectivizado o comunitario –no simple expresión colectiva de individuos– de una sumisión natural a la paterna y supra ordenada figura de la autoridad social o de clan? ¿El cacique, cuyos arrestos autoritarios son también parte de la herencia ibérica? O ¿por adherentes a tal autoridad unipersonal y caudillista, además, sólo movidos por la fe y no por la razón y dado el carácter cuasi-sobrenatural que consciente o inconscientemente le atribuimos, dentro de la visión mágica y mesiánica que de la vida nos lega del mismo modo la cultura africana? Eso está por verse.

C. *Entre el despotismo y la revolución*

Por lo pronto, revisada de conjunto la normativa constitucional contenida en la CRB a luz de las enseñanzas que a nuestra contemporaneidad llegan de mano de las nociones del Estado de Derecho y del Estado Social de Derecho, o de las otras normas que la sujetan por exigencias del Derecho internacional de nuestro tiempo, parece revelar inconsistencias, lagunas y contradicciones difíciles de conciliar en el plano de la ortodoxia.

A manera de conclusión, debemos decir que la novísima Constitución de la República Bolivariana de Venezuela como proyecto es un proyecto interesante, pues tiene y sugiere elementos muy ricos y diversos para un serio debate constituyente, que lamentablemente no se da en su momento. Empero, como texto constitucional revela una visión de país signada por las contradicciones conceptuales, al margen de que una u otra de sus facetas y a la manera de una <<tienda por departamentos>> pueda ser admirada o no, considerada o no como una buena obra de legislación y de política.

Así, por ejemplo, el esfuerzo realizado por la ANC para darle al título de los derechos humanos un sesgo innovador podemos calificarlo de encomiable, a pesar de las severas y puntuales reservas que nos motiva el carácter regresivo de sus ideas en cuanto a los derechos a la vida, a la seguridad personal, o a la educación, amén de su extraño silencio en cuanto al reconocimiento del derecho humano a la personalidad. En todo caso, fuera de lo anterior, la afirmación del progreso que acusan los derechos humanos en la CRB no quiere decir que el capítulo de éstos pueda calificarse, como ya lo han hecho algunos de sus exégetas, de revolucionario. Lo que en él se dice no es producto de la originalidad o de la ruptura. Sus artículos, algunos de ellos novedosos para el derecho interno, en efecto, ya están consagrados en los distintos textos internacionales y en la doctrina asentada por los organismos europeos y americanos de protección a los derechos humanos. En este orden, debemos puntualizar que para descubrir o desentrañar en sus bondades a una Constitución o prevenir sobre sus defectos y posibles correcciones, su análisis ha de realizarse en el conjunto de sus normas y en el contexto que le sirve de soporte a cada uno de sus artículos. Ella no es ni puede ser vista como un contrato colectivo y, menos todavía, como una <<colcha de retazos>> en la que cada sector de la sociedad o cada individuo tiene el suyo y con él debe darse por satisfecho. De nada nos sirve, justamente, un texto declarativo profuso o nominalista en el campo de las libertades si como declaración de derechos humanos no queda asegurado por un sano equilibrio entre los poderes del Estado y su limitación con base al principio de la *subsidiariedad*; en modo de que aquel, el Estado y su poder, no se revierta paulatina o repentinamente en contra del ciudadano o lo diluya a la manera de una célula en la <<disformidad soberana>> de lo popular.

La Constitución Bolivariana aprobada el pasado 15 de diciembre de 1999 predica la libertad, la democracia, la descentralización y la participación social. Y así puede constatarse en la lectura de sus artículos. Empero, a diferencia de la Carta de 1961 le otorga al Estado y no al individuo –ya lo dijimos– el cometido primordial de su desarrollo en dignidad (Artículo 3); sujeta los poderes públicos a una inconsistente idea de la soberanía popular al mediatizar la autoridad que debe tener la Constitución por sobre el Estado y por sobre todos los individuos y sus opiniones de coyuntura (Artículo 5).

Asimismo, la organización política y territorial de los Estados y la autonomía de los Municipios –fuente primaria de la democracia– que integran a la República dependen, en lo adelante, de los dictados de una ley nacional y no de actos legislativos regionales u ordenanzas edilicias (Artículo 16), atenuándose la personalidad de aquellos.

Estos aspectos, sin embargo, pueden ser discutidos e incluso rechazados por quienes dentro del espacio plural democrático defienden una concepción dogmática y orgánica constitucional diferente a la que, en lo personal, compartimos. Lo que sí es grave, pues no admite conciliación dentro de los esquemas del Estado de Derecho y de la necesaria garantía de los derechos de la persona humana en la democracia, es la ruptura de la CRB con el régimen de separación efectiva y transparente de los poderes públicos y del equilibrio que han de guardar los unos con relación a los otros para la tutela efectiva de las libertades. Así, el Presidente de la República, como cabeza que es del Ejecutivo puede ser habilitado para el ejercicio sin límites ni restricciones de funciones legislativas (Artículo 203) y ya no sólo, como en la CN, para la mera atención de las emergencias económicas y financieras; y puede, asimismo, disolver a la Asamblea Nacional cuando le censuren a su Vicepresidente Ejecutivo de la República (Artículo 236). Tal concentración en el Ejecutivo de las funciones de gobierno y de legislación igualmente se repite dentro de la CRB en el caso del Poder Ciudadano, en su relación con el Poder Judicial: Aquel es investigador, parte y <<juez>> de sus propios asuntos, al margen del sistema judicial ordinario (Artículo 274), conculcándose con ello el derecho humano al juez natural y al debido proceso. De igual modo, tal concentración queda también planteada en el ámbito de lo militar (Artículo 328), a contrapelo de los peligros que la misma envuelve para la democracia y fueron sabiamente advertidos antes del Pacto de Punto Fijo, por la Junta de Gobierno que preside el Almirante Larrazábal, en su Decreto 288 del 27 de junio de 1958.

Podríamos citar, en lo marginal y en modo de abundar sobre la concentración de poder público que implica el modelo constitucional naciente, que el Vicepresidente Ejecutivo, quien es designado sin mediar otra instancia de poder por el Presidente de la República, preside el Consejo Federal de Gobierno (Artículos 185 y 239, numeral 6) –en otras palabras, gobierna a los gobernadores al controlarlos por el lado de los recursos– y preside, juntamente, el Consejo de Estado (Artículo 252): Este, de manera heterodoxa, es un órgano de consulta del Gobierno para el Gobierno y en donde los consultados –adelantándose así a las posiciones deliberativas y teóricamente autónomas de sus cuerpos– son el congreso o Asamblea Nacional y la corte o Tribunal Supremo de Justicia, en sus calidades de integrantes principales de dicho colegiado.

Así las cosas, la Constitución Bolivariana es, en cuentas resumidas, una extraña suma de autoritarismo regresivo y de nominalismo libertario, en otras palabras y reiterándolo, es una síntesis audaz e imaginativa de los paradigmas del Antiguo Régimen con los de la Revolución Francesa. Quizá olvidan, los redactores de aquella, que el desbordamiento de los privilegios y del centralismo regio es el que motiva y justifica, en 1789, la eclosión revolucionaria y la consiguiente muerte de la monarquía y de su poder monopólico, luego dividido según la fórmula de Montesquieu para darle nacimiento a la "civilización moderna de la libertad".

# 4. EL ROSTRO OCULTO DE LA REVOLUCIÓN:

Revisión de las tendencias del proceso político en Venezuela

30 de mayo de 2001

> *"Estamos haciendo un esfuerzo sobrehumano para hacer una revolución pacífica, cosa difícil pero no imposible. Pero si ésta fracasa, vendría una revolución por las armas, porque esa es la única salida que tenemos los venezolanos"* (Hugo Chávez, El Nacional, 9-5-2001, p. D-2).

A.  *Entre la simbología y la transitoriedad constitucional*

El proceso político venezolano –tal y como lo indican sus tendencias recientes– sigue amarrado en su decurso a las acciones y reacciones personales, mediáticas e imprevisibles de Hugo Chávez Frías, líder de la intentona golpista del 4 de febrero de 1992 y hoy Presidente de la República. La expectativa de una recomposición institucional del Estado en Venezuela –necesaria, cuando menos, para la afirmación de reglas de juego político estables y concordantes con los términos postulados en la Constitución de 1999– no se aprecia como un propósito central del Primer Mandatario; a pesar de que aquella fue, al menos en principio, el desiderátum de la jornada constituyente promovida por él y que le ocupa los dos primeros años de su gestión administrativa.

Los intentos, magros, para afirmar el piso orgánico que, en teoría, ha de servir de escenario para la gestión del modelo de democracia participativa y protagónica propuesto por Chávez, avanzan hacia su definitiva frustración. Y lo cierto es que, al margen de las reservas que haya podido suscitar la novísima Constitución –dadas sus contradicciones conceptuales (dogmáticas vs. orgánicas) o en razón de su innegable compromiso con la idea de un Estado tutelar e inconsistente con el respeto material de los derechos humanos–, el desarrollo de sus previsiones surge como indispensable para que todo el país se reencuentre como comunidad afectiva y efectiva, volviendo a ser nación. Ello es obligante, en efecto, para la vigencia de las libertades públicas y para la seguridad que reclaman tanto la reactivación del aparato productivo cuanto la conquista inmediata de un clima social facilitador de la convivencia, tanto en lo interno como en lo internacional.

De modo que, más allá de la simbología alcanzada por la Constitución de la mal llamada V República y, en la práctica, de su utilización como idea fuerza para la cohesión popular en torno al predicado líder de la "revolución", lo único constatable es que la "transitoriedad" estructural no abandona el panorama doméstico.

El propio Chávez, durante la celebración del aniversario de la Constituyente, no escatima sugerencias sobre lo imprescindible de sostener el acusado y heterodoxo régimen de transición constitucional (léase, de excepción fáctica); situación ésta que, por lo demás, sugiere una suerte de prórroga arbitraria en el control personalista que del poder público ya ejerce sobre todos los ámbitos y desde el momento mismo en que presta su juramento ante el último Congreso de la IV República y declaró "moribunda" a la Constitución de 1961.

La afirmación de este comportamiento, bueno es observarlo, no es, como en otros casos, meramente coloquial o filatera en la voz del Jefe del Estado. De hecho, Hermann Escarrá-Malavé, ex constituyente y ahora Abogado de la República ante los organismos internacionales de derechos humanos, informa a la prensa que el Presidente Chávez "analiza varios escenarios para asumir poderes extraordinarios", más allá de los otorgados [a él] por el parlamento dentro de la Ley Habilitante (El Nacional, 8-5-01, Primera página). Chávez, por su parte, luego de los conocidos escarceos e inseguridades a que nos tiene acostumbrados, no ha hecho más que confirmar el despropósito (El Universal, 30-5-01, p. 1-2): "Estoy pensando seriamente en decretar el estado de excepción" (Caracas, 11-5-01); "se trata –el estado de excepción– de un alboroto de unos pocos, de especulaciones" (Malasia, 28-5-01); "lo único que podría llevarme a mí a un estado de excepción, sería la pobreza, la miseria..." (Indonesia, 29-5-01).

### B. *El proyecto político vs. el proyecto de poder personal*

Más allá del histrionismo que le es característico, de su táctica de marchas y contramarchas o de la embriaguez que le significa su inesperado desempeño como Jefe del Estado –por estar sostenido en un accidente histórico–, difícil es afirmar, sin embargo, que para Chávez el poder y su control individual se reduzca a un mero acto de narcisismo; sin perjuicio, lo antes dicho, de que en casi todos sus actos de gobernante sobresalga tal rasgo dominante de su personalidad. El dilema es, básicamente, que su proyecto político choca no pocas veces con su proyecto personal de poder, solapándose ambos y con marcada preeminencia el último por sobre el primero.

Para discernir, entonces, acerca de "ese algo más" que explique la razón y el sentido último de la "transitoriedad" querida por Chávez para Venezuela, deben hurgarse otros datos recientes que mejor ilustren la perspectiva. Las preguntas, al respecto pueden ser muchas y bastante cruciales, pero, en buena lid, son difíciles de responder a la manera de una tesis y en todos sus extremos. El mismo estilo de Chávez y sus expresiones tácticas recurrentes, propias de antípodas y nutridas de simbología épica, así lo impiden

¿Acaso, la manida transitoriedad se debe a que la Asamblea –dominada por el partido oficial– no puede o no quiere, sin más, dictar la legislación reglamentaria que le mandan las Disposiciones Transitorias de la Constitución vigente?; o es que la manoseada transitoriedad emerge como variable obligante porque el mismo Gobierno tiene iguales dificultades para sancionar las leyes que le fueran encomendadas por la Asamblea, mediante una habilitación extraordinaria ¿O, mejor aún, trátese de un problema de incapacidad gestionaria manifiesta en los nuevos administradores de la cosa pública, o de un reflejo de las conocidas desavenencias (clientelares o de mera oportunidad ¿?) dominantes en el seno del movimiento "bolivariano" (léase, la falta de conciliación –sin mengua de los trasiegos– entre sus distintas vertientes: la militarista, original y excluyente, en su dual vertiente, golpista e institucional; la civil, de centro-izquierda, tolerante; la marxista, radical y revolucionaria, tributaria del ejemplo cubano)? ¿O, a fin de cuentas, todo ello es el mero subproducto de una amalgama de las razones acuñadas, a las que se suma otra esencial: el desinterés estratégico del mismo Chávez por la "regularidad institucional" hasta tanto asume el control pleno y personal del poder político y social en el país?

## C. *Los indicadores*

Veamos algunos indicadores que destacan en el "antes" y en el "después" de Quebec: sitio en el que Chávez, recién y a propósito de la III Cumbre de las Américas, constata su aislamiento ideológico en el Hemisferio. Allí hace reserva de todo credo en la democracia representativa al firmar, discrepando, la Declaración unánimemente adoptada por los demás Jefes de Estado y de Gobierno y al presentarse ante ellos, por si fuese poco, como una suerte de Canciller del Presidente cubano, Fidel Castro.

Téngase presente que, luego de dicho revés y al mediar la conocida intemperancia y la visión maniquea que de la política tiene el mandatario venezolano, se supone que haya considerado la urgencia de medidas reactivas que le posicionasen a tiempo y de nuevo en "sus" particulares ideas, aun cuando pudiesen revelar, prematuramente, el rostro oculto de su revolución "bolivariana".

Por lo tanto, no es de descartar, en yunta con lo señalado, dada tanto la formación moral pre convencional de Chávez como los efectos psicológicos ejercidos en su personalidad por su brusco e inesperado acceso al poder, una íntima convicción de que en el plano de la ortodoxia arriesga, por obra del mismo tiempo, el destino de su proyecto político; peor aún, pone en juego la estabilidad de su poder personal. Y la merma de este último, de suyo que no está en capacidad alguna de digerirla sin más y aprisionado, paradójicamente, por su propia cárcel normativa: la Constitución Bolivariana.

Tampoco es aventurado sostener que, a pesar de la generosa popularidad que aún conserva como Presidente, la impopularidad de su gestión crece a un ritmo inversamente proporcional y –para él– desconcertante. La misma regla extremista sobre la cual afinca su estrategia de poder: la confrontación –o conmigo o contra mí–

igualmente le reduce los espacios de indiferencia o de neutralidad para la evaluación y juicio de sus logros gubernamentales, viéndose favorecido un movimiento más sistemático y enérgico de la todavía fragmentaria e ineficaz oposición política.

De esta suerte, la propia "transitoriedad" –cómoda para el ejercicio del poder omnímodo por Chávez– conspira en otro plano contra su imagen popular, una vez como constatado la gente que la calidad de vida y la esperanza por la redistribución económico-social equitativa prometidas no se hacen visibles y menos se pueden hacer dentro de un cuadro de desarticulación constitucional permanente. A falta de instituciones regulares, e incluso de oposición respetada, es obvio que la responsabilidad plena sobre la suerte del país y en el criterio de la opinión pública recae totalmente sobre el Presidente Chávez.

A él, por consiguiente, se le plantea ahora una carrera desesperada contra la fatalidad y de aquí, quizás, el que su criterio de la transitoriedad constitucional no encuentre otra expresión inmediata que el eventual recurso a un régimen de excepción –que no sólo de emergencia– al Estado de Derecho. Y en igual orden, viene la amenaza proferida y a cuyo tenor, o lo aceptamos como tal y pacíficamente, o confronta la disidencia en el terreno de las armas (*Cfr.* supra, nota del encabezamiento). Así de simple.

a. *Una pareja mal avenida*

El anunciado matrimonio cívico-militar –base fundamental de la propuesta de revolución en paz planteada por el Presidente Chávez– se aleja en los mismos términos en que el pueblo, constatando la presencia dominante de la Fuerzas Armada –militares activos y retirados– en los cargos estratégicos del Gobierno (Jefatura del Estado, secretaría presidencial, seguridad interior, política exterior, industrias básicas, transporte y comunicaciones, programas de desarrollo social, vivienda, reforma agraria, aduanas etc.) no las percibe competentes; antes bien las advierte comprometidas, cada vez más, con hechos graves de corrupción. Alfredo Keller, reputado experto en sondeos de opinión, señala que en la actualidad sólo el 17% de la población apoya la tesis chavista cívico militar, 9% la de un Gobierno militar, y 68% dice preferir un gobierno solamente civil" (El Universal, 6-5-01, p. 1-8).

### b. *Entre la legitimidad y el caudillismo*

Chávez ha de saber que su piso político tal para cual se deteriora en curva lenta pero sostenida: allí están los fracasos de su Gobierno ante la reciente huelga petrolera, en la toma del Rectorado de la Universidad Central, o en la convocatoria oficial de los trabajadores para las celebraciones del 1° de mayo. Y debe intuir, cuando menos, que el descrédito de sus colaboradores más cercanos y el rezago de la emoción que él mismo concita antes y después de su ingreso al Palacio de Misia Jacinta, se profundizan aún más ante una eventual caída de los precios del petróleo y la pérdida consiguiente de la capacidad "dadivosa" del Estado. Ello, por ende, puede estar presionándole hacia el sendero señalado del "régimen de excepción", en el que la paulatina y convencional tarea de legitimación de sus proyectos –mediante la pedagogía directa (¡Aló, Presidente!) o la acción proselitista del partido oficial MVR (Movimiento V República)– pierde todo sentido y operatividad en el corto plazo.

Por lo demás, la confrontación diaria o accidental, que buenos réditos le proporciona a Chávez hasta el presente, comienza a encontrar como límite natural y progresivo a las carencias de un pueblo que, como el nuestro y mediando períodos de crisis y de bonanza con todas las inequidades actuantes, conoce y estima el valor persuasivo de la modernización durante los últimos 50 años.

En suma, si Chávez considera que su proyecto "político" puede estar perdiendo credibilidad, es de predecir que, dada su manifiesta cultura primaria [más de 20 años sujeto a la citada pauta moral militar discerniente: mando vs. la obediencia], mal ha de aceptar –por lo ya dicho supra– una derrota democrática de su proyecto "personal". Por lo demás, no debe olvidarse como dato para el análisis prospectivo, que Chávez es una viva expresión del modelo político caudillista, que tiene mucho arraigo en la cultura nacional dominante y a éste adhieren, sin reservas, amplias capas de la población venezolana.

### D. *Antes de Quebec*

Un primer incidente que matiza al proceso político nacional en su evolución hacia el régimen de excepción, a la manera de una prórroga en la transitoriedad constitucional, es el inesperado y citado escándalo de corrupción en las Fuerzas Armadas, a propósito del llamado Plan Bolívar 2000. Este fue diseñado por el Presidente para que los militares pudiesen integrarse paulatinamente y en solidaridad militante con los estratos más pobres de Venezuela; vía un mecanismo de remedio "expedito" –extraordinario y sin mayores controles administrativos– de sus reclamos sociales inmediatos: atención médico-sanitaria, recuperación del hábitat, disminución de la emergencia laboral, mejoramiento de la infraestructura educacional y deportiva, construcción de viviendas populares, suministro de alimentos, etc.

Seguidamente, coincide con lo anterior el serio malestar que ocasiona en las FFAA el incidente de las "pantaletas" –prendas íntimas femeninas– enviadas al Alto Mando y a los Generales del Ejército por opositores políticos del Gobierno, haciéndoles ver sus deshonrosas debilidades antes los dislates populistas, la intolerancia febril, las desviaciones marxistas, y la irreverencia contumaz del Presidente.

Uno y otro hecho pueden haber revelado a los militares el alto costo que les significa su exposición pública en demasía y que, dado el caso, pueden pagar caro en un futuro por culpa del mismo Presidente. Es él quien los empuja, deliberadamente, hacia el activismo político. Tales circunstancias (El Plan Bolívar y el incidente de las "pantaletas"), a fin de cuentas, han de haber provocado una seria fisura entre miembros del mundo militar y su Comandante en Jefe. Lo cual, a la manera de una hipótesis, no puede descartarse por elemental.

Éste, a su vez, al tanto de la incomodidad en los cuadros castrenses y en un movimiento rápido cuanto temerario de manos, sustituye al Ministro de la Defensa –un General activo del Ejército– y designa para tal cargo a un civil, José Vicente Rangel, hasta entonces Canciller de la República. Logra así resolver Chávez, precisamente varios problemas en la interinidad:

(a) La incomodidad de sostener al frente de la política exterior a un hombre de relativas convicciones democráticas como Rangel, amigo de la concertación y que en cierto modo mitiga –con su fuerte presencia personal– la conducta beligerante del Comandante Presidente, quien prefiere jugar en lo adelante un rol protagónico mundial y servir de eje de encuentro de todos los sectores insatisfechos del orbe –guerrilleros y ex guerrilleros, marxistas, nacionalistas, tercermundistas, etc.– que protestan contra Estados Unidos y su política mundializadora de corte unipolar.

(b) Bajar el tono de la polémica pública sobre la corrupción de los militares, alimentada en el diario encuentro y cotejo del antiguo ministro uniformado con los medios de comunicación social, al ponerle al frente un periodista cuya línea de opinión conocida es la denuncia de la corrupción en los cuarteles.

(c) Impedir, consecutivamente, que los oficiales incómodos puedan dejarse influir por el discurso rupturista –casi golpista– de algunos dirigentes y actores de la añeja democracia "puntofijista", sugiriendo la ilusión de una suerte de regreso de los militares a sus cuarteles y el sometimiento de éstos al control del poder civil y "democrático" de Rangel. Fue ésta, al menos, la impresión mediática inicial en el colectivo.

Ahora bien, más allá de la utilidad de corto plazo o de las imágenes virtuales transmitidas por el rápido movimiento de Chávez sobre el ajedrez político militar, lo evidente es que existe un "ruido de sables" –mayor o menor, no lo sabemos– en el seno de las distintas ramas de la milicia. Para colmo, el nombramiento de Rangel provoca su agudización.

De allí que, Chávez, a renglón seguido y presuroso, anuncie horas después del nombramiento de Rangel que designaría como Inspector General de la FFAA a un General de la Aviación (adherente al "puntofijismo" ¿?), y único responsable, bajo sus instrucciones directas –las del Presidente– de conducir las operaciones militares.

Así pues, al comprender Chávez que no tiene vuelta posible hacia el pasado, marcha adelante nervioso y forzado por las circunstancias, mas quedando al descubierto en sus móviles e ilusiones originales. Acelera, por ende, la realización de su vieja y acariciada idea de monopolizar y concentrar de forma directa el mando militar y de afirmar su proyecto personal de poder, en el plano de la gerencia pública, sobre bases fundamentalmente castrenses más no "desideologizadas".

De allí el intento que le anima de "reconvertir" con urgencia a la Fuerza Armada. Chávez, vale recordarlo, nunca deja de ser un soldado, ni en lo cultural ni en profesional. Tanto que, lo que más resiente aún es esa minusvalía que le significa, en su interior y conforme a su juicio, la pérdida de la divisa militar que le impone el Presidente Rafael Caldera como condición para acordarle el sobreseimiento del juicio militar que le mantiene entonces prisionero. Allí reside, en el fondo, la razón del uso regular pero indebido que del uniforme de Teniente Coronel hoy hace Chávez, durante el desempeño de sus tareas presidenciales.

En suma, aspira ejercer en plenitud su condición material y ya no sólo nominal de Comandante en Jefe de la Fuerza Armada, afirmada en una suerte de unidad piramidal compuesta de meros componentes orgánicos o funcionales y en la que pierden sus respectivas cuotas de poder hegemónico los antiguos Comandantes Generales del Ejército, de la Aviación, de la Marina y de la Guardia Nacional. Es ésta, quiérase o no, una vuelta al modelo que rige durante la dictadura de Marcos Pérez Jiménez hasta 1958, cuando la Junta Militar presidida por el Almirante Wolfgang Larrazábal desmantela el Estado Mayor General y elimina la Escuela Básica, de cara al proceso democrático que busca favorecer.

a. *Hacia las milicias revolucionarias ¿?*

En todo caso, en el interregno, para evitar los riesgos de desestabilización, Chávez, en su estilo provocativo, afirma (¿dirigiéndose a los militares de viejo cuño?) que piensa llamar a un millón de reservistas (¿milicia "paralela" o sustitutiva del Ejército?) para incorporarlos a las faenas del Plan Bolívar 2000 (El Nacional, 1-4-01, Primera página). Pero no introduce cambios manifiestos en los Comandos de Guarnición, señalados, algunos de ellos, del manejo presunto e indebido de los dineros públicos asignados al Plan de referencia. La razón, de ser ello así, huelga: Dada la *capitis diminutio* de los Generales u Oficiales Superiores –sujetos a las investigaciones de corrupción en curso– y quienes detentan la capacidad de movilización en la eventual ejecución de un golpe de Estado, no tienen otra opción que responder sumisos y pacíficos a la autoridad inmediata del Jefe del Estado como Comandante en Jefe.

Pero, la dinámica de los acontecimientos reseñados no se detiene aquí.

Más luego tiene lugar la toma, por parte de la Casa Militar del Presidente y de su Guardia de Honor, de las antiguas oficinas del Ministro de la Defensa (Fuerte Tiuna) y que Chávez decide utilizar, a tenor de su propia declaración, en su condición de Comandante en Jefe de la Fuerza Armada (El Nacional, 5-3-01, Primera página). Y si el hecho, ciertamente, tiene su origen en el conflicto por la presencia física de Rangel en los espacios de Fuerte Tiuna, lo importante de observar es que la decisión de Chávez escinde, simbólicamente, la condición dual pero interdependiente del Presidente: Jefe de Estado y Comandante en Jefe de las Fuerzas Armadas. Minimiza, de un modo virtual, el emblema del poder civil presidencial, que reside de una manera unitaria en el Palacio de Miraflores.

A su turno, Rangel es enviado a despachar como Ministro desde el Aeropuerto de La Carlota, sede de la Comandancia General de la Aviación, donde concentra para sí y por instrucciones de Chávez la administración patrimonial total de los dineros de la Fuerza Armada, hasta ahora diversificados en su gestión bajo el cuidado directo de cada uno de los Comandantes Generales. Y éstos, a su vez, reciben la instrucción presidencial de abandonar sus sedes propias y preparar la mudanza de sus pertrechos hacia la sede del Ejército, en Fuerte Tiuna, aledaña a la que estrenaría el Comandante en Jefe. Es, cuando menos, el propósito anunciado.

b. *La tesis chavista de la seguridad nacional*

Por otra parte, Chávez encarga de la redacción de un Proyecto de Ley Orgánica de Seguridad de la Nación, que sujeta en calidad de sirviente normativo a la tradicional Ley Orgánica de las Fuerzas Armadas Nacionales, a una comisión designada por él mismo y conducida por un Almirante de su confianza (Secretario del CODENA). Esta última Ley, ,en lo particular, busca reforzar, es verdad, la visión constitucional que de una Fuerza Armada unitaria promueve Hugo Chávez durante los debates constituyentes; aún en contra de la opinión de calificados miembros de la Asamblea, de los integrantes del Alto Mando Militar, y de los especialistas del Instituto de Altos Estudios de la Defensa Nacional.

La Ley Orgánica en proyecto, bueno es advertirlo, extrañamente es escrita bajo la mayor reserva y dentro del ámbito cerrado de la FFAA. Y a pesar de que la materia es de alta sensibilidad para el país y que, en el plano de lo formal, ha de involucrar a todos los sectores civiles –vista la previsión constitucional de que la Defensa y la Seguridad de la Nación han de sostenerse sobre el principio de la "corresponsabilidad" entre el Estado y la sociedad– no es conocida siquiera por los integrantes del cuerpo de Generales y Almirantes en su mayoría.

El proyecto de Ley de Defensa, en todo caso, parece estar animado por el mismo esquema –inicialmente sugerido por la frustrada Ley del Sistema Nacional de Inteligencia– de integración social horizontal bajo la égida del Estado, de control piramidal y polivalente de todas las fuentes de información y en todas las áreas de la vida venezolana; pero proponiendo el traspaso total de dicho poder de inteligencia a manos exclusivas de la Fuerza Armada y controlado por el mismo Chávez en su "atípica" calidad, como antes se dijo, de Comandante Militar Supremo en funciones.

No se entienden los riesgos de la propuesta en curso, ciertamente, de no repararse en algunas circunstancias que se suman a las ya señaladas: El Consejo de Defensa de la Nación –titular de una función totalizadora en cuanto a la política interior y exterior de la República– queda en manos, prácticamente, de un Consejero de Seguridad Nacional designado por el Presidente; quien a su vez tiene funciones <<ejecutivas>> en el control igualmente totalizante de la inteligencia de Estado; en el manejo del sistema nacional de defensa civil; y en la ordenación tanto de la movilización nacional como del control de los comités de movilización para los casos en que se decrete el régimen o estado de excepción. Y todo ello desborda, por una parte, el neto carácter consultivo que la Constitución le asigna al Consejo de Defensa de la Nación y su sujeción a un número clausus y calificado de miembros; y, por otra parte, asegura el monopolio excluyente del tema de la seguridad nacional por parte de la Fuerza Armada, al determinarse que las sanciones por el incumplimiento de la ley corresponden a la Cartera de Defensa.

No bastando lo anterior, la proyectada legislación chavista aborda sin cortapisas y como parte de la seguridad nacional, la regulación de principios y valores que se relacionan de manera directa con la persona humana y su destino: "El Estado –dice el proyecto– fomenta la protección de la familia..., a través de políticas que garanticen el derecho a la vida... en armonía con los intereses ciudadanos"; "el Estado se reserva el derecho de supervisión y control a toda actividad científica destinada a realizar investigaciones con el material genético de los seres humanos".

Los comentarios huelgan.

### E. *Después de Quebec*

A su regreso de la Cumbre de las Américas Hugo Chávez queda persuadido de que no tiene otra opción que radicalizar y hacer evidentes sus reales y hasta ahora encubiertas pretensiones autoritarias.

Con el anuncio de reflotar al antiguo MBR-200, núcleo inicial de su acción como golpista, hipotecado con su originaria y dominante visión redentora, militarista, neocomunista y tutelar del país, es evidente que no busca otra cosa que resolver, al menos en teoría, la contradicción que en doble banda le obligó a ser cauteloso hasta el presente: es decir, la imposible convivencia de la FF.AA., formada dentro de la cultura democrática tradicional, con los líderes y miembros del espectro marxista y revolucionario que se solidariza con el jefe de la asonada del 4 de febrero de 1992. Y no se olvide que Chávez, en hipótesis, mal puede cohesionar esa estructura militar existente, de la que hace parte y luego hereda [nacionalista, pre convencional, bolivariana, pero acusadamente antimarxista] con la idea de su alianza política estable –más allá de los devaneos diplomáticos– con el "triángulo del mal" La Habana-Trípoli-Bagdad y con los movimientos guerrilleros y de liberación que todavía operan en América Latina. Pero se decide a intentarlo.

Es ésta, a fin de cuentas, la carta que busca jugarse dentro del único contexto en el que concibe a la acción política: o afirma de manera estructural su poder personal y a continuación político, mediante el régimen de excepción hacia el que avanza presuroso, o sobrevendrá una eventual ruptura o inflexión constitucional, que le puede eyectar del poder o le hace su fatal presidiario. Esto último, o sea, la posibilidad de un corte constitucional sin Chávez indefectiblemente puede sobrevenir, de constatarse inviable la comentada reconversión del estamento castrense y el intento de su ensamblaje dentro del esquema militar-revolucionario. Y ello puede ser así, justamente, de insistir Chávez en su objetivo original.

a. *El MVR: un aliado muy incómodo*

Es de señalar, con vistas a lo anterior, que en el plano de la organización política de la sociedad media una circunstancia de peso, que mal puede obviarse sin más por el Comandante Chávez y para cuyo reparo no le basta su decreto de resurrección del MBR-200: El partido oficial actuante, el MVR de Luis Miquilena y José Vicente Rangel, quiérase o no ha sido algo más que la fachada electoral y democrática "victoriosa" del ex golpista; antes bien, recoge en su seno la amplia masa popular, plural y democrática que le da soporte en el pasado (1959-1999) a los Partidos Acción Democrática y COPEI. Y, si bien el MVR no lo conducen líderes conversos de estas dos últimas organizaciones, si tiene a su cabeza a dirigentes de la izquierda democrática -o "democratizada" por la misma democracia "puntojista". No es el MVR, por lo mismo, una estructura política y de conducción popular de carácter "impermeable", sin perjuicio de sus arrojos sectarios y de su inocultable deseo de constituirse (más por razones clientelares que ideológicas) en el partido único de Venezuela (*).

(*) **Una década después de lo escrito, por fuente directa y con dato que es relevante para el entendimiento de la contemporaneidad, se sabe que el núcleo germinal del MVR, dominado por militares –Luis Alfonso Dávila, William Izarra, Miguel Madrid Bustamante, entre otros– que se convencen al igual que Chávez de la idoneidad de la vía electoral para llegar al poder, por decisión interna y luego de un agria controversia se integra con una nueva directiva. Son incorporados los civiles que dicen representar el ala revolucionaria procastrista y quienes acusan al propio Chávez de traición, por renunciar a la vía armada (Nicolás Maduro, Cilia Flores, Freddy Bernal). Y al ingresar, más tarde, Luis Miquilena, en defecto de Izarra, funge éste de equilibrio entre ambas tendencias dándoles su unidad funcional.**

Así las cosas, medido el escenario de los propósitos y resuelta por Chávez –si es que lo logra en la definitiva– la variable militar, es manifiesto que la presencia preponderante del MVR en el Gobierno, contando con las características que le adornan, puede resultar inviable o llegar a su término. Él representa algo más que una rémora u obstáculo en la marcha de ese proceso político que, supuestamente, conduce Chávez para la implantación de una dictadura marxista.

### b. *Las "camisas pardas" bolivarianas*

El MBR-200, por obra de la lógica autoritaria comunista, pasaría a ser no otra cosa que una suerte de "aparato" de control ciudadano, manejado bajo paradigmas pre convencionales –que no convencionales o consensuales, como ocurre en la democracia– y que mejor responde a la cultura y la personalidad reseñadas de su mentor: La relación de mando-obediencia se transformaría, obviamente, en la pauta de adhesión a la moral revolucionaria. Es el desafío.

Las declaraciones de William Lara, Presidente de la Asamblea Nacional, dichas luego del anuncio de Chávez, son más que reveladoras al respecto: "En el nuevo MBR-200 no tienen cabida los traidores".

Las declaraciones subsiguientes del Comandante Jesús Urdaneta Hernández, fundador del MBR-200, separado de Chávez Frías desde cuando aquél le descubre en sus nexos –vía Ramón Rodríguez Chacín– con la narco-guerrilla colombiana, y que da en respuesta al anuncio de la reflotación del movimiento golpista confirman, evaluadas en su contexto y minimizadas sus exageraciones, la hipótesis de marras: "[Chávez] pretende obtener oxígeno para lograr unos objetivos que nadie los conoce....."; él utilizaría eso [el MBR-200] como una fachada para ir armando a grupos que traten de defenderlo... La intención es armar a la gente"; "Chávez tiene el plan perverso de seguir generando anarquía para que (*sic*), en algún momento determinado, irse a la aventura de un golpe, generar una guerra civil" (El Universal, 7-5-01, p. 1-4).

Todavía más, las últimas declaraciones del Presidente, seguidas en veinticuatro horas a un artículo de opinión escrito por su hermano mayor y Secretario Privado (Adán Chávez) y que en cierto modo desdicen –las de Chávez, el Presidente– aquellas otras de Lara cuando afirma que el MBR-200 busca reunir a todos los movimientos, sectores y actores que han acompañado al líder de la revolución, no dejan margen para las dudas. Se pregunta el Secretario Chávez, en comentario crítico directo a la reunión hemisférica de Quebec, lo siguiente: ¿No forma parte Cuba de "todos los países de Las Américas? ¿Dónde queda el principio fundamental y universal de la autodeterminación de los pueblos? (El Universal, 6-5-01, p. 2-10). El Presidente fue más directo: "El nuevo MBR-200 no será una agrupación de partidos, servirá para coordinar al pueblo organizado, defender la revolución bolivariana y vigorizar el proceso de cambios" (El Nacional, 7-5-01, Primera página).

### c. *Coincidencias nada casuales*

Hugo Chávez, Presidente de Venezuela, Comandante en Jefe de la Fuerza Armada y líder de revolución bolivariana, en el tránsito de las circunstancias anotadas y aderezándolas, declara sin ambages que "la guerrilla colombiana no es enemiga para nosotros..." (El Universal, 2-5-01, páginas políticas). No repara, al afirmar esto, en los militares venezolanos muertos a manos de los movimientos revolucionarios del país vecino, en especial los de Cararabo y, menos todavía en los muchos secuestrados de la frontera, miembros o hijos de la clase ganadera o empresarial que hoy le cuestiona con acritud. ¿Acaso se trata de una manifestación de llana simpatía hacia los rebeldes del vecino país o bien de una oblicua y deliberada agresión por parte de Chávez hacia los sectores tradicionales de la Fuerza Armada, cuya reconversión se propone como crucial para su proyecto?

Desde El Salvador, por lo demás, llega la noticia de que la misión cívico militar enviada por el Presidente para socorrer al pueblo de esta nación centroamericana, en su acaecido desastre natural, hubo de regresar por requerimiento de las autoridades de dicho país (El Nacional, 2-5-01, p. A-2). La medida gubernamental salvadoreña es protestada, casual y enérgicamente, por el Comandante del otrora movimiento guerrillero y en la actualidad partido político FMLN (Frente "Farabundo Martí" de Liberación Nacional). Los comentarios al respecto huelgan.

## F.  *Post Scriptum*

El 9 de mayo de 2001, Hugo Chávez anuncia la posible expulsión del Gobierno del Movimiento al Socialismo (MAS), partido de centro izquierda democrática que alcanza traspasar los muros desde la IV hasta la V República. Advierte, en todo caso, que la decisión final le corresponde a un inédito "Comando Político de la Revolución". Pero nadie sabe, a ciencia cierta, qué es o qué será o quiénes integran o integrarán este Comando revolucionario en cierne: ni siquiera los dirigentes del MVR y tampoco los del reestrenado MBR-200 (Movimiento Revolucionario Bolivariano 200).

Tres días después, acicateado por su traspiés quebequense y siguiendo la ruta iniciada cuatro días antes por su mentor político, Fidel Castro, hacia Irán, Malasia y Argelia, naciones simpatizantes de la Revolución Cubana (El Nacional, 13-5-01), el Presidente venezolano hace otro tanto vía Rusia para continuar hacia Irán, India, China, Malasia e Indonesia. Y desde Moscú, su primera escala, asume sin ambages ser "la llave estratégica de Rusia en América Latina" (El Nacional, 15 y 16-5-01). Con su Gobierno firma un Acuerdo de Cooperación Técnico Militar y proclama una alianza estratégica para enfrentar a la unipolaridad americana y para coincidir seguidamente en la necesidad de transitar "caminos conjuntos de diálogo y cooperación" con la isla caribeña. Allí declara, junto a Putín, que "cree en la democracia, pero no en las formas de democracia que nos imponen".

Posteriormente, en Irán, luego de ratificar su igual alianza y coincidencia estratégica con el régimen Shi'Ita el Gobierno anfitrión le hace saber al ilustre visitante venezolano que bien puede beneficiarse de la experiencia militar iraní (El Nacional, 22-5-01).

Hugo Chávez Frías, Comandante y Presidente de Venezuela, solitario en el Occidente luego de Quebec, ha dicho desde el Oriente y en este su último periplo internacional: "soy el segundo Castro latinoamericano".

El rostro, hasta ahora oculto, de la revolución bolivariana, queda al descubierto.

# 5. EL RENACIMIENTO DE LOS "ESCUÁLIDOS": MITOS Y REALIDADES DE LA OPOSICIÓN POLÍTICA

21 de junio de 2001

## A. *La declinación de los partidos*

Dos circunstancias, una exógena –la crisis general del Estado y en lo particular la del Estado de Bienestar– y otra de origen interno –la visión regresiva que de la vida política tiene el Comandante Hugo Chávez, hoy Presidente de la República– contribuyen a la cesación del cometido orgánico-integrador y dinamizador que de la actividad democrática tienen a su cargo, hasta el pasado reciente, los partidos políticos en Venezuela. Por ello toma cuerpo la idea, no siempre exacta, de que no existe oposición y menos una capaz de subvertir el curso de la dinámica autoritaria que toma cuerpo dentro del proceso político nacional.

No se puede decir, sin embargo, que el advenimiento mismo de la llamada V República y la entronización de Chávez sean la causa inmediata del señalado declinar en el prestigio y en el grado de representatividad de las organizaciones partidarias históricas; y que, a pesar de la severa crisis existencial que acusan, no encuentran sustituto alternativo eficaz dentro del modelo liberal o social de democracia representativa que rige en la casi totalidad de los países americanos.

El Estado de Bienestar o, mejor aún, el Estado como expresión política de la organización social moderna y contemporánea, hace aguas en todas partes y luego de la caída del Telón de Acero, una vez afirmado, por obra de la revolución digital, el fenómeno conocido de la globalización. Los espacios pierden importancia frente al tiempo y a su vértigo comunicacional.

El cuestionamiento de todas las fórmulas de colectivismo social omnicomprensivas y totalizadoras por ideológicas, castigadas sin discriminación luego del agotamiento de la experiencia comunista y, en lo particular, la consiguiente revisión o cuestionamiento del concepto y de las funciones del Estado en sus relaciones ordenadoras de la convivencia –bajo la premisa, no siempre justa, de que su presencia dominante y envolvente limita los espacios de libertad, haciendo de éste cárcel de ciudadanía– mal no puede haber incidido de igual manera sobre sus correas de formación, transmisión y sostenimiento clásicas: los partidos políticos e incluso las fuerzas armadas y su concepción tutelar.

La suma de estos elementos a la realidad interna del país y a la paulatina incapacidad del propio Estado –en el caso venezolano por ser económicamente mono productor y dependiente de la inestable renta petrolera– para responder, ora al universo de actividades que éste asume dentro de la idea muy latinoamericana del Estado paternalista e interventor, ora a las demandas exponenciales de un colectivo formado bajo la idea de la prodigalidad pública o del mito de El Dorado: del reparto imperativo de las "utilidades" a las que todo ciudadano tiene derecho como accionista pasivo de la riqueza estatal, explican muy bien el sentido doméstico de las afirmaciones precedentes.

La anomia, vale decir, la desarticulación social, sobrevenida una vez pierde su sentido la idea de la ciudadanía uniformadora –que le da forma a las relaciones cotidianas entre el Estado y la sociedad civil–, igualmente explica y predica el "porqué" o los muchos "porqués" de la emergencia de ese cuadro tan impredecible como heterodoxo que es hoy la naciente República Bolivariana.

El regreso del caudillo o gendarme necesario, léase Chávez Frías; la práctica exponencial de la auto tutela –léanse los "ajustes de cuentas" o linchamientos populares que se hacen habituales– por obra de la violencia creciente que anida y al hacerse evidente la existencia de una comunidad sin vínculos afectivos, sin verdaderas raíces históricas o culturales que la aten; en fin, la falta de instituciones para el juego democrático regular –léase las que aseguren la gobernabilidad y, sobre todo, instituciones de oposición que procuren la alternabilidad y contribuyan a la corrección regular del rumbo de la vida pública– no son, por ende y al final de las cuentas el producto de un azar entre nosotros los venezolanos.

B. *La constituyente o la vuelta hacia el mito de El Dorado*

El proceso constituyente que tiene lugar en Venezuela y su resultado inmediato, la Constitución de 1999, si obviamos su uso clientelar y su mera manipulación simbólica por sus promotores "bolivarianos", responden ante la opinión pública y con sobrada legitimidad a un imperativo de difícil cuestionamiento: la urgencia de cambio –sólo eso, cambiar– en un país que, sin mirarse en su propio espejo y castigado por el frenazo de la redistribución y la coetánea pérdida de su movilidad social, acaso hace cuna del rencor y atribuye a la corrupción de sus líderes políticos y sus instituciones democráticas [partidos políticos y parlamento] el origen de todos sus males.

Lo dicho, sin embargo, no mengua la vigencia de dos circunstancias que, en el mediano plazo, no permiten la viabilidad del modelo de reconstrucción planteado por la llamada V República y su movimiento constituyente: Una, la reedición y profundización que hace el nuevo Texto Fundamental del modelo de Estado tutelar, "clientelar" y totalizante que, justamente, da al traste con la representatividad del mismo Estado que ahora se propone sustituir. Otra, la imposibilidad de sostener, dentro de un cuadro relativo de libertades públicas y sin apelar al uso de la fuerza, el liderazgo caudillista que alimenta la misma figura del Comandante Presidente y que, leída entre líneas, también soporta el ordenamiento constitucional en construcción: Al declararse Chávez líder de una revolución "bolivariana" –adjetivo que usa como elemento de movilización política– que deliberada y conscientemente fractura, divide y toma venganza y satisfacción personal por las injusticias que habrían tenido o tienen lugar en casa propia, mal puede asumir en sí el rol estable del padre bueno y fuerte que le dispensa la sociología nacional y latinoamericana –de honda raíz colectivista y unificadora, que valida las solidaridades automáticas de grupo– a quienes el pueblo escoge o acepta como sus líderes o caudillos naturales.

Cabe, sin embargo, una aclaratoria. La adhesión hacia el modelo tutelar redistributivo y la lógica de la venganza por la ausencia de redistribución, sea cual fuere su origen o motivo verdadero, hacen parte de las corrientes profundas que desde siempre han animado la selección política de los venezolanos, tocados existencialmente por el citado mito de El Dorado. De modo que, la inviabilidad del modelo "bolivariano" en cuestión y la posibilidad de una reconstitución institucional cierta en Venezuela, no se harán evidentes hasta tanto el caudal de los ingresos petroleros sea capaz de financiar la vigencia de tales ilusiones o mitos referenciales en el común de los venezolanos.

El espacio de actuación de los partidos políticos y la efectividad de una acción opositora que le otorgue un equilibrio al proceso, corrigiéndolo en su rumbo y manteniéndolo dentro de los cauces obligantes e inexcusables de la democracia representativa y su relegitimación mediante la participación ciudadana activa, en mucho dependerá, entonces, de la forma en que se muevan estos elementos aleatorios y psicológicos que matizan a la realidad nacional. Y también, lo que es quizás fundamental, hasta tanto no se resuelva el problema de fondo que anida en la experiencia de la propia V República: el choque o la antítesis entre el proyecto radical de poder personal que encarna Hugo Chávez y el proyecto político institucional que, con sus deficiencias y desviaciones antidemocráticas, reside en la Constitución de 1999.

## C. *La IV República*

El régimen político que hace posible la Constitución de 1961, caracterizado por la alternabilidad bipartidista, por el juego institucional democrático gobierno vs. oposición, por la preeminencia del poder civil, por la construcción de consensos nacionales mínimos entre los partidos y demás sectores de la vida económica y social –CTV, FEDECAMARAS, Conferencia Episcopal, Universidades– para asegurar la gobernabilidad y facilitar la realización de las políticas públicas esenciales, se resquebraja mucho antes del 4 de febrero de 1992; cuando todavía nadie piensa en la posibilidad de un renacimiento de la experiencia militarista que signa buena parte de los primeros 150 años de vida "republicana" en Venezuela y a la que ahora se le añade su connotación populista.

Acción Democrática y el Partido Social Cristiano COPEI, que llenan con sus actuaciones la historia política venezolana desde 1945 hasta 1989, hacen posible la modernización social nacional, más allá del Estado moderno. El siglo XX venezolano, bien ha dicho Mariano Picón Salas, nace con la muerte del General Juan Vicente Gómez, en 1936. Mas lo cierto es que, la emergencia de estas organizaciones partidarias estables, conducidas bajo liderazgos fuertes como los de Rómulo Betancourt y Rafael Caldera y comprometidas con una suerte de ideales democráticos que, incluso adhiriendo paulatinamente a cosmovisiones de alcance internacional, se instalan "en" e interpretan el ser y la cultura nacionales, hace posible el tránsito venezolano desde el tiempo oprobioso del caudillismo decimonónico disolvente hacia otro distinto; nuevo tiempo, a lo mejor de instituciones también acaudilladas, pero marcado por el paso desde el estadio de comunidad o nación incipiente que nos lega la Independencia con su guerra fratricida hacia el de una sociedad organizada y constituida políticamente, que es sólo realidad a lo largo de la segunda mitad del siglo recién concluido con todo y la falta de raíces que afirmen a profundidad la identidad nacional.

Empero, una vez como en tales partidos fundamentales cede, por una u otra causa, la presencia dominante de sus líderes fundadores, en lo sucesivo no alcanzan sostener las relaciones necesarias de adhesión entre la sociedad política y la sociedad civil nacionales. Y esto es bueno no olvidarlo al considerarse la relación institucionalidad vs. caudillismo que otra vez sea plantea, según lo hemos adelantado, al referir el choque inevitable entre Chávez y la V República como modelos que se excluyen.

La crisis interna tanto de AD como de COPEI coincide asimismo con el declinar de los ingresos petroleros –que han sido la nutriente de esa "sociedad anónima mercantil" en que deriva Venezuela para sus hijos– y que, en lo adelante, se revelan insuficientes para mantener el modelo rentista y de intervención estatal que se profundiza, en su realización, a partir de 1974.

La integración del segundo Gobierno de Carlos Andrés Pérez con personalidades procedentes del mundo tecnocrático y académico, de espaldas a los cuadros de su mismo Partido Acción Democrática, por una parte y, por la otra, la sucesiva victoria electoral de

Rafael Caldera, en 1993, en una alianza social polivalente que confronta a los dos grandes partidos del "puntofijismo", incluido el que éste funda en 1946: COPEI, marcan desde el punto de vista formal y calendario la suerte final y la consiguiente desaparición del sistema bipartidista y de alternabilidad dominante; al margen de que uno u otro o ambos partidos mantengan su existencia. 1959-1999, en todo caso, con sus aciertos y sus errores, es el tiempo más largo de gobierno civil representativo y modernizador que haya conocido Venezuela a partir del 5 de julio de 1811.

Chávez, por consiguiente, no hace otra cosa que llenar un vacío de poder y en un espacio requerido de reconstrucción de su gobernabilidad, y lo hace a plenitud interpretando o asumiendo las mismas razones que llevan al pueblo a reelegir a CAP (1989-1993) y también a Caldera (1994-1999). En el caso de CAP, toma cuerpo dentro de la imaginería popular y se frustra en sus primeros días de Gobierno la idea de la reinstalación del mito del Dorado, de un regreso al tiempo de la bonanza (1974-1979) y de la redistribución, bajo la égida del Estado paternalista, al que denominan con sorna la Venezuela saudita.

En Caldera encarna el pedido popular al gendarme para que castigue o ejerza la venganza necesaria sobre los responsables de la frustrada y esperada redistribución paternalista. El juicio a los "banqueros prófugos" y la expectativa –no realizada al final– de una disolución fáctica de la institución parlamentaria durante el primer bienio de su gobierno (1994-1995) aderezan en la coyuntura la popularidad mediática del Presidente, uno de los parteros del Pacto de Puntofijo, fundamento de la menguante experiencia civil y democrática venezolana; y ello, a pesar de que en esos años la crisis económica y social se generaliza: declinan los ingresos petroleros y quiebran sin solución de continuidad la mayoría de las instituciones financieras.

En Chávez se sostiene, igualmente sin solución de continuidad, la idea de la venganza, esta vez sobre las "cúpulas podridas" de la IV República –léase adecos y copeyanos, empresarios, comerciantes, curas y oligarcas– y se suma a ella el renacer de la otra esperanza o mito.

Explota éste la idea de la redistribución, ahora forzada, paternalista, financiada por el petróleo y también por las expropiaciones "punitivas" anunciadas, que han de realizarse sobre los bienes de los "corruptos".

Cada viaje del hoy Presidente al extranjero lo aprecia el común como un "chance" o como una "apuesta" más a la venida de esos recursos que han de hacer posible la soñada redistribución: el pago de esas utilidades que cada venezolano cree, a pie juntillas, le corresponden sin más por su ciudadanía en un país preñado de riquezas materiales. Él, Chávez, es apenas una suerte de sustituto, un suplente o nuevo destinatario de la tarea de "redistribución y de venganza" que otrora el país delega en AD y en COPEI; y que, anteriormente, exige –mediante una tácita adhesión espontánea y no por el voto democrático– al dictador Marcos Pérez Jiménez (1952-1958). Cosa distinta es, por cierto, el que Chávez intente desbordar el sentido de su encomienda original para sujetarla, ahora en ejercicio del poder, a su visión personal, mesiánica, redentora y revolucionaria; que si bien puede satisfacer la variable de la venganza no permite la reinstalación de las instituciones que hagan posible –con todo y su carácter inviable, pero de una manera transitoriamente eficiente– la puesta en marcha de esa redistribución paternalista.

D. *Los desafíos de la V República*

Así como Pérez Jiménez se afirma como un símbolo dentro de la memoria popular simplificada y al que se apela dentro del lenguaje común para evocar tiempos idos y de buena racha, pero que mal puede cristalizar en un movimiento político "perezjimenista" de verdadero aliento, otro tanto acontece con AD y COPEI y también ha de ocurrir, llegado su momento, con el Movimiento de la V República.

El fenómeno de la "urredización" –recuérdese el declinar de URD luego de haber sido un importante movimiento de masas en 1952 y en 1959– es evidente en los dos grandes partidos que controlan la dinámica democrática durante los últimos 40 años y que, junto al mismo URD, le dan vida al texto fundacional de la IV República: el Pacto de Puntofijo.

La afirmación de una tendencia opositora dentro del proceso político en marcha, mal puede reconducirse, entonces, por la exclusiva vía de aquellos partidos que hacen parte de la experiencia política precedente, y en la que, en todo caso, contará la experiencia de éstos. La dinámica del proceso político actuante se sitúa dentro de una lógica que es antagónica a las prácticas o al quehacer político y a los paradigmas que definen los equilibrios nacionales hasta 1999. La relación gobierno vs. oposición busca responder, en esta fecha, a un modelo común compartido entre las fuerzas partidarias del Gobierno y las probables fuerzas partidarias de la oposición, pero como funcionales a las primeras.

El nuevo modelo, el "bolivariano" o quinta-republicano, al margen de su discutida viabilidad, se afirma dentro de una lógica sólo compartida por quienes, representando a una parte –importante pero no total– de la vida venezolana, deciden hacerse del país y de su sociedad como un todo, y no solo de un Gobierno en eventual cohabitación o confrontación con fuerzas organizadas en la oposición y propulsores de una distinta narrativa a la dominante en el momento. De allí que el discurso presidencial sea claro y sin ambages: "Estamos en una revolución y en una confrontación a muerte con los contra-revolucionarios".

La naturaleza y el mismo sentido de la llamada "revolución" y de la ruptura que ella provoca en el país –no ha construido aún sus instituciones, pero ha destruido las existentes y, lo que es peor, logra relajar los lazos afectividad nacional necesarios para la convivencia plural y con tolerancia– predican unas reglas inexcusables hacia el porvenir: Si la V República se afirma como proyecto de poder personal, el espacio de la oposición no tiene otra alternativa que la disidencia civil e inorgánica hasta tanto se agote el respectivo proceso con solución de continuidad. Si la V República, antes bien, logra darle curso a su proyecto político institucional –léase bajo Constitución de 1999 y su acatamiento–, la oposición puede encontrar un curso orgánico y funcional adecuado al modelo preeminente de partido único "acaudillado" en el que se inspira el ideario "bolivariano" de nueva data.

Tal espacio, por lo ya dicho, no es sincrónico en modo alguno –o en su aspecto dominante– con AD o COPEI, sin mengua de que las dirigencias y militancias de los viejos partidos encuentren cobijo en los espacios preestablecidos del Gobierno chavista o de la "particular" oposición admisible bajo el esquema de la V República. En el interregno pueden sufrir escisiones o hacerse permeables y clientelares, por lo mismo.

De modo que, o la V República crea un espacio o período histórico de largo aliento, generando sus propias instituciones y reglas de juego, o cesa en su aspiración –por vía autónoma o heterónoma– dando lugar a una VI República: en ningún caso puede visualizarse un retorno a la IV República y el restablecimiento del poder otrora asignado a sus supremos repartidores.

Otras dos circunstancias puntuales, sin embargo, vienen condicionando el relanzamiento, renacimiento o, con mayor propiedad, el nacimiento de la oposición que reclama todo ejercicio de poder que aspire a prorrogarse y sostenerse con apoyo en la legitimidad y en el consenso popular.

Una es, la visión excluyente y maniquea que domina en el espíritu de Chávez, como Jefe de "su" revolución. Toda diferencia la entiende y asume como disidencia, dada su formación moral preconvencional y, por lo mismo, sustancialmente antidemocrática. Si él alcanza a avanzar en su proyecto autoritario, la presencia o no de la oposición poco cuenta para la lógica del modelo hipotético en cuestión: puede emerger, dentro de tales condiciones, como lo hemos dicho, un mero fenómeno diversificado de resistencia civil y conspirativa. Mas, si toma cuerpo su proyecto político quinto-republicano, la visión totalizante del ejercicio del poder que comparten los grupos políticos que le apoyan, puede impedirle a las organizaciones opositoras cristalizar en el corto plazo, en tanto y en cuanto carecen de lo que alguna vez tienen AD y COPEI en sus roles alternativos: poder para la redistribución; sino desde el Gobierno Nacional, sí desde el ámbito del control parlamentario o desde las gobernaciones regionales y alcaldías municipales. Faltándoles este soporte y no pudiendo ser los movimientos emergentes (léase Primero Justicia o Proyecto Venezuela) siquiera relativos vengadores o redistribuidores de cara a la sociedad civil, les ha de costar mucho esfuerzo el obtener la adhesión de los sectores más necesitados y nominalmente mayoritarios de la población electoral activa.

La otra circunstancia es la modificación que tiene lugar, por obra de la globalización comunicacional y digital, de una manera vertiginosa, en los vectores que antes facilitan la relación entre la sociedad civil y la sociedad política venezolana. Los antiguos partidos "acaudillados pero institucionales", verdaderas maquinarias de movilización popular y de canalización de las ideas para la formación de la opinión pública, ceden su paso a los medios de comunicación social y, de modo especial, a las cadenas de radiodifusión, televisivas, y cibernéticas.

La política se transforma, así y en la hora, en un asunto de imágenes; lo cual, por otra parte, dificulta aún más la tarea de recomposición "orgánico-social" que reclama Venezuela con urgencia y posterga su ingreso a las autopistas del siglo XXI. Y esta realidad la entiende como ninguno otro el propio Chávez, que es, en esencia un producto mediático y que, como tal, confronta como producto y en su indiscutible capacidad de inserción en el mercado de consumo comunicacional para hacerse del verdadero poder político que detentan los medios, en defecto de las viejas organizaciones partidarias.

La emergencia de una opción alternativa y opositora, por consiguiente, también ha de transitar por su adhesión a las exigencias e intereses de una comunidad cada vez más condicionada en sus percepciones por el fenómeno de los mass-media; de donde, la opción opositora puede construirse al ritmo y en la medida en que alcance desplazar hacia su seno la atención visual y emocional que ha sido capaz de convocar el Presidente Chávez.

E.  *¿Ha muerto la oposición?*

No existe oposición, está desorganizada, es "escuálida" e incompetente, se le oye decir tanto a Chávez, a su Gobierno, como al ciudadano de a pie. La matriz de opinión al respecto logra calzar y afirmarse. Y en el fondo, tal discurso puede revisarse desde distintos ángulos. Desde el gubernamental dice bien sobre el desprecio profundo que sus actores tienen por el "otro" país que no les acompaña y al que, en realidad, mucho le temen en su reacción final. De allí que, así como declaran sobre la orfandad en que se encuentran los espacios de la oposición, también especulan sobre las feroces e inclementes campañas desestabilizadoras y conspiraciones antinacionales de sus adversarios, prevalidos como están –según el chavismo– de un poder económico subyugante y alimentado desde el pasado por las fuentes de la corrupción.

La supuesta falta de oposición que, por su parte, advierte el colectivo, se explica en que todavía no logra borrar de su memoria las acciones contundentes y concertadas que logran desplegar los grandes partidos de la IV República –léase AD, COPEI, o el MAS– en situaciones críticas, como lo fuera el enjuiciamiento del entonces Presidente Carlos Andrés Pérez. Y tal imagen permanece allí presente porque el mismo Chávez se empeña en sostenerla, recordando de tanto en tanto a sus "cúpulas" y exigiéndoles responsabilidades por la grave crisis social y económica que acongoja a la República.

Lo cierto, en todo caso, es que existe oposición, pero sin capacidad clientelar como en el pasado. Existe la oposición que despliegan los medios –en tanto que sustitutos de hecho de los viejos partidos– o la Iglesia Católica, o los sectores sindicales y empresariales, que son expresiones reales de la organización de la sociedad civil y que la sociedad civil todavía no percibe como interlocutores naturales para los asuntos públicos. Existe, además, de modo inorgánico y por las razones anotadas, un fuerte sentimiento de oposición nunca antes conocido, que nace del antagonismo generado por el mismo Chávez y que reduce en sus dimensiones las zonas de neutralidad que son propias a la lógica sistémica de la IV República: La política es cosa, entonces, del gobierno y de los partidos y sus militantes. Esta vez, por el contrario, al advertirse por la población una tendencia autoritaria que, eventualmente, ha de conculcar las libertades y, al señalar Chávez, con su discurso, unas veces frontal y otras tantas oblicuo, que la neutralidad es también contra-revolucionaria, la movilización que hacia los temas de la política tiene lugar desde la sociedad civil y en sus más distintas manifestaciones –culturales, religiosas, educacionales, vecinales, etc.– no conoce precedentes.

La oposición formal y orgánica, lo repetimos, no existe: no la quiere el Gobierno y no parece viable a la luz de los mitos y realidades que hacen presa de la psicología nacional en la coyuntura. El Gobierno, empero, de empeñarse en no facilitar el nacimiento e insurgencia de ese equilibrio natural para el ejercicio del poder y como procurador de condiciones de gobernabilidad, puede provocar lo inevitable: el desprendimiento dentro de su propio núcleo de las facciones opositoras visibles y que, de tanto en tanto, sometan al régimen a pruebas duras de estabilidad.

El fenómeno Arias Cárdenas es quizá en lo inmediato el más emblemático al respecto y que cuenta, dentro de la historia política venezolana, como un antecedente no muy remoto, a saber la fractura que tiene lugar entre Rómulo Betancourt y Marcos Pérez Jiménez; y que le abre paso, en medio de la intolerancia y del espíritu excluyente de los "adeístas" de entonces, al golpe militar cuyos efectos llenan de autocracia a toda la década que va desde 1948 hasta 1958.

F. *¿Una oposición a la medida de la revolución?*

Arias Cárdenas y Primero Justicia son hijos de la V República. Y quizás sobrevivan y hasta pierdan su aliento final dentro de ella, de alcanzarse una solución de continuidad. AD y COPEI son padres de la IV y expresan lo que fue dicha República: son parte de su propia historia y el origen de la V República, en calidad de causantes pero no de causahabientes. De allí que poco cuenten hoy para la V República y mal puedan ser contados en una distinta y venidera.

La predicción de los escenarios es tan difícil cuando aleatoria es la misma dinámica de las tendencias adquiridas por el proceso político venezolano, anudado como está a los imponderables del Comandante Presidente y líder único de la Revolución: Hugo Chávez Frías.

El Comandante Arias Cárdenas, co-partero del golpe del 4 de febrero intenta sumar a su alrededor a toda la disidencia antichavista. Su opción alternativa quizá pueda tomar cuerpo en el escenario de una V República que se afirme como proyecto político en el mediano plazo. Quiérase o no, por haber hecho parte de la simbología antidemocrática, no encontrará eco en los sectores nacionales para quienes la democracia y la vida en libertad llega a contar algo, más allá de los comentados y/o manipulados fracasos de la IV República.

Julio Borges, dirigente de Primero Justicia, producto de la Venezuela que emerge en el alba del siglo XXI, hijo de la constancia pero además cabal entendedor del valor de lo mediático, haciendo parte de la V República y sirviéndole como *alter ego* a ésta y en los espacios del parlamento –a la manera en que Rafael Caldera y CO-PEI lo hacen frente a AD en la Constituyente de 1947–, acaso pueda no sobrevivir a una caída traumática de aquella. Su movimiento, dada su extracción y por lo pronto, es un movimiento de opinión y no de masas o de movilización popular, cuyo eventual triunfo puede depender de un vacío transitorio o de la imposibilidad de que el eventual movimiento de las mayorías no esté en condiciones de asumir el poder. Será así, Primero Justicia, una alternativa al poder, pero no una alternativa de poder. Pero el tiempo futuro ya lo dirá.

Andrés Velázquez logra capitalizar, durante las elecciones que llevan a Caldera por segunda vez al Palacio de Miraflores, el fervor de los preteridos: esos de los que se hace Chávez en calidad de candidato presidencial con opción de poder. No es Velázquez, por ende, producto de la IV República y no alcanza o no quiso insertarse –por razones de competitividad (¿?)– dentro del proyecto de la V República. No es ni una ni otra cosa, y bien puede ser un puente que si logra anclar en Primero Justicia le dé el aliento popular del que carece hoy.

Proyecto Venezuela pierde el rumbo el mismo día en que Salas Römer es electoralmente derrotado por Chávez Frías. No se prepara para la derrota y no sabe asumirla luego, constructivamente, en los términos que alguna vez y en sus circunstancias lo hacen AD o COPEI durante la IV República. Y ello, a pesar de que Salas Römer emerge como dirigente durante el "puntofijismo": siendo de la IV decide no asumirla como suya y presentándose como el contendor natural dentro de la V, no quiere asumirla como realidad sobrevenida. Su lema y fuente de inspiración: la regionalización, es doblegada como soporte del poder emergente por la Constitución de 1999 con su fuerte vocación centralizadora del poder público.

AD y COPEI, por una parte y, por la otra, sus antiguos dirigentes o aliados, intentan sobrevivir dentro del cataclismo político les acompaña.

Chávez, en el fondo, los mantiene con una relativa y menguada vigencia: pero allí están, todavía actuantes, lo que es admirable. AD sueña con su destino manifiesto, con reivindicar lo que le fue propio y que le arrebata Chávez Frías en una hora menguada: la representación del pueblo llano. COPEI, a su vez, intenta volver a las fuentes y provocar el reencuentro de los hijos pródigos, todos representantes de la clase democrática emergente, media y profesional, fraguada desde 1958 y situada en el campo de los hacedores de la opinión pública. Y allí tiene que debatir con Primero Justicia, sin probabilidad de éxito, o promover la adhesión "implícita" y no beligerante de sus allegados hacia los predios del "borgismo".

Por lo pronto, lo único veraz en la revisión de tendencias y de apreciaciones realizada es que en el instante sólo confrontan, en el terreno de la anomia social venezolana y en el teatro de una guerra a muerte, Hugo Chávez y su V República, por una parte y, por la otra, un sentimiento nacional cada vez mayor de oposición y rechazo a la "revolución bolivariana", por acostumbrado el pueblo a vivir en libertad. Y este sentimiento, por ahora, encuentra eco no capitalizable desde un punto de vista proselitista en la Iglesia Católica, en la sociedad civil que se muestra por mediación de las Ong's y, sobretodo, en las correas de transmisión de los medios privados de comunicación. La calle o la resignación parecen ser las alternativas que depara lo inmediato.

Y la estrategia de oposición, cierto es, no logra desprenderse del único molde que proyecta y fortalece y que, paradójicamente, también enloquece hasta el paroxismo al Comandante Chávez Frías: el de la confrontación personal, que contribuye a delinear en él, todavía más, ese perfil que le gana el fervor de las grandes mayorías, el de vengador y justiciero. Quizás otros pudiesen ser los efectos si la acción opositora descubriese los predios infecundos –a mediano plazo– de la redistribución o espere al cabal agotamiento de éstos; terreno en el que el Comandante y su V República, a pesar de la suma vertiginosa de ingresos petroleros recibidos, no alcanza aún a colmar los anhelos crecientes y desbordantes de los pobres.

# 6. EL 11 DE SEPTIEMBRE, VISTO DESDE VENEZUELA

21 de octubre de 2001

A. *Lucas, General en Jefe*

Movido por la grave circunstancia, el General en Jefe Lucas Rincón ofrece y adhiere sin reservas a la lucha que los Estados Unidos de América junto a la coalición de países autorizados por la OTAN y la ONU (Diario El Nacional, 18-10-01, primera página) adelanta contra el terrorismo internacional.

Ello marca en lo interno, quiérase o no, el inicio de un deslinde probable y hasta predecible –acelerado por los sucesos trágicos del 11 de septiembre y por la dinámica que también impulsa el paro nacional del 10 de diciembre– entre la institución castrense venezolana y los sectores de la extrema izquierda que acompañan a Hugo Chávez Frías desde el golpe de Estado del 4 de febrero de 1992.

Tales declaraciones contrastan de manera abierta y sorpresiva con las otras, coincidentes y dichas previamente por el Vice Canciller de la República, un General de Brigada del Ejército, y por los Ministros del Interior y de la Defensa, aliados políticos del Jefe del Estado. A tenor de éstas el Gobierno no está convencido de la bondad o justicia de la acción bélica desatada sobre el Gobierno talibán de Afganistán ni de la existencia de pruebas que comprometan a Osama Bin Laden con los sucesos criminales de Nueva York, Washington y Pensilvania. Por si fuese poco, hacen énfasis, sin mediar razones de oportunidad aparentes, en la idea de que El Chacal, el venezolano condenado por terrorista en una Cárcel de París, no es tal para Venezuela ni para su actual administración.

De tal suerte que, a los pocos días del señalado pronunciamiento por quien ejerce el más alto rango profesional dentro la Fuerza Armada de Venezuela, la prensa da cuenta obligada de la entrevista que se le realiza a Carlos Ilich Ramírez en su prisión de La Santé, cuyas revelaciones no dejan frases para el desperdicio: "La guerra santa de Bin Laden también es la mía. Mi posición política sobre el presidente Hugo Chávez Frías no ha cambiado. Soy totalmente solidario con nuestra revolución bolivariana" (El Universal, 21-10-01, primera página).

Los comentaristas de oposición, dentro del marco de tensión internacional presente y de su inevitable influencia sobre la vida nacional, de suyo no obvian recordar esta vez la famosa carta de solidaridad enviada por Chávez Frías a Carlos "El Chacal" una vez como inaugura su mandato presidencial en 1999.

En este orden, la explicación del embajador venezolano ante la Casa Blanca, Ignacio Arcaya, quien habría señalado que la preocupación de Chávez por el compatriota y terrorista de marras no es distinta a la que otrora tiene el gobierno de los Estados Unidos por la situación judicial de la "niña Berenson", terrorista miembro del movimiento peruano Túpac Amaru, no se hace esperar. Tanto que el escritor e historiador Manuel Caballero dice, con atildada sorna, que "nada hay más odioso que la discriminación", [pues] resulta que los doscientos venezolanos que están acaso a pan y agua en las prisiones norteamericanas no han recibido ni una mísera letra del gobernante [Chávez]" (*Cfr.* su columna de opinión, Diario El Universal, *cit.*, p. 2-10).

Planteadas las cosas en estos términos y a la luz del deslinde político militar planteado por Rincón, viene, por pertinente, mi reflexión sobre el decurso del proceso político venezolano anterior al 11 de septiembre y posterior a la Cumbre de Quebec (*Vid. El Rostro oculto de la revolución*, 2001), durante la que Chávez descubre su dramática soledad hemisférica y la ausencia de socios externos en la región, con excepción de Fidel Castro, para el planteamiento de una lucha abierta contra la "unipolaridad" norteamericana y la visión globalizadora vigente sobre la libertad y la democracia en el Occidente. Dije, entonces, lo siguiente:

"Con el anuncio de que reflotará al antiguo MBR-200, núcleo inicial de su acción como golpista, hipotecado con su originaria y dominante visión redentora o populista, militarista, neocomunista y tutelar del país, es evidente que Chávez no busca otra cosa que resolver, al menos en teoría, la contradicción que en <<doble banda>> le ha obliga a ser cauteloso hasta el presente, como la es la imposible convivencia de la FF.AA. venezolana, formada dentro de la cultura democrática tradicional, con los líderes y miembros del espectro marxista que se solidariza con el jefe de la asonada del 4 de febrero de 1992. No se olvide que Chávez, en hipótesis, mal puede cohesionar esa estructura militar existente [nacionalista, pre-convencional, bolivariana, pero acusadamente antimarxista] con la idea de una alianza política estable –más allá de los devaneos diplomáticos– con el triángulo La Habana-Trípoli-Bagdad y con los movimientos guerrilleros y de liberación que todavía operan en América Latina".

Pero es ésta, a fin de cuentas, la carta que se propone jugar ahora dentro del único contexto en que concibe a la acción política: o afirma de manera estructural su poder personal y a continuación político, mediante el régimen de excepción hacia el que avanza presuroso, o sobreviene una eventual ruptura o inflexión constitucional, que le eyecta del poder o le hace su fatal presidiario. Esto último, o sea, la posibilidad de un corte constitucional militar sin Chávez, puede ocurrir de constatarse inviable la comentada reconversión del estamento castrense y el intento de su ensamblaje dentro del esquema militar-revolucionario; y ello ha de ser así, justamente, de insistir Chávez en su objetivo original. ¿Acaso podrá hacerlo, perturbados como se encuentran sus planes y de un modo quizás provisorio por el recientísimo *Affaire Montesinos* y dada la preeminencia que, incidentalmente toma, dentro del curso de este asunto enojoso, la Fuerza Armada: única garante de su estabilidad real como Presidente?

### B.  *José Vicente Rangel, la otra cara de la moneda*

No es posible entender las declaraciones del general Lucas Rincón y las que lo contrarían dentro del mismo Gobierno, atribuidas esencialmente al Ministro de la Defensa, José Vicente Rangel, como parte de una simple dinámica por el control del poder militar doméstico o la búsqueda de su servidumbre final al proyecto de revolución; menos todavía como expresión de las contradicciones extremas que embargan al gobierno y que nacen de la personalidad radicalmente inmadura de Chávez, por lo demás llanero, que no ve límites en el horizonte.

Alguna vez hemos recordado que el ingreso de Rangel a la Cartera de la Defensa, dada su condición de civil y en razón de sus antecedentes como periodista que polemizara acremente con los mandos militares en el pasado, de suyo provoca un desajuste dentro de la misma Fuerza Armada. Y cierto es, además, que la atribución posterior a Lucas Rincón del mando militar único y su ascenso a General en Jefe, también suscita una silenciosa guerra entre este último y su Ministro de adscripción.

Mas verdad es, y del mismo modo, que a pesar de los ataques inferidos a Rincón en los días anteriores al 11 de septiembre, incubados, según se dice, en el propio Despacho de Rangel y señalando al primero como responsable de hechos administrativos irregulares durante alguna gestión precedente; y, mediando, incluso, el ataque oblicuo y sorpresivo del propio Chávez a su Ministro de la Defensa, desde Londres, en fecha posterior al 11 de septiembre: "fue el voto corrupto de un parlamentario (¿Rangel?) del pasado el que salva de su enjuiciamiento a Carlos Andrés Pérez por el Caso Sierra Nevada"; cabe observar que unas y otras afirmaciones, dada la entidad que merecen y dados los efectos demoledores que tienen sobre el mismo gobierno, mal pueden desligarse de los sucesos del 11 de septiembre.

Al fin y al cabo el marco de referencia para el análisis de todo lo sucedido lo fija la pública adhesión del General Rincón a la iniciativa antiterrorista norteamericana, hablando a nombre de la Fuerza Armada y en abierta contraposición a la ambigua línea de conducta fijada antes por el Presidente Chávez.

De modo que, sean cuales fueren los juicios de valor que pueda merecer la acción terrorista ejecutada sobre Norteamérica, que toma por víctimas a miles de ciudadanos de diferentes nacionalidades y se ceba sobre los símbolos más importantes de la vida de dicha nación (Wall Street, el Pentágono, y la confianza en las seguridades de su libertad interior), tales sucesos inciden de un modo determinante en el futuro de la política internacional y sobre la realidad interna de los Estados en Occidente. Tales acontecimientos asumen desde ya, en sus consecuencias de reordenación, dimensiones que, a buen seguro, nunca imaginan sus propios autores intelectuales, pues por sí solas fracturan en su base los cimientos y propósitos del orden internacional hasta ahora conocido.

La revisión de estos hechos a la luz de la realidad venezolana reclama de una adecuada contextualización previa. No se olvide, al respecto, un dato de especial significación. Hugo Chávez es el último mandatario de Occidente quien presenta sus públicas condolencias por los sucesos del 11 de septiembre a la Casa Blanca, e invita a orar al unísono por los terroristas ejecutores del atentado y por sus víctimas. Acto seguido manifiesta –copiando una expresión del presidente francés Chirac– que su gobierno no da un cheque en blanco a los norteamericanos para su lucha contra el terrorismo. Y luego, con señalado apresuramiento, organiza, trastocando las exigencias y preparaciones inherentes a las llamadas "visitas de Estado", un inmediato viaje hacia los países árabes socios de Venezuela en la OPEP bajo el argumento de que es urgente sostener la caída los precios del petróleo, acelerada por la acción militar de la "coalición" internacional.

El propósito no es alcanzado por Chávez, a todo evento. Evidentes son al efecto las posturas moderadas de sus interlocutores. Y es en dicho momento, justamente, cuando –encontrándose Chávez en Londres, país cuya adhesión a la acción antiterrorista es una de las más firmes y contundentes– se suceden las comentadas declaraciones de Lucas Rincón y también las de mismo Hugo Chávez en contra Rangel. Algo pasa o acaso el juego de las contradicciones, tan propio al mandatario venezolano en tiempos difíciles, vuelve por sus fueros; pero esta vez se trata de una disyuntiva alrededor de un asunto muy espinoso para las potencias del Occidente –el terrorismo– que concita reacciones inesperadas y no siempre marcadas por la razón o la lógica.

C. *El terrorismo tiene historia*

El terrorismo y su tipificación como crimen contra la Humanidad no es un fenómeno reciente o inédito. Prueba de ello, según lo recuerda el jurista argentino Pablo A. Ramella, es que "desde hace

100

dos mil años existen los *sicarii*, una secta religiosa bien organizada, que actúa durante la rebelión de los zelotes en Palestina" (*Crímenes contra la humanidad*, Buenos Aires, Depalma, 1986, p. 114). La Sociedad de las Naciones adopta en Ginebra, en 1937, dos convenciones para la prevención y represión del terrorismo, junto a otra convención que instituye una Corte Penal Internacional. No entran, en vigor, es cierto, pero son una muestra palpable de que tales crímenes ocupan la agenda internacional, en línea de mínimos, desde comienzos del siglo XX.

La ONU, por su parte, retoma su empeño al respecto luego de 1972, una vez como se producen las acciones terroristas sobre las Olimpíadas de Múnich, aun cuando, desde antes y partir de 1963, con el Convenio de Tokio sobre infracciones y otros actos cometidos a bordo de aeronaves, se desarrolla toda una tarea convencional orientada a que los Estados excluyan de la lista de delitos políticos a tales prácticas, castigándolas con severidad o facilitando la extradición de sus agentes. El último de dichos tratados es adoptado, por cierto, en Nueva York, apenas en 1997, con el propósito de reprimir los atentados terroristas cometidos con bombas; y media, entre aquel y éste, justamente, la suscripción del Convenio Europeo para la represión del terrorismo, en Estrasburgo, en 1977.

Lo inédito de las acciones terroristas desplegadas sobre los símbolos del progreso y de la fortaleza norteamericanas, a saber, sobre las Torres de Manhattan y el Pentágono el pasado 11 de noviembre, quizás pueda radicar –y sólo eso– en lo que el mismo Ramella apunta con lucidez en su ensayo, al decir que "el terrorista moderno es un discípulo adelantado de las condiciones del mundo contemporáneo" (*op.cit.*, p. 111); ya que, siendo como es el terrorismo una práctica criminal indiscriminada, artera, con propósitos de escándalo y destinada a infundir terror sistemático en la población civil para relajar sus defensas y seguridades, nada es más propicio para sus fines que disponer hoy de un sistema integrado y mundial de comunicaciones televisadas y por vía satelital. La deslocalización geográfica y su extensión más allá de los radios internacionales determinados en que ha venido actuando, le dan hoy al terrorismo y a sus ejecutorias una portada capaz de envolver con sus daños psicológicos a la totalidad del género humano. Nadie puede sentirse libre de sus ejecutorias, menos los venezolanos, por lo visto.

Lo que es peor, la perversidad viciosa y circular del terrorismo, de este arraigar con sus efectos en la mente de sus víctimas reales o mentales, provoca en éstas una reacción por contrario imperio capaz de anular de raíz los logros –libertad, tolerancia, seguridad– alcanzados por éstas y por sus sociedades, y que son, paradójicamente, los mismos logros que concitan la venganza de los emisarios del terror. La radiografía de Morris West en *La Salamandra* no puede ser más ilustrativa:

"Como arma –el terror– es casi irresistible. Infunde miedo y duda. Destruye la confianza en los procedimientos democráticos. Inmoviliza a las fuerzas policíacas. Polariza facciones... Como infección social es más mortífera que una plaga: justifica los remedios más viles, la superación de los derechos humanos, las detenciones preventivas, los castigos crueles e inusitados, el soborno, la tortura, el asesinato legal. Los hombres más morales, los gobiernos más cuerdos, no son inmunes a esta infección".

De modo que, ante el peligro que ahora presencia el Occidente, el Oriente y toda la Humanidad, de una manera generalizada, y sin perjuicio de los roles protagónicos que habrán de seguir ejerciendo determinados Estados "potentes" –siempre ha sido así, en lo nacional y en lo internacional, desde el nacimiento de la propia historia de los hombres– lo razonable es afirmar que, ahora como nunca antes, adquieren sentido las previsiones no pocas veces postergadas de la Carta de San Francisco, que en 1945 le da vida a la Organización de las Naciones Unidas y a su sistema de seguridad colectiva universal.

Esta vez como nunca antes, probablemente quepa comprender el carácter premonitorio y preventivo que tuvo, en su época, la actuación de la Sociedad de las Naciones al debatir sobre la necesaria convocatoria de la responsabilidad internacional penal de los individuos por crímenes de lesa humanidad o contra la paz y seguridad internacionales. En el presente, como nunca antes, tiene posibilidades de realización el Estatuto de Roma sobre la Corte Penal Internacional, adoptado apenas en 1998, y que cuenta, paradójicamente, con las reservas del propio gobierno norteamericano. Pero se trata de hipótesis hijas de la razón, que es lo que purga de raíz toda acción de terror cuando alcanza sus objetivos.

Con el terrorismo acontece, si acaso priva la razón, lo ya experimentado con las acciones de persecución y represión del narcotráfico. Su capacidad para el desplazamiento espacial, su alianza natural con organizaciones criminales disfrazadas de movimientos de liberación nacional, su acceso a recursos financieros exponenciales que trasiegan con la facilidad que les permite el instrumento cibernético y que son superiores, en no pocos casos, a los de los mismos Estados, obligan a su tratamiento multilateral mediante la actuación concurrente por parte de todas las fuerzas punitivas con las que cuentan los Estados afectados. Los criminales buscarán refugio en las soberanías y los soberanos de dichos Estados la alegarán como excusa.

### D. *Un pecado de omisión*

En el caso del 11 de septiembre, lamentable es recordar que su ocurrencia resulta de un pecado de omisión de la misma comunidad internacional y de los Estados Unidos de América en lo particular, por sus indiferencias hacia los mecanismos institucionales universales o regionales previamente enunciados.

Hace casi un año, lejana todavía la fatídica fecha, el Consejo de Seguridad de Naciones Unidas, en su Resolución 1333 del 19 de diciembre de 2000, condena enérgicamente "el persistente uso de las zonas de Afganistán dominadas por la facción afgana conocida como los talibanes... para dar refugio y entrenar a terroristas y planificar actos de terrorismo". No solo eso. Toma nota el organismo mundial de seguridad colectiva de hechos ciertos que, dada la indiferencia o hipocresía de nuestra opinión pública, ciertos actores internacionales distintos a los Estados Unidos de América se dan el lujo de someterlos al beneficio del inventario y que bien dicen acerca de lo predecible que era el 11 de septiembre.

Señala dicha resolución:

- "que los talibanes se benefician directamente del cultivo ilícito de opio...y que esos recursos sustanciales aumentan la capacidad de los talibanes para dar acogida a los terroristas",

- "que los talibanes ...[están] proporcionando un refugio seguro a Osama Bin Laden y permitiendo que él y sus asociados dirijan una red de campamentos de entrenamiento de terroristas en el territorio controlado por los talibanes y que utilicen al Afganistán como base para patrocinar operaciones terroristas internacionales",

- "que el hecho de que las autoridades de los talibanes no hayan respondido a las exigencias formuladas ....constituye una amenaza para la paz y la seguridad internacionales",

- "[que media] auto de acusación de Osama Bin Laden y sus asociados por los Estados Unidos de América...... y.....la petición de los Estados Unidos de América a los talibanes de que los entreguen para que sean procesados".

Decide el Consejo de Seguridad, por consiguiente:

- "que los talibanes entreguen a Osama Bin Laden a las autoridades competentes de un país donde haya sido objeto de un auto de acusación...",

- "que todos los Estados ....[deben] clausura[r] inmediata y completamente todas las oficinas de los talibanes en sus territorios...",

- "que todos los Estados [deben] congelar sin demora los fondos y otros activos financieros de Osama Bin Laden y de las personas y entidades con él asociados..., incluidos los de la organización Al-Quaida..."

- "[y que] ...todos los Estados y ...todas las organizaciones internacionales y regionales, incluso las Naciones Unidas y sus organismos especializados, ...actúen estrictamente de conformidad con lo dispuesto en la presente resolución, no obstante la existencia de derechos u obligaciones reconocidos o impuestos por acuerdos internacionales o contratos o licencias o permisos concedidos antes de la fecha de entrada en vigor de las medidas impuestas...",

- "y que procesen a las personas y entidades que estén bajo su jurisdicción y hayan violado las medidas impuestas...y a que les impongan las penas adecuadas".

## E. *La culpa es de los americanos*

No debe escapar a la consideración del 11 de septiembre –como acción de terrorismo emblemática– su aspecto conceptual y los elementos ideológicos que influyen en él y en su distorsión por sectores interesados. Me refiero, en lo particular, al peligroso sesgo que, a manera de ejemplo, acusan las afirmaciones de algunos ministros venezolanos –no es el caso de Lucas Rincón– dentro del cuadro suscitado por los hechos en cuestión y a cuyo tenor la acción terrorista sobre Nueva York no puede responderse con otra acción de "terrorismo estatal", menos al haberla provocado –según éstos– los Estados Unidos con sus acciones y omisiones internacionales o que, en igual sentido, El Chacal no sería terrorista en Venezuela, al no haber ejecutado sus felonías dentro territorio nacional.

Las consecuencias de este planteamiento saltan a la vista y alimentan el deslinde de fuerzas políticas que explica estas apuntaciones y que ha lugar dentro de la vida venezolana, entre el mundo militar y los albaceas de la Revolución. Una sugiere la validez de un debate acerca de la legitimidad de la violencia y de su justificación por razones políticas, como aquella de la autodeterminación de los pueblos. Otra, *mutatis mutandi*, afirmada en la idea de la soberanía clásica, busca proscribir los llamados *delicta iuris gentium* para sostener, a renglón seguido, que sólo son punibles las conductas tipificadas como tales por las legislaciones nacionales de los Estados y no por la comunidad internacional. En suma, subyace bajo tales planteamientos oficiales, como lo creemos, la necesidad de dejar abierta alguna puerta que, dado el caso, valide la acción "revolucionaria" emprendida por Chávez y como freno a los denunciados desmanes de la globalización y su acusada tendencia unipolar.

Se trata, en la práctica y a propósito de los sucesos del 11 de septiembre, de desandar lo andado por la comunidad internacional luego de la Segunda Gran Guerra, en cuanto a las ideas de punibilidad y perseguibilidad universal de los crímenes contra la paz y la seguridad o de los crímenes de lesa humanidad.

La doctrina es ilustrativa, ciertamente, acerca de las resistencias iniciales que es necesario doblegar para "despolitizar" las acciones terroristas, a pesar de sus inspiraciones contra-estatales, a lo largo del debate, por ejemplo, de la Convención Europea de 1977 y que es avanzado por la recomendación 703 del Comité de Ministros del Consejo de Europa (1973), y de la invitación que se le hace a los Estados para que definan los contornos de los delitos políticos en modo de evitar las justificaciones del terrorismo y de sancionarlo penalmente, facilitando las extradiciones necesarias, e independientemente de sus causas.

Tanto es así que, a pesar de haberse analizado las motivaciones profundas que dan origen al terrorismo y la importancia de prevenirlas, la Asamblea Consultiva del Consejo, no quiere abordar el asunto en su recomendación correspondiente de 1972 (Recomendación 684), para no otorgarle una justificación moral al terrorismo ni a las organizaciones que sostienen los así llamados movimientos de liberación nacional (*Vid.* al respecto, *in extensu*, de María Riccarda Marchetti, *Istituzioni europee e lotta al terrorismo*, Padova, Cedam, 1986, passim).

F.  *Las manos ocultas de Chávez*

Volviendo a los que nos interesa, cabe observar que el 11 de septiembre, lleno como está ese día de acciones de inédita atrocidad y perfidia, y al ser desplegadas éstas con toda la alevosía posible y la convicción, en sus patrocinadores y ejecutores, de que su uso mediático tiene un carácter envolvente y condicionante jamás alcanzado por otra operación similar, de suyo marca la fecha un hito en la historia de los años por venir. Probablemente, fija el punto de inflexión que, con vistas al esperado y a las varias veces anunciada emergencia de un Nuevo Orden Global, no es capaz de motivar la caída del Muro de Berlín y el mismo agotamiento de la bipolaridad internacional.

El espectro geopolítico universal, unido a sus referentes en el ámbito de la seguridad, es otro desde ya. Y nadie, léase ningún país u organización, situado como quiera estar en una u otra rivera de este inesperado torrente histórico, podrá escapar a su fuerza. Ese el caso de Venezuela y de allí que sus efectos comiencen a incidir sobre el curso inmediato de nuestra dinámica política nacional, con vistas a un probable desenlace.

En lo inmediato, la circunstancia de que el Presidente de los Estados Unidos de América, George W. Bush, se esté conduciendo con pasmosa prudencia y firmeza en medio del dolor y del "terror" vividos por su pueblo, suficientes como para haber concitado una reacción inmediata de su aparato de fuerza en términos unilaterales e indiscriminados; y, el hecho de que éste haya optado, de buenas a primera, por las consultas y la apelación a los mecanismos de seguridad colectiva regional y universal: la OTAN y el Consejo de Seguridad de la ONU, muestra no solo la complejidad del momento ahora vivido por su nación sino por la Humanidad en esta disyuntiva histórica.

Tal postura, por lo visto, quizá sugiere, mejor aún, lo más grave, como es el reconocimiento por parte de la primera potencia y los demás "repartidores supremos o intermedios" del orden internacional, de que el terrorismo, como la "visión" que anima a sus actores y seguidores, busca posicionarse con toda virulencia en la escena planetaria a la manera de un contra balance del poder establecido, con vocación de universalidad. El momento le ha sido propicio y en ese juego, cabe decirlo, a cierta distancia, pero no con indiferencia, han estado metidas las manos del mandatario venezolano; de allí sus reacciones acerca del 11 de septiembre y por ello, no lo dudamos, la suma de contradicciones que está anidando entre sus seguidores dentro del Estado y en las filas de la revolución.

No por azar, aún antes de asumir como Presidente de Venezuela, durante sus lides como candidato, Chávez, de manos del mandatario cubano, Fidel Castro, se aproxima a Saddam Hussein y Muamar Gadafi, gobernantes de Irak y Libia.

G. *No hay medianías ante el terrorismo*

El terrorismo y la acción terrorista desplegada sobre el territorio norteamericano, al dejar de ser, como metodología y expresión, un producto asocial localizado, espasmódico, limitado en su movilidad, y al alcanzar toda su potencialidad destructora y transfronteriza dentro de los espacios libres y abonados que le deja la metástasis institucional propia del tiempo pos-bipolar, asume una peligrosidad capaz de trastocar el orden de todas nuestras sociedades y de cristalizar en ellas el dogma estructural de la anarquía.

La disyuntiva para el mundo y no solo para Venezuela, por consiguiente, mal puede reducirse a la mera consideración de si las acciones preventivas o represivas contra el terrorismo, en todas sus manifestaciones y no sólo en cuanto hace a su relación con el 11 de septiembre último, pueden o no implicar alineamientos pronorteamericanos o el debilitamiento internacional de las nociones de soberanía e independencia o del principio de la no intervención.

Lo insólito de todo cuando ocurre y del drama que tiene su centro en el corazón mismo de la primera potencia mundial, es, justamente, el ejercicio retórico y perverso que, hombres como Chávez hacen acerca de lo que puede hacerse o no debe hacerse de cara a lo sucedido, sumando su voz a quienes, todavía hoy, sostienen la ilegitimidad de la acción colectiva multilateral dirigida contra el gobierno talibán y le piden a Norteamérica aporte pruebas suficientes contra Osama Bin Laden.

En todo caso, si alguna culpa reposa sobre los Estados Unidos de América y si alguna deuda tiene la comunidad "onusiana" con las miles de víctimas de los atentados de Nueva York y de Washington, ella es la de la omisión y la del olvido. Lo hemos dicho.

De modo que, las medidas coercitivas impuestas a Afganistán por la obra de su gobierno y su complicidad reconocida con las acciones terroristas de Bin Laden, responden de la manera más ortodoxa a las previsiones que sobre la seguridad colectiva y en los supuestos que afectan a la paz y a la seguridad internacionales ordena el Derecho internacional de San Francisco y, dentro de éstas, las que, a su vez, contempla como mecanismo regional el Tratado de la Organización del Atlántico Norte (OTAN).

La acción señalada, asimismo, es típica de la legítima defensa colectiva, admitida por el mismo estatuto de la ONU, dado que, es pública y notoria la declaración del señor Bin Laden y de las autoridades talibán de encontrarse en una situación de Guerra Santa –Yihad– abierta contra los Estados Unidos de América y contra todos quienes se sumen a su defensa. Los espacios para la neutralidad, propios del sistema internacional decimonónico y de comienzos del siglo pasado, no tienen ahora legitimidad ni cabida dentro de un régimen internacional que, como el presente, se afirma en las ideas rectoras de la seguridad colectiva y de la responsabilidad individual, y que no acepta fisuras, bajo el alegato de la soberanía, en las hipótesis que comprometen la paz y la seguridad internacionales.

Vale y es necesaria, pues, la reflexión estimativa acerca de lo que debe y procede considerar al margen de las omisiones y acciones norteamericanas, acertadas o erradas, y que derivan del protagonismo internacional de los Estados Unidos de América. La acción terrorista del 11 de septiembre, cabe repetirlo, se ejecuta en el corazón de una sociedad caracterizada por su alta permeabilidad y la movilidad de sus miembros, quienes conviven dentro de un marco de pluralidad y de tolerancia y sin discriminaciones de ningún género, ni raciales ni religiosas. Tanto que, algunos han sugerido el criterio de que el terrorismo pudo hacer de las suyas en pleno suelo norteamericano, dado el "relativismo" cultural inherente a la pluralidad de su pueblo y expresado en las exigencias mínimas de transitabilidad que predica su régimen democrático y de libertades. Por el contrario, el terrorismo que hace de las suyas en Nueva York, Washington y Pensilvania, fundamenta y busca dar legitimidad a sus actos en la idea de la exclusión de los "infieles" y manipulando, para sus innobles propósitos, los mandamientos de una civilización y de un credo de clara vocación universal.

El planteamiento maniqueo, en suma, tiene su origen en la lógica misma que el terrorismo y los terroristas, desde ya, definen para el curso de sus acciones: Cultura de la vida y de la tolerancia vs. Contra cultura de la muerte y la exclusión.

La opción de Occidente y del Oriente, actuando de conjunto, se ha de situar, sin mengua alguna de la pluralidad de credos y de civilizaciones, en la base común que nos lega la Declaración Universal de Derechos Humanos y que, de modo reiterado, renovara la ONU en su Declaración Cincuentenaria al proclamar su adhesión a la paz, a la libertad, a la democracia, a la no selectividad y universalidad de los derechos humanos, al desarrollo económico y social sustentable, y a la actuación conjunta para "conjurar las amenazas que el terrorismo, en todas sus formas y manifestaciones, la delincuencia transnacional organizada, el comercio ilícito de armas y la producción, el consumo y el tráfico de drogas ilícitas hacen pesar sobre los Estados y las personas" (Resolución 50/6 de 1995).

Para los venezolanos, en fin, la opción no es distinta de la señalada y es crucial. Ese es el significado exacto de las declaraciones del General en Jefe Lucas Rincón, por una parte, y las de José Vicente Rangel Vale y los áulicos de Chávez, por la otra. No hay opción intermedia.

¿Estamos o no estamos los venezolanos, están o no están nuestros militares, en contra del terrorismo y de los coludidos?

# 7. VISIÓN Y REVISIÓN DE LA VENEZUELA MODERNA

10 de enero de 2002

## A. *Hacia la Venezuela post petrolera*

Ramón J. Velásquez, en sus lúcidas declaraciones del pasado 30 de diciembre (Diario El Nacional, Cuerpo F, Siete Días, pp. 1 y 2), le plantea un desafío inexcusable a la Venezuela emergente: romper con la atadura petrolera, para que rescate de la pobreza endémica las capas sociales que no alcanzaron su modernidad durante el siglo XX fenecido: "Cómo salir de ese predominio –señala inquisitivo el historiador y ex Presidente– es la gran pregunta y la gran respuesta de los nuevos hombres de Estado".

No se atreve a sugerir Velásquez las líneas del modelo que haría posible este propósito. Apenas realiza, eso sí y con cuidadoso tacto, el diagnóstico de los aciertos y de los errores de la Venezuela republicana hasta el presente. Pero no es difícil, sin embargo, intuir el contenido de su ajustado y oportuno mensaje: la dependencia del país de los recursos financieros constantes pero inestables obtenidos de los hidrocarburos le han fijado un límite infranqueable a su crecimiento; más allá del cual sólo se vislumbran carencias, desempleo, incapacidad para la inserción nacional en el esquema global hacia el que avanza la Humanidad en su conjunto y, finalmente, violencia estructural recurrente, que es, quiérase o no, la otra cara del autoritarismo.

Si algún desacuerdo podría tenerse con él –dando por sentado que cabe asumir como válida la autoridad serena de sus reflexiones– es la remisión indirecta que hace de su desafío hacia manos de los economistas, al declararse inexperto en estas lides. Y no dudo que en la confección de los múltiples "modelos" o propuestas de desarrollo adoptados por el Estado venezolano durante la experiencia democrática de Puntofijo, se haya hecho sentir la mano de algún economista o la de algún audaz oficiante como tal. Mas, lo cierto es que, como lo recuerda parcialmente el mismo Velásquez, a las Administraciones de CAP I y de CAP II poco o de nada le han servido sus intentos en orden a lo ahora planteado por él, diversificando la actividad empresarial del Estado, a inicios de 1974, o cristalizando la apertura de mercados y la subsiguiente "desestatización" con el Gran Viraje, a partir de 1989.

De modo que, cabe desandar el camino planteado por el ex Presidente para dar pie a la reflexión que nos sugiere; y, a tal efecto, observamos, *in limine litis*, que nuestro problema de fondo, vistas las señaladas experiencias de 1974-1979 y de 1989-1993, es un problema más de concepción defectuosa o de excesiva sujeción al Estado que de dependencia nacional del petróleo; con raíces profundas en esa visión latinoamericana que predica el protagonismo irrefrenable del mismo Estado en detrimento y con ausencia de la sociedad. De allí que deba sostenerse que, si acaso somos inviables como proyecto de país durante los primeros 150 años de nuestra existencia independiente lo es más por defecto de sociedad que por falta de Estado.

Veamos porqué.

La viciosa crisis nacional que arrastramos desde los finales de los años setenta y que alcanza su tiempo terminal en el trienio precedente (1999-2001), no es tanto de morosidad social, de suyo inocultable; es y ha sido de mora en la presencia de esa sociedad que históricamente fragua apenas y como promesa después de 1958. Y que, finalmente, muestra su cuerpo maduro sólo el pasado y emblemático 10 de diciembre: Día del "paro nacional".

Valga la siguiente comparación para que se entienda en todo su alcance esta afirmación o hipótesis y para otear lo deseable en orden al porvenir, es decir, la construcción o la reconstrucción de un proyecto nacional que sea la consecuencia de un adecuado y sano equilibrio de relaciones y de distribución subsidiaria de responsabilidades entre el individuo, la sociedad y el Estado.

A diferencia de cuanto ocurre en Europa occidental en su tránsito exitoso hacia el presente y mediando, incluso, las dos grandes guerras del siglo pasado, Venezuela nace como Estado y en el Estado, huérfana de toda sociedad como cabe repetirlo. Y, si cierto es que alguna vez se dice que nuestro país hace su ingreso al siglo XX en 1936, también es verdad que, como expresión de la "voluntad social", apenas adquiere su perfil en el estrecho espacio del 23 de enero de 1958.

La sociedad medieval europea de "estamentos", en tanto que realidad anticipada o preexistente y una vez agotada, da lugar, sin solución de continuidad, al Estado; para integrarse en él políticamente y por medio de él y a la manera de una nación y, más tarde, pasado el absolutismo monárquico, para asumir al mismo Estado como instrumento subsidiario para la personalización del hombre.

En nuestro caso, el Estado surge como experiencia inicial sobrepuesta a la muchedumbre; realidad humana primaria e informe, ésta, que avanza inconscientemente desde y hacia el mestizaje, sin propósito asociativo deliberado, y que se prolonga como tal en el penúltimo y durante más de la primera mitad del último siglo.

De tal suerte que, durante el siglo XIX Venezuela no existe como realidad social. El Estado central y el Estado federal, en tanto que elaboraciones teóricas trasplantadas y en emergencia, en ensayo con solución de continuidad, difícilmente logran disimular lo dominante: el intento pluripersonal y más luego unipersonal de acaudillamiento de los habitantes de nuestro territorio –indígenas, negros africanos, mulatos, blancos peninsulares o criollos– a objeto de aprehenderlos como simple parte, permanente e indispensable para la existencia de la República. Pero nada más.

B. *El Estado de los caudillos*

Más que tener modelos políticos o de desarrollo, el país del siglo XIX puja por su mera existencia nominal en medio de una cruenta guerra civil, que sólo alcanza silenciar la larga e igualmente cruenta dictadura unipersonal de Juan Vicente Gómez, dueño de casi una mitad del siglo XX recién concluido y el gran latifundista de la Venezuela rural.

Podría decirse, incluso, que la idea clásica del Estado de Derecho, vaciada sobre nuestra realidad nacional mediante un trasplante producto de otro accidente histórico: el éxito y la influencia dominantes de las revoluciones francesa y americana, sirven, en algún sentido, para profundizar, constitucionalmente, el gran engaño, en otras palabras, el señalado defecto de "fábrica" acusado por la Venezuela naciente. El Estado encarna en los caudillos y, más tarde, en el caudillo único, particularmente durante el mandato del presidente Gómez; y éste, Gómez se hace del Estado y es, el mismo, el Estado; en tanto que, el pueblo llano, único en existencia, no deja de ser otra cosa que suma de individuos yuxtapuestos, sirvientes y beneficiarios pasivos –que no causa eficiente– de la voluntad total y totalitaria del primero.

La palabra de Velásquez es ilustrativa: "Hasta 1936, la sociedad venezolana, el pueblo, era un personaje casi ausente, silencioso, que iba detrás del caballo del caudillo".

Valga, en este orden, una digresión inevitable. Esa ausencia de "celo público" o de compromiso por parte del hombre venezolano con el quehacer político, quizá encuentre su explicación en nuestros mismos orígenes. Fuimos, en efecto, víctimas y producto caótico del ajedrez europeo [Inglaterra, Francia, España], o, en palabras ajenas (Richard Herr, apud. *Historia de España*, de Raymond Carr, ed., Barcelona, Ediciones Península, 2001, p. 173), de "las guerras, pasiones y sufrimientos provocados por la Revolución francesa y las ambiciones imperiales de Napoleón Bonaparte", que consumen y dan al traste con la España borbónica y con los primeros intentos de tal monarquía, en particular durante Carlos III (1759-1708) para favorecer el avance "social" y la modernización, sin traumas, de toda la hispanidad. El aliento de esta fuerza subterránea, sin dudas, alcanza hasta el frustrado movimiento revolucionario gaditano dentro del que ve luz la célebre "pepa" o Constitución liberal de 1812, suscrita, entre otros diputados por el venezolano Don Esteban Palacios.

Ramón Solís, en su clásico libro *El Cádiz de las Cortes*, editado en 1958 con prólogo de Gregorio Marañón (Madrid, Silex, 2000, p. 505), es enfático al comentar que un gran sector de América acoge con alegría la nueva política unitaria y de igualdad de derechos –entre españoles e hispanoamericanos– de las Cortes. Los diputados de Venezuela... –escribe Solís con apoyo en las actas de la época– pid[en], el 10 de noviembre de 1810, que se envíen a América emisarios para que divulguen la instalación de las Cortes "pues siendo éste el gobierno suspirado por aquel país es verosímil que le presten obediencia, calmándose los disturbios interiores que le han agitado".

Las actividades y la multiplicación de las llamadas y emergentes Sociedades Económicas, promovidas a lo largo y ancho de todo la hispanidad y en las que se integran, como lo apunta Gaspar Melchor de Jovellanos (*Elogio fúnebre*, Madrid, diciembre 8, 1788) "el clero, atraído por la analogía de su objeto con el de su ministerio benéfico y piadoso, la magistratura, despojada por algunos instantes del aparato de su autoridad, la nobleza, olvidada de sus prerrogativas: los literatos, los negociantes, los artistas desnudos de las aficiones de su interés personal, y tocados del deseo del bien común", son, también, un claro y anticipado signo al respecto; pues, permiten que "todos se reúnan, se reconozcan ciudadanos, se confiesen miembros de la asociación general antes que de su clase...".

El mismo Jovellanos, quien a la sazón es un prominente abogado español admirador de Carlos III, da cuenta, más tarde y en el informe que prepara para la Sociedad Económica de Madrid con destino al Supremo Consejo de Castilla (*Informe de ley agraria*, Madrid, 1795), de la necesidad y propósito de descentralizar al gobierno y de promover la autonomía local y la libertad del individuo. Le preocupa, justamente, la ausencia social o de soporte social en la cosa pública: "¿Ni cómo se puede esperar celo público, cuando se cortan todas las relaciones de afección, de interés, de decoro, que la razón y la política misma establecen entre el todo y sus partes, entre la comunidad y sus miembros...Fíense estos encargos a individuos de las mismas provincias, y si fuere posible a individuos escogidos por ellas....: y V.A. verá como renace en las provincias el celo que parece desterrado de ellas, y que si existe solamente donde y hasta donde no ha podido penetrar esta desconfianza" (Apud. Mario Rodríguez, *El experimento de Cádiz en Centroamérica*, 1808-1826, México, FCE, 1978, pp. 13 y ss.)

En hilo con la exposición que nos ocupa cabe ajustar, entonces, que sin mengua de los ejercicios nominales de codificación y de legislación adelantados durante el siglo XIX venezolano, obra exclusiva de individualidades muy ilustres, es de reconocer, en buena lid, que sólo es durante el tiempo gomecista que Venezuela conoce sus primeras instituciones administrativas y es cuando emerge, en el plano formal, el Estado nacional centralizado, consolidando una Fuerza Armada propia; y es también cuando se le dan al país, de la mano del Benemérito, las leyes básicas para su ordenamiento económico y fiscal. Pero no son ni pueden serlo, lo repetimos, producto de una "voluntad social" para entonces inexistente y que las encarne; ajena, por lo mismo, a la autoridad del patriarca de una "nación" en cierne. El lema Orden, Paz y Trabajo, traducido por el vulgo como orden en las cárceles, paz en los cementerios y trabajo de los presos en las carreteras, bien refleja el estado de ánimo y su circunstancia para la época.

Vale advertir, repitiendo el esfuerzo de comparación, que así como la "codificación" y su método nutren a Venezuela de sus primeras normas jurídicas de derecho privado y criminal, aquella implica una mera transposición desde los modelos europeos hacia el vacío, hacia lo socialmente inexistente. No se trata, en nuestro caso, de un "método" para integrar de manera orgánica y consensual –sistematizándolas y modernizándolas en su aplicación– a leyes y/o enseñanzas jurídicas anteriores, nacidas de una hipotética fuerza social subyacente; como ocurre, por vía de ejemplo, durante la experiencia clásica y post clásica romanas: con los digestos, o con los Códigos de Teodosio o de Justiniano, o durante la modernidad, con el muy prestigioso Código de Napoleón o con la práctica alemana de las pandectas (*Cf.* al respecto, de Carlo Augusto Cannata, *Historia de la ciencia jurídica europea*, Madrid, Tecnos, 1996, passim).

C. *La república de los militares*

La sustitución paulatina de la economía agrícola de subsistencia y seguidamente exportadora, a raíz de la explosión petrolera en la Costa Oriental del Lago de Maracaibo, la intensificación de dicha actividad y el establecimiento, en 1923, de la Compañía Venezolana del Petróleo, le permite al Estado de la primera mitad del siglo XX hacerse de recursos ingentes y, lo que es más importante, fortalecer su espectro dominante y definitivo sobre la vida venezolana en el porvenir. Tales recursos no llegan a la gran masa de pobladores y tampoco contribuyen a la fragua de la conciencia social en el país, pero facilitan, eso sí, el nacimiento de una primera elite de propietarios y de comerciantes: pero atados, irremisiblemente, al destino del mismo Estado y al de su titular de turno. En otras palabras, carecen de entidad propia como grupos presión distintos de éste.

Venezuela no deja de ser hasta 1958 una hacienda poblada de peones y de capataces, desnudos todos de ciudadanía y disimulada tras la forma institucional de un Estado en permanente proyecto, con empuje modernizador, vaciado sólo en textos constitucionales que son la obra de una intelectualidad minoritaria al servicio del "gendarme necesario".

Luego de un primer y muy breve interregno civil (1936-1945) bajo tutela militar, que por vez primera nos nutre de una experiencia social y democrática incipiente y en el que la nación, en espera de contenido propio, avanza hacia su estadio inicial de asociación espontánea: la ofrecida por los primeros partidos políticos de nuestra era moderna, Venezuela regresa por sus fueros primitivos: la dictadura militar de Marcos Pérez Jiménez da por clausurado todo intento abierto de movilización de la sociedad civil y reafirma el paradigma del Estado militar personalizado como única y válida expresión del Ser nacional.

El esfuerzo constituyente de 1947, animado en todo caso por el cuadro internacional dominante a la finalización de la Segunda Gran Guerra, intenta dibujar un país mejor estructurado y los líderes civiles de la coyuntura le hacen paso, al menos en teoría, a la idea de un Estado Social de Derecho. Es un intento de síntesis audaz de los modelos puestos en boga por la bipolaridad naciente, animado por la idea de la reconversión del Estado −sin mengua de su poder supra ordenador tradicional− llevándolo a la fuente natural de la que ha debido partir: la soberanía popular. El Estado ha de ser, a tenor de las ideas hegelianas y marxistas incidentes, la expresión más acabada pero instrumental de una sociedad que apenas balbucea y con suma dificultad; y ésta, por su parte, junto a la idea del Bien Común que le da sustento y racionalidad, ha de asegurar en unidad con el Estado el espacio perteneciente al individuo como tal y en cuanto tal, conforme a la prédica liberal o de fuente social cristiana concurrente.

Todo se reduce, sin embargo, a un ejercicio testimonial de una sugerida voluntad que sólo cristaliza una década después.

Tales pautas teóricas, por ende, de muy breve existencia constitucional y anuladas durante el régimen perezjimenista (1948-1958), logran insertarse matizadas y con mejor suerte en el modelo constitucional de 1961. El colectivo venezolano ha descubierto ya su potencialidad ordenadora autónoma y la posibilidad cierta, por mediación de los partidos políticos, de revertir sus términos de inexistencia o de sujeción histórica frente al Estado tutelar y personalista que rige hasta el 23 de enero de 1958.

Durante el régimen perezjimenista y también después de la muerte de Gómez crece, es verdad, la clase propietaria y del comercio y el país, sin lugar a dudas, de la mano del Estado y apoyado éste en los ingresos petroleros intenta abrirse espacio hacia nuevas y distintas formas de industrialización pesada y de urbanización; y enriquece –fortaleciéndola– la expresión demográfica venezolana, con apoyo en las migraciones europeas provocadas por la conflagración de 1939-1945.

Así las cosas, reducidos a probable "modelo" toda la primera mitad y el primer lustro de la segunda mitad del siglo XX venezolano, cabe afirmar que el país reside en el Estado y que éste subsiste – sin tampoco existir dada su contextura autocrática – como una suerte de Estado capitalista, de instituciones militarmente regimentadas y dependiente él –que no el país, por lo demás– del sustento obtenido de la explotación de sus riquezas naturales. La nación, como producto material del esfuerzo colectivo no logra constituirse y menos "ser" durante la época. Ella, si acaso existe, apenas lo fue como anhelo de algunos líderes civiles, dentro de un cuadro nada articulado del entorno humano.

Todo esto es posible así, cuando menos durante casi todo el siglo XX y a la manera de una fatalidad, justamente, por lo perverso de esa simbiosis o maridaje alcanzada entre el ejercicio dictatorial del poder político y su atenuación populista temporal, mediante el uso de dineros fáciles y cuantiosos ganados sin el esfuerzo vital de un país que, culturalmente, mal ha podido desnudarse, incluso hoy, del peso de su historia colonial: país animado por el mito de El Dorado; sin tradición o arraigo en su vertiente indígena, por huérfana de masas y ganada para el "nomadismo" o el sedentarismo y la introspección; instintivamente igualitario en la faz crecida de su negritud asimilada; rebelde a las pautas normativas por influjo de la cultura hispana dominante; por ende, evocador como pueblo del "gendarme necesario".

Estado petrolero de caudillos y de individuos acaudillados: tal es Venezuela durante los primeros 150 de su ficticia existencia republicana. Sus efectos nocivos, sin embargo, logran proyectarse hasta el presente, dando lugar al síndrome de la desmemoria venezolana: Somos y existimos, en presente; nos negamos al pasado, obviando la carga y también abdicando a sus prédicas y enseñanzas; nada apostamos, dado lo aleatorio de nuestra existencia, hacia el porvenir.

### D. *El Pacto de Puntofijo*

1958, en buena lid y sin desmedro de los gérmenes favorables incubados a partir de 1928 con las protestas estudiantiles al dictador Gómez o, a partir de 1936, con la emergencia de los primeros partidos populares y de masas o con las enseñanzas de civilidad trasmitidas al país por los presidentes López y Medina Angarita, incluso siendo militares, marca el momento de quiebre en ese "Ser" ausente y en ese estilo de "ser" del hacer y el deshacer de la historia venezolana: ella, Venezuela, comienza a existir como "nación"; aun cuando su sociedad, en fragua desde entonces, haya permanecido como satélite del Estado –aun siendo y existiendo como tal– por algunas décadas adicionales.

El Pacto de Puntofijo y la Constitución de 1961 son la primera manifestación del encuentro y de un esfuerzo de concertación entre todos los actores separados de la vida venezolana: políticos, empresarios, trabajadores, universitarios, religiosos, intelectuales e incluso militares; dispuestos todos a crear un nuevo Estado y una organización de los poderes públicos distintos, con aliento propio y a la vez reflejo y encarnación de una sociedad que, súbitamente, se descubre y reconoce balbuceante y en su pluralidad como en su diversidad cultural, sin merma del mestizaje. Los partidos políticos y sus líderes fundadores: Rómulo Betancourt (Acción Democrática), Jóvito Villalba (Unión Republicana Democrática), Rafael Caldera

(Partido Social Cristiano COPEI) y Gustavo Machado (Partido Co-munista), sirven de guías en el proceso de reconversión nacional planteado; dentro del cual la sociedad civil, incluso con evidente retardo histórico, logra aproximarse al Estado y reconocerlo, por vez primera, como instrumento a su servicio y no a la inversa.

Acicateados por la amarga experiencia del período 1945-1948, que hunde en el fango del sectarismo el esfuerzo democrático y civil incipiente que se desprende luego de la muerte de Gómez, en diciembre de 1935, tales dirigentes le hacen espacio generoso –ya lo dijimos– a ese modelo de Estado Social y de Derecho flexible, sus-tituto del clásico y formal Estado de Derecho nominalista plasmado en nuestras viejas constituciones, para favorecer el tránsito venezo-lano desde su estadio anterior de coexistencia o de individualidades acaudilladas yuxtapuestas hacia otro diferente, fundado sobre la expresión social colectiva y animado por las ideas de la convivencia en libertad, con democracia y espíritu de solidaridad.

La sociedad civil encuentra cauces para su expresión –como ya lo dijimos– por mediación exclusiva de los partidos políticos, es verdad; pero, también lo es que el modelo de Puntofijo marca el paso y no solo formal desde la Venezuela de los caudillos hacia una Venezuela más institucional, hecha sociedad, a pesar de sus partidos "acaudillados". Pero éstos, a su vez, facilitan, quiérase o no, la desarticulación del Estado "gendarme" y personalista y sirven como fiel de la balanza entre el Estado y la sociedad civil en formación; para favorecer y afirmar, paulatinamente y dentro de un proceso cier-to de maduración colectiva, la democracia con sentido social, clausu-rando la experiencia histórica de nuestras autocracias militares.

No es menos cierto, asimismo, que el modelo de democracia de partidos instaurado a partir de la caída de Pérez Jiménez, además de romper con el monopolio militar de nuestra historia republicana, facilita que el equilibrio necesario entre las fuerzas partidistas do-minantes y a objeto de asegurar la gobernabilidad, le otorgue una mayor complejidad y fluidez a las relaciones políticas y sociales venezolanas, modernizándolas. Y esto es innegable a luz de la expe-riencia actual.

Lo importante de apreciar, a fin de cuentas, es que en el tránsito 1958-1998 Venezuela logra su período de mayor estabilidad constitucional y de ejercicio civil democrático conocidos. Y, aun cuando el reclamo de la "siembra del petróleo" –entendida esta vez según los términos sugeridos por Velásquez en su desafío– continúa al igual que hoy presente e interpelante como reclamo existencial e impostergable, evidente es que crecen y se fortalecen también los sectores sindicales y un empresariado que, poco a poco, –ambos– se emancipan del Estado como de los propios partidos. Han sido y son éstos, ahora, elementos diferentes de presión social positiva para la democratización del Estado y para el mismo aprendizaje democrático por parte de la sociedad civil y su consiguiente fortalecimiento.

E. *La República de partidos*

En su primera etapa (1958-1973), el modelo democrático de partidos no encuentra resistencia alguna en Venezuela, antes bien es asumido como válido por el conglomerado de los venezolanos. Por una parte, los partidos políticos trasladan a la población la pedagogía de la movilización y del acuerdo o de la concertación social, facilitándole descubrir su condición de sujeto y de asidero real de la nación hecha Estado. A su vez, el Estado, controlado por los partidos, incluso "acaudillados" como están, descubre paulatinamente su sentido de institución sujeta a las leyes y no al dictado del autócrata de turno.

En cualquier caso, el Estado se aproxima por vez primera a la gente, sirviéndola eficazmente en las áreas críticas (agua, salud, educación, trabajo) y no a la inversa. Nace en Venezuela y de tal forma, durante los gobiernos de Betancourt (1959-1964), Leoni (1964-1969) y Caldera (1969-1973), un modelo de Estado de servicios; que si bien, desde su ángulo positivo, prorroga su presencia dominante en la vida nacional, el efecto mediato y progresivo de su acción contamina de militancia a todo el pueblo venezolano haciendo posible el fenómeno indetenible y condicionante de la participación.

Pero, aún más, la flexibilidad del mismo modelo piramidal y de partidos de extracción "puntofijista" permite a lo largo de tan amplio período y sin traumas o rupturas constitucionales, el tránsito nacional desde la práctica estatal de intervención –planificación, regulación y gestión empresarial directa en los sectores más diversos– en la economía y de centralización presidencial del poder político hacia otro opuesto, signado por el repliegue del Estado nacional –liberación de sus actividades económicas reservadas y práctica de las privatizaciones– y su desconcentración y descentralización en beneficio de la provincia: Estados y municipios, con la consiguiente elección directa de los gobernadores y alcaldes municipales.

Este último fenómeno de insurgencia del país, desde abajo hacia arriba y alimentado desde antes con la legalización, durante el período de Herrera Campíns (1979-1983) del fenómeno asociativo vecinal y educativo, permite activar el ejercicio positivo de la democracia mediante la participación directa del pueblo en la gestión de algunos asuntos de interés colectivo; y el acercamiento obligado y paulatino del poder hacia su fuente primaria e inexcusable: la soberanía popular.

En este orden, no debe olvidarse que el primer desencuentro o antagonismo entre los actores del nuevo modelo o proyecto nacional nacido del Pacto de Puntofijo: Estado de servicios vs. sociedad civil en cierne y mediando los partidos, si lo observamos con aguda visión tiene lugar a partir de 1974.

El modesto y eficiente Estado de servicios de los primeros lustros de la democracia, caracterizado por la continuidad administrativa y que se preocupa más por el drama vital e inmediato de la gente común –"el pueblo me pide en el interior agua, agua, agua", recuerda Rómulo Betancourt en su primer mensaje al Congreso de la República– intenta dar un salto fallido hacia la Venezuela post petrolera, pero de manos del mismo Estado, sin los partidos, menos con el concurso de la propia sociedad.

La mal llamada nacionalización de las industrias petrolera, del hierro y del aluminio, que es más un acto manifiesto de estatización agregado a la personalidad neo-caudillista y populista del presidente Pérez, sugiere en la conciencia colectiva la idea de una reconstrucción del poder histórico del Estado como conductor y factor fundamental del desarrollo social. Y, si bien la sociedad se encuentra en vías de franca maduración y en búsqueda de una interacción más transparente con el Estado, éste tampoco encuentra resistencias en su despropósito de signo regresivo, ni siquiera por parte de los partidos políticos; lo que es así dada su capacidad sobrevenida para responder, de manera plena pero transitoria, a las más exigentes expectativas del bienestar general: es el tiempo de la Venezuela Saudita, de la resurrección del mito de El Dorado.

Pero, lo cierto fue que la Venezuela Saudita de mediados de los setenta, omnipotente y omnipresente, así como capaz de adormecer desde el Estado a cualquier espíritu de cuerpo o de conciencia social emergente y por obra de sus generosas dádivas, en contrapartida sigue alimentando a los factores sociales que contribuirán luego a su enjuiciamiento crítico y más dramático: la Venezuela que se masifica, que se integra socialmente y que despierta en nación por obra de la acción educativa pública –"en cada aldea, una escuela; en cada pueblo, un liceo; y en las capitales de los estados, institutos pedagógicos, tecnológicos y, finalmente, la presencia de las universidades regionales" como lo apunta Velásquez en sus declaraciones– hace posible, más tarde, el crecimiento de una elite intelectual cualitativa y cuantitativamente importante, agregada a las elites políticas, sindicales y empresariales tradicionales, conocida como la "generación Funda-Ayacucho".

Esta última, a pesar de haberse formado en el tiempo de la bonanza es la primera que resiente la quiebra o el agotamiento del modelo que la hace posible y que ahora cuestiona por ineficiente y de un modo beligerante. Esa generación y las que le siguen, quizás por ausentes o indiferentes ante la decisión política que hace de la Venezuela contemporánea un patio fecundo para la crisis, no agradecen ni tienen memoria acerca de todo cuanto reciben del Estado y menos todavía, quizá por la misma causa, se muestran dispuestas a asumir como propios los errores del pasado inmediato.

Velásquez explica, entonces, la causa del frenazo que desplaza a grandes capas de la sociedad y las aísla del proceso modernizador: "Una de las razones del endeudamiento de 1974 fue la creación de un complejo industrial que, por su capacidad de producción, liquidaría el dominio del petróleo; se pensó acelerar la producción de acero y de aluminio. Pero el país fracasó en esa empresa, y hoy lo que existe es el peso de aquella deuda... Continuamos hasta este momento, y esto se proyecta sobre los años venideros, con un dominio de la producción petrolera [que es decreciente y limitada en sus beneficios para el pago de la deuda y el igual sostenimiento del desarrollo, y] que nos sujeta".

Las conclusiones huelgan.

Venezuela deja de ser, por obra de la democracia representativa de extracción "puntofijista", expresión formal de la muchedumbre de individuos acaudillados por el Estado y por su propietario de turno, y adquiere bajo la crisis progresiva consistencia, como sociedad militante y deseosa de transformar al Estado como expresión de su nueva realidad, en puente promotor y subsidiario de su realización en libertad y en democracia.

Errores de gestión no atribuibles al modelo de Estado Social y, por encima de todo, incapacidad en los partidos políticos para entender, darle paso, y asumir como propio el éxito de la maduración alcanzada por el colectivo venezolano y promovida por ellos mismos, producto –sino del equilibrio que ejerce– al menos de su papel de amortiguador para impedir el desbordamiento del Estado presidencial y personalista y su eventual regresión hacia los senderos de la autocracia, aceleran su ruptura con solución de continuidad a partir de diciembre de 1998.

F. *El balance de la Venezuela moderna*

Los resultados del esfuerzo civil y democrático de partidos, agente de la integración y diversión humana que acusa la Venezuela contemporánea y del tránsito desde su más primitiva condición rural y de país de "letrinas" hacia otro educado y sano, de mayor aliento vital y biológico, con conciencia de identidad como sociedad que ha de estar servida por el Estado, se encuentran a la vista. No pueden ser ocultados por la desmemoria.

Ya lo dice el mismo Ramón J. Velásquez: "Nada se perderá de la historia reciente, lo viejo son las autocracias personalistas". Los datos estadísticos comparativos entre la Venezuela de 1945 y aquellas de 1958 y de 1998, son más que ilustrativos:

- En 1945, los alumnos de primaria son 268.959, los de secundaria 13.303 y 3.342 en educación superior. En 1955 suben a 630.414 en primaria, 40.919 en secundaria y 8.212 en educación superior. Para el período 1996/1997 la población estudiantil es la siguiente: a) Preescolar: 738.845; b) Básica: 4.262.221; c) Media: 377.984; d) Superior: 717.192.

- Los maestros de primaria son 8.211 en 1945. En 1955 alcanzan a la cifra de 18.000 maestros. El número (1996-97) en preescolar y educación media es de 288.087 docentes.

- En 1945 existen 2 universidades oficiales, y en 1955 las universidades son 5 (3 oficiales y 2 privadas). Para 1998, tiene Venezuela más de 200 centros de educación superior, sin contar núcleos de las universidades; siendo éstas 33 en todo el país.

- En 1945 el país tiene 5.016 km. de carreteras, habiéndose asfaltado 1.293 km. En 1955 las carreteras llegan a 19.927 km. encontrándose asfaltados 4.490 km. Esta última cifra sube a 5.500 km. en 1958 y a 11.000 en 1963. La red vial nacional, para 1998, alcanza a 95.529 Km., encontrándose asfaltados o engranzonados 61.819 km.

- El número de camas hospitalarias oficiales es de 20.100 para 1955. De los 228 hospitales 89 son privados. Los centros de salud, en poblaciones entre 5 y 15 mil hab. suman 11 para 1955, y 396 las medicaturas rurales. Para 1998 Venezuela cuenta con 39,6/10.000 h profesionales de la salud de los que 23,7 son médicos (Censo 2001: 22.688.803 h.). y con 50.815 camas hospitalarias. Los hospitales generales se elevan a 927 (344 del sector privado) y los ambulatorios suman la cifra de 4.027 (3.365 rurales).

- La población según el Censo de 1961 es de 7.523.999, siendo menores de 24 años una cifra de 4.737.344 H. La estimada en 1998 es de 23.242.435 H, de las cuales 12.633.186 son menores de 24 años. De aquella cifra, la población urbana alcanza 20.097.794 personas.

- Para 1945 el país apenas cuenta con 80 km. de acueductos y 70 km. de cloacas. En 1955 llegan a 1.971 km. los acueductos y a 2.030 km. las cloacas, sirviéndose a 60 poblaciones. Las letrinas construidas suman 149.654 para la última fecha. El crecimiento de la cifra de acueductos es de 65% entre 1958 y 1964, momento éste en el que se sirven de acueductos urbanos 2.968.000 personas y de acueductos rurales 1.415.000 personas. Para 1958 sólo se sirven de agua potable 1.600.000 personas. El INOS lleva su producción de agua desde 32 millones de m$^3$ en 1958 hasta 400 millones de m$^3$ en 1963. El agua facturada para 1997 es de 1.223.267.000 de m$^3$. El agua producida llega en 1997 a 3.033.899.000 m$^3$. Para 1998, las cifras de población servida son las siguientes: a) Acueductos: 19.142.910 de personas; b) Cloacas: 15.220.686 de personas.

- El coeficiente de natalidad es de 36,8/1000 en 1945, y de 46,6/1000 en 1955; en tanto que el de mortalidad es de 15,3 y 9,8 respectivamente. La mortalidad infantil es de 127/1000 y 66/1000 en los períodos igualmente correspondientes. La expectativa de vida, en 1943 llega a 46,4 años; en 1955, sube a 51,4 años y, en 1998, es de 72,8 años. Este último año, el número de nacimientos alcanza a 558.749 personas, con una rata de 24,5/1000 h. El número de defunciones llega a 107.866 personas, lo que implica una rata de 4,6/1000 h.

- En 1945 existen 28 estaciones radiodifusoras, las que se incrementan hasta 68 para 1955. El número de estaciones de radiodifusión (AM/FM) para 1998 es de 474 emisoras. Las estaciones de televisión son sólo 3 para 1958.

- Las viviendas construidas por el Estado desde 1928 hasta 1945 son 2.438 y, desde este año hasta 1955, 28.233 viviendas. El promedio anual de construcción del sector público, para 1998, es de 31.391 viviendas.

- La población laboral activa en 1967 es de 2.699.749 personas, encontrándose desocupadas 224.447. Para 1973 la población laboral sube a 3.297.439 personas, siendo las desocupadas 168.890. Para 1997, la población activa laboral es de 9.907.276 personas, de las cuales se encuentra desocupada un 11% (1.091.081). La población laboral ocupada se distribuye así: a) Sector público: 1.405.574, de las cuales 1.267.504 se dedicaban a servicios comunales, sociales y personales; b) Sector privado: 7.054.333 personas.

- Para 1945 existen 4.309 hs. bajo riego, y para 1955 suman 25.650 hs. Para 1998, la producción agrícola alcanza a 27.022.452 tm, siendo que la producción para 1955, sumándose los rubros más importantes (café, cacao, azúcar, arroz, algodón, maíz, papas y ajonjolí) llega a 279.595 toneladas.

- Los estadios deportivos son 5 para 1945, y 52 para 1955. En 1998, las instalaciones deportivas del país suman 4.919.

### G. *En la búsqueda del horizonte perdido*

La única pista con la que cuenta el país para discernir acerca del camino que hemos debido y aún debemos transitar, a objeto de profundizar la experiencia democrática conquistada y hacerla, dentro de su carácter obligadamente representativo, más representativa, dentro de un cuadro de real y eficaz participación ciudadana, lamentablemente se pierde en la interinidad presente y como producto de un doble crimen histórico: Uno, la liquidación que hace el Teniente Coronel (Ej) Hugo Chávez Frías, hoy Presidente de Venezuela, de todo el esfuerzo intelectual realizado por la COPRE (Comisión para la Reforma del Estado) en el curso de la última década, por una parte; y, por la otra, la apresurada redacción que tiene lugar, bajo su dictado, de un nuevo y sesgado estatuto fundamental para la República Bolivariana por él imaginada a título personal: la Constitución de 1999, símbolo demagógico de una ilusión revolucionaria, dictado con el único propósito de servir para la movilización emocional –que no para la integración y desempeño protagónico– de las capas sociales desplazadas durante el curso del último medio siglo y excluidas de su modernidad, a fin de reivindicar la historia del "gendarme necesario". Ella es, si se quiere, síntesis y profundización, a la vez, de todos los errores o desviaciones o de las experiencias positivas "agotadas" que suma el país en el breve espacio de sus 190 años de historia patria. Y nada más.

Lo constatable, incluso así, es lo también afirmado por el presidente Velásquez a este cronista: "El pueblo abandono sus casas y sus ranchos para tomar la calle con espíritu constituyente constante, sin preverse cuando han de regresar".

# 8. EN VÍSPERAS DE LA CRISIS DE ABRIL

14 de enero de 2002

A. *Estado gendarme vs. sociedad civil*

Más que en la víspera de una crisis terminal, como alguna vez la califico, Venezuela transita y se encuentra hoy en la antesala de un momento histórico en el que, probablemente, encuentre solución final a las múltiples contradicciones nacidas de su realidad social y política y que se ven sobrepuestas o acumuladas, sin solución de continuidad, en el curso de su muy breve historia.

Ellas, indudablemente, le impiden fraguar en nación o en proyecto cierto de nación y también, más allá del innegable e ingente pero desigual desarrollo material y humano alcanzado en el curso de su último medio siglo, le obstaculizan, hasta el presente, su consolidación en el plano de la modernidad social y pública. La emergencia de esa sociedad civil hasta ahora ausente y que, por lo mismo, mal puede ser, como debe serlo, expresión anticipada al nacimiento de la República y soporte para la constitución de nuestro Estado a principios del siglo XIX, hoy predica, en los inicios del siglo XXI y con cierta mora, su disposición de no perder los espacios de libertad y de experiencia democrática ganados durante los últimos 44 años.

Hay hechos que, ora son determinantes, ora son la evidencia de la aceleración de este proceso inexcusable. El mismo parece orientarse hacia la final y necesaria definición de roles entre el viejo Estado gendarme y la ya madura sociedad venezolana. Aquél, bajo la conducción del Teniente Coronel (Ej.) Hugo Chávez Frías, Presidente de la República, intenta volver por los fueros que pierde a raíz del 23 de enero de 1958; ésta, despertando de su letargo y descubriéndose huérfana de partidos y de líderes nominales cuya tutela recibe hasta el pasado reciente, reacciona firme pero instintivamente para impedir, a como dé lugar, los propósitos para aniquilarla, diluirla.

Pero, antes de mencionarse los hechos que pueden describir la tendencia anotada y actuante junto a sus probables riesgos, pertinente es que volvamos a la cita de mi reflexión previa al fatídico 11 de septiembre de 2001, cuando el terrorismo talibán deja sus huellas en suelo norteamericano, y luego la Cumbre de las Américas, celebrada en Quebec, cuando Chávez palpa por vez primera su soledad en el Hemisferio. Con excepción de Fidel Castro sufre de aislamiento para hacer avanzar su lucha abierta y personal contra la "unipolaridad" norteamericana, la economía de mercado, y la tesis que sobre la libertad y la democracia representativa se impone en Occidente.

Dije, entonces, que:

"...con el anuncio de que reinstalaría al antiguo MBR-200, núcleo inicial de su acción como golpista, hipotecado con su originaria y dominante visión redentora, militarista, neocomunista, y tutelar del país, es evidente que Chávez no busca otra cosa que resolver [a tiempo], al menos en teoría, la contradicción que en doble banda le obliga a ser bastante cauteloso hasta el presente: la compleja y difícil convivencia entre la FF.AA..., formada dentro de la cultura democrática tradicional, y los líderes y miembros del espectro marxista y revolucionario que se solidarizan con él durante el 4 de febrero de 1992. Y [agrego entonces, que] no [debe] olvid[arse] que Chávez, en hipótesis, mal podría cohesionar esa estructura militar existente [nacionalista, preconvencional, bolivariana pero acusadamente antimarxista] con la idea de su alianza política estable –más allá de los devaneos diplomáticos– con el triángulo La Habana-Trípoli-Bagdad y con los movimientos guerrilleros y de liberación que todavía operan en América Latina...".

A renglón seguido ajusto que:

"...[la señalada solución a tal antagonismo es], a fin de cuentas, la carta que se propone jugar dentro del único contexto en que aquél concibe a la acción política: la afirmación estructural de su poder personal y a continuación político [si se puede, sin alternativas y a tiempo], mediante el régimen de excepción hacia el que avanza presuroso [y, para ello, el esfuerzo de reconversión definitiva del estamento castrense]; [de lo contrario, dada su mentalidad pre-convencional y el mismo antagonismo que hace imposible la coexistencia –a mediano plazo– entre los distintos actores presentes en su Gobierno, puede tomar cuerpo la hipótesis de] una eventual ruptura o inflexión constitucional con o sin Chávez. Esto último, la posibilidad de un corte constitucional militar sin Chávez, creemos que puede sobrevenir de constatarse inviable la comentada reconversión del estamento castrense y el intento de su ensamblaje dentro del esquema militar-revolucionario; y ello ha de ser así, justamente, de insistir el mismo en su objetivo original".

La pregunta lanzada al aire *mutatis mutandi*, pues, me es inevitable al escribir lo antes dicho:

¿Acaso podrá hacerlo –me digo– al encontrarse perturbados sus planes de un modo provisorio o en el mediano plazo a raíz del escándalo suscitado por el Affaire Montesinos, que involucra negativamente al ex militar golpista Eliecer Otaiza, jefe de la policía política y a otros miembros del Alto Gobierno, y dada la preeminencia que, incidentalmente, toma cuerpo y para la solución satisfactoria de este asunto enojoso en la Fuerza Armada: única garante de su estabilidad real como Presidente?

B. *Los indicios de una crisis en cierne*

Los hechos sobrevenidos y que muestran, aceleran o determinan la tendencia anunciada, matizada por los párrafos anteriores y que sugiere la emergencia de una situación propicia a la confrontación final entre el Estado "chavista" de corte autoritario y la sociedad civil de vocación democrática fraguada en el curso del último medio siglo, son, fundamentalmente, los siguientes:

a. *11 de septiembre del 2001*

La acción y consecuencias de los ataques terroristas sobre New York y Washington desprenden una corriente de reordenación geopolítica que bien puede llamarse "efecto Bin Laden". Aquélla saca de su prolongada transitoriedad e indefinición al orden mundial en cierne desde 1989, nacido con el fin de la bipolaridad Este-Oeste. En lo adelante, quiérase o no, tal Nuevo Orden u orden nuevo, por atado como se encuentra a las reglas inéditas de la Era de la Inteligencia Artificial naciente y de la globalización de las telecomunicaciones junto a sus secuelas sobre las relaciones económicas y comerciales, políticas, sociales y culturales, mal dará cabida a los paradigmas de la inmediata y progresivamente superada Era de la Industrialización, a saber: preeminencia internacional de los Estados, de la razón de Estado o del criterio de la soberanía absoluta dentro de un régimen multilateral de simple coexistencia; modelos políticos, sociales y de desarrollo fijados a partir del tradicional equilibrio e interacción entre los factores dominantes de la producción: tierra, capital y trabajo; prácticas consuetudinarias, anclajes culturales, hábitos y creencias o tradiciones populares domésticas incidentes en la configuración tanto de los modelos nacionales de Estado y de sociedad como de las formas concretas de subsistencia o de satisfacción de las expectativas de bienestar de cada pueblo y según sus particulares circunstancias.

Así las cosas, los espacios de tolerancia o de indiferencia ideológica o de solidaridad externa, pasiva o encubierta, encontrados por Chávez –en algunos países de Europa occidental o en otros del mundo árabe– durante el interregno de su ascenso al poder y la posterior sucesión de la acción terrorista de Bin Laden, y, requeridos tales espacios para sostener y hacer avanzar su esquema de Revolución Bolivariana (Estado centralizado, capitalismo de Estado bajo tutela militar, tendencia autocrática personal; sustitución del modelo de democracia representativa por una relación directa caudillo-pueblo sin mediación sustantiva de las instituciones; intervención pública en la economía; libertades públicas consonantes con el proceso de transformación económico-política propuesto; reedición de la pugnacidad histórica marxismo-capitalismo y/o Norte-Sur y liberación de los lazos de "dependencia"; rescate del valor de la asistencia pública y de la repartición de la tierra, en su versión de minifundios, como bases del desarrollo económico y social) desaparecen en un abrir y cerrar de ojos. Por si fuese poco, el cíclico decrecimiento de los ingresos fiscales provenientes del petróleo, ahora le impiden sostener tal esquema, incluso en la hipótesis de un "enclaustramiento" o aislamiento internacional provocado por él mismo o impuesto a Venezuela por la comunidad internacional.

## b. *10 de diciembre de 2001*

La convicción presente en los distintos actores de la sociedad venezolana (empresarios, medios de comunicación social, Iglesia, Ong's, sociedad civil en general] y, asimismo, en los miembros de la oposición militante al régimen, en cuanto a que resulta difícil sino imposible avanzar a contra corriente de la predicada "revolución bolivariana", dado el indiscutible y abrumador respaldo popular que recibe el Presidente en su elección de diciembre de 1998, por una parte y, por la otra, la discreta postura asumida respecto de éste –y de sus cotidianas provocaciones– por la Casa Blanca y la Secretaría de Estado de los Estados Unidos de Norteamérica, se revierte, entre otras muchas razones, por obra del mismo "efecto Bin Laden".

Así que, la espasmódica pero latente conciencia nacional acerca de la involución paulatina experimentada por el país en materia de libertades y en cuanto a su afirmada tradición democrática, adquiere, con el "paro nacional" convocado el pasado 10 de diciembre de 2001 por el empresariado, los trabajadores y la sociedad civil en general, una cohesión y corporeidad inéditas en la experiencia democrática anterior (1959-1999). Aflora hacia la superficie, de modo masivo y contundente, la protesta social tanto a la acción legislativa extraordinaria e inconsulta ejecutada por el Presidente en los días anteriores (con apoyo en la modalidad de Ley Habilitante que prevé la nueva Constitución) como a sus agresiones constantes y sistemáticas contra la Iglesia Católica y los medios de comunicación social.

Pero, este estado de rebeldía colectiva desprendido y de descubrimiento, por la misma sociedad civil, de su existencial real y de su capacidad de reacción autónoma, al margen de la conducción personalizada que domina en el pasado de la vida política venezolana, quizá no fuese posible, en lo inmediato, de no haber sido alimentada o estimulada por el mismo cambio de actitud que el 11 de septiembre impone a Washington y a los distintos observadores internacionales: Las medidas cautelares adoptadas por la CIDH sin dilación y en las horas siguientes a los sucesos de violencia provocados por adeptos al régimen en las puertas del diario El Nacional y asimismo –más tarde– en el diario El Universal, dan cuenta del indicado cambio y su contundencia en lo externo, y revelan su sinergia con el despertar y la movilización de fuerzas sociales que tiene lugar en el plano de lo interno.

La opinión de Diego Arria, vertida este último domingo en la prensa nacional (El Universal, 13-1-02), es, en efecto y a mi juicio, impecable, en cuanto a la inflexión que marca el 11 de septiembre y su incidencia sobre el curso de los acontecimientos venezolanos luego del 10 de diciembre del año pasado:

"Hasta el 11 de septiembre, Estados Unidos actuaron bajo la influencia de la guerra de Vietnam, que generó muchos traumas en su sociedad y los hizo reticentes a intervenir directamente...Esto indica que el nuevo orden será trazado, y no impuesto, por la comunidad internacional, con el liderazgo de Estados Unidos, que es hoy la única superpotencia capaz de operar militarmente a escala global. Un ejemplo de la poca inclinación de Estados Unidos a actuar como policía planetaria es el caso de Colombia, que a pesar de estar en su área de influencia más cercana no los ha impulsado, hasta ahora, a participar militarmente. La reciente clasificación de las FARC [amiga del régimen de Chávez] como grupo terrorista...le imprime un nuevo matiz a esta situación".

De igual modo, la designación que, de modo expedito y sin esperar la autorización del Congreso, hace el Presidente George W. Bush (El Universal, 12-1-02) de un nuevo Sub Secretario de Estado para Asuntos Hemisféricos, recayendo la designación en el diplomático conservador cubano-americano, conocido anti castrista y antiguo Embajador en Caracas, Otto Reich, es expresión clara y confirmación de la validez del comentario anotado.

Y si no fuese suficiente, en orden al elemento interno o nacional, una investigación realizada por Alfredo Keller (Análisis del entorno social y político venezolano), dada a conocer el último diciembre, no sólo revela una caída neta de 68 puntos en el agrado popular que concita Chávez (el agrado baja de 68 % en enero a 33 % en diciembre, y el desagrado se incrementa, en el mismo período, de 25% a 58%); antes bien, lo que es más revelador de la crisis "terminal" y de legitimidad institucional que provocan las acciones de intolerancia del Presidente y del desfase que existe entre su "proyecto personal" y autoritario sobrevenido y la vocación libertaria del pueblo, es que a pesar del referendo consultivo que aprueba la Constitución de 1999 –con una abstención del 50% del electorado– un 75% de la gente quiere hoy una nueva Asamblea Constituyente, en tanto que la rechaza apenas un 20% de la población.

### c. *Crisis dentro de la Asamblea Nacional*

La reacción provocada en el seno de la Asamblea por el "paro nacional" del 10 de diciembre es sintomática. Aun cuando la emisión por el Presidente de las 49 leyes que dan lugar a este acontecimiento se inscribe en una facultad que la propia Asamblea Nacional confiere al Jefe del Estado y tiene su asidero en la Constitución de 1999 aprobada por el pueblo, la sociedad civil no logra digerir tal expresión en su práctica al revelársele cabalmente autoritaria y antidemocrática. La resiente al acusarla como un desprecio hacia ella por parte del Presidente y como un contrasentido a su manido discurso sobre la democracia participativa y protagónica. Parte de los miembros de la Asamblea, militantes del "chavismo", acusan el golpe y, en rebeldía, anuncian estar dispuestos a la reforma de las leyes aprobadas mediante Decreto Ejecutivo.

La reacción presidencial, no obstante, no se hace esperar y sus resultados están a la vista. Amenazados por Chávez, parte de sus propios parlamentarios hacen valiente causa con una oposición hasta entonces fragmentada en el seno de la Asamblea y que descubre, para sorpresa del país, el peso que puede ejercer dentro de un colegiado la acción concertada y en sintonía con las exigencias reales de la sociedad civil. El ala radical del Gobierno gana en la elección de la nueva directiva parlamentaria pero huérfana de la mayoría dócil y aplastante de la que hace gala hasta el pasado reciente: La crisis y fragmentación dentro del MVR, partido de la revolución, tampoco se hace esperar. Queda en el ambiente, eso sí, el peligro de una intervención o clausura de la Asamblea por el Presidente, de constatar éste que ya no puede hacer y deshacer a su voluntad sobre la actividad legislativa; y que, de darse o realizarse tal amenaza, puede marcar el fin del régimen constitucional.

d. *Estampida en el gobierno y dilema militar*

La convergencia "militares bolivarianos", civiles de izquierda democrática, y radicales de origen marxista", que dan su textura multipolar al movimiento que hace posible la victoria democrática de Hugo Chávez el 6 de diciembre de 1998, pierde todo su aliento en la coyuntura y avanza, por obra de la dinámica desprendida, hacia una fragmentación o estampida riesgosa. Las piezas de este rompecabezas, en una hora de definiciones como la actual, mal pueden calzar dadas las diferencias conceptuales y de oportunidad que las separan.

Si la crisis de dicha convergencia y su viabilidad era predecible como hipótesis, luego de la ruptura con el gobierno de los "otros" comandantes golpistas del 4 de febrero de 1992: Arias Cárdenas, Urdaneta, y Acosta Chirinos, y dada la incapacidad e indisposición de la propia V República para recrear una alternativa de oposición funcional que le asegure su "unidad" interior, esta vez, la separación de Luis Miquilena del Ministerio del Interior y de Justicia, padre indiscutible del "proyecto político" que sustituye –por exigencias de la realidad– al "proyecto original" [personal, de raigambre antidemocrática, y militarista de izquierda] de Hugo Chávez", induce o revela su confirmación a la manera de una tesis cierta.

La designación subsiguiente de Diosdado Cabello, ex oficial de las Fuerzas Armadas y participante en el golpe de Estado del 4 de febrero, como Vicepresidente Ejecutivo de la República (El Universal, 14-1-02), no deja lugar a las dudas en cuanto a lo dicho; y también dice sobre la evolución que hacia el modelo original de autoritarismo militar y de intolerancia revolucionaria, concebido originariamente por el MBR-200 y sus aliados de la extrema izquierda subversiva, ahora intenta tomar, con vistas a las circunstancias sobrevenidas, la experiencia de gobierno del Comandante Chávez.

C. *El reacomodo dentro de la Revolución*

Veamos con cuidado los distintos elementos que justifican o explican esta última apreciación.

Hugo Chávez, a salir de la cárcel luego del beneficio que le acuerdan a él y sus compañeros de aventura el entonces Presidente de Venezuela, Rafael Caldera (1994-1999), dándole continuidad a la política de pacificación que emprenden Carlos Andrés Pérez y su sucesor, Ramón J. Velásquez, recorre el país acompañado de su actual Canciller, Coronel Luis Alfonso Dávila, y del polémico intelectual argentino Norberto Ceresole, propulsor de la llamada tesis posdemocrática. Busca convencer a la población de que las únicas vías para el cambio posible –tesis no acompañada por los otros ex comandantes liberados– son la insurrección popular y la abstención electoral.

Hasta el momento, su noción acerca de lo deseable políticamente se reduce a una idea central que hoy adquiere mayor nitidez: Reconstituir la vieja experiencia caudillista venezolana –relación directa del líder con el pueblo– y asegurarla mediante el control y uso institucional de la milicia, con un sesgo  a su juicio innovador: La FF.AA como elemento de soporte y por ser parte y corazón del mismo pueblo, tiene –como lo cree– la posibilidad de transformarse en un movimiento revolucionario de neta vocación social, como lo es en su momento el Movimiento Sandinista en Nicaragua, inspirado en el paradigma revolucionario de Castro.

No es un secreto, pero sí tardíamente revelado como verdad indiscutible, la presencia activa de los líderes de los grupos radicales de la izquierda venezolana: Bandera Roja, Tercer Camino, etc., en la combinación que intenta provocar la ruptura golpista del 4 de febrero de 1992. Tampoco lo es el apoyo posteriormente brindado por las FARC de Colombia, en la zona fronteriza, a la iniciativa electoral que hace de Chávez presidente electo de Venezuela, el 6 de diciembre de 1998. Sin embargo, lo importante de subrayar es que tal "proyecto autoritario" y su expresión "institucional": el Movimiento Bolivariano Revolucionario (MBR-200) queda en el congelador por virtud de la dinámica tomada por los acontecimientos políticos posteriores al 4 de febrero y, particularmente, cuando se advierte la declinación del fervor popular hacia los dos partidos políticos tradicionales: AD y COPEI.

Así que, bajo la influencia "paternal" de Miquilena, quien arrastra consigo a José Vicente Rangel y a Manuel Quijada, Chávez, igualmente acompañado por el Coronel Dávila, asume como conveniente y tácticamente inevitable la vía democrática para su ingreso final al poder. Se crea así el Movimiento V República y a su alrededor toma cuerpo la alianza o convergencia triangular señalada: Grupo Garibaldi de la UCV [izquierda radical de origen guerrillero] y otros militantes de trinchera, MBR-200 [ex militares golpistas], los militares retirados no golpistas, el MVR [Miquilenismo o izquierda democrática]. Y el otrora golpista descubre, además, la virtud "movilizadora" de la propuesta constituyente que le venden Miquilena y Quijada, con vistas al establecimiento de una democracia popular, "participativa y protagónica", que liquide de raíz la democracia "puntofijista": representativa y de partidos políticos.

Lo cierto es que Chávez accede a Miraflores con el soporte de una realidad compleja y difícilmente administrable por él, en virtud de sus limitaciones como pretendido hombre de Estado. Mal puede tener éxito en aquello que, en otro tiempo y circunstancias, tampoco puede lograr Salvador Allende, en Chile: la conciliación de los socialistas democráticos con los comunistas.

El trienio 1999-2001 avanza, pues, en medio de la pugna subalterna entre los disímiles actores llamados a ocupar los puestos de comando en el Gobierno de la "revolución", pero encubierta y atenuada tal pugna por el papel dominante que juega la personalidad carismática de Chávez. A ello se le agrega, por lo demás y como quinta pata de la mesa revolucionaria que deriva en pentagrama, quienes están desde antes y no tienen otra alternativa que apoyar institucionalmente al presidente democráticamente electo por los venezolanos: las Fuerzas Armadas.

En todo caso, reunificadas transitoriamente (¿?) por impulso de la realidad sobrevenida, por las elecciones democráticas del 6 de diciembre y el carácter democrático –aun cuando muy discutido– del subsiguiente proceso constituyente, la sobrevenida FF.AA. se mueve entre ascuas. De ella hacen parte, actualmente, los varios centenares de oficiales y sub oficiales quienes, con sus causas perdonadas por el propio Presidente Carlos Andrés Pérez antes de su salida del poder y luego por Velásquez y Caldera, se alzan junto con Chávez el 4F; y también quienes lo confrontan acremente por su afrenta a la democracia y las instituciones fraguadas bajo el molde constitucional de 1961. Se trata, incluso aquí y a pesar de su tradicional disciplina, de una convivencia complicada y aún más compleja dada la metástasis política provocada por el mismo Presidente y Comandante en Jefe dentro de su seno.

## D. *La salida de Miquilena y ascenso de los "subalternos"*

En este orden, las aproximaciones sobre el contenido y los efectos de la acusada estampida en el seno de la "revolución" o, si se quiere, del reacomodo de cuadros al que se ve obligado Hugo Chávez, se imponen.

Consciente, por obra de la coyuntura internacional, que pierde aliento externo a pesar de los intentos que aún hace para atenuar tal pérdida y sus circunstancias; a su vez, dada la acelerada caída de su popularidad en lo interno, sumada a las restricciones institucionales (Constitución de 1999) que encuentra para su libre e inconsulto desempeño como líder de la "revolución"; y que, como fenómenos, todos son naturales a cualquier experiencia democrática, por lo mismo, a la esencia misma del "proyecto político" que le venden –con todos y sus defectos– Miquilena, Chávez no percibe más opción o salida que el arrebato o la insurrección al mejor estilo de su aventura del 4F. Pero esta vez, lo planteado parece ser una insurgencia contra la Constitución que él mismo animaría: de allí su sugerencia oblicua o apelación permanente, durante el curso del último año pasado, a la idea de la transitoriedad o la emergencia constitucional, cuya realización parece acariciar así sea por vía de una conflictividad social por él provocada artificial y deliberadamente.

En este orden, cabe apreciar, a manera de síntesis, el valor y sucesión de los síntomas que alimentan la *tendencia in comento* y que insinúan su perfil dramático.

[1] La polémica declaración del General en Jefe (Ej) de la FF.AA., Lucas Rincón, expresando su apoyo a los Estados Unidos de América con motivo de la incursión en Afganistán –en línea diferente a la dada por el Presidente Chávez– y que realiza, no tanto por iniciativa propia sino por imposición de sus compañeros de armas, hace evidente el propósito del sector castrense de no dejarse ganar espacios por los "talibanes" del régimen: los de la izquierda irredenta movidos por la convicción o el servilismo a Cuba, y los ex compañeros de armas del mandatario, tocados por la obsecuencia y el oportunismo. Tal situación de beligerancia, presente y latente en el seno militar, adquiere un énfasis posterior con la reciente remoción del Comandante General del Ejército, hombre de confianza de Chávez y acusado públicamente de hechos de corrupción". Y, no

menos importante, antes bien muy grave, es el presunto comunicado en el que parte de los oficiales de la milicia cuestionan directamente al Presidente por los indicios claros de "cubanización" del país y el talante autocrático de su conducta como gobernante, en los términos que siguen:

"La Fuerza Armada Nacional no es parte de su proyecto político. Los militares no tenemos porqué adherirnos a ninguna idea revolucionaria ajena a nuestros ideales de pueblo libre y soberano. La FAN no es un feudo del mandatario de turno; es una institución de la nación...Usted [señor Presidente] destaca como figura y guía de su (*sic*) revolución bolivariana, y solo Usted, aparentemente, conoce las razones ocultas de este incierto proyecto; usted nos arrastra a ella, pero no habla con la verdad. ¿Acaso los venezolanos no tenemos derecho a conocer si su proyecto de revolución es o no es más fidelista que bolivariano? ...Los militares conocemos...las diferencias existentes entre la libertad y la opresión, y también sabemos cuál es nuestro deber ante la iniquidad y el atropello que puedan sufrir nuestros compatriotas, como consecuencia de los autoritarios actos de sus gobernantes..." (El Nacional, 13-1-02).

[2] La anunciada salida del Gabinete de Luis Miquilena, luego de la derrota que sufre el ala moderada o "light" del chavismo –afecta a este dirigente– durante la reciente elección de las autoridades de la Asamblea Nacional, y la renuncia posterior del Embajador en Washington, Ignacio Arcaya, pieza de aquél dentro del Gobierno, hace cierta, por otra parte, la hipótesis de que Chávez prefiere liquidar de una vez y por todas el "proyecto político" de revolución democrática, dándole rienda suelta a su "proyecto personal" y autoritario originario, de corte rupturista.

La más reciente animación y conformación por el Gobierno de los llamados Círculos Bolivarianos, suerte de grupos de calle al servicio de la "revolución" –"camisas rojas" garibaldinos, "camisas pardas" nazis, "camisas negras" del fascismo)– y que hacen sentir su violencia y capacidad intimidatoria en las puertas del diario El Nacional o de El Universal –calificados junto a otros medios de comunicación de contra revolucionarios por el Presidente– por una parte y, por la otra, el establecimiento de un Comando Táctico Revolucionario en el que ya no participa el hasta ahora partido de Gobierno: MVR, son concluyentes al respecto.

[3] Finalmente, la separación de Adina Bastidas de la Vicepresidencia, quien es miembro del señalado sector garibaldino y manifiesta militante del ala radical marxista presente en el Gobierno y su sustitución por Diosdado Cabello (El Universal, 14-1-02), ya mencionado y hasta ahora Ministro de la Secretaría de la Presidencia, puede tener una lectura que no sugiere, necesariamente, la mengua o reducción del poder de este último sector en el centro de influencia del régimen. Al fin y al cabo, su conductor y quien recomendara a la señora Bastidas para dicho destino es el Ministro de Planificación, Jorge Giordani, quien se mantiene al lado del Presidente y conserva su fuerza persuasiva.

El ascenso de Cabello, antes bien, indica que, con vistas al establecimiento o afirmación del verdadero proyecto revolucionario de Chávez, conforme lo indica la tendencia: contenido en el espíritu de sus polémicos 49 decretos leyes, entre ellas, la polémica ley de tierras que incide negativamente en el ejercicio del derecho de propiedad, y, en razón de la fuerte conflictividad social que se anuncia en lo inmediato, aquél bien sabe que el destino de su propósito autocrático le exige resolver, como prioridad, el problema de su control hoy deficiente sobre una FF.AA en plena efervescencia: Cabello hace parte del grupo de militares que participaron en la asonada del 4F.

De darse la confrontación planteada entre el Estado de gendarmería que auspicia el chavismo radical y que aspira dominar en lo adelante la escena de Gobierno, por una parte y, por la otra, la sociedad civil que despierta el pasado 10 de diciembre; y si, además, tal confrontación toma la calle en medio de la violencia social predecible, Cabello, como ex miembro de la milicia, vendrá ser no solo garante de los intereses de su sector en el Gobierno: MBR-200 originario, sino un conveniente puente con aquellos de sus compañeros quienes permanecen activos y leales a la "revolución" y pueden ser utilizados para la defensa del régimen contra sus opositores, entre ellos, los otros miembros "institucionalistas" de la Fuerza Armada; quienes, según lo indica el comunicado citado supra pueden verse obligados a hacer uso de su capacidad bélica para sostener y hacer valer la estabilidad de la democracia.

# 9. LA MASACRE DE EL SILENCIO: ORIGEN Y PROBABLES TENDENCIAS DE LA CRISIS DEMOCRÁTICA VENEZOLANA

8 de mayo de 2002

## A. *El nacimiento de un gendarme*

Hugo Chávez Frías, Teniente Coronel del Ejército, líder del fallido golpe de Estado del 4 de febrero de 1992, y actual Presidente de Venezuela, es la consecuencia lamentable, pero explicable, de un proceso sostenido de deterioro en las instituciones partidistas tradicionales y los liderazgos políticos de la Venezuela que se alinea con la vida civil y democrática en 1958, por incapaz de asumir su obra histórica y modernizadora como de relanzarla hacia los odres de un siglo distinto en ciernes.

Tal proceso, con o sin razón, quizás por obra de una fatal coyuntura y a la manera de una conciencia colectiva, emerge, se nutre y evoluciona "de" y "sobre" una crisis estructural de carácter inicialmente económico, anclada en la declinación recurrente, durante el curso de los veinte años anteriores a 1998, de los ingresos fiscales derivados de la actividad petrolera nacional. Y tales ingresos, bueno es apuntarlo, han sido y siguen siendo la fuente primaria de financiamiento del desarrollo interno y la garantía de la movilidad social y del bienestar general de la población venezolana. Sin mengua de que, además, sean los animadores de los focos de corrupción pública y privada aún en crecimiento dentro del país y que mucho hacen relación con su modelo de capitalismo de Estado, tutelar, rentista e interventor.

Así que, consustanciados con una hipoteca psicosocial de origen colonial: fraguada bajo el mito de El Dorado y el culto existencial del gendarme necesario; convencidos, los venezolanos, de que el país –por ser rico y "el más rico del mundo"– debe hacer ricos sin más a todos sus habitantes; y, afirmados, por lo pronto, en la idea de que la pobreza se origina por el robo que los otros hacen de lo que a cada uno corresponde como herencia obligada; la mayoría de los electores que acuden a las urnas en diciembre de 1998 para elegir un nuevo Presidente apuestan con criolla simplicidad, dentro de una cultura dominante del azar y ante la falta de otras alternativas, a un hombre que bien sabe venderse a la vez como justiciero y vengador:

Emerge en Venezuela, así, con toda su fuerza telúrica, un conductor de masas que, para las mayorías y dada su formación militar, promete eficiencia y disciplina en la paternal redistribución de la riqueza e igual severidad en el castigo de los responsables del empobrecimiento general sobrevenido en el país.

Los dirigentes políticos, los partidos y, en última instancia, la propia democracia, son llevados al banquillo de los acusados. Y dentro de una realidad social dominada por el presente, sin memoria histórica y, por lo mismo, teñida de juicios de oportunidad más que de pertinencia, de poco vale la reflexión de aquéllos acerca de los cambios y el demencial progreso alcanzado por Venezuela entre 1958 y 1998, bajo un mismo orden constitucional y civil.

Para el momento en que emerge el liderazgo de Hugo Chávez a nadie le escandaliza saber que, luego de su salida de la Cárcel de Yare donde es recluido a raíz de su insurgencia militar contra Carlos Andrés Pérez, es recibido con honores en La Habana y agasajado por Fidel Castro. Tampoco irrita su señalada alianza y amistad con representantes de las FARC y la cooperación que la guerrilla colombiana le presta para su campaña electoral en la frontera.

No hay oídos para las denuncias desde cuando formaliza su candidatura y, más tarde, ya iniciándose en su mandato como Jefe del Estado, acerca del ingreso de cubanos al territorio nacional provistos de visas falsificadas al comienzo y, luego, con pasaportes regulares que les facilita, como si fuesen ciudadanos venezolanos. Nada preocupa a la opinión pública la estrecha relación de los colaboradores del entonces candidato presidencial con la ETA o los gobiernos de Libia e Irak y el financiamiento que aportan éstos para la campaña electoral. Tampoco es motivo de molestia abierta el enfriamiento inmediato de las relaciones entre los servicios de inteligencia política del gobierno en cierne y la inteligencia americana e israelí, para darle paso a una relación privilegiada e interesada con la inteligencia de España, a fin de cubrir el objetivo final: crear una alianza estratégica con los servicios secretos cubano (G2) y los de Muamar Gadafi.

La Embajada americana en Caracas cree tener controlado al otrora golpista y le es suficiente, antes de inaugurarse el mandato del hoy Presidente de Venezuela, la promesa que le hace éste al Departamento de Estado de designar ministros de la economía próximos o comprensivos con los intereses del Norte. La presencia de Jimmy Carter y su diálogo con el presidente electo basta al efecto. Y en cuanto a los financistas del candidato vinculados a medios empresariales, comerciales y bancarios privados, nacionales e internacionales, nada se opone a sus proximidades, quizás animados por la misma confianza que les ofrece el representante diplomático de la Casa Blanca o porque no cuentan con otra opción real y con posibilidades, de donde la apuesta a Chávez les es impuesta por lo terco de la realidad. El juicio ético o democrático para nada cuenta.

Chávez encuentra, pues, un terreno abonado para la siembra de sus propias y antiguas convicciones (nutridas de ingenua catadura épica, de populismo desenfrenado, de superstición, de ideas de redención social desordenadas, de aprecio por la figura del capataz rural y autoritario, y con un toque elemental de inspiración marxista y revolucionaria). Y, si algunas de tales ideas no son distintas en extremo, sí son todas, vistas de conjunto, más complejas, gravosas y comprometidas que las simples aspiraciones de quienes hacen de él paradigma y seguro hacedor del cambio radical, anhelado por todos. Tanto que le acompañan, inicialmente, no sólo los excluidos, antes bien la clase media profesional que, representando al 56% de la población para 1978, sufre los efectos más directos del deterioro en las condiciones de bienestar logradas, paulatinamente, desde la década de los cincuenta.

## B. *Hugo Chávez: Presidente de Venezuela y constituyente*

La prédica del Chávez Presidente, más que orientada a la solución o corrección de las desviaciones existente entre las expectativas imaginarias de los venezolanos y la realidad del país, mediante el eventual recurso a políticas forjadoras de una cultura del trabajo, de la responsabilidad y de la valoración del esfuerzo personales o conducentes al redescubrimiento del sentido de lo institucional, se dirige a fortalecer el credo populista y el asistencialismo público, por una parte; y, por la otra, amplía en lo discursivo, con el fin de ir moldeando la psicología social, el elenco o la nómina de los supuestos culpables de los males de la nación, que en lo adelante no queda limitada a los políticos y los partidos del pasado. Usa la dádiva y el lenguaje, pues, para alimentar su proyecto de ruptura revolucionaria, desbordando, como predicado, la expectativa original de la nación en su planteado desencuentro con la sociedad política.

Mediante la pedagogía de la disolución le abre espacio al choque abierto entre clases –ricos y pobres, negros e indios y blancos– que hace presa de la vida en Venezuela para lo sucesivo. A partir de allí, un liderazgo que cristaliza y es reconocido por obra de una expectativa legítima de cambio en la gerencia de la cosa pública, y como vía expedita –según la creencia común– para el deseado retorno hacia el antaño tiempo de la bonanza, se transforma en otro cuyo ejercicio transita por los predios del abierto revanchismo, de la pugnacidad, de la división, y en un clima donde la desesperanza, por razones antagónicas, cubre al suelo patrio.

Dentro de tal estadio de cosas, viene de manos Chávez el recurso a la constituyente, la redacción de una Constitución, y el cambio del nombre de la República: que son, como queda demostrado, símbolos para la movilización y para la cohesión anímica de los sectores militantes y abiertamente comprometidos con su liderazgo, pero sólo eso. O acaso para borrarle al país toda memoria inconveniente para sus fines. Este y sus distintos actores lo asumen a título de inventario. No existe ánimo o compromiso generalizado respecto del nacimiento de un nuevo contrato social o proyecto nacional en común. Venezuela acepta la novísima Carta, en mayoría, con pasividad y como parte del esperado y prometido cambio necesario. No repara, por ende, en el fondo de las propuestas bolivarianas y las asume dentro de un juego de azar, sin alternativas.

La oferta sobreabundante de derechos (derecho popular al protagonismo político, reconocimiento de los derechos de los pueblos indígenas, gratuidad total de la salud y de la enseñanza, liquidación de los latifundios y afirmación de la propiedad social y colectiva, entre otros muchos) y su reconocimiento constitucional, intenta conquistar la voluntad popular para luego, sin mayores resistencias, establecer, como en efecto se hace, un sistema orgánico y centralizado de poderes públicos, personalista en su vértice, capaz de revertir la tendencia corriente hacia la descentralización en favor de los Estados y los Municipios; la deliberar político militar, a objeto de debilitar institucionalmente al sector castrense; la proscripción de los políticos, como mediadores sociales; facilitándose, de tal modo, las condiciones para un modelo de Estado en el que domina sin contrapesos la figura del presidente Chávez y cuyo apoyo, bajo la excusa de la denominada participación popular, reside desde entonces en organizaciones paraestatales que hoy muestran su rostro ominoso, los "círculos bolivarianos".

La verdad de la revolución bolivariana queda al descubierto una vez concluida la jornada constituyente. Los ejemplos que hablan del deterioro sostenido de la democracia y la vigencia del Estado de Derecho en Venezuela, en los días anteriores a la masacre que provoca una ruptura temporal del hilo constitucional el 11 de abril pasado, cuando tiene lugar la Masacre de El Silencio, son demasiados y bastante provocadores. Los elementos esenciales que determinan el ejercicio "efectivo" de la democracia representativa, como base del Estado de Derecho, y los componentes fundamentales de su ejercicio, a tenor de la Carta Democrática Interamericana, son degradados desde el Palacio de Miraflores sin solución de continuidad y bajo la férrea disciplina del resto de los poderes constituidos.

El texto de la Constitución, redactado en tiempo récord, sobre el modelo escrito por el mismo Hugo Chávez y aprobado con el voto afirmativo de menos del 30% de los electores –contando con la asesoría externa del sucesivamente célebre Centro de Estudios Políticos y Sociales de la Universidad española de Valencia– es objeto de correcciones unilaterales en los escritorios del oficialismo, fuera de la Asamblea y por supuestas razones de estilo: lo que da lugar a las cuatro Constituciones diferentes que hoy rigen sin que se sepa, por falta de decisión judicial al respecto, la que tiene verdadera autoridad. Uno es el texto aprobado por la Asamblea, otro el sometido a referéndum, distinto el publicado en su primera oportunidad en 1999 y, finalmente, novedoso el último, el de 2000, pues agrega una exposición de motivos que nunca conoce ni vota el país y tampoco la asamblea.

En el interregno, entre la celebración del referéndum y la primera publicación oficial del texto sancionado por el pueblo la Asamblea Nacional Constituyente destituye a los titulares de todos los poderes públicos precedentes, sustituyéndoles por candidatos provisorios –en los puestos clave– intelectualmente próximos al régimen. Y, pendiente como queda la designación de los cargos definitivos, se procede luego a ella sin dar cumplimiento a los procedimientos y exigencias previstos por la misma Constitución en cuanto a la participación ciudadana. Los jueces provisorios lo permiten, al decidir ellos mismo sobre causa propia.

La Fiscalía General de la República, que tiene a su cargo el Ministerio Público, es asumida por el Vice Presidente de Hugo Chávez Frías. Todos los jueces de la República son removidos por una Comisión designada por la Asamblea Constituyente, sin fórmula de juicio y encontrándose, todavía hoy, un 90% de los mismos como provisorios: con evidente mengua de sus autonomías para decidir en los procesos de los que conocen. Otro tanto ocurre con la integración de los miembros del Consejo Nacional Electoral, responsable de la celebración de las elecciones, cuya independencia queda en entredicho ante el propio país y a la manera de una máxima de la experiencia que no ha sido modificada hasta el presente.

La dictadura "constitucional" es un hecho desde el principio.

## C. *Chávez, líder de la revolución*

Las realidades, luego de arbitradas las formas, no se hacen esperar. El Presidente, manejando todos los hilos del poder público y, en especial, los de carácter contralor, avanza hacia su fase de confrontación abierta con los demás actores y factores de poder "no públicos" dentro de la vida venezolana.

Contraviniendo expresas normas de los convenios internacionales adoptados por la OIT y de la misma Carta Democrática Interamericana, impulsa la realización de elecciones en los sindicatos de trabajadores, participa activamente en ellas, promueve a un candidato del gobierno –Aristóbulo Istúriz– y hace valer la presencia de "su" Consejo Nacional Electoral. Pero derrotada como es su iniciativa, a renglón seguido desconoce las autoridades de la central obrera nacional (CTV) y propicia la organización de un movimiento paralelo adepto a su Gobierno.

Luego abre fuegos contra todos los medios de comunicación (radio, prensa y televisión) privados, agrediendo de manera verbal y nominal a todos y cada uno de sus editores y periodistas valiéndose para ello de la realización de "cadenas semanales", que obligan a la transmisión conjunta de los mensajes presidenciales por todos los medios de televisión y de radio bajo pena de suspensión de las respectivas concesiones, y en espacios que en cada oportunidad oscilan entre las cinco y siete horas seguidas de locución presidencial.

No contento con ello se hace a la tarea, Chávez, de organizar desde el Palacio de Miraflores los señalados Círculos Bolivarianos, que se estrenan con sus acciones violentas de calle contra los medios y los periodistas; ordena la apertura de expedientes administrativos a los canales de televisión que, a su juicio, faltan a la información veraz y, de concierto con el Ministerio Público y la policía política, persigue judicialmente al Cardenal Arzobispo de Caracas, responsable de la televisión educativa Vale TV.

Los daños materiales y físicos sufridos por la prensa y por obra de los Círculos llegan a conocimiento de la Comisión Interamericana de Derechos Humanos, que adopta medidas cautelares contra el Gobierno de Venezuela. Mas, no siendo suficiente, el Tribunal Supremo expide una sentencia (1013) prohibiendo las réplicas contra los programas de radio del Presidente, y restringiendo, en general, el ejercicio de la libertad de expresión y el derecho a la información dentro de cánones contrarios a los establecidos por la propia Comisión y la Corte Interamericanas de Derechos Humanos.

Acto seguido, el presidente Chávez, al ponderar de concierto al Presidente de la Asamblea Nacional las bondades de la decisión judicial de marras, anuncia la pronta sanción de una Ley de Contenidos a objeto de regular, de modo definitivo, las transmisiones privadas de radio y de televisión en todo el territorio de Venezuela.

El verbo presidencial no se cansa al insistir, de manera sostenida, que la oligarquía y los ricos y, de manera, más amplia, la contrarevolución, representada por la Iglesia, los medios, los empresarios, los sindicatos y los sectores medios económicamente satisfechos, lo han encontrado de frente.

El apoyo material y financiero hacia Cuba se hace sostenido y abiertamente desproporcionado en el ámbito de las relaciones exteriores. El suministro de petróleo a La Habana en condiciones concesionarias, el aporte de recursos financieros no reembolsables, la utilización de profesionales cubanos de la medicina en los centros de salud y hospitales venezolanos desafiando a la legión de médicos venezolanos desempleados, los viajes en el avión presidencial de venezolanos para ser atendidos en los hospitales de la isla, van creando, progresivamente, un clima de tensión nacional cada vez más insostenible. La colusión abierta de intereses entre el Presidente y sus seguidores con la guerrilla colombiana, también incide en el ánimo de la sociedad venezolana, de espíritu abiertamente democrático y con una fuerte y arraigada cultura libertaria.

Las Fuerzas Armadas no escapan al ambiente de malestar generalizado por las circunstancias señaladas. La utilización regular de las tropas para tareas de proselitismo político por parte del Presidente; el uso irregular por éste de uniformes militares; la amenaza que hace a sus opositores advirtiéndoles que las armas y los cañones de la República están al servicio de la revolución; la designación al frente del Ministerio de la Defensa de un civil que las ha agredido sostenidamente y desde sus columnas de opinión en la prensa; la citada creación de los Círculos Bolivarianos, a la manera de milicias paramilitares como respaldo no institucional al régimen; la exposición a que se ven sometidos los militares y su honor por los hechos de corrupción del Plan Bolívar 2000, ordenado por el Presidente; el intento de graduar nuevos oficiales mediante cursos breves, distintos de los planes universitarios vigentes en las Academias Militares; la modificación de los comandos de las Fuerzas (Ejército, Armada, Aviación y Guardia Nacional) para transformarlas en simples componentes de una única Fuerza Armada, con prevalencia del Ejército; son, también y en suma, algunos de los muchos factores que contribuyen sucesivamente a la fractura emocional y de la unidad de sujeción de la milicia a los dictados del presidente Chávez. Son su caldo de cultivo, en efecto, el deslave en las provocaciones al espíritu de la Nación.

Antes del 11 de abril pasado, por consiguiente, la realidad nacional muestra como saldo a un país fracturado social y emocionalmente: el país contra el mismo país, no reconociéndose uno en el otro. La marea antigubernamental va creciendo de manera acelerada y la sociedad civil, invertebrada por la ausencia y por su igual rechazo de los viejos partidos políticos, no se amilana y va tomando las calles en signo de protesta que se hace exponencial.

En el mundo militar la diatriba no es menos imperceptible, por el contrario. Convencidos y entrenados para el respeto de la institucionalidad democrática, la sociedad civil y los militares, comienzan a ser presas de una dilemática circunstancia: ¿Cómo salir en democracia de un Jefe de Estado que, nacido de la democracia, deriva en autócrata y pone al servicio de su proyecto personal, hipotecándolos, los mecanismos de la propia democracia y el Estado de Derecho?

D. *Hacia el fatídico 11 de abril*

Dos circunstancias, producto de la demencia de un gobierno que se exacerba en sus desplantes y desafíos antidemocráticos y por ausencia de todo contrapeso institucional, dan lugar al drama que termina con la tragedia de El Silencio.

Una es la Ley Habilitante otorgada al Presidente por sus correligionarios, a objeto de que legisle mediante decreto sobre las materias más sensibles para la vida económica y para el ejercicio de las libertades en este campo. Chávez procede a la manera de un supremo legislador y dicta, sin la consulta ciudadana que exige como paso previo la Constitución y a despecho de las competencias del propio Tribunal Supremo en cuanto al control de los proyectos de leyes que puedan afectar derechos fundamentales, 49 leyes, en un sólo día; una de las cuales confisca, sin fórmula de juicio, las propiedades prediales consideradas latifundistas y autoriza al gobierno para el reparto inmediato de las tierras en beneficio de los campesinos y la creación, subsiguiente, de un régimen de minifundios.

La huelga nacional del 10 de diciembre de 2001, primera realizada durante el mandato de Chávez, es producto, en su éxito y contundencia, de la concordancia que provoca el mismo Chávez entre dos sectores tradicionalmente antagónicos: los trabajadores, quienes han sido vejados y ofendidos por el Presidente durante las elecciones sindicales, y los empresarios agrupados en FEDECAMARAS, cuyos derechos de propiedad agrícola, o de libre comercio e industria se ven afectados de una manera abierta, sin consulta democrática, y por la voluntad omnímoda del Presidente.

A su vez, la Iglesia Católica hace suyo el llamado a la protesta cívica, víctima como también es de los agravios por el Jefe del Estado y consciente de su compromiso con el credo de la convivencia, sin exclusiones odiosas. Y los medios de comunicación, a su vez, golpeados en el ejercicio libre de sus actividades, mal no pueden vocear la realidad de una reacción en cadena que hace presa de todo el país y que se dirige contra el mismo Presidente.

El 23 de enero de 2002 es una fecha propicia, como nunca antes, para el reencuentro de todos los sectores acusados por Chávez como enemigos de su revolución: empresarios, trabajadores, profesionales, periodistas, universitarios, amas de casa, viejos dirigentes de los partidos políticos, religiosos, etc., y que él tilda de burgueses, escuálidos, oligarcas, antipatriotas, contrarrevolucionarios, enemigos del pueblo, de los pobres y de los zambos. La marcha de ese día, que, paradójicamente y en esencia le rinde homenaje a la democracia nacida en 1958, forjada sobre las reglas del Pacto de Puntofijo, busca recordarle al presidente Chávez que, si muchos son los errores del tiempo anterior a su mandato y que obligan al país a clamar por un cambio radical, tal cambio no predica la renuncia al activo conquistado en las cuatro últimas décadas y casi un lustro más: la libertad.

Chávez, sin embargo, por cultor de las contradicciones y dominado por el espíritu castrense de la confrontación, no encuentra mejor idea que el choque cuerpo a cuerpo, en la calle y con la calle. Y ante cada iniciativa de movilización de sus opositores, sin asumirla con el criterio del árbitro responsable o amigable componedor de los problemas nacionales, opta por hacer un llamado a sus correligionarios para que se hagan presentes en el Palacio de Miraflores y le demuestren su adhesión, le defiendan de la contrarrevolución. El sentido revanchista y el ánimo pugnaz de su prédica no queda oculto ese 23 de enero.

A los titulares de los poderes públicos, reunidos en acto protocolar en la sede de la Fuerza Aérea, en el Aeropuerto de La Carlota, los increpa uniformado para que, de conjunto, pongan un freno a los medios de comunicación social, por responsables de darle cobertura a las infamias de la contrarrevolución. A sus seguidores, reunidos en la tarde en la Plaza Caracas, los arenga con su expresión inaugural: ¡Aquí estamos los negros, aquí estamos los indios, aquí estamos los alzaos!

No cuenta Chávez con la potencialidad auto destructora de su último error como autócrata: Intervenir, como lo hace, con militantes políticos seguidores de su proyecto, el emblema que le da cohesión y hasta razón de ser, con sus desviaciones acusadas, al ser nacional de nuestro presente: la industria petrolera, fuente mágica y divinizada, de la que se cree, a pie juntillas, fluye toda la seguridad económica y de la que depende la preservación de la autoestima del venezolano. Es el ícono del mito de El Dorado.

El Presidente, así, en uno de sus programas de radio semanales, decide expulsar de sus cargos gerenciales, sin previo aviso, a miembros prominentes de la planta profesional de PDVSA por haber cuestionado a la directiva que él ha designado y a la que éstos acusan de violentar los criterios de "meritocracia" que hacen de la industria una de las más importantes transnacionales del mundo.

Venezuela sin petróleo y, por lo demás, con un petróleo que, según la conseja popular, está desviando el gobierno hacia Cuba, deja de ser Venezuela; deja de ser lo que es y ha sido siempre, un país petrolero. Todo es cambiable y admisible, en medio de la agria diatriba, pero atentar contra PDVSA es, en el sentimiento general de la señalada "contra-revolución", tanto como encender una cerilla sobre un tanque de gasolina.

E. *La Masacre de El Silencio*

La sucesión de lo porvenir y la amalgama de todo el sentimiento acopiado contra Chávez, aun por razones muy variadas, legítimas unas, otras probablemente no, desbordan como una suerte de volcán popular que toma las calles el 11 de abril pasado: Casi un millón de personas, sino más, se dan cita espontánea. La magnitud del acontecimiento no encuentra precedentes ni es comparable con otra convocatoria realizada, por razones políticas o de otra índole, en el pasado conocido. Supera en adeptos, incluso, la manifestación fervorosa que se le rinde a Juan Pablo II en su última visita a Caracas. Nadie ni nada puede controlar la efervescencia y el ánimo festivo de esos hombres y mujeres, quienes, acompañados de ancianos, jóvenes y niños, portando banderas como estandartes, corean por la libertad y piden a Chávez que se vaya, lo quieren puertas afuera.

Fuentes dignas del crédito más absoluto dan cuenta del diálogo en el Gobierno sobre la crisis que acelera o hace manifiesto el problema con PDVSA: Chávez entiende el reclamo de los empleados y trabajadores petroleros como un desafío a su autoridad. Así lo declara, presente su Vicepresidente, al afirmar que puede haber diálogo, pero que nunca dará un paso a atrás en su cometido.

A su vez, aconsejado el Presidente y su ministro de la Defensa, en cuanto a que es fácil romper la concertación de factores que se han aglutinado y que ponen en riesgo la paz y estabilidad del gobierno, si admite el primero haberse equivocado y rectifica en el asunto de la industria petrolera, se limita Chávez a reiterar que no dará marcha atrás y que la movilización prevista la frenará al costo que sea (*).

**(\*) Años más tarde, en 2012, Julián Isaías Rodríguez Díaz, Fiscal General de la República, reconoce haber sabido, con antelación, por voz del propio Presidente, de los riesgos que luego asumirían ambos con costos de vidas inocentes, sin atenuarlos, antes bien, alimentándolos, como consta de lo declarado por aquél el 16 de abril de aquel año al portal Noticias 24: "Él estaba en Fuerte Tiuna y me llamó para conversar sobre eso y cuando teníamos un cuadro de los hechos y que ya sabíamos que el golpe venía me dice 'yo lamento por dos personas todo esto que esté ocurriendo porque se van a desencadenar unos hechos que no sé a dónde van a parar (...) lo siento porque ellos nunca quisieron esto (...) son mi papá y tú. Tienes plena libertad si quieres renunciar a la Fiscalía. Te sales de esto por lo que pueda venir'. Pero yo le contesté que tenía un compromiso con el país y que aquí cuando asumimos esto lo hicimos con plena responsabilidad".**

El Presidente reconoce haber dado voz de alerta y ordenado la puesta en acción del Plan Ávila, de acción militar sobre la población, horas antes de iniciarse la marcha cívica convocada por los petroleros, en la zona de Chuao, en la capital. Y fuentes de inteligencia, dignas de confianza, advierten con dos semanas de anticipación a los sucesos del 11 de abril, sobre el ingreso anormal a Venezuela de cubanos en tales días y provistos, una vez más, de pasaportes venezolanos.

Son evidentes las dificultades que ofrece el control de una manifestación popular como la señalada, pues si bien su espíritu, la extracción media de sus integrantes, le da el cariz de una verbena festiva, el número de los asistentes la hace inmanejable. Era indispensable darle salida al agua represada y el debate se centra, según se sabe, en la vía que deben tomar los marchantes. Y en el sitio se acuerda, por un colectivo de actores, que deben finalizar en la Avenida Bolívar.

Mas, en curso de disolverse la marcha, dado el agotamiento físico de los asistentes y el largo trecho recorrido, un amago de amenaza por Círculos Bolivarianos presentes en las vecindades de dicha avenida y que, al principio causa pánico y hace retroceder a los presentes en ese destino señalado, no hace otra cosa que reagrupar la fuerza de la movilización casi extinguida.

A partir de allí viene la consigna: ¡Ni un paso atrás! El avance de los marchantes hacia zonas aledañas al Palacio de Gobierno tiene lugar. Y una vez allí, sentados en su mayoría los opositores sobre la vía y en postura ghandiana, se inicia la refriega. Llegan los disparos de armas de fuego que dejan a la vera a más de una decena de víctimas mortales y casi un centenar de heridos por balas. Los más visibles agresores son guardias nacionales.

La mesa queda servida. Las motivaciones en el bando del Este –el opositor– son claras: pedirle a Chávez su renuncia. Las del bando del Oeste, integrado por los Círculos Bolivarianos y a la cabeza Juan Barreto, son más terminantes. La visión justiciera que anida en el espíritu de los seguidores de Chávez, la circunstancia de haber fraguado éstos en la lucha insurreccional y armada, y el temor cierto de perder el ancla que les catapulta hacia el poder, a buen seguro que los impulsa al desarrollo de una dinámica reactiva y de confrontación abierta con esa otra parte de la sociedad que, sintiéndose directamente agredida por el mismo Chávez, poco a poco crece, madura sin conducción partidaria, y decide confrontar al régimen en su propio terreno.

Venezuela queda partida en dos para el 11 de abril, al igual que las pantallas de la televisión. Dejan de reconocerse mutuamente y como partes de una misma patria, aquéllos y éstos. Una parte hace de la militancia revolucionaria y de la lógica confrontación al lado de Chávez y frente a la llamada contra-revolución, su desiderátum existencial; otra desborda de manera inesperada e inédita bajo un grito netamente libertario, pero invertebrado, poco articulado para una lucha política orgánica y peligrosamente consciente de que las formas democráticas existentes son sólo eso: formas incapaces de restablecer el equilibrio para un diálogo democrático ya inexistente.

Chávez, momentos antes de iniciarse lo que en lo adelante se conoce como la Masacre de El Silencio, decide, una vez más, encadenar el sistema de radio y de televisión que hasta dicho momento transmite la jornada democrática que logra saturar a la autopista que une al este con el oeste de la ciudad. Su mensaje al país, frío, lleno de altivez, hace ver que cuanto ha visto hasta allí la audiencia es una realidad mediática, virtual, obra de los dueños de los medios, y que la marcha de la contra-revolución es un fracaso por falta de adeptos, e intenta censurar el capítulo que sigue y que mal pueden entender luego quienes le escuchan.

Los canales de televisión, en cuenta de la fase de agresión armada contra los marchantes, ejecutada por francotiradores desde los edificios aledaños a las instalaciones presidenciales y desde un puente, por funcionarios gubernamentales identificados, proceden a fracturar la pantalla en dos. En una de sus mitades aparece el Presidente declarando que el país se encuentra en calma, y en la otra mitad, las cámaras captan la masacre en ejecución, que le da la vuelta al mundo. Se hace realidad el hecho subsiguiente, en el que se centra tozudamente la diatriba parlamentaria de actualidad: El manido golpe de Estado contra el Presidente constitucional Hugo Chávez Frías y la vigencia, durante 48 horas, de un régimen dictatorial y fascista, liderado por Pedro Carmona Estanga, cabeza del sector empresarial.

¿Qué balance nos deja, a la manera de referencias y para una aproximación hacia el tiempo inmediato, la Masacre de El Silencio?, que es hito de una compleja realidad donde la caída y posterior reinstalación de Chávez en el ejercicio de la Presidencia de Venezuela son anecdóticas circunstancias, y no más.

## F. *Un balance en rojo*

Las horas inmediatamente anteriores y siguientes a la salida (renuncia, abandono ¿?) de Chávez de Miraflores y su breve cautiverio entre Fuerte Tiuna, la base naval de Turiamo y la Isla La Orchila, dan la clave de todo cuanto él logra construir o deshacer en Venezuela durante su traumático y traumatizante mandato trienal (1999-2002).

La marcha del 11 de abril y su fuerza militar revelan, lo repetimos, la presencia de un país distinto del que conduce el mismo Chávez bajo sus reglas. Aquél deja de ser imaginario y, lo que es peor, se demuestra dispuesto a la búsqueda tozuda de una solución que, sea cual fuere, ponga a Chávez fuera de la Presidencia. Pero se trata, bueno es reconocerlo, de un país ávido de libertad y de paz, amante de la democracia, pero que se resiste a la conducción política partidaria. Su líder bizarro, paradójicamente, es también Chávez, puesto que él es el objetivo que anuda a dicha realidad social polivalente. Es un país, en suma, invertebrado. En tanto que, el país alineado con Chávez, incluso hoy minoritario, mantiene, eso sí, una cohesión militar, marcada por el signo de la confrontación y dispuesta a la defensa de su líder aun a riesgo de la propia vida.

Chávez sale del poder y regresa al poder por acto y por omisión de la Fuerza Armada, también cabe subrayarlo y con énfasis; que no por voluntad propia o en hombros de sus seguidores. La institucionalidad formal creada por la Constitución de 1999, en nada logra pronunciarse, institucionalmente, en uno u otro sentido.

La manifestación que hace el Fiscal General de la República, advirtiendo que el Presidente no ha renunciado y que, por ende, al no tener prueba de ello, mal puede aceptar que Chávez deje de ser tal, mal puede subsanar la omisión señalada por dos razones indiscutibles: Su condición de anterior Vice Presidente de Chávez, su presencia militar en el Palacio de Miraflores haciéndole compañía a los Círculos Bolivarianos que invaden la sede presidencial, y el igual desconocimiento que de su autoridad hacen pública, en el instante, más de un centenar de Fiscales del Ministerio Público bajo su dependencia.

Y si se trata del Presidente de la Asamblea Nacional, William Lara, seguidor de Chávez, no logra reunir a su cuerpo colegiado y apenas se hace presente, eso sí, en Miraflores, una vez como las turbas del chavismo toma posesión de la sede oficial. El Defensor del Pueblo, Germán Mundaraín, nada dice a raíz de la masacre de El Silencio, y más tarde aparece en los predios palaciegos junto a quienes esperan el retorno de Chávez al poder. Y en cuanto al Presidente del Tribunal Supremo, Iván Rincón Urdaneta, por si fuese poco, pone su cargo a la orden del gobierno provisorio a objeto de facilitar, según lo dice, el ordenado desenvolvimiento de la constitucionalidad.

Huelga advertir que, salvo las acciones puntuales desplegadas por el mismo Director de la policía criminal del Gobierno de Chávez, Miguel Dao, tanto en la búsqueda de los responsables de las víctimas del 11 de abril como para determinar uno que otro atropello puntual e injustificado contra funcionarios del régimen depuesto, la Fuerza Armada no está presente en las calles. Tampoco existe un toque de queda o una suspensión de las garantías, que impidiese la eventual actuación de los demás órganos del Estado. Por el contrario, lo único visible es el despeñadero de declaraciones, no coordinadas, por parte de los miembros de todos los mandos militares a través de la televisión; pero expresando su común desconocimiento de la autoridad de Chávez y por obra de la masacre: un verdadero "golpe de micrófonos".

No hay un sólo disparo, menos una movilización de cuerpos militares de asalto para la toma del poder, salvo los disparos de agentes estatales o paraestatales en contra de la población manifestante, quienes luego desaparecen. Es un golpe, si así se le puede llamar, de carácter esencialmente mediático, aquí sí; que se desprende una vez como el propio Vice Ministro de Seguridad del régimen, General de División de la Guardia Nacional, Luis Alberto Camacho Kairuz, hace pública su incomodidad y rechazo a la masacre, responsabilizando de ella al propio Presidente y sus seguidores políticos.

La declaración del General en Jefe Lucas Rincón, Inspector General de la Fuerza Armada, oficial de más alto rango dentro del estamento militar y antiguo Ministro Secretario del Presidente Chávez, anunciándole al país que el Jefe del Estado ha presentado su renuncia y que el Alto Mando Militar que le acompaña hace otro tanto, poniendo sus cargos a la orden, dan pie para considerar la existencia transitoria de un efectivo vacío de poder; que, al final y por decisión de la propia Fuerza Armada llena el llamado Gobierno provisorio conducido por el empresario Carmona. Esos son los hechos, más allá del juicio de valor político o constitucional formal que se le atribuyan, según las perspectivas de los actores en pugna.

Las acciones de violencia de calle emprendidas por los Círculos Bolivarianos a partir del sábado 13 en horas de la tarde, conducidos por el Alcalde de Caracas, Freddy Bernal, y por el ex jefe de la policía política de Chávez, Eliecer Otaiza, permitiendo la toma por éstos y por activistas del G2 cubano del Palacio de Miraflores; el asalto de las estaciones televisoras; y la destrucción masiva de un número importante de comercios en toda la ciudad, hacen cierta la denuncia de otro elemento indiscutible: la existencia de una red popular y paramilitar armada, cuya organización se proyecta desde el propio gobierno como mecanismo de control social y de respaldo extra institucional para el sostenimiento del poder por Chávez; y, caso contrario, para la implementación, de ser ello necesario, de acciones subversivas desde las filas de la oposición que pretendan ocupar el mismo en alguna circunstancia eventual.

La ingobernabilidad, en resumidas cuentas, sintetiza la vida venezolana: El país dividido en dos países que no se reconocen; la Fuerza Armada, fracturada en lo interno por obra de su politización e inhibida de cara a la realidad del país, para evitar una lucha cruenta entre sus propios miembros; los Círculos Bolivarianos actuando por la libre y con total impunidad; y Chávez, entre el diálogo y el pedido de perdón, ganando oxígeno para el regreso por sus fueros de siempre. Y, como condimento trágico, ese vengador que otrora pidiera el país, carece ahora de la fuerza institucional para su acción justiciera y su propósito de realizar el mito de El Dorado. El tiempo favorable se le agota sin buena siembra: la crisis de la Tesorería Nacional ya no es un secreto.

El propio Jefe de la Oficina de Asesoría Económica de la Asamblea Nacional, Francisco Rodríguez, así lo revela cuando se refiere al cuadro que han de encontrar los nuevos ministros de la economía cuyos nombramientos anuncia Chávez superada su crisis constitucional: "Se conseguirán con una tesorería muy debilitada. El Gobierno tiene una enorme cantidad acumulada de compromisos que no está en capacidad de cubrir... Se van a conseguir además con un sistema financiero muy golpeado por un período prolongado de altas tasas de interés" (El Universal, domingo 5 de mayo de 2002, p. 2-1).

### G. *Teorización necesaria*

Si pudiese establecerse una metodología para la comprensión cabal de la vida venezolana, de su curso en los años recientes y de los riesgos o problemas que debe superar para retomar la senda de la paz social y la recomposición democrática, cabría señalar, siguiendo las ideas del Profesor Luis Pedro España de la UCAB, cuatro elementos de juicio:

a. La transformación que se hace de una neta crisis de ingresos fiscales y de su deficiente gerencia pública, para derivarla en un problema esencialmente político: que afecta a los políticos y su credibilidad, en primer orden y, más luego, a los partidos y en última instancia al prestigio de la misma democracia.

b. La consiguiente e inconveniente despartidización de la sociedad y la irrupción de nuevos agentes quienes, animados por la defensa de intereses legítimos pero autónomos, parciales o sectoriales (organizaciones no gubernamentales y medios de comunicación social), intentan canalizar intereses de poder, que más hacen a la agregación de intereses generales y de contenido público.

c. La desinstitucionalización de la sociedad venezolana, a la manera de efecto e incidente en el deterioro de todo sistema ordenado y orgánico para la solución de conflictos de una manera pacífica y de acuerdo a los cánones de la democracia: La cultura de las marchas, a la manera de una regla general, revela la desconfianza vigente en los mecanismos institucionales para la composición de intereses contrapuestos.

d.  La anomia social, como resultado de todo lo anterior, facilita la politización de la anomia, en otras palabras, el recurso a la anarquía social como respuesta a los problemas o desafíos que plantea la crisis nacional: lo que revela, por lo demás, la incapacidad del sistema normativo en vigor –léase la Constitución de 1999– para reunificar bajo un mismo signo y proyecto a los venezolanos de la hora presente.

De modo que, si acaso se hace posible un diálogo nacional y si la voluntad puesta de manifiesto por el presidente Chávez para construir la reconciliación es al momento sincera: lo que, por lo pronto, damos por descartado, dada las posturas inflexibles del propio Presidente ante los interlocutores que le visitan en el Palacio de Miraflores luego de su reinstalación y dado el carácter inquisitorial asumido por los parlamentarios del régimen durante el debate sobre los sucesos del 11 de abril, las vías para superar la fractura política, económica y social que se cierne sobre Venezuela pueden ser las siguientes:

1.  Un cambio del estilo gubernamental conflictivo por otro basado en la idea de la cooperación.

2.  Admitir que es inviable la experiencia democrática sino media una disposición al pluralismo, con abandono de todas las posiciones totalizantes.

3.  El establecimiento consensual de un plan de políticas públicas dirigido y concentrado en la superación del acuciante problema de la pobreza.

4.  La reinstitucionalización del país y de la política, para lo cual es indispensable una relegitimación de los poderes constituidos y el debate de un proyecto nacional que pueda ser compartido, y que cuente con un elevado grado de legitimidad nacional (Una reforma constitucional ¿?).

H.  *El juego está trancado, por ahora: ¡Aquí no ha pasado nada!*

En el momento, sin embargo, la apuesta por la reconciliación medra teñida de mucha desconfianza. El gobierno rechaza, por ahora, todo auxilio o mediación internacional. El encrespamiento de las pasiones y el deseo de venganza que anida en el ángulo oficial; la probable decantación en rabia del sentimiento inicial de frustración experimentado por la sociedad que depone a Chávez sin éxito y que ofrenda las víctimas de la masacre de El Silencio; la insistencia oficial sobre el carácter benéfico y no beligerante de los Círculos Bolivarianos; la crisis no resuelta y muy difícil de resolver dentro de la Fuerza Armada, dado que se encuentran comprometidos con la asonada más de un centenar de sus oficiales Generales y Almirantes y oficiales superiores; sumados a la crisis fiscal y económica en avance, presagian un juego trancado. Quizá el temor a una hipotética guerra civil pueda abrir un tímido espacio para la esperanza.

En el Palacio de Miraflores, sin embargo, no pasa nada. La postura del Jefe del Estado, según lo informan quienes han sido invitados a "su" diálogo nacional, es simple: El país tiene una Constitución, por lo que sólo mandan las reglas de la democracia. El país vive en paz y en democracia, pero una conspiración organizada, fundamentalmente por los medios de comunicación, ha creado una insurgencia artificial y contamina las ambiciones de algunos militares sin comando. Los medios siguen siendo el problema central del país, es su justificación.

Entre tanto, las Comisiones de Diálogo propuestas por el gobierno son integradas con individualidades. No se aceptan ni se invitan a las instituciones nacionales: léase Conferencia Episcopal, CTV, FEDECAMARAS, Bloque de Prensa Venezolano, Cámaras de Radio y de Televisión, partidos políticos, etc. Los actores son, en su mayoría, amigos del régimen y de allí salen dos nuevos miembros del Gabinete económico: Felipe Pérez y Tobías Nóbrega.

La Comisión de la Verdad, destinada a investigar acerca de las víctimas y los actores intelectuales y materiales de la Masacre de El Silencio, es protestada por la mayoría de las ONG's de derechos humanos de mayor prestigio internacional. El debate político del parlamento no avanza: unos y otros de los diputados se endilgan las culpas con verbo agrio, lleno de suma intolerancia, y con prejuicios fundados en la discriminación.

En lo político, que es lo esencial para la reconciliación y a pesar de que lo económico ya está sembrado como combustible para la otra crisis que se anuncia, no hay un paso atrás por parte del gobierno. La crisis, para él, para Chávez, sólo sigue en cabeza de los opositores, por golpistas. Es parte de la obstinación de los medios y los periodistas, señala. De modo que, si de cambios se trata, el Ministro de la Defensa es nombrado Vicepresidente. El Vicepresidente, organizador de los Círculos Bolivarianos, es nombrado Ministro del Interior y Justicia. Y el General Lucas Rincón, quien anuncia que Chávez ha renunciado a la Presidencia de la República luego de la Masacre de El Silencio, es nombrado Ministro de la Defensa.

El Canciller Dávila, luego de agradecer que la OEA y otras organizaciones internacionales hayan expresado su beneplácito por el regreso de Chávez a la presidencia, luego de la breve ruptura del hilo constitucional que se sucede, sucesivamente las vitupera de modo firme: "No necesitamos de su auxilio y menos aceptaremos su intervención en los asuntos internos de país".

La verdad de cuanto ocurre u ocurrirá en Venezuela, en fin y par Chávez, es sólo problema de él y de los venezolanos.

# II. LA DEMOCRACIA, VÍCTIMA DE LA DEMOCRACIA

# 1. LA REPUBLICA BOLIVARIANA DE VENEZUELA: APOSTILLAS SOBRE SU "REALISMO MÁGICO"

12 de septiembre de 2002

A. *Un país difícil de explicar*

No es sencillo presentar una relación acabada de hechos y circunstancias que, por si solos, muestren y expliquen la situación actual de Venezuela, su pregonada crisis política e institucional, y sus probables tendencias en el inmediato futuro. Vista desde el exterior ella puede ofrecer una imagen cuyo juicio de valor no pocas veces se separa –y en mucho– de la imagen y del juicio de valor que acerca del mismo país tienen quienes viven y padecen en él su compleja realidad. No es suficiente, por ende, un artículo, la lectura de algunos informes, o una vivencia breve, de pocos días, en Caracas, la capital, para alcanzar un entendimiento del clima depresivo, de frustración y de creciente violencia e intolerancia que ha hecho presa de los venezolanos en el curso de los últimos 3 años.

En general se trata de un país que tiene como Presidente a un ex militar, de arraigado liderazgo entre los excluidos, de mentalidad populista y redentora; quien accede al poder mediante elecciones libres que le dan un voto mayoritario y sin precedentes en la reciente historia democrática; quien logra relegitimarse con igual adhesión luego de realizada la Asamblea Nacional Constituyente que adopta la novísima Constitución Bolivariana de 1999; y, como conductor emergente de la Venezuela contemporánea, es el producto o la consecuencia obligada del fracaso de un sistema político corrompido, de democracia representativa y bipartidista que, en medio de un país con grandes ingresos generados por la actividad petrolera en el curso de los 40 años anteriores a 1999, deja a las grandes mayorías en una pobreza extrema sin justificación. Esa es la conseja que recorre por los pasillos de la comunidad internacional en este momento.

Al escribirse crónica, además, el Gobierno acusa estar confrontando con un movimiento de oposición de vocación antidemocrática, negado a toda fórmula de diálogo, responsable del frustrado "golpe de Estado" del 11 de abril pasado, que no respeta la voluntad popular que hace de Hugo Chávez Frías Presidente de los venezolanos y que actúa de concierto con los viejos partidos políticos, el sector sindical afiliado a la CTV (Confederación de Trabajadores de Venezuela), la cúpula empresarial reunida en FEDECAMARAS, algunos generales y almirantes golpistas, y los medios de comunicación social. Se trata, según dicha perspectiva, a fin de cuentas, de un sector de la oligarquía, de fascistas beneficiarios de los gobiernos del *puntofijismo*[1] y hoy comprometidos con las corrientes transnacionales promotoras de la globalización; por ende, enemigos de una revolución pacífica que avanza en Venezuela, representa las ideas de justicia social, y redime a los más oprimidos.

A la vez y en otra banda, los sectores de la oposición denuncian al régimen chavista –desde sus inicios– por su vocación autoritaria y militarista; por sus relaciones de amistad manifiesta con el triángulo La Habana-Trípoli-Bagdad; por sus vínculos con la guerrilla colombiana; por sus graves y reiterados hechos de corrupción administrativa (Casos de peculado militar en el Plan Bolívar; malversación del FIEM; dineros ilícitos de la campaña electoral; asignación irregular de bonos de la deuda pública, suministros ilegales de cooperación a Cuba, entre otros); por su financiamiento con recursos públicos de milicias o grupos populares armados y de choque (Círculos Bolivarianos); y por su abierta confrontación con la Iglesia Católica, el sector sindical y empresarial, y con los medios de comunicación social. Además, hoy le señalan como responsable de

---

[1]  El Pacto de Punto Fijo fue el acuerdo de gobernabilidad que firmaron, luego de la caída de la dictadura de Pérez Jiménez el 23-1-58, los fundadores de la experiencia democrática venezolana: Rómulo Betancourt (AD), Rafael Caldera (COPEI), y Jóvito Villalba (URD).

la muerte de una veintena de marchantes y de otro centenar de heridos de balas quienes hacen parte de la marcha opositora del 11 de abril pasado, convocada para pedirle a Chávez su renuncia y que reúne, según cifras admitidas por el propio oficialismo, unas 800.000 personas en la capital venezolana.

## B. *Carter, mediador oficial*

En data reciente y posterior a los sucesos de abril, por invitación del Vice Presidente de la República, José Vicente Rangel, con propósitos de observación y de eventual mediación realiza una gira a Venezuela el Centro Carter, luego de que el mismo Gobierno hubiese manifestado su rechazo a una igual iniciativa por parte de la OEA. El ex presidente norteamericano –amigo desde 1998 del candidato Chávez– y sus colaboradores, al partir, dan cuenta sobre la realidad de un país extremadamente polarizado, al borde de un desenlace violento, y cuya oposición se encontraría negada al diálogo con el presidente.

La iniciativa oficial pretende inscribirse en el llamado al Diálogo Nacional que hace el propio Chávez al reinstalarse en el poder después del 11 de abril. Mas, la oposición, es verdad, recibe con cautela a los visitantes del Centro Carter, prevenidos como están de la igual visita que realiza a La Habana el ex presidente en los días anteriores y por pedimento de Fidel Castro. Sin embargo, distintos representantes de la oposición le hacen saber a los emisarios de dicho Centro de la falsedad que anima la convocatoria a diálogo formulada por el Presidente venezolano; para lo que alegan un dato objetivo y relevante: el gobierno no incorpora, a las mesas de diálogo, los sectores institucionales de la oposición; y las individualidades que participan al inicio, en particular los directivos de los medios de comunicación, optan por retirarse.

El Centro Carter, dadas las circunstancias, convence a su anfitrión –el presidente Chávez– acerca de la necesidad de una acción cooperativa concertada con la OEA y el Programa de las Naciones Unidas para el Desarrollo (PNUD). La gravedad de la situación venezolana, según se lo hacen saber, desborda.

Esta última misión tripartita (Carter, OEA, PNUD), a la fecha ya se encuentra en Caracas, si bien su integración es, nominalmente, de mediano nivel y poco representativa; al menos en cuanto se refiere a las señaladas organizaciones intergubernamentales.

En suma, la visita de entidades extranjeras e internacionales con el propósito de contribuir al fortalecimiento de la democracia y al restablecimiento de un clima de entendimiento entre los distintos actores y sectores de la vida venezolana y el Gobierno, se realiza dentro de un cuadro de particular agudización de la crisis interna y de la espiral violencia indicadas. Las acciones de calle y las agresiones físicas por parte de los Círculos Bolivarianos contra dirigentes de la oposición y periodistas, así como la acritud creciente del verbo presidencial, están en el orden del día.

C. *No hay golpe de Estado*

El Tribunal Supremo de Justicia dictamina, entre tanto, la improcedencia del antejuicio de mérito solicitado por el Fiscal General de la República –antiguo Vicepresidente del mandatario Chávez Frías– para el enjuiciamiento como golpistas de los Generales y Almirantes que participan en los sucesos del 11 de abril; señalando, al efecto, que en el indicado día no se sucede un acto típico de rebelión militar –que exige de una concertación militar previa y una acción armada– y que, antes bien, se produce un vacío de poder; cuyo origen, a juicio del Supremo Tribunal, radica en la declaración realizada en cadena nacional de radio y televisión por el Inspector General de la Fuerza Armada, General en Jefe (Ej.) Lucas Rincón, antiguo Secretario y Jefe de la Casa Militar del Presidente Chávez.

El mismo, a la sazón y acompañado por miembros del Alto Mando Militar afectos al Presidente, afirma ante el país que en virtud de las muertes y de los heridos del 11 de abril y dado el reclamo público hecho por distintos Generales y Almirantes al presidente Chávez por su responsabilidad en el cruento desenlace de la jornada opositora, éste ha decidido renunciar y así lo ha hecho. Y que ellos, de igual modo, han decidido poner sus distintos cargos de mando militar "a la orden" (¿de quién?, no lo dicen).

La reacción agresiva del presidente Chávez y sus seguidores no se hace esperar. En los días previos a la indicada decisión judicial, el Presidente ya ha amenazado –o prevenido, según su posterior aclaratoria– al Tribunal Supremo y sus Magistrados con el levantamiento popular y la reacción adversa de todos los cuadros militares, en caso de que adopten alguna decisión distinta del enjuiciamiento, como golpistas, de los Generales y Almirantes que le desobedecen y cuestionan el 11 de abril.

En las horas previas y posteriores a la indicada sentencia, sólo los Círculos Bolivarianos, arengados por diputados del oficialismo, causan desordenes en la calle y destrucciones de bienes, que son contenidos con efectividad por miembros de la Guardia Nacional. Y, en los días sucesivos, Chávez, aquí sí, acusa públicamente de corruptos y de violadores de la Constitución a los Magistrados de la mayoría que decide no juzgar a los oficiales del caso; llegando al extremo de solicitarle a sus seguidores en la Asamblea Nacional la investigación y destitución de dichos jueces del Tribunal Supremo.

Lo cierto es que, luego de la decisión judicial respectiva, queda en evidencia que, así como la unidad militar otra vez se afecta por los sucesos de los últimos 3 años, la inicial adhesión al régimen del Supremo Tribunal, que se forja en 1999, igualmente se resquebraja en su juicio de valor sobre los acontecimientos.

Dada la decisión del TSJ, que declara sin lugar el enjuiciamiento de los Generales y Almirantes y abre las puertas para el juicio de los actores gubernamentales responsables por las muertes de la luctuosa jornada del 11 de abril, el Canciller venezolano Roy Chaderton acude de emergencia ante el Consejo Permanente de la OEA y allí expone, en nombre y por cuenta del Presidente, que es propio del "realismo mágico" pretender afirmar –como lo hace el Tribunal Supremo de su país– que no ha habido "un asalto de las instituciones democráticas" en Venezuela ni la disolución de la Asamblea Nacional por orden del brevísimo "dictador" Pedro Carmona.

Chaderton, en su exposición, criticada por no pocos de los Embajadores presentes en el Consejo, agrega que no siéndoles suficiente a los golpistas su censurable acción antidemocrática, también han "secuestrado, incomunicado, paseado por guarniciones, bases e islas del Caribe venezolano, bajo una latente amenaza de muerte..." al mismo Chávez. De allí nace, justamente, la tesis del intento de magnicidio –de clara factura cubana–" que ahora esgrime el Gobierno para fortalecer su crítica a la decisión mayoritaria del Tribunal Supremo.

Empero, la respuesta a los dichos y argumentos del emisario diplomático del chavismo tampoco se hacen esperar y la oposición, en distintos comunicados y declaraciones a la prensa[2], le recuerda que golpe de Estado –concertado y armado– es el que ejecutan Chávez Frías y sus compañeros contra Carlos Andrés Pérez el 4 de febrero de 1992; y que si bien el empresario Carmona, a quien la Fuerza Armada le encomienda guiar al país –dado el vacío de poder en cuestión– durante los días necesarios para el restablecimiento de la institucionalidad y la convocatoria inmediata de unas elecciones generales, ordena el cierre de la Asamblea, es notorio que a las pocas horas reforma su decreto por exigencia de la misma Fuerza Armada y minutos después presenta su renuncia formal y pública al interinato.

La oposición no se ahorra palabras para recordarle a Chaderton –añejo Embajador de los gobiernos de la democracia– que los Oficiales del 11 de abril desobedecen al Presidente cumpliendo el mandato del artículo 350 de la Constitución que les impone "desconocer cualquier régimen, legislación o autoridad que contraríe los valores, principios y garantías democráticos o menoscabe los derechos humanos". Antes bien, insiste que es Chávez quien, en 1999, amenaza públicamente con clausurar el Congreso de la República sino le autorizan una constituyente, olvidando que la representación popular plural residente en el mismo ha sido electa por el mismo pueblo y en la misma jornada constitucional en la que resulta electo aquél para la Jefatura del Estado.

En sus declaraciones y comunicados de referencia, ajusta la oposición que es Chávez, durante la madrugada del 14 de abril y luego de regresar al Palacio de Miraflores, quien le dice al país ante

---

[2]   Así, *Del realismo mágico al realismo estalinista: Sobre un discurso en la OEA*, por Ismael Pérez Vigil (Miembro de la Red de Veedores y de la Coordinadora Internacional Venezolana, Washington, 2002).

los corresponsales extranjeros que el 11 de abril él se trasladó desde el Palacio hasta Fuerte Tiuna por sus propios medios, sin que nadie lo obligase; y que, detenido como está durante los dos días siguientes, es tratado con amistad, afecto y solidaridad por todos los miembros de la Fuerza Armada que le custodian. De modo que, lo del intento de magnicidio es parte, por lo visto, de sus fantasías habituales o quizás el recurso hábil a una falacia común de los populistas, quienes aumentan la apuesta cuando la circunstancia política no le es favorable.

D. *Unas muertes anunciadas*

El Gobierno no deja de acusar a la oposición por sus intentos para expulsar del poder a Chávez, irrespetando las reglas de la democracia. Y, por su parte, la oposición señala al Presidente como responsable de "crímenes de lesa humanidad". Lo desnuda como artífice de un proyecto que avanza, mediante el uso de la violencia de calle y la intimidación, hacia la radicalización de un "modelo revolucionario bolivariano" separado de los principios y de reglas establecidos por la Carta Democrática Interamericana.

Sucesivamente denuncian al Estado ante la Comisión Interamericana de Derechos Humanos al declararse –la oposición– víctima de atentados e intimidaciones de origen gubernamental y, al efecto, accionan también contra el presidente Chávez por los mencionados crímenes ante la Audiencia Nacional de España; jurisdicción ésta que ya conoce de otra causa contra el mismo Presidente, que reposa en manos del Juez Baltazar Garzón por el manejo irregular de los recursos financieros que le suministra el Grupo Bilbao-Vizcaya durante la campaña electoral.

Chávez y su Vice Presidente, José Vicente Rangel, ahora esgrimen, como parte de la diatriba en curso y con apoyo en unas grabaciones realizadas por un ex periodista de CNN, que los Generales y Almirantes del 11 abril habrían preparado su golpe antes de la masacre; lo cual, según el dicho oficial, libera de toda responsabilidad a Chávez por las denuncias de "crímenes de lesa humanidad".

Quedan para la memoria, en todo caso, los avances y retrocesos tácticos provocados por el mismo Chávez en su intento por diluir las denuncias referidas y que se agregan a las otras 36 causas judiciales que obran en su contra ante el Tribunal Supremo de Justicia. Ante la evidencia registrada por la televisión, que da cuenta del momento en que los pistoleros de Puente Llaguno (miembros de los Círculos Bolivarianos y funcionarios al servicio del Alcalde chavista Freddy Bernal) ejecutan su acción criminal –a pocos metros del Palacio de Miraflores– sobre los marchantes de la oposición, aquél declara ante el país que los imputados han actuado en legítima defensa. Luego, el Vice Presidente de la República, José Vicente Rangel, intenta inculpar a miembros de la Policía Metropolitana que dirige el antichavista Alcalde Mayor de Caracas, Alfredo Peña, como la responsable de algunas de las muertes del 11 de abril.

Lo cierto es que, en medio de tales avances y retrocesos argumentales, el General de División (GN) Rafael Damiani Bustillos denuncia por televisión ante el país y con 48 horas de anticipación a los sucesos del 11 de abril la acción de represalia que venía preparando el Gobierno contra la marcha de la oposición. A su vez, el Embajador de Venezuela en España, General de División (Ej.) y ex Ministro de la Defensa del chavismo, Raúl Salazar, dimite a su cargo diplomático una vez como sabe de la ejecución de los crímenes de Puente Llaguno y, según comentan sus allegados, por haber conocido en las horas previas la disposición de los miembros del Gobierno de impedir, al costo que fuese, el avance de la marcha opositora del 11 de abril hacia las cercanías del Palacio de Miraflores, y haberles pedido rectificación.

E. *Chávez, hijo y padre de la desesperanza*

Amén de lo narrado, en el curso de las últimas semanas y junto a la denuncia oficial repetitiva de que se trama un "golpe institucional" (*sic*) para expulsar del gobierno a Chávez, éste denuncia la puesta en marcha de un "golpe de Estado económico". Y aquí vuelven, otra vez, las contradicciones y señales cruzadas que dificultan el claro entendimiento, desde el exterior, de la realidad venezolana de actualidad.

El país revela índices favorables en el plano de lo macroeconómico (deuda externa dentro de niveles manejables, reservas internacionales prudentes: 14.931 MM US$, exportaciones petroleras a precios remunerativos: la cesta venezolana se estima en 24,86 US $;

ingresos fiscales durante los últimos 3 años por más de 100.000 MM US$) y que, sin ser óptimos, en mucho se diferencian de los índices adversos que caracterizan a la mayoría de las economías de la región.

Sin embargo, el panorama interno es desolador. Se encuentra dominado por desequilibrios más que peligrosos: hay un crecimiento exponencial y sin precedentes históricos de la deuda pública interna desde 2.5 hasta 10.5 billones de bolívares. Es sostenida la devaluación de la moneda: más de 100% en el trienio. Se observan la caída paulatina de las reservas; un déficit fiscal de 4%; inflación represada artificialmente y estimada en casi un 40 %; desempleo ponderado de un 22 % y equivalente al tercio de la población activa; incremento de los pobres en una cifra de casi 2.000.000 durante el curso de los tres últimos años; reducción del poder adquisitivo del venezolano, en el trienio 1999-2001, entre un 10 y un 12 %. Además, el porcentaje de venezolanos que subsiste con menos de un dólar al día pasa de 18,7% a 23%, y el 47% de los venezolanos vive con menos de 2 dólares diarios. La migración de capitales hacia el exterior es creciente; el 50 % de la población infantil sufre de algún tipo de anemia; hay, en fin, una caída del PBI real entre 6 y 6.5%, con tasas de interés activa dentro del sistema financiero que oscilan entre 32 al 50 %.

A tales datos cabe agregar que la economía privada venezolana, en franca recesión, hoy ocupa apenas un 17% de la población laboral, reposando el destino del resto de dicha población sobre la iniciativa gubernamental, dado el carácter dominante que ejerce el Estado en una economía que, como la venezolana, depende fundamentalmente del ingreso petrolero. De donde la idea del eventual "golpe económico" al que alude el Presidente Chávez y que se encuentra según él en marcha, no puede entenderse dentro de un contexto distinto al del "autogolpe", provocado por el mismo Estado y de modo deliberado.

De allí que el juicio de valor –si bien riesgoso– se impone en medio de las contradicciones anticipadas: Media, para la concreción de tan fatales resultados en la economía real y social de Venezuela una cuota inocultable de incapacidad de gestión por parte del Gobierno de Chávez; pero también se le debe adosar su marcada o "deliberada" indiferencia hacia estos asuntos, por predominar en sus dirigentes como único norte el objetivo político "revolucionario": la manida ruptura con el pasado y las fuerzas ocultas de la globalización y del "neoliberalismo salvaje".

Los recursos patrimoniales del Estado están, de un modo preferente, al servicio de tal objetivo y se explotan y administran financieramente con ese único propósito. De allí que, los índices de ejecución presupuestaria sean tan menguados en la casi totalidad de las carteras ministeriales y no puedan encontrar como justificación, ante la inocultable omisión ejecutiva, la eventual falta de liquidez en el Tesoro de la Nación.

En el informe semestral elaborado por el SIE (Servicio de Información Estratégica)[3] para el semestre corriente de 2002, se da cuenta de un concepto que, *mutatis mutandi*, puede ordenar los distintos y abigarrados elementos de esta crónica: "Chávez avasalla el escenario político venezolano –dice el informe– con tanta intensidad que se hace difícil comprender que él no es más que la representación circunstancial de una crisis estructural mucho más profunda e importante. Más aun cuesta entender que Chávez y la realidad estructural venezolana inciden el uno sobre el otro a través de un proceso de retroalimentación continuo".

En otras palabras –las nuestras– Chávez es hijo y a la vez padre de la desesperanza. Su liderazgo y su proyecto autoritario de "revolución" mesiánica sólo se explican y son viables a la luz de esta circunstancia. "La pobreza, la injusticia social, el quiebre institucional y el rechazo popular de los liderazgos tradicionales son el resultado, no la causa, de la crisis que lleva a Chávez al poder y que lo barrerá más pronto que tarde. Las variables –concluye el informe de referencia– que empujan a Venezuela de la *anomia* (erosión y abandono de los valores morales y sociales compartidos) al caos perseguirán tanto a Chávez como a sus sucesores, a menos que se haga un decidido esfuerzo por comprender los problemas fundamentales que aquejan al país para luego tratar de revertir una tendencia que existe... [en lo interno]".

---

[3] Venezuelan Political Insight (Bacalao & Consalvi). Nota de investigación N° 1. Número extraordinario semestral del 2002.

## F. *Mirando el inmediato pasado*

Algo de la historia patria reciente, empero, debe conocerse para la clara inteligencia del relato que aquí consta. Hugo Chávez emerge a la vida pública luego de su intento de golpe de Estado de 1992. Su discurso de entonces es directo, sin ambages. Atribuye al reiterado incumplimiento de la Constitución de 1961, al fracaso y a la corrupción de los 40 años de experiencia democrática (1958-1998), que son las cuatro primeras décadas de vida civil conocidas por el país, el origen de la ingente pobreza acusada por la nación. Sin embargo, en la misma medida en que toma fuerza su presencia como líder político no deja de oxigenar en sus raíces dos elementos que dominan al ser nacional desde los primeros días de la conformación de la República: su culto al gendarme necesario (militarismo) y al mito de El Dorado (paternalismo y redistribución de manos del Estado). Tales factores, en verdad, tampoco son extraños tanto en la elección de Carlos Andrés Pérez (1989-1993) como de Rafael Caldera (1994-1999) para sus segundos mandatos presidenciales.

La crítica de Chávez se apoya en un dato inocultable de la realidad: el empobrecimiento y la pérdida de la movilidad social de amplias capas de la población durante el curso de las dos décadas precedentes a su acceso al poder, con incidencia especial en la clase media "democratizadora".

Más tarde, sabedor de que ha contaminado con su elocuente histrionismo a las grandes mayorías, deja de matizar su idea original –fraguada por él durante la década anterior a su insurgencia golpista– de la ruptura "revolucionaria" y declara "moribunda", durante el acto de su juramentación, a la Constitución de 1961; la misma que le permite acceder a la Jefatura del Estado y cuya violación por los Gobiernos de la democracia arguye para justificar el luctuoso 4 de febrero de 1992.

En lo adelante Chávez falsea deliberadamente los activos de civilidad y bienestar alcanzados por la experiencia democrática que le da vida propia a la llamada sociedad civil, aun bajo la tutela inicial y necesaria de los partidos políticos. Y silencia, como todavía lo hace, un hecho irrefutable de la historia contemporánea: el tránsito de Venezuela, entre 1958 y 1998, desde su más primitiva ruralidad hasta la modernización, cuando la expectativa de vida del venezolano, que es de 51,4 años en 1955, 1998 llega a 72,8 años una vez como dejamos de ser una república de letrinas y descubrimos los servicios de aguas blancas y servidas.

a. *La culpa de los partidos*

Los partidos políticos tradicionales –como órganos de intermediación democrática– no son capaces de fraguar en Venezuela, a finales del mal llamado período puntofijista[4] o IV República, nuevas alternativas o de presentarle a los venezolanos una idea renovada de la democracia, cónsona con la modernización alcanzada por el país hasta finales de los años '90.

Afectados por la abulia y el sedentarismo no se muestran comprometidos con los pasivos sociales que deja a su paso el proceso modernizador nacional y también inocultables errores de gestión pública. No acopian audacia, antes bien pecan de miopes para apoyar, oportunamente, la reforma constitucional entonces planteada; que de suyo le hubiese dado oportuno y preferente cupo a los objetivos de política económica y social en consonancia con los nuevos tiempos y que, en lo político, hubiese arraigado la emergente experiencia de descentralización y desconcentración del poder público en marcha.

Tampoco son diligentes, menos intuitivos para rescatar la esperanza de quienes reclaman la presencia de un Gobierno capaz de gobernar (visión revisada de la gendarmería) y proclive a la promoción de una más equitativa redistribución de la riqueza (realización del mito de El Dorado, con base en el trabajo, su justa remuneración, y la garantía de un sistema de seguridad social compartido).

Chávez, entre tanto y ya fuera de la cárcel no abandona, antes bien profundiza su discurso hostil contra la democracia y, hasta finales de 1997 medra en la más absoluta soledad política. Sigue sosteniendo su discurso del acceso al poder por la vía de las armas, del abstencionismo electoral, y promueve la vigencia de un proyecto de gobernabilidad triangular: líder, pueblo, Fuerzas Armadas.

---

[4] El Pacto de Punto Fijo, *cit.* supra, rigió en la práctica sólo durante el Gobierno de R. Betancourt (1959-1963).

Luego, convencido de lo errático de su rumbo por el viejo líder excomunista Luis Miquilena (ministro del interior del chavismo, Presidente que es de la Asamblea Nacional Constituyente de 1999, y hoy acérrimo adversario del régimen que ayuda a surgir), acepta formar un partido político propio (MVR), ortodoxo, en alianza con otras fuerzas partidarias de origen izquierdista e incluso empresariales.

A partir de allí, pues, nace una candidatura cuya victoria se siembra sobre la ausencia, los errores estratégicos y la pérdida de aliento de los partidos tradicionales (Acción Democrática –social demócrata– y COPEI –socialcristiano–). La suerte queda echada. No merma el apoyo de los medios de comunicación: sus víctimas propiciatorias años después, y tampoco el ucase sacramental de la Embajada Americana en Caracas. Los capítulos de la historia postrera se acumulan sin solución de continuidad y son escritos bajo el dictado del Comandante Chávez, líder de la revolución bolivariana.

Vino luego la instalación de la Constituyente, con miembros designados bajo un sistema electoral que excluye la representación de las minorías (el chavismo obtiene algo más del 52% de los votos y se adjudica el 98% de los escaños), quedando sellada la muerte del Congreso plural y democráticamente electo junto al propio Chávez, en 1998. Se hace realidad, así, la aprobación de una nueva Carta Fundamental de base presidencial dominante, restrictiva de la desconcentración del poder, de corte cívico-militar, y nominalmente "democrática participativa".

Queda para los anaqueles de la historia que ha de olvidarse, por reclamo del dogma "bolivariano" en cierne, la Constitución de 1961, próxima a los cánones de la "democracia representativa" y de partidos que aún rige en todo el hemisferio.

Bajo las premisas de este esquema es inevitable la posterior y plena cooptación, acariciada desde siempre por Chávez, tanto del poder nacional (Ejecutivo, Asamblea, Tribunal Supremo, Defensoría del Pueblo, Fiscalía General y Contraloría General de la República) como de una importante cuota de los poderes regionales (Gobernaciones) y municipales (Alcaldías). Sólo ahora, dada la separación, primero de los otros Comandantes del 4F (Arias, Urdaneta, Acosta Chirinos) y, posteriormente, de Luis Miquilena, artesano del poder chavista, la unidad totalitaria de su poder advierte graves fisuras: La reciente decisión del TSJ, que libera de responsabilidad a los Generales y Almirantes del 11 de abril, es reveladora de una tendencia. Lo mismo que la pérdida por el oficialismo de su mayoría calificada en la Asamblea Nacional.

### b. *El legado de la constituyente*

Huelga comentar lo que ya es anecdótico en la Venezuela del presente. La Constitución de 1999 es aprobada por el 80% del 30% de los venezolanos asistentes al acto referendario. Vale decir que más de un 70% del país, por omisión deliberada o por indiferencia, no hace suyo el contrato social que les redacta el mismo Chávez, corredactor que es, al final de la jornada constituyente, del texto constitucional definitivo.

No son pocas las audacias cuando sobreviene otra más. En el *interregno* que media desde el acto comicial aprobatorio de la nueva Constitución y su publicación en la *Gaceta Oficial*; minado, tal espacio, por el clima de depresión que acusa Venezuela luego de la tragedia natural del Estado Vargas (100.000 muertos), la presidencia de la Constituyente arguye que no estando en vigor la Constitución de 1961 –dada la celebración del referéndum– y en espera de la vigencia de la Carta sustitutiva, luego de su publicación formal por el Ejecutivo, los poderes plenos del Estado quedan en manos de la misma Asamblea.

El propósito es inocultable. Acto seguido es cerrado definitivamente el antiguo Congreso de la República y se designa una Comisión Legislativa Nacional integrada por diputados escogidos a dedo por la propia Constituyente; se remueven a los titulares de todos los poderes públicos (Corte Suprema de Justicia, Fiscal General, Contralor General, Consejo Nacional Electoral) y designa como provisorios a personalidades escogidas por el chavismo, previa consulta con el Presidente Chávez. El nacimiento de la V República se consuma de tal modo.

### G. *Violaciones a la Constitución y desencuentro con los medios*

La actual realidad venezolana, que da cuenta ya de una suma de casi 45 violaciones del texto constitucional en estreno, debidas –según las denuncias– a la acción u omisión de los poderes públicos cooptados por Chávez, es parcialmente descrita por la Comisión Interamericana de Derechos Humanos en su Informe Preliminar y a propósito de su visita a Venezuela luego de los sucesos del 11 de abril. Unos pocos párrafos del mismo son ilustrativos de la situación *in comento*:

> "La CIDH "valora [la] importante iniciativa [de diálogo del Gobierno], sin perjuicio de lo cual señala que la mesa de diálogo anunciada no refleja una actitud de inclusión de todos los sectores sociales y políticos."

> "El engranaje constitucional [en vigencia desde 1999] no prevé, en supuestos importantes, mecanismos de pesos y contrapesos como forma de controlar el ejercicio del poder público y garantizar la vigencia de los derechos humanos. Las principales facultades legislativas fueron derivadas bajo un régimen habilitante al Poder Ejecutivo sin límites definidos para el ejercicio de la misma.

> "...La CIDH entiende que la expresión de ciertas ideas políticas partidarias no puede ser privilegiadas en detrimento de otras ni ser justificativa para actos de violencia o restricciones a derechos de terceros con visiones políticas diferentes o roles profesionales determinados, mucho menos si reciben financiamiento público... Por ello, la Comisión llama al Gobierno a investigar seriamente los hechos de violencia atribuidos a algunos Círculos Bolivarianos y a adoptar de la manera más urgente posible todas las acciones que sean necesarias para prevenir que estos hechos se repitan en el futuro. En particular, es indispensable que el monopolio de la fuerza sea mantenido exclusivamente por la fuerza de seguridad pública, de inmediato, debe asegurarse el más completo desarme de cualquier grupo de civiles".

La opinión final del Informe no puede ser más concluyente:

> "La CIDH considera que la falta de independencia del Poder Judicial, las limitaciones a la libertad de expresión, el estado deliberativo en que se encuentran las Fuerzas Armadas, el grado extremo de polarización de la sociedad, el accionar de grupos de exterminio, la poca credibilidad de las instituciones de control debido a la incertidumbre sobre la constitucionalidad de su designación y la parcialidad de sus actuaciones, la falta de coordinación entre las fuerzas de seguridad,

representan una clara debilidad de los pilares fundamentales para la existencia del Estado de Derecho en un sistema democrático en los términos de la Convención Americana y de la Carta Democrática Interamericana".

En cuanto a las relaciones del Gobierno con los medios de comunicación social, cabe observar que siguen signadas por los desencuentros. Hasta tanto los directores, editores y periodistas sigan dando la batalla para presentar a la opinión pública el complejo cuadro que ofrece la Venezuela del presente y, sobre todo, mientras persistan en la defensa militante, como siempre lo han hecho, de criterios coincidentes con las libertades democráticas y, sobre todo, de continuar siendo coherentes con el credo hemisférico que ha hecho posible a la libertad de prensa, el Gobierno los acusará de contra-revolucionarios o de "golpistas". Así de simple.

La prensa y la Iglesia Católica, para bien o para mal, por debilidad circunstancial de los partidos políticos y por falta de los señalados contrapesos institucionales dentro del Estado, cumplen hoy una función indeclinable de mediación entre la opinión pública y el sector oficial. Son el reducto y el espacio visible de la libertad que aún se ejerce, por encima de las presiones y de los temores, en Venezuela. Y cuentan, para incomodidad gubernamental y del mismo presidente Chávez, con los índices más altos de aprecio y credibilidad populares.

Han mermado en intensidad, pero no desaparecido, las ofensas presidenciales a los editores y directores de los medios de comunicación en la misma medida en que han arreciado las agresiones físicas y los atentados de los Círculos Bolivarianos contra los periodistas y los trabajadores de la prensa. Ahora se agregan los militares disidentes y líderes políticos de la oposición. Y, en cuanto a las medidas cautelares adoptadas por la Comisión Interamericana de Derechos Humanos en favor de los primeros y en número récord en el hemisferio, para protegerlos en sus derechos a la vida, a la integridad personal, y a la libertad de expresión, han sido totalmente desdeñadas por el Gobierno.

El clímax de animadversión oficial hacia la prensa, sin embargo, tiene su fecha emblemática: el 11 de abril. Al iniciarse la masacre de Miraflores y realizarse su transmisión en vivo por las televisoras, el Presidente da inicio a una cadena nacional para anunciar el fracaso de la marcha de la oposición y la total normalidad del orden público, así como para informar a los venezolanos que, desde ese momento y por su decisión quedan fuera del servicio las televisoras privadas en el país.

Al reingresar Chávez al ejercicio del poder, de manos de Ignacio Ramonet (*Le Monde Diplomatique*) da inicio a una estrategia comunicacional sino diferente al menos complementaria de la anterior. En lo sucesivo intenta derrotar a los medios dividiendo las voluntades de los medios y confrontando a los periodistas con los editores, en el país y en el extranjero. Espera que éstos cedan, en todo caso, por obra de la implosión y en el marco de la aguda crisis económica que vive la nación. Entre tanto, la "revolución" sigue estableciendo emisoras populares "alternativas" con financiamiento oficial, amén de haber creado, con propósitos de articulación de sus despropósitos, un Ministerio de Comunicación e Información.

H. *La admonición de los americanos*

Finalizando el mes de septiembre la Embajada norteamericana en Caracas expide un comunicado previniendo sobre los riesgos de un eventual e inminente desenlace de la crisis política venezolana por vía del golpe de Estado, ora del Gobierno, ora de la oposición, y promete sanciones a los responsables. Y no deja de señalar, en tal orden y para sorpresa de no pocos, las características que debe reunir una "buena prensa": Chávez dixit.

El Gobierno acusa con rapidez su beneplácito por la declaración diplomática y la interpreta como una derrota para la oposición golpista. La oposición a su vez, opina que la advertencia estaría dirigida al gobierno de Chávez, dado su evidente avance hacia un régimen de excepción constitucional. No deja de denunciar aquélla, en todo caso, el tinte intervencionista de la apreciación dictada desde Washington.

En todo caso, lo cierto es que el gobierno de Chávez realiza un sorpresivo viraje diplomático digno de la mayor consideración y sugiere estar aproximándose, estratégicamente y/o por debilidad (¿?), a su reconciliación con la Casa Blanca: el argumento o la carta que media, en opinión de tirios y de troyanos, no es otro que el petrolero. Busch, como se sabe es hoy prisionero de su conflicto con Irak.

Entre tanto, Chávez no deja de consultar a Fidel Castro y escala la represión brutal de sus opositores. Decreta zonas de seguridad militar y de exclusión de manifestaciones en zonas varias de la capital venezolana, signando el nuevo tiempo que empuja la "revolución".

El "realismo mágico", en suma, tiene aposento actual y de privilegio en la República Bolivariana de Venezuela. Y avanza a pie juntillas la "realpolitik" que hoy domina en la escena y en el espíritu de la burocracia estadunidense.

## 2. LAS VIOLACIONES SISTEMÁTICAS DE LA LIBERTAD DE EXPRESIÓN: APUNTES PARA LA COMISIÓN INTERAMERICANA DE DERECHOS HUMANOS

25 de octubre de 2002

A. *Sobre el deficiente desempeño de la democracia y el Estado de Derecho en Venezuela*

[a] Aprobada la Constitución de 1999 mediante referéndum popular, el Ministerio de la Secretaría de la Presidencia de la República, a cuyo cargo se encuentra la edición de la *Gaceta Oficial*, difiere indebidamente su publicación inmediata a objeto de retrasar "estratégicamente" la entrada en vigor de sus disposiciones. Se suscita así, en el país y por obra del mismo Estado, una suerte de paréntesis o de vacío constitucional, durante el que deja de aplicarse la Constitución de 1961 al fenecer –en criterio de los voceros oficiales– su vigencia normativa por obra del referéndum aprobatorio de aquélla. La misma queda a la espera del sacramento de su publicidad y acto seguido, la Asamblea Nacional Constituyente –arrogándose ser el poder constituyente originario– en defecto de la Constitución procede a destituir a los titulares y miembros de los poderes públicos constituidos. Cubre sus vacantes con nombramientos provisorios de personas notoriamente vinculadas en ese momento al régimen del presidente Chávez. E incluso, sin mediar una elección popular, integra una Comisión Legislativa Nacional con diputados no electos para que ejerza las potestades del antiguo Congreso de la República elegido en 1998. Desde entonces rige una dictadura supraconstitucional.

[b] Publicada como es la Constitución, finalmente, el 30 de diciembre de 1999 (*Gaceta Oficial* # 36.860), luego es reimpresa "por error de copia" el 24 de marzo de 2000 (*Gaceta Oficial* # 5453 Extraordinario), recibe modificaciones unilaterales de forma y de fondo bajo la guía de la Presidencia de la Asamblea Nacional Constituyente. La nueva versión del texto constitucional se ve acompañada de una Exposición de Motivos que redactan y aprueban mediante Decreto los constituyentes del régimen en fecha posterior a su referéndum popular aprobatorio. Luego, ejercidas como son las acciones correspondientes ante la Sala Constitucional del Tribunal Supremo de Justicia, para que repare este abierto y flagrante atentado al Estado de Derecho y la democracia, declarando al efecto la nulidad por inconstitucionalidad de las actuaciones precedentes, dicha Sala no provee nada hasta la presente fecha. Varias constituciones, en la práctica, rigen a la vez.

[c] La Asamblea Nacional Constituyente interviene al Poder Judicial, además, mediante una Comisión de Emergencia que establece en su Decreto del ocho (8) de septiembre de 1999, procediendo a la destitución o a la suspensión de la mayoría de los jueces de Venezuela; afecta la estabilidad de éstos, sus derechos al debido proceso, e incide así en la autonomía e independencia que les es indispensable para amparar los derechos humanos y asegurar con sus decisiones el funcionamiento del Estado de Derecho.

[d] Durante la llamada relegitimación sucesiva de los poderes públicos, producto de la intervención general previa realizada por la Asamblea Nacional Constituyente sobre los poderes constituidos, el entonces Vicepresidente Ejecutivo de la República, Doctor Julián Isaías Rodríguez, hombre de confianza del presidente Chávez, pasa a ocupar la jefatura del Ministerio Público en calidad de Fiscal General de la República, por aplicación de una Ley de Postulaciones dictada por la mayoría oficialista de la actual Asamblea Nacional que enerva el derecho de participación popular garantizado al efecto por la misma Constitución de 1999. Y es él, como se sabe, a quien le corresponde luego, justamente, la obligación de velar por el cumplimiento de la Constitución y las leyes, e investigar e iniciar el procesamiento judicial de quienes hayan violentado el Estado de Derecho.

[e] La señalada Sala Constitucional del Tribunal Supremo de Justicia, creada por el indicado texto fundamental, es integrada por la Asamblea Nacional oficialista de la misma manera que para el caso del titular del Ministerio Público, recayendo las designaciones de sus magistrados en personas igual y notoriamente reconocidas como afectas al Presidente; magistrados provisorios quienes, previamente y mediante sentencia suya, ponen de lado las exigencias constitucionales para sus nombramientos.

[f] Dicha Sala, por cierto, dicta la célebre Sentencia 1013, que el Bloque de Prensa Venezolano y otros comunicadores sociales denuncian como violatoria de la Convención Americana de Derechos Humanos el 20 de julio de 2001. La misma, referida a la acción de amparo interpuesta ante aquélla por un periodista que reclama y le es negado un derecho de réplica contra el propio Presidente de la República, quien le agravia en su programa radial semanal "Aló, Presidente", viola abiertamente la libertad de expresión y el derecho de información. Restringe, por vía de una regulación estatutaria jurisprudencial vinculante –abrogándose funciones legislativas por vía de interpretación constitucional *in extensu*– el ejercicio de tales derechos en Venezuela y, de modo particular y a la manera de ejemplos, prohíbe el derecho de réplica a los periodistas y columnistas de opinión; conmina a los directores y editores a realizar tareas de censura dentro de sus medios bajo riesgo de sanciones legales; declara contrario a la información veraz que un periódico mantenga escritores de una sola línea ideológica; reafirma la plena vigencia de las leyes de desacato; y anima el ejercicio de acciones populares contra los medios de comunicación que no sujeten sus conductas a los predicados de la señalada sentencia.

[g] Días después de dictada la sentencia en cuestión y en virtud de la grave polémica pública suscitada por sus alcances, sin tomar en cuenta el principio de autonomía e independencia de los poderes públicos, el Poder Legislativo y el Poder Ejecutivo venezolanos adhieren coludidos y en lo inmediato, en otras palabras, hacen suyos los dictados del Tribunal Supremo, así:

- El Presidente de la Asamblea Nacional, señor William Lara, luego de afirmar que "[n]o se ha hecho un análisis de la sentencia ...[y que] el TSJ no está inventando, [pues] la sentencia está acorde con la Constitución", ante el anuncio del grupo parlamentario oficialista al que pertenece (Movimiento V República) de haber designado ya una comisión especial que redacta un proyecto de ley de libertad de información y expresión, señala que "los medios asumen posiciones políticas; [que] eso es válido en una democracia, pero hay que desmontar la tesis de que son imparciales. No son independientes, defienden políticas y asumen acciones de presión.

• Posteriormente, en acto protocolar celebrado el 27 de junio siguiente en el Palacio de Miraflores, con ocasión de la entrega de los Premios Nacionales de Periodismo, el Presidente de la República declara en cadena nacional de radio y de televisión que ha sostenido [desde los inicios de su Gobierno] un "muy complejo sistema de relaciones con los medios de comunicación...[como] parte de un choque histórico de fuerzas, una que puja por nacer, ha nacido, se levanta y quiere fortalecerse y otra que pujó por conservarse y por mantenerse hasta lo último y no pudo, cayó y trata de levantarse...y dentro de ese escenario, pues estamos nosotros".

De modo que, si se quiere, la Sentencia 1013 mencionada, como podrá constatarse en la revisión de conjunto de los antecedentes mencionados, es apenas un hito o si se quiere la formalización provisoria de un cuadro normativo que busca facilitar los propósitos partidarios y "revolucionarios" del Presidente de la República, dándole visos de legitimidad a sus procederes antidemocráticos y a su empeño por concentrar la suma total del poder sobre la nación sin que medien los controles de la opinión pública.

[h] En igual orden, el Presidente de la República, durante el paro nacional convocado por la sociedad civil el pasado 10 de diciembre de 2002, anuncia que envía a la Asamblea Nacional un proyecto de Ley de Contenidos –hoy bajo discusión parlamentaria– a objeto de contener la campaña "mediática" que, supuestamente, tienen contra él y su "revolución" las oligarquías de los medios de comunicación. Dicha iniciativa, por cierto, se inscribe dentro de otra que, anteriormente, adopta la Comisión Legislativa Nacional que desig-

na a dedo y bajo su autoridad la señalada Asamblea Nacional Constituyente y que luego ejecuta el Presidente Chávez el 1° de junio de 2000: la Ley Orgánica de Telecomunicaciones. Sus disposiciones transitorias no reclaman de mayores comentarios. El núcleo y el sentido de las mismas se revelan abiertamente violatorios de las previsiones internacionales sobre la libertad de expresión (así, el artículo 13, numerales 2 y 3 del Pacto de San José) y ponen de manifiesto el talante autocrático y antidemocrático del régimen. Hablan por sí solas. Ponen de manifiesto el decidido propósito interventor y de censura asumido por parte del Gobierno del presidente Chávez, dirigido a mediatizar por razones evidentemente políticas el contenido de las informaciones que actualmente reciben los venezolanos a través de la radio y de la televisión. He aquí los textos correspondientes:

Artículo 208.- Hasta tanto se dicte la ley que regule el contenido de las transmisiones y comunicaciones cursadas a través de los distintos medios de telecomunicación, el Ejecutivo Nacional, mediante reglamento, podrá seguir estableciendo las regulaciones que considere necesarias. Se mantendrán en vigencia, salvo lo que disponga la Asamblea Nacional o el Ejecutivo Nacional, según el caso, todas las disposiciones legales y reglamentarias y cualquier otra de carácter normativo que regulen, limiten o restrinjan, el contenido de dichas transmisiones o comunicaciones........(*Omissis*)

Parágrafo Único: Hasta tanto se dicte la ley que regule el contenido de las transmisiones y comunicaciones cursadas a través de los distintos medios de telecomunicación, la Comisión Nacional de Telecomunicaciones seguirá encargada de velar por el fiel cumplimiento de la regulación a que se refiere este artículo y de la que, en esta materia, dicte el Ejecutivo Nacional.

Artículo 209.- Hasta tanto se dicte la ley correspondiente, el Ejecutivo Nacional podrá, cuando lo juzgue conveniente a los intereses de la Nación, o cuando así lo exigiere el orden público o la seguridad, suspender la transmisión de comunicaciones cursadas a través de los distintos medios de telecomunicaciones, todo ello de conformidad con la Constitución de la República Bolivariana de Venezuela.

[i] Así también, distintos medios impresos afiliados al Bloque de Prensa Venezolano son objeto de visitas por parte de funciona-

rios de la Alcaldía del Municipio Libertador (Caracas), cuyo titular es el señor Freddy Bernal, militante activo del movimiento que dirige el presidente Chávez y participe, junto a él, en el golpe de estado del 4 de febrero de 1992; ello a objeto de hacerles sujetos pasivos del cobro de impuestos municipales por el desempeño de la actividad periodística, en una iniciativa que no tiene precedentes en Venezuela ni asidero en su ordenamiento jurídico, constituyéndose en una forma de censura indirecta.

[j] Finalmente, en fecha más reciente, ingresa a la Asamblea Nacional dominada por el presidente Chávez un Proyecto de Ley Orgánica de Participación Ciudadana. En el mismo, se crea el Consejo Nacional de control de los Medios de Comunicación, integrado por representantes "vecinales", respaldados técnica y políticamente por el Ministerio de Comunicaciones y por la Agencia Estatal de Telecomunicaciones (CONATEL), a objeto de que supervisen las desviaciones de los medios en cuanto a la veracidad e imparcialidad de sus informaciones y, de ser el caso, les apliquen multas (sanciones pecuniarias). De reincidir éstos en su conducta o de no admitir el "control popular", según dicha ley cabe sean sancionados judicialmente con el cierre de los respectivos medios.

B. *De las agresiones del Presidente Chávez y su incitación al odio y la violencia (1999-2002)*

PROGRAMA 1.

*Aló Presidente Nro. 22 del 28 de noviembre de 99 (A propósito de declaraciones dadas por Monseñor Roberto Luckert, Arzobispo de Coro)*

"Señor Andrés Mata Osorio, yo sé que usted está en contra de la nueva Constitución..., eche plomo parejo que yo les responderé a ustedes y a los que Ud. representa con su empresa El Universal, pero es necesario que el pueblo venezolano sepa que allí están alineados igual que siempre las oligarquías venezolana y financiera, los sectores que se han enriquecido. En este sentido, denuncio ante Venezuela que Andrés Mata Osorio, como editor, y la directiva del Diario El Universal están contra la aprobación de la nueva Constitución, contra la revolución bolivariana y contra la mayoría del pueblo venezolano".

PROGRAMA 2.

*Declaraciones televisadas del 24 de marzo de 2000 (A su salida de la Academia Militar)*

La SIP son unas cúpulas, que cuando no les gusta lo que ocurre en un país... ¿no se enfrentaron a la soberanía? ...Yo hablé con ellos en Washington, en una ciudad norteamericana, y les pedí respeto para el país...

Ellos no están acostumbrados a la objetividad, tienen sus intereses.

PROGRAMA 3.

*Aló Presidente Nro. 67 del 1° de abril de 2000 (Transmitido desde Zaraza, Estado Guárico, en compañía del Embajador de Cuba en Venezuela, Germán Sánchez Otero)*

Chávez afirma haber tenido allí a su gente de inteligencia (en la concentración de venezolanos que tuvo lugar en la Plaza Brión de Chacaíto, en Caracas, para protestar contra el Decreto 1011 sobre la educación bolivariana), para luego comentar al Embajador que "siguen metiéndose con Cuba los oligarcas de Venezuela".

PROGRAMA 4.

*Cadena nacional desde la ciudad de Porlamar, del 20 de octubre de 2000 (A propósito de la visita de Fidel Castro y acerca del Informe elaborado por la Sociedad Interamericana de Prensa sobre Venezuela)*

La Sociedad Interamericana de Prensa, ¡qué tal! La inefable Sociedad Interamericana de Prensa. ¡Voy contigo Andrés Mata Osorio!

Andrés Mata Osorio, ... este caballero que es el caudillo del Diario El Universal. ¡Como se manda allí! Si Ud. no está en la línea del Diario, pa' fuera.

Bueno, Andrés Mata... A Ud. no le conozco..., incluso su acento extranjero..., a veces cuesta conversar con Ud. por su acento.

Ud. se formó por allá afuera, estudio por allá y vino a dirigir una empresa.

Uno habla con Andrés Mata y es un acento como... como Tarzán... Es un acento extranjero, no parece venezolano, pero él es venezolano.

Yo era candidato cuando ya andaba Andrés Mata haciendo documentos para llevarlos a la SIP..., recogiendo basura...

Como tiene dinero para pagar, gente que escriba por él..., pidiendo apoyo a esta inefable Sociedad Interamericana de Prensa, porque venía el lobo Chávez...

Logró que la SIP se pronunciara contra mí antes de las elecciones... y ha vuelto por sus andanzas. Andan anotando, hacen un libro, ... y lo traducen al inglish (*sic*) ... ese es el idioma que hablan los señores de la SIP. Entonces, ahora la SIP redactó un capítulo dedicado a Venezuela...

El pueblo merece respeto, señores de la SIP y señor Mata.

Ustedes, amigos de Venezuela. Sepan Uds., pueblo de Venezuela, quienes son enemigos de este proceso, los enemigos de este cambio. Señores de la SIP y Andrés Mata: Es una nueva agresión contra un país soberano, gratuita, de la SIP, alentada por el señor Andrés Mata Osorio, del diario El Universal, a quien delante del país señalo como uno de los que desde hace años va detrás de esta campaña... para confundir.

PROGRAMA 5.

*Aló, Presidente Nro. 58 del 14 de enero de 2001 (Radio Miraflores: En compañía de Adina Bastidas, Vicepresidenta y del Ministro de Educación)*

"Ellos sólo informan,... pero no hay comentarios. Pero seguimos confrontando la campaña mediática, no nos importa. ¿Los dueños de los medios?, allá ellos con su conciencia. Pero de este lado está el pueblo, y la moral, y la ética, y la revolución... Cuenten que nosotros no damos, ni pedimos cuartel en esta batalla por la dignidad de Venezuela. Pero seguiremos lamentablemente viendo cómo se articulan la mayoría de los grandes medios de comunicación para tratar de negar o de minimizar algunas cosas, que no les interesa a ellos que el pueblo sepa, y resaltar las cosas que sí les convienen...Unos temas banales son puestos en el mundo por los grandes medios de aquí, con titulares, televisión, páginas completas... Lo que da es tristeza.... Da tristeza por ellos, dan pena ajena; da tristeza por ellos ver hasta donde han caído.

El manejo que hacen de la opinión pública es un manejo perverso, un manejo anti ético el que hacen la mayor parte...

El Día de la Fuerza Aérea. ¿Uds. recuerdan aquel discurso del General Arturo García? Toda una pieza oratoria. Eso no tuvo ningún tratamiento ...Los cinco o seis grandes periódicos, nada que ver...Solo fue título informativo... [por lo que mandé a imprimir el discurso] para que el pueblo vea lo que dicen los Generales.

Aquí tenemos a... la negra Adina Bastidas [la Vicepresidenta]. He comentado, por cierto, que se te acabó la luna de miel con El Nacional. Dijeron que tú eras una desconocida.... [AB: - Lo que tú estás diciendo ...es la falta de ética... Preparan un editorial tomando sólo frases de una entrevista que me mandó a hacer el Nacional]. El diario El Nacional a veces da tristeza... Yo he tratado de llamar a la reflexión a uno de sus propietarios, pero parece que no quieren oír.

Esto es importante que lo oiga el pueblo. El primer número del diario El Nacional de este siglo y del milenio, en primera página, tratando de hacer daño [Marisabel dijo una expresión inocente, de buena fe, que refleja en parte una verdad: La Asamblea Nacional está perdiendo tiempo]... Lo que me quieren es hacer daño a mí. El blanco de los ataques es Hugo Chávez. Pero les va a costar el diablo y su ayuda, que Dios está con nosotros. Busquen Uds. al diablo..., Dios está de este lado...

¡Miguel Otero: que tristeza me da verte! ¡Que triste papel estás haciendo Miguel Otero! ...Yo te vuelvo a llamar a la reflexión... Todas las páginas [de tu periódico] entrégaselas al enemigo... Sólo me das tristeza por saber de dónde vienes... Tú se lo has entregado indignamente a las fieras que acabaron a Venezuela.

PROGRAMA 6.

*Cadena de radio y televisión desde la Asamblea Nacional, 15 de enero de 2001*

¿Estamos en cadena, no...? Sí. Este año vamos a insistir con las cadenas porque nos tienen una campaña mediática que ayer la denuncié. Y que la sigo denunciando...porque la mayoría de los grandes medios, los dueños, ...no quieren entender... Es con lo que está detrás de los medios de comunicación: las oligarquías. Los que pedían créditos blandos... o los que no pagaban impuestos....

El pueblo está más allá de la Constitución, por supuesto... El que no pague, está escrito, puede ir a prisión. Sea quien sea, no hay intocables... ¿Qué nos importa a nosotros que sea dueño de una cadena de periódicos?

Yo no pido cuartel, y tampoco doy cuartel.

PROGRAMA 7.

*Aló, Presidente del 18 de junio de 2001(Radio Nacional de Venezuela: junto al Ministro de Educación)*

Últimas Noticias dice, en primera plana [que] no arrancó la sobre marcha educativa...Ustedes saben quiénes son los dueños de estos periódicos, la Cadena Capriles, y sabemos lo que se mueve detrás de allí.

Detrás de quienes tienen el control de estos medios hay una serie de elementos que el país no conoce: Este Diario Últimas Noticias, así como El Mundo, es históricamente considerado algo así como el diario del pueblo, ...

Bueno, alerto al país, al pueblo..., en especial al pueblo que anda en la calle, al país, y que a veces compra Últimas Noticias por costumbre...

¡Cuidado! Ahí viene el veneno.

No tengo nada que ver con este periódico, ni le debo nada...

Los señores Capriles López, que son los dueños de este periódico, y de El Mundo. Entonces, ellos se han hecho expertos en manejar medias verdades...para tratar de confundir al pueblo, porque ellos saben que la fuerza de esta revolución es el pueblo.

!Cuidado el pueblo venezolano! ¡Los alerto!

¡Últimas Noticias, y El Mundo, y todo lo que es la Cadena Capriles anda envenenada!

!Cuidado, mi *compae*¡ !Cuidado, mi *comae*¡

PROGRAMA 8.

*Cadena nacional desde el Palacio de Miraflores (Sobre la economía nacional)*

Comenzó a salir por allí, en medios de prensa, unas cifras bien irresponsables... Las vimos así, en el diario El Universal, unas cifras sumamente irresponsables...medios que recorren el mundo... Además, busquemos los datos [ciertos]... Uno busca en los periódicos y yo no he visto esto. Quizá en una esquinita.

A ellos no les importa preguntar. Lo que les importa es lanzar las mentiras para tratar de engañar a un pueblo.

¡Cuántas mentiras! ¡Cuánta manipulación!

¿Uds. han visto en la prensa [estas cifras que les estoy dando aquí]?

Quizá en un rinconcito...Hay una campaña para ocultar las cosas...Esa es una constante... de quienes usaron este Palacio para enriquecerse: ...yo soy un combatiente y me gusta la batalla.

Yo estoy seguro que el pueblo venezolano no se va a dejar arrastrar por los engañadores de oficio... No piensan en el interés de un país que ellos ayudaron a destruir.

PROGRAMA 9.

*Cadena Nacional del 23 de marzo de 2001 (A propósito de la denuncia de El Universal acerca del apoyo dado por el Gobierno a un guerrillero colombiano quien herido de gravedad debió ser trasladado a La Habana para su cura)*

"Bueno hoy en día en Venezuela todos conocemos algunas figuras de esa oligarquía o de esos sectores cupulares que han vivido muy bien y que no quieren que esto cambie.....uno de ellos el diario El Universal, lo vuelvo a señalar, el diario El Universal pues es propiedad de un, parte de esa oligarquía hoy representada por su dueño, propietario, el señor Andrés Mata Osorio, un hombre de mucho dinero en el país, con intereses aquí en Venezuela y conectado con intereses fuera de Venezuela y jugando a intereses más allá de Venezuela, sirviendo pues, sirviéndole a otros intereses contrarios a los intereses de Venezuela.... Ellos no tienen patria, la patria miren, es el dinero, los intereses, defender sus privilegios, no les duele la realidad social del país, no sienten a Venezuela, esa raigambre, esa estirpe, ese orgullo venezolano yo estoy seguro que no lo sienten.

"Andrés Mata Osorio, lo denuncio públicamente ante el país y ante el mundo, por ahí viene la estrategia que no es de Andrés Mata, él es una pieza utilizada y se presta por supuesto y ayuda, ayuda, y se presta, y presta sus recursos y su dinero y sus medios para lanzar este ataque contra Venezuela, porque no es contra Chávez señor Mata.....mi estilo Usted sabe que es este, decir la verdad al país para que el país sepa quién es quién y qué hay detrás de todas estas campañas antinacionales y contra Venezuela.

"Sepan los venezolanos que usted caballero Andrés Mata está actuando de manera intencionada en contra de Venezuela, así lo denuncio a usted y al diario El Universal delante de toda Venezuela y hago un llamado a la conciencia de los venezolanos, no les voy a pedir que no compren El Universal, no, si acaso llegan a comprarlo analícenlo en familia, en grupo, ustedes los obreros, ustedes los trabajadores, ustedes las mujeres, ustedes las amas de casa, ustedes todos, todos, léanlo, si lo leen y analícenlo".

PROGRAMA 10.

*Aló Presidente Nro. 70 del 3 de junio de 2001 (Desde el Municipio Girardot del Estado Aragua)*

"El Universal pues sigue insistiendo en un tema que tiene ya en primera plana como más de un mes, es lo del estado de excepción", para agregar que tal excepción es sólo "una posibilidad… Más respeto con el país que merece la información que más le interesa... [que] el país necesita de medios de comunicación que le informen a los venezolanos, bueno, los elementos que más le interesan al pueblo, no los que más le interesan a una cúpula que maneja un medio, a un editor...".

PROGRAMA 11.

*Aló Presidente Nro. 79 del 1 de septiembre de 2001 (Transmitido en cadena con Radio Rebelde y Radio Habana de Cuba, el Presidente Hugo Chávez se hace eco de las informaciones de prensa que vienen dando cuenta de la epidemia de dengue que afecta al país con base en datos reportados por las autoridades de Salud)*

"Yo les voy a demostrar cómo el diario El Universal ha estado impulsando terrorismo. No tengo otra forma de llamarlo, sino terrorismo psicológico... No te va salvar nadie Andrés Mata de esta cadena que voy a hacer... El diario El Universal lo acuso ante Venezuela de estar adelantando una campaña de terrorismo psicológico, manejando irresponsablemente un problema serio pero que estamos enfrentando con eso, con seriedad...".

PROGRAMA 12.

*Cadena nacional desde Miraflores del 12 de septiembre de 2001 (A propósito de la información de El Universal sobre las invasiones que tenían lugar en tres haciendas del Municipio Colón del Estado Zulia*

"Claro, es gente [los campesinos], compatriotas quienes nunca tuvieron gobierno que velara por ellos. Yo sencillamente estoy cumpliendo con un juramente y con un compromiso y con un mandato del pueblo: ¡justicia! Ahora, hay algunos...que no terminan de asumir que esto es una revolución... sabemos cuál es el diario El Universal, sabemos de quien es, sabemos que intereses defiende el diario El Universal...defiende los intereses de la oligarquía, no los del pueblo; defiende los intereses de los terratenientes, no los intereses del pueblo. Vean ustedes, cómo tratan y le faltan el respeto a los campesinos: Hordas... El diario El Universal le falta el respeto no sólo a la verdad, le falta el respeto a esos miles de campesinos... ¿Son acaso hordas, señor Andrés Mata? ... ¿A ver quién es la horda, Andrés Mata?

Bueno, el diario El Universal... el diario de la oligarquía de Andrés Mata, El Universal, que defiende los intereses de la oligarquía y atenta contra los intereses del país y del pueblo, el diario El Universal de Andrés Mata, el oligarca, atropella al pueblo y le falta el respeto llamando a los campesinos nobles de Venezuela "hordas". Más horda será usted, señor Andrés Mata. Más horda será usted. Se lo dice no el Presidente Hugo Chávez, el campesino Hugo Chávez, porque eso es lo que yo soy... Respeto para el pueblo, le exijo, a nombre de la Ley y a nombre de la República. Rectifique a tiempo señor Mata, usted y su horda de gente, allí, que manipula la información. Porque esa sí es una horda que miente, que veja, a hombres y mujeres dignos y humildes de nuestro pueblo. Que le repito, merecen el respeto de usted y de todo el país".

PROGRAMA 13.

*Cadena sobre Globovisión del 4 de octubre de 2001 (A propósito de la muerte de los taxistas)*

Alberto Federico Ravell estuvo muy cerca de los gobiernos que destrozaron a este país. Quiero emplazarlo públicamente. Les hago una seria advertencia a Alberto Federico Ravell y a Nelson Mezerhane, quien por cierto es

194

dueño de un banco, pues el medio de comunicación que dirigen no se presta a la verdad, sino a la conspiración. Los llamo a que reflexionen a tiempo. ¿Uds. recuerdan el cassette de aquel capitán que conspiraba?, pues bien, fue grabado en Globovisión y yo tengo las pruebas. Así que, tengan cuidado con lo que están haciendo. Tengo por obligación constitucional de hacerles este llamado. Si no me veré obligado a activar los mecanismos de defensa que me da la Constitución por respeto al pueblo, en defensa del interés nacional y la verdad, y del orden público.

PROGRAMA 14.

*Cadena nacional del 30 de octubre de 2001 (Sobre el asunto del Sierra Nevada y la noticia dada por El Nacional)*

Yo alerto al pueblo venezolano, usted compre El Nacional si quiere comprarlo, pero sepa que ahí vienen laboratorios de mentira, de manipulación y es un diario que está siendo manejado por la oposición a nuestro gobierno y haciendo campañas nefastas contra el país... [S]eñor Otero, que usted es el primer responsable de eso y sabemos porque… Qué empobrecimiento moral tan grande tienen ustedes, Miguel Henrique Otero, en El Nacional, para mentir descaradamente, para atropellar a los venezolanos... hasta donde llega la bajeza. Que tristeza das, qué tristeza de das. A lo mejor apagas el televisor porque te da vergüenza con tus hijos, te da vergüenza con tu propio nombre; tiene que darte vergüenza de la altura de donde tú vienes, del brillo de donde tú vienes, pero eso no se hereda, compañero. ¡Qué tristeza!

PROGRAMA 15.

*Aló Presidente Nro. 91 del 6 de enero de 2002 desde La Pastora, en compañía del Teniente Diosdado Cabello*

"El diario El Nacional que anda con una campaña que ya lo que da es risa y tristeza, me han dicho que ya casi nadie quiere comprar El Nacional.

DCR (Diosdado Cabello): Tenemos una denuncia de los sindicatos de El Nacional.

H.CH.: Que los lleven al Ministerio del Trabajo, que vayan de allí al Poder Judicial para poner las cosas en su sitio, porque es que esa gente se acostumbró a meter mentiras, a atropellar a los trabajadores y tenían gobiernos que les alcahueteaban todo eso y, ahora eso se acabó aquí. Bueno, adelante trabajadores reclamen, y ustedes tendrán las instituciones y tendrán que llamar a los patronos para que respondan de las denuncias.

PROGRAMA 16.

*Aló Presidente Nro. 94 del 27 de enero de 2002, desde el Estado Mérida*

"Ah claro, si se deja llevar por lo que aquí digan en muchos programas de televisión o por la prensa escrita, pues mucha gente a lo mejor termina loca. Yo les recomiendo que a todos los venezolanos que no se dejen llevar por la campaña de los grandes medios de comunicación porque pueden terminar locos. Pueden terminar en locos...Tengan cuidado los venezolanos y las venezolanas, con la campaña salvaje y grosera de los grandes medios de comunicación que perdieron la chaveta... la campaña es venenosa, no vayan a dejarse engañar... !Ojo peláo! y oído al tambor al pueblo noble de Venezuela, no vaya a caer manipulado alguien en su buena fe de tanto ver programas de televisión, de tanto leer periódicos... En verdad es una especie de terrorismo mediático.

Yo lamento mucho que el Cardenal Velasco, da tristeza que salga con un comunicado y de una vez como condenando a unos sacerdotes... Es usted Cardenal Velasco el que está asumiendo posiciones políticas, oye, hágase una revisión de su conciencia. Vaya y párese delante de Dios y rece un poco un padre nuestro o veinte padres nuestros y vente avemarías ¡vaya! Yo creo que va a tener usted que pagar una penitencia, Cardenal... La Iglesia no son ustedes dos o tres o cuatro monseñores....

Hay que exigirle a la jerarquía eclesiástica [otra cosa]...la Iglesia Católica...el pueblo pide que se pronuncie en torno a esto (a la falta de ética de los medios)... que les exija a los dueños de los medios de comunicación que respeten la moral.

[El Nacional dijo que a mí me rechazaron en Catia]... tremenda mentira... ¡Ah...! Eso fue lo que generó que un grupo de dirigentes sociales de Catia se fueran a El Nacional, unas cincuenta personas aproximadamente, muchas mujeres, algunos niños, unos hombres, todos son dirigentes sociales de ahí y otros que los acompañaron, y fueron a El Nacional...a tratar de pedir un derecho a réplica...Ah no, lo que hicieron fue llamar a la Policía Metropolitana sin mediar palabra ni nada... Y van a la OEA. No les da ni vergüenza, chico. No les da ni vergüenza...

PROGRAMA 17.

*Cadena Nacional desde el Palacio de Miraflores del 4 de febrero de 2002 (Con motivo de celebrar el décimo aniversario de su frustrado golpe de Estado)*

"Ya no nos importa lo que hagan los medios de comunicación, que se metan sus medios de comunicación en el bolsillo. Que los agarren, los enrollen bien enrollados y se los metan en el bolsillo...

Vamos a darle una pita al diario El Nacional...al diario El Universal... Mentirosos. Hasta que ellos no cambien de actitud, el pueblo venezolano no debe comprar ni un solo ejemplar de esos periódicos, ni uno solo. Que se los vendan ellos mismos y sus propias mentiras...Lo mismo con algunos canales de televisión, casi todos los canales privados de televisión... ¡Que digan la verdad¡ ¡Que digan la verdad¡

Lo mismo le tenemos que decir a la jerarquía de la Iglesia Católica que ya basta, que ya basta. Que vuelvan en el nombre de Dios ese pequeño grupo de Obispos que se la pasan difamando, mintiendo y haciéndole deshonor a su condición de jerarcas de la Iglesia Católica...".

### C.  *De la palabra a los hechos: La violencia de los Círculos Bolivarianos*

[1] El día 7 de diciembre de 1999, en plena fase inicial de las confrontaciones del Presidente con el diario El Universal por sus informaciones sobre el proceso constituyente y reseñadas supra, un movimiento denominado Tupamaros, perteneciente a la populosa barriada caraqueña 23 de Enero se declara como grupo de autodefensa de la revolución y se adjudica el "niple" (bomba casera) colocado y luego desactivado por la policía política en la escalera principal de dicho rotativo.

[2] En su programa radial Aló Presidente Nro. 73, realizado el 1° de julio de 2001 desde el Salón Ayacucho del Palacio de Miraflores, el Jefe del Estado le abre el sonido a una persona que llama desde la calle para denunciar la manipulación que, en su opinión, hacen los medios de comunicación acerca del enojoso asunto Montesinos (ex jefe de la policía política peruana) y también sobre el contenido inmoral de los programas de televisión.

Acto seguido, el Presidente, luego de señalarle que "estamos haciendo esfuerzos para poner las cosas en su lugar", hace ver que tiene "a punto de caramelo" una ley de Contenidos y dice al efecto lo siguiente:

"Ahora, dada esa avalancha de ataques y la desinformación, porque ¿cuál es el objetivo? ¿Cuál es la víctima aquí? La víctima no es Chávez, la víctima es el pueblo que es atropellado como dice Nora, que entonces ella, una madre de familia seguramente, una ama de casa, una profesional angustiada, porque se genera una angustia colectiva vale; eso no lo miden los responsables de estas campañas mediáticas, no miden eso, no sienten la responsabilidad de que hay un pueblo que oye, que ve y que siente...".

[3] Posteriormente, en transmisión de televisión que realiza por el canal del Estado el pasado 13 de septiembre de 2001, el Jefe del Estado, es más explícito sobre su propósito provocador y movilizador de la violencia popular contra los medios:

"El pueblo tiene obligaciones también que debe ir asumiendo con coraje. Llamo a todos a que asumamos nuestras obligaciones y una obligación del pueblo bolivariano hoy, es organizarse y luchar por la revolución... Por ejemplo, el "sanbenito" de los medios de comunicación, porque esto parece un "sanbenito", de los medios de comunicación social. Ellos dicen que yo los atropello... Ahora, nosotros [el Gobierno] no vamos a restringir la libertad de los medios. Ahora bien, el tema de los medios de comunicación, es un tema del pueblo, ese asunto y ese problema no es de Chávez sólo, ...".

[4] El 4 de octubre de 2001, al juramentar a la Junta Directiva de su partido Movimiento V República, el Presidente amenaza a la estación televisora Globovisión con abrirles un procedimiento sancionatorio por la forma en que han tratado la noticia de las manifestaciones realizadas por taxistas, en protesta por la violencia criminal que les acecha a diario. De modo que, sin mediar otra consideración, la agencia estatal de telecomunicaciones CONATEL realiza la apertura de tal procedimiento, que espera de su final decisión.

[5] El 30 de octubre de 2001, el Presidente habla ante el 1er. Encuentro Nacional de Voceros y Comunicadores Sociales de su movimiento político y que acuerda "imponer censura a los medios amarillistas y medios nacionales que distorsionan la información veraz". Allí, el Jefe del Estado, luego de denunciar la dictadura mediática presente en el país, invita a sus seguidores a "cerrar filas contra las conspiraciones".

[6] El 9 de diciembre de 2001, en su programa Aló Presidente Nro. 88 transmitido por Radio Nacional de Venezuela, replantea el problema de los medios de cara a la actuación necesaria e impostergable del pueblo contra éstos; y le vuelve a abrir el sonido a uno de sus interlocutores (Jesús Belisario) para que exprese lo que considera inevitable:

Y me siento muchacho todavía para salir a defender esta revolución al costo que sea.

A lo que Chávez responde:

- Lo más importante Jesús, más allá de eso, de la actitud que yo pueda tomar hoy, la que he llevado en estos casi tres años de revolución... más allá de lo que yo haga, lo que yo decida, más importante que eso Jesús es tu decisión, como lo has dicho hermano.

Mira, organízate Jesús, organícense, así como tú los has dicho, busca cien hombres y cien mujeres, por todos esos barrios... hagan Círculos Bolivarianos, aquí a mi lado está el Ministro Diosdado Cabello quien está coordinando a nivel nacional los Círculos Bolivarianos...: La necesidad de la revolución para defender la revolución de la oligarquía que conspira contra ella, que utiliza los medios de comunicación más poderosos...".

El interlocutor agrega:

- Así es, y desde aquí aprovecho este programa para hacer un rotundo y profundo llamado al pueblo de Venezuela...escúchesme bien, no es el gobierno, ...es un hombre aquí dispuesto a luchar y llama a conciencia a todo su pueblo..., para seguirle diciendo a nuestro pueblo que esto está vivo y que seguimos adelante al costo que sea, compatriota.

Chávez concluye:

- Yo sé muy bien lo que hago, sé muy bien dónde me muevo, sé muy bien hacia dónde vamos, estamos claritos hacia dónde vamos... Los oligarcas no se dan cuenta de que cuando atacan de esa manera irracional, cuando abusan de la libertad de expresión, cuando atropellan o quieren atropellar, el resultado es ese que hombres como Jesús..., miles y miles como él, bueno, hasta se calientan... A Jesús le ha impactado la mentira, y Jesús ahora está dispuesto a salir como dice, "cueste lo que cueste" lo ha dicho ¡ah! No se equivoquen oligarcas. No se vayan a equivocar oligarcas... Porque lo que están haciendo no se dan cuenta ustedes, a lo mejor, en su irracionalidad, están despertando una fuerza que está por allí; que están ayudando a incrementar la fuerza del pueblo y la decisión irrevocable de este pueblo a defender "como sea" lo ha dicho Jesús, esta revolución.

[7] Al día siguiente, siendo diez (10) de diciembre de 2001, durante el acto aniversario de la Aviación Militar transmitido por televisión, el Presidente de la República denuncia que el "paro nacional" convocado por FEDECAMARAS, a propósito de los 49 decretos leyes dictados por él sin consulta ni participación de la sociedad e incluso sin mediar la opinión del Tribunal Supremo, responde a una alianza de los más grandes medios de comunicación como lo son: El Nacional, El Universal y casi todas las plantas de televisión.

A lo cual agrega:

"Y como soldado, y entre soldados responsables de gerenciar y manejar las armas de la República, que son las armas del pueblo, lo vuelvo a repetir para los que pretenden chantajear a este Gobierno".

[8] El mismo día, en la concentración pública que convoca en la Plaza Caracas, transmitida por el canal de televisión del Estado (VTV, 10-12-01), luego de arengar: ¿dónde están los indios, nosotros los indios? ¿dónde estamos nosotros los negros? ¿dónde estamos nosotros los alzaos?, advierte a quienes le oyen:

"La revolución va a entrar en una fase mucho más exigente y difícil. Dije: vamos a apretarnos los cinturones y a amarrarnos las botas de combate porque vamos a entrar en una situación más profunda y llamé aquél día a la organización popular y llamé aquél día y lancé como meta para finales de año el relanzamiento del Movimiento Bolivariano Revolucionario 200 que es el pueblo en revolución, organizado por todas partes".

Seguidamente, luego de "darle un saludo especial a Fidel, a su revolución, que la sentimos como nuestra y a su pueblo", ajusta:

"Ahí están diarios como El Nacional y El Universal entregados de mano a la oligarquía y contrarios a los intereses de la nación y a los intereses del pueblo. Eso hay que repetirlo por todas partes...".

En tal orden, luego de señalar que le ha dado instrucciones al Ministro de la Secretaría de la Presidencia [hoy Vice Presidente de la República], Teniente Diosdado Cabello, para que le entregue el proyecto de Ley de Contenidos de los medios de comunicación, agrega:

"Se han equivocado de plano. Ahora van a saber lo que es bueno porque ahora nosotros, repito, vamos a apretar tuercas, vamos a profundizar la revolución y vamos a apurar la marcha... Unidad popular, es condición para la victoria... Organicen ustedes los Círculos Bolivarianos por todas partes, ...".

Y finalizó así su arenga:

"...El Nacional, El Universal, y los noticieros de sus plantas... Bueno, vamos a adelantarles una pita a esos medios de comunicación. Vamos a pitarlos bien duro".

[9] Finalmente, en actos sucesivos realizados durante los recientes días 16 y 17 de diciembre de 2001, concluye el último con abucheos y el lanzamiento de objetos contra los periodistas y servidores de la prensa que le daban cobertura, Chávez le da forma final a su idea de la movilización popular contra los medios de comunicación y los demás enemigos de su Revolución.

El día 16, en programa especial de radio transmitido desde el Estado Vargas, recuerda lo siguiente:

"El Círculo Bolivariano tiene que existir en cada esquina, en cada rincón del pueblo, en cada barrio, en cada metro, en cada bodega, en cada fábrica, en cada escuela primaria, secundaria, universidad, en el salón de clases, los vecinos, todos, círculos bolivarianos organizados en redes bolivarianas".

Allí lanza, de nuevo ataques reiterativos contra el diario El Universal, entre otros.

El día 17, en lo particular, Chávez celebra el acto de juramentación de dichos Círculos Bolivarianos y relanza el Movimiento Bolivariano Revolucionario 200, germen de su acción como militar golpista.

Y, en medio de la señalada acción de violencia contra los periodistas presentes, anuncia el propósito final de su escalada. Las palabras no sobran:

"Los periodistas son culpables y no lo son, no son y sí son, porque ellos no pueden decir que son inocentes, no, aquí no hay inocentes, aquí que cada quién asuma su responsabilidad ante la historia y ante el pueblo..., pero los dueños de los grandes medios de comunicación siguen utilizando periodistas tarifados y les pagan para que mientan y atropellen al pueblo...No van a poder con nosotros, díganselo señores periodistas, camarógrafos, díganle a sus jefes que no van a poder con nosotros, ...el Gobierno se va a poner más duro y el pueblo se va a poner más duro ante los atropellos, ante la mentira, ante la manipulación, porque ya el pueblo lo ha estado reclamando y el Gobierno tiene que actuar siempre en función del clamor del pueblo, y el pueblo ya está cansado de tanta mentira y de tanta manipulación y de tanto engaño; así que bueno, vamos a apretarnos todos los pantalones porque esto se pone bueno, esto se va a poner bueno..."... "El año 2002 va a ser el gran año de la ofensiva...marcado por una serie de eventos que van ocurrir".

Chávez, seguidamente asigna una responsabilidad a sus seguidores y les pone fecha para la acción:

"Es el Movimiento Revolucionario 200 que va a garantizar por encima de todos los riesgos y peligros la consolidación revolucionaria a partir de hoy mismo... Y uno de los principales deberes de todo revolucionario es defender la revolución de las amenazas de los adversarios contra-revolucionarios... Tenemos que hacerlo porque si no lo hiciéramos, qué revolución estaríamos haciendo... Allí está el gran reto de esta revolución y nosotros, o lo logramos o morimos en el intento. No tenemos alternativa. Aquí no hay planes para retroceder. Aquí el que retroceda es un traidor, definitivamente".

En suma, al prevenir a sus seguidores sobre la posibilidad de un intento de desestabilización de la revolución por parte de sus adversarios y que provoque una situación similar a la que vive Salvador Allende, en Chile, culmina diciendo:

"Y eso es lo que aquí están tratando de hacer, y yo lo señalo, los grandes medios de comunicación, la prensa escrita, especialmente el diario El Nacional y el diario El Universal... [E]l año 2002 va a ser el gran año de la gran ofensiva revolucionaria. Va a ser el año de una gran ofensiva en lo político y popular... Vamos a demostrarles dónde está la fuerza popular, de qué lado está, la fuerza militar... El año 2002, además, ya está marcado por una serie de eventos que van a ocurrir...".

[10] El 20 de diciembre de 2001, ya para concluir el año, en su salutación de navidad a los militares acantonados en el Teatro de Operaciones N° 1, acantonado en Guasdualito, el presidente Chávez confirma su estrategia de llamar al pueblo para que haga justicia por sus propias manos y en contra de los medios de comunicación (El Nacional 20-12-01):

"No crean que pegándole cuatro tiros a Chávez van a acabar con la revolución. Para la violencia están dadas las condiciones (si los medios no rectifican)".

[11] El 1° de enero de 2002, al promulgar la nueva Ley de Hidrocarburos desde el Estado Táchira, Chávez advierte a los periodistas que deben respetar el código de ética "y si no lo hicieran habrá que aplicarles la respectiva ley (se refería a la anunciada ley de Contenidos)", y agrega que "una cosa es que critiquen a Chávez y otra cosa es que atropellen groseramente al pueblo venezolano mintiéndole".

[12] El 5 de enero de 2002, miembros del partido de Gobierno y de los Círculos Bolivarianos atacan a diputados de oposición y maltratan de hecho a los periodistas apostados en la Asamblea Nacional con motivo de iniciarse su período ordinario de sesiones... El 6 de enero, el Presidente Chávez, en su programa radial, agrede frontalmente al diario El Nacional.

[13] El diario El Nacional, como consecuencia de lo anterior, recibe en sus puertas una manifestación violenta de seguidores del Presidente (Círculos Bolivarianos) la tarde del pasado 7 de enero de 2002, que es disuelta por la Policía Metropolitana; la que, a su vez, se ve confrontada, en apoyo de los manifestantes, por miembros de las Fuerzas Armadas de Cooperación.

[14] El día 9 de enero de 2002, en acto celebrado en el Salón Sol del Perú del Palacio de Miraflores, con motivo de iniciarse las

sesiones de la Asamblea Nacional, el Presidente de la República pide a sus parlamentarios, luego de defender la marcha en contra del diario El Nacional, que aprueben una ley de Contenidos "porque ninguna de las libertades puede ser ilimitada...". El Presidente de la Asamblea Nacional, William Lara, seguidor del primer mandatario, les pide públicamente a los medios "auto-instituir" un Código de Ética.

[15] El día 14 de enero de 2002, mediando ya las medidas cautelares adoptadas por la Comisión Interamericana en favor del diario El Nacional, de su director y periodistas, por los sucesos antes señalados, una caravana organizada por tales Círculos Bolivarianos y por el movimiento que apoya al presidente Chávez se hace visible ante las puertas del diario El Universal, que luego, llegado el 28, es por lo mismo objeto de protección por parte de la misma Comisión; pasando luego la caravana oficialista por las puertas de El Nacional y de Radio Caracas Televisión. En sus pancartas y vocerías amenazantes, tal caravana, autodenominada "Caravana de la Verdad", intima:

"Digan la verdad". "No más mentiras y engaños". "Reflexione señor Mata, no puede estar al lado de la conspiración".

[16] El 20 de enero de 2002 los periodistas son abucheados e insultados por personas simpatizantes del Gobierno, durante la cobertura que realizan del programa radial del Presidente (Aló Presidente) y que es transmitido desde la populosa barriada caraqueña del 23 de enero. ¡Fuera!, ¡embusteros!, ¡palangristas!, son algunos de los epítetos que inician la espiral de la agresión, a un punto tal que es necesaria la actuación de la Casa Militar para reducir la tensión (Globovisión, 20 de enero de 2002).

[17] El 31 de enero de 2002 una bomba explota en la sede del diario Así es la Noticia, luego de que las periodistas Ibéyise Pacheco, Marianella Salazar, Martha Colomina y Patricia Poleo, presentan ante la opinión pública un video-casette mostrando las relaciones del Gobierno y la Fuerza Armada con las FARC, movimiento guerrillero colombiano.

[18] El día 3 de febrero de 2002, nuevamente se presentan ante las puertas del diario El Universal en protesta pública seguidores

del presidente Chávez, quienes, a su vez, esgrimen pancartas de rechazo al Bloque de Prensa Venezolano, que en los días previos ha recibido en su sede la visita de la Embajadora de los Estados Unidos de Norteamérica.

[19] El 11 de abril de 2002 y a propósito de la marcha (800.000 personas) realizada por la oposición en la capital para pedir la renuncia del Presidente, éste se dirige al país en cadena nacional de radio y televisión; y, a pocos minutos de iniciarse la llamada Masacre de Miraflores, comunica a los oyentes que acaba de ordenar la suspensión indefinida de las transmisiones radiales y televisivas privadas en el país, hasta nuevo aviso. Luego, en horas de la tarde y de la noche, en medio de la violencia de calle que toma cuerpo en la capital, grupos de los Círculos Bolivarianos dirigidos por el ex jefe de la policía política y por el Alcalde de Caracas, atacan las sedes de distintos medios de comunicación, en especial a Radio Caracas Televisión y Globovisión.

[20] El 20 de junio de 2002 es agredida por un funcionario de la Dirección de Inteligencia Militar y mediante un golpe en la cara, que le causa lesiones de consideración, la periodista Alicia La Rotta (El Universal, quien hace la cobertura de una manifestación pública de militares en retiro, en la zona de Chacaíto, Caracas.

[21] El 31 de julio del 2002, el fotógrafo de la revista Primicia, Gabriel Osorio, recibe una golpiza cuando se encuentra en la avenida Baralt de Caracas, siendo despojado de su instrumento de trabajo y efectos personales.

[22] El 9 de agosto de 2002, los periodistas del rotativo Yaracuy Al Día., Olivia Ojeda y Winston Durán, son agredidos por funcionarios de seguridad de la Alcaldía de San Felipe, cuando se disponen a cubrir una inspección judicial relacionada con el caso de trabajadores despedidos de esa instancia gubernamental. Los agredidos formulan la denuncia ante la Fiscalía sin resultados al presente.

[23] El 14 de agosto de 2002 Antonio Monroy, camarógrafo de RCTV (Canal 2), resulta herido de un balazo en una pierna cuando da cobertura a los disturbios que se producen luego de la sentencia del TSJ que sobresee a los oficiales acusados de rebelión militar a raíz de los sucesos del 11 de abril.

[24] El 15 de agosto de 2002 se producen disturbios en Caracas, provocados por los Círculos Bolivarianos del régimen y son objeto de agresiones los reporteros David Pérez Hansen y Argenis Uribe de RCTV (el último, golpeado y despojado de su cámara; Gustavo Rodríguez (El Universal), Elianta Quintero (Venevisión), Johan Merchán (Televen), Omar Veliz (El Siglo), María Alejandra Monagas y Carlos Meza (Ultimas Noticias).

[25] El 24 de agosto de 2002, Marta Palma Troconis de Globovisión es agredida durante una marcha pro-gobierno en Petare y al camarógrafo que la acompaña le es lanzada una botella.

[26] El 4 de septiembre de 2002 le son propinados golpes e insultos a los periodistas que cubren una manifestación frente al cuartel militar denominado Fuerte Tiuna y en la que confrontan manifestantes oficialistas y anti-gobierno, resultando particularmente agredida Aymara Lorenzo de Globovisión. Los seguidores de la oposición se hacen presentes allí para apoyar a distintos oficiales que van a ser dados de baja por sus diferencias con la política oficial autoritaria. Dichos periodistas reciben descargas con rolos eléctricos por parte de la Policía Militar presente.

[27] El domingo 8 de septiembre de 2002 los llamados Círculos Bolivarianos o círculos del terror arremeten contra los equipos de televisión del canal 4 (Venevisión).

[28] El 9 de septiembre de 2002 es agredido, por el General de la Guardia Nacional, Luis Acosta Carles el reportero gráfico de Noti-Tarde, Dorian Esteves, en la ciudad de Valencia.

[29] El de 11 de septiembre de 2002 la Guardia Nacional ataca con "peinillas" a periodistas que hacen cobertura de la caravana de la Coordinadora Democrática de la oposición. Y, a su vez, la reportera de Globovisión, Ana Karina Villalba, es agredida físicamente e insultada cuando intenta cubrir el acto gubernamental conmemorativo de los sucesos del 11 de abril y son masacradas por los Círculos Bolivarianos y militantes como funcionarios militares del oficialismo (10 muertos y 90 heridos) un centenar de personas, en el sitio conocido como Puente Llaguno.

[30] El 12 de septiembre de 2002 tiene lugar una salvaje represión gubernamental contra los periodistas en Valencia, Estado Ca-

rabobo, resultando afectados Carlos Briceño y Eduardo Sánchez (El Carabobeño), Jairo Altuve de Noti-Tarde, y los camarógrafos Mauro Acosta (Venevisión) y Leslie Pedreañez (Televén) y Diosyris Obregon de Noti-Tarde. Son golpeados por la Guardia Nacional durante una operación morrocoy realizada por manifestantes en la Autopista Regional del Centro.

[31] El 13 de septiembre de 2002 cuatro hombres que se desplazan en un vehículo blanco, de presuntos miembros de cuerpos de seguridad o de los Círculos Bolivarianos, lanzan cuatro bombas incendiarias a la sede de PROMAR Televisión, en Barquisimeto, Estado Lara, causándole serios daños a sus instalaciones.

[32] El 21 de septiembre de 2002 en la zona aledaña a Puente Llaguno, en Caracas, miembros de los Círculos Bolivarianos controlados por la llamada Comandante Lina Ron, destruyen el vehículo de Globovisión y amenazan con arma de fuego a la periodista Roxana Díaz y su camarógrafo Felipe Lugo.

[33] El 17 de octubre de 2002, luego de la quema que hacen del vehículo del periodista José Ángel Ocanto (6 de julio de 2002), los Círculos Bolivarianos dirigidos por el Secretario de Seguridad del Estado Lara (Mayor Av. Arnaldo Certaín Gallardo) amenazan de muerte al periodista mencionado y destruyen la sede judicial en donde se le acuerda un amparo constitucional. Y en la misma fecha, a su vez, en Caracas, la periodista Carla Angola, de Globovisión, es agredida físicamente en la Plaza Bolívar por miembros de los Círculos Bolivarianos.

D. *La Comisión Interamericana de Derechos Humanos*

[a] El 20 de julio de 2001, el Bloque de Prensa Venezolano denuncia ante la Comisión Interamericana de Derechos Humanos, el contenido de la ya referida Sentencia 1013 dictada por la Sala Constitucional del Tribunal Supremo de Justicia, por haber dictado una suerte de "reglamentación jurisprudencial" vinculante para los jueces y que es violatoria, además de restrictiva, de los derechos consagrados en los artículos 13 (libertad de expresión) y 14 (derecho a la información), entre otros, de la Convención Americana de Derechos Humanos. El asunto se encuentra en fase de expedición del Informe de Admisibilidad (declaratoria de la existencia de "caso") por parte de la misma Comisión

[b] Desde enero de 2002 hasta el presente, la Comisión ha adoptado y/o renovado una sucesión ininterrumpida de medidas cautelares, en número nunca antes conocido dentro del Sistema, para proteger los derechos a la vida, a la integridad personal, a la tutela judicial, y a la libertad de expresión de editores y periodistas agraviados por las agresiones del Gobierno de Venezuela o de sus seguidores políticos. Ninguna de ellas ha sido acatada hasta la presente fecha. Y las respuestas ofrecidas por el Agente del Estado a la Comisión han sido todas de contenido formal, llenas de apelaciones constitucionales o indicando haber tramitado las instrucciones del caso ante las instancias oficiales pertinentes; pero admite, lacónicamente, no haber recibido respuesta de tales instancias hasta el momento.

[c] En la visita preparatoria a Venezuela del plenario de la Comisión Interamericana de Derechos Humanos, que realiza en febrero de 2002 el Secretario Ejecutivo y hasta entonces Relator para la Libertad de Expresión, Santiago Cantón, deja constancia en su respectivo Informe de lo siguiente:

"El Secretario Ejecutivo fue informado sobre la existencia de un proyecto de ley de "contenidos" [cuya copia recibe]...Recuerda que la jurisprudencia del sistema interamericano ha sostenido que la censura previa sobre cualquier expresión, opinión o información debe estar prohibida por la ley...

"La libertad de expresión puede verse seriamente amenazada por la inexistencia de recursos judiciales efectivos o por acciones legales iniciadas con el objetivo de silenciar a los medios de comunicación... Numerosos sectores expresaron su preocupación en relación a que la independencia y autonomía del Poder Judicial podría verse afectada por la existencia de aproximadamente 90% de jueces provisionales que no gozan de la garantía de estabilidad y pueden ser removidos. La Relatoría recibió información sobre acciones legales y administrativas en contra de los medios de comunicación Globovisión, Vale TV y el diario La Razón, que podría afectar el derecho a la libertad de expresión y el derecho a la información del pueblo venezolano.

"Durante la visita la Relatoría recibió información sobre la utilización del otorgamiento de pautas publicitarias del sector público con el objetivo de perjudicar a algunos medios de comunicación, entre otros los diarios El Universal, El Nacional, Tal Cual y La Razón.

"[Pero] más allá de la información anterior el Relator desea destacar su gran preocupación por la violencia existente en contra de algunos periodistas y medios de comunicación...En este sentido, la Secretaría Ejecutiva y la Relatoría para la Libertad de Expresión recibieron información que da cuenta de numerosos periodistas, camarógrafos y fotógrafos que han sido objeto en los últimos meses de agresiones físicas y verbales. Los incidentes registrados abarcan amenazas, ataques a la integridad física, el descrédito profesional y el temor de los comunicadores sociales a identificarse cuando cubren algunos actos del Gobierno por temor a las represalias... La Relatoría considera que los actos de hostigamiento y desprestigio contra periodistas, y medios de comunicación tienen un grave efecto multiplicador sobre las violaciones a los derechos humanos de toda la población.

"La Relatoría llama a las autoridades venezolanas y a la sociedad en general a buscar canales de entendimiento que permitan una mayor tolerancia hacia la crítica y el escrutinio garantizando el pleno ejercicio de la libertad de expresión e información. Asimismo, señala la necesidad de efectuar una investigación de las agresiones dirigidas hacia periodistas como método de prevención y justicia".

[d] En su Informe de Observaciones Preliminares sobre Venezuela, del 10 de mayo de 2002, la Comisión Interamericana de Derechos Humanos declara lo siguiente:

"La CIDH ha constatado que, si bien es posible efectuar críticas a las autoridades, ellas traen como consecuencia actos intimidatorios que limitan la posibilidad de expresarse libremente. La CIDH constata que en Venezuela no se han cerrado periódicos ni se ha detenido a periodistas. Sin embargo, la libre expresión no se puede limitar a la inexistencia de actos de censura, clausura de periódicos o detenciones arbitrarias de quienes se manifiestan libremente. En el caso particular de la profesión periodística, la CIDH recibe información que da cuenta de agresiones verbales o físicas ocurridas en los últimos meses y recuerda que es responsabilidad del Estado proveer de protección a la ciudadanía, incluso a los comunicadores sociales, a través de medidas enérgicas dirigidas a desarmar a sectores de la población civil que funcionan al margen de la ley y que hubiesen estado involucrados en dichos hechos".

[e] El 23 de octubre de 2002, el Bloque de Prensa Venezolano eleva a la consideración del Relator para la Libertad de Expresión de la OEA un Informe dándole cuenta del Proyecto de Ley Orgánica de Participación Ciudadana, que bajo la iniciativa de los partidarios del Gobierno propone la creación de un Consejo Nacional de Vecinos para el control de los medios de comunicación y con potestades para sancionarlos cuando vulneren en sus informaciones la verdad o la imparcialidad.

# 3. LA CARTA DEMOCRÁTICA INTERAMERICANA Y SU APLICACIÓN A VENEZUELA

8 de diciembre de 2002

A.  *La democracia y el orden público internacional*

La promoción y defensa de la democracia representativa, que no es concebible sin el debate libre y sin que la disidencia tenga pleno derecho a manifestarse y que, como lo ha dicho la Corte Interamericana de DD.HH. (OC-8/87), es determinante en todo el sistema de protección a los derechos humanos, ha sido y es materia de competencia y objeto fundamental de la OEA desde sus tiempos remotos. Cuando están bajo riesgo el ejercicio de las libertades, la defensa de los derechos de la persona humana y sus garantías, es decir, la misma democracia, que es condición indispensable para la existencia de éstas y de aquéllos, de poco sirven los argumentos de la soberanía y el principio de la no intervención en los asuntos internos del Estado.

En las Américas, la hoy llamada "cláusula democrática", respaldada por la mayoría de los gobiernos y las organizaciones internacionales y que se reduce a la no aceptación dentro del sistema internacional de aquellos Estados que no ajusten sus actuaciones internas al standard internacional que predica la vigencia efectiva y el respeto del principio de la legalidad, de las instituciones democráticas y del Estado de Derecho, nace en 1826 con el Congreso Anfictiónico de Panamá. Desde entonces, con el Tratado de Unión,

Liga y Confederación Perpetuas[5], hasta la vigente y varias veces reformada Carta de Bogotá que le da vida la OEA en 1948, la solidaridad de los Estados Americanos "requiere la organización política de los mismos sobre la base del ejercicio efectivo de la democracia representativa"[6].

Hitos fundamentales de esta tendencia hacia la consagración definitiva de la democracia representativa como parte del Derecho internacional de las Américas y, por ende, de su "ejercicio efectivo" como obligación internacional de los Estados que hacen parte de la OEA, lo son, y cabe recordarlos, el Compromiso de Santiago de 1991 y el Protocolo de Washington de 1992. Este último, en lo particular, incorpora a la Carta de la OEA el mecanismo para la suspensión, previas las gestiones diplomáticas de rigor, del Estado cuyo Gobierno sea derrocado por la fuerza.

En suma, no cabe en la actualidad la clásica afirmación a cuyo tenor la alternativa entre democracia o dictadura políticas son asuntos propios al fuero exclusivo de cada Estado.

### B. *La fuerza vinculante de la Carta Democrática*

La aprobación de la Carta Democrática Interamericana el 11 de septiembre de 2001, sin embargo, viene a significar una profundización en la tendencia democratizadora del Hemisferio y un cambio radical, todavía más, entre la vieja concepción que hace de la democracia una técnica o simple forma de Gobierno y la nueva, que predica la democracia como ética social y exigencia de la vida política.

De allí que, la Carta in comento ya no se detiene en la evaluación de la fuente electoral y popular de los gobiernos por muy importante que sea, vale decir, que no se limita a la consideración de la legitimidad de origen de éstos para reconocerlos como democráticos; ahora, además de tal exigencia, se le pide a los gobiernos la legitimidad de desempeño o ejercicio, en otras palabras, se les reclama como obligación asegurar y respetar –por ser la misma "de-

---

[5]  Artículo 29 *ejusdem*.
[6]  Artículo 3, d, de la Carta de la OEA.

recho" de los pueblos[7]– los elementos esenciales y los componentes fundamentales de la democracia representativa, a saber: respeto a los derechos humanos y a las libertades fundamentales; acceso al poder y su ejercicio con sujeción al Estado de Derecho; celebración de elecciones periódicas, libres, justas y basadas en el sufragio universal y secreto; régimen plural de partidos y de organizaciones políticas y régimen equilibrado y transparente para el financiamiento de sus actividades; separación e independencia de los poderes públicos; transparencia de la actividad gubernamental; la probidad y la responsabilidad del gobierno en la gestión pública; respeto por los derechos sociales; libertad de expresión y de prensa; subordinación de todas las instituciones del Estado a la autoridad civil; participación ciudadana.

De modo que, admitido que la vigencia efectiva de la democracia y su garantía por parte del Sistema Interamericano, constituyen obligaciones internacionales indiscutibles, se sigue que toda acción u omisión de cualesquiera de los Estados Miembros de la OEA que sea contraria a las exigencias mencionadas da lugar a un hecho ilícito internacional. El mismo compromete la responsabilidad internacional del Estado concernido, haciéndole sujeto pasivo de las consecuencias jurídicas derivadas de su comportamiento ilícito.

No huelga precisar, en este orden y a la manera de prevención, que si cierto es que la Carta Democrática Interamericana es adoptada por la Asamblea General de la OEA bajo la forma de una resolución –no es ella, por consiguiente, un tratado o acuerdo internacional formal y sacramental– no significa esto que carezca de fuerza jurídica vinculante. A la luz de la larga evolución del Derecho internacional regional al respecto y de los alcances del Protocolo de Washington mencionado, la Carta Democrática Interamericana es una suerte de interpretación auténtica y vinculante tanto de las mismas normas de la Carta de la OEA de 1948, que es el tratado constitutivo de la organización internacional americana, como de la Convención Americana de Derechos Humanos o Pacto de San José de Costa Rica de 1969.

---

[7]    *Cf.* Artículo 1 de la Carta Democrática Interamericana.

Así las cosas, cuando se pregunta acerca de la eventual aplicación o no de la Carta Democrática a determinado Estado, no cabe otra respuesta que decir que la misma ya está en aplicación y sus preceptos son de obligatorio cumplimiento por parte de los Estados miembros de la Organización de los Estados Americanos. Distinto es requerir sobre la puesta en marcha de los procedimientos establecidos en la Carta para hacer valer su autoridad, cuando algún gobierno se haya apartado de sus mandamientos.

## C. *Los incumplimientos de Venezuela*

En su Informe Preliminar sobre Venezuela[8], la Comisión Interamericana de Derechos Humanos (órgano principal de la OEA y también de la Convención Americana de Derechos Humanos) es más que ilustrativa acerca del divorcio que existe entre el comportamiento –activo u omisivo– del gobierno del Presidente Hugo Chávez Frías y los postulados de la Carta Democrática Interamericana que le obligan:

"62. La principal fuente de legitimación democrática es la otorgada por la voluntad popular expresada en elecciones libres, periódicas y universales. Sin perjuicio de ello, las elecciones por sí mismas no constituyen elementos suficientes para asegurar una plena vigencia de la democracia.

66. La CIDH considera que la falta de independencia del Poder Judicial, las limitaciones a la libertad de expresión, el estado deliberativo en que se encuentran las Fuerzas Armadas, el grado extremo de polarización de la sociedad, el accionar de grupos de exterminio, la poca credibilidad de las instituciones de control debido a la incertidumbre sobre la constitucionalidad de su designación y la parcialidad de sus actuaciones, la falta de coordinación entre las fuerzas de seguridad, representan una clara debilidad de los pilares fundamentales para la existencia del Estado de Derecho en un sistema democrático en los términos de la Convención Americana y de la Carta Democrática Interamericana. Por ello, la Comisión urge al fortalecimiento del Estado de Derecho en Venezuela con la mayor brevedad posible".

---

[8] 10 de mayo de 2002.

Ahora bien, si a lo anterior se agregan los acontecimientos que han incidido de manera directa e inmediata en la grave crisis institucional y democrática que hoy acusa Venezuela; y, si se confrontan tales acontecimientos, en el mismo orden establecido por la Carta Democrática Interamericana, con los elementos esenciales[9], los componentes fundamentales[10], o las prioridades y condiciones[11] que ella establece para el "ejercicio efectivo"[12] de la democracia representativa, podrá constatarse que el carácter sistemático y la universalidad de las violaciones que aquéllos provocan a los términos de la Carta, mal no pueden considerarse que como hipótesis demostradas de "una alteración del orden constitucional que afect[a] gravemente su orden democrático".[13]

Los ejemplos huelgan.

La impunidad que le da cobertura a la llamada "Masacre de Miraflores del 11 de abril pasado y su repetición el último 6 de diciembre, en la Plaza Francia, expresan un evidente irrespeto "a los derechos humanos y las libertades fundamentales". La militarización de Caracas; el desconocimiento de los fueros municipales por el Gobierno nacional al intervenir arbitrariamente a la Policía Metropolitana; la agresión de la GN con armas químicas a los marchantes pacíficos de la Plaza de la Meritocracia de Chuao, sin mediar siquiera un Estado de Emergencia constitucional; prueban de conjunto y una vez más que el poder no se ejerce por el Gobierno "con sujeción al Estado de Derecho".

La conspiración concertada entre el Presidente de la República y el Presidente de la Asamblea Nacional, para impedir la realización de referendo consultivo solicitado por casi 2 millones de venezolanos, es testimonio indiscutible de que el régimen no respeta el derecho a la elección y a la participación de la ciudadanía "como expresión de la soberanía del pueblo".

---

[9]  Artículo 3 de la CDI.
[10]  Artículo 4 *ejusdem.*
[11]  Artículos 5 y 6 *ejusdem.*
[12]  Artículo 2 *ejusdem.*
[13]  Artículo 20 *ejusdem.*

La confusión militante de la actividad de gobierno con la acción proselitista del partido oficial, junto al financiamiento público de las movilizaciones de éste y de los Círculos Bolivarianos, atenta contra "el régimen plural de partidos" y contra el "régimen equilibrado y transparente de financiación de sus actividades".

La usurpación por la Sala Constitucional del Tribunal Supremo de Justicia de las atribuciones que corresponden a la Asamblea Nacional para el nombramiento del suplente del Fiscal General de la República o de los eventuales miembros del Consejo Nacional Electoral, por una parte y, por la otra, la remoción que hace del Magistrado Vice Presidente del Tribunal Supremo de Justicia por una mayoría simple de diputados oficialistas de la Asamblea Nacional y a instancias del propio Jefe del Estado, muestran sin ambages la falta de "separación e independencia de los poderes públicos".

Nada que insistir, asimismo, acerca de la reciente divulgación por el Canal del Estado de conversaciones telefónicas privadas entre dirigentes de la oposición o la exigencia realizada por la Superintendencia de Bancos a todas las entidades del sistema financiero a objeto de que suministren, sin mediación judicial, con destino a la policía política (DISIP), toda la información reservada disponible sobre cuentas o manejos de bienes por opositores al régimen; lo cual, aparte de violentar "derechos humanos" y el ejercicio del poder "con sujeción al Estado de Derecho", deja en entredicho "la transparencia de las actividades gubernamentales", la probidad y el sentido de la responsabilidad del gobiernos en la gestión pública.

El desconocimiento de la fuerza laboral organizada por parte del Presidente de la República y su directa pero fallida intervención en las elecciones sindicales, ha representado un agravio a los derechos sociales y un atentado a las Convenciones de la OIT, en abierta violación de la Carta Democrática Interamericana.

La negativa del Gobierno a admitir la verificación in situ de sus señaladas violaciones de derechos humanos y de la circunstancias que comprometen su legitimidad de desempeño democrático, por parte de la Comisión Interamericana de Derechos Humanos, junto a su desacato de las innumerables medidas cautelares adoptadas por ésta para proteger la vida y la integridad personal, como ejemplo, de los periodistas venezolanos; y el más reciente ataque de las instalaciones de los diarios El Siglo y el Aragüeño, por parte de los Círculos Bolivarianos afectos al régimen continúan haciendo irreal la libertad de expresión y de prensa en el país.

Finalmente, el desconocimiento por el General de División (Ejército) Jorge Luis García Carneiro, Comandante de la Guarnición de Caracas, del mandato expedido por la Corte de lo Contencioso Administrativo ordenándole la desmilitarización de la jurisdicción del área metropolitana de Caracas que corresponde al Estado Miranda y su declaración en cuanto a que él sólo acata las órdenes del Presidente de la República, es prueba concluyente de la falta de "subordinación constitucional" militar a la autoridad civil y de su sujeción al Estado de Derecho.

### D.  *Los procedimientos cooperativo y sancionatorio*

La Carta Democrática Interamericana establece distintos niveles de actuación y consecuencias jurídicas frente a los riesgos de inejecución o de incumplimiento de sus postulados en o por parte de alguno de los Estados miembros de la OEA.

Cabe señalar, a título preliminar, que la Carta mencionada reitera la validez de la denominada "cláusula democrática" acordada por los mandatarios del hemisferio reunidos en Quebec[14], al recordar que, ora la "ruptura del orden democrático" (léase "golpes de Estado", como atentados a la legitimidad de origen), ora una "alteración constitucional que afecte gravemente el orden democrático de un Estado miembro" (léase, ausencia de legitimidad de desempeño), "constituye, mientras persista, un obstáculo insuperable para la participación" del respectivo Gobierno en los órganos, reuniones y conferencias de la OEA.[15] Se trata, en efecto, de la consecuencia jurídica clásica prevista desde el Congreso Anfictiónico de Panamá y hecha realidad contemporánea luego del Protocolo de Washington que reformara la Carta de la OEA, para cuando un "gobierno democráticamente constituido sea derrocado por la fuerza".[16]

---

[14]  Declaración final de la Tercera Cumbre de las Américas, 2001.

[15]  Artículo 19 de la Carta Democrática Interamericana.

[16]  Artículo 9 de la Carta de la OEA reformada (14 de diciembre de 1992).

La expulsión de la OEA de un Gobierno de facto o carente de legitimidad de desempeño no es como en el pasado, sin embargo, la única, aunque sí la más grave consecuencia de la violación de los preceptos de la Carta Democrática Interamericana.

El simple retiro de un Estado, impuesto o voluntario, de su membrecía en un organismo internacional, no le desvincula en la actualidad de sus compromisos ante la comunidad de los demás Estados en el ámbito del respeto y garantía de los derechos fundamentales de la persona humana. Y la democracia y su sostenimiento es, según lo ya dicho y conforme a la Carta Democrática, un evidente derecho de los pueblos, que no un simple régimen de Gobierno.[17] Tanto que, este instrumento dispone, expresamente, que cuando un Estado miembro es sancionado con la suspensión, "deberá continuar observando el cumplimiento de sus obligaciones como miembro de la Organización, en particular en materia de derechos humanos".[18]

NIVEL I (ACCIÓN PREVENTIVA)

En este orden, el primer nivel operativo de la Carta Democrática se encuentra en el ámbito preventivo. Se da o tiene lugar cuando el Gobierno de un Estado miembro considere que está en riesgo: (a) su proceso político institucional democrático, o (b) su ejercicio legítimo del poder. En tal caso, la única actuación prevista por parte de la OEA es la de "asistencia" para el fortalecimiento y preservación de la democracia, que se acuerda por petición del mismo Gobierno al Consejo Permanente o al Secretario General de la Organización. No se trata pues, de una hipótesis que haga relación con situaciones

---

[17] Luego de que el Pacto de San José o Convención Americana de Derechos Humanos estableciera que ningún Estado puede desligarse de las obligaciones de respeto y de garantía a los derechos humanos, en lo concerniente a todo hecho violatorio de tales obligaciones y acaecido en tiempo precedente a su eventual denuncia o retiro del Pacto por un Estado, el Derecho internacional regional es concluyente al sostener que las obligaciones internacionales sobre derechos humanos hacen parte del orden público internacional o derecho imperativo (*ius cogens*), que no puede ser modificado unilateralmente por ningún Estado, según los términos del artículo 53 de la Convención de Viena sobre Derecho de los Tratados.

[18] *Cfr.* artículo 21 de la CDI.

ciertas y en curso que puedan derivar en un eventual golpe de Estado o puedan afectar el desempeño democrático. Se aproxima, mejor aún y a manera de ejemplo, a las circunstancias de aquellos países recién salidos de períodos autocráticos y cuya debilidad institucional exija de un régimen especial de cooperación y asistencia técnica internacional para el fortalecimiento de su experiencia democrática. De allí el carácter consensual –Estado vs. OEA– de la respectiva acción cooperativa.

NIVEL II (MEDIDAS DE PRESERVACIÓN Y FORTALECIMIENTO)

El segundo o distinto nivel en escala ascendente y operativa de la Carta viene planteado por "situaciones" ciertas y en curso que "pudieran afectar" –es decir, que eventualmente pudieran afectar– (a) el desarrollo del proceso político institucional democrático o (b) el legítimo ejercicio del poder. En cuyo caso, previo consentimiento del Estado concernido, el Secretario General o el Consejo Permanente, pueden disponer "visitas" u "otras gestiones" con un objeto específico: analizar la situación respectiva. En tal caso, dado el informe correspondiente, el Consejo Permanente puede, luego de una apreciación colectiva de dicha situación, "adoptar decisiones dirigidas a la preservación de la institucionalidad democrática y su fortalecimiento".

La hipótesis del caso, entonces, puede nacer de situaciones ora generadas por el mismo gobierno, ora generadas por otros actores internos, que afectan el proceso institucional democrático, por una parte y, por la otra, de situaciones vinculadas a actores distintos del propio gobierno que pueden afectar el legítimo ejercicio del poder por parte de éste. De modo que, si bien se requiere como exigencia procesal el acuerdo previo del Gobierno en cuestión, una vez otorgado éste la actuación institucional de la OEA adquiere plena autonomía y sus decisiones pueden o no, según las circunstancias, estar dirigidas contra el propio gobierno del respectivo Estado miembro.

El elemento en común de las dos circunstancias que pueden dar lugar a la actuación de la OEA es, en este segundo nivel de actuación, la indiscutible aun cuando comprometida vigencia real de un proceso democrático en marcha o del ejercicio democrático y no cuestionado en su legitimidad por parte del gobierno de alguno de los Estados miembros.

La Carta no indica qué medidas específicas puede tomar el Consejo en esta hipótesis procesal. Pero, lógicamente no se trata, en tal supuesto, de la señalada y probable expulsión del gobierno respectivo de su membrecía en la OEA, que es la medida más grave y extrema.

La Carta si es precisa al señalar que el Consejo Permanente "podrá adoptar decisiones dirigidas" a la preservación y fortalecimiento democráticos. De modo que, pueden ser todas aquéllas decisiones que hagan relación directa con la realización de los elementos esenciales o con los componentes fundamentales del ejercicio de la democracia representativa que se encuentren comprometidos. Y es el Estado respectivo, a fin de cuentas, el obligado a cumplir y hacer cumplir los mandamientos dictados al efecto por la propia Organización.

NIVEL III (NORMALIZACIÓN DEMOCRÁTICA Y EVENTUAL SUSPENSIÓN DE GOBIERNO CUESTIONADO)

El tercer nivel de actuación de la Carta lo constituye el caso de un Estado miembro en el que se produzca "una alteración del orden constitucional que afecte gravemente su orden democrático". Es la típica hipótesis que alude, con precisión, a la llamada falta de legitimidad de desempeño democrático por parte de gobiernos que habiendo nacido de elecciones populares y regulares luego subvierten, con su ejercicio o desempeño y en términos graves o sistemáticos, el respeto de los derechos humanos y el funcionamiento del Estado de Derecho o de la democracia representativa.

En tal caso, si bien la sanción más grave en contra del gobierno del respectivo Estado es su suspensión dentro del Sistema Interamericano, dada la legitimidad de origen del respectivo Gobierno la Carta Democrática Interamericana fija un principio de gradación o progresividad en cuanto a las decisiones orgánicas que deban adoptarse por la OEA.

Así, en la circunstancia *in comento*, cualquier Estado miembro o el Secretario General pueden solicitar la convocatoria inmediata del Consejo Permanente, que puede "adoptar las decisiones que estime conveniente", es decir, cualesquiera que sean indispensables para la normalización de la institucionalidad democrática severamente comprometida. La mención a la realización, por disposición del Consejo, de gestiones diplomáticas (*v.g.* misión de Cancilleres o grupo de notables) ante el Estado en cuestión, incluidos los "buenos oficios", tienen, pues, un carácter meramente enunciativo de todas las posibilidades que, siendo efectivas, abre la Carta Democrática al Consejo Permanente en acuerdo con las competencias que a éste le asigna la Carta de la OEA; salvo la decisión de suspender al respectivo Estado, que sólo puede adoptarla una Asamblea General Extraordinaria.

De no alcanzarse la normalización institucional y democrática correspondiente mediante las gestiones diplomáticas del caso, o de presentarse una situación de "urgencia", el Consejo debe convocar de inmediato a la Asamblea General, máximo órgano de la OEA. La misma, igualmente, puede adoptar las decisiones que "estime apropiadas", fundándose para ello, no sólo en la Carta Democrática sino también en la propia Carta de la OEA y, de ser el caso, en las potestades que pueda asumir la Asamblea conforme al Derecho internacional.

De modo que, el rango de actuación de la Asamblea General, a objeto de propiciar la normalización democrática de uno de sus Estados miembros es muy amplio y diverso, sin perjuicio de que, en el interregno, continúen las gestiones diplomáticas necesarias incluidos los buenos oficios, y antes de que pueda llegar a una decisión extrema: la exclusión del Estado comprometido de su participación en el Sistema.

NIVEL IV (SUSPENSIÓN DEL GOBIERNO DE FACTO)

El último nivel de actuación procedimental establecido por la Carta Democrática Interamericana tiene que ver con la hipótesis específica de ruptura del orden democrático, que, a tenor de lo establecido por este instrumento normativo interamericano, puede originarse, sea por la sucesión de un golpe de Estado contra un gobierno democráticamente electo y en ejercicio, sea por la cierta derivación de un gobierno originariamente democrático en autocrático o dictatorial, al perder en plenitud su legitimidad democrática de desempeño.

A este nivel puede llegarse como consecuencia, por consiguiente, de una situación inmediata o sobrevenida (*v.g.* un golpe de Estado tradicional), que obliga a la urgente convocatoria de la Asamblea General por parte del Consejo Permanente de la OEA, y también por obra de una apreciación de la misma Asamblea General Extraordinaria, cuando convocada por el Consejo, luego de que han fallado sus medidas para alcanzar la normalización democrática dentro de un Estado miembro en el que se haya producido "una alteración del orden constitucional que afecte gravemente su orden democrático", llega a la conclusión de que está en presencia de una "ruptura del orden democrático" por carencia en el gobierno concernido de absoluta legitimidad de desempeño democrático.

La Carta Democrática Interamericana es precisa, finalmente, al dictar que, adoptada por la Asamblea General la decisión de suspensión de un Estado miembro, no cesan ni las obligaciones convencionales de éste ni tampoco las de la propia OEA, en cuanto al mantenimiento de sus gestiones diplomáticas para alcanzar finalmente y en algún momento preciso "el restablecimiento de la democracia en el Estado miembro afectado".[19]

No huelga observar, a todo evento, que dada la naturaleza fundamentalmente política de los órganos de la OEA referidos, los criterios de pertinencia, conveniencia y oportunidad, pesan mucho al momento de evaluar su actuación en el caso venezolano, que a la luz de sus antecedentes, tiene un mérito jurídico indiscutible. Distinta es, sin embargo, la probable actuación que puedan desplegar, por su parte, los órganos de la Convención Americana de Derechos Humanos, en las denuncias que reciban de víctimas de violaciones de derechos que ésta tutela y se originen en las alteraciones graves del Estado de Derecho y la democracia ocurridas; a cuyo efecto, puede invocarse el texto de la Carta como fundamento para la evaluación jurídica –aquí sí– del contexto dentro que ocurren dichas violaciones, a tenor de las previsiones de la propia Convención.

---

[19]  Artículo 21 de la CDI.

# 4. A PROPÓSITO DE LA DICTADURA DE CHÁVEZ: LA MIOPÍA DE LA IZQUIERDA EUROPEA

29 de diciembre de 2002

*"La debilidad y grandeza de la democracia es que quien llega al poder gracias a unas normas democráticas puede cambiarlas". Antonio Tabucchi, Apud. Domenico Chiappe, Golpe a Golpe, El Universal, 21 de diciembre de 2002.*

A. *Naciones civiles e incivilizadas*

No es fácil hacerle entender a algunos extranjeros sitos más allá de nuestras fronteras todos los elementos, muy complejos y graves, que inciden en la severa crisis democrática que hoy acusa Venezuela. Y lo cierto es que nosotros mismos, los venezolanos, acostumbrados a un estilo de vida signado por la tolerancia y educados en las prácticas de la libertad –tanto que nuestra democracia era una de las más reconocidas y prestigiosas del hemisferio– no pocas veces y de un modo igual nos encontramos confundidos por lo equívoco y absurdo de las circunstancias que nos gobiernan en el presente.

Ciertos estratos de la opinión pública europea e incluso, norteamericanos, aprecian de inaceptable que sectores de la oposición, por muy representativos que sean, le estén pidiendo a Hugo Chávez que abandone la Presidencia sin concluir su mandato. Él, en efecto, lo estaría ejerciendo con base en unas elecciones democráticas. E irritante les parece, por ende, que supuestos sectores de privilegiados –animados por los medios de comunicación social– cuestionen a un gobernante quien, más allá de sus defectos o rasgos de personalidad conflictiva, se preocupa por la suerte de los pobres y excluidos y cuyo liderazgo lo estaría ejerciendo con una capacidad de convocatoria nunca antes vista en América Latina.

Esta postura, que el 80 % de los venezolanos no pocas veces juzga de insensible y reduccionista, tiene su fuente en la simplicidad con la cual se nos observa desde afuera y a la luz de unos paradigmas que poco tienen que ver con los grandes cambios culturales y políticos que se han operado entre nosotros durante el curso de las últimas décadas. América Latina, en lo general, sigue siendo vista como el continente de las injusticias sociales. En otras palabras y al tenor de una literatura muy gastada y atada a la ebullición ideológica años '60 e incluso anterior, aún seríamos el territorio esclavista de los latifundios: blancos dominando a negros e indios; y también el espacio abonado para los "gendarmes necesarios" y de las groseras contradicciones: países nutridos de ingentes riquezas naturales y amarrados por dantescos cinturones de miseria y analfabetas.

Así que, si un militar ex golpista latinoamericano se transforma a la manera de Chávez en Presidente y tiene arrojos de autócrata, ello sería propio –según el juicio reposado de algunas naciones industrializadas y de otras sujetas a su influencia directa– de nuestra condición sociológica de comarcas del subdesarrollo. Y si el mismo, por lo demás, resulta electo con el voto mayoritario de su pueblo y asume como compromiso la defensa de los pobres, antes que un "gorila" o simple "milico" es una revelación milagrosa: una suerte de Mesías, quien redime los pecados de sus primitivos y corrompidos compatriotas.

De modo que, cuando la oposición le demanda a Chávez su renuncia o que admita un adelanto de las elecciones de cara a la peligrosa crisis que –por sus acciones y omisiones– mantiene al país en el borde de una probable guerra civil; y cuando, al efecto, alega tal oposición que dicha alternativa es propia de la democracia, allende los mares sólo se piensa y concluye en lo ya dicho. No reparan tales naciones ni parte de su opinión pública, atadas a los estereotipos y desviaciones conceptuales anotadas, lo que de un modo similar ha sido carne de sus propias realidades: Richard Nixon, bueno es tenerlo presente, renuncia bajo la presión de los medios de comunicación social norteamericanos y en el marco de un proceso que nadie osa tachar de antidemocrático. Y en la Europa parlamentaria, específicamente, sus crisis políticas y de gobierno son superadas mediante el adelanto de las elecciones, para evitar así la crisis general del sistema democrático. Nadie la cuestiona.

B. *La ley soy yo*

Hugo Chávez Frías tiene, como Presidente de Venezuela, legitimidad de origen indiscutible. Fue electo, a pesar de su inválido juramento, de acuerdo con las reglas constitucionales del llamado "puntofijismo" (1958-1998), que tanto menosprecia y contra el que se alza mediante el uso de las armas. Tiempo de errores y asimismo brecha de logros ingentes en el país: El promedio de vida de los venezolanos es de 52 años en 1958, en tanto que para 1998 alcanza a los 73 años, una vez consolidadas las redes de aguas negras y blancas que nutren a la geografía nacional. Venezuela cuenta, en 1955, con 3 universidades públicas, siendo que, para el momento de la elección de Chávez, los institutos de educación superior superan los dos centenares. A su vez, el número de camas hospitalarias oficiales es de 20.100 para 1955 y de los 228 hospitales entonces existentes se da paso, en 1998, a un escenario con 39,6 profesionales de la salud (23,7 médicos) por cada 10.000 habitantes. Los hospitales se elevan a 927 (344 del sector privado) y el fortalecimiento de la atención médico primaria da lugar a la apertura de 4.027 ambulatorios (3.365 rurales).

Chávez, pues, a la manera de un caudillo extraído de las páginas de nuestro aciago siglo XIX, llena el vacío de conducción que – en la hora nona– no saben o no pueden colmar eficazmente los antiguos partidos políticos. Pero no es capaz de identificar y entender, al margen de los cambios políticos profundos que debe y se le pide liderar, los activos que, más allá de las desviaciones de los gobiernos precedentes, hace propios e inalienables el pueblo venezolano: Su vocación y disposición hacia los "consensos" y el sagrado reconocimiento de su "pluralidad" en el mestizaje común.

Chávez, eso sí, inaugura su mandato violentando abierta y descaradamente las reglas del orden constitucional que le permitiera conquistar el poder. Y lo ejerce, por lo demás, de espaldas y en abierta contraposición a las reglas de la misma Constitución de 1999: su obra magna. "La mejor constitución del mundo", como él mismo suele calificarla.

No por azar alguna vez afirma Chávez, pública y textualmente, ante los asistentes al Congreso Internacional de Derecho Agrario en noviembre del pasado año: "La ley soy yo. El Estado soy yo".

## C. *El pecado original*

Al jurar como Presidente y en declaración expresa que hiciera en momento de tanta solemnidad, Hugo Chávez acusa de "moribunda" a la Constitución de 1961 y acto seguido convoca a un referéndum popular "consultivo" para la instalación vinculante de una Asamblea Constituyente. Le pide al pueblo, en su decreto de marras, le otorgue poderes plenos para legislar –a la manera de un dictador– sobre los asuntos electorales.

Su Asamblea Constituyente, integrada sin representación proporcional de las minorías, no solo redacta la vigente Constitución; antes bien, disuelve los poderes públicos constituidos –incluido el Congreso que es electo junto al mismo Chávez en 1998– y designa a dedo como titulares provisorios a seguidores del "proceso": luego conocido bajo el nombre de "revolución bolivariana". Poca preocupación causa en la opinión pública, es verdad, que la Asamblea hubiese sancionado una Constitución distinta de la que presentó al pueblo para su aprobación; ni que la misma fuese votada por menos de un 30 % de los venezolanos. Menos le sorprende que el texto en cuestión sea diferente de aquél publicado en dos versiones, también distintas y sucesivas, en las Gacetas Oficiales de diciembre de 1999 y de marzo de 2000.

Tampoco le incomoda, de manera manifiesta, que los "poderes contralores" terminen en manos de los acólitos del régimen, en especial el Ministerio Público, ocupado aún por el ex Vice Presidente de Chávez. Y no protesta el pueblo, airadamente, cuando éste hace punto de honor dentro del debate constituyente el carácter deliberante y el voto de los militares; la consagración de la desobediencia civil; y, por si fuese poco, el establecimiento de la corresponsabilidad cívico-militar para la conducción de la naciente institucionalidad "democrática participativa"; todo ello bajo el principio de la adhesión al poder supremo del Comandante en Jefe y "líder supremo de la revolución".

A fin de cuentas y dentro de la mejor tradición hispana y popular, la Constitución, como texto ordenador de la vida social y política, "se acata, pero no se cumple". El sentido libertario e igualitario, como pautas de comportamiento espontáneo han sido desde siempre los valores que, más allá de las formalidades jurídicas, gobiernan el devenir de los venezolanos.

### D. *La palmaria mengua del Estado de Derecho*

Desde antes y a raíz de los sucesos del 11 de abril, cuando se producen asesinatos y lesiones a mansalva de casi 120 opositores bajo el fuego de los "Círculos Bolivarianos" –suerte de Comités Populares de Defensa de la Revolución, promovidos y organizados desde el gobierno–; y, dada la subsiguiente salida fáctica del poder de Hugo Chávez por exigencia de su Fuerza Armada, la Comisión Interamericana de Derechos Humanos da cuenta de toda la absurda y dramática realidad que hoy vive Venezuela: poco apreciada o entendida en sus dimensiones fuera del escenario nacional. El texto de su Informe es revelador y concluyente:

4. La CIDH manifestó su preocupación por la polarización de la sociedad venezolana que tuvo su más trágica y grave expresión en los hechos de abril. 5. Con relación a la Constitución, la CIDH valoró un número importante de disposiciones innovadoras... 6. La CIDH agregó que, sin perjuicio de esas reformas, la Constitución incluye diversos elementos que pueden dificultar la vigencia efectiva del Estado de Derecho. El engranaje constitucional no prevé, en supuestos importantes, mecanismos de pesos y contrapesos como forma de controlar el ejercicio del poder público y garantizar la vigencia de los derechos humanos. Las principales facultades legislativas fueron derivadas bajo un régimen habilitante al Poder Ejecutivo sin límites definidos para el ejercicio de la misma...62. La principal fuente de legitimación democrática es la otorgada por la voluntad popular expresada en elecciones libres, periódicas y universales. Sin perjuicio de ello, las elecciones por sí mismas no constituyen elementos suficientes para asegurar una plena vigencia de la democracia.... 63. Si bien las elecciones periódicas constituyen elementos necesarios, pero no suficientes de la democracia, nada justifica la ruptura constitucional...66. La CIDH considera que la falta de independencia del Poder Judicial, las limitaciones a la libertad de expresión, el estado deliberativo en

que se encuentran las Fuerzas Armadas, el grado extremo de polarización de la sociedad, el accionar de grupos de exterminio, la poca credibilidad de las instituciones de control debido a la incertidumbre sobre la constitucionalidad de su designación y la parcialidad de sus actuaciones, la falta de coordinación entre las fuerzas de seguridad, representan una clara debilidad de los pilares fundamentales para la existencia del Estado de Derecho en un sistema democrático en los términos de la Convención Americana y de la Carta Democrática Interamericana. Por ello, la Comisión urge al fortalecimiento del Estado de Derecho en Venezuela con la mayor brevedad posible".

Es sólo bajo la presión de una verdad incontenible: el masivo despertar de la conciencia colectiva sobre la reducción de los espacios de libertad y de la convivencia pacífica en Venezuela y la inminencia de una violenta ebullición popular, que los actores nacionales e internacionales y los medios de comunicación social toman nota de la lista inagotable de las desviaciones antidemocráticas que hacen cuerpo durante el mandato de Chávez. Y hoy buscan explicar hacia el exterior, quizá con algo de retardo y sin memoria exacta sobre los acontecimientos de los últimos 4 años, los más recientes "golpes constitucionales" ejecutados por el régimen: la orden de militarización de la capital venezolana, sin mediar un "estado constitucional de excepción" y afectando las propiedades inmobiliarias de los extranjeros; la intervención militar de los fueros policiales municipales de Caracas; la destitución por una mayoría simple del oficialismo en la Asamblea Nacional –bajo petición pública del mismo Chávez– del Vice Presidente del Tribunal Supremo de Justicia; la transmisión, a través del canal del Estado, de conversaciones telefónicas privadas de distintos líderes de la oposición; la instrucción de Chávez a los Comandantes militares, para que no acaten ninguna orden judicial que contravenga sus dictados presidenciales; la orden dada por la Superintendencia de Bancos a todas las instituciones financieras privadas, sin mediación judicial, para que entreguen a la policía política (DISIP) toda la información relacionada con bienes y operaciones financieras de los dirigentes de la oposición; en fin, el asalto por los Círculos Bolivarianos, bajo los auspicios directos del Ministerio del Interior y de Justicia, de todas las instalaciones de las emisoras privadas de radio y televisión, algunas de las cuales fueron destruidas.

E.  *El fraude de la democracia social*

La razón de fondo de la incomodidad social opositora, militante y mayoritaria contra el régimen de Chávez nace, en esencia, de la circunstancia antes anotada: la contradicción insalvable que se da y existe entre la cultura de la confrontación y de la aniquilación de los adversarios, que es propia del Presidente dada su formación militar, y la cultura del diálogo y de los consensos, que prende en el espíritu democrático del pueblo venezolano durante el último medio siglo. Y ha sido la ausencia de contrapesos institucionales internos, dada la adhesión –todavía presente– de los poderes públicos constituidos, al actual mandatario, la que impide la canalización democrática de la diatriba y del conflicto político atizando la polarización y la violencia.

Los intentos de Chávez para imponer por la vía de los hechos, sin mediar consultas con los distintos sectores nacionales y sin respeto por las minorías, su proyecto de "revolución bolivariana": que reconoce estar inspirada en los modelos cubano y libio y que no se encuentra mencionada en ninguna línea del texto constitucional, están en el origen de su desencuentro con todas y cada una de las organizaciones sociales del país. Éstas son señaladas por el propio Presidente y ante sus seguidores como "contrarrevolucionarias" y sus dirigentes tachados de enemigos del pueblo. Han sido calificados como "objetivos" de la acción popular revolucionaria y, más luego, de "golpistas" y "fascistas".

En la lista de sus "enemigos" el Presidente suma, sin solución de continuidad, a sus propios compañeros de la aventura golpista del 4 de febrero de 1992; a quien fuera su mentor político y organizador del "proceso", Luis Miquilena; y también a la Primera Dama de la República, de quien se separa. Luego siguen "todos" los medios privados de comunicación social y sus periodistas; la Iglesia Católica; el sector empresarial; las organizaciones sindicales; el movimiento universitario; los trabajadores petroleros; los viejos y a los nuevos partidos políticos; las organizaciones no gubernamentales; los gobernadores y los alcaldes no electos en las planchas de su movimiento V República.

Mas, lo grave de tal decurso es que en el plano de las expectativas nacionales que despierta su mandato: la sanción ejemplar de los hechos de corrupción administrativa y la redistribución más equitativa de la riqueza, éstas terminan en una dramática frustración colectiva y sin precedentes históricos.

No hay una sola actuación ejecutada por el Gobierno o por los poderes contralores en el curso de los últimos 4 años, que den cuenta de una firme voluntad de lucha contra la corrupción. Son innumerables y muy graves las denuncias que cursan al respecto: el peculado dentro Plan Cívico-Militar Bolívar 2000; la disposición indebida de recursos del FIEM; la recepción de fondos ilícitos para la campaña electoral; los suministros irregulares de cooperación con Cuba; la asignación ilegal de los bonos de la deuda pública; la sustracción para tareas de proselitismo político de recursos del tesoro etc.). Y, en el plano de los símbolos pedagógicos, la acusación que hace Chávez sobre los regímenes pasados por el uso de aviones oficiales y la falta de austeridad en el gasto público, que deriva en la inconveniente adquisición por éste de un moderno y lujoso avión presidencial, en un tiempo signado por la contracción económica y el incremento exponencial de la pobreza.

El país revela índices manejables en el plano macroeconómico (deuda externa dentro de niveles manejables; reservas internacionales prudentes: 14.931 MM US$; exportaciones petroleras a precios remunerativos: la cesta venezolana se estima en 24,86 US$; ingresos fiscales durante los últimos 3 años por más de 100.000 MM US$) que, sin ser óptimos, en mucho se distancian de los índices negativos que caracterizan a la mayoría de las economías medias latinoamericanas.

Sin embargo, el panorama económico y social interno de Venezuela es desolador. Se encuentra dominado por desequilibrios peligrosos: son suspendidos desde los inicios del régimen los programas sociales vigentes y se ha dado, en línea contraria, un crecimiento exponencial y sin precedentes de la deuda pública interna: desde 2.5 hasta 10.5 billones de bolívares. Ha sido sostenida la devaluación de la moneda: más de 100% en el trienio, y la caída paulatina de las reservas; el déficit fiscal es de 4% y la inflación se represa artificialmente y estima en casi un 40 %; con un desempleo ponderado en 22 %, equivalente al tercio de la población activa.

Se incrementan los pobres en una cifra de casi 2.000.000 durante el curso de los tres últimos años; se reduce el poder adquisitivo del venezolano durante 1999-2001, entre un 10 y un 12%. Además, el porcentaje de los habitantes que subsiste con menos de un dólar al día pasa del 18,7% al 23%, y el 47% vive con menos de 2 dólares diarios. La migración de capitales hacia el exterior es creciente; el 50 % de la población infantil sufre de algún tipo de anemia; hay, en fin, una caída del PBI real entre 6 y 6.5%, con tasas de interés activa dentro del sistema financiero que oscilan entre 32 al 50%.

Así las cosas, el gobierno que conduce Hugo Chávez, antes que un Gobierno de izquierda progresista y comprometido con las clases más necesitadas, no ha sido otra cosa que un régimen ineficaz, populista, dominado en su estructura gerencial por militares en actividad o en retiro y quienes, por obra de sus divisiones y contradicciones internas, se fracturan en dos bloques dominantes: uno en el Gobierno y otro insurgente, sin armas y con micrófonos, que tiene presencia en la Plaza Francia de la capital venezolana.

F. *La OEA y las dictaduras del siglo XXI*

La Carta Democrática Interamericana, aprobada por los Estados miembros de la OEA el 11 de septiembre de 2001, señala un cambio de rumbo en la percepción que de la democracia y su ejercicio se ha tenido en el hemisferio. Superado el antagonismo entre las viejas dictaduras y los gobiernos electos por el pueblo, la región advierte una nueva y más perversa amenaza para la vigencia de la democracia representativa.

De cara a la experiencia de Fujimori en el Perú, los Jefes de Estado y de Gobierno del continente reunidos en la Cumbre de las Américas en Quebec (2001), hacen saber que la legitimidad de origen, vale decir, la elección popular de los gobernantes era y sigue siendo la condición básica del ejercicio democrático. Empero, puede dejar de ser suficiente si los gobiernos nacidos de la voluntad popular pierden la legitimidad de desempeño. La democracia deja de ser así, a la luz de la mencionada Carta, una mera técnica o forma de gobierno y se transforma en derecho de los pueblos y en exigencia ética de la vida social y política.

De acuerdo con los predicados de la Carta, pues, hoy se le observa a Chávez no haber respondido a la exigencia de su "desempeño" democrático. La impunidad reinante acerca de los hechos criminales del 11 de abril y de los que se repitieron el último 6 de diciembre en la Plaza Francia de Caracas, con un saldo de tres muertos y una veintena de heridos en las filas de la oposición, evidencia su irrespeto sistemático de los derechos humanos y las libertades fundamentales; la omisión de las diligencias conducentes a la sanción de tales violaciones, por parte del Fiscal General y del Defensor del Pueblo, muestran la señalada subordinación de éstos a los dictados del régimen, con menosprecio del principio de separación de los poderes públicos; el reciente asalto a los medios de comunicación por bandas callejeras, siguiendo las órdenes públicas que da el Ministro del Interior, hace cierta y una vez más la falta de garantía para la libertad de expresión y de prensa; el desconocimiento y la obstaculización por el Presidente de la iniciativa popular adoptada por dos millones de venezolanos, para provocar un referéndum consultivo que determine si se le solicita o no su renuncia voluntaria a la Jefatura del Estado, prueba su falta de sometimiento a los dictados de la soberanía popular; la insubordinación de los jefes militares ante toda decisión judicial que contraríe los dictados del Jefe del Estado y por expresa instrucción de éste, revela la ausencia de sometimiento del mundo castrense al Estado de Derecho y a la autoridad civil legítimamente constituida.

En este orden, el establecimiento de una Mesa de Negociaciones y Acuerdos presidida por el Secretario General de la OEA y ex presidente colombiano, César Gaviria, es hoy el mejor mentís frente a la manida tesis de que en Venezuela están confrontando con el gobierno de Chávez sectores golpistas irredentos, fascistas de oficio o empresarios que se niegan a la supuesta pérdida de sus privilegios. Es la demostración incuestionable de que en la hora presente la república carece de contrapesos institucionales que logren decantar, pacíficamente, los desencuentros políticos que son propios de la vida democrática.

Y tanto es así que el pasado 16 de diciembre el Consejo Permanente de la Organización de los Estados Americanos, luego de constatar la evidente y peligrosa polaridad social que hace presa de los venezolanos, reconoce que la Coordinadora Democrática de la oposición cuenta con legitimidad suficiente para discutir y negociar en paridad con el gobierno de Chávez la solución constitucional, democrática, pacífica, y electoral que le ha de poner fin a las graves alteraciones que padece la democracia y el espíritu de convivencia en Venezuela. En consecuencia, ha urgido a las partes para que "en negociaciones de buena fe" alcancen tal solución dentro de la Mesa que cuenta con la facilitación de César Gaviria.

Los golpistas y fascistas que señala Chávez como enemigos de su régimen democrático, a fin de cuentas, hoy sólo piden elecciones anticipadas. En tanto que el ex golpista de otrora se niega a la vía electoral y se aferra, desesperado, a la tesis de su legitimidad de origen; haciéndose eco de los fantasmas de una supuesta conspiración y de los intentos de magnicidio que se fraguarían en su contra.

Es esta, en suma, la verdad nada simple que deben asimilar y ponderar con más aguda perspicacia nuestros amigos y observadores internacionales, en particular quienes, situados en las filas de la izquierda democrática y progresista del europeismo, equivocan sus percepciones acerca de este militar primitivo: Hugo Chávez Frías, quien ha secuestrado en sus manos a una de las democracias de más larga tradición en América y quien apenas es víctima, eso sí, de su narcisismo, de la dramática división de su "partido militar", y de la pérdida escandalosa del extraordinario fervor popular que le lleva a la Presidencia de Venezuela.

Hitler, encaramado sobre la Constitución de Weimar y Mussolini, manipulando el célebre Estatuto Albertino, son vivos ejemplos y testimonios de algunos liderazgos europeos que, habiendo emergido de la emoción y de la adhesión popular, igualmente concluyen haciendo de sus electores las primeras víctimas de la insania dictatorial.

# 5. LA NEGOCIACIÓN INTERNACIONAL DE LA CRISIS DEMOCRÁTICA

17 de enero de 2003

A. *Las preguntas sin respuesta y/o las ideas preconcebidas en la opinión internacional y extranjera*

Distintos estratos de la opinión pública extranjera e internacional se plantean interrogantes varias cuya falta de apropiada, sesgada o incompleta respuesta, les impide reconocer el carácter razonable o confiable de los argumentos ofrecidos por la oposición para reclamar del Teniente Coronel (Ej) Hugo Chávez Frías la aceptación de una fórmula electoral, constitucional, democrática y urgente, que permita ponerle fin anticipado al mandato que le entrega el pueblo, en elecciones libres e igualmente democráticas, a fin de conjurar la severa crisis política y de gobernabilidad que hoy acusa Venezuela.

Si bien el rango de las preocupaciones varía a tenor de las percepciones propias a sus respectivos intereses, estereotipos o juicios de valor, o de sus concepciones particulares acerca de la misma democracia y su ejercicio, sus apreciaciones parten de algunas ideas preconcebidas, a saber:

a. Hugo Chávez tiene una legitimidad de origen indiscutible. Mal puede aceptarse, entonces, que el descontento con su gestión o la fuerza creciente de la oposición a su Gobierno, sean suficientes para permitir la ruptura anticipada del mandato constitucional a término que le fuera confiado por el pueblo.

b. Las acusaciones que se le formulan, tildándolo de tirano, de dictador o de enemigo de las libertades democráticas, no encuentran soporte en la realidad. Antes bien, más allá de los antagonismos y del fragor de la controversia, no existen en el país presos políticos ni campos de concentración, y los medios de comunicación dirigen críticas muy duras contra el Jefe del Estado sin que hasta el momento hayan sido objeto de medidas reales de censura.

c. Las instituciones democráticas operan con regularidad en Venezuela, ya que, aun cuando la Asamblea Nacional cuenta con una mayoría oficialista: lo que no es incompatible con la democracia, tal mayoría es crítica y eventualmente podría desplazarse en beneficio de la oposición. A su vez, el Tribunal Supremo de Justicia ha fallado unas veces a favor del Gobierno y otras en su contra.

d. La oposición, hoy dirigida por los sectores sindical y empresarial y los medios de comunicación social, por el contrario, quedan comprometidos en su legitimidad como actores democráticos luego de los sucesos del 11 de abril de 2002 y a propósito del fallido golpe de Estado contra el Presidente Chávez.

e. Es inadmisible, de acuerdo con las reglas comunes de la democracia, que oficiales de la Fuerza Armada, a saber, aquellos que directamente estuvieron involucrados con los sucesos señalados del 11 de abril, mantengan una postura de militancia política abierta en contra del gobierno constitucionalmente establecido y en activa relación con los dirigentes de la oposición civil.

f. La oposición al margen de su fuerza movilizadora carece de un liderazgo visible, que pueda ofrecer confianza a los gobiernos extranjeros, y también son desconocidas sus propuestas de política alternativas, que permitan saber con cierto grado de certidumbre lo que pueda ocurrir después de una eventual salida de Chávez del ejercicio del poder.

g. La militancia de oposición que ejercen los medios de comunicación social, en especial las estaciones de televisión, plantea una severa distorsión en el papel mediador que les corresponde y al ocupar éstos, en la práctica, el espacio de los partidos políticos en la democracia.

h. El paro nacional en marcha, la presión que realizan los distintos actores de la oposición para obligar a Chávez a su salida del poder y la insistencia en la realización de un referéndum consultivo, carecen de todo sentido visto que a distancia de muy pocos meses será posible realizar un referéndum revocatorio del mandato presidencial.

i. Finalmente, la paralización de la industria petrolera peca de irresponsable por autodestructiva de todas las posibilidades de recuperación de la vida económica y social del país, sea en manos del Gobierno, sea en manos de la oposición como su eventual sucesora.

B. *Errores de comunicación y fallas de percepción recíproca entre la opinión internacional y la oposición*

En su relación con la opinión pública internacional y con los gobiernos extranjeros la oposición ha incurrido en ciertos errores comunicacionales, de representatividad, y de adecuada compresión del entorno, que le impiden captar la óptica o perspectiva a partir de la cual aquéllos la juzgan, haciéndosele más compleja la tarea de convencer sobre la bondad de sus prédicas. La misma, de modo particular:

a. Cree, equivocadamente, que Venezuela tiene una importancia crucial para el mundo; siendo que, para el extranjero, sólo destaca por tres referencias simplificadoras o triviales: petróleo, corrupción, concursos de belleza. Entre tanto y en relación con el tema de Chávez, lo cierto es que, así como a los americanos más les preocupa la certidumbre del "día después", los europeos reparan ora en la perspectiva de sus intereses globales: léase relación de competitividad histórica frente a los Estados Unidos, ora en la preservación del status quo democrático.

b. Afirma que, así como Chávez fracasa en 1992 hoy también está fracasando de un modo estruendoso en la conducción del país, sin darse cuenta que ha tenido éxito en la correcta ejecución de su proyecto de revolución sin presos ni torturados; al margen de que los sectores democráticos tradicionales no lo compartan como modelo y lo puedan resentir, legítimamente, por ser contrario a sus intereses o a sus particulares convicciones acerca de la libertad.

c. Insiste, al explicar sus argumentos como oposición, más en la propaganda o en la visión proselitista que en el suministro de información objetiva sobre la realidad de la crisis política e institucional corriente y de sus elementos.

d. No se ocupa en despejar el peso de su mala imagen, visto que sigue siendo apreciada como directa responsable de las circunstancias que dan origen al fenómeno político de Hugo Chávez.

C. *Legitimidad de origen vs. legitimidad de desempeño democrático*

Hugo Chávez Frías tiene, como Presidente de Venezuela, una legitimidad de origen indiscutible, producto de la elección que realizada en 1998 lo lleva al poder y de su posterior relegitimación una vez aprobada la Constitución de 1999. Pero inaugura su mandato violentando abierta y descaradamente las reglas del orden constitucional que le permite conquistar el poder; y, en vísperas de hacerse pública la nueva y mencionada Constitución, sus seguidores en la Asamblea Nacional Constituyente clausuran todos los poderes públicos constituidos y los ocupan, de hecho, con sus adeptos.

Por lo demás, hasta ahora ha ejercido su mandato de espaldas y en abierta contraposición sistemática a las reglas de la misma Constitución de 1999: su obra magna.

En todo caso, la anotada defensa de las mayorías que, en el decir del Gobierno, aún le estarían respaldando frente a un grupo minoritario oposición golpista, carece de sustento en la actualidad. En sus momentos más estelares (su elección y posterior relegitimación, desde diciembre de 1998 hasta julio de 2000) el prestigio de Chávez baja de 35% al 29% del padrón electoral, siendo que la mayor cuota del diferencial entre el 65 % y 71% la representa la abstención. Y ello explica, justamente, su resistencia manifiesta a cualquier opción "electoral" que le dé una solución de fondo a la crisis venezolana.

Mal puede afirmarse, en efecto, cuatro años después y en medio de la severa crisis de gobernabilidad presente y actuante, que la legitimidad de origen de Chávez se mantiene sin grave menoscabo. Y tanto es así que, luego de haber defendido retóricamente las ideas de participación activa y de primacía de la soberanía popular sobre el poder formal constituido (recuérdese que usa de estas armas para convocar a la Asamblea Nacional Constituyente y también para revocarle el mandato a los dirigentes sindicales venezolanos), hoy se niega e impide cualquier fórmula electoral que mida la popularidad de su gobierno.

En todo caso, si se tratase de un mero debate acerca de la legitimidad de origen presidencial, cierto es que la sola impopularidad del gobierno –en la mayoría de las democracias representativas de Occidente– no es argumento para reclamar su cambio o renovación anticipada. Pero, dos observaciones muy importantes valen al respecto: Una, que en Venezuela y de acuerdo a su Constitución los mandatos otorgados por la soberanía no son impermeables y de plazo fatal: las reglas constitucionales propiciadas por el mismo Chávez son las que le abren camino al reclamo popular legítimo de su salida anticipada del Gobierno. Otra, planteada como interrogante: ¿Por qué los gobiernos democráticos anteriores, algunos de los cuales cuentan con índices muy precarios de aprecio político, no son víctimas en su momento de una exigencia como la presentada a Chávez de manera tan militante y crucial por casi el 80% de la población?

No debemos olvidar, en este orden, que un país ya acostumbrado a la alternabilidad quinquenal de sus presidentes, esta vez confronta con un mandatario que ingresando en su quinto año de Gobierno y por manipulaciones de orden constitucional promovidas a su instancia ha estado alargando dicho término hasta transformarlo en un período gubernamental de casi 9 años. Peor aún, siendo potencial beneficiario de una única y eventual reelección, por un período adicional de siete (7) años, lo cierto es que Chávez no deja de declarar públicamente que no abandonará la presidencia hasta el año 2021.

## D. *La CIDH y la crisis de gobernabilidad en Venezuela*

La crisis venezolana de gobernabilidad y la manifiesta incapacidad en el Gobierno de Chávez para contenerla objetivamente, no son el producto de una ilusión óptica de la oposición en Venezuela.

Tal y como lo pone de manifiesto desde antes y a raíz de los sucesos del 11 de abril la Comisión Interamericana de Derechos Humanos de la OEA, son patéticas las deficiencias democráticas de nuestra actual Constitución y las debilidades que se han hecho presentes en los pilares que asegurarían la existencia del Estado de Derecho.[20] Tanto es así que el citado organismo regional vuelve a pronunciarse, en diciembre pasado, sobre la indiscutible crisis venezolana y acerca del grave cuestionamiento de la legitimidad de origen de los poderes del Estado que habrían de servir de equilibrio y de contrapesos a su sistema democrático (Tribunal Supremo de Justicia y Poder Ciudadano: Defensoría del Pueblo, Fiscalía y Contraloría Generales de la República).[21] Los términos del comunicado en cuestión no dejan lugar para las dudas:

"La Comisión Interamericana de Derechos Humanos urge a los Estados miembros de la OEA a tomar acciones inmediatas para detener el progresivo deterioro del Estado de Derecho en Venezuela.

(...) En la actualidad, la Comisión observa con extrema preocupación el agravamiento de la crisis en Venezuela, caracterizada por la violencia, la intolerancia y por una desconfianza generalizada en las instituciones del Estado.

Durante su visita a Venezuela en mayo del presente año, la CIDH observó que la falta de independencia del Poder Judicial, las limitaciones a la libertad de expresión, el estado deliberativo en que se encuentran las Fuerzas Armadas, el grado extremo de polarización de la sociedad, el accionar de grupos de exterminio, la poca credibilidad de las instituciones de control debido a la incertidumbre sobre la consti-

---

[20]   Véase, CIDH, Comunicado de Prensa 23/02 del 10 de mayo del 2002, en lo particular su párrafo 66 conclusivo.

[21]   CIDH, Comunicado de Prensa N° 47/02, 12 de diciembre de 2002.

tucionalidad de su designación y la parcialidad de sus actuaciones, la falta de coordinación entre las fuerzas de seguridad, representaban una clara debilidad de los pilares fundamentales para la existencia del Estado de Derecho en un sistema democrático en los términos de la Convención Americana sobre Derechos Humanos y de la Carta Democrática Interamericana".

E. *La democracia de desempeño según la Carta Democrática Interamericana*

No debe olvidarse, a propósito de la crisis política venezolana y del juicio de valor que merece el gobierno de Chávez, que la Carta Democrática Interamericana aprobada por los Estados miembros de la OEA el 11 de septiembre de 2001 y cuestionada de modo sostenido por el mismo Presidente venezolano, señala un cambio de rumbo en la percepción que de la democracia representativa y su ejercicio se ha tenido en el hemisferio. Superado el antagonismo entre las viejas dictaduras y los gobiernos electos por el pueblo, la región advierte una nueva y más perversa amenaza para la vigencia de la democracia representativa

De cara a la experiencia de Fujimori en el Perú, los Jefes de Estado y de Gobierno del continente reunidos en la Cumbre de las Américas en Quebec (2001), hacen saber que la legitimidad de origen, vale decir, la elección popular de los gobernantes es y seguirá siendo la condición básica del ejercicio democrático. Empero, puede dejar de ser suficiente si los gobiernos nacidos de la voluntad popular pierden la legitimidad de desempeño. La democracia deja de ser así, a la luz de la mencionada Carta, una mera técnica o forma de gobierno y se transforma en derecho de los pueblos y en exigencia ética de la vida social y política.

Indicios muy recientes, que siguen a las sistemáticas "alteraciones constitucionales" habidas durante todo el ejercicio gubernamental de Chávez, muestran como la falla en la democracia de ejercicio y su clara involución hacia formas autoritarias son manifiestas en su Gobierno:

1. No ha dado cumplimiento a las medidas cautelares adoptadas por la Comisión Interamericana de Derechos Humanos para proteger el derecho a la vida e integridad personal de

periodistas y de defensores de derechos humanos; aparte de acusar a los miembros de dicha Comisión como golpistas e impedir la visita de verificación in loco que éstos plantean desde mayo del año pasado.

2. Pide públicamente a la Fuerza Armada no acatar las decisiones emanadas del Poder Judicial que pudiesen contrariar sus dictados como Jefe del Estado.

3. Decreta como zonas de seguridad militar, restringiendo los derechos a la manifestación, al libre tránsito, y a la propiedad, extensas áreas de la capital de la República.

4. Insta públicamente a sus seguidores en la Asamblea Nacional a que investigasen las actuaciones de los magistrados del Tribunal Supremo quienes, en decisión de mayoría, declaran que no es procedente el enjuiciamiento por "rebelión militar" de los militares insurgentes el 11 de abril. Y, acto seguido, la Asamblea procede a destituir, por mayoría simple y contraviniendo a la misma Constitución, al magistrado ponente de la sentencia in comento y Vice Presidente del máximo tribunal.

5. El Ministro del Interior y de Justicia ordena públicamente a los Círculos Bolivarianos salir a la calle y tomar de hecho las instalaciones de todos los medios de televisión y radio privados en el país, algunos de los cuales son destruidos.

6. La agencia gubernamental de supervisión de los bancos y demás entidades financieras (SUDEBAN) ordena a los mismos, sin mediación judicial, el suministro de toda la información relacionada con las cuentas o activos de los dirigentes de la oposición y su entrega a la policía política (DISIP).

7. La Fuerza Armada procede al desarme de la Policía Metropolitana adscrita a la Alcaldía Mayor de Caracas, impidiéndole toda tarea de resguardo a la seguridad personal y de los bienes ciudadanos; ello, dentro de un contexto en el que la violencia de calle ejercida por los llamados Círculos Bolivarianos –promovidos y organizados por el gobierno e integrados por militantes del partido oficial– se ejecuta sin límites ni obstáculos y en contra de cualquier manifestación o disidencia democrática en contra del régimen.

8. Por último, de concierto con la Sala Constitucional del Tribunal Supremo de Justicia, el Presidente, a propósito del paro nacional y petrolero, ha hecho valer un decreto de estado de excepción y de suspensión de garantías constitucionales sin mediar consulta a la Asamblea Nacional ni notificación a la OEA y a la ONU, obviando así el control que dichos órganos deben realizar de la ejecución de las medidas extraordinarias y de emergencia respectivas.[22]

No huelga recordar, en este orden, que el presidente Chávez asume de manera regular y desde los inicios de su mandato, apoyado en habilitaciones recibidas de la Asamblea Nacional, las funciones legislativas ordinarias en el país: tanto que ha sancionado hasta el presente y mediante Decretos casi un centenar de leyes, sin siquiera cumplir con la exigencia constitucional y legal de la consulta ciudadana y, según los casos, al mismo Tribunal Supremo; todas las cuales afectan las más variadas actividades del país e incluso determinadas de ellas restringen derechos ciudadanos específicos.

F.  *Democracia militarizada*

La presencia activa de militares, a la manera de árbitros de la vida democrática venezolana es el producto de una inevitable desviación constitucional que tiene su origen en el modelo ideológico impuesto por Hugo Chávez Frías, bajo la orientación del politólogo argentino Ernesto Ceresole.

Chávez nunca deja de sostener como premisa de su llamada "revolución bolivariana" la necesidad de un esquema de relación política y social resultado de la combinación dinámica: Líder /Ejército/Pueblo.

La Constitución de 1999, por consiguiente, otorga el voto a los miembros del estamento militar, elimina la prohibición de deliberar que pesaba sobre éstos en la Constitución de 1961, le confiere a los oficiales Generales y Almirantes el privilegio del antejuicio de

---

[22]  Véanse, medida cautelar adoptada por la Sala Constitucional del TSJ el 19-12-2002 y el Decreto presidencial N° 2172 del 8-12-2002.

mérito ante el Tribunal Supremo y, al incorporar como parte de su dogmática y de su expresión orgánica un Título sobre la Seguridad de la Nación, consagra el principio de la corresponsabilidad cívico-militar en la realización de ésta: que incluye como supuestos todas las variables de la vida económica, social, política, cultural, geográfica, ambiental y militar de la nación (independencia, democracia, igualdad, paz, libertad, justicia, conservación ambiental, desarrollo sustentable, derechos humanos, etc.)

Se trata de una gravosa carga, producto del "modelo" Chávez y no una desviación antidemocrática nacida del seno de la oposición. Antes bien, ésta maneja una realidad contaminada –v.g. la insurgencia "cívica" de los militares de la Plaza Francia– y que se explica, dicho en términos coloquiales, en la división sobrevenida dentro del "partido militar" que ha intentado construir el Presidente y como soporte de su revolución bolivariana.

La muestra más emblemática de esta distorsión es la presencia dominante y generalizada, casi constante, de los militares –en actividad y pensionados– en los cuadros más sensibles de la administración del Estado y del Gobierno, en sus áreas de legislación, política interior, exterior, finanzas, servicios, industrias básicas, asistencia social, policía política (Jefatura del Estado; Poder Legislativo; Gobernaciones de Estado; Ministerios del Interior, de Relaciones Exteriores, de Infraestructura; Secretaría de la Presidencia; Oficina Central de Presupuesto; CITGO (Estados Unidos); CVG; Fondo Único Social, etc.)

G. *Tripartita y legitimidad internacional de la Coordinadora Democrática*

La creación de un mecanismo tripartito de facilitación aceptado por el Gobierno de Venezuela e integrado la Organización de los Estados Americanos, el Programa de las Naciones Unidas para el Desarrollo (PNUD) y el Centro Carter, amén del subsiguiente establecimiento de la Mesa de Negociaciones y Acuerdos que conduce el Secretario General de la OEA, César Gaviria, prueban de manera suficiente que la actual crisis política y de gobernabilidad que acusa el país no se explica, como lo sostiene el gobierno de Chávez, en la supuesta confrontación que éste conduce contra sectores golpistas antidemocráticos.

Se trata, en efecto, una verdadera crisis de gobernabilidad y de falta de instituciones apropiadas para resolverla.

Mal puede la OEA, en efecto, ser la facilitadora de negociaciones entre golpistas y un gobierno democráticamente constituido; por el contrario, su gestión supone, de un modo indiscutible, la existencia de alteraciones graves o estructurales dentro de nuestro sistema democrático y en el funcionamiento regular del Estado de Derecho; que comprometen severamente la paz interior, y que deben ser resueltas democráticamente, por vía electoral, entre todos los actores nacionales (Gobierno y Coordinadora Democrática) y como partes democráticamente legitimadas dentro de la citada Mesa de Negociaciones y Acuerdos.

Distinto es que, en el amplio espectro de la oposición al régimen, estén presentes algunos actores radicales del mismo modo que el gobierno cuenta con aliados extremistas y violentos (Círculos Bolivarianos), que ninguna estima tienen por los canales democráticos y por la práctica de la tolerancia.

En suma, debe decirse que no pudiese contar la Coordinadora Democrática que reúne a los partidos de la oposición y sectores amplios de la sociedad civil con un reconocimiento internacional si representase o estuviese respaldando iniciativas o actividades al margen de la Constitución o de la Carta Democrática Interamericana.

H. *Unidad de la oposición y liderazgo de la Coordinadora Democrática*

La Coordinadora Democrática cuenta hoy en día con un inédito liderazgo plural y colectivo, que se afirma como tal en la misma medida en que la figura del "gendarme necesario" (léase Hugo Chávez) es percibida como antitética con el clima de libertades y con el ejercicio democrático al cual se acostumbra el venezolano promedio.

El éxito de la Coordinadora Democrática, en medio de sus inevitables errores y omisiones, más propios de la crisis política interna y de su dinámica, puede apreciarse en elementos como los siguientes:

(1) En menos de un año logra conciliar dentro de su seno a las viejas fuerzas políticas con los partidos emergentes y, lo que es más importante, éstos alcanzan integrarse en unidad de propósitos con el plexo de organizaciones empresariales, sindicales, religiosas y no gubernamentales que, desde siempre, han antagonizado contra el llamado sistema de partidos.

(2) Ha sido capaz producir y de conducir las protestas y las marchas populares que han tenido lugar hasta el presente y que implican movilizaciones cuantitativamente y cualitativamente desconocidas en la experiencia política de las Américas.

(3) Obtiene, en tiempo breve, su reconocimiento internacional por parte de la OEA.

(4) Sus acciones de movilización e incluso el efecto provocado por los paros nacionales realizados, muestran la efectividad de su poder de convocatoria y su capacidad para integrar en unidad de propósitos a todos los actores sociales y organizaciones de la vida colectiva de Venezuela.

Por otra parte, plantear la necesidad de una cara única y visible de la oposición, supone un escenario más propio de la normalidad democrática y de un eventual debate de opciones eleccionarias –Chávez vs. su opositor– que en nada se aproxima al origen y a las razones de la crisis general que padece la democracia venezolana y su ejercicio. No se trata, en otras palabras, de una situación de probable y reclamada alternabilidad en razón de un supuesto desencanto de los venezolanos por la ineficacia o incompetencia del actual Presidente.

Por el contrario, el país se debate entre un proyecto que de modo integral supone una regresión totalitaria y la reedición de fórmulas autoritarias superadas –al margen de su carga ideológica– y una lucha mayoritaria del pueblo para salvaguardar, al costo que sea, los espacios de libertad y de democracia conquistados en el curso de varias décadas. Lo que no excluye, en dicha mayoría opositora, la vigencia de su reclamo por la perfectibilidad y mejor representatividad de la misma democracia, en modo tal que incluya, de manera real y cierta, a quienes no han sido beneficiarios de sus conquistas sociales, políticas y económicas en el pasado reciente.

I. *La dificultad de base de la mesa de negociación: Cultura de los consensos vs. revolución (cultura de la confrontación)*

El 16 de diciembre último el Consejo Permanente de la Organización de los Estados Americanos, luego de constatar la evidente y peligrosa polaridad social que ha hecho presa de la vida venezolana; al reconocer que la Coordinadora Democrática de la oposición cuenta con legitimidad suficiente para discutir y negociar en paridad con el Gobierno de Chávez la solución constitucional, democrática, pacífica, y electoral que le debe poner fin a las graves alteraciones que padecen la democracia y el espíritu de convivencia nacional; urge a las partes para que "en negociaciones de buena fe" alcancen tal propósito dentro de la Mesa que cuenta con la facilitación de César Gaviria.[23]

La razón que hasta ahora impide el avance de la Mesa de Negociaciones hacia una conclusión satisfactoria, fundada en la falsa premisa del antagonismo entre dos soluciones distintas a la crisis (referéndum consultivo vs. referéndum revocatorio), no es distinta de la que ha contribuido a la profundización de nuestra actual crisis política y democrática: la contradicción insalvable que se da y existe entre la cultura de la confrontación y de la aniquilación de los adversarios, que es propia en lo material del proyecto de Revolución Bolivariana y en lo personal del origen militar del Presidente, por una parte y, por la otra, la cultura del diálogo y de los consensos que prende en el espíritu democrático del pueblo venezolano durante el último medio siglo.

Los intentos de Chávez para imponer por la vía de los hechos, sin mediar consultas con los distintos sectores nacionales y sin respeto por las minorías democráticas, su proyecto de "revolución": que no se encuentra mencionada en ninguna línea del texto constitucional, explican su desencuentro con todas y cada una de las organizaciones sociales del país. Éstas son señaladas por el propio

---

[23] Resolución 833 del Consejo Permanente de la OEA, de 16 de diciembre de 2002.

Presidente y ante sus seguidores como "contrarrevolucionarias" y sus dirigentes tachados de enemigos del pueblo. Han sido calificados como "objetivos" de la acción popular revolucionaria y, más luego, de "golpistas" y de "fascistas".

De allí que, en la Mesa de Negociaciones y Acuerdos, la estrategia oficial no sea otra que el socavamiento de sus bases y del prestigio del Secretario General de la OEA. Ese es el propósito, justamente, que anima la convocatoria que hace del Consejo Permanente de la OEA el Embajador venezolano durante diciembre del pasado año; luego la solicitud de constitución de un Grupo de Amigos presentada por Chávez al Presidente de Brasil; y más recientemente, el último 16 de enero, la declaración de aquél ante la prensa en Nueva York calificando al Grupo de Amigos recién nacido como algo embrionario e incompleto y acotando, a renglón seguido, que Gaviria no es sino un facilitador a título personal.

Olvida o le da sus espaldas el Presidente venezolano, al decir esto, a la citada Resolución del 16 de diciembre emanada del Consejo Permanente de la OEA, que le otorga soporte formal e institucional a la Mesa, a las partes (Gobierno vs. Coordinadora Democrática) y al Secretario General: fijándole a éste, incluso, potestad para convocar, en caso de dificultades, una Reunión de Consulta de Cancilleres.

### J. La solución constitucional y electoral a la crisis

La exposición de motivos de la vigente Constitución de 1999 no es extraña a la posibilidad de una crisis de gobernabilidad y de severa inflexión en el sistema democrático venezolano; lo que supone, según lo observado, una hipótesis distinta a la mera insatisfacción que puede anidar en el pueblo con relación a sus gobernantes de turno. Para esta última circunstancia el constituyente prevé la figura específica del llamado referéndum revocatorio. Para las otras, por el contrario, abre las vías de la enmienda y de la reforma, constitucionales, así como la convocatoria de una Asamblea Nacional Constituyente.

Por otra parte, es el propio texto constitucional el que consagra las formas varias de referendos (consultivo, sobre materias de especial trascendencia nacional; revocatorio de mandatos; aprobatorio o abrogatorio de leyes) como medios de participación y protagonismo del pueblo, de acuerdo a lo previsto en el artículo 70 y siguientes de la Constitución.

Las crisis democráticas no tienen otra vía para ser resueltas que el ejercicio democrático, en otras palabras, el regreso a la fuente misma de la democracia: la soberanía popular.

El modelo constitucional venezolano, pues, a diferencia de la mayoría de los modelos que rigen en América Latina, parte de la idea de la permeabilidad de los mandatos de gobierno. No están, en efecto, sujetos a un término fatal e inatacable.

El referéndum revocatorio surge, ciertamente, como opción ante los malos gobiernos y la necesidad impuesta por la soberanía de un cambio de rumbo en la gestión pública en curso. La crisis venezolana, sin embargo, aun cuanto tiene como punto de apoyo y origen la persona y la personalidad del Jefe del Estado, se profundiza por la ausencia de mecanismos y de contrapesos institucionales que permitan decantar pacíficamente y sin violencia las severas diferencias que pueden tener lugar dentro del entorno social y político.

La opción del referendo consultivo es concebida por el propio pueblo en ejercicio de un derecho constitucional y como la vía que puede permitir, luego de obtenida la opinión de las grandes mayorías en las urnas, crear un clima de conciencia colectiva acerca de la urgencia de una solución a la crisis; pues, dada su entidad, la polarización severa que hoy acusa la población y su propensión a la violencia, mal admite retrasos en el tiempo. Mejor aún, significa una apelación y una oportunidad dada al propio Presidente para que, en un gesto voluntario –dada su eventual comprensión acerca de la delicada situación venezolana– abra espacios para la renovación de la conducción nacional y el avance hacia los senderos de la paz y de la reconciliación.

El referéndum consultivo, en todo caso, no es un asunto negociable en la mesa de la dirección política del país. Se trata de un derecho humano fundamental que reconoce la Constitución de 1999 y cuyo ejercicio depende y reposa en las manos del pueblo. Los poderes constituidos tienen apenas el deber de hacerlo realidad y garantizarlo.

El referéndum revocatorio, cuya realización en teoría debe hacerse posible luego del mes de agosto del presente año, es igualmente un derecho del pueblo y no una opción que pueda ofrecer el gobierno y que menos pueden negociar las partes en la Mesa facilitada por el Secretario de la OEA. Sin embargo, su validez como opción para superar la crisis venezolana, no resulta pertinente, como lo creemos, por una razón de peso:

No se puede postergar la solución de la crisis, según lo ya dicho, dada su agudización; el mes de agosto es el punto crítico a partir del cual podría instrumentarse la ejecución de dicho referéndum, siendo que, en la práctica, su celebración apenas puede realizarse a finales del año en curso o inicios del venidero.

Dos elementos, además, conspiran contra la eficacia y transparencia de esta opción. Uno, la existencia de una decisión del TSJ que fija como punto medio del período constitucional el mes de enero del año 2004 y no el manido mes de agosto de 2003, tan invocado y promovido por el mismo Presidente. Empero, de tener lugar la revocatoria del mandato presidencial *in comento* sobrevendría una transición ineludible, luego de la cual es que se puede proceder a la convocatoria y posterior realización de las elecciones presidenciales correspondientes; y todo ello posterga la solución de fondo a un término que bien puede llegar a los dos años.

Otro tiene que ver con la prescripción antidemocrática sobre la cual se soporta el referéndum revocatorio del mandato presidencial y que aparece contenida en la Constitución de 1999: redactada por el propio Chávez y aprobada a su medida por la Asamblea Constituyente que controlan sus seguidores.

El proceso electoral referendario le da al Presidente, en efecto, una ventaja inicial equivalente al mismo número de votos que obtiene durante su elección. De modo que, si en la jornada respectiva un número equivalente de votantes decide la revocatoria del mandato de Chávez, en tanto que él obtiene un (1) sólo voto de diferencia, ello le basta para declararse vencedor.

## K. El dilema de los medios de comunicación social

No puede dejar de señalarse que, en Venezuela, los medios de comunicación cumplen sus tareas de información sin límites y los riesgos o amenazas de censura o de sanciones no han cristalizado hasta el presente.

Sin embargo, la tarea periodística, que se realiza actualmente con total libertad no queda libre de peligros y de consecuencias gravosas: Son innumerables los casos de comunicadores sociales quienes han sido víctimas de la violencia (muertos y heridos) por parte de los seguidores del gobierno y también de medios cuyas instalaciones han sido destruidas por éstos. Los casos los conoce a cabalidad la Comisión Interamericana de Derechos Humanos, que dicta medidas cautelares en serie para la protección de periodistas y de medios, sin que el gobierno las haya acatado hasta el presente.

Puede argumentarse, en buena lid, que los medios son víctimas de su incursión o parcialidad en el ámbito político, dentro del clima de fuerte polarización que acusa Venezuela.

Cabe observar al respecto, sin embargo, que la mayoría de los medios de comunicación apoyan o no deciden no confrontar la opción electoral del candidato Chávez en 1998. Los mismos, muy diversos y plurales no están controlados monopólicamente; antes bien pertenecen a fuentes muy variadas del capital privado. Pero, el distanciamiento de éstos con el gobierno, sobreviene una vez como pone en marcha mecanismos distintos para la formalización jurídica de severos controles oficiales sobre la información (Sentencia 1013 de la Sala Constitucional del TSJ, Disposiciones transitorias de la Ley de Telecomunicaciones, proyecto de ley de contenidos, etc.) y al abusar el Presidente de las cadenas televisivas y radiales para fines proselitistas o para agredir a los propios medios y sus editores, hipotecándoles, además, los espacios de tiempo comercial de sus respectivas estaciones.

Por otra parte, en la misma línea de argumentación, si cierto es que los medios ocupan en la coyuntura el espacio natural de las organizaciones políticas, también lo es que los partidos hoy son víctimas de una inflexión muy severa que les impide luchar con certeza y eficiencia en defensa de las libertades democráticas. La

Constitución de 1999 tácitamente los desconoce –tampoco los menciona expresamente– como mecanismos de representación política de la sociedad civil y hasta les proscribe su financiamiento.

Los medios, en suma, participan de una lucha que si es política no es partidaria: los ánima la defensa de un sistema de libertades democráticas amenazado por el Presidente y en defecto del cual, desde todo punto de vista, les es imposible conservar el ejercicio de sus derechos a la libertad de expresión y de información.

L. *Los efectos de la huelga petrolera*

La crisis económica venezolana y su severidad ha sido recurrente durante el mandato de Hugo Chávez, a pesar de haber recibido ingresos fiscales en cantidades que proporcionalmente no tienen comparación histórica. La ineficiente administración de los mismos, los hechos manifiestos de corrupción y de malversación, el gasto ostentoso que evidencian los altos funcionarios comenzando por el Presidente, así como la utilización sistemática de recursos del tesoro para tareas de propaganda interna e internacional acerca de la "revolución", ha sido una constante. La inflación, la devaluación, la caída del producto interno bruto, la desinversión, la migración de capitales nacionales al extranjero y la reducción drástica de la inversión extranjera, revelan, durante el curso de los últimos 4 años, índices sostenidos y escandalosos.

La crisis económica actual, pues, no deriva de la huelga petrolera, aun cuando sus efectos vayan a incidir negativamente en los esfuerzos que deberán realizarse, a corto plazo, para revertir los índices desfavorables enunciados.

Lo cierto es que la industria petrolera venezolana alcanzó niveles de excelencia incomparables en las décadas precedentes a Chávez; mantuvo continuidad gestionaría bajo el criterio de la meritocracia y con independencia del signo político de los Gobiernos: las reservas se quintuplicaron, las refinerías se modernizaron y se ajustaron a los patrones ecológicos contemporáneos, se realizaron inversiones en refinación y en distribución dentro de Europa y Estados Unidos a objeto de expandir el negocio dadas sus características transnacionales, y se le dio un impulso sin precedentes a la apertura hacia los capitales extranjeros y en actividades aguas abajo.

Por el contrario, Chávez, bajo el falso supuesto de que los costos operativos de PDVSA son exagerados –siendo que son comparativamente bajos y a nivel mundial– redujo dramáticamente los planes de inversión en la industria, ha sido líder de los recortes de la producción petrolera en el seno de la OPEP, y ha sometido a la empresa matriz y sus filiales a rutinarios cambios en sus directivas y cuadros gerenciales contaminándolas con propósitos políticos y exigiéndoles su apoyo material al proyecto de "revolución".

En suma, PDVSA dejo de ser un productor y abastecedor seguro y confiable de petróleo, con riesgo evidente de pérdida de los mercados internacionales que conquistó eficientemente en el pasado.

M. *Una mirada hacia el futuro*

Las fuerzas de oposición integradas en la Coordinadora Democrática siguen insistiendo en una salida pacífica, democrática, constitucional y electoral a la crisis de gobernabilidad que vive Venezuela. Se trata de una circunstancia inevitable que condiciona a la acción opositora y que mal puede obviarse, bajo el equívoco supuesto de que en el país tiene lugar una jornada democrática en la que luchan gobierno y oposición por la alternabilidad, dentro de un clima de estabilidad institucional y de plena vigencia de las libertades democráticas.

Sin embargo, la oposición está consciente de que no puede dar un salto al vacío; debe con sus acciones impedir hacia el futuro la reedición en signo contrario de las expresiones de intolerancia y de autoritarismo que signan al actual régimen; y, lo que es más importante, debe ganarse la confianza y dar satisfacción e inmediata respuesta a las angustias legítimas de esas amplias capas de la población que, viéndose excluidas del proceso de modernización que transitó Venezuela durante las últimas décadas, creyeron de buena fe en Chávez y tropezaron una vez más con la frustración de sus esperanzas.

En el diseño, pues, de las prioridades políticas hacia el inmediato futuro vienen trabajando desde la oposición y con sostenida dedicación las distintas organizaciones no gubernamentales, empresarios, actores sociales, calificados profesionales, así como los más diversos partidos políticos que se suman en la Coordinadora Democrática. Es emblemático dentro de las iniciativas mencionadas el llamado "Acuerdo social para superar la pobreza y el desarrollo", promovido y dirigido desde la Universidad Católica Andrés Bello.

En el ámbito social y económico se aprecia como idea central y rectora la lucha contra la pobreza y en favor de la inclusión social: por vía de la expansión en el empleo y, de modo especial, mediante la inserción educativa acelerada; disminuyendo las formas indignas del asistencialismo junto al necesario fortalecimiento y expansión de los programas sociales. Y, en cuanto al Estado, se juzga indispensable reorientar sus funciones básicas hacia los servicios (salud, educación, seguridad personal), con apoyo de la iniciativa privada y la utilización, en cuanto corresponda, de los mecanismos de autonomía gestionaría; y haciendo de aquél, además, un promotor activo y eficaz de la seguridad social. Ello, por consiguiente, reclamará de una renegociación y reorientación de los recursos asignados a los programas multilaterales de financiamiento al desarrollo y una clara apertura hacia las inversiones privadas nacionales y extranjeras en las áreas de la producción y el comercio.

En el ámbito político, por otra parte, desde ya se juzgan como necesarias medidas que contribuyan a fortalecer los equilibrios democráticos y el sistema de controles y de contrapesos entre los poderes públicos, a objeto de cerrarle el paso a las desviaciones autoritarias y fortalecer las garantías de los derechos de la persona humana: como la reducción del período del mandato presidencial, de los gobernadores y alcaldes; la reelección por una vez y la doble vuelta electoral; el regreso de la Fuerza Armada a su concepto de cuerpo profesional, apolítico y no deliberante; la designación, con estrecho apego a las normas constitucionales sobre participación ciudadana, de nuevos magistrados y titulares del Tribunal Supremo de Justicia y del Poder Ciudadano; el eventual restablecimiento del sistema parlamentario bicameral; el fortalecimiento de las autoridades regionales y municipales, entre otras.

## 6. EL ACUERDO DE 29 DE MAYO Y LAS BASES PARA UNA PAZ SOSTENIBLE EN VENEZUELA

18 de agosto de 2003

La firma, el último 29 de mayo y con fundamento en la Resolución 833 del Consejo Permanente de la OEA, de un Acuerdo entre el Gobierno de la República Bolivariana de Venezuela y los sectores de la oposición representados en la denominada Coordinadora Democrática, a objeto de que el país como un todo se aviniese sobre una fórmula constitucional, electoral, democrática y pacífica que, finalmente, ponga término a la severa crisis de gobernabilidad que ha hecho presa del mismo y arriesga el supremo bien de su paz interna, postula tres premisas sin discusión.

A. *Las premisas*

Ellas, más allá de los credos de las partes, explican y justifican dicho acuerdo y el dato de su facilitación internacional: Una, la realidad de que la paz en Venezuela está urgida de fortalecimiento; dos, la presencia y polarización de fuerzas políticas y sociales que –teniendo ambas origen democrático– antagonizan sin reconocerse la una a la otra; y tres, la evidente incapacidad de las instituciones constitucionales venezolanas para canalizar y dirimir por sí solas los conflictos naturales a toda organización social en movimiento.

En el curso de los últimos 4 años y medio, tiempo del ejercicio presidencial del Teniente Coronel (Ejército) Hugo Chávez Frías, el índice de homicidios debidos a la violencia criminal –y que, junto a otros hechos delictivos, paulatinamente asume matices políticos– creció en el país desde un número aproximado de 4.500 hasta casi 10.000 por año; en el marco de una población de 23 millones de habitantes.

A su vez, el desempleo pasó de una cifra estimada en 11.5 hasta un 23 por ciento; situándose el 51 por ciento de la población laboral activa en el sector de la economía informal.

Junto a la progresiva "militarización" de los cuadros administrativos del Estado [aparte del Presidente, varios de sus ministros clave y colaboradores de mayor confianza son oficiales activos o retirados de la Fuerza Armada, incluido el propio Presidente de la Asamblea Nacional], el Gobierno, animado unas veces por una cultura castrense que es la antítesis del diálogo y de la concertación democráticas y otras por la regla según la cual la mayoría: "la mitad más uno, puede negarle sus derechos a la mitad menos uno de los ciudadanos", ha puesto en marcha un "proceso" que llama "revolución" y que defiende en el rigor supuesto de su constitucionalidad.

Lo identifica como la realización de una democracia participativa, directa y protagónica por el pueblo, y lo explica en la necesidad histórica de "incluir" a los pobres: los más, expulsados por la corriente modernizadora de la vieja experiencia democrática (1958-1998). Y, sin ambages, el mismo Presidente declara a tal "proceso" como próximo al modelo y a la "dignificante" experiencia socialista cubana.

Entre tanto, los actores de la oposición, reivindican sin tregua los valores de la democracia representativa; rechazan lo que aprecian de tendencia totalitaria en el régimen; y tachan, por divorciadas de la tradición y del espíritu de libertad que se habría afirmado en Venezuela durante el curso del último medio siglo, la alianza estratégica "chavista" con experiencias extranjeras indeseables (Cuba, Libia, Irak, etc.).

B. *La falla constituyente*

La vigente Constitución de 1999, aprobada mediante referéndum por el 31 % de los electores registrados y víctima de una abstención del 57 % de los mismos electores, revela, a ciencia cierta y en su análisis contextual, un corte estatalista de neta inspiración hegeliana, al cual queda supeditada la dignidad y el ejercicio individual de los derechos de la persona humana; descubre características unidimensionales que ahogan su prédica pluralista: dominando en ella el ideario "bolivariano" e imponiéndolo como base de la educación oficial y privada; reedita el centralismo presidencial; y, en suma, apoya todo su andamiaje en un sistema de cohabitación cívico-militar que le pone de espaldas, por ende, a los estándares consagrados en la Carta Democrática Interamericana. Y, por si fuese poco, modificó de raíz el "reloj biológico electoral" de los venezolanos, ya acostumbrados a la alternabilidad y a concurrir a las urnas cada quinquenio constitucional durante los últimos 60 años: incluidos los diez años del período dictatorial perezjimenista. El cambio constitucional promovido por el Presidente Chávez dio paso a un calendario que extendió su primer mandato a 8 años, con un derecho de reelección hasta por un período adicional de 6 años.

La opinión expedida en marzo de este año por la Comisión Interamericana de Derechos Humanos, órgano colegiado de la OEA, es concluyente al respecto y su juicio imparcial es más que autorizado cuando describe en sus rasgos dominantes la situación venezolana: que dista ser la obra de un mero choque entre facciones políticas que recíprocamente y en peligrosa polaridad se acusan, ora de golpistas, ora de violar a la Constitución:

> *"Desde el año 1999 la CIDH se ha pronunciado a través de distintos mecanismos sobre el deterioro progresivo del Estado de Derecho en Venezuela y en cumplimiento de su mandato [Omissis], ha alertado a la comunidad internacional sobre el progresivo agravamiento de la situación de los derechos humanos [Omissis]. En su último comunicado de prensa emitido en diciembre de 2002, la Comisión remarcó los aspectos más significativos de la crisis institucional, tales como la falta de independencia del Poder Judicial, las limitaciones a la libertad de expresión, el estado deliberativo en que se encuentran las Fuerzas Armadas, el grado extremo de polarización de la sociedad, el accionar de grupos de exterminio, la poca credibilidad de las instituciones de control y la falta de coordinación entre las fuerzas de seguridad".*

### C. *Hacia el referéndum revocatorio*

El acuerdo suscrito entre el Gobierno y la Coordinadora Democrática, que se contiene en 19 numerales, por lo mismo, no es sólo un punto de partida para el logro de una paz sostenible y el fortalecimiento de la vida democrática en el país. No es un simple pacto electoral, que hace posible el respeto por ambas partes de "una" entre las distintas y muy variadas opciones constitucionales [enmienda o reforma constitucional, asamblea nacional constituyente, consulta referendaria, referéndum revocatorio, renuncia o destitución del Presidente] que, con fundamento en la Constitución de 1999, le abren curso a la solución constitucional y democrática de las eventuales crisis constitucionales y de gobernabilidad democrática en Venezuela.

La opción por el referéndum revocatorio de los mandatos populares previsto en el artículo 72 de dicho texto fundamental: así el referéndum revocatorio del Presidente de la República, es apenas un elemento dentro de una compleja trama que habrá de desandarse para que los venezolanos en su conjunto logremos restablecer la fuerza de nuestra tradición democrática, de nuestro reconocido espíritu de tolerancia dentro de la idea rectora de la convivencia y bajo el signo preferente de la equidad social y de la inclusión de los "pobres".

De allí que, el acuerdo, teniendo por elemento transversal la realización del referéndum revocatorio, no escatime espacio a los compromisos por el fortalecimiento democrático y la justicia social; por la reconciliación en la verdad y mediante el rechazo de la impunidad; por la creación de espacios para el diálogo y la reducción de la violencia; por la redefinición de las funciones militares de cara al sostenimiento del orden civil y bajo la autoridad civil; por el respeto a la libertad de expresión y de prensa; todo ello dentro de un marco ético normativo que, incluso, adherido al orden constitucional y soberano en vigor, encuentre su relectura a la luz de las previsiones de la Carta Democrática Interamericana y de la Convención Americana de Derechos Humanos.

La circunstancia misma de que el Gobierno, a propósito del acuerdo, haya reconocido en su vocación democrática y en su legitimidad a las fuerzas que le adversan desde la oposición; y que, otro tanto, haya tenido que hacer la misma oposición de cara a las fuerzas que, en su manifiesta diferencia, apoyan al régimen; destaca lo esencial y vertebral de este histórico documento: su función pedagógica "democratizadora". Nos impone a las partes, dentro del mejor sentido "hamiltoniano", redescubrir la gobernabilidad a partir de la reflexión y la elección, sin depender ni del azar ni de la fuerza.

Las palabras de Jürgen Habermas, epígono de la filosofía del siglo recién concluido, quizá expresan con mejor lucidez el cometido nada estéril ni fácil de reconciliación nacional que anida, con todo y su mecanismo referendario, en el texto del Acuerdo del 29 de mayo pasado:

*"El punto de vista de que las personas como tales son iguales a todas las demás no se puede hacer valer a **costa** del otro punto de vista según el cual como individuos somos al tiempo absolutamente distintos de todos los demás. El respeto recíproco e igual para todos exigido por el universalismo sensible a las diferencias quiere una **inclusión no niveladora y no cosificadora** del otro en su alteridad".*

# 7. PROHIBIDO OLVIDAR

27 de marzo de 2004

A. *Las masacres, una política de Estado*

Fueron argentinos y chilenos quienes acuñaron el "prohibido olvidar", suerte de cerrojo y de celda psicológica creada para contener el maleficio que hizo posible las tenebrosas dictaduras militares de los años '70. No fue poco y sí mucho lo que perdieron, en efecto, durante ese largo y doloroso tránsito histórico, cuando la violencia de la dignidad y de los más elementales derechos individuales se hizo sistemática, generalizada e indiscriminada en el Cono Sur latinoamericano.

La idea de humanidad fue despreciada y pisoteada, entonces, por los gendarmes de las Fuerzas Armadas. La "seguridad nacional", la lucha contra el comunismo impuesta por la Guerra Fría desde el Occidente, mal aceptaban reservas sobre las formas o métodos adecuados para tal propósito. Hombres y nombres emblemáticos que jamás podrán olvidarse, pues, han quedado, entre otros tantos, grabados para siempre sobre la página negra de nuestra contemporaneidad: Videla, Pinochet, Stroessner, Somoza.

"Prohibido olvidar" también es el nombre que, en circunstancias distintas, bautiza la pieza musical de Rubén Blades. Pero de nuevo, hoy, resuena con fuerza y en un tiempo distinto y ya distante del anterior: Es la consigna de los opositores venezolanos al Presidente Hugo Chávez Frías, ex golpista, militar retirado, de fuerte personalidad autoritaria, admirador y discípulo fiel de Fidel Castro. Pero quien, a diferencia de éste y de los otros "gorilas" latinoamericanos, asciende al poder mediante el voto popular y mayoritario de sus conciudadanos.

La "Masacre de Miraflores", que el 11 de abril de 2002 da lugar a más de veinte muertos y a otro centenar de heridos de bala, obra de la intolerancia política y cuyos cuerpos quedan esparcidos en las proximidades del palacio presidencial de Venezuela, sirve esta vez de telón de fondo a ese "prohibido olvidar"; que hace posible la breve caída del gobierno del Comandante Chávez, en una suerte de comedia que derivo en tragedia y que llega precedida, entonces, por una de las más extraordinarias concentraciones humanas que jamás se hayan realizado en la ciudad de Caracas.

Centenares de miles de hombres y de mujeres, de ancianos y de niños, abrazando banderas de libertad se concentran horas antes del fratricida desencuentro en una zona conocida como Chuao, al este de la capital. Protestan los despidos de los cuadros gerenciales y "meritocráticos" de la industria petrolera nacional, PDVSA, realizados por el mismo Chávez de manera pública y en su programa semanal de radio y televisión: "Aló, Presidente".

Chávez reacciona airado, así, ante una huelga del sector, pero usa de la circunstancia –lo saben sus adversarios– para hacer realidad el oculto cometido que se traza como candidato en 1998 y a raíz –como bien lo destaca un informe de la inteligencia militar– de su primer contacto con el Gobierno iraquí de Saddam Hussein, a saber, controlar políticamente, de manera personal y disponiéndola al servicio de la "revolución" proyectada, la fuente principal de riqueza e ingresos de Venezuela, el petróleo.

Horas después, desviada como es la concentración opositora desde su sitio original hacia el Palacio de Miraflores, situado en el oeste de Caracas, para exigirle al Presidente su renuncia, el Gobierno –como también lo indica al redactor una fuente militar y diplomática digna de todo crédito– decide, con fundamento en una estrategia dispuesta desde los días precedentes y en conocimiento del móvil "golpista" que advierte a tiempo, reprimir "a costa de lo fuese" la iniciativa en cuestión. "No pasarán", es la consigna de los hombres y de las mujeres afectas al Comandante.

El sector aledaño a Puente Llaguno, situado a escasos metros del Palacio de Miraflores y pasadas las horas del mediodía, se llena de sangre inocente. Allí se concentran desafiantes, como una suerte de Cortina de Hierro, los llamados Círculos Bolivarianos, quienes acuden desde la noche precedente atendiendo el llamado del Vice-presidente de la República, José Vicente Rangel y del Alcalde oficialista de la ciudad, Comisario Freddy Bernal.

Errores e indecisiones sobrevenidos de la desobediencia militar que nace de la "masacre de Miraflores" o, juntamente, tanto ambiciones castrenses desbordadas como circunstancias estimuladas por el mismo régimen para extirpar de raíz la cuota de militares que no se ha sometido a los dictados políticos del Presidente, hace posible el ascenso al gobierno y la caída, en cosa de 48 horas, del líder empresarial Pedro Carmona.

Los marchantes y sus consignas, provistos de una fuerza democrática inédita y cubiertos de banderas y gritos de libertad jamás imaginados, se ven desbordados y transustanciados en un abrir y de cerrar de ojos. Sólo víctimas y un golpe constitucional indigno de llamarse tal, quedan como saldo de la jornada gloriosa del 11-A.

El ex golpista y mandatario Hugo Chávez, repuesto en el ejercicio del poder destaca en lo adelante como demócrata ante los ojos de la comunidad internacional y logra diluir, para su suerte transitoria, la atención sobre la masacre ejecutada: 20 muertos y un centenar de heridos de bala. En tanto que, la oposición genuinamente demócrata, hija de la República Civil, se ve tachada, a secas, de golpista e insurreccional.

A pesar del esfuerzo luego realizado por el ex presidente norteamericano Jimmy Carter y por César Gaviria, Secretario de la Organización de los Estados Americanos, para restañar las heridas del caso y promover la constitución de una Comisión de la Verdad y contra la Impunidad amén de ofrecer una salida constitucional, democrática, pacífica y electoral a la crisis venezolana, poco se avanza al respecto. Los acuerdos de mayo de 2003, suscritos entre el Gobierno y la oposición, respaldados por el mismo Consejo Permanente de la OEA con su Resolución 833 y orientados a la realización de un referéndum revocatorio del mandato presidencial según los términos previstos por la Constitución de 1999, son, a la hora, letra muerta.

Sobre tales Acuerdos y por obra de los obstáculos impuestos a su ejecución por el Gobierno, por el Poder Electoral y por la Sala Constitucional del Tribunal Supremo de Justicia, dominados todos por alabarderos de la "revolución", apenas queda otro amargo desencuentro, otra masacre más, que ocurre en febrero y muestra el rostro –hasta hace poco bien oculto– del gobierno militar y "democrático" de Hugo Chávez.

Venezuela, esta vez sí, muestra su cruda desnudez: Realidad fragmentada, bizarra, hecha de pedazos, absurda, sin cohesión e identidad social y nacional. La polaridad ya hace de las suyas y es testimonio inequívoco del presente. Chávez, entre tanto, continúa atrincherado en su Palacio, amenazando no abandonarlo hasta el año 2.021. Usa y disfruta del sofisticado Air Bus que recién adquiere para sus giras, y rodeado de un clima de ingobernabilidad que nadie disfraza y que él mismo asume sin ambages: El Comandante, nacido en Sabaneta de Barinas, pueblo inhóspito al sur de Venezuela, ni es ni desea ser el Presidente de la contra revolución, de los fascistas, de los golpistas, de la oligarquía, de los escuálidos, suma de adjetivos que a diario espeta a sus oponentes por importantes o mayoritarios que sean en número, en firmas o en votos. Así de simple

B. *Un país rico y de pobres, hijo de la violencia*

Venezuela es un rico país de pobres, poseedor de una de las más inmensas riquezas petroleras del planeta y donde el 80% de su población, menguada la clase media por la crisis revolucionaria en curso, se aproxima a los niveles de la pobreza extrema. La tasa de desempleo crece desde un 11.5% a más de un 20% durante los cinco años del gobierno de Chávez. Han cerrado sus puertas el 60% de las industrias y comercios del sector privado y la violencia criminal, que ofrece la dramática cifra de 4.500 víctimas de homicidio cada año, para 1998 acumula, sin inmutarse, casi 12.000 muertos por cada período igual y en una modesta población de 23 millones de habitantes.

El 51% de la población económicamente activa de Venezuela hace parte de la economía informal. Es Venezuela, para propios y extraños, el país de los "buhoneros" y ya no solo, como se le conoce, el territorio de los "ranchos", que identifican las modestas construcciones de columnas y de bloques, sin frisos, que a la manera de colmenas albergan sobre los cerros anejos al monumental Ávila a los pobres de la capital; y que, como signo de identidad, marca el contraste con sus modernas autopistas y altos edificios.

Hugo Chávez esgrime ser víctima de discriminación, dada su condición de mulato y alega no ser querido por las mayorías blancas que integran a la oposición, deseosas de tener un presidente que hable inglés y tenga ojos azules. Se presenta como una suerte de *Robin Hood*, aun cuando proviene de una familia de clase media profesional, cuyo padre, hoy Gobernador del Estado Barinas, es funcionario de los gobiernos precedentes y que tanto desprecia el actual gobernante venezolano. Dice ser un pobre, representante de los pobres quienes, finalmente, se han hecho del poder para ponerle freno a las injusticias.

Chávez, sin embargo, no es nada distinto en su extracción a la mayoría de los gobernantes venezolanos conocidos, algunos de ellos de extracción más humilde. Rómulo Betancourt, fundador de la República Civil (1958-1999) es el hijo de un inmigrante canario de vida más que modesta, en tanto que Jaime Lusinchi, uno de los más criticados Jefes de Estado, es hijo de una vendedora ambulante de "arepas", modalidad venezolana de los tamales mexicanos.

El Presidente alega conducir, en todo caso, un proceso doloroso pero necesario, que intenta liquidar las formas feudales y los privilegios acopiados por la oligarquía nacional durante los casi 50 años de gobiernos civiles habidos hasta 1999. Pero, más allá de la certeza de la exclusión y de la perdida de movilidad social acusada por la mayoría de los venezolanos durante el curso de los 20 años anteriores a la inauguración de la hoy rebautizada República Bolivariana de Venezuela o V República, lo cierto es que el gran propietario de esta república situada al norte de Suramérica nunca deja de ser el Estado. Bajo su control pleno se encuentra aún la industria petrolera, una vez como la nacionaliza el depuesto Presidente Carlos Andrés Pérez, contra quien se levanta en armas el soldado Chávez, el 4 de febrero de 1992.

Su población, la de Venezuela, expresa ese "mestizaje cósmico" que bien describe la obra del mexicano José de Vasconcelos. Los venezolanos reconocen ser de un color "café con leche". En su geografía humana difícil es distinguir la preeminencia de razas, dado que todo blanco algo tiene de negro y todo negro como todo blanco mal puede esconder su savia indígena.

A fin de cuentas, en una hora muy dolorosa para este país, líder histórico de las guerras por la libertad americana y cuya democracia es considerada como una de las más sólidas y ejemplares del Hemisferio, se han movido en su apoyo y para intentar reconciliarlo el Secretario General de la OEA, César Gaviria y el ex presidente norteamericano Jimmy Carter. Ellos logran que ambos bandos en pugna firmen un acuerdo, el 29 de mayo de 2003, para hacer posible, antes que la guerra civil, una salida constitucional, pacífica, democrática, y sobre todo electoral al grave e histórico desencuentro.

La Constitución de 1999 prevé, cosa extraña en su comparación con los demás textos fundamentales de Occidente, la figura del referéndum revocatorio de los mandatos populares. La oposición ha solicitado su realización, con apoyo en los Acuerdos Gaviria-Carter y el Gobierno, por su parte, ahora aduce que la contrarrevolución ha falsificado las 3.600.000 firmas recolectadas bajo observación internacional, para apoyar la solicitud de referéndum. El Consejo Nacional Electoral, de mayoría oficialista, decide invalidar casi un 1.600.000 de las firmas indicadas para cumplimentar a Chávez, ofreciéndole a los opositores la oportunidad de repararlas.

El 20 de agosto próximo representa la fecha límite, el límite probable hacia el abismo. Si el referéndum se realiza antes de dicho momento, Chávez puede dejar la Presidencia y han de convocarse nuevas elecciones. Si tiene lugar en una fecha posterior, Chávez puede perder el poder, pero no así su Gobierno, cuyo Vicepresidente –libremente escogido por el mismo Chávez– tiene la responsabilidad de finalizar su mandato.

El último 27 de febrero, otra marcha como aquélla del 11 de abril de 2.002 toma de nuevo las calles de la capital, para pedirle a los Jefes de Estado del denominado Grupo de los 15 y de tránsito en el país, mediar para que Chávez respete la salida electoral reclamada y para protestar el fraude que les quiere imponer el Poder Electoral.

La respuesta oficial no se hace esperar. A los marchantes, provistos como siempre de banderas y de pitos les esperaba en el camino un fuerte pelotón de miembros de la Guardia Nacional, elementos de la Fuerza Armada, armados de tanquetas y de armas largas, y quienes, sin mediar diálogo alguno, reprimen tal manifestación con vesania. Las imágenes transmitidas por satélite hacia todas las televisoras del mundo recrean escenas escalofriantes, destacando aquélla en la que una joven es tomada por los cabellos por la Guardia Nacional y batida varias veces contra el piso, bajo un círculo de soldados que impide infructuosamente la grabación televisada que se hace de la humillante escena.

El saldo de la refriega es apenas el anuncio de una nueva y distinta etapa en esta confrontación que vive Venezuela. 12 muertos, otro centenar de heridos, y casi 400 detenidos. Lo que es peor, cada día crece el número de presos políticos y de torturados a manos de las fuerzas del orden y de la policía política. La "saña cainita" que tanto le preocupa como característica del venezolano al extinto Presidente Rómulo Betancourt, ha vuelto por sus fueros. Y el Gobierno, como todo gobierno de extracción castrense, en su defensa pide a las víctimas que denuncien formalmente los atropellos y presenten las pruebas de rigor.

Las investigaciones, evidentemente, se encuentran en manos del Fiscal General de la República. Y, entretanto, el Defensor del Pueblo, Germán Amundaraín, se mantiene sobre la línea crítica: le preocupan las víctimas y le angustian los presos políticos, pero se limita a observar que políticos presos no son, necesariamente, presos políticos.

El "prohibido olvidar", de suyo toma en lo adelante un giro distinto y necesario.

Los observadores internacionales, que no son pocos, constatan la emergencia en América Latina de un fenómeno diferente a los ya conocidos de su accidentada historia. De la oposición entre dictaduras militares y democracias nacidas del voto popular, esta vez advierten que la democracia es víctima de la misma democracia y de sus fuerzas. Regímenes democráticos como lo fuera, en sus inicios, el de Alberto Fujimori, en Perú y, en Venezuela, el de Chávez, luego de electos involucionaron e involucionan hacia formas autocráticas que no escapan ni son ajenas al apoyo popular.

En ellas se reeditan las prácticas populistas con no poco éxito y se asumen los derechos e intereses de los desposeídos, pero lo hacen desde la acera –indiferente a la izquierda de Chávez o a la derecha de Fujimori– de la anti política y de la negación del pluralismo partidista, sin el cual resulta imposible la práctica de la democrática representativa.

La pregunta o las preguntas, en consecuencia, se imponen y reclaman como nunca antes de una respuesta certera y urgente. Y ella angustia, más que a los venezolanos de la hora presente, a otras naciones latinoamericanas potenciales víctimas de tan inédito y contemporáneo fenómeno social. ¿Cómo fue y ha sido posible, o qué facilitó la realidad y el liderazgo de un hombre como Hugo Chávez? ¿Qué no deben olvidar o no deben repetir pueblos como el venezolano, si acaso logran sortear sus gravosos escollos o moras sociales y políticas, para curarse en salud de los mesianismos y neocaudillismo populistas que se expresan, como suerte de retorno hacia el pasado remoto, y encuentran a su adalid o ejemplo en el gobernante venezolano?

## C. *Fundamentalismo democrático y democracia integradora*

Desde de su Emancipación, en 1810, hasta 1958, Venezuela es gobernada directa o indirectamente por caudillos militares. La República Civil, de gobiernos democráticos y alternativos, logra instaurarse y prorrogarse, sin solución de continuidad, desde la última fecha hasta 1999, cuando Hugo Chávez Frías es electo Presidente de la República. Su Gobierno, en términos formales, si bien nace como una prórroga del modelo de alternabilidad constitucional y de democracia representativa conocido como "puntofijista", en alusión al Pacto de Punto Fijo que da origen a los gobiernos de partido que marcan la segunda mitad del siglo XX venezolano, en lo esencial implica el regreso de la Fuerza Armada a su condición de árbitro de la vida social y política nacional.

La Constitución de 1999, hecha a la medida de Chávez y que sustituye a la de 1961, queda construida en forma tal que, tras su nominalismo libertario sin límites, se le da vida a una estructura orgánica de poder que fortalece el centralismo presidencial, diluye el peso de los poderes públicos clásicos de control y legislación, y anuda a aquél con la Fuerza Armada y su directa relación con el pueblo.

Dada la tradición histórica, puede decirse que en 1999 de nuevo se satisface en Venezuela la tesis sociológica doméstica del "gendarme necesario", esbozada por Laureano Vallenilla Lanz.

Una parte de la reacción frente a Chávez fija el origen del actual drama venezolano en un hecho puntual e histórico: el perdón –sobreseimiento– que le es otorgado a éste por el entonces Presidente de la República, Rafael Caldera, quien le libera del juicio y de la prisión en la que se encuentra luego de su acción sediciosa del 4 de febrero de 1992.

Dicha tesis, apelando a la crítica o al señalamiento que alguna vez dirige en España Felipe González contra el Presidente José María Aznar, en cierta forma reivindica la idea del "fundamentalismo democrático", a cuyo tenor no ha de tener espacio en la democracia y debe ser expulsado de la misma todo aquél quien contraríe o desconozca sus reglas esenciales. Empero, lo que se constata empíricamente y deja a un lado los móviles de ocasión que pueden haber servido de causa eficiencia a la liberación de Chávez es el tránsito venezolano de la República Civil por una vía distinta de la señalada, es decir, la de la democracia integradora.

Rafael Caldera perdona e incorporan a la vida civil y democrática a todos quienes, durante los años '60, toman el camino de la violencia armada "guerrillera" abrazando el credo castro-comunista. Otro tanto hace la propia víctima de Chávez, Carlos Andrés Pérez y su sucesor, Ramón Velásquez, cuando deciden sobreseer las causas de rebelión militar a los oficiales y suboficiales que acompañan la indicada asonada del 4F.

Lo cierto es que, durante los 47 años de la llamada República Civil Venezuela alcanzó paz, estabilidad y alternabilidad, y logró transitar desde su ruralidad extrema hacia los caminos de la modernización. El país de los pobres, antagónico de un Estado rico y donde ricos sólo eran sus caudillos de turno, le abrió espacios generosos al país que dio lugar a una fuerte clase media citadina que no era oposición sino destino anhelado por todos los pobres, bajo el Gobierno de un Estado que seguía siendo rico y cuya magra industria privada se fue construyendo aguas debajo del dominio público y como servidumbre al dominante capitalismo de Estado.

Y así, la Venezuela de 18.000 maestros que se conociera durante el Gobierno militar de Pérez Jiménez (1952-1958), se hizo de 288.087 docentes para 1997, e hizo crecer su matrícula estudiantil primaria, desde 268.959 hasta 5.001.066 alumnos. Sus 3 universidades públicas derivaron en más de 200 centros de educación superior. La República logró integrarse humanamente, al crecer sus 19.927 km. de carreteras hasta 95.529 km. durante el período democrático. Los 228 hospitales –89 privados– y las 396 medicaturas rurales, se elevaron a 927 unidades –344 hospitales privados– y 3.365 unidades, respectivamente. Para 1998, Venezuela llegó a contar con 39,6 profesionales de la salud (23,7 médicos) por cada 10.000 habitantes. Los 52 estadios de 1955 cambiaron por 4.919 instalaciones deportivas repartidas en todo el territorio. La expectativa de vida, calculada en 51,4 años para 1955 llegó, en 1998, a 72,8 años. No todo era obra de un milagro. Los 80 km. de acueductos y los 70 km. de cloacas de la Venezuela de 1945, fueron, en 1955, 1.971 km. de acueductos y 2.030 km. las cloacas. Y el país que para esta fecha había construido 149.654 letrinas o pozos sépticos, hizo crecer la cifra de acueductos en un 65% sólo entre 1958 y 1964. Para 1958 sólo se servían de agua potable 1.600.000 personas. El agua producida llegó en 1997 a 3.033.899.000 $m^3$, para servir en 1999, mediante acueductos, a 19.142.910 personas, y con cloacas o sistemas de aguas servidas, a 15.220.686 personas.

Chávez accede al poder, así las cosas, antes que por un perdón no exento de críticas, mediante el voto mayoritario, no solo de los desposeídos, sino de las clases medias profesionales y, paradójicamente, contando con el beneplácito de los pocos actores con poder económico y mediático privado existentes en Venezuela. Y detrás del cambio a todo riesgo, medraron, como coro, la Embajada de los Estados Unidos y el sector financiero español.

Todos querían un cambio. Todos abjuraban de la República Civil, de sus partidos y de sus líderes políticos. Todos, a fin de cuentas, apostaban, con Vallenilla Lanz, al "gendarme necesario"; pues, acaso, ¿no ha sido siempre Venezuela una República de caudillos y de gendarmes?

El cambio vino, ciertamente, como una apuesta, un ingenuo juego de azar en un país con cultura de presente, desatado de la historia y sin temores hacia el porvenir. Y, como todo "nuevo rico", secularmente amantado por la ubre del Estado dueño del capital y por lo demás petrolero desde mediados del siglo XX concluido, fue y se comportó, en el momento más crítico y decisivo de su historia reciente, como un manipulador de la coyuntura. El día después, ya se vería. Y hoy lo ven y lo tienen a su lado todos los venezolanos. Tiene nombre, apellidos y objeto social: Hugo Chávez y su mesiánica "revolución" bolivariana.

### D. *La ceguera de los atavismos, al término del siglo XX*

En buena lid, mal puede ocultarse que las generaciones venezolanas del presente, formadas en democracia y beneficiarias de la modernización nacional, durante los 15 precedentes a la llegada de Chávez al poder conocieron los efectos devastadores del retroceso económico y social. La movilización ascendente que les permitiera, paulatinamente, traspasar el umbral generalizado de la pobreza y alcanzar su integración en los estratos medios profesionales y productivos de la sociedad, llega a un punto límite o de inflexión. En él y a partir del indicado momento, los pobres ven congeladas sus esperanzas y los pobres llegados a la medianía acusan la amenaza de un regreso en los escalones del bienestar.

Errores de gestión, dominio en los mismos partidos políticos de la señalada cultura de presente, desviaciones clientelares manifiestas, desafectos personales sobrevenidos entre los actores nacionales –que dan lugar a la ruptura de los mínimos consensos que reclama toda experiencia democrática– y sobrepuestos, tales desafectos, al compromiso central de servir a la gente y con la gente pero, por sobre todo, la convicción en tales actores de que la democracia representa un bien inagotable no necesitado de su renovación, mal les permite apreciar a tiempo el peligro que se cierne sobre la misma estabilidad de la República Civil nacida en 1958.

Las realidades, sin embargo, aun siendo manifiestas no son adecuadamente percibidas o, peor todavía, fueron subestimadas con total indolencia. Por una parte, la evidente modernización alcanzada por Venezuela deja a su paso una infraestructura generosa, que se va deteriorando en la misma medida en que pugnan el Estado Capitalista, en una banda y, en la otra, el Estado de Servicios. Los recursos reclamados por el primero o debidos a los financistas internacionales para su sostenimiento, imponen una drástica reducción en aquellos que son necesarios y éticamente prioritarios para el sostenimiento del Estado de Servicios.

A su vez, el mayor activo alcanzado por la República Civil, como lo es y fue la formación de una sociedad en movimiento, crítica, madura e inédita: dado que Venezuela es siempre un Estado huérfano de todo contenido nacional, pues la sociedad no precede al Estado y, antes bien, éste ha de darle forma y en sentido contrario a la razón natural, tampoco es percibida en su madurez por sus hacedores: los partidos políticos. Tanto que, alcanzada la elección directa de Gobernadores y de Alcaldes, aproximándose el ejercicio del poder al drama cotidiano de los ciudadanos, los partidos que respaldan a aquellos se revelan incapaces de voltear sus pirámides de organización y abandonar, en sus estructuras, el modelo "stalinista" de centralización que les es propio desde sus nacimientos. De modo que, el Estado Capitalista y los partidos marchan, en el curso de los años recientes y precedentes a Hugo Chávez, por una vereda distinta a la de los ciudadanos, urgidos del Estado de Servicios y reconocedores de que éste sólo puede rehacerse desde el mundo municipal y las regiones.

En el interregno, declinante por su miopía el modelo central de Gobierno representativo y de partidos, y todavía en tránsito de formación el modelo descentralizado de gestión pública y participativa, se hace presente una suerte de vacío que bien pudo haber llenado cualquier otro actor, de no encontrarse presente, en la coyuntura, el Comandante Chávez. Pudo haber sido su antítesis en el campo de la antipolítica: la reina de belleza Irene Sáez, quien muy distante del sentido revolucionario y rupturista que pretende imprimirle Chávez a su proyecto, es, entonces, una opción cierta pero prematura y para no pocos, vale decir para la mayoría de los venezolanos, ofrece o emula la realización de un sueño o "síndrome colombino" –como lo califica el historiador Elías Pino Iturrieta– que nos viene en los genes: el Mito de El Dorado.

Por Hugo Chávez, en efecto, votan los venezolanos apelando a las mismas razones alternativas o conjuntas que les llevan a reelegir a Carlos Andrés Pérez (1989-1992) y a Rafael Caldera (1994-1999). En el caso del primero, creyeron las mayorías en la posibilidad de reeditar a la Venezuela Saudita de mediados de los años setenta; en el caso de Caldera, antes bien, frustrada la posibilidad de bienestar y de riqueza personal en un país que todos los venezolanos consideran el más rico del mundo, surgió la apelación al gendarme necesario, al vengador justiciero. Cada venezolano sostuvo, sin ambages, que siendo hijo de un país rico y el más rico del mundo, quienes no eran ricos eran, eso víctimas, de quienes les robaban sus riquezas. Ni uno ni otro, ni Pérez ni Caldea, pudieron realizar o colmar tales atavismos. Así que, Chávez, al prometer con su fuerza de líder militar –emulando la fuerza mítica de un mito que sigue latente: el dictador Marcos Pérez Jiménez– castigar a los políticos y a los partidos por corruptos y, a su vez, al anunciar que les quitaría sus riquezas para distribuirlas entre los pobres, de suyo pudo asegurarse, en defecto y por ausencia de actores en la circunstancia, una victoria electoral indiscutible.

Hoy Chávez, preso de una realidad que al igual que él tiene una misma fuerza telúrica y que de suyo es rebelde, indómita, Gobierna a sus seguidores, pero no gobierna en el país. Amenaza permanecer en el poder, junto a su revolución, hasta el año 2.021 y lo hace frente a un país y ante una sociedad que hizo del quinquenio su reloj biológico electoral. Buenos o malos presidentes, incluido el mismo dictador Pérez Jiménez, se vieron obligados a realizar plebiscitos o elecciones cada 5 años. El espíritu libertario y poco conservador del venezolano, cultivador del presente, rebelde pero insólitamente necesitado de gendarmes, buscador de la riqueza fácil y amigo del azar, no admite ni admitirá tranquilo el dominio perpetuo que le propone e intenta imponerle el inquilino del Palacio de Misia Jacinta.

Chávez es quizá la última etapa de un modelo democrático tutelar que se inicia con el Pacto de Punto Fijo. Quizá sea también una suerte de fantasma, hijo del fratricidio y del caudillismo que azotó a la Venezuela del siglo XIX. Probablemente sea un soñador o un aventurero, capaz de abrazar a Castro como también quisiera abrazar y rendirle tributo al mismo Bush. No hay duda que puede ser todo esto y mucho más, pero es, eso sí, expresión de una voluntad popular muy venezolana y que se hizo presente en un momento aciago de nuestra historia, que arriesgo todo sin reflexión y a costa del cambio deseado y al precio que fuese, y que en lo adelante intenta corregir el rumbo consciente de que todo cuanto tenía algo valía y fue despreciado.

Los venezolanos, en su actual y ejemplar resistencia frente a Hugo Chávez, tienen "prohibido olvidar". Y la lección, si vale para Venezuela es ilustrativa para todo el Occidente.

# 8. LOS DERECHOS HUMANOS EN LA VENEZUELA DEL PRESENTE: DISERTACIÓN ANTE LA CONFERENCIA EPISCOPAL VENEZOLANA

12 de julio de 2004

Distintos comunicados y una declaración emanada de la Comisión Interamericana de Derechos Humanos entre los años 2002 y 2003 son suficientes para mostrar e ilustrar, en su gravedad y crudeza, la situación de fractura generalizada y sistemática de Venezuela en cuanto al respeto y la garantía de los derechos fundamentales de la persona humana. Cualquier palabra adicional huelga, dada la circunstancia de ser la Comisión Interamericana órgano de la OEA y también órgano de la Convención Americana de Derechos Humanos para la interpretación y aplicación de las disposiciones internacionales sobre la materia.

Los documentos señalados, en síntesis y textualmente afirman lo siguiente:

Comunicado 23/02 de 10 de mayo de 2002.

"66. La CIDH considera que la falta de independencia del Poder Judicial, las limitaciones a la libertad de expresión, el estado deliberativo en que se encuentran las Fuerzas Armadas, el grado extremo de polarización de la sociedad, el accionar de grupos de exterminio, la poca credibilidad de las instituciones de control debido a la incertidumbre sobre la constitucionalidad de su designación y la parcialidad de sus actuaciones, la falta de coordinación entre las fuerzas de seguridad, representan una clara debilidad de los pilares fundamentales para la existencia del Estado de Derecho en un sistema democrático en los términos de la Convención Americana y de la Carta Democrática Interamericana. Por ello, la Comisión urge al fortalecimiento del Estado de Derecho en Venezuela con la mayor brevedad posible".

Comunicado 47/02 de 12 de diciembre de 2002.

"Desde el año 2000 la Comisión Interamericana de Derechos Humanos (CIDH) se ha pronunciado a través de diferentes mecanismos sobre el deterioro progresivo del Estado de Derecho en Venezuela, que ha comprometido seriamente la vigencia de los derechos humanos. En la actualidad, la Comisión observa con extrema preocupación el agravamiento de la crisis en Venezuela, caracterizada por la violencia, la intolerancia y por una desconfianza generalizada en las instituciones del Estado".

Declaraciones de la Presidenta de la CIDH de 10-6-03.

"La CIDH incluyó en su Informe Anual 2002 un análisis especial sobre Colombia, Cuba, Haití y Venezuela, países [que] por su grave situación de derechos humanos requirieron de particular atención".

Comunicado 30/03 de 24 de octubre de 2003.

"17. En cumplimiento de su mandato de estimular la conciencia de los pueblos del hemisferio, la CIDH ha alertado a las autoridades, a la sociedad venezolana y a la comunidad internacional sobre el progresivo agravamiento de la situación de los derechos humanos en Venezuela y sobre el deterioro del Estado de Derecho en dicho país. En este sentido, la Comisión ha utilizado los diversos mecanismos contemplados en la Convención Americana para la protección de los derechos humanos, como son el sistema de casos, la adopción de medidas cautelares, la solicitud de medidas provisionales a la Corte Interamericana de Derechos Humanos, visitas in loco al país y comunicados de prensa.

18. En esta oportunidad, la Comisión Interamericana expresa su seria preocupación por el incumplimiento sustancial por parte del Estado de Venezuela de las medidas cautelares, de las medidas provisionales, de las resoluciones de la Comisión y de las decisiones de la Corte. La Comisión reitera la voluntad de seguir velando activamente y dentro del marco de sus atribuciones por el respeto de los derechos humanos en Venezuela.

Cabe observar, a la luz de lo anterior y más allá de toda consideración, sin duda importante, sobre el número de víctimas y los tipos de violaciones más recurrentes durante el lustro constitucional que se inaugura en 1999, que la CIDH insiste en falencias estructurales de orden político, normativo e institucional y, juntamente, de carácter social y educativo, que conspiran contra todo clima de respeto y de garantía de los derechos humanos en el país".

A. *Derechos al arbitrio del Estado*

Una rápida y transversal lectura del texto constitucional de 1999 permite advertir, sin perjuicio del amplio desarrollo y modernización alcanzado –en términos nominales– por el reconocimiento en el mismo de los derechos humanos en sus distintas generaciones (Título III), que la concepción orgánica y teleológica del modelo político subyacente reduce de un modo radical la preeminencia del hombre –varón y mujer– y de su dignidad, en tanto que actor y destinatario de los predicados constitucionales correspondientes.

La Constitución, en efecto, subordina el individuo a los dictados de un Estado de creciente corte neo hegeliano, centralizado, de poderes "totalizantes" y concentrados en el Ejecutivo, y en cuanto a la proyección de su personalidad le ata a un marco ideológico unidimensional que les vinculante.

El artículo 3 constitucional es revelador al respecto, pues afirma que el "Estado tiene como sus fines esenciales [entre otros] el desarrollo de la persona...". A su vez, la norma del artículo 102 reconoce a la educación como derecho humano, pero sucesivamente, cuida de ajustar en su texto que la educación es, asimismo, un "servicio público" orientado a "desarrollar el potencial creativo de cada ser humano" dentro de una sociedad democrática basada "en la participación activa, consciente y solidaria en los procesos de transformación social consustanciados con los valores de la identidad nacional".

Y el artículo 1 *ejusdem*, por su parte, al identificar los "valores" constitucionales del caso, recuerda que ellos se fundamentan "en la doctrina de Simón Bolívar, el Libertador".

No cabe, pues, en el sistema constitucional vigente en Venezuela, la posibilidad de que el hombre procure desarrollar de su personalidad con libertad plena y menos aún que pueda apelar al Estado en tanto que "instrumento o recurso subsidiario" para la tutela y el ejercicio de los derechos humanos.

B. *Cede constitucionalmente la autonomía de los poderes*

En otra perspectiva, que hace directa relación con el régimen de garantías institucionales de los derechos humanos y la exigencia inexcusable de la separación e independencia de los poderes públicos constituidos, la Constitución venezolana corre en línea abiertamente contraria a la idea de participación que tanto se repite en sus artículos.

Así, el Municipio, que habría primer escalón de realización personal, de integración social y de afirmación en la alteridad de la identidad personal del individuo, a la luz del artículo 168 constitucional sólo goza de autonomía dentro de los límites de la "ley" nacional.

Por otra parte, la conocida y ordinariamente admitida habilitación parlamentaria del Presidente de la República, para que pueda legislar en sustitución de la legislatura y en circunstancias extraordinarias o excepcionales, según el artículo 203 in fine de la Constitución –como ha ocurrido hasta el presente– puede tener lugar de manera ordinaria y en todos los ámbitos susceptibles de regulación normativa, incluidos los dogmáticos y los orgánicos.

En igual sentido, la autonomía e independencia del Poder Judicial, que es punto crucial para que el individuo, ante los eventuales desafueros del Ejecutivo o el desbordamiento de los legisladores, encuentre amparo efectivo de sus derechos y se beneficie de una administración de justicia oportuna e imparcial, quedan hondamente trastocadas en la Constitución de 1999, una vez como admite que los miembros del Poder Ciudadano –entre éstos el Fiscal General de la República, quien ejerce la vindicta pública y es investigador y acusador y, de suyo, parte en los procesos penales– pueda calificar las "faltas graves" de los magistrados del Tribunal Supremo de Justicia (artículo 265).

Finalmente, el Título VII de la Constitución, al determinar a la Fuerza Armada como elemento "vertebrador" de la Seguridad de la Nación y precisar, a renglón seguido, que los "derechos humanos" y la "satisfacción progresiva de las necesidades individuales y colectivas de los venezolanos" hacen parte de la misma idea de la seguridad; y, al prescribir, igualmente, que ésta es "competencia esencial y responsabilidad del Estado" y de su instrumento militar, promueve la desnaturalización de las relaciones de subsidiariedad entre el individuo, la sociedad y el Estado, a la luz de los estándares internacionales sobre respeto y garantía de los derechos humanos y que le otorgan a la persona una indiscutible preeminencia sobre lo público y estatal.

C. *Las mayorías aplanan a las minorías*

La reciente aprobación por la Asamblea Nacional mediante la mayoría simple de sus miembros de la Ley Orgánica del Tribunal Supremo de Justicia es, en esencia, la mejor expresión de la pérdida de los equilibrios institucionales que hacen posible el funcionamiento de la democracia y del Estado de Derecho, necesarios para la garantía de los derechos humanos y su ejercicio pleno por todas las personas, sin discriminaciones de ningún género.

De donde cabe señalar que la relativa y manida intangibilidad del orden constitucional, en sus partes dogmática y orgánica, se explica en la necesidad de cuidar el núcleo pétreo de los derechos y de las libertades de todo intento de limitación o vulneración por las mayorías políticas coyunturales, sin mengua de lo legítimas e importantes que sean. Y tal concepto parte de una premisa elemental: la mitad más uno de los ciudadanos nunca tiene derecho a limitar o a dejar sin derechos a la mitad menos uno de los otros ciudadanos, pues se trata, en el caso de los derechos humanos, de derechos universales e inherentes a la persona. Lo que explica, en suma, el requisito que es común a las Constituciones democráticas de occidente y que sujeta al debate y aprobación por mayorías calificadas de las actividades legislativas que toque a los derechos humanos y a sus garantías institucionales.

En el asunto en cuestión, pues, la Sala Constitucional del TSJ en una de sus más recientes decisiones aceptó que la Asamblea Nacional tiene potestad para aprobar, mediante una simple mayoría, la Ley Orgánica que regirá al máximo tribunal, conculcando así tanto el principio antes indicado como el relativo al respeto de las minorías como consustancial a la experiencia democrática.

Por consiguiente, una vez como la Asamblea Nacional venezolana procedió a dictar la indicada Ley Orgánica, tal y como lo hizo y en consecuencia, de suyo secuestró la autonomía del máximo Tribunal y dispuso la Administración de Justicia al servicio del poder político dominante, al asumirse ella como competente para nombrar y remover a los magistrados mediante la mayoría relativa mencionada.

No cabe dentro del contexto aquí expuesto, por ende, la existencia de garantía alguna que haga posible, en Venezuela, el ejercicio igual, sin discriminación, por todos los ciudadanos de sus respectivos derechos fundamentales.

### D. *Decae la tutela internacional de los derechos*

Las desviaciones institucionales mencionadas anteriormente, que se expresan en la ausencia –citada por la CIDH– de equilibrios entre los distintos poderes públicos de Venezuela, podría dar lugar, en teoría y conforme los disponen los tratados internacionales sobre derechos humanos en vigor, a la actuación subsidiaria del régimen supranacional de amparo y protección previsto para los indicados derechos. Y así lo sugiere, nominalmente, el propio texto constitucional patrio en su artículo 23.

Empero, dada la visión introspectiva o endógena que signa al modelo constitucional "bolivariano", que se nutre de la idea decimonónica de la soberanía, en la práctica y al margen de las mismas previsiones del Derecho internacional de los Derechos Humanos, se ha hecho espacio en nuestro país a una suerte de rechazo institucional y normativo de las actuaciones internacionales conducentes al amparo de víctimas de violaciones de derechos humanos desde la misma vigencia de la Constitución de 1999.

En efecto, tanto el Gobierno como el propio Tribunal Supremo de Justicia han expresado y coincidido, *v.g.*, en afirmar que los pronunciamientos ora de la Comisión, ora de la Corte Interamericana de Derechos Humanos, no son vinculantes para el Estado venezolano; lo cual ha concitado, como es evidente, la protesta abierta de los órganos de la Convención Americana de Derechos Humanos y de algunos Gobiernos americanos ante los órganos políticos –Consejo Permanente y Asamblea General– de la Organización de los Estados Americanos.

En lo particular, las medidas cautelares adoptadas por la Comisión y las medidas provisionales aprobadas por la Corte durante los últimos años, dirigidas a proteger el derecho a la vida y a la integridad personal de numerosos venezolanos, en su mayoría periodistas, han sido burladas y desafiadas sostenidamente por el Gobierno del Presidente Hugo Chávez; y, en consecuencia, ha sido vaciada de todo contenido la norma constitucional que prevé, de modo específico y según lo ya señalado, el derecho de toda persona a requerir el amparo de sus derechos humanos en la instancia internacional, una vez como deja de funcionar o resultan infructuosas las modalidades de amparo establecidas por el derecho nacional o interno.

### E.  *La fractura del consenso nacional*

Junto a los problemas de carácter institucional antes anotados, que inciden en el cuadro general de debilitamiento acusado por el régimen de respeto y de garantía de los derechos humanos, ha de destacarse por su significación, quizá mayor y más pertinente en cuanto a los desafíos que plantea, el asunto de la polaridad social nacional corriente en Venezuela y que, en sus distintos informes, ha destacado la Comisión Interamericana.

La fractura de la unidad en la pluralidad social de los venezolanos, revelada en la naturaleza y en el ánimo belicoso acusado por la confrontación hoy planteada por los partidarios del Gobierno y los partidarios de la oposición: para quienes todo diálogo posible es asumido como un acto de traición, propicia una situación abiertamente antagónica con el respeto y la vigencia de los derechos humanos, pues niega y desconoce el requisito de la alteridad: el reconocimiento de los unos por los otros, que es esencial y se encuentra en la base misma de la cultura a los derechos humanos.

Venezuela, a lo largo de su historia republicana, justamente, ha dejado trazas muy fuertes de lo que, en su momento y a propósito de la conducta política de los venezolanos, calificara el Presidente Rómulo Betancourt (1959-1964) de "saña cainita". Y fue, apenas, en 1959, cuando logra construirse en el país un primer amago de consensos que hizo posible la emergencia y durabilidad de la llamada República Civil, hasta 1999. Y no es ocioso observar y tener presente la forma y la razón por las que dicha experiencia se agotó, desde que y mucho antes de la presencia en el poder del señor Chávez los consensos naufragaron, dada la "muerte de los afectos" entre los distintos actores de nuestra vida política.

En tanto y en cuanto, pues, se vea prorrogada tal polaridad y, en la misma medida en que toda forma de diálogo y de tolerancia continúe siendo tachada o censurada por una buena parte de los venezolanos, mal podrá el país retomar el sendero hacia la recreación de sus virtudes democráticas y del citado clima de respeto y de garantía de los derechos humanos, en términos que las hagan duraderas.

En todo caso, los Acuerdos suscritos en 29 de mayo de 2003 entre el Gobierno y la oposición, representada ésta por la Coordinadora Democrática y facilitados por César Gaviria, Secretario de la OEA y el ex presidente norteamericano Jimmy Carter, fijan, sin lugar a dudas, un marco propicio para los nuevos consensos y a partir de los cuales sea posible alcanzar una realidad distinta de la actual. Su punto de arranque, pero sólo eso, lo representa la solución constitucional, pacífica, democrática y electoral planteada por el artículo 72 de la Constitución y que se concreta en los referendos revocatorios de mandatos populares previstos para el venidero 15 de agosto de 2004.

## F. *El referéndum, una oportunidad para el reencuentro*

El 15 de agosto, así las cosas, es un punto de referencia histórico que interpela a todos los venezolanos y que se nos presenta como una oportunidad, sobre cuya valoración y a partir de la cual, dependiendo del clima social que la acompañe, será posible o no revertir la situación institucional y social del momento.

El reconocimiento derechos humanos y su respeto implican, de suyo, una postura y actitud que mal se agotan en lo introspectivo, sin perjuicio de admitir que dichos derechos hacen parte de la esencia y sustancia del ser humano, expresar su dignidad y lo postulan como experiencia vital una y única. Los derechos humanos y su cultura tienen lugar y se realizan sólo cuando y en tanto que, cada ser humano, pueda afirmarlos y afirmarse ante los otros y siempre que los otros puedan hacer otro tanto frente a él.

Por consiguiente, todo cuanto se haga o construya a tiempo, en términos de diálogo y de promoción de la confianza entre los actores venezolanos en pugna, nunca será suficiente pero si necesario para que el acto comicial en cierne no nos conduzca hacia un escenario terminal: la simple victoria e intento de liquidación de un sector del país sobre otro que se le opone; escenario que, de darse, en modo alguno cambiaría el dramático cuadro de violaciones a los derechos humanos conocido: antes bien lo profundizaría, suscitando condiciones estructurales de no gobernabilidad y de relajamiento de los lazos sociales básicos aún más graves que las conocidas.

# 9. LAS MEDIAS VERDADES DE UNA OBSERVACIÓN APRESURADA: CRÓNICA SOBRE LA PRESENCIA DE CARTER EN EL REFERÉNDUM DE VENEZUELA

7 de septiembre de 2004

El Centro Carter ha dicho, por medio de Jennifer Mc Coy (The Economist, 2 de septiembre de 2004), que el referéndum revocatorio recién celebrado en Venezuela y en el que resultara vencedor, según las cifras del Consejo Nacional Electoral, el Presidente Hugo Chávez, fue la consecuencia del voto "secreto y libre" de los ciudadanos.

Rechaza, al efecto, las denuncias de fraude "sin corroborar" formuladas por la oposición. Y cita tres hipótesis, que descarta por inconsistentes: (1) La existencia de un "exit poll" supervisado por Penn, Schoen, and Berland Associates, que habría dado la victoria a la opción "SI", determinando la revocación del mandato presidencial. (2) La constatación de números idénticos o repetidos –no de simples porcentajes– en los resultados electorales para la opción SI como para la opción NO, en máquinas electrónicas de votación contiguas dentro de una misma mesa electoral y en las que ejercieron sus votos números variables de votantes. (3) La existencia de un número de votos a favor del SI en ciertas mesas electorales, que fue menor al número de firmas recolectadas por la oposición para pedir la realización del referéndum revocatorio presidencial.

En igual orden, el Centro Carter aclara que el Poder Electoral venezolano había limitado las tareas de la observación internacional, pero que, finalmente, en el caso de ellos autorizaron el ingreso de los observadores, sus accesos a muchos de los componentes técnicos involucrados, y sus respectivas libertades de movimiento.

Y ajusta, de manera valorativa, que la oposición "desplegó una campaña sin brillo" y que, quizás, los ciudadanos "decidieron que era más probable la paz con el chavismo en el gobierno que en la oposición".

A. *Los Acuerdos de Mayo y el ambiente preelectoral*

El 29 de mayo de 2003 fueron suscritos entre Chávez y la oposición, representada por la Coordinadora Democrática, unos acuerdos para permitir la solución electoral, pacífica, constitucional y también democrática de la crisis social y de gobernabilidad acusada por Venezuela desde 1998.

Tales acuerdos disponen, insólitamente, que el pueblo podría ejercer su derecho político a votar en un referéndum revocatorio presidencial, a pesar de estar garantizado por la Constitución. Y ello sólo fue posible en virtud de la acción mediadora de la OEA, del Centro Carter y de la ONU: garantes de su cumplimiento.

En distintos de sus informes, expedidos antes y después de los Acuerdos de Mayo, la Comisión Interamericana de Derechos Humanos da cuenta de las razones de la polaridad política presente en Venezuela, a pesar de haber sido ella una de las naciones más respetadas por su tolerancia y estabilidad democráticas en el Continente. Cita la Comisión, entre otras, el verbo pugnaz y divisor de Chávez, el carácter deliberante de la Fuerza Armada y sus intentos de tutela sobre el mundo civil, la ausencia de equilibrios entre los Poderes Públicos –cooptados, como lo afirmara más tarde César Gaviria, Secretario de la OEA, por "amigos" del Presidente–, la falta de independencia de la Justicia, la impunidad, la pobreza dentro de un Estado escandalosamente rico, las violaciones a la libertad de expresión y de prensa.

De modo que, el referéndum del último 15 de agosto, no era un objetivo en si mismo, dada la ausencia de desempeño democrático descrita. Era, eso sí, una oportunidad crucial para el restablecimiento de la confianza entre los venezolanos, para erradicar los amagos de violencia y de insurrección, y para abrirle ruta firme a la reconciliación nacional y a la normalización del Estado de Derecho y de la democracia.

La observación electoral mal podía ser como lo fue, entonces una observación puntual y apresurada, fuera de contexto, limitada a lo formal y cuantitativo, sin prevención en cuanto a los riesgos complejos de una eventual y sofisticada manipulación tecnológica. El correr contra las horas del Centro Carter, en nada ayudó. Antes bien, al final de la jornada, tal conducta dejó como legado la profundización de la desconfianza y polaridad nacionales que quisieron resolver los Acuerdos de Mayo, con apoyo de la comunidad internacional.

B. *Las limitaciones antidemocráticas del referéndum*

Los Acuerdos de Mayo fijaron dos condiciones para el referéndum: (1) la existencia de un Poder Electoral "confiable y transparente" y (2) la intangibilidad de las normas electorales –es decir, de la Ley Orgánica del Sufragio y Participación Política–. Buscaban asegurar, así, la imparcialidad del árbitro como la seguridad de las reglas, dado que el juego electoral previsto comprometería, de suyo, el destino y la paz de los venezolanos. Se sabía que las elecciones no serían normales.

Fue público y notorio, sin embargo, el control ejercido por el Gobierno sobre los Rectores Electorales de mayoría. Nunca ocultaron sus frenéticas adhesiones a Chávez y Carter lo sabía. Ellos impusieron sus propias reglas, con desprecio por los consensos. La oposición, por democrática, las aceptó y acató para salvar la opción electoral, confiando en la mediación y vigilancia prometidas por la comunidad internacional.

Por lo demás, la Sala Constitucional del Tribunal Supremo de Justicia –igualmente controlada por jueces afectos al Gobierno– puso de lado a la ley electoral estipulada por los Acuerdos y ordenó su no aplicación a los Rectores de mayoría, autorizándoles para dictar, a su arbitrio y sobre la minoría del colegio electoral, las reglas de juego que a bien tuviesen.

En innumerables cartas y documentos de la oposición, entregados al Centro Carter y la OEA, constan las graves violaciones de que fueron objeto los Acuerdos y también las muchas irregularidades que afectaban al proceso comicial en curso.

Fueron manifiestas, en tal orden, la participación de la Fuerza Armada en la campaña a favor del Gobierno; la utilización, en contra de la ley, de un sistema automatizado de votaciones y la negativa a que se contasen manualmente las boletas expedidas por las máquinas electorales y luego depositadas en las cajas o urnas de votación; la remoción, a última hora, de los miembros de las Juntas Electorales Municipales en todo el país, y su sustitución por militantes del "chavismo"; la amenaza del Gobierno de tomar por la vía violenta las emisoras de radio y de televisión; el traslado inconsulto y forzado de miles de ciudadanos hacia centros de votación distantes de sus domicilios; la violación de la norma de ley que ordenaba el cierre del Registro de Electores 90 días antes del acto de votación, admitiéndose la incorporación a dicho registro de casi dos millones de nuevos electores en la semana previa al referéndum; el otorgamiento masivo y directo de nacionalizaciones y de tarjetas de identidad por militantes del partido gubernamental, en sitios fuera del control de la Agencia Estatal de Identificación (ONIDEX); la entrega al Gobierno de un registro con la identidad y las direcciones de los votantes quienes solicitaron revocar el mandato del Presidente, haciéndolos objeto de presiones y chantajes; la eliminación de miles de votantes dentro del Registro Electoral, bajo el alegato falso de que estaban muertos; en fin, el uso descarado de dineros públicos y de la industria petrolera estatal para la "brillante" –diría la señora Mc Coy– publicidad electoral del Presidente Chávez.

Un Reglamento de Observación Internacional restrictivo y casi prohibitivo, por si fuese poco, fue aprobado a última hora y nunca fue derogado o modificado por el Consejo Nacional Electoral, sin mengua de las concesiones que pudiere haberle ofrecido al Centro Carter durante la víspera del referéndum.

C.  *Las cifras de la oposición y su extraño revés*

La Coordinadora Democrática de oposición, ante lo inevitable del proceso automatizado y la negativa del conteo manual de las papeletas de votación, aceptó a título de garantía contra el fraude –y junto a la observación internacional– la promesa de una "auditoria en caliente", sobre el uno por ciento de las cajas o urnas electorales, "aleatoriamente" seleccionadas en el mismo día y al cierre de las votaciones.

La declaración de Mc Coy apenas narra que tal auditoria en caliente "se llevó a cabo sólo a medias" y esgrime distintas razones para justificarla. Pero tiene la valentía de admitir que sólo pudieron observar "unas pocas de esas auditorías" dirigidas a verificar y contrastar lo dicho por las máquinas con lo expresado manualmente en las papeletas de votación. Mas lo cierto fue que Carter no tenía observadores suficientes y los pocos en actividad, según lo declara Mc Coy, estaban ocupados en la cuenta rápida de las actas impresas por las máquinas electrónicas.

No dice, empero, que el autor de la selección previa de las máquinas y de las cajas electorales sobre las que se habría de realizarse la auditoria en caliente fue el Rector progubernamental Jorge Rodríguez. Y tampoco refiere que, una vez como fueron seleccionadas "aleatoriamente" las 195 máquinas y urnas del caso, mediante la aplicación de un Programa fuente elaborado unilateralmente por los equipos del citado Rector oficialista, sólo se le facilitó y permitió a la oposición su presencia en 27 auditorías, pero representativas, en todo caso, de los 7 Estados más importantes del país.

Omitió decir el Centro Carter, siquiera a título de referencia, lo fundamental. En las 27 auditorías antes mencionadas ganó la oposición con un 62% de los votos. De modo que, no era solo el "exit poll" de Penn, Schoen y Berland, el único el elemento de convicción que le indicaba a la oposición su contundente victoria sobre el Presidente Chávez.

La noche del 15 de agosto y su inmediata madrugada, por consiguiente, fueron hijas de la infamia.

SUMATE, la ONG que prestara apoyo técnico a la oposición, informó al Secretario de la OEA –en nuestra presencia y pasadas las 8 de la noche– sobre una diferencia brutal de 19.4 puntos existentes a favor del voto SI. A Gaviria no le preocupo, por lo mismo, el "chisme" que sobre eventuales resultados distintos habría hecho circular, desde las 6 pm y hacia agencias noticiosas extranjeras, la oficina del Rector Rodríguez.

Luego se supo y constató que estos resultados prematuros y favorables al Gobierno, dados sin haberse concluido la jornada de votación –que se extendiera hasta altas horas de la madrugada en virtud de la "operación morrocoy" impuesta a los votantes–, eran los mismos resultados finales ofrecidos luego al país por el Presidente del órgano electoral, a las 3 de la mañana del día 16 de agosto, y validados, en lo inmediato, por el Presidente Jimmy Carter.

D. *La auditoría del Presidente Carter*

Jimmy Carter y su legión de observadores, con excepción de la pequeña oficina que mantuvieron desde antes en Caracas, llegaron a Venezuela en la víspera del referéndum. Fueron autorizados para observar cuando el andamiaje electoral estaba montado. Confiaron ciegamente en las máquinas de votación electrónicas e hicieron de ellas un dogma, a pesar de que presenciaron sólo un simulacro de funcionamiento realizado sobre una muestra de ellas. Nunca auditaron sus "cajas negras", como lo reconoce Mc Coy. Nunca les fue permitido a los observadores ni a la oposición hurgar en las entrañas del complejo cibernético comprado por el chavismo a la empresa Smarmatic y servido por la empresa telefónica CANTV.

La noche del 15 de agosto, así las cosas, la oposición apeló a los buenos oficios del Secretario de la OEA para que se le permitiese su ingreso a la Sala de Totalización. No fue posible. Ni siquiera a la OEA, ni a Carter se les permitió ingresar a tal espacio, y apenas –éstos– fueron llamados a "observar" una vez como el Rector Rodríguez y sus técnicos de confianza bajaron los resultados desde las máquinas y los servidores.

Siendo las 4 de la mañana del día 16, un Carter sereno y sonriente nos recibió –junto a Timoteo Zambrano– en su suite del Hotel Melia. Sin explicaciones nos anunció la victoria de Chávez, pidiéndonos convencer a la oposición de aceptar los resultados. El "quick count" de las actas electrónicas –y no la cuenta manual de las papeletas depositadas en las cajas o la señalada frustración de la auditoria en caliente– fue suficiente para convencer al ex presidente norteamericano. Confió en la invulnerabilidad de las máquinas de Smarmatic como no lo hiciera con las máquinas electorales de la Florida, cuando reclamó se contasen uno a uno los votos sufragados a fin de salvar de su derrota al entonces Vicepresidente demócrata Al Gore.

El mediodía del 17 de agosto encontramos nuevamente a Carter, en compañía de Jennifer McCoy y del Secretario de la OEA. Le entregamos una carta, pidiéndole a nombre de la Coordinadora Democrática realizara una "auditoría integral", que incluyese los elementos electrónicos y de comunicaciones dispuestos para la jornada comicial. Su molestia no pudo ocultarla, a pesar del intento conciliador de Gaviria.

Carter ya había conversado con el Rector Rodríguez sobre los términos de la auditoria que realizaría horas más tarde, únicamente para satisfacer las dudas de la oposición. Y le resultaba bastante, como nos lo dijo, una selección "aleatoria" de las cajas contentivas de las papeletas de votación. Lo demás perturbaba, en su criterio.

En una gestión última para convencernos de participar en la auditoria posterior mencionada, el Centro Carter aseguró que estaría bajo su control el programa fuente para la selección "aleatoria" de las cajas a ser revisadas; sin mengua de la convicción que les animaba –según un decir del técnico brasilero de la OEA– en cuanto a la imposibilidad material de que se sustituyesen fraudulentamente todas las cajas o urnas electorales.

E. *Realidades incuestionables*

(1) El 23 de agosto siguiente supimos la verdad cruel de la auditoria de Carter. El programa de selección aleatoria dispuesto por sus técnicos –un programa Excel sencillo– falló por "razones técnicas". En su defecto usaron el programa del Rector Rodríguez, preparado para la frustrada auditoria del 15 de agosto. En su informe respectivo, enviado a nuestras manos por Mc Coy, el Centro Carter admite, en efecto, que "la muestra fue generada por personal del CNE".

Los dígitos para hacer funcionar el programa de selección aleatoria, por lo demás, los introdujo la "mano inocente" de Tibisay Lucena, también Rectora Electoral del "chavismo". De modo que, al Centro Carter le era fácil declarar como imposible lo innecesario para el Gobierno: "reprogramar 19.200 máquinas de votación para que imprimieran nuevos comprobantes... y reintroducirlos en cajas" fraudulentamente sustitutas.

Los observadores, por otra parte, dijeron haber dormido largas horas con las cajas seleccionadas "aleatoriamente", para impedir su sustitución. Pero en los casos de los Estados Lara y Bolívar, les fue necesario esperar largas horas en las guarniciones, hasta que tales cajas llegaron a sus manos. Y las cajas de Caracas, a su vez, no estaban como se creía en Fuerte Tiuna. Les fue indispensable, al efecto, esperar otras horas más.

Cada una de las cajas seleccionadas para la auditoria, en igual orden, habría de tener un precinto de seguridad sobre el cual estarían, supuestamente, las firmas de los miembros de la mesa electoral correspondiente, y firmantes a su vez de las actas electrónicas sujetas a validación. Lo cierto fue que en momento alguno se confrontaron las firmas de uno y otro elemento para advertir sus coincidencias o incongruencias, según nos lo comentaron observadores presentes.

El resultado de la auditoria, con todo y lo dicho antes "mostró –para Carter– que las máquinas eran muy precisas". Así de simple.

(2) En cuanto a los mal llamados topes, es decir, las identidades numéricas advertidas en los resultados ofrecidos por distintas máquinas electorales de una misma mesa electoral, con números de electores variables, dijo Mc Coy en carta dirigida a nosotros y apoyándose en el profesor Jonathan Taylor de la Universidad de Stanford "que la posibilidad estimada de que dos o tres máquinas tengan exactamente los mismos resultados se compadece efectivamente con los resultados reales".

Lo veraz es que las identidades numéricas se dieron, hasta donde investigó el Centro Carter, en 713 mesas electorales, vale decir, en aproximadamente 2.000 máquinas, o sea, en 2.000 actas electrónicamente expedidas.

Taylor, a todo evento, declaró más tarde sobre los errores de su juicio inicial, por informaciones limitadas.

(3) Es cierto, finalmente, que la votación alcanzada por la oposición, según las cifras de los Rectores progubernamentales, superó el número de las firmas recolectadas por la oposición para cumplir con el quórum constitucional que le permitió solicitar el referéndum del caso; y que, si se hubiese respetado el artículo 72 constitucional, también eran suficientes, sin más, para revocarle el mandato a Chávez.

Sin embargo, no hizo ni tuvo tiempo, ni quiso hacérselo el Centro Carter para revisar y preguntarse, como sí lo hiciera el Profesor Ricardo Hausmann de la Universidad de Harvard, sobre la relación y congruencia, mesa por mesa y de manera conjunta, tanto del monto de las firmas recolectadas por la oposición antes del referéndum como de los resultados de los exit polls mencionados; contrastando ambos datos y a la vez, empíricamente, con los datos electrónicamente obtenidos durante el referéndum del 15 de agosto.

En el criterio de Hausmann, luego de su investigación, la probabilidad de fraude a la voluntad popular fue de 99 %. Mc Coy, por su parte, se contentó con un juicio de valor subjetivo: "algunos de los firmantes quizá apoyaban el revocatorio como un derecho..., aunque ellos mismos no quisieran la salida del Presidente Chávez".

# 10. EL FRAUDE DE LA OBSERVACIÓN INTERNACIONAL

1° de octubre de 2004

La observación del referéndum revocatorio del pasado 15A ha suscitado insólitos informes, cuyos efectos sobre el prestigio de la veeduría electoral interamericana no podemos medir aún.

La OEA y Jimmy Carter, como se sabe, concluidos los comicios y terminada la auditoria de resultados que diera por ganador a Hugo Chávez: acordada ésta por el ex presidente norteamericano con el Rector oficialista, Jorge Rodríguez, respaldaron las cifras de votos emitidas por el ente electoral y dieron por finalizadas, así, sus tareas amén de satisfechas, según sus opiniones, las preocupaciones de fraude esgrimidas por la oposición.

Según los informes escritos sucesivamente por el hoy ex Secretario del órgano hemisférico, César Gaviria, por el Embajador brasilero Walter Pecly Moreira y por Jimmy Carter, palabras más, palabras menos, en el referéndum se utilizó "un sistema electrónico de alta sofisticación tecnológica" (Pecly) para "establecimiento del voto electrónico" y mediante "equipos y sistema" adquiridos de "manera poco transparente"; creándose, así, "un innecesario clima de desconfianza" (Gaviria), provocador de "sospechas o posibilidades de que computadoras centrales impartiesen instrucciones a las máquinas" (Carter).

En lo particular, Carter señala que se trató de un proceso "afectado por algunas irregularidades, demoras, politización e intimidación". Y una "marcada falta de transparencia" también acompañó a la toma de decisiones generales del Poder Electoral. Tanto que "las decisiones más controversiales, en particular aquellas que favorecían al Gobierno, se tomaron por un voto de 3-2", no encontrándose "evidencia ni en una sola ocasión de una decisión favoreciendo a la oposición con votación dividida de 3 contra 2".

## A. *La observación internacional de elecciones*

La observación internacional de elecciones fue debatida por vez primera durante la V Reunión de Consulta de Ministros de Relaciones Exteriores celebrada en Santiago, en 1959. La reacción contra los gobiernos de facto, con independencia de sus filiaciones ideológicas, hizo que la OEA prestase cooperación técnica en la República Dominicana (1961), Costa Rica (1962) y Nicaragua (1963), luego de lo cual y hasta 1988 ejecutó 14 misiones de observación, siendo su primer despliegue masivo en las elecciones de Nicaragua (1990), que determinaron la salida del poder del Sandinismo. Su primer revés, según se dice, tuvo lugar en Perú durante las elecciones de Fujimori.

El mecanismo fue institucionalizado por la Asamblea General de la OEA en 1991, cediéndole su conducción a la Unidad para la Promoción de la Democracia, creada antes, en 1990. Ella actúa no solo como promotora, observadora y constructora de consensos informales entre los actores políticos de los países miembros de la Organización; antes bien, apoya "a los Estados miembros que lo soliciten para preservar o fortalecer sus instituciones políticas y procedimientos democráticos" y "desarrolla estándares y procedimientos para la organización de misiones de observación electoral".

La aprobación de la Carta Democrática Interamericana en 2001, sin embargo, introdujo una corrección vital para la defensa del voto como derecho político y para su observación como elemento crítico de la democracia. La distinción entre democracia formal y de ejercicio determinó, en efecto, la consideración de las elecciones como elemento esencial de dicho sistema político y su estimación a partir de criterios que escapasen radicalmente a lo cuantitativo. En otras palabras, en lo adelante no basta que unas elecciones den resultados numéricos o sean conformes a las leyes del Estado que las realiza: En Cuba hay elecciones y también las hizo Hussein.

La Carta pide, pues, que las elecciones sean libres, justas, secretas y transparentes. De allí que las misiones de observación electoral no estén llamadas, como lo dicta el artículo 25, a cumplir un papel de contabilistas. Les corresponde dar cuenta de la existencia o no de "las condiciones necesarias" para "la realización de elecciones libres y justas". Así de simple.

B. *Pecly y Carter, aliados del régimen*

Los últimos informes sobre la observación en Venezuela detallan los condicionamientos a que estuvo sometido el referéndum revocatorio. Dicen sobre lo difícil que les fue a los observadores conseguir ser invitados y acerca de las prohibiciones establecidas por el CNE para la actuación libre de éstos, tanto que la Unión Europea decidió no hacerse presente. Cuentan que "la oposición también puede alegar que asistió al proceso en condiciones que le imponían cierta desventaja", para luego admitir lo inadmisible: "es muy difícil crear condiciones de total equidad cuando se compite contra cualquier presidente" (Gaviria).

El Embajador Pecly, quien a mediados del lejano diciembre de 2002 ya defendía a Chávez ante el Consejo Permanente de la OEA, esgrimiendo el carácter conspirador y golpista de la oposición venezolana y de la prensa, piensa, lógicamente, de un modo distinto a Gaviria y a lo prescrito por la Carta Democrática. En su informe dice que "el proceso se desarrolló normalmente, sin incidentes que pusieran en duda la transparencia e integridad del mismo". Y, luego de ajustar que "los ciudadanos que participaron... lo hicieron libremente, sin obstáculos que impidieran o limitaran la expresión de su voluntad, no registrándose casos de intimidación y violencia", desprecia las quejas de la oposición para sentenciar, a la manera de un juez nacional, que "ninguna de las denuncias recibidas, sin embargo, estuvo basada en hechos relacionados con las conductas tipificadas como delitos... en la Ley Orgánica del Sufragio".

La oposición, empero, tenía "dudas razonables" sobre los resultados del referéndum. No eran intrascendentes, como comienza a demostrarse, sus denuncias sobre las graves irregularidades acaecidas antes, durante y después de los comicios del 15 de agosto.

La inconsistencia de los resultados validados por los observadores con los "exit-pools" que señalaban, como el caso de SUMATE, la victoria de la oposición con una diferencia de 19.4 puntos; y el posterior descubrimiento por ésta de más de 2.000 actas electrónicas con patrones numéricos de votación idénticos –que no de porcentajes– en mesas con electores variables, motivó su inicial pedido a Carter de una auditoria "integral" para luego reconocer, si era el caso, el triunfo dictado en favor de Chávez. Más, lo veraz fue que Carter se opuso rabiosamente a tal exigencia, sin atender la mediación de Gaviria. Esgrimió, entonces, que los términos de la "nueva auditoría", dado el fracaso de aquella que hubo de ejecutarse el 15 de agosto, fueron convenidos por él con el Rector Rodríguez.

### C. *Gano Chávez con fraude, pero ganó*

Carter, coincidiendo con Pecly en cuanto a que "el voto del 15 de agosto expresó claramente la voluntad del electorado venezolano", tuvo, sin embargo, escrúpulos diferidos y ahora narra, con detalles, entre exposiciones y recomendaciones, la trágica verdad del referéndum que observara, así:

(1) El proceso de verificación de firmas se hizo con reglamentos "poco claros aplicados de manera inconsistente" y sin reconocer "la buena fe –e intención– de los firmantes"; (2) La verificación de firmas "duró más de 100 días, cuando por ley" debió hacerse en 30 días; (3) Durante el llamado "reparo de las firmas" impuesto por el CNE, emergieron "amenazas de pérdida de empleos o beneficios gubernamentales" contra quienes firmasen y no retirasen sus firmas; (4) El retiro de firmas impuesto por el Gobierno, "no se ajustaba a las normas electorales internacionales"; (5) Fue cierta la "significativa asimetría de recursos" entre el Gobierno y la oposición para sus campañas; (6) El "número de electores –inscritos en el Registro Electoral– había crecido desmesuradamente y demasiado rápido", aparte de que se dieron migraciones involuntarias de votantes hacia centros de votación distantes; (7) El CNE removió a todos los miembros de las Juntas Electorales designando en su lugar a militantes "chavistas"; (8) Hubo "promulgación tardía de normas cruciales"; (9) No se hizo –en contra de lo afirmado por Pecly– la auditoria convenida para el día de la elección; (10) Las actas de vota-

ción no se imprimieron antes de su transmisión electrónica, haciéndose posible que computadoras centrales impartiesen instrucciones a las máquinas; (11) La Fuerza Armada participó en la administración del proceso en las afueras y dentro de los centros de recolección de firmas y los centros electorales y "en algunos casos ese papel activo intimidaba a los electores"; (12) Tuvo lugar, en fin, "falta de transparencia en la toma de decisiones del CNE".

Aun así, Carter, coincidiendo con Pecly, se atrinchera para repetir que el "conteo rápido" de las actas electrónicas y los resultados transmitidos por las máquinas al centro de totalización "funcionaron correctamente". Mas acepta, coincidiendo con Gaviria, que "la oposición y los observadores internacionales no fueron autorizados para observar plenamente el proceso ni se les permitió observar los procesos de revisión interna".

Y añade, por si fuese poco, "que la certificación del software de las máquinas de votación no fue observada ni por representantes de los partidos ... ni por los observadores electorales"; aun cuando Pecly sostenga que "el sistema electrónico de votación y transmisión de datos ... fue adecuadamente auditado". Y concluye Carter, junto a Pecly y Gaviria, que no tuvieron acceso a "la sala de totalización"; salvo "a la 1 hora de la mañana del día 16 –como lo acepta el Embajador de Lula– "cuando fueron invitados a comparecer... a la Sala... donde se recibían y procesaban los resultados apurados de las llamadas actas que cada máquina de votación emitía".

D. *La auto-auditoría del CNE*

Lo cierto de esta tragedia, derivada en fraude, es que la OEA y el Centro Carter certificaron lo hecho y deshecho por el Poder Electoral y se apoyaron en los "quick count" o cuenta rápida de las boletas electrónicas. Se entregaron a la infalibilidad de una sofisticada tecnología montada por manos nada transparentes, como lo admiten ahora. Pecly, rompiendo todo record, fue capaz de aprobar tal ingenio en su fugaz observación, apenas iniciada una semana antes del referéndum.

La auditoría del 18 de agosto, para el conteo manual y aleatorio de las papeletas depositadas e impresas por cada máquina electrónica, tampoco se hizo como lo prometiera Carter: mediante un programa elaborado por su Centro. Al final, la muestra analizada "fue generada por personal del CNE" y mediante un programa del mismo órgano electoral auditado.

En suma, Chávez ganó con el apoyo de los observadores: quienes insisten en la victoria del remilgoso mandatario; pero aceptan, con "revelador" retardo, la conveniencia de examinar "todos los indicios o argumentos en contra del resultado oficial". Gaviria pide "una valoración independiente". Carter sugiere que el CNE y el Tribunal Supremo de Justicia investiguen a fondo las denuncias de fraude, "ofreciendo una explicación clara y pública". Mas convienen, ambos dignatarios, que "el Gobierno ha ido consolidando su control de todos los poderes públicos" y que "si las instituciones como las Cortes, el Poder Ciudadano y el Poder Electoral acaban dominadas por los partidarios presidenciales" cede la democracia y el Estado de Derecho.

Carter no deja de recordar, para coronar su hazaña, que "perder un empleo o beneficios nunca debe ser la consecuencia de haber escogido libremente una opción". Y se dice que será invitado por el CNE para las elecciones regionales y municipales. Quizá crea, a pesar de su dañosa ambigüedad, que la frase lapidaria de Gaviria hizo alguna mella: la oposición "debe confiar en las valoraciones técnicas que hagan organizaciones independientes". Sobre todo, si tienen como emisario a un Walter Pecly Moreira.

# III. SE ENTRONIZA EL SOCIALISMO DEL SIGLO XXI

# 1. PERSPECTIVAS DE LA SITUACIÓN POLÍTICA VENEZOLANA: LA NUEVA ETAPA

11 de febrero de 2005

A. *Contexto interno*

El año 2004 concluyó con algunos datos de relevancia que, en cierto modo, serán condicionantes, cuando menos, del panorama político nacional de Venezuela durante el tiempo sucesivo.

El referéndum revocatorio del pasado 15 de agosto y las siguientes elecciones regionales y municipales, más allá de los graves y precisos señalamientos opositores acerca del fraude electoral construido desde el Gobierno, hacen evidente tanto el agotamiento de la estructura bipartidista que rigiera entre 1959 y 1999 como la debilidad estructural que acusa el sistema democrático representativo de partidos.

Las sucesivas derrotas electorales de los partidos Acción Democrática –social demócrata– y COPEI –social cristiano– durante las elecciones presidenciales de 1993 y de 1998 a manos de opciones presidenciales extrañas al sistema –Caldera II y Chávez– muestran, desde entonces, una clara tendencia al respecto. Pero, la misma se agrava al constatarse, incluso, que los partidos emergentes: *v.g.* Proyecto Venezuela y Primero Justicia, incluso marcando claras distancias con el pasado no logran trasvasar todavía su común circunstancia de ser "fenómenos políticos regionales"; quizá en razón de haber sido éstos el producto de la "descentralización" política que estrenara Venezuela en la década de los '90 y que luego liquidara el modelo personalista, de fuerte centralización del poder, postulado por el Presidente Chávez y su Constitución de 1999.

Sin mengua de las muchas explicaciones que caben al respecto –ora en cuanto al señalado fraude, ora sobre los partidos– y que son propias al devenir local, cabe observar, eso sí, que la crisis del sistema venezolano de partidos no es tampoco ajena a la crisis contemporánea del Estado nacional y sus distintas correas de transmisión: así, los mismos partidos políticos, luego del monumental cambio histórico propiciado por el fin de la experiencia soviética, la emergencia del fenómeno de la globalización del comercio y de las informaciones, y el ingreso de la Humanidad en la Edad de la Inteligencia Artificial.

Resulta evidente, pues, dada la disolución de los vínculos tradicionales dentro de esa sociedad política que ha sido propia a la cultura occidental y democrática, la sucesión de un fenómeno de anomia peligrosa, que intenta recrear la experiencia democrática desde las acercas de la anti-política y apenas alcanza ser disimulada bajo el alegato de la reivindicación de la ciudadana, del rescate de la primitiva democracia directa, en suma, de un anómalo fenómeno de "ciudadanitis" o de institucionalización de la soledad humana.

La recomposición alcanzada por las distintas fuerzas democráticas, sociales y partidarias conocidas, alrededor de la inédita experiencia de concertación que significa en su momento la Coordinadora Democrática y a propósito del planteado referéndum revocatorio del mandato del Teniente Coronel (Ej.) Hugo Chávez Frías: fuerzas que –vistas en su conjunto numérico– el mismo Chávez reconoce en su significación dado que en los barrios pobres se habría dado "una importante votación de la oposición, y en el referéndum del 15 de agosto también" (Palabras ante la FFAA, para presentar "La nueva etapa: El nuevo mapa estratégico", *cit.* supra), en modo alguno cambia o modifica nuestra percepción anterior.

La experiencia indica, sin ambages, que la Coordinadora Democrática hace reposar la garantía de su eventual triunfo sobre la organización de base que le aportarían los partidos históricos y los emergentes, en tanto que éstos, a su vez, creen encontrar en la propia Coordinadora Democrática una ocasión excepcional para el renacimiento o para la afirmación. Los extremos indicados, en efecto, se constatan como falsos supuestos.

La dirección política efectiva del movimiento opositor, como se sabe, la ejerce a plenitud el Gobernador Enrique Mendoza, hoy miembro de la periferia social cristiana pero sin compromisos institucionales con el partido COPEI; y lo cierto es que ninguno de los partidos históricos o emergentes en cuestión y ni siquiera alguno de sus más avezados dirigentes pudo hacerse del espacio de liderazgo "personal" del indicado mandatario regional durante su desempeño y luego del revés electoral del 15 de agosto último.

Los partidos históricos, en suma, conservan hasta ahora los espacios de opinión cada vez más disminuidos que les dispensan algunos medios de comunicación social y dado que, tanto ellos como los partidos emergentes opuestos al "chavismo", aún conservan cierta representación minoritaria en la Asamblea Nacional.

Lo indicado, sin embargo, no postula en modo alguno la ausencia o falta de fuerza opositora real al Régimen dominante. Antes bien, si cupiese alguna consideración o reflexión a propósito de lo dicho es que Chávez es hoy consciente como nunca antes de que el país sigue fracturado en dos grandes bloques. Sus palabras más recientes son reveladoras:

"El pueblo, una parte del pueblo, nos ha elegido, pero no hemos ganado"; "porque esta gente saco 4 millones de votos, no crean que es para sentirnos victoriosos".

Se trata, eso sí, de dos bloques políticos en tensión, pero con características disímiles: Uno que acompaña al gobierno y que adquiere corporeidad y contextura clientelares alrededor del Estado –petrolero y redistribuidor– y acepta –por razones ideológicas, carismáticas o igualmente clientelares– someterse sin condiciones al conductor personal del Estado: Hugo Chávez Frías. Y otro que, a pesar de su fuerza numérica y más allá de su animadversión por todo cuanto significa Chávez, el "chavismo" o su modelo de "revolución", medra huérfano de capacidad para redistribuir –dentro de un colectivo tocado por la cultura de presente y el mito de El Dorado– y carece todavía de "cohesión" a la luz de un concepto o idea fuerza o, mejor dicho, de un "mito movilizador" –situado en la línea de los consensos alrededor de las expectativas de la población en su conjunto– que le permita fraguar, seguidamente y desde el punto de vista organizacional, como "alternativa de poder".

Chávez, entre tanto, se ha propuesto convencer a los opositores de que no existe alternativa posible fuera de "su proyecto" revolucionario: "Vamos a tratar de convencerlos, porque están equivocados", ha dicho el mismo gobernante.

Por lo pronto, los actores económicos y una parte de los medios de comunicación social han optado, dadas las circunstancias sobrevenidas, por una suerte de "modus vivendi" o esfuerzo de cohabitación con el Régimen, mientras que los antiguos, muy diversos cuanto dispersos miembros de la Coordinadora Democrática se debaten en el análisis de estrategias de reorganización o de supervivencia distintas, cuyos resultados están por verse.

AD sobrevive con lo que le queda de cuota de poder residual en las estructuras del Estado, pero sin aliento social conocido. COPEI se mueve entre la convivencia "democrática" con el Régimen y el sueño de reunificación de la dispersa familia social cristiana (Convergencia, Primero Justicia, Proyecto Venezuela). Primero Justicia, luego de la última jornada electoral y en donde se revela, según lo dicho, como fenómeno político urbano, focal y capitalino, lucha por alcanzar identidad propia haciendo su propia historia. Los sectores de la izquierda, que medran cercanos –dentro o fuera– a los predios gubernamentales, hoy se plantean el desafío de rescatar la experiencia de concertación de la CD dotándola de un objetivo preciso: morder directamente en el escenario de poder popular del "chavismo", mediante el uso de un discurso alternativo e igualmente contaminante. Otros sectores siguen reivindicando el valor eminente de un regreso hacia el control político, pero de manos de los ciudadanos, en la línea citada de la anti política y con rechazo del partidismo; mientras que algunos parlamentarios o grupos de representación de las minorías optan por estrategias unitarias y pragmáticas, que les permitan participar en las jornadas electorales del inmediato futuro (parroquiales, a la Asamblea Nacional, etc.).

A pesar de la señalada dispersión, todos los esfuerzos apuntan a la reorganización de la fuerza opositora, cosa que no menosprecia en modo alguno el Gobierno y menos el Presidente, quien en relectura reciente que hiciera de la obra Los Miserables de Víctor Hugo ajusta ante sus copartidarios lo siguiente:

"Hemos demolido el antiguo Régimen en los hechos, no hemos podido suprimirlo completamente en las ideas".

De allí que su objetivo y su instrucción a los miembros de su Gobierno no se hace esperar:

"Nadie vaya a pensar que somos invulnerables, no, somos sumamente vulnerables. Que nadie vaya a pensar que el enemigo está en retirada, en desbandada y listo, ganamos la guerra, y Mendoza anda escondido. No, no, no, el enemigo está ahí. Esto que estoy planteando acá –*El Nuevo Mapa Estratégico*– es la continuación de la ofensiva, para impedir que se reorganicen, hablando en términos militares, y si se reorganizaran: para atacarlos y hostigarlos sin descanso" [...] "Sabemos que detrás de ellos están los Estados Unidos que no van a descansar".

B. *Contexto internacional*

Por cuestionables que puedan ser los resultados del referéndum del pasado 15 de agosto –Chávez mismo reconoce que "si no hubiéramos hecho la cedulación, ¡ay dios mío! yo creo que hasta el referéndum revocatorio lo hubiéramos perdido" y de allí que le fuera necesario, como lo confiesa hoy, "pedirle apoyo a Fidel"– lo cierto es que la comunidad internacional otorga al Gobierno venezolano su beneplácito. Y, desde entonces hasta ahora, cuenta con un eco favorable que le ha sido restado a la oposición.

Los desajustes de gobernabilidad que padecen distintos países en América Latina –donde ocurre según Chávez "un gran forcejeo"– han hecho mermar, además, la atención de éstos sobre el fenómeno "chavista", que no sea para aquello que, en lo inmediato, interese a la cooperación económica y comercial regional o bilateral.

Cada realidad política local en la región no tiene, por lo pronto, otra opción de mirarse a sí misma y Chávez bien lo sabe.

Argentina, Brasil y México, sin embargo, cuentan con la fortaleza de sus estructuras federales, que les protegen, en lo inmediato, del efecto disolvente o de cambio político e institucional de corte populista y autoritario que ya hace cuerpo a lo largo del Continente. Siguen siendo, por lo mismo y sin mengua de la atención a sus problemas internos, factores importantes para la moderación o la "regulación de las crisis" que tengan lugar en el ámbito regional, incluida Venezuela.

Europa occidental, por su parte, se muestra proclive a la conservación de nuestro statu quo y realiza, por lo mismo, esfuerzos sino para mejorar y fortalecer cuando menos hacer más fluidas sus relaciones con el Gobierno de Chávez, dados los riesgos que, para los intereses europeos en el ámbito de la cooperación económica, comercial y sobre todo militar, apareja cualquier desestabilización del orden político interno.

Estados Unidos, a su vez y hasta fecha reciente, ha concentrado su atención en el tema electoral interno y en la reversión del "efecto Irak" que tanto daño les ha hecho a sus relaciones con los países occidentales y en la opinión pública de los mismos. Venezuela, en la práctica, más allá de su condición de país limítrofe con Colombia e incómodo para el normal desarrollo del Plan Colombia, aún no concita importancia sostenida dentro de la agenda de Washington.

En resumen, Chávez conserva y todavía cuenta con espacios de maniobra política y económica internacionales para la sustentación de su Gobierno y la adopción de todas las medidas políticas que reclama su proyecto de ruptura revolucionaria; y se beneficia, por si fuese poco, de la parálisis institucional que afecta a la Organización de Estados Americanos: ente responsable de la contención de las crisis democráticas y de los desbordamientos autoritarios en el Hemisferio.

Una muestra de todo lo anterior se aprecia en el efecto poco controversial y externo que suscitan las distintas y muy graves medidas legislativas que, sin solución de continuidad, conculcando incluso estándares democráticos interamericanos y mediando, además, una prevención al respecto por el último Secretario General de la OEA, César Gaviria, adopta el Gobierno de Venezuela durante los meses finales del pasado año e inicios del presente: La aprobación por mayoría simple parlamentaria de la Ley Orgánica del Tribunal Supremo de Justicia, que le confiere al "chavismo" un control total y definitivo sobre la administración de justicia venezolana; la aprobación por mayoría simple y sin cumplimiento del requisito constitucional de las leyes orgánicas de una Ley de Contenidos, para la censura por el Estado de los programas e informaciones transmitidos por radio y televisión; y, la reforma parcial del Código Penal, que "criminaliza" la disidencia política o de opinión; instrumentos éstos que, en su conjunto, hacen posible lo anunciado supra por el Presidente venezolano y en contra de sus opositores: "atacarlos y hostigarlos sin descanso".

El contexto internacional, sin embargo, no es para Chávez un simple elemento pasivo o escudo de protección. Antes bien, no concibe la viabilidad de su proyecto revolucionario y de desarrollo político y económico "endógeno" sin que tenga lugar, en paralelo, un cambio igual y profundo en el entorno internacional que le es inmediato. De allí, pues, que se haya planteado en lo inmediato –a tenor de *La nueva etapa: El nuevo mapa estratégico*– la ejecución de la fase más riesgosa y conflictiva del proceso: su internacionalización (Del dominio interno a la confrontación externa, según la descripción aportada por El árbol de las 3 raíces), tal y como se explica en el numeral infra siguiente.

La inauguración del año 2005 con los decretos de los gobernadores afectos al Régimen, propiciando una vez más –como en 1999 y 2000– invasiones indiscriminadas de tierras privadas de vocación agrícola o agropecuaria e incluso de tierras urbanas, es, en tal sentido y como hoy puede apreciarse mejor, antes que un acto de proselitismo interno una suerte de antesala a la visita que luego dispensa el mandatario venezolano a los integrantes del Movimiento los sin Tierra, en Brasil.

Recién, sin embargo, sobreviene una cuestión poco o parcialmente analizada por la oposición y por los distintos gobiernos extranjeros, que nace a contracorriente de la señalada "internacionalización del proceso" venezolano. Llega de manos de Colombia, jalona a la opinión pública internacional a la manera de avance preventivo o como una alerta que desnuda el juego estratégico planteado por Chávez, y que bien puede tanto estrecharle a éste los espacios de maniobra que la comunidad internacional le otorga luego del 15 de agosto pasado, a saber, la fatalidad de un desenlace cruento y criminal de las pretensiones expansionistas de la revolución "bolivariana".

Los datos del caso, situados y leídos de conjunto y en su contexto, evitando los aislamientos, son sugestivos y más que preocupantes:

- A pocos días de celebrado el referéndum revocatorio y en pleno debate sobre el fraude electoral denunciado por la oposición, la Canciller y el Ministro de Defensa de Colombia, denunciaron ante los medios internacionales que Chávez y su Misión Identidad hicieron entrega de 500.000 nacionalizaciones y cédulas de venezolanos a colombianos habitantes en la frontera: léase, a las FARC, el ELN, etc.

- La significación de tal denuncia, desde en el punto de vista de la seguridad hemisférica y de la seguridad interior colombiana, se vio menguada y fue superada, en lo inmediato, por otro hecho extraño por sus orígenes: Las FARC –señalada como afecta a Chávez– asesinaron varios venezolanos –entre ellos funcionarios de la empresa petrolera estatal– en la frontera.

- A finales del año, como consecuencia de la visita que realizara Chávez a Cartagena de Colombia, "jurando por su madre" no tener relaciones ni alianzas con la guerrilla y menos estar pensando en una guerra con el vecino país, la prensa de Bogotá da cuenta de un acelerado y desmesurado equipamiento militar por Venezuela y mediante contrataciones que habría efectuado con Suiza, Austria, España, Italia, Francia, Brasil, Rusia, China, entre otras naciones. Seguidamente, la prensa venezolana se hace eco de la situación indicada y realiza comparaciones entre el componente bélico colombiano y el venezolano.

- Seguidamente, sin hacer parte del guión planteado, el dirigente de Primero Justicia, Julio Andrés Borges, acusa al Gobierno de estar negociando con Colombia, de espaldas a la opinión pública venezolana, las áreas marinas y submarinas en el Golfo de Venezuela.

- En su último artículo del 2004, para el Diario El Universal, el Comandante Francisco Arias Cárdenas, compañero de Chávez en la asonada del 4 de febrero de 1992 y quien ha vuelto a su alianza con éste, le advierte sobre una supuesta alianza de la oligarquía colombiana con sectores trasnacionales interesados en una invasión militar multinacional en la zona fronteriza del Estado Zulia.

- El año se inicia, así las cosas, con dos incidentes similares, próximos en el tiempo, pero que concitan reacciones distintas en el Gobierno de Venezuela:

   a) Miembros de la policía colombiana son detenidos en el centro de Venezuela cumpliendo supuestas operaciones relacionadas con la lucha contra el narcotráfico, desconocidas por las autoridades locales y quienes son devueltos a Colombia a petición del Ministro de Defensa de dicho país, sin mediar reserva o queja alguna por parte del Gobierno de Chávez.

   b) Tiene lugar, bajo la dirección de funcionarios militares y policiales venezolanos, una operación irregular de secuestro del "Canciller" de las FARC en la ciudad de Caracas, entregado luego a las autoridades colombianas en Cúcuta y originándose, así, una grave crisis diplomática entre los Palacios de Miraflores y de Nariño. Mas, junto al debate acerca de la violación o no de la soberanía venezolana por Colombia, el eje central de la polémica pública fue el asunto de las nacionalizaciones e identificaciones como venezolanos otorgadas por el Régimen de Chávez a miembros de la guerrilla y en prueba de la protección que éste les ofrece.

- Acto seguido, en los días previos a la redacción de este memorando, el Sub Secretario de Estado norteamericano, Roger Noriega, hace pública su preocupación por los temas de la "reserva militar" popular y del equipamiento militar en Venezuela y el riesgo que éstos significarían para la paz en Colombia.

Los hechos anteriores, en conclusión, sugieren la definición paulatina de un probable teatro de operaciones o escenario puntual de conflictividad, dentro del cual, fatalmente, se le daría solución en uno u otro sentido a dos pretensiones en franca oposición: La de Colombia/USA a propósito de la paz reclamada por la nación neogranadina y la derrota final de la narco-guerrilla, dentro del marco del Plan Colombia y la de Venezuela/CUBA, en cuanto a las exigencias de internacionalización que se ha planteado para el año 2005 la denominada "revolución bolivariana".

### C. La Nueva Etapa y el "hombre nuevo": Desde el dominio interno hacia la confrontación externa

Las complejas circunstancias internas y externas precedentes serán, por fuerza, determinantes del cuadro político dentro del que se dará cualquier confrontación o forcejeo entre la fuerza organizada del Gobierno y la fuerza "anómala" pero irredenta de la oposición, en los días por venir. Teóricamente, la fortaleza transitoria del "chavismo" (estabilidad de los ingresos petroleros, control de todos los poderes públicos, ambiente internacional propicio) puede sugerir un escenario ganado para la estabilidad venezolana en la coyuntura y dentro del cual, por lo pronto, sigue actuando el propio Presidente Chávez a la manera de "repartidor supremo" del orden en curso y redactor de su agenda política.

Empero, el asunto o la cuestión colombo-venezolana mencionado puede estar sugiriendo la apertura de un decurso distinto o la presencia, según lo dicho, de un elemento innovador capaz de matizar la realidad política venezolana durante el año que se inicia y sujetarla a turbulencias; si acaso se acepta la hipótesis a cuyo tenor la naturaleza del proyecto constitucional y revolucionario puesto en marcha por Hugo Chávez postula, como lo prueban el documento sobre *La nueva etapa: El nuevo mapa estratégico* y el discurso de su presentación, un ingrediente externo e internacional necesario, inevitable y de clara conflictividad abierta.

Importa subrayar, entonces, que una vez como realizan las tareas de análisis y de definición de instrumentos las mesas de trabajo integrantes del Taller de Alto Nivel convocado por el Gobierno de Hugo Chávez durante los días 12 y 13 de noviembre de 2004, a objeto de preparar lo que se ha dado en llamar "La nueva etapa" de la revolución bolivariana, el mismo Presidente hace exégesis y presentación personal ante la Fuerza Armada y sus seguidores de las características de la fase siguiente de su lucha para afirmar y enraizar el proyecto político que defiende.

Los dos documentos que soportan "La nueva etapa": uno, con sus diez grandes objetivos estratégicos (objetivos específicos y herramientas) y otro, conteniendo la explicación coloquial del Presidente, son más que suficientes para saber por dónde pretende transitar el gobierno, a pesar de los peligros y los riesgos que pueda significarle tal empresa, en lo interno e internacional.

En lo inmediato, valga tener presente que se trata de una etapa de "definiciones", mejor dicho, de deslindes mayores. En efecto, a propósito del asunto colombiano y a manera de ejemplo, lo repetimos, si para el presidente Álvaro Uribe de Colombia y su esfuerzo por cerrar el círculo de la pacificación nacional resulta inevitable o necesario el deslindar entre los amigos o "enemigos" de la paz colombiana, pues se juega con ella su destino político y también su reelección, para Chávez, en su juicio y de acuerdo con sus más recientes palabras, ha llegado la hora de que se sepa que "el que está conmigo, está conmigo, [y] el que no está conmigo está contra mí".

La revolución bolivariana, en consecuencia, habiéndose hecho de todas las titularidades del poder público estadal [la IV etapa según El Árbol de las Tres Raíces, es decir, la consolidación interna] –y sobre el colchón del reciente referéndum revocatorio que, sin perjuicio de la tesis del fraude, la ha legitimado– se plantea ahora como objetivos, por una parte, convencer a los opositores en cuanto a que no hay vida alguna fuera del "proyecto" y, por la otra, avanzar y acelerar en "la conformación de la nueva estructura social del país" que le permita contar con el "poder real" y su control, que no solo con el poder nominal que le han dado los votos.

El predicado o finalidad última no parece ser otro que la utopía: Alcanzar el objetivo final señalado por Chávez, enunciado por él con anterioridad, justificativo de su reciente legislación punitiva: en lo particular la Ley de Contenidos o de mordaza para la prensa, y de abierta ruptura con el predicado occidental y cristiano sobre la "perfectibilidad humana": no existiendo ya –como el mismo mandatario venezolano lo dice– espacio para los "miedos":

*"No son los hechos, no es la superficie lo que hay que transformar, es el hombre [...], impregnados de una nueva idea, que no es nada nueva, es muy vieja, pero en este momento es nueva para este mundo".*

De allí, pues, las claras instrucciones dadas por Chávez para La Nueva Etapa y que han de cumplir los distintos actores de su gobierno y su partido oficial:

*"Divulgar y contribuir a la formación e identificación de la población con los valores, ética e ideología de la Revolución Bolivariana".*

*"Desarrollar [una] estrategia de divulgación e información hacia los EE.UU. para neutralizar elementos de acción imperial contra Venezuela".*

*"Educar a la población en los principios militares de disciplina, amor a la patria y obediencia".*

Chávez, en su exposición ante la Fuerza Armada no se ahorra las referencias al pasado y a la fuente dentro de la que inscribe su proyecto; pero ajusta, eso sí, que tanto él como sus compañeros de entonces "no teníamos dudas hacia dónde íbamos", aun cuando sí sobre "cómo hacerlo, si por la vía pacífica o por la vía armada".

Aclara el Presidente, sin embargo, que el comunismo como alternativa "no está planteado en este momento":

*"No nos estamos planteando eliminar la propiedad privada... Hasta allá no llegamos. No, nadie sabe lo que ocurrirá en el futuro, el mundo se va moviendo... No es el momento".*

Lo que si resulta manifiesto dentro de La Nueva Etapa es, por una parte y en cuanto al "nuevo sistema económico planteado", la decisión de "reestructurar el sistema de garantías y financiero actual público y privado" e "instrumentar la cogestión"; por otra parte, en lo atinente a lo político e institucional ("la nueva institucionalidad del aparato del Estado"), se desarrollará todo el marco jurídico –y las constituyentes del caso– para fortalecer "el poder popular" o el llamado control social sobre la vida misma de la nación y con vistas al modelo cuya inspiración primaria estaría subyacente en la Constitución de 1999. Tratase, en otra palabras, de activar la llamada estructura social de base, fundada sobre las UBES o Unidades de Batalla Endógenas, antes unidades de batalla electoral y hacia las que confluirían la suma de expresiones organizativas a que ha dado lugar la acción "revolucionaria" hasta el presente y contando no pocas veces con el concurso del gobierno de Cuba: los estudiantes de las Misiones, los militantes de los partidos oficiales, los Círculos Bolivarianos, los reservistas, el frente Francisco de Miranda, los comités de tierra urbana, los facilitadores de las mismas Misiones, etc.

En igual orden, el plan en cuestión reclamará de dos objetivos cruciales, dentro del cúmulo de los diez objetivos planteados: Profundizar y acelerar la conformación de la nueva estrategia militar nacional y, juntamente, la puesta en marcha de la V etapa de El Árbol de las Tres Raíces: la internacionalización del proceso, matizada en el documento sobre La Nueva Etapa como "impulso del nuevo sistema multipolar internacional".

Haciendo de lado el objetivo de construir "el nuevo pensamiento militar venezolano", que a juicio de Chávez debe llevarlos a reflexionar sobre "¿qué guerra nos pudiera tocar a nosotros luchar?" y a cuyo efecto sugiere "llamar a ex guerrilleros" para que le ayuden en la transformación del modelo militar imperante; y, asimismo, obviando por lo pronto comentarios sobre uno de los objetivos de tal estrategia castrense revolucionaria, como lo es el "desarrollo de la reserva militar" –suerte de milicia popular que ya depende directamente del Presidente de la República y que actúa de modo paralelo a los componentes militares regulares– cabe destacar, eso sí, lo que importa en el contexto de la internacionalización del proceso venezolano y de un modo perentorio:

*"Fortalecer las acciones defensivas en la zona fronteriza con Colombia por el desbordamiento de la violencia, causado por la implementación del plan Colombia".*

Es, así, propósito del proceso revolucionario, en lo inmediato, "continuar articulando la red internacional de apoyo a la revolución bolivariana".

La Nueva Etapa se sustenta, de tal forma, en una premisa que claramente resume Chávez en su exposición y que visualiza como proyección dialéctica de la alianza inicial lograda "hace tres años" entre Venezuela y Cuba, a saber:

La existencia, en opinión de Chávez, de un eje Caracas-Brasilia-Buenos Aires u Orinoco-Amazonas-Río de la Plata, sobre el que estarían ya corriendo "vientos fuertes de cambio" y su señalada contraposición a otro eje, monroista, "dominado por el Pentágono" y que correría en la línea Bogotá-Lima-La Paz-Santiago de Chile.

A tenor de la estrategia planteada y según las palabras del mismo Chávez, el objetivo inmediato de su revolución y de su acción será "quebrar ese eje".

La cuestión colombo-venezolana, vista dentro de esta perspectiva adquiere, por ende, un sentido más desafiante, muy preocupante y menos coyuntural.

La descripción del entorno realizada por Chávez a propósito de La Nueva Etapa y sus ideas para aprovecharlo en beneficio de la "revolución", no deja dudas en cuanto a la emergencia actual de un escenario inevitable de confrontaciones muy agudas en lo internacional y que suscita distintos grados de tensión, cuyos desenlaces finales no pueden pronosticarse si bien sus efectos, en el orden interno, podrían presagiarse como devastadores.

Veamos tal entorno y los propósitos que se ha planteado al respecto el Régimen, según las palabras del Presidente Chávez:

*"El acercamiento a España es algo vital para nuestra revolución, para nuestro gobierno y eso puede hacerse desde la más remota alcaldía de Venezuela".*

*"Los enfrentamientos entre los fuertes debe[mos] aprovecharlos... para [nuestra] estrategia". "La Unión Europea, vemos que esta se consolida y eso es muy importante para nosotros, para nuestra estrategia, porque eso debilita la posición de los Estados Unidos".*

*"En las repúblicas ex soviéticas ... queda un nutriente... Ahí quedó una semilla que ahora parece está rebrotando".*

*"China tiene mucho dinero y quiere invertir en estos países. Vamos a invitar a esos capitales chinos. Estamos en el nuevo momento, ellos fortalecidos, nosotros fortalecidos, es el momento de ensamblar".*

En África, *"el gobierno revolucionario hace esfuerzos sobre todo para focalizar relaciones con países estratégicos que nos permitan avanzar más en la relación... y, sobre todo, con una idea de apoyar a África, más que con la idea de que ese continente nos apoye".*

*"Somos amigos de Libia y del coronel Ghadafi".*

*"La República Árabe Saharaui Democrática... dependen de un presupuesto como de cien millones de dólares... Nosotros vamos a hacer un aporte este año".*

En cuanto a Estados Unidos, reza Chávez en La Nueva Etapa, *"utilizaremos todas las estrategias posibles, desde una estrategia de defensa móvil frente al gigante hasta el ataque".* *"Van a incrementar la agresión, estoy seguro, van a volver a hacer nuevos intentos por debilitarnos".*

*"Tenemos que atraer a Guyana".*

Chávez Frías, por último, sitúa en rango preferente y como elementos determinantes de su estrategia de internacionalización de la "revolución" las llamadas alianzas estratégicas, fundamentales en su criterio citado para "quebrar ese eje" Bogotá-Quito-Lima-La Paz-Santiago de Chile y promover la constitución de la "nación suramericana". De allí que se plantee, en lo adelante y para La Nueva Etapa, fortalecer dichas alianzas, es decir, "la red internacional de apoyo a la revolución bolivariana": situada más allá de los Estados y de sus gobiernos respectivos, a quienes sólo considera, por lo visto, aliados circunstanciales (Lula, Kirchner, Vásquez, Morales, López Obrador, etc.). A tal propósito, se propone Chávez la "organización de los diversos actores sociales" que considera claves "en el marco del modelo de desarrollo endógeno socio-popular" que tiene planteado y donde destacan:

a) En Brasil, el Movimiento los Sin Tierra, que estaría integrado por 100 mil hombres que Chávez dice dispuestos a defenderlo.

b) El movimiento indígena ecuatoriano, que contaría, según el mismo Chávez, con cuatro millones de indios, sin olvidar los de Perú y Bolivia.

c) Los movimientos campesinos de Centro América.

d) Los grupos de apoyo internacional en el ámbito de los intelectuales.

### D. *Hipótesis finales*

La realidad política venezolana mal podrá modificarse o estabilizarse durante el año que recién se inicia, fuera del contexto geopolítico regional e internacional que hoy la influye o en el que aquélla intenta ejercer su propia influencia.

El proceso político nacional dentro de La Nueva Etapa, por lo mismo, se desarrolla en un ambiente de mayor o menor conflictividad según sean vitales o no los intereses externos que afecte la "revolución bolivariana" en su expansión pretendida y con independencia de la mayor o menor incidencia que sobre el orden interno pueda tener la oposición política, reorganizada o no.

De darse un escenario de probable inflexión o de deterioro en las condiciones de gobernabilidad presentes en el país y por obra de la misma "internacionalización" que plantea el proceso revolucionario, su desenlace, regular o no, depende de los niveles de articulación que puedan alcanzar las fuerzas opositoras y su fragua como "alternativa real de poder". De lo contrario, como lo dicta la experiencia histórica universal, a todo período de disolución política y social nacional, que sea producto de la conflictividad interna o internacional, de ordinario sigue otro período en el que la razón de orden público se impone por la vía de los hechos.

### E. *Documentos de apoyo*

- La nueva etapa: El nuevo mapa estratégico, Caracas, Presidencia de la República Bolivariana de Venezuela, 2004.

- Exposición oral de La nueva etapa, por Hugo Chávez Frías, Caracas, 17 de noviembre de 2004.

- Las V etapas del proceso: El árbol de las 3 raíces, Caracas, s/a, s/f

## 2. "LA NUEVA ETAPA: EL NUEVO MAPA ESTRATÉGICO DE LA REVOLUCIÓN BOLIVARIANA": HACIA EL COMUNISMO DEL SIGLO XXI[1]

3 de abril de 2005

*"En esta Nueva Etapa el que está conmigo, está conmigo, [y] el que no está conmigo está contra mí". Hugo Chávez Frías, 12 de noviembre de 2004.*

A. *Preliminar*

La presentación sistemática y sobre bases objetivas de la realidad política e institucional de Venezuela con vistas a su futuro inmediato: que es también muestra de una tendencia regional en América Latina, mal puede prescindir de lo factual, es decir, de sus índices sociales y económicos más relevantes.

A manera de introducción de este discurso más amplio sobre La Nueva Etapa de la Revolución, cabe observar desde ya lo que en su esencia y significación ha sido y es la V República que nos lega el actual presidente venezolano, Teniente Coronel (Ejército) Hugo Chávez Frías; quien promueve y ofrece un modelo alternativo de democracia militar y bolivariana, participativa y de protagonismo popular, negada al partidismo, apoyada sobre un denominado Esta-

---

[1]    Los textos entre comillas son transcripciones directas de las fuentes citadas al final del documento.

do de Derecho y de Justicia, para así dar por concluida la experiencia de democracia civil y representativa que nos rige entre 1958 y 1998.

Lo primero que cabe señalar, a este respecto, es que Venezuela cuenta, sin lugar a dudas, con un Estado y un Gobierno todopoderosos, beneficiarios de una aparente y envidiable economía holgada; fundado, todo esto, sobre un esquema rentista y populista, y de capitalismo de Estado nada diferente del que nos acompaña hasta los tiempos recientes, pero que, nominalmente, quiere calificarse de revolucionario y de socialista de nuevo cuño, y que encuentra su nutriente principal en la actividad de extracción y de exportación petroleras.

Para 1998, así las cosas, nuestro ingreso era de 10,57 US$ por cada barril de petróleo, en tanto que, sucesivamente y en los años recientes dicho ingreso ha crecido hasta situarse, para el año 2004, en 43,27 US$ por barril. Ello explica, de manera directa y de suyo, el crecimiento habido de nuestras reservas internacionales, desde 14.849 millones de US$ en 1998, hasta 23.935 millones de US$ en 2004.

En contrapartida, sin embargo, la Revolución Bolivariana, que lleva 6 años y algunos meses desde su establecimiento, explotando su vocación de servicio, su solidaridad con las fuerzas redentoras que se inspiran en la experiencia cubana y alegando un indeclinable compromiso con los pobres y los excluidos; por lo demás, en abierta lucha contra los manoseados poderes imperiales, la globalización y las prácticas neoliberales, hoy nos revela, según sus propias estadísticas, los índices de desempeño siguientes:

La tasa de desocupación, según lo informa el Banco Central de Venezuela, pasa en nuestro país del 11,3% en 1998 hasta 19,2% en 2003, descendiendo sólo hasta 16,6% en 2004.

La deuda interna crece en 700% durante los primeros cuatro años del Gobierno de Hugo Chávez, al pasar de 2,3 billones de bolívares a más de 18 billones de bolívares para mediados de 2003, como lo informan la Bolsa de Valores de Caracas y Ven-Economía; en tanto que, la deuda externa sube de 23.304 millones de US$ en 1998 hasta 26.087 millones de US$ en 2004.

Durante el primer año del Gobierno revolucionario, según los datos de la Organización Panamericana de la Salud, la tasa de mortalidad por violencia crece del 5% al 16,9%. Tanto que, si en 1998 fallecen 4.550 personas por homicidios, para 2003 mueren más de 11.000 personas a manos de la criminalidad: 30,2 personas por día en una población que, según lo afirma el Instituto Nacional de Estadísticas del sector oficial, suma 25.000.000 de habitantes para el primer semestre de 2002.

Una de las razones de esta grave circunstancia, muy dolorosa para la sociedad venezolana, puede constituirla otro dato de significación. Para 1998 la pobreza general alcanza al 60%, en tanto que, como lo revela uno de los más reputados estudiosos de la pobreza en Venezuela y profesor de la Universidad Católica Andrés Bello, Luis España, para el año 2002 el índice sube hasta el 73.4%. La pobreza crítica, por lo demás y para mal de males, pasa de 30% a 36,4% durante dicho período. Dicho esto en términos más concretos y apelando nuevamente a las cifras gubernamentales, entre pobres y pobres extremos, suman 16.475.173 las personas carenciadas dentro de los 25 millones de habitantes que tendría Venezuela: el 65,3 % se sitúa en el estrado de los pobres, a fin de cuentas.

B. *Reingeniería constitucional para el Estado totalizante y personalista*

El 12 y 13 de noviembre de 2004 se realiza, en Fuerte Tiuna, sede de la Fuerza Armada venezolana, un Taller de Alto Nivel organizado y dirigido personalmente por el Teniente Coronel (Ejército) Hugo Chávez Frías, Presidente de la República, con el objeto de producir "los diez grandes objetivos estratégicos" que han de marcar, en su criterio, La Nueva Etapa de la Revolución Bolivariana: guía de navegación para los años 2005 y 2006, cuando concluye, formalmente, el anormal período constitucional en curso.

Dos documentos fundamentales contienen el diseño y explican los objetivos específicos y las herramientas de esa suerte de "Nuevo Mapa Estratégico", como igualmente se le llama al trabajo de reflexión y a la suma de las decisiones adoptadas por Chávez Frías en tal circunstancia: Uno es el discurso de presentación del propio mandatario, y otro es el documento publicado el 17 de noviembre siguiente que, según se revela en su encabezamiento, "contiene los objetivos estratégicos definidos" por el mismo Jefe del Estado. Y su inspiración, como éste lo revela ahora y sin reservas, no es otra que el ideario que fuera causa y "producto de un hecho histórico y de una planificación estratégica": los golpes de Estado "del 4 de febrero y del 27 de noviembre de 1992"; ideario acerca del que sólo se plantea un dilema todavía no cerrado, es decir, imponerlo "por la vía pacífica o la vía armada".

La lectura concordada de ambos documentos no deja espacio para las interpretaciones menudas, dado que, sin ambages, ellos descubren y muestran el rostro auténtico –hasta ahora oculto o sinuoso– de la revolución "chavista"; y plantean una suerte de "reingeniería" constitucional fáctica para la Venezuela Bolivariana o, cuando menos, señalan los alcances interpretativos que, en lo sucesivo, han de tener las reglas de la Constitución de 1999.

Tanto es así que dichos papeles oficiales, originados y soportados en el control que desde ya ejerce el gobernante venezolano sobre la totalidad de los poderes públicos constituidos, se permiten, sin una nueva apelación al Poder Constituyente, disponer medidas para la "conformación de la nueva estructura social" de Venezuela, "la construcción del nuevo modelo democrático de participación popular", la "creación de la nueva institucionalidad del aparato del Estado" y del "nuevo sistema económico", entre otros objetivos.

Si bien, en lo nominal, se trata de un arbitrio presidencial o de gobierno, La Nueva Etapa se toma la licencia de adoptar medidas para la reorganización institucional y operativa de los otros poderes: el Sistema de Justicia, la Contraloría General de la República, el Ministerio Público, así como para el rediseño de "la estructura funcional del Estado en todos sus niveles" y la construcción de "la nueva institucionalidad revolucionaria municipal, estadal, y nacional, la cual fortalezca el poder popular" e institucionalice "las misiones" creadas con el apoyo de Cuba, a fin de darles "sustentabilidad".

La idea del Estado unitario, totalizante y personalista no merma en la reflexión de Chávez, antes bien se afirma como desiderátum inexcusable; a un punto tal que, durante su señalado discurso, dirigiéndose a los Gobernadores de Estado y a los Alcaldes Municipales presentes los intima de manera directa: "De aquí nadie debe retirarse hasta que no termine la última letra de esta reunión, y yo les ruego la máxima atención a todas las exposiciones y les ruego que tomen nota".

Luego los previene, sin más: "Aunque no puedo destituir a alcaldes, ni a gobernadores, si puedo hacer otras cosas ¿no? Quiero que sepan que en esta nueva etapa el que está conmigo, está conmigo, el que no está conmigo está contra mí".

C. *Hacia la demolición de las viejas ideas y de los viejos hombres*

En su introducción discursiva Chávez recrea sus palabras, *in extensu*, a partir de la obra clásica Los Miserables, de Víctor Hugo y recuerda el diálogo entre el Obispo Myriel y un anciano moribundo quien había participado de la Revolución, para luego decir con éste lo esencial: "No me creo con el derecho a matar un hombre, pero me siento en el deber de exterminar el mal".

El mesianismo, pues, aflora como constante y guía de La Nueva Etapa. "No son los hechos, no es la superficie lo que hay que transformar, es el hombre", ajusta Chávez antes de imaginarse y describir, a partir de él mismo, el hombre nuevo que se propone construir. "Yo a veces entro en conflicto tremendo con Dios y creo mucho más en Cristo, el ser humano, Cristo el hombre, pues", se dice a sí para destacar todas las renuncias que debe asumir un verdadero líder revolucionario.

Para él, en efecto, no puede ser un hombre de la revolución quien se preocupe de los ataques que pueda recibir "la familia" ni aquél quien aduce que "la mujer me va a pegar o se va a poner brava conmigo" o "los hijos se me van a alejar": "El que tenga esos temores no puede ser un líder revolucionario, es imposible que lo sea y no sirve para ser alcalde revolucionario, ni sirve para ser gobernador revolucionario. No sirve para ser nada", concluye el mandatario.

De allí que La Nueva Etapa se proponga "ir conformando sólidamente" a este Hombre Nuevo en "su estructura mental, ideológica; su estructura espiritual, moral". Pero mal se puede tratar, en el caso, de un hombre redimido o convertido, o de un hombre que esgrima su unicidad en la diversidad o defienda el carácter inmanente de su dignidad, tal y como lo dicta la cultura cristiana y occidental. Porque de lo que se trata, lo dice el propio Chávez, es de la fragua del hombre con conciencia "adquirida", ceñido al credo de la revolución y que se forme "aprendiendo del colectivo, aprendiendo del pueblo, utilizando esa poderosísima arma que es la dialéctica".

La instrucción dirigida a sus colaboradores y a los responsables de La Nueva Estrategia Comunicacional no se hace esperar. Es muy precisa según el gobernante venezolano: "Divulgar y contribuir a la formación e identificación de la población con los valores, ética e ideología de la Revolución Bolivariana" y "desarrollar acciones comunicacionales de promoción de valores, ética e ideología bolivariana".

Dicha iniciativa, sin embargo, no puede cristalizar en el marco de un orden signado por la tolerancia y, por lo mismo, al referirse a La Nueva Estrategia Militar Nacional, dentro de un modelo que predica la unión del pueblo y las Fuerzas Armadas, Chávez fija como objetivo de su gobierno "educar a la población en los principios militares de disciplina, amor a la patria, y obediencia".

En suma, La Nueva Etapa, aquí sí, no hace sino realizar el cometido de estirpe hegeliana que dicta la Constitución de la República Bolivariana en su artículo 3 y a cuyo tenor corresponde al Estado, dentro de sus fines esenciales, "el desarrollo de la persona". De modo que, de tal forma también se explican así las iniciativas oficiales de reciente data –anunciadas por el Ministro de Educación, Cultura y Deportes, Profesor Aristóbulo Istúriz– para la conformación del Estado Docente, que con el apoyo del pueblo organizado hace suya la conducción plena de todos los establecimiento educativos y la definición de contenidos programáticos compatibles con los valores de la revolución (artículos 1 y 102 constitucionales): "Regulación del estudio de los nuevos valores de la democracia participativa en los planes de estudio de la educación básica", es la herramienta que dispone, textualmente, el documento de La Nueva Etapa.

D. *El poder de los pobres: eje de La Nueva Etapa*

El encumbramiento del Estado, su conducción unitaria y personal así como la fragua, mediante los instrumentos de la comunicación social, de la educación o de la instrucción militar, de un Hombre Nuevo, por importantes que sean, parece entenderlos Chávez como instrumentales a un objetivo fundamental que justifica a la revolución –como ruptura– y a sus medios, fuesen los que fuesen: "Dar poder a los pobres" para eliminar la pobreza y todo ello dentro de una línea estratégica que junto a la señalada "debe dominar todo el plan", La Nueva Etapa: la igualdad, "lograr una sociedad justa, de iguales".

A tal propósito, La Nueva Estructura Social, que es el objetivo primero de El Nuevo Mapa Estratégico, ha de realizarse en línea con distintos objetivos específicos que se resumen en la idea de la preeminencia de "los derechos sociales" y su disfrute universal: resolviéndose, a favor de éstos y de un modo regresivo, la añeja diatriba que al principio opone tales derechos a los de primera generación: civiles y políticos, subordinándolos a éstos y que hoy, según la doctrina universal y los tratados internacionales en vigor, coexisten en paridad: por interdependientes y necesitados, recíprocamente, los unos de los otros.

Chávez dice alejarse de las utopías y pide a sus colaboradores sólo "avanzar" –pero "avanzar aceleradamente y en mayor profundidad"– hacia el objetivo planteado: "la sociedad de iguales" producto de "una revolución social". Mas ello no ha de significar, como lo recuerda también el Presidente, modificación del norte establecido, aun cuando desde el punto de vista táctico se vaya "avanzando pasito a pasito" y si necesario "de vez en cuando echando para atrás".

Las páginas de El Mapa Estratégico plantean objetivos que van desde el "combate a la inequidad social", "la exclusión" y "la pobreza", pasando por el mejoramiento y aumento de "los niveles educativos", la democratización del "acceso a la educación inicial", "la eficiencia del sistema integral de salud pública" y "la prevención de las enfermedades endémicas", para llegar a la exigencia de "apoyar e impulsar los órganos de protección de niños, niñas y adolescentes" y dar "acceso a la vivienda y a los servicios urbanos".

El discurso de Chávez, empero, revela lo que como obra de su experiencia y luego de seis años de gobierno deriva en frustración personal: "Sobre los niños de la patria (...) nosotros estamos en deuda"; "el Ministerio de Salud, eso no ha servido para nada, ahí ha habido planes, yo les he dado recursos"; "el problema de las drogas es un problema gravísimo (...) yo quiero ver resultados"; en fin, "Chávez no puede ser el alcalde de toda Venezuela". Los datos sobre el incremento de la pobreza y la marginalidad durante su mandato, período durante el cual el Estado recibe recursos por concepto de ingresos petroleros nunca antes imaginados, son dramáticos.

La culpa de la ineficiencia institucional y de sus efectos sobre la inequidad social tienen para el Presidente, en todo caso, una clara explicación, quizá la única por manida: el "modelo económico", cuya transformación –lo reconoce Chávez– "no se decreta, eso es lento y hay que darle y darle y darle, pero hay que saber que eso es lento".

En consecuencia, la conformación de La Nueva Estructura Social se concreta, según los documentos de La Nueva Etapa, por una parte, a un elemento mítico, movilizador y de neta extracción ideológica: el fortalecimiento de "la identidad, la autoestima y la autogestión de los pueblos indígenas" y el "valorar y reconocer las historias, las culturas y conocimientos tradicionales y autóctonos", dentro de cuyo contexto signado por lo "endógeno" queda situado el señalado Estado docente bolivariano: que se expresa, según el discurso presidencial, en "las escuelas bolivarianas", "la universidad bolivariana", "los liceos bolivarianos". Por otra parte, se concreta o reduce La Nueva Estructura Social a una herramienta de efecto coyuntural, pero ineludiblemente llamada hacia la institucionalización (léase, institucionalización de la coyuntura o de la emergencia social permanente) y de suyo políticamente 'domesticadora': "las misiones" cubanas Barrio Adentro, Robinson, Ribas, Sucre, Guaicaipuro, etc.

Chávez entiende las misiones, así, más allá de lo propiamente social: la erradicación de la pobreza. Las sitúa, mejor aún, como el arma para "la conformación de La Nueva Estructura Social". La misión, a la luz de La Nueva Etapa, surge como el paradigma, es la semilla para dar "poder a los pobres". Se trata, pues, de un compromiso para "consolidar, fortalecer, apuntalar y profundizar, perfeccionar y avanzar" con las misiones y que ha de asumir cada Alcalde revolucionario. Por ende, el reclamo presidencial, otra vez, no se hace esperar en procura de la mayor solidaridad de sus seguidores con las necesidades de las legiones cubanas. Los médicos cubanos, observa Chávez en su discurso, "duermen en el suelo, no chillan por nada y tienen una experiencia, en Angola, en Centroamérica, muchos de ellos en África y han vivido situaciones peores, pero eso no es justo".

Las misiones sociales, a fin de cuentas, derivarán conforme al dictado de La Nueva Etapa en "comités de salud, casas de alimentación", "mesas técnicas de servicio como medio de ejercicio de gobierno participativo"; organización de las misiones, asimismo y según lo indica el llamado Nuevo Modelo Productivo a que da lugar la creación del Nuevo Sistema Económico, como "unidades de producción de economía popular" y propiciadoras del "autoempleo".

E. *Hacia la fragua del Estado comunicador, inhibidor del imperialismo y promotor de la revolución*

La Nueva Estrategia Comunicacional, descrita en los documentos gubernamentales sobre La Nueva Etapa: El Nuevo Mapa Estratégico de la Revolución Bolivariana para los años 2005-2006, no concita mayores comentarios por parte del Jefe del Estado durante su exposición de noviembre pasado, en Fuerte Tiuna. Todo lo que hay que decir, en lo particular acerca de los medios de comunicación social privados, esta dicho por el señalado mandatario a lo largo de su primer y segundo período constitucional.

La sanción de la Ley Mordaza o Ley de Responsabilidad Social en Radio y Televisión, que le otorga al Estado el control sobre los horarios y contenidos programáticos e informativos de dichos medios privados entre las 5 a.m. y las 11 p.m. de cada día, hace inútil cualquier otra referencia al respecto. Y, si se trata de la reciente Reforma Parcial del Código Penal, que consolida y agrava en sus penas los delitos de desacato u opiniones que afecten a los funcionarios públicos o que mantengan, por ser falsas, en zozobra a la colectividad: 'criminalizándose' así la disidencia, puede decirse lo mismo.

Quizás, la única referencia documentada al respecto no sea otra que la relativa a la "creación de la red de los centros de poder popular", a fin de "reforzar el empoderamiento popular en materia comunicacional" y a propósito de la Ley Mordaza o de cara al control por el Gobierno de la prensa no oficial.

De modo que, en el plano de lo discursivo, Chávez se limita durante su explicación del documento sobre La Nueva Etapa a dos aspectos sólo de la comunicación gubernamental: (1) La autorización a sus seguidores para que declaren y eviten pensar en lo adelante que como "Chávez es un comunicador, entonces, yo me repliego". (2) La exigencia es "para que le expliquen a la población las decisiones negativas, como los incrementos inevitables de los precios agrícolas y comestibles o los del Metro, insistiendo en que a través de las Casas de Alimentación podían adquirir sus alimentos con cero inflación".

Las láminas que fijan los objetivos y herramientas de La Nueva Estrategia Comunicacional, sin embargo, son prolijas. En ellas se descubre el sentido y propósitos de la comunicación pública o estatal que se plantea la revolución. La Nueva Etapa implicará, así, "potenciar las capacidades comunicacionales del Estado" y "fortalecer los medios de comunicación públicos" (redes regionales de TV, portales web de las instancias locales y regionales de gobierno y "potenciación del portal" del Gobierno Nacional, Agencia Bolivariana de Noticias, habilitación de radios comunitarias, Tele Sur, página web de las misiones cubanas etc.), con miras a dos objetivos fundamentales: uno, "promoción de valores, ética e ideología bolivariana", en modo tal de que se pueda "divulgar y contribuir a la formación e identificación de la población con los valores, ética e ideología de la revolución bolivariana"; otro, "desarrollar [una] estrategia de divulgación e información hacia los EE.UU para neutralizar elementos de acción imperial contra Venezuela".

En suma, se trata de una Nueva Estrategia que, como lo dice y no lo ocultan los documentos oficiales del caso, busca "conformar matrices de opinión favorables al proceso". De allí que, dentro de las herramientas cuente la "creación de grupos de formadores de opinión, comunicólogos e intelectuales" que le sirvan al Gobierno para tal propósito. Y, como el proceso, según lo visto, desborda los límites de lo nacional para insertarse en un ámbito de confrontación revolucionaria y comunicacional con el exterior, se cita como parte de la estrategia oficial para impulsar El Nuevo Sistema Multipolar Internacional la articulación de una "red internacional de apoyo a la revolución bolivariana" y también la organización en el extranjero "de los diversos actores sociales en el marco del modelo de desarrollo endógeno socio-popular": vale decir, el establecimiento, bajo patrocinio del Gobierno de Chávez, de relaciones que desborden lo diplomático e intergubernamental y permitan el vínculo entre la Revolución Bolivariana y los movimientos o personas que en otros países compartan sus ideales.

F. *Democracia participativa sin partidos, ni contrarrevolución*

La consolidación de un Estado totalizante, que permita forjar el Hombre Nuevo: hecho a imagen y semejanza de la Revolución Bolivariana, que entienda el carácter bienhechor de las misiones cubanas traídas por Chávez a Venezuela y que permita, como lo expresa la documentación oficial, "trascender –destruir ¿?– el modelo capitalista", que no sería viable sin un cambio y sin un control profundo sobre las fuerzas políticas e ideas que puedan oponérsele. De modo que La Nueva Etapa se plantea como parte de El Nuevo Mapa Estratégico incidir en o procurar el cambio de los contextos políticos interno y exterior dentro de los que fluyen y se desenvuelve la revolución.

La Revolución, lo dice Chávez en su relectura de la obra Los Miserables, ha demolido en lo interno el viejo régimen, pero no las ideas. De modo que, a la luz de su discurso y de cara a la oposición política venezolana, el planteamiento presidencial insta, en primer lugar, a no subestimar la fuerza opositora dado que le atribuye una suma de 4 millones de votantes; y es derrotada durante el referéndum revocatorio del 15 de agosto pasado –según el mismo Presidente– por obra de la Misión Identidad y con el apoyo de Fidel Castro: "Si no hubiéramos hecho la cedulación, ¡hay Dios mío! yo creo que hasta el referéndum revocatorio lo hubiéramos perdido (...). Empecé a pedirle apoyo a Fidel (...) y me dijo: Si algo se yo es de eso, cuenta con todo mi apoyo".

La entrega de más de 500.000 cédulas de identidad como venezolanos a colombianos residentes en la frontera –entre éstos miembros de las FARC y del ELN– tal como lo denuncia la misma Canciller de Colombia, Carolina Barco, tuvo su efecto; pero Chávez es consciente del carácter coyuntural de su acción. Y, por lo mismo, a propósito de La Nueva Etapa, ha dispuesto "la continuación de la ofensiva, para impedir que se reorganicen [los opositores], hablando en términos militares, y si se reorganizaran: para atacarlos y hostigarlos sin descanso".

No hay democracia, a tenor de La Nueva Etapa, sino dentro de la revolución y con los partidos afectos a la misma. Así de simple. Por ende, el programa de reorganización política planteado por el Gobierno de Chávez, cubre tanto la construcción del Nuevo Modelo Democrático de Participación Popular cuanto el desarrollo de La Nueva Estrategia Electoral.

En lo participativo, lo esencial es la consolidación de "la nueva estructura social de base": la señalada institucionalización de las misiones cubanas y su derivación, de conjunto a los miembros de la "reserva" militar –milicias bajo el mando directo del Presidente de la República– y de las Unidades de Batalla Electoral creadas durante el referéndum, en lo que ahora se llamarán Unidades de Batalla Endógena (UBES). Se trata, en efecto, de una organización celular y popular, de control social y de participación en el ámbito de lo público, difuminada a lo largo de toda la geografía nacional y que da lugar, en los niveles estadales, municipales y parroquiales a "la Nueva Estructura Bolivariana".

En el plano de lo político, pues, queda extinguida toda posibilidad de desarrollo de una democracia de partidos. Tratándose de los "partidos políticos de la revolución" –únicos a los que se refiere La Nueva Etapa– se les invita a "profundizar la democratización" y se les anuncia, como parte de La Nueva Estrategia Electoral y herramienta específica al respecto, la siguiente: "Fortalecimiento de una instancia única de coordinación y toma de decisiones de las organizaciones con fines políticos que apoyan al proceso". Y, a renglón seguido, se indica como objetivo del Nuevo Modelo Democrático "evitar la transformación social de la organización de base en estructuras partidistas".

Por lo pronto, en cuanto a lo electoral y en espera de la consolidación de la nueva estructura social de base popular, La Nueva Etapa se fija como objetivos, entre otros, "combatir las dudas sobre la legitimidad de los resultados electorales", el "aumento del Registro Electoral Permanente" y de la "transparencia en los procesos electorales", "derrotar la abstención", "promover el Registro Electoral Digital"; asuntos éstos que, *in totus*, quedan severamente comprometidos durante el referéndum revocatorio presidencial y dan lugar a las observaciones críticas realizadas por el Secretario General de la OEA, César Gaviria e incluso por el Centro Carter.

En todo caso, dos objetivos ineludibles se traza el Gobierno en los documentos oficiales sobre la materia: Hacerse de "la data de los partidos políticos" no afectos a la revolución y de suyo, sin lugar a dudas, con el mismo fin de control y de exclusión ciudadanas que ha practicado con apoyo en la data pública de los opositores quienes solicitan la realización del referéndum revocatorio presidencial; crear un "mapa geo-referencial" de las UBES para ensamblar –léase, condicionar– lo electoral a las misiones sociales y sus beneficios: "vincular las elecciones a la eficacia de las políticas realizadas", según lo expresa el documento que contiene El Nuevo Mapa Estratégico; y, finalmente, como válvula de seguridad, según lo indica Chávez en su discurso, "la cedulación tiene mucha importancia. Hay que continuar la Misión Identidad".

No huelga recordar, en orden a lo último, un hecho incuestionable pero no por ello menos extraño. Por obra del referéndum revocatorio, el Registro Electoral Permanente sufre un crecimiento irregular a la luz de su comparación histórica, mostrando que la población de Venezuela, estimada por los Censos Oficiales más recientes en 23.000.000 de habitantes, ha crecido hasta casi 30.000.000 de habitantes. Y tal crecimiento lo dice y repite como algo normal el Gobierno, desde antes de La Nueva Etapa y con él pretende explicar, sucesivamente, su empeño de profundizar en la Misión Identidad y con vistas a los comicios presidenciales del año 2006.

Pero no solo ello. La Nueva Estrategia Electoral insiste en una herramienta de reciente uso en Venezuela y polémica: el sostenimiento de la "plataforma tecnológica adecuada para transmitir, procesar y reproducir información electoral".

El Informe del Secretario General de la OEA, a propósito de la Observación Electoral del referéndum presidencial recuerda, al efecto, como "el establecimiento del voto electrónico y la manera poco transparente como se adquirieron los equipos y se escogió el sistema, crearon un innecesario clima de desconfianza que se alivió bastante con las auditorias que se hicieron en vísperas del referéndum, pero que regresó en toda su intensidad al darse a conocer los resultados". Y el Centro Carter, a su vez y a pesar de su conocida proximidad al Gobierno, no puede ocultar lo polémico de la herramienta a que apela como propósito La Nueva Etapa: "La única controversia significativa fue si las máquinas de votación debían imprimir los resultados primero y luego transmitir (electrónicamente) los resultados al CNE central, o si debía transmitir primero e imprimir después. El CNE decidió, con el consentimiento expreso de los rectores de la oposición, que se ordenaría a las máquinas imprimir y que se transmitiría simultáneamente, lo que en los hechos implicaba que la impresión terminaría después que ocurriera la transmisión electrónica".

G. *Economía popular y misionaria vs. capitalismo*

Se ha dicho, no sin razón, que La Nueva Etapa: El Nuevo Mapa Estratégico implica, en su esencia y a tenor de los documentos oficiales que la explican, el tránsito de la Revolución Bolivariana desde su fase de consolidación interna hacia otra de confrontación externa o de exportación, tal y como lo planteara desde mucho antes una de las fuentes de su estrategia doctrinal: El árbol de las tres raíces.

La confrontación externa es una suerte de desiderata de un planteamiento central, mejor aún, de una idea fuerza que se hace de Chávez y sin la que carece de sentido su lucha; inviable como tal, dicha idea fuerza, por lo demás, sin un contexto geopolítico externo distinto: sino favorable, que cuando menos no la obstaculice en su concreción. "Trascender el modelo capitalista" es, pues, el objetivo de largo plazo que buscará afianzar La Nueva Etapa durante los años 2005 y 2006: "no olvidemos que es a dos años [el tiempo para fijar el objetivo], imposible que lo hagamos" en dos años. "Eso no se hace en dos ni en cinco años, sería una mentira", ajusta Chávez, casi recordándonos que sitúa su ambición más allá de la alternabilidad o temporalidad que es propia de la democracia.

Y ello es consistente, en la visión presidencial, con el elemento mesiánico o trascendente citado y del que se alimenta y nutre la Revolución Bolivariana: "Pero no importa, hicieron algo grande [Sucre cae en Berruecos y Bolívar muere en Santa Marta]. Cumplieron la primera etapa de la jornada. Luego vino el frio, se congeló todo, y luego la resurrección y aquí estamos nosotros, pero en la misma larga batalla", son las palabras de Chávez en su discurso de Fuerte Tiuna, en noviembre del año pasado.

Así que, si lo político se instala en la base popular dejando atrás las instituciones del viejo régimen democrático, representativo y partidista, lo económico no puede sino existir y coexistir como parte de La Nueva Estructura Social y del Nuevo Modelo Democrático. Para eliminar "la fragilidad económica" se impone "desarrollar la economía popular", a tenor de los documentos en cuestión. Hay que fomentar, lo dice La Nueva Etapa "el autoempleo": la subsistencia, diríamos, al margen de la estructura y de la organización económica y comercial conocidas.

Es objetivo específico de lo económico, en criterio de la revolución, financiar las "experiencias de desarrollo endógeno" y en "las comunidades", pues se busca el "desarrollo de la economía popular", a cuyo efecto se han de adecuar, según La Nueva Etapa, los decretos y las ordenanzas necesarias.

Pero como bien lo dice Chávez, se trata de un objetivo a largo plazo que reclama, por lo demás y según lo dicho con anterioridad de un Hombre Nuevo. De modo que, se plantea dentro del marco citado del Estado comunicacional o del Estado docente, como quiera llamársele, el "uso de los medios principalmente la radio, para masificar la creación de valores de producción y consumo solidarios y sustentables económica y ecológicamente". Ahora se plantea, volvemos a la reflexión de Chávez con Los Miserables, amén de aniquilar al antiguo régimen –cosa hecha, según él– acabar con sus ideas: las ideas del capitalismo.

Entre tanto, a tenor de La Nueva Etapa, el Gobierno se ha de dedicar a "reestructurar el sistema de garantías y financiero": no solo el público sino el privado e iniciar "la conformación de las unidades productivas" populares con apoyo y con fundamento en las misiones cubanas y sus integrantes.

## H. *El comunismo del siglo XXI*

Lo dicho, sin embargo, en modo alguno implica –lo dice Chávez– "eliminar la propiedad privada" o asumir "el planteamiento comunista".

"¿Es el comunismo la alternativa? ¡No! No está planteado en este momento", ajusta el Presidente para mantener coherencia con su idea madre: trascender el modelo capitalista a largo plazo. "En este momento sería una locura, [pero] quienes se lo plantean no es que están locos. No es el momento".

Ello no impide que La Nueva Etapa, en sus documentos, tenga claro que el modelo es y será de cogestión "como herramienta de corresponsabilidad" y para su logro. O que, a propósito de La Nueva Estructura Territorial proceda a "eliminar el latifundio" e "identificar las tierras ociosas y elaborar el plan de ocupación productiva" de las mismas: sean propiedades rurales o propiedades urbanas y dentro de cuyo contexto hoy se explica, a manera de ejemplo, la orden gubernamental de expropiación e inmediata ocupación de edificios y de viviendas desocupados en el Área Metropolitana de Caracas: "El que tenga ahorita un latifundio es como el que carga un carro robado, aun cuando lo haya comprado", señala Chávez.

A fin de cuentas, lo recuerda el mismo Presidente en su discurso, los jueces agrarios son revolucionarios. De allí la intimación que le hace, sin más y según sus palabras, al propio Presidente del Tribunal Supremo de Justicia, Iván Rincón: "Usted agarra cien abogados revolucionarios, les dicta un curso, siguiendo todos los procedimientos, y los convierte en pocos meses en jueces agrarios y los mandamos a donde nos interesa que vayan".

## I. *El eje de los cambios vs. el eje 'monroista'*

El discurso de Chávez no se ahorra en consideraciones acerca del contexto internacional y aprecia que el momento para su Revolución y para trascender al capitalismo, cuyo epígono sitúa en los Estados Unidos de América, es el propicio: "es el mejor momento en cuanto a tiempo" (...). Nunca antes en América se había dado una situación como ésta", agrega el Presidente antes de mostrar el rostro verdadero de su revolución: "Hace tres años atrás éramos Cuba y Venezuela, a nivel de gobierno, y ahora cómo ha cambiado la situación".

La Nueva Etapa identifica así y para los fines de su planteada confrontación externa, un escenario o teatro operacional bicéfalo, que cubre a América Latina y que se extiende, en su juicio, a todo el mundo según las alineaciones que advierte ora a favor del Gobierno de Bush, ora a favor de Chávez. Y ello no solo implica, en el análisis de los documentos oficiales, las adhesiones de Gobiernos con los que el gobernante venezolano mantendría especiales relaciones de amistad; antes bien, se privilegian, en el diagnóstico y para los fines de la indicada fase de confrontación externa, las alianzas sociales en otros países del Hemisferio.

En suma, dice el propio Chávez que "se han venido definiendo dos ejes contrapuestos, Caracas, Brasilia, Buenos Aires (...) sobre el cual corren vientos fuertes de cambio (...) [y que] el Imperio –según su criterio– va a tratar de debilitarlo siempre o de partirlo, incluso". En tanto que, "existe el otro eje, Bogotá-Quito-Lima-La Paz-Santiago de Chile, (...) dominado por el Pentágono".

La orden operativa presidencial para los seguidores de la revolución y por cuanto hace al último de los citados ejes es concluyente: "la estrategia nuestra debe ser quebrar ese eje".

Pero Chávez sabe bien, empero, que él solo no puede "quebrar" al Imperio y de allí que sea aún más preciso al describir sus alianzas para la defensa de la revolución: "El acercamiento a España es vital para nuestra revolución (...) El nuevo embajador [de España en Caracas] es un intelectual, un hombre de izquierda (...). Los enfrentamientos entre los fuertes debe aprovecharlos el débil para su estrategia (...) La Unión Europea, vemos que ésta se consolida y eso es muy importante para nosotros, para nuestra estrategia, porque eso debilita la posición de los Estados Unidos (...). En fin están pasando cosas muy importantes en Europa que pudieran favorecernos en nuestro proceso revolucionario o al menos contribuir a neutralizar otras amenazas", ajusta en su discurso el mandatario.

No esconde, asimismo, sus relaciones interesadas en el África: "Voy ahora a pasar por Libia (...) Voy a ir porque somos amigos de

Libia y del coronel Ghadafi y en segundo lugar para revisar con Ghadafi cómo van las cosas de la Unión Africana". Y confiesa, además, estarse relacionando con países más pequeños y para los fines de su estrategia: a "la República Árabe Saharauí Democrática (...) nosotros vamos a hacerle un aporte este año".

En resumidas cuentas, el desafío final que consta en el discurso de Chávez sobre La Nueva Etapa y que, al margen de su realidad o irrealidad, es presentado por él en líneas gruesas y precisas, es el siguiente: "Utilizaremos todas las estrategias posibles, desde una estrategia de defensa móvil frente al gigante hasta el ataque". Ni más, ni menos.

El Presidente de Venezuela, a pesar de todo cuanto se plantea, es consciente de la desproporción y audacia de su reto en el plano de lo internacional. Pero, con altivez esgrime un dato y lo acompaña de una decisión inconmovible. Por una parte, reivindica junto al valor de los "gobiernos aliados" otro más importante para él: los "grupos de apoyo internacional, movimientos", como los "100.000 hombres listos" del Movimiento los Sin Tierra en Brasil, "los indios del Ecuador" en número de 4 millones. Tanto que se permite afirmar que "las corrientes indígenas de Ecuador, en Perú, en Bolivia,... son bolivarianas", como "los movimientos campesinos de Centroamérica".

Se trataría, en verdad, de una guerra asimétrica, que no obvia Chávez. Antes bien, al referirse a La Nueva Estrategia Militar Nacional, impone como tareas para la Fuerza Armada una mayor relación con las "misiones sociales" cubanas y una mejor relación "con fuerzas armadas amigas" en Latinoamérica; pero, le advierte sobre la necesidad de prepararse para abandonar los métodos convencionales y aprender de "la experiencia de la lucha guerrillera" con asistencia de ex guerrilleros venezolanos, entre otros el actual Canciller de la República, Alí Rodríguez Araque, y para lo cual se le debe dotar "de los medios necesarios para el cumplimiento satisfactorio de sus funciones".

El teatro de operaciones hipotético, desde ya lo sugiere La Nueva Etapa: "Fortalecer las acciones defensivas en la zona fronteriza con Colombia (...) por la implementación del Plan Colombia".

Hugo Chávez Frías, Presidente de la República Bolivariana de Venezuela y ex golpista, sabe administrar bien las coyunturas y todo cuanto hace lo ha dicho alguna vez. No se trata de un gobernante que empuje ahora su revolución por vía de las sorpresas o atajos, como sí lo hace durante la asonada militar cruenta pero fallida que dirigiera el 4 de febrero de 1992. De modo que, al final de la jornada, cree que sólo podrá confiar en las estructuras que sean hijas de su obra revolucionaria y en los Hombres Nuevos que haya construido con su pedagogía. Pero no le basta confiar, si acaso no cuenta en sus manos con un instrumento para el control férreo de las disidencias eventuales, que siempre las habrá: sus propias milicias.

La Nueva Etapa, por consiguiente, no solo se propone, según lo antes dicho, "educar a la población en los principios militares de disciplina, amor a la patria, y obediencia". Promueve, antes bien, la unidad cívico-militar, "para acciones de seguridad" o, mejor todavía, "la incorporación del pueblo a la defensa nacional a través de la reserva militar".

Para su conformación, pide los Alcaldes de la revolución identifiquen a los "patriotas" que venidos del pueblo han de hacer parte de la reserva, según que uno sea "tirador de fusil", "francotirador", o "lanzador de granada". Desde ya, dicha Reserva Militar Popular cuenta, según se dice, con 100.000 hombres. El General de División (Ejército) Melvin López Hidalgo, Secretario del Consejo de Defensa de la Nación, afirma recién que el objetivo es llevar la Reserva Militar Popular hasta 1.500.000 hombres.

Lo cierto es, sin embargo, que Chávez hace poco y mediante disposición presidencial sustrae el comando de la Reserva Militar a la Fuerza Armada y lo asume de manera directa, desde el Palacio de Miraflores, bajo el control de un hombre de su estrecha confianza: el General de División (Ejército) Julio Quintero Viloria. Sólo se espera de las primeras dotaciones de armamentos que la revolución logra contratar con sus "aliados" comerciales: Rusia, China, España, Francia, Brasil, entre otros tantos.

J.  *Sólo y a paso de vencedores*

En síntesis, de lo aquí dicho y escrito, La Nueva Etapa: El Nuevo Mapa Estratégico de la Revolución Bolivariana, entra en vigencia en un momento, como lo recuerda el propio Chávez, inapreciable. Los desajustes de gobernabilidad que padecen distintos países en América Latina han hecho mermar la atención y prevención que éstos puedan tener sobre el fenómeno "chavista", que no sea para lo inmediato y que interese a la cooperación económica y comercial regional o bilateral. No media claridad, ni siquiera en la Casa Blanca, acerca de todo cuanto ocurre aquí, entre nosotros, en Venezuela y que, desde ahora no solo importa a los venezolanos: Chávez y su revolución, ¡qué duda cabe!, tiene sus manos metidas e incide, desafiante, en la estabilidad de toda la región y todos nuestros vecinos.

El alzamiento del movimiento "etnocacerista" en Perú; la falta de dominio del Presidente Gutiérrez sobre la realidad ecuatoriana, la efervescencia del movimiento indígena y el planteamiento bolivariano del ex presidente Abdalá Bucaran; la insurgencia de Evo Morales, la autonomía reclamada por Santa Cruz y las propuestas constituyentes, en Bolivia; la situación de la deuda externa y la división profunda del Partido Justicialista dominante, en Argentina; el inagotable dilema chileno con Pinochet; la reciente victoria del Frente Amplio del Uruguay; el agresivo pragmatismo y la bicefalia conductual de los brasileros; la incógnita mexicana; son muestras de una situación que, como la describe el propio Chávez, muestra "un gran forcejeo". Cada realidad política local en la región, por lo pronto, se mira a si misma sin mirar a uno de los autores del despropósito hemisférico. Y Chávez, en su soledad y a paso de vencedores, bien que lo sabe. Así de sencillo.

K. *Fuentes*

Taller de Alto Nivel. El Nuevo Mapa Estratégico (Intervenciones del Presidente de la República Hugo Chávez Frías, 12 y 13 de noviembre de 2004). www.mci.go.ve

La Nueva Etapa, El Nuevo Mapa Estratégico. Caracas. Presidencia de la República Bolivariana de Venezuela, 17 de noviembre de 2004

## 3. "LIQUIDAN MODELO CAPITALISTA": DIÁLOGO CON MARIELA LEÓN

El Universal, Caracas

3 de octubre de 2005

"No se explica cómo viéndolo y oyéndolo a diario, irrumpiendo en los hogares cadena tras cadena o a través de programas especiales, los venezolanos "no logremos advertir la inminencia del peligro".

Asdrúbal Aguiar es conocido y conocido es su pensamiento. Pero hoy ofrece una visión más angustiada y apremiante del país, ese que "podemos perder a la vuelta de la esquina" si no hay "una resistencia pacífica y constitucional" de la población.

El abogado busca llamar la atención ante el avance constante y medido del proceso, en su "nuevo mapa estratégico" que pretende eliminar la economía de mercado, el régimen de libertades y la propiedad privada, ahora sacudida.

- **¿Estamos en un momento en que todo pareciera estar montado en medias verdades?**

- Creo que estamos ante una verdad indiscutible y es el avance sistemático del Gobierno sobre el camino de la nueva etapa de la revolución, que consta detalladamente en los documentos elaborados por el régimen el 11 y 12 de noviembre del año pasado y luego trasladados a unas láminas operativas el día 17. Lo que ocurre es que los venezolanos o somos prisioneros de aquello que se conocía como el Síndrome de Estocolmo, nos hemos acostumbrado tanto en el curso de estos seis años a las tropelías del Gobierno, al debilitamiento acelerado del Estado de Derecho, que da la impresión de que no lográsemos advertir la inminencia del peligro, del daño que, para la vida institucional y democrática y para el clima de libertades en Venezuela, significa todo lo que está ocurriendo.

Esto quizás podría deberse a otra circunstancia, que es muy propia a nuestra condición de venezolanos, y es que no sentimos el peligro sino cuando nos llega o toca a las puertas de nuestras propias casas, o sea, no sentimos el peligro cuando el peligro lo sufre o lo padece un tercero.

**- ¿Percibe una respuesta tardía o timorata del colectivo?**

- No quiero llamarla ni tardía ni timorata. Lo que siento es que hay dos elementos que están pesando sobre el ánimo y la conducta del venezolano. Unos tienen miedo razonable de verse involucrados o afectados por el torbellino de descomposición institucional que vive el país. Y otros quizás están paralizados ante lo que ocurre. El país estaba acostumbrado a manejarse con otras categorías y dentro de otras reglas. En el sistema que viene imponiendo Chávez a los venezolanos simplemente no hay otras reglas, sino las reglas que a diario dicta el propio jefe del régimen.

Otro elemento que a este ejercicio intelectual podría agregarse, y lo digo con preocupación, es que no veo la reacción clara y contundente de las organizaciones no gubernamentales de derechos humanos.

A lo mejor las ONG de derechos humanos están sufriendo mucho de esa cultura que tiene su germen en la propia Comisión Interamericana de Derechos Humanos y es la cultura a cuyo tenor se considera que sólo hay violación de los derechos humanos cuando media sangre. Es la cultura de la muerte en materia de derechos humanos y como en definitiva el tema de la propiedad no implica sangre, ellos quizás no sienten o no entienden que estas son violaciones a los derechos humanos tan importantes como cuando tiene lugar una violación de la libertad de expresión o el derecho al tránsito.

- Más que a la espera de sangre, ¿será que esperan actuar una vez se esclarezca la situación? Insisto en las medias verdades. ¿Las tierras están o no operativas, sus dueños son o no realmente sus dueños? ¿Por qué hay negociaciones? ¿Los campesinos serán incluidos y gozarán beneficios o seguirán siendo peones con cambio de patrono? -Cuando se habla de las medias verdades, la media verdad implica en el fondo algún grado de incredulidad en relación con

336

lo que ocurre y allí es donde yo siento que no hay conciencia en los venezolanos sobre la certeza y verdad de lo que ocurre. Quienes en el sector privado de alguna manera se entienden con el Gobierno se entienden porque en el sector privado, y eso es explicable porque es propio del régimen capitalista, priva el criterio de la utilidad. Ante la posibilidad de perder todo y salvar algo, opta el criterio utilitario de salvar algo y no perderlo todo.

En el fondo los que así piensan es porque están creyendo que al final de la jornada el Gobierno les va a dejar ese pedazo o ese mendrugo que por la vía de una concesión se les da para no perder la totalidad de la propiedad.

Lo cierto es que cuando uno revisa la documentación que soporta las actuaciones del Gobierno, y por ello vuelvo de nuevo al documento sobre La Nueva Etapa de noviembre del año pasado. Allí el Gobierno se fija una estrategia y se fija unos elementos tácticos para liquidar de raíz el modelo capitalista, para trascender en una primera etapa al modelo socialista y para anclar en etapa final el modelo comunista. Muchos intelectuales dicen, cómo vamos a hablar de comunismo en el siglo XXI y yo les aconsejo a quienes piensan que esto no va a ocurrir que se remitan a los documentos oficiales y constaten lo que es cierto.

Chávez no ha hecho todo aquello que ha dicho o ha prometido, pero todo lo que ha hecho Chávez hasta el día de hoy, en algún momento lo dijo o en algún momento lo escribió. No hay sorpresas. Y yo quisiera a título de referencia leer unas frases de su discurso (12-11-04):

"No nos estamos planteando eliminar la propiedad privada, el planteamiento comunista no... En este momento sería una locura, quienes se lo plantean no es que están locos, no es el momento".

Recordemos el por ahora de Hugo Chávez. Está consciente de que no puede eliminar de raíz la propiedad privada. Está consciente de que en primera fase no puede plantear el modelo comunista, pero está convencido de que el momento va a llegar y está trabajando en función de eso.

También dijo: "El que tenga ahora un latifundio, es como el que carga un carro robado aun cuando lo haya comprado".

Para Chávez, así se tengan títulos legítimos no hay derecho a tener propiedades agrarias de larga extensión. Frente a eso no vale el discurso de la propiedad privada.

### A.  *Banqueros en remojo*

**- ¿Qué hacer entonces ante las intervenciones y expropiaciones de tierras, industrias y minas?**

- Nadie puede hacer por los venezolanos lo que nosotros no hagamos por nosotros mismos. Y me permito plantearlo con cierto grado de angustia, no siento que los actores políticos y fundamentalmente el liderazgo de lo que queda en materia de partidos políticos esté consciente de esto. Lo siento también atrapado en el ejercicio rutinario de la actividad política.

**- ¿Como si estuviésemos ante una alternabilidad del poder?**

- Sí, como si en Venezuela funcionase normalmente la vida democrática y en donde por accidente tenemos un Presidente un tanto heterodoxo, no ortodoxo. Ellos piensan todavía que pueden sacar al Gobierno por la vía electoral. Ahí está el error. Y volvemos al tema económico. Cuando Chávez se plantea la nueva etapa, no se la plantea como una suerte de estrategia quinquenal sino como un reclamo, una exigencia del establecimiento de un modelo que necesita de un gobierno a largo plazo.

Chávez por cierto –ojo y oídos para quienes están en el sistema financiero– señala en las nuevas láminas de la nueva etapa que está previsto, textualmente, como objetivo la reestructuración del sistema financiero privado, por iniciativa del Gobierno.

La libre iniciativa que tiene el sector privado de cara al sistema financiero y bancario tiene sus días contados. En ese documento está previsto no sólo eliminar el latifundio sino que está previsto un plan de ocupación de tierras ociosas.

B. *Circunstancia terrible*

- **Propiedad colectiva, ¿a qué lo asocia?**

- Precisamente en esta etapa, al producirse el cambio o la eliminación del modelo capitalista cede la propiedad privada como principio y se pasa al régimen de propiedad social o colectiva.

Para el desarrollo de todo esto, Chávez cuenta con la experiencia que le suministra el Gobierno cubano. Y ese gobierno ya vivió esta experiencia, cuando en 1959 se produce la nacionalización de toda la actividad privada, agrícola, industrial y comercial en Cuba. Revisada esa experiencia a la luz del tiempo, Castro entiende que fue un error la manera como la implementó, tanto que no sólo produjo una caída inmediata de la producción económica de ese país, sometiéndolo a un proceso de depauperación, sino que el haber fracasado en esa iniciativa en primera etapa lo llevó entonces a corregir el rumbo.

-**¿Qué hizo**?

- Creó las Unidades Básicas de Producción y estas son las hoy llamadas Unidades de Batalla Endógena (UBE) que propone Chávez en la nueva etapa; que no son sólo las Unidades de Batalla Electoral planteadas, sino que éstas viejas unidades se transforman en núcleos que, situados en la base de la población, se ocupan del control social y de la producción económica.

Esto no es juego. Frente a esto si no hay una actitud de resistencia pacífica y constitucional por parte del venezolano, pero una resistencia sostenida, no espasmódica, conducida por los actores sociales y políticos, a la vuelta de la esquina todo estará perdido.

- **¿Se sabe manejar el Gobierno frente a estos hechos que se perciben arbitrarios?**

- Hay, desgraciadamente, una circunstancia histórica terrible. En general, la que tendría la obligación de reaccionar debe ser la Comisión Interamericana de Derechos Humanos. Se encuentra con el drama de que el Gobierno no le hace caso. La Comisión, para poder encontrar una suerte de respaldo en sus actuaciones, necesitaría a su vez encontrar el respaldo de los gobiernos abúlicos del hemisferio, siendo que Venezuela está violentando precisas obligaciones internacionales.

# 4. MORDAZA Y CONSPIRACIÓN REVOLUCIONARIAS

30 de enero de 2006

A. *Un abre boca*

Chávez, qué duda cabe, ha sembrado su liderazgo a fuerza de un manejo hábil de la comunicación de masas. Es experto, como el que más, en el juego de las medias verdades. Las manipula a contrapelo de la moral; las usa y justifica como medios para los fines de su revolución.

Hijo como es de la globalización mediática conspira contra ella, sin dejar de usufructuar sus generosas posibilidades. De modo que podría decirse que el inquilino de Miraflores es un medio de comunicación –amarillista, si se quiere– que pugna contra el resto para hacerse del mercado de la opinión, dominándolo mediante prácticas desleales.

Sin los medios –las verdades medias y la prensa– nunca hubiese llegado a la Presidencia. Sin el favor de ambos no sería otra cosa que un charlatán que se solaza en la vulgaridad, y a quien el azar situara a la cabeza de una república en cierne, de muy poco arraigo institucional.

Sus desencuentros con los periodistas, pues, no han sido la obra del azar. Datan desde 1999, cuando ataca a Andrés Mata por discrepar de la "información veraz" y ordena, por igual motivo, el allanamiento militar de la radio Guadalupana dirigida por el Arzobispo de Coro. Ellos hacen parte de un calvario cuya penúltima estación hace lugar a la Ley Responsabilidad Social de Radio y Televisión –la Ley Mordaza– y a la reforma del Código Penal para "criminalizar" la disidencia.

Y lo cierto es que tales desencuentros hincan sus rodillas sobre una terraza conceptual peligrosa, nada inédita y fundamentalista, cuyo primer esbozo es la Constitución de 1999 y cuya exégesis intelectual, sobrevenida, consta en "La Nueva Etapa: El Nuevo Mapa Estratégico", elaborado por el mismo Chávez en 2004.

El denominador común al esbozo citado y a su exégesis, bueno es advertirlo, se resume en la frase que hace célebre Mao Zedong en 1957 y que no pocas veces rellena la vacua retórica presidencial: "La verdad está de nuestro lado".

## B. *El pecado original*

Así que, junto a la necesidad que tiene Chávez de los medios para hacer su Revolución, es consciente en cuanto a que la libertad de prensa conspira contra su objetivo totalitario. Éste, anuda con el absoluto: la verdad revolucionaria, las deificaciones del Estado y la idea del Hombre Nuevo. Aquella, por el contrario, encuentra su razón de ser en la relatividad de lo veraz, en la diversidad de la experiencia humana, en el pluralismo como regla de oro y medida de la experiencia democrática.

No por azar, junto con predicar que la información ha de ser veraz y que es tal si se ajusta a "los principios de la Constitución" (artículo 56); y al decir que es al Estado a quien compete garantizar "la emisión, recepción y circulación de la información cultural", a los medios "el deber de coadyuvar" y a "la ley establecer los términos y modalidades" de esta obligación (artículo 101), la Constitución de 1999 ensambla tales predicados en un criterio ordenador que desnuda al proyecto revolucionario: "El Estado tiene como fin esencial... el desarrollo de la persona" (artículo 3).

La revolución bolivariana no acepta que el individuo sea libre para determinar su personalidad; ni que pueda moverse más allá de los valores constitucionales atados al dogma que inspira a la revolución: la doctrina bolivariana (artículos 1 y 102 constitucionales).

La Ley Mordaza o Ley de Contenidos y su aplicación por CONATEL; el abuso de las cadenas oficiales; los juicios penales contra los periodistas que disienten; la consagración de las leyes de desacato o de castigo para quienes critiquen a las autoridades; en fin, las peticiones en seguidilla del Fiscal General: ora para que se juzgue a El Universal por un editorial que habla sobre la Justicia arrodillada, ora para que un juez penal silencie a los periodistas y les impida hablar del asesinato del Fiscal Danilo Anderson; sin mengua de sus particularidades, hacen parte de un guión que, contradiciendo los elementos esenciales de la democracia, tiene su soporte, gústenos o no, en un pecado original: la Constitución.

### C. *Los remiendos de la Sala Constitucional*

Chávez, amigo de las estrategias dado su origen castrense, entiende, sin embargo, que el avance de su revolución militar y marxista ha de respetar, mientras se pueda, las exigencias del tiempo global. Habla, por consiguiente, del socialismo del siglo XXI.

Sabe que no puede, al tiro, darle un manotazo a la mesa ni servir dicho plato a sus opositores. Pero entre avances y retrocesos maquilla su estrategia, sin apresuramientos, con las formas elementales del Derecho. Y de allí que, a propósito del problema que le ha significado la prensa libre, se haya hecho de un escribano a su medida en el TSJ; artífice de la jurisprudencia que luego vino a justificar, con la misma técnica revolucionaria de las medias verdades, la represión legal de la prensa y el desconocimiento por el Gobierno de las normas internacionales que la protegen (Sentencias 1.013 y 1.942).

Cuando el juez Florencio Silano, por petición de Isaías Rodríguez y fundamentándose en la Ley Mordaza y en la jurisprudencia constitucional de marras, concluye en el dislate –por antidemocrático– de proscribir toda información acerca de un hecho tan público y notorio como el asesinato de Anderson, no hace más que realizar, disciplinadamente, el orden revolucionario. Así de simple.

### D. *La Nueva Etapa*

No es desdeñable, en todo caso, el argumento del interés del Gobierno en impedir se conozca la verdad de la acción terrorista que le cegara la vida a Anderson. Se arguye, al respecto, la existencia de una conspiración para tal fin y para evitar se descubra todo cuando de inmoral se ha escondido tras la actuación del "testigo clave" en el asunto en cuestión.

No pocos agregan que mejor se trata de un "trapo rojo", para distraer los efectos corrosivos del caso del Viaducto 1 de la autopista Caracas-La Guaira sobre la popularidad del Presidente, quien hace aguas.

Mas, lo sustantivo es que la mordaza revolucionaria se inserta de manera precisa en los cánones de La Nueva Etapa: guía de navegación que nos lleva, como ella misma lo dice, hacia el socialismo del siglo XXI; que no descarta anclar a Venezuela en la experiencia comunista: "El planteamiento comunista, no (...), en este momento sería una locura, quienes se lo plantean no es que estén locos. No es el momento", dice el propio Chávez en su discurso introductorio.

La proscripción paulatina de la libertad de prensa, a juicio de La Nueva Etapa, reclama así del Gobierno tareas inaplazables según su texto: "Potenciar las capacidades comunicacionales del Estado"; "desarrollar acciones ... de promoción de [la] ideología bolivariana" y "una estrategia de divulgación e información para neutralizar elementos de acción imperial contra Venezuela; "crea[r] la red de centros de poder popular" y los "grupos de ... comunicólogos –léase Ignacio Ramonet– para conformar matrices de opinión favorables al proceso"; "usar los medios ... para masificar la creación de valores..." y "educar a la población en los principios militares de disciplina ... y obediencia"; y al efecto, disponer de los recursos represivos que ofrece la "Ley Resorte". Nada menos.

En suma, para quienes no crean que lo que hoy le ocurre a la prensa venezolana es la antesala a la consolidación de la dictadura revolucionaria, bien les conviene reparar con Burleigh ("El Tercer Reich: una nueva historia") en su pedagógica descripción del nazismo: "Los ingenieros no podían limitarse a demoler una estructura..., debido a las repercusiones en el tráfico ferroviario. Lo que hacían en su lugar era ir renovando lentamente cada tornillo, viga o raíl, un trabajo que apenas si hacía levantar la vista de los periódicos a los pasajeros. Sin embargo, un día, se dieron cuenta de que el viejo puente había desaparecido...".

E.  *Esperamos por la OEA*

✓ Durante los años que ya dura el régimen de Chávez, se han sucedido innumerables pronunciamientos de los organismos de derechos humanos y de asociaciones internacionales de periodistas acerca de los atentados a la prensa libre de Venezuela. Los informes de la Comisión Interamericana han sido profusos al respecto. En más de una oportunidad, sensiblemente, ha hecho mella el argumento del Gobierno: "No tenemos medios cerrados, dicen lo que les viene en gana, y no hay periodistas presos". La guerra estratégica del "chavismo" contra éstos y aquellos, así las cosas, con avances y retrocesos no ha cesado. Las medidas de protección dictadas por la Comisión y la Corte de San José, para cuidar la vida, la integridad personal y la función de los distintos comunicadores, por si fuese poco han sido desacatadas por el Gobierno arguyendo, con apoyo en sentencias de la Sala Constitucional del TSJ, que no son vinculantes. La audacia de los periodistas y la conciencia de sus deberes al denunciar los avances del Gobierno en su camino hacia la liquidación de las instituciones democráticas, ha sido apreciada desde afuera, por obra incluso del Centro Carter, como un signo de equilibrio que nunca ha sido tal.

✓ La SIP ha estado a la vanguardia de quienes han denunciado los atropellos contra la prensa venezolana. Y recién, luego de la decisión del Juez Florencio Silano, junto a Reporteros sin Frontera y a Freedom House, hizo públicas sus apreciaciones en cuanto a que Venezuela, unida a Cuba y Haití, ostenta uno de los peores records en materia de respeto a la libertad de expresión. La sentencia que prohíbe a la prensa comentar las incidencias del caso Anderson, que el propio Gobierno explotara públicamente –en lo interno e internacional– para perseguir y desacreditar a sus opositores, ha puesto término y desacreditado, finalmente, el manoseado argumento oficial de que nunca les ha impuesto censura a los medios de comunicación.

✓ La jurisprudencia internacional que sirve de asiento a la observación sobre la materia no deja resquicios que puedan justificar las actuaciones recientes del Fiscal General de la República contra los medios, apoyadas como política de Estado por la Asamblea y el Alto Gobierno. Las normas de la Convención Americana de Derechos Humanos, la Declaración de la OEA sobre libertad de expresión, y la misma Declaración de Chapultepec, proscriben la censura previa. Y ceden, únicamente, a la exigencia de responsabilidades ulteriores por el ejercicio abusivo del periodismo. Empero, son consistentes al disponer que los límites que a la libertad de expresión pueden establecerse para el pedido de responsabilidades ulteriores, en ningún supuesto puede afectar la información sobre hechos que interesan a la vida pública en una democracia.

✓ La actuación de las ONG's que fungen como observadoras internacionales de la libertad de expresión y que han dado cuenta de la censura de la prensa en Venezuela, hoy adquieren inédita importancia, pues, en el plano de la opinión pública desnudan la realidad autoritaria de la revolución bolivariana con base en hechos ciertos e incontrovertibles, que tienen un solo nombre: la censura. Sensiblemente, la Comisión Interamericana de Derechos Humanos no ha creído ni previene en su momento sobre los avances reales del Gobierno de Chávez hacia la censura de los medios y de allí que, habiendo conocido la Sentencia 1.013 que le sirve de soporte ideológico a la Ley Mordaza, decide en su momento no continuar con el caso y archivarlo. Queda saber, pues, sobre cuál será su inmediata reacción. Y queda pendiente, además, la reacción de la OEA; dado que, la Carta Democrática Interamericana habla sobre la libertad de prensa como componente fundamental de la democracia y ella misma ordena al Secretario General y al Consejo Permanente proceder en los casos en que tengan lugar alteraciones constitucionales graves en los países miembros del Sistema Interamericano. Por lo pronto, el socialista y ex ministro chileno José Miguel Insulsa, Secretario de la organización hemisférica ha expresado sus reservas acerca de la eficacia del compromiso democrático asumido por los Gobiernos de las Américas, en 2001. Habrá que esperar.

# 5. LA JUDICIALIZACIÓN DE LA DICTADURA

21 de mayo de 2006

La reciente sentencia del Tribunal Supremo de Justicia en Sala Electoral (Caso de la cuestionada elección del Alcalde del Municipio Candelaria del Estado Trujillo, 16-5-06), muestra con crudeza la seriedad e inflexibilidad de la estrategia de la revolución bolivariana para alcanzar sus objetivos de ruptura ideológica, política y económica en Venezuela; sólo posibles mediante el aseguramiento de un eslabón indispensable: la permanencia *sine die* de Hugo Chávez en el ejercicio del poder.

Ello es así aun cuando tal propósito, por imperativo de las circunstancias –histórica y geopolítica– dominantes en lo internacional y propias al llamado siglo XXI, tenga que realizarse mediante una paciente e inteligente administración o respeto por Chávez de algunas formas o símbolos distintos de los suyos o disimulando las formas o símbolos que fueran propios a las autocracias o dictaduras de los siglos XIX y XX.

No por azar, a contrapelo de la cultura de presente que domina en el país y de la que mal escapan sus dirigentes políticos: amigos inevitables de los atajos, el actual Presidente –como lo hacen los miembros de la generación fundacional de la democracia civil entre 1928 y 1936– se traza desafíos de largo aliento desde antes de su acceso al poder político y para su preservación en lo sucesivo. En 1983, en efecto, asume tal compromiso para luego presentarse en sociedad –por vía del golpe de Estado– casi una década después, en 1992. Desde allí, hasta el momento en que asume las riendas gubernamentales por la vía electoral, trascurren casi 8 años, casi dos décadas desde la misma génesis de su idea rupturista.

Absurdo resulta creer, por ende, que las afirmaciones de Chávez ante la Asamblea Nacional, en cuanto a que la alternabilidad no hace parte sustantiva de la experiencia democrática o que permanecerá en su mandato hasta el año 2021, sean el mero producto de una provocación emocional hacia sus adversarios. Al prevenir desde ya sobre la eventual ausencia de la oposición –que denuncia la falta de garantías electorales– en los comicios del venidero mes de diciembre y al amenazar con la convocatoria de un plebiscito que le extienda el período constitucional hasta el 2031, aquél no hace sino manipular la ocasión –a la manera de un prestidigitador– para revertir las culpas y cubrir bajo las formas, una vez más, su proyecto continuista: Chávez se hace dictador no por voluntad propia sino por la omisión deliberada de sus adversarios, ajusta quizás el mismo Secretario de la OEA, José Miguel Insulza, en línea similar a cuanto expresara luego de las elecciones parlamentarias de 2005.

No debemos olvidar que junto a la tenacidad y el voluntarismo conocidos de Chávez, ahora cuenta con el *know-how* de Fidel Castro: diestro como ninguno en preservar el poder y convocar plebiscitos para sólo drenar la ansiedad popular de movilización. El testimonio del mismo Chávez en su discurso sobre La Nueva Etapa, refiriéndose al Referéndum Revocatorio (RR) de 2004 no deja desperdicios: "Entonces fue cuando empezamos a trabajar con las misiones, diseñamos aquí la primera y empecé a pedirle apoyo a Fidel. Le dije: Mira, tengo esta idea, atacar por debajo con toda la fuerza, y me dijo: si algo sé yo es de eso, cuenta con todo mi apoyo".

A. *Lenguaje revolucionario o Torre de Babel*

Toda revolución, cabe recordarlo, cuando se precia de tal intenta cambiar el todo y no las partes del todo y para ello lo primero que hace es modificar los contenidos, el lenguaje, los signos de la comunicación política, para cauterizar cualquier fórmula de continuidad o sintonía entre el pasado y lo que se avizora como el porvenir. Impide, así, cualquier diálogo entre la revolución y la contrarrevolución mediante la instauración de un diálogo de sordos o Torre de Babel.

De modo que, lo que dice y hace Chávez sólo puede comprenderse e interpretarse en clave "chavista", que no a la luz de los dictados de la práctica política y democrática conocidas por los venezolanos y sus partidos, o por el resto de los defensores de la libertad en el Hemisferio. Lo que explica, a todas luces, la ineficacia inocultable de la oposición para revertir las tendencias revolucionarias, incluso de aquella ejercida por algunos sectores de la sociedad civil con ejemplar tenacidad y valentía.

Sólo regresando una y otra vez a la lectura de La Nueva Etapa: El Nuevo Mapa Estratégico, hecha pública por Chávez en noviembre de 2004, es posible, entonces, comprender que la salida electoral –la elección libre y justa, objetiva, imparcial y transparente que reclama la Carta Democrática Interamericana– se cierra en Venezuela: Solo que el despropósito cuida de las formas y en lo adelante apela a la "judicialización de la dictadura", es decir, a la fragua de un inédito Estado Totalitario de Derecho.

Veamos porqué.

B. *La Nueva Etapa*

La Nueva Etapa, al proclamar sus objetivos políticos, ideológicos y electorales, traza sin medias tintas tareas dirigidas a "consolidar una nueva estructura social de base" en el país y "desarrollar un marco jurídico que permita construir –lo que ella denomina– la nueva institucionalidad revolucionaria municipal, estadal, y nacional". Advierte, al respecto, que habrá de hacerse cuanto sea necesario para "evitar la transformación social de la organización de base en estructuras partidistas" y propender al "fortalecimiento de una instancia única de coordinación y toma de decisiones de las organizaciones con fines políticos que apoyan al proceso": la cristalización del partido único, en otras palabras. Luego de lo cual prescribe, en el orden siguiente, la "continuación de la ofensiva, para impedir que se reorganicen [los opositores], hablando en términos militares, y si se reorganizaran: para atacarlos y hostigarlos sin descanso".

No bastándole esto, manda la "creación de grupos de formadores de opinión, comunicólogos e intelectuales para... conformar matrices de opinión favorables al proceso", así como para "divulgar y contribuir a la formación e identificación de la población con los valores, ética e ideología de la revolución bolivariana" y "educar[la] en los principios militares de disciplina, amor a la patria, y obediencia". En fin, el proyecto de partido único que subyace tras la ideología de marras, no admite fisuras políticas: todos deben pensar igual, sin desviaciones.

Se trata, en síntesis, de una estrategia sostenida, en movimiento y de largo alcance, divorciada de las ideas de pluralismo político y de participación ciudadana en las decisiones relativas al propio desarrollo e inherentes a la democracia, y que apunta, según lo revela el mismo texto de La Nueva Etapa, hacia la superación del capitalismo: donde el "planteamiento comunista" apenas queda postergado, "por ahora": "no es el momento", a tenor del documento citado.

Por lo pronto, según La Nueva Etapa la prórroga de la revolución y la realización de sus objetivos viene atada a una serie de medidas electorales que cuidan las formas y minimizan los riesgos de la diversidad política, a saber, entre otras, la digitalización del sistema electoral y el fortalecimiento de la Misión Identidad: base preliminar del Registro Electoral Permanente (REP), como la construcción de la "data de los partidos políticos" y la elaboración del "mapa geo-referencial" de las misiones sociales o Unidades de Batalla Endógena: UBE's, en modo de atar la asistencia gubernamental a la población a la necesaria contraprestación electoral.

## C. *La Misión Identidad*

Una somera revisión del REP –bajo control actual de un Poder Electoral dominado por Rectores militantes de la revolución– revela datos insólitos en su conformación: "El número de votantes inscritos en el REP del 2006 es de 14.849.127, lo cual representa un aumento del 23% sobre el número de votantes inscritos hasta el 2003 y es más de 10 veces mayor que el aumento de votantes experimentado entre 2000 y 2003, que fue de solo 1.9%" (Informe Fabregat, 2006). Se trata, además, de cifras que no hacen relación consistente con la composición etaria ni con las tendencias de crecimiento poblacional venezolanas a la luz de los últimos censos: 23.054.2010 h. (2001). Y, si se consideran los datos estadísticos sobre cédulas de identidad emitidas en el período 1998-2003, se aprecia la falta de proporción entre el promedio anual de emisiones (1.630.662 cédulas) durante dichos años con la efectuada durante 4 meses en el año

2004 con vistas al R.R: 2.750.000 cédulas. De ese REP, según reciente denuncia formalizada por el Partido COPEI, 8.322.324 votantes inscritos, carecería de domicilio conocido.

Así que, la distorsión en la base del registro electoral mal puede o podría sostenerse sin un blindaje adicional que sólo puede ofrecerle un sistema de votación electrónico cerrado a su verificación y a la comprensión por el común de los votantes. Es aquí, justamente, donde incide de manera crucial sobre el destino de La Nueva Etapa y la prórroga de Chávez en el ejercicio del poder la señalada decisión del Tribunal Supremo de Justicia a propósito de la cuestionada elección del Alcalde del Municipio Candelaria. Sus párrafos, más que decidores son reveladores del curso de la estrategia revolucionaria.

Veamos los detalles.

### D. *Los paradigmas de la Sala Electoral*

Confrontadas las partes en el juicio de impugnación respectivo, al demandante –candidato que fuera a dicha Alcaldía– se le niega su alegato de violación del derecho a la defensa: fundado en la falta de notificación a él, por el CNE, de la decisión que desestimara su reclamo, arguyendo el TSJ lo formal: el acto de marras –aun siendo individual– fue publicado en la *Gaceta Oficial* y debió conocerlo el demandante. En tanto que, al Alcalde electo cuestionado, actuando como tercero coadyuvante de la defensa del CNE ante el TSJ, se le aceptan sus conclusiones en juicio como tempestivos, mediante la minusvalía de lo formal: Si bien el Alcalde requería probar su interés en el asunto, para actuar como tercero, el TSJ –obviando tal probanza lo califica de mero adherente a la opinión jurídica del CNE y le acepta su escrito de conclusiones: "Este juzgador estima que no existen elementos que justifiquen ... la no admisión del escrito de conclusiones presentado por el tercero, el cual, vale destacar, [no incorpora] ... pretensiones distintas a lo ya manifestado por el representante judicial del Consejo Nacional Electoral", como reza el fallo.

Pero al margen de lo anterior, por anecdótico y aun cuando confirma la vigencia en el TSJ de un doble estándar jurídico: según que el actor o demandado adhiera o no a los intereses de la revolución, el Supremo Tribunal en Sala Electoral, con su sentencia, cierra las puertas a cualquier posible escrutinio que ponga de relieve las eventuales manipulaciones numéricas del Registro Electoral o de la voluntad cierta de los electores. Al efecto, sobre el derecho humano y constitucional a la participación política libre de ataduras y en elecciones justas y transparentes, sobrepone una exigencia instrumental de ley invocando "los principios de eficiencia de los procesos electorales y de celeridad de los actos de votación y escrutinio".

La conclusión no se hace esperar. "En el proceso automatizado el escrutinio lo realiza la máquina de votación, por lo que no se requiere la contabilización manual de los votos", según lo declara en términos concluyentes el *dicta*. De modo que, si en hipótesis el número real de votos y de votantes en cada elección consta de manera indubitable en las papeletas físicamente depositadas por cada elector en una urna e impresas previamente por la máquina electrónica correspondiente, el número de votos y de votantes válidos no sería el resultante de una auditoría o confrontación aleatorias y eventuales entre la máquina y la urna o caja de papeletas respectiva: será, según el TSJ, el que establezca la computadora: sin reparar en la eventualidad de que sus programas hayan sido o no manipulados desde servidores externos a la misma.

No solo ello. Una vez como la máquina de votación imprime el acta de resultados, para determinar la validez o no de la elección, a juicio del TSJ el acta electrónica vale por si sola y sin más; dado que, como lo reconocen tanto el juzgador como el CNE demandado, media la "imposibilidad para aplicar los mecanismos de subsanación y convalidación a tales instrumentos electorales, por cuanto no se puede verificar [luego] el número de boletas depositadas, en virtud de la inexistencia del valor referido a la cantidad de las mismas, ya que el voto reposa en un instrumento electrónico, como es la memoria removible o *pen drive*".

En otras palabras, tales memorias removibles o *pen drive*, una vez como son usadas y luego separadas de las máquinas de votación, de ordinario son puestas en cero, es decir, se borran sus memorias y el argumento para el atropello: su no conservación, no falta, tanto que es argüido por el CNE a raíz del R.R. de 2004: tenían que prepararse para las elecciones sucesivas.

## E. *El Estado omnipotente*

La sentencia de la Sala Electoral del TSJ, para blindar su objetivo: asegurar un sistema electoral que sirva a los dictados de La Nueva Etapa y la permanencia de Chávez en el poder, marca directrices que, además, fracturan el principio de "igualdad de armas" que debería privar en todo debate judicial y en el que las mayores armas, si cabe, han de beneficiar a las víctimas de violación de derechos fundamentales por parte del Estado.

Admitiendo el TSJ "que en materia electoral existe un principio fundamental referido a la conservación del acto electoral y el respeto a la voluntad de los electores", su sentencia, sin embargo, cubre al Estado de cualquier reclamo eventual de nulidad de un acto comicial fraudulento en el que, si fuese el caso y de existir los elementos materiales de convicción, pudiesen revisarse de conjunto y compararse los datos de las urnas de votación contentivas de las papeletas y de las máquinas electrónicas relacionadas, sus *pen drive* o memorias así como los registros de comunicaciones entre las dichas máquinas y los servidores que las dominan. Y lo hace así el TSJ en su fallo, al declarar lacónicamente que "el interesado debe probar la irregularidad".

La Sala Electoral del TSJ, concluyendo de esta manera, luego de citar a título adjetivo "el Pacto Internacional de San José de Costa Rica", olvida o no se detiene en una regla de oro de la jurisprudencia interamericana de derechos humanos: el principio *pro homine et libertatis.* Pone de lado y no ausculta, en efecto, un alegato central del demandante quejándose que se le pide "al administrado demostración y aportación de elementos que el CNE dispone y no son de libre acceso a los administrados".

Tira por la borda el TSJ, en síntesis y por exigencias de La Nueva Etapa cuanto de los cometidos de la revolución bolivariana, lo elemental: "En los procesos sobre violaciones de derechos humanos [el voto es uno de dichos derechos], la defensa del Estado no puede descansar sobre la imposibilidad del demandante de allegar pruebas que, en muchos casos, no pueden obtenerse sin la cooperación del Estado". La Corte de San José de Costa Rica, por consiguiente, luego de sostener lo anterior dice sin ambages que "[e]s el

Estado quien tiene el control de los medios para aclarar hechos ocurridos dentro de su territorio" y no la víctima (CIDH. *Caso Durand y Ugarte*, Sentencia de fondo, 16-8-2000).

## 6. EL DEBATE SOBRE LA REFORMA CONSTITUCIONAL

14 de diciembre de 2006

*"Al presidente Chávez le asiste el derecho de avanzar en su proyecto político una vez ratificado su mandato, pero con apego a los principios democráticos que nos unen a todos los americanos y que están consignados en la Carta Democrática". (César Gaviria, Informe sobre la facilitación en Venezuela, 2004).*

"Nosotros no teníamos dudas hacia dónde íbamos, ahora cómo hacerlo, si por la vía pacífica o por la vía armada, eso empezó a ser tema de debate durante varios años". "Ya llevamos tres mapas estratégicos [desde 1994, cuando estaba en Yare, en la prisión], son una evolución del mismo mapa. El mapa va cambiando a nivel interno y a nivel internacional. Y eso es importantísimo. [...]". "El objetivo de largo plazo, en lo económico, nadie puede tener duda de ello, es trascender el modelo capitalista". "No nos estamos planteando eliminar la propiedad privada, el planteamiento comunista, no (...), en este momento sería una locura, quienes se lo plantean no es que estén locos. No es el momento". (Hugo Chávez Frías, *El Nuevo Mapa Estratégico*, 2004)

## A. Introducción

"Los ingenieros no podían limitarse a demoler una estructura ya existente, debido a las repercusiones del tráfico ferroviario. Lo que hacían en su lugar era ir renovando lentamente cada tornillo, viga y raíl, un trabajo que apenas si hacía levantar la vista de los periódicos a los pasajeros. Sin embargo, un día se darían cuenta de que el viejo puente había desaparecido y que ocupaba su sitio una nueva estructura relumbrante" (Maichel Burleigh, *El Tercer Reich: Una nueva historia*, México, D.F., Suma de Letras, 2005).

La reforma de la Constitución de 1999, anunciada por el Gobierno, será el tema inaugural de la agenda política venezolana de 2007. Antípoda y por razones distintas, Manuel Rosales, líder de la oposición, ha coincidido en este propósito con Hugo Chávez, presidente reelecto en los comicios del pasado 3 de diciembre.

Para la oposición democrática la reforma es desiderátum: condición para su existencia, por comprender que le será difícil consolidarse y avanzar hacia el control del poder político dentro de un cuadro constitucional como el vigente.

## B. *Desde el modelo bolivariano al socialista marxista*

La actual Constitución hizo posible, desde su nacimiento, la concentración de los poderes públicos y, en lo particular, el manifiesto dominio sobre el Poder Electoral a manos del actual presidente, amén de que ahogó la descentralización política y administrativa, propulsada desde antes, bajo el texto fundamental de 1961. Por si fuese poco, sobrepuso al Estado y su variable militar desplazando la autonomía de la persona humana y su derecho al libre desarrollo de la personalidad, dentro de un contexto normativo e ideológico que hace de ésta sirviente del poder constituido y cultora del pensamiento único: la ideología de Simón Bolívar, El Libertador.

Chávez, a propósito de la reforma constitucional, ha dicho que ésta se orientara hacia la construcción de un modelo de Estado y de sociedad socialistas, que denomina Socialismo del siglo XXI, ajustando que fuera de dicho contexto no habrá lugar a diálogo constitucional alguno con sus opositores.

Una parte de la opinión pública se pregunta si acaso son negociables los estándares de la democracia, tal y como los consagra la Carta Democrática Interamericana y también duda sobre el significado del Socialismo del Siglo XXI. No pocos de los observadores políticos, además, parecerían estar dispuestos a cazar el debate, quizá por intuir que dentro del modelo socialista caben, como lo dicta la experiencia universal conocida, distintas concepciones y formas que no se niegan a la democracia y que, mejor aún, permiten profundizarla. Se resisten a creer que Chávez intente llevar al país hacia la senda de las agotadas y fracasadas democracias populares, que otrora construyera el comunismo y cuyo último experimento regional, agonizante por personalizado, tiene como vitrina a la Cuba de Fidel Castro.

No obstante, como consecuencia del referéndum revocatorio de 2004, César Gaviria, entonces Secretario General de la OEA y conocedor a profundidad de la circunstancia venezolana y de su evolución, cree pertinente advertir y prevenir en su Informe lo siguiente: "Al presidente Chávez le asiste el derecho de avanzar en su proyecto político..., pero con apego a los principios democráticos" contenidos en la Carta Democrática Interamericana. Éstos, como se sabe, prescritos sea como elementos esenciales de la democracia, sea como componentes fundamentales de su ejercicio efectivo, son, el respeto a los derechos humanos, el acceso al poder y su desempeño conforme al Estado de Derecho, las elecciones libres y justas, la existencia de partidos y organizaciones políticas plurales, la separación e independencia de los poderes públicos, la transparencia gubernamental, la probidad funcionarial, la responsabilidad por la gestión pública, la libertad de expresión y de prensa, la subordinación militar al poder civil, el apego de la sociedad al Estado de Derecho.

Sea lo que fuere, cabe observar, sí, que a diferencia de la fugacidad e inseguridad intelectuales propias al venezolano: por hijo del presente o esclavo de sueños que andan en la búsqueda interminable de un oráculo que los desentrañe, Chávez ha permanecido en "su proyecto político". Su estrategia es la misma de siempre, y la reelección que recién lo beneficiara –como expresión táctica– le abre espacios para profundizarla.

El Socialismo del Siglo XXI es lo nuevo, como idea fuerza o símbolo nominal. El contenido conceptual del "proceso" viene de atrás: "Nosotros no teníamos dudas hacia dónde íbamos, ahora cómo hacerlo, si por la vía pacífica o por la vía armada, eso empezó a ser tema de debate durante años", confiesa Chávez, sin ambages, en La Nueva Etapa: El Mapa Estratégico de la Revolución Bolivariana, que expone y deja escrito en noviembre de 2004 para luego recordarnos a todos los venezolanos que los tres mapas estratégicos que ha elaborado hasta hoy, comenzando por el que diseñara en 1994 durante su prisión en Yare, "son una evolución del mismo mapa".

Lo planteado como eje central del modelo revolucionario en curso, así las cosas y según el testimonio del propio Chávez, "es trascender el modelo capitalista". La filosofía de la estrategia, a todo evento, sigue siendo el "por ahora". El puente de la democracia, si copiamos la imagen de Burleigh, no ha de caer por implosión. Viene siendo desmontado desde 1999, tuerca por tuerca, viga por viga: "El planteamiento comunista, no (...) en este momento sería una locura, quienes se lo plantean no es que estén locos. No es el momento", añade el presidente reelecto en La Nueva Etapa.

Con vistas a lo anterior no es ociosa, pues, la tarea de relectura de algunas normas orgánicas y dogmáticas de la Constitución de 1999, cruzándolas "con" o apreciándolas a la luz de los elementos conceptuales o discursivos, los objetivos específicos y las herramientas que describe e integran La Nueva Etapa, para que se comprenda cabalmente la estrategia de la progresividad y el fin último que explica y justifica, desde la óptica de Chávez, la reforma constitucional en cuestión.

En el ámbito de la organización del Estado y de la sociedad, la Constitución prefigura un modelo de corte republicano y de separación de los poderes públicos, pero que llega acotado por la clásica autonomía entre éstos y lo que es más importante, silenciando a los partidos políticos: instrumentos de la relación entre la sociedad civil y la sociedad política, y proscribiendo a renglón seguido el financiamiento público de las llamadas asociaciones "con fines políticos". La Nueva Etapa, avanza a su vez, hacia la formulación del partido único y la reformulación de la organización del Estado y de la sociedad para consolidar "la nueva estructura social de base", que ejercerá tareas políticas y de producción como asimismo la contraloría social y que ha de casarse con un nuevo sistema de gestión de la cosa pública, en el que domina el régimen "misionario" importado desde La Habana.

En cuanto a la persona humana y su desarrollo libre, la Constitución, junto a su desbordante nominalismo en materia de derechos humanos, le confía al Estado –que no al mismo individuo– la función y la responsabilidad de desarrollar a la persona humana. En lo adelante y por lo mismo, con vistas al Socialismo del Siglo XXI y según La Nueva Etapa, "no son los hechos, no es la superficie lo que hay que transformar, es el hombre", como lo dice Chávez. De allí el objetivo: el desarrollo de un sistema educacional bolivariano, que implica desde ya no solo la reforma del sistema educativo sino "la formación e identificación de la población con los valores, ética e ideología de la Revolución Bolivariana".

El pluralismo democrático cede progresivamente entre la Constitución y los postulados de La Nueva Etapa, mediando entre ambas y como soporte para la reforma tanto las interpretaciones hechas por la Sala Constitucional del TSJ en sus Sentencias 1013 y 1942 como la célebre Ley de Responsabilidad Social de Radio y Televisión. Chávez lo revela en La Nueva Etapa: "Hay que impedir que se reorganicen [los opositores], hablando en términos militares, y si se reorganizaran: atacarlos y hostigarlos sin descanso". "Tengo un solo tipo de invitado –precisa Chávez–: nuestros medios de comunicación aliados". La pluralidad de la opinión democrática, en consecuencia, continúa atenuada hasta que se toque el corazón del sistema que hace posible la diversidad de las ideas: los medios de comunicación social. La propuesta y el cometido es, según La Nueva Etapa, "fortalecer los medios de comunicación públicos" y "potenciar las capacidades comunicacionales del Estado".

En cuanto a la gestión electoral, ella se encuentra "despartidizada" desde la Constitución de 1999 y sobre sus logros, en el interregno, La Nueva Etapa dispone fortalecer en lo adelante los ejes que mejor inciden en el condicionamiento del aparato informático del que depende el ejercicio del voto. Según ésta, tales ejes son la Misión Identidad y el registro electoral digital, el alimento de "la data" de los partidos políticos (Listas Tascón y Maisanta) y el afinamiento del "mapa geo-referencial" que permita saber dónde está cada venezolano y con quién está alineado políticamente.

El régimen económico, que se afirma según la Constitución de 1999 en la competencia libre y en el respeto a la propiedad privada, pero que le abre espacio igual al "régimen de propiedad colectiva", avanza conforme a La Nueva Etapa hacia la cogestión, la economía popular, el autoempleo y la creación de nuevos valores de "producción y consumo solidarios", dentro de un contexto de planificación centralizada y de desarrollo endógeno.

La política exterior y de defensa nacional, finalmente, que se afirma en las ideas constitucionales de la soberanía absoluta y la articulación de todo el orden normativo fundamental alrededor de la idea de la seguridad nacional y de la preeminencia de la Fuerza Armada, encuentran como objetivo en La Nueva Etapa la confrontación abierta con los Estados Unidos, la exportación del modelo revolucionario bolivariano, la creación de un nuevo pensamiento militar, el desarrollo de las milicias populares, la formación de la población en la obediencia y disciplina militar, y la creación de grupos de opinión, comunicólogos e intelectuales que contribuyan a crear matrices de opinión internacional favorables al proceso.

C. *La negociación de la dictadura*

En suma, el significado del Socialismo del Siglo XXI, pretendido centro del debate constitucional reformista planteado y que viene realizándose en curso constante y modulado desde 1999, si de suyo tiene lugar y alcanza cristalizar mediante una negociación "democrática" constitucional, reedita en Venezuela una experiencia de muy añeja data que nuestra contemporaneidad no capta ni comprende y quienes la captan y comprenden no se avienen a definirla como dictadura constitucional o como fascismo mussoliniano o peronista, o como populismo personalista o autocracia, o como comunismo a secas, disfrazado "por ahora" tras la cosmética tecnológica global del siglo XXI.

# 7. LEY HABILITANTE Y REFORMA CONSTITUCIONAL HACIA EL SOCIALISMO DEL SIGLO XXI

20 de febrero de 2007

A. *Reingeniería constitucional*

En 11 y 12 de noviembre de 2004, Hugo Chávez, una vez como supera el referendo revocatorio –mediando el apoyo de Fidel Castro y de la Misión Identidad, como lo ha reconocido aquél públicamente– hace expresos ante la FF.AA. y sus seguidores los alcances de La Nueva Etapa, el llamado Mapa Estratégico de la Revolución Bolivariana.

En sus rasgos esenciales, La Nueva Etapa postula:

a. en lo político, la creación de una "instancia única" de coordinación y toma de decisiones de las organizaciones que apoyan al proceso;

b. en lo educativo, ir en búsqueda del "hombre nuevo", mediante la adecuación de los programas educacionales y su disposición, junto a los medios de comunicación, para la formación de la gente en los valores de la revolución y en las exigencias militares de disciplina, amor a la patria y obediencia;

c. en lo mediático, fortalecer la red comunicacional del Estado;

d. en lo social e institucional, la reorganización del poder público y la organización del pueblo –ensamblados ambos– sobre una suerte de esquema que cruce, en la base popular, a las Unidades de Batalla Electoral: luego Endógenas (UBE's) con la experiencia de las Misiones Bolivarianas aportada por Cuba;

e. en lo electoral, la consolidación del esquema tecnológico de registro (Misión Identidad) y de votación (maquinas), que ha de cruzarse en lo sucesivo con la organización social planteada (UBE's + Misiones);

f. en lo económico, forjar una economía popular, de autoempleo y cogestión, sustentada en la nueva organización social propuesta, a cuyo efecto se prevé reorganizar el sistema financiero público y privado;

g. en lo militar, cambiar el patrón ideológico por otro fundando en la idea de la "guerra asimétrica" (guerra de guerrillas) y la institucionalización de una reserva o milicia popular, capaz se sintetizar el binomio cívico-militar; y

h. en lo internacional, crear redes de apoyo internacional (intelectuales y movimientos no gubernamentales) de apoyo al proceso y exportación del "modelo bolivariano", afirmado en la confrontación con los Estados Unidos y comprometido con la fractura de los ejes geopolíticos al servicio del Imperio.

Los planteamientos anteriores de suyo predican desde entonces una "reingeniería constitucional", dados los estrechos marcos ofrecidos por la Constitución de 1999 para los fines señalados.

En seguimiento de La Nueva Etapa y de su fin último, se explica luego que Chávez, en vísperas de las elecciones presidenciales de 2006, haga público su interés por promover la reforma constitucional que asegure su reelección *sine die*. La Nueva Etapa, en efecto, no es un programa de gobierno sino la concreción de una ruptura o revolución de largo aliento, que mal puede agotarse en los extremos de un período constitucional.

B. *Los problemas de contexto*

La experiencia de Venezuela bajo Chávez, sin embargo, ha lugar dentro de un contexto atípico, distinto de otras experiencias similares o próximas que arrancan mediante la insurgencia armada (Casos de Fidel Castro, o del Movimiento Sandinista) o un golpe de Estado (Velasco Alvarado en Perú). Y, si bien puede señalarse como excepción la vía electoral chilena, en el supuesto de Chávez media, justamente, la experiencia de Salvador Allende y su posterior derrocamiento por la FF.AA. Las formas, pues, han sido guardadas y resguardadas hasta ahora por Chávez, en la medida necesaria para el desarrollo sin riesgos mayores de la Revolución que se ha propuesto y que avanza hacia su derivación como Socialismo del Siglo XXI.

No huelga tener presente, respecto de lo último, la circunstancia del anunciado cierre de RCTV (Canal 2), pues sugiere que el análisis de este proceso de ruptura institucional y política previene sobre los elementos jurídicos involucrados, pero midiéndolos como expresiones tácticas y no como juicios de valor absoluto; pues tales elementos nada significan en el modelo planteado ni para sus albaceas. En un primer momento, por lo mismo, Chávez dice que no renovará la concesión al Canal 2 por golpista. Ahora arguye su Gobierno que la concesión no puede ser renovada por cuando vence y no es constitucional la renovación planteada, aparte de que se sobrepone el mandato constitucional que le ordena al Estado crear una televisora de servicio público (Jesse Chacón, *La entrevista*, Televen, 18-2-07).

### C. *La ley de leyes*

Chávez, al jurar por tercera vez como Presidente y en línea inversa a lo que indica la ortodoxia, le pide a la Asamblea, por ende, una "ley de leyes", una habilitación constitucional mediante ley que le permita legislar en defecto de la misma Asamblea: con vistas a la instalación de la República Socialista y en espera de la reforma constitucional necesaria. Anuncia igualmente, por lo tanto, los ejes estratégicos de su propuesta, que apenas resumen y ya constan en cuanto a contenidos en La Nueva Etapa de 2004, ahora sistematizada y rezando textualmente así:

a) La ley habilitante, [tan amplia como lo requiere el desarrollo de La Nueva Etapa]

b) La reforma socialista constitucional [para consagrar el modelo de La Nueva Etapa, deslastrándolo de todo resabio hijo de la ortodoxia constitucional republicana]

c) La educación popular [para la fragua del "hombre nuevo"]

d) La nueva geometría del poder [que liquide el esquema histórico venezolano vertical –centralismo vs. federalismo– y el clásico de distribución horizontal del poder, conforme al esquema de Montesquieu]

e) El poder comunal [como base y fundamento de la nueva geometría del poder y como elemento de producción económica popular, de control social, y de defensa de la revolución]

La última Ley Habilitante sancionada el 31-12-07, de cara a los postulados tanto de la Constitución de 1999 como de la ortodoxia constitucional los desborda sobradamente. Involucra mucho más que aquello que en el pasado explica y justifica las habilitaciones constitucionales a los gobernantes de turno para que legislasen mediante decreto: circunstancias extraordinarias de orden económico y social cuya urgente resolución mal podía esperar de los trámites parlamentarios ordinarios.

Estamos en presencia de una habilitación abierta con propósitos de "refundación" del Estado –si cabe la manida palabra que se usa antes de 1999– y su conversión en República y en sociedad socialistas, como puede colegirse de la exposición de motivos que sustenta a la ley de marras: "La necesidad de emprender una reestructuración de las instituciones y de las dinámicas que rigen lo público, para hacerlas más acordes con los postulados constitucionales y más eficaces en su labor de representación, intermediación y construcción del interés colectivo".

De allí que las materias delegadas abarquen a todos los ámbitos de la Nación sin acotaciones ni límites, incluso inadmisibles dentro de la fórmula constitucional de 1999: *transformación de las Instituciones del Estado; participación popular; valores esenciales del ejercicio de la función pública; económico y social; financiero, y tributario; seguridad ciudadana y jurídica; ciencia y la tecnología; ordenación territorial; seguridad y defensa; e infraestructura, transporte y servicios.*

D.  *La historia se repite*

No es ocioso señalar que, una vez como Fidel Castro asume el poder en Cuba en 1959, mediante Decreto dictado desde el Palacio Presidencial restablece en su vigor el ordenamiento constitucional democrático y republicano vigente para 1940. Cuida de tal manera las formas en lo inmediato, pero apostilla de tal manera a la Constitución, que en lo sucesivo reconoce como Texto Fundamental el dictado por Castro y hasta 1976, cuando se sanciona la Constitución comunista.

Las iniciativas concretadas hasta ahora dentro del marco de La Nueva Etapa, con sus especificidades o modulaciones y dada la distinta realidad, con sus "por ahora" y en su progresividad, son consistentes con el decurso fáctico que toma la misma Revolución Cubana desde sus inicios en 1959 y durante el período de transición que concluye en 1976, cuando cristaliza finalmente el modelo de Constitución comunista.

En nuestro caso, cabe citar como ejemplos emblemáticos a la reserva militar popular, próxima a los Comités de Defensa de la Revolución Cubana; a los Consejos Comunales ya establecidos mediante ley de 2006, que calcan a las Asambleas del Poder Popular; a la misma unidad y homogeneidad alcanzada entre los poderes públicos y su sujeción al Presidente, que es ampliamente justificada dentro del modelo constitucional y por el constitucionalismo cubanos; y también el retraimiento hacia el Estado de los sectores estratégicos de la radiodifusión y de la telefonía, que en Cuba facilitan la formación en los valores del comunista y el control e intervención de las comunicaciones personales.

En perspectiva cabe esperar, dados los antecedentes, el sostenimiento del modelo descrito en La Nueva Etapa y su ejecución con mayor o menor ritmo, según las circunstancias y el contexto, pero nunca su abandono. Hay matizaciones de carácter táctico, como también lo demuestra la experiencia propia y la comparada –léase la cubana, sin mengua de igual especificidad– y como lo hace Castro, sólo en su primer momento, pero al igual que lo ha hecho Chávez a lo largo de los últimos 8 años las formas se usarán y agotarán. De donde, el establecimiento del modelo socialista y los conflictos que puedan suscitarse en su desempeño, se verán formalmente "judicia-lizados" y encontrarán siempre una explicación dentro de la arqui-tectura normativa vigente o en curso de ser sancionada.

Por último, no huelga tener presente que Castro declara, el 13 de enero de 1959, que "son calumnias contra la revolución decir que somos comunistas". Luego, el 16 de abril de 1961 expresa el carácter "socialista" de la revolución. Y el 1° de diciembre de dicho año afirma: "Soy marxista-leninista y lo seré hasta el último día de mi vida".

Chávez, a su vez, el 8 de junio de 2003, afirma: "Si yo fuese comunista lo habría dicho ya". Hoy afirma ser socialista, y es alta-mente probable que alguna vez confiese lo mismo que confesara Castro el 2 de diciembre de citado año '61: "Si cuando estábamos alzados hubiéramos dicho que éramos comunistas, aún estaríamos en la Sierra Maestra".

**Fuentes**:

A. AGUIAR, *Sistematización de La Nueva Etapa: El Nuevo Ma-pa Estratégico*, 29 de agosto de 2005.

_____, *Chávez: legislador*, 20 de enero de 2007.

_____, *Las experiencias socialistas de Cuba y de Vene-zuela: Coincidencias y especificidades*, 20 de febrero de 2007.

_____, *La biblia cubana de la revolución del socialismo del siglo XXI*, El Universal, 18 de febrero de 2007.

A.R. BREWER-CARÍAS, *Comentarios sobre el proyecto de ley habilitante*, 2007.

Asamblea Nacional, "Ley que autoriza al Presidente de la Re-pública para dictar decretos con rango, valor y fuerza de ley en las materias que se delegan, 2 de enero de 2007".

Martha PRIETO VALDÉS, "Cuba, su desarrollo constitucional posterior a 1959 y su diseño político", La Habana, 11 de octubre de 2004.

# 8. EL SOCIALISMO DEL SIGLO XXI ES DE NETA FACTURA CUBANA LOS CINCO MOTORES DE LA REVOLUCIÓN

15 a 20 de abril de 2007

*La nueva estrategia gubernamental marca el punto de no retorno.*

A.  *El génesis de los cinco motores de la revolución*

"El planteamiento comunista, no (...), quienes se lo plantean no es que estén locos. No es el momento" (Hugo Chávez, La Nueva Etapa, El Mapa Estratégico de la Revolución, 2004).

El avance hacia el Socialismo del Siglo XXI y la renuncia por la Asamblea Nacional a sus funciones legislativas ordinarias, luego de que habilitase al Presidente Hugo Chávez para dictar por su cuenta leyes mediante decreto, marcan, ¡no cabe duda!, el punto de no retorno en una estrategia de poder absoluto concebida por aquél desde la cárcel, reelaborada varias veces, y afinada desde entonces por sus asesores cubanos.

Dicha estrategia, que hoy agrupan y resumen las empresas publicitarias al servicio del Régimen en los denominados "cinco motores" de la revolución socialista: la Ley Habilitante, la Reforma Constitucional Socialista, la Educación Popular, la Nueva Geometría del Poder, y el Poder Comunal, ha tenido y tiene por objeto hacer cristalizar y consolidar en Venezuela un modelo político autoritario personalista; construido a partir de la idea del Estado y no a imagen de la persona humana, y pariente cercano, tal modelo, del andamiaje constitucional que fraguara en La Habana en 1976, luego del largo período de transición iniciado en 1959.

El mismo pacto de confidencialidad acordado entre los miembros de la comisión presidencial para la reforma de la Constitución, creada por Hugo Chávez e integrada, entre otros, por los titulares del Tribunal Supremo de Justicia y de la Asamblea Nacional, revela cómo los motores socialistas corren en línea contraria a la esencia de la democracia: el diálogo abierto y la transparencia, a fin de cuentas.

Que dicho modelo alcanzará encarnar o no en el pueblo y en nuestra huidiza y descontextualizada sociedad o que lo ocurrido en Venezuela, desde cuando Chávez –a contrapelo de la Constitución de 1961– montara su Asamblea Constituyente para iniciar un lento y taimado recorrido hacia la dictadura, ha sido posible por el dispendio de la riqueza del petróleo, son asuntos a discutir. Pero en modo alguno varían la naturaleza y la esencia de la visión y acción emprendidas hasta el presente, con coherencia inusitada, por este Teniente Coronel ex golpista que nos manda y que aspira a mandarnos para siempre.

Los "cinco motores" son, en efecto, una suerte de impulso crucial hacia el objetivo querido e imaginado desde ha mucho tiempo por algunos de los autores y coautores civiles y militares de los golpes de Estado del 4 de febrero y el 27 de noviembre de 1992 contra el entonces Presidente Carlos Andrés Pérez, e interpretado cabalmente por Chávez.

Si se quiere, tales motores, dada la "progresividad" –querida o a lo mejor impuesta por las circunstancias– de la estrategia totalitaria en curso, son en sí una reelaboración táctica de las mismas premisas consagradas en la Constitución de 1999 –el pecado original– y cuyos objetivos y herramientas fueron desarrollados luego en La Nueva Etapa: El Nuevo Mapa Estratégico de la Revolución, explicado por Chávez en 2004, luego del fallido referendo revocatorio presidencial.

No tenemos hoy, pues, nada nuevo bajo el sol, nada extraño que deba sorprendernos.

Basta la lectura cuidadosa o la relectura contextual de los documentos mencionados a la luz de los "cinco motores" en cuestión y, seguidamente, la vista de éstos al trasluz y sobre la Constitución comunista de 1976, para confirmar lo que, en mi modesto criterio, dejó de ser una hipótesis: El Socialismo del siglo XXI es de neta factura cubana y comunista. Chávez corre hacia su establecimiento en Venezuela, en un intento por mejorar la experiencia de Fidel Castro.

Que haya o no convicción íntima en el hacedor de los "cinco motores" de la revolución acerca de la validez contemporánea de sus supuestos ideológicos y de sus predicados socialistas-marxistas, es asunto también a considerar. Empero, lo que si es cierto es que media en Chávez una neta vocación de autócrata –siempre lo intrigó el fracaso del dictador militar de izquierda peruano, Velasco Alvarado– y la vía cubana se le presentó a pedir de boca para la realización de su sueño. Y en ese matrimonio con Castro lleva más de 8 años, que no son pocos.

El problema de Venezuela –y de América en su conjunto– ante tal disyuntiva es, por consiguiente, serio y muy grave.

En la misma medida en que Chávez, rompiendo paradigmas ha puesto sus miras en el mediano y largo plazo, la mayoría de los venezolanos –incluyendo a quienes lo siguen e incluso a la minoría más instruida y dotada de recursos para el análisis del entorno– sigue atada a su raizal cultura de presente. No ven lo que tenemos ante las narices sino cuando les golpea y afecta en lo individual. A todo evento, el Ser nacional carga sus desgracias a cuestas por 24 horas y no más allá. Y si el mal persiste, opta y optamos por disfrazarlo y hasta mudarlo en objeto del humor.

Mientras Chávez y su gente hacen y deshacen con sus motores revolucionarios y nos empujan hacia el comunismo bajo una consigna engañosa: el Socialismo del Siglo XXI, sorprende la conducta escéptica y acomodaticia mayoritaria, a la que no escapan los gobiernos extranjeros. La gente siente y cree que en paralelo hace y deshace y seguirá determinándose por su propia cuenta.

La cuestión, en suma, ante la disyuntiva que ha dejado de ser tal y que ya anega para hacerse de todo y de todos, es que una vez como se haya instalado la dictadura socialista y una vez como rasgue cada una de nuestras verdades y realidades personales no quedará tiempo siquiera para recoger los fustanes y atemperar la adversidad.

Hacer un alto para conocer y saber sobre los "cinco motores" en revolución y para la revolución socialista planteada, no bastará; pero el entendimiento y la convicción acerca de sus propósitos finales, a tiempo, nos permitirá ganar la mitad de una batalla para salvaguarda de la libertad.

Vistos de conjunto, los "cinco motores" recrean, lo repito, un modelo de supremacía estatal sobre el individuo; de centralismo político; de formación de un pensamiento único y dogmático negado a la diversidad del mismo pensamiento; de avance hacia el partido único con mengua del pluralismo partidista; de consolidación del poder presidencial mediante la negación de la división y el equilibrio entre los varios poderes; y de uso y manipulación de la participación popular para crear servidumbres al Estado y al autócrata.

Ese modelo ancló de modo incipiente, sin que nadie reparase al respecto, en la Constitución Bolivariana de 1999. Y el contenido y alcances de los "cinco motores" fueron explicitados hasta la saciedad en La Nueva Etapa, en 2004, a propósito de la cual Chávez comprometió trasponer los umbrales del capitalismo.

Los "cinco motores" del socialismo encendidos en Venezuela arrancaron por vez primera en Cuba a la caída de Fulgencio Batista. Y esto es lo que cuenta y ha de considerarse. Hicieron posible que Castro, maestro de Chávez, gobernase durante casi medio siglo sobre la vida y destino de los cubanos, fuese jefe del Consejo de Estado y cabeza del Gobierno, legislador perpetuo, amo de la economía y policía del consumo, conductor y contralor de las Asambleas del Poder Popular y capataz de los Consejos de Defensa de la revolución, líder de su partido único: el comunista, y deviniese, a fin de cuentas, en el más grande cínico de la historia continental: "Si cuando estábamos alzados hubiéramos dicho que éramos comunistas, aun estaríamos en la Sierra Maestra", fue el dicho del anciano y moribundo dictador el 2 de diciembre de 1961.

*La idea de la Constitución fue la de hacer de Chávez un gobernante-legislador.*

## B. *El primer motor: La ley habilitante*

*"Los partidos que quieran manténganse, pero saldrían del gobierno. Conmigo quiero que gobierne un partido. Los votos no son de ningún partido, esos votos son de Chávez y del pueblo, no se caigan a mentiras"* (Hugo Chávez, 16 de diciembre de 2006)

Los "cinco motores" de la revolución socialista, que Hugo Chávez –asumiéndose como intérprete último de la voluntad popular– refiere de constituyentes, entre estos el motor primero, la Ley Habilitante, avanzan, lo repito, sin solución de continuidad. Integran ellos una estrategia que ancló sibilinamente en 1999, al aprobarse la Constitución, asiento original del modelo autoritario y socialista en curso e inspirado en la Constitución cubana de 1976 y en su visión dogmática de la política.

No por azar en su discurso de toma de posesión para otro período constitucional, el tercero, Chávez dijo que para "radicalizar y profundizar" la revolución los "motores" encuentran su base en el poder constituyente que otra vez y de nuevo invoca después de "2 mil 898 días".

En la práctica, al afirmar esto puso de relieve que la organización constitucional republicana que tanto discutiera la Asamblea Constituyente y que aún rige entre nosotros, tenían, para él, carácter provisorio. Se trataría de una provisionalidad sostenida sobre el engaño –el célebre "por ahora"– y que se le consideró necesaria hasta alcanzar el objetivo final: el Socialismo del Siglo XXI. "Es recurrencia permanente para que la revolución nunca termine. Nunca puede ser congelado [el poder constituyente, léase la "voluntad del pueblo" mismo] por el poder constituido", reveló Chávez en su discurso ante la Asamblea el pasado 10 de enero.

Dentro de tal concepto, pues, la idea de las instituciones democráticas es apenas un comodín declinante, en espera de su sucedáneo o forzado complemento: la Revolución Socialista. Es un obstáculo que ha de ser eliminado para alcanzar lo que en juicio de Chávez sería el predicado ideal: el establecimiento de una de relación de dominio –telúrica y hasta mágica– suya, sin mediaciones ni representaciones inconvenientes, con el pueblo; pueblo que ha de fraguar como tal en él, su líder y conductor.

Ha lugar así, también y bajo esta suerte de "socialismo a la venezolana", a una reedición coetánea del caudillo o gendarme latinoamericano: quien, a la manera del "hombre fuerte y bueno" que fuera el General Juan Vicente Gómez –según la opinión de Victorino Márquez Bustillos– le dice a sus hijos como portarse y comportarse. La fórmula, no cabe duda, es de suyo antigua y nada propia de los comunistas, como lo muestran las experiencias de Hitler, Mussolini y el mismo Perón.

De allí que, al debatirse la última Constitución y considerarse el asunto de las leyes habilitantes, (admitidas –no lo olvidemos– por el constitucionalismo democrático a fin de que el Jefe del Estado, previa autorización parlamentaria, legisle extraordinariamente mediante decretos con fuerza de ley dictados en circunstancias igualmente extraordinarias, económicas o sociales) el proyectista de aquélla –Chávez– intentó caracterizar a tales leyes como "leyes de base": Leyes de base que, por ser de base y como lo indica el DRAE, habrían de ser el fundamento o apoyo en el que descansen las otras leyes de la República.

La idea que medró en la Constitución actual, pues, fue la de hacer del Presidente una suerte de gobernante-legislador, un constituyente perpetuo más allá del foro deliberante y con mengua de la función parlamentaria plural de la democracia, tal y como lo sugiere el texto del artículo 235 del proyecto conocido en primera discusión por la Constituyente. No por azar, en las primeras de cambio, Chávez se empeñó en cerrar el Congreso bicameral electo junto a él en 1998, transformándolo luego en una Asamblea unicameral de eunucos, como lo ha mostrado la experiencia de los últimos 8 años.

La denominación de "leyes de base", ciertamente, no corrió con suerte. Otra vez y en el texto constitucional finalmente adoptado se habló de leyes habilitantes; pero el objetivo del proyectista se cumplió cabalmente. Y, a diferencia de las habilitantes conocidas, la Constitución de 1999 les restó a dichas leyes su justificación extraordinaria y necesario acotamiento a circunstancias y materias de excepción. Por lo mismo, no ha de sorprender que hoy tenga lugar otro vaciamiento del parlamentarismo democrático y la fragua "secreta" de leyes que sólo conoce quien las legislará mediante Decreto y con fundamento en la última habilitación –la tercera de su mandato– que recibiera de la Asamblea Nacional; ello, con vistas a incidir en los elementos dogmáticos y constitucionales del texto fundamental señalado y empujar a la República hacia los predios del socialismo.

En La Nueva Etapa, en 2004, Chávez es consecuente con el propósito constitucional. En ella revela su disposición a "consolidar… un nuevo sistema social, una nueva organización popular, más allá de los partidos políticos" y anunció, entonces, su decisión de "rediseñar la estructura funcional del Estado en todos sus niveles" y realizar un "marco jurídico que permita construir la nueva institucionalidad revolucionaria municipal, estadual y nacional". La reciente Ley Habilitante, en suma, no es circunstancial.

Nada distinto de lo anterior –y es lo que cabe observar– ocurrió en el modelo constitucional cubano que ahora inspira a la acción de Chávez, como bien lo explica   la jurista Martha Prieto Valdés: "Nuestro diseño político –señala– se organiza sobre la base de la unidad de poder o unidad de acción política; se aparta de la clásica tríada montesquiana (*sic*), así como del sistema del "check and balance" que los padres fundadores del texto norteamericano idearon, y de otras pluralidades de poderes instituidos" [como ocurría en la democracia que conocimos los venezolanos y que disfrutan la mayoría de los países del Continente].

De tal forma que, al lector menos prevenido de la Constitución comunista de Cuba le será fácil constatar que si bien existe una suerte de parlamento denominado Asamblea Nacional de Poder Popular, próximo al nuestro –monocolor y sirviente– y con la igual calificación que Chávez se apresura dar recién a sus Ministros para llamarlos en lo adelante Ministros del Poder Popular, por otra parte dicha Asamblea apenas se reúne accidentalmente. Durante su receso legisla por su cuenta y en su nombre el Presidente del Consejo de Estado. "No existe el rejuego político partidista entre los diputados, o entre éstos y el Gobierno", precisa Prieto Valdés.

Fidel Castro, del mismo modo en que se lo plantea Chávez, una vez electo como fuera Presidente del Consejo de Estado cubano por la Asamblea del Poder Popular que no por el pueblo de modo directo, durante el receso de ésta muta en legislador y dicta las leyes como nuestro gobernante lo hace; le dice a la Asamblea cuándo debe sesionar y al efecto la convoca; y determina el momento en que deben renovarse los diputados a la Asamblea, una vez como resultan incómodos al propio Régimen.

En La Nueva Etapa, mucho antes del encendido de los motores de la revolución socialista, Chávez dijo, al definir su estrategia para el "rediseño de la estructura funcional del Estado", que su objetivo específico era "establecer nuevas dinámicas parlamentarias" y al efecto, como herramienta, provocaría la "reforma del reglamento de la Asamblea Nacional y de los procedimientos legislativos". Nada más

*Su parentela inmediata, sin duda, es la Constitución cubana de 1976*

### C. *El segundo motor: La reforma constitucional*

*"Los ingenieros no podían limitarse a demoler una estructura ya existente, debido a las repercusiones del tráfico ferroviario. Lo que hacían en su lugar era ir renovando lentamente cada tornillo, viga y raíl, un trabajo que apenas si hacía levantar la vista de los periódicos a los pasajeros. Sin embargo, un día se darían cuenta de que el viejo puente había desaparecido y que ocupaba su sitio una nueva estructura relumbrante"* (Maichel Burleigh, *El Tercer Reich: Una nueva historia*, México, D.F., Suma de Letras, 2005)

La reforma de la Constitución, "segundo motor" e integrador de los otros motores de la revolución bolivariana y en lo adelante socialista, será el tema central de la agenda política de 2007.

La Constitución de 1999 hizo posible, en la práctica y desde el mismo momento de su adopción por la Asamblea Nacional Constituyente, la concentración paulatina de los poderes públicos y el oblicuo dominio de Hugo Chávez por sobre ellos y sobre el Poder Electoral, para perpetuarse en el ejercicio del poder; amén de que liquidó la autonomía municipal y de suyo ahogó la descentralización política y administrativa propulsada desde antes, bajo el texto fundamental de 1961.

La "bicha" –llamada así por el propio Presidente– situó al Estado y a su variable militar, además, sobre la persona humana y su derecho al libre desarrollo y expansión de la personalidad, dentro de

un contexto normativo e ideológico que ha hecho de la primera sirviente del poder constituido, arrendataria de su dignidad, y feligrés
del pensamiento único oficial: la ideología de Simón Bolívar, El
Libertador.

La reforma constitucional se orientara, de acuerdo a lo anunciado, hacia la construcción de un modelo de Estado y de sociedad
socialistas, a la luz del llamado Socialismo del siglo XXI; fuera de
cuyos odres, según Chávez, no habrá lugar a diálogo constitucional
con sus opositores.

Sea lo que fuere, cabe destacar que el Socialismo del Siglo XXI
es nuevo sólo como idea fuerza o símbolo nominal. Su contenido,
tal y como lo asume Chávez, viene de muy atrás: "Nosotros no
teníamos dudas hacia dónde íbamos, ahora cómo hacerlo, si por la
vía pacífica o por la vía armada, eso empezó a ser tema de debate
durante años", confesó en 2004 al presentar La Nueva Etapa: El
Mapa Estratégico de la Revolución Bolivariana y al recordar que
los tres mapas estratégicos elaborados hasta entonces, comenzando
por el que diseñara en 1994 durante su prisión en Yare, "son una
evolución del mismo mapa".

Lo planteado por Chávez como eje del modelo revolucionario,
según su testimonio y lo antes dicho, "es trascender el modelo capitalista". "El planteamiento comunista, no (...) en este momento sería
una locura, quienes se lo plantean no es que estén locos. No es el
momento", afirma el presidente "reelecto" en La Nueva Etapa citada.

La filosofía de la estrategia, como se ve, es clara. El "por ahora" sigue siendo la táctica. El puente de la democracia, si cabe mi
juicio anticipado y la imagen de Burleigh, no caerá en Venezuela
por implosión. Está siendo desmontado, desde 1999, tuerca por
tuerca, viga por viga, raíl por raíl.

No es ociosa, en efecto, la relectura de algunas normas orgánicas y dogmáticas de la Constitución actual, cruzándolas "con" o
apreciándolas a la luz de los elementos conceptuales o discursivos,
los objetivos específicos y las herramientas que describe e integran
La Nueva Etapa, para la comprensión de la estrategia de progresividad y el fin último que explica y justifica, desde la óptica de
Chávez, a los "motores" de su revolución y la reforma constitucional anunciada.

En el ámbito de la organización del Estado y de la sociedad, la Constitución prefigura un modelo de corte republicano y de separación de los poderes públicos, pero que acota la clásica autonomía entre éstos y lo que es más importante, silencia a los partidos políticos: instrumentos de la relación entre la sociedad civil y la sociedad política, y proscribe a renglón seguido el financiamiento público de las llamadas asociaciones "con fines políticos". La Nueva Etapa, al profundizar la estrategia y con vistas al socialismo, avanza hacia la formulación de un partido único y la reformulación de la organización del Estado y de la sociedad para consolidar "la nueva estructura social de base": sustentada en el llamado poder comunal y sus consejos –ahora lo sabemos– quienes ejercerán tareas políticas y de producción en la base popular amén de la contraloría social, y harán propio el sistema de gestión de la cosa pública derivado de la experiencia y consolidación de las "misiones" exportadas desde La Habana.

En cuanto a la persona humana, la Constitución, junto a su desbordante nominalismo en materia de derechos humanos, le confió al Estado –que no al mismo individuo– la función y la responsabilidad de su desarrollo. No por azar, con vistas al Socialismo del Siglo XXI, dice La Nueva Etapa que "no son los hechos, no es la superficie lo que hay que transformar, es el hombre". De allí el objetivo: el desarrollo de un sistema educacional bolivariano, que implique no solo la reforma del sistema educativo sino "la formación e identificación de la población con los valores, ética e ideología de la Revolución Bolivariana". Es el llamado "tercer motor".

El pluralismo democrático cede entre la Constitución y los postulados de La Nueva Etapa. Median entre ambas y como soportes para la reforma constitucional planteada, las interpretaciones ya hechas por la Sala Constitucional del TSJ en sus Sentencias 1013 y 1942, que restringen la libertad de pensamiento y expresión, sea la reforma penal que criminaliza la disidencia, sea la Ley de Responsabilidad Social de Radio y Televisión conocida como la Ley Mordaza.

Chávez, como lo revela en La Nueva Etapa, cree que "hay que impedir que se reorganicen [los opositores], hablando en términos militares, y si se reorganizaran: atacarlos y hostigarlos sin descanso". Y en igual línea reconoce que tiene un solo tipo de invitado: "nuestros medios de comunicación aliados", los suyos y no otros. De allí que la propuesta y el cometido, en línea con el trazado inicial de 1999, sean "fortalecer los medios de comunicación públicos" y "potenciar las capacidades comunicacionales del Estado".

La gestión electoral, en otro orden, ya se encuentra "despartidizada" por virtud de la Constitución. Sobre sus logros, La Nueva Etapa dispuso fortalecer los ejes que mejor incidan sobre el aparato informático del que depende el ejercicio del voto, condicionándolo. Según ésta, tales ejes son la Misión Identidad y el registro electoral digital, el alimento de "la data" de los partidos políticos (Listas Tascón y Maisanta) y el afinamiento del "mapa geo-referencial" que permita saber dónde reside cada venezolano y con quién está políticamente alineado.

El régimen económico, que se afirma, según la Constitución, en la competencia libre y en el respeto a la propiedad privada, y que le abre un espacio tímido a la "propiedad colectiva", avanzará conforme a La Nueva Etapa hacia la cogestión, la economía popular, el autoempleo y la creación de nuevos valores de "producción y consumo solidarios", dentro de un contexto de planificación centralizada y de desarrollo endógeno.

La política exterior y de defensa nacional, apoyada en las ideas constitucionales de la soberanía absoluta y la articulación de todo el orden normativo fundamental alrededor de la seguridad nacional y la preeminencia de la Fuerza Armada, encuentran en La Nueva Etapa como sus objetivos la confrontación abierta con los Estados Unidos, la exportación del modelo revolucionario bolivariano, la creación de un nuevo pensamiento militar, el desarrollo de las milicias populares, la formación de la población en la obediencia y disciplina militar, y la creación de grupos de opinión, comunicólogos e intelectuales que contribuyan a crear matrices de opinión internacional favorables al proceso.

En suma, el significado del Socialismo del Siglo XXI, pretendido núcleo del debate constitucional reformista, si alcanza cristalizar mediante una "negociación democrática" reeditará en Venezuela –no cabe duda– una experiencia muy cercana y de añeja data. Nuestra contemporaneidad –paradójicamente– no la capta ni comprende cabalmente y quienes la captan o comprenden no se avienen en su viabilidad actual o al definirla: ora como dictadura constitucional o como fascismo, ora como populismo personalista o autocracia militar, o como comunismo a secas. Pero su parentela inmediata, no tengo dudas, es la Constitución cubana de 1976.

*Este motor hace ruido para que la gente sepa que no hay vuelta atrás*

### D. *El tercer motor: La educación socialista*

"Haremos el hombre del siglo XXI: nosotros mismos. Nos forjaremos en la acción cotidiana, creando un hombre nuevo con una nueva técnica" (Ernesto "Che" Guevara, *El hombre nuevo*, 1965)

"Tenemos que demoler el viejo régimen a nivel ideológico...No son los hechos, no es la superficie lo que hay que transformar, es el hombre y empecemos por nosotros mismos, por nosotros mismos dando ejemplo de que realmente estamos impregnados de una nueva idea, que no es nada nueva, es muy vieja, pero en este momento es nueva para este mundo" (Hugo Chávez, *La Nueva Etapa, El Nuevo Mapa Estratégico*, 2004).

La educación popular, nombre inicial del tercer motor de la revolución socialista, titulado luego Moral y Luces con una precisión nada ingenua: "educación en los valores socialistas", intenta concretar la idea del "hombre nuevo" con vistas al Socialismo del Siglo XXI.

La idea no es original de Hugo Chávez y sí un plagio de la expuesta mucho antes por el Ernesto Guevara, el Che, quien sostuvo en 1965 que una revolución sólo es auténtica cuando es capaz de crear un "hombre nuevo": como vendría a serlo, para él y con apoyo de la técnica, el hombre del siglo XXI.

En Chávez existe conciencia, pues, en cuanto a que su modelo revolucionario no encaja ni encarna, adecuadamente, en nuestra "sociedad". Hábitos, atavismos, tradiciones y modos de ser arraigados, que nos vendrían desde el tiempo inicial de la República y afirmados durante el tiempo real de su existencia como República: el siglo XX, representarían un impedimento para el propósito de insertar su pensamiento único y su visión unilineal de la política en nuestra realidad, que no se condice con el carácter plural o mejor huidizo, inestable y hasta anárquico del hombre y la mujer venezolanos.

Sea lo que fuere, la Constitución de 1999 ensayó de forma sibilina –pues los líderes y seguidores del golpe del 4 de febrero de 1992, repitiendo al Castro de la Sierra Maestra, no hicieron evidentes sus convicciones– los primeros insumos normativos para el avance hacia el objetivo predeterminado: mudar la sustancia de Venezuela y empujarla hacia el modelo de sociedad anhelado por algunos de nuestros líderes de antaño, sostenidamente frustrado por la realidad terca, y esta vez de regreso por la revancha: el comunismo, a secas.

Veamos la lectura de este texto fundamental. Su artículo 2 lleva incorporada una prescripción decidora: El Estado tiene como fines esenciales la defensa y "el desarrollo de la persona humana". El desarrollo de la personalidad, que en la democracia y en toda sociedad donde la dignidad personal sujeta al Estado y es responsabilidad del propio individuo, descansando primeramente en él y sucesivamente en su familia, contando con el apoyo instrumental –si cabe– del mismo Estado, en la Constitución Bolivariana opera de un modo inverso: es asunto del Estado, léase del Gobierno en pocas palabras, quien como tutor impuesto modela al ciudadano, su pupilo, a la luz del credo oficial.

Este predicado se entiende mejor una vez como se le aprecia de conjunto al artículo 102 constitucional, que consagra el derecho humano a la educación, explicado de manera ortodoxa e interesadamente en la Exposición de Motivos de la Constitución.

Para el constituyente bolivariano, así, la educación es derecho pero preferentemente servicio público del Estado, dispuesto para "desarrollar... [en] cada ser humano ... el pleno ejercicio de su personalidad [y para su] participación activa, consciente y solidaria en los procesos de transformación social, consustanciados con los valores de la identidad nacional". Y tales valores son, como lo revelan la Exposición de Motivos citada y el artículo 1 inaugural de la Constitución, los insertos en la doctrina de Simón Bolívar, que aquella, al situarla como eje de la educación por el Estado y para la fragua de la personalidad humana de cada venezolano, denomina "ideario bolivariano".

La conclusión no se hace esperar. El "hombre nuevo" fue imaginado por Chávez, en 1999, como un "bolivariano" quien alcanzaría su madurez dentro de lo bolivariano y quien, al participar, política y socialmente, se hace parte de lo nacional en tanto y en cuanto sea bolivariano.

Desde entonces se instaló en Venezuela el pensamiento único, cuyo último intérprete pasó a ser el Estado y no su destinataria, la gente, apenas libre para reflexionar dentro de un pensamiento predeterminado y postizo.

No huelga observar que a falta de tales presupuestos no se explicaría el carácter invasor de la célebre ley de contenidos o Ley de Responsabilidad de Radio y Televisión, que ha homogeneizado la programación de los medios radioeléctricos mediante cuñas y cadenas "revolucionarias" sostenidas aparte de concitar la autocensura.

Tal ley, empero, hace eficaz y con vistas al cometido de moldear la personalidad humana del hombre nuevo y socialista, las normas de los artículos 101 y 108 de la Constitución Bolivariana, a cuyo tenor: "Los medios de comunicación social tienen el deber de coadyuvar a la difusión de los valores... y contribuir a la formación ciudadana [bolivariana]", y no otra.

Así las cosas, quien estudie la Constitución de Cuba, sancionada en 1976, observará como la guía inicial de su modelo es martiniana –como la nuestra es bolivariana– y marxista como lo será la nuestra, una vez dictada la reforma constitucional.

El Estado cubano, como lo indica su Constitución en el artículo 9, también tiene la atribución de desarrollar la personalidad humana. Es quién "realiza la voluntad del pueblo... y afianza la ideología". La enseñanza, allá, es función del Estado y aquí, entre nosotros, servicio público del Estado. Allá se fundamenta, lo repito, en "el ideario marxista y martiniano" y aquí, en Venezuela, en el "bolivariano", hasta tanto alcancemos, por lo pronto y "por ahora", el estadio socialista.

En La Nueva Etapa, El Mapa Estratégico de la Revolución, de 2004, Chávez explica sin rodeos todo lo anterior y desarrolla, ampliándolo, el contenido y la finalidad del pensamiento único fijado en 1999 y denominado socialista desde 2007.

En ella, a título de premisa, arguye que "no son los hechos, no es la superficie lo que hay que transformar, es el hombre". Y de allí los objetivos precisos: Formar e identificar a "la población con los valores, ética e ideología de la Revolución Bolivariana... y en los principios militares de disciplina, amor a la patria, y obediencia" y al efecto "potenciar las capacidades comunicacionales del Estado".

Las herramientas, según el mismo Chávez, son la fragua de un "sistema de educación bolivariano", el "uso de los medios, principalmente la radio, para masificar la creación de valores", la "creación de grupos de formadores de opinión, comunicólogos e intelectuales para contribuir a conformar matrices de opinión", y en fin, la "definición y desarrollo para el sistema de educación bolivariano de programas de formación en la ética y moral del ciudadano bolivariano".

La Venezuela Bolivariana, por consiguiente, se niega al culto de Miranda o de Bello, o de otros pensadores o a formas distintas del humano pensar. El ser humano de suyo medra al servicio de la ideología estatal, y el desiderátum socialista, por consiguiente, será tan manifiesto como ya lo es para el constituyente cubano: "El Estado orienta, fomenta y promueve la educación... patriótica y comunista ... [y reconoce que] es libre la creación... siempre que su contenido no sea contrario a la Revolución".

El tercer motor de la revolución socialista venezolana, en síntesis, no es nuevo. El motor de la educación popular hace ruido para que la gente sepa que no hay vuelta atrás en la idea de compartir con Cuba y su Constitución "el objetivo final": "edificar la sociedad comunista".

*Chávez le compró a Pérez Jiménez la idea los polos o ejes de desarrollo*

### E. *Hacia la geometría del poder y el poder comunal: Cuarto y Quinto motores de la revolución*

"Tenemos que ir marchando hacia la conformación de un estado comunal y el viejo estado burgués que todavía vive, que está vivito y coleando, tenemos que irlo desmontando progresivamente mientras vamos levantando al estado comunal, el estado socialista, el estado bolivariano" (Hugo Chávez, 8 de enero de 2007).

El avance hacia una nueva geometría del poder y la consiguiente organización del poder comunal, cuarto y quinto motores de la revolución socialista, será el candado que finalmente cierre las puertas de la libertad en Venezuela.

¡No exagero!

En la experiencia de Cuba, modelo y guía que es, las Asambleas del Poder Popular establecidas en barrios, pueblos y ciudades desfiguraron su geografía política fundacional –hecha a partir del Municipio y de su función mediadora ante el poder– sin que derivasen aquellos en instrumentos de la gente y para que la gente piense, actúe y se realice en libertad.

Han sido tales Asambleas agregados de individuos, células del poder centralizado comunista, prolongaciones de sus Ministerios del Poder Popular –así llamados entre nosotros– y hechas por tal poder para la producción económica, planificada desde el vértice del poder y para el control social y político sobre la gente. Nacieron de una geografía artificial construida desde el Estado y sobrepuesta a las identidades humanas e históricas; coexisten con los Comités de Defensa de la Revolución (CDR's); y funcionan subordinados al Consejo de Estado, al Consejo de Ministros, al Consejo de Defensa de la Revolución, cuyo presidente es a la vez jefe del partido único, gobernante sin alternancia y gendarme de todo cuanto respira en los predios de la isla: Fidel Castro.

Una geometría del poder distinta de la nuestra –que surgiera sobre la sangre de miles de compatriotas durante el siglo XIX e inicios del siglo XX– ya rondaba en la mente de Chávez desde su primera campaña electoral y desde cuando se entrevistara con el penúltimo dictador venezolano, General Marcos Pérez Jiménez, a quien le compró la idea de los polos de desarrollo o ejes de desarrollo territorial.

La misma idea la hicieron propia los gobiernos de la Republica Civil desde 1958. Las regiones y sus Corporaciones de Desarrollo fueron, en efecto, experimentos administrativos del poder central para apoyar a la provincia montados sobre la geografía política existente sin macularla, que identificaban elementos comunes y complementarios entre los Estados de la Federación o entre los mismos Municipios para asociarlos y fortalecerlos en áreas de desarrollo conjunto, generando fuentes de trabajo y evitando la migración hacia las metrópolis del centro-norte-costero. Guayana fue el gran emblema.

Pero ahora y al igual que ocurriera en Cuba, la geometría socialista nos llega entendida como una geopolítica o geometría del poder, para la desfiguración de la institucionalidad republicana mediadora y para la acumulación de más poder en el vértice de la pirámide del poder. E implica el manejo por este de la base territorial –de allí las expropiaciones sin límite de las tierras en manos de los particulares– y luego de la población, adaptándolos a las exigencias del proyecto socialista en cierne.

En la Constitución de 1999 quedó inoculado en germen de tal reorganización geopolítica. Se acotaron las competencias de los Estados (artículo 164) y se sujetó la autonomía municipal (artículo 168), haciéndolas depender de los dictados de la ley nacional. Y, como se expresa en la Exposición de Motivos constitucional, el objeto fue liquidar de raíz el pacto federal que diera origen consensual a nuestra República, empujándola hacia una suerte de "federalismo cooperativo" organizado desde el Gobierno central y por su Consejo Federal, que hoy dirige el Vicepresidente (artículo 185).

El artículo 128 constitucional dejo abierta, sin solución de continuidad, la reordenación territorial, diluyéndola dentro de lo medioambiental y llevándola mas allá de lo urbano o ambiental para asegurar como competencia del Estado la ordenación del territorio con vista a las "realidades políticas".

El texto constitucional, animado más por lo anterior que por la participación ciudadana y el consiguiente fortalecimiento de la representatividad democrática, hizo menguar a la par la forma partidaria de asociación política y prohibió su financiamiento público (artículo 67); le abrió las compuertas a las formas plebiscitarias –ejercicio directo de la democracia– postergando el valor estructurante del sufragio (artículo 70); y consagró, además, el establecimiento de "entidades funcionalmente descentralizadas" –de suyo no electas y dependientes del nivel centralizado del poder– para el desempeño de actividades sociales y económicas (artículo 300) propias a la iniciativa de los municipios.

Chávez, en síntesis, no ha escondido cartas bajo la manga.

Al exponer La Nueva Etapa, El Mapa Estratégico de la Revolución Bolivariana, en 2004, sobre los rieles constitucionales enunciados desnudó su premisa ideológica dominante y de raigambre cubana: "Consolidar la nueva estructura social de base [Unidades de Batalla Endógena, Misiones, Contralorías Sociales]: [como] elementos [... de] un nuevo sistema social, una nueva organización popular, mucho más allá de los partidos políticos" y trascender al capitalismo.

El objetivo venia de suyo y lo explica su autor: "Rediseñar la estructura funcional del Estado en todos sus niveles", "construir la nueva institucionalidad revolucionaria municipal, estadual, y nacional", organizar la "economía popular... y el autoempleo", asegurar la "sustentabilidad de las misiones" y "evitar la transformación social de la organización de base en estructuras partidistas".

Las herramientas a tenor de La Nueva Etapa, en consecuencia, no son otras que la formación de la "red de centros del poder popular [como unidades productivas]" y dentro de éstos la institucionalización de "las misiones" y de la "ccontraloría social", para las "denuncias confidenciales" y el "control del 'modo de vida' de las autoridades y los funcionarios". Las unidades de la reserva militar popular para la gestión de la "seguridad ciudadana" revolucionaria les acompañarían y, todas a una, fundidas o relacionadas, serán la prolongación de la "instancia única de coordinación y toma de decisiones de las organizaciones con fines políticos que apoyan al proceso": el debatido partido único.

Así las cosas, desde el día en que arrancaron los motores de la geopolítica del poder y del poder comunal durante la "última" toma de posesión de Chávez y desde antes, cuando se dictó la ley material del poder comunal, en 2006, éste ha trasladado ingentes sumas de dinero hacia los Consejos Comunales certificados desde su Gobierno. Y ha predicado, sin ambages, que los mismos ejecutarán a nivel del pueblo las políticas públicas nacionales: comenzando por los impuestos que cobra el SENIAT.

En el modelo de organización marxista del poder, como podrá observarse, la sociedad y el todo encarnan en la cúspide, en el punto en donde se encuentra situada la voluntad del dictador o autócrata, no más allá. Así es en Cuba y así comienza a serlo en Venezuela.

La revolución no tiene entidad propia, no quiere instituciones mediadoras y tampoco las fabrica. En nuestro caso, Chávez, en persona, es la misma revolución, tanto como Fidel lo es en Cuba. Y aquél y sólo él busca alcanzar lo que tanto le aconsejara el "teórico" argentino Norberto Ceresole: afirmar su relación directa de líder con la gente; pero gente atada, alienada e irreflexiva.

Dentro de tal concepción no cabe, por lo mismo, el clásico sistema de separación entre los poderes públicos: nacionales, regionales y municipales, sean legislativos, judiciales o ejecutivos, ni ha lugar al "check and balance" típico de las democracias, inherente a las repúblicas representativas, que tiene como propósito asegurarle al ser humano sus humanos derechos y un espacio que le proteja de la arbitrariedad.

Uno de los pensadores alemanes de actualidad, Thomas Darnstädt, jefe quien fuera de las páginas políticas de la revista Der Spiegel y autor de La trampa del consenso recuerda, por lo mismo que "son los municipios los que cohesionan a la sociedad, no la nación": municipios autónomos, entiéndase. Y la enseñanza huelga. En las democracias verdaderas el edificio nacional no se construye desde el piso onceavo, así su panorámica impresione.

El mapa o la geometría del poder piramidal socialista será, a fin de cuentas, simple y cubano: Afirmará en la cúspide el poder personal del Presidente; hará menguar lo que quede de los órganos de mediación e intermediación republicanos; sostendrá al primero sobre un amasijo informe de asambleas sin rostro propio, que escapando al sistema del voto universal, directo y secreto de los gobernantes, se constituirán con las nóminas del partido único y de la burocracia oficial; y el individuo, el venezolano y la venezolana corrientes o los mercaderes de ocasión, arrendarán sus dignidades para servir al poder y a su poseedor sumo: Hugo Chávez Frías, y para sobrevivir, si acaso pueden.

*Un resumen del modelo*

F. *Los cinco motores preparan un modelo de supremacía estatal*

Vistos de conjunto, los "cinco motores" recrean, lo repito, un modelo de supremacía estatal sobre el individuo; de centralismo político; de formación de un pensamiento único y dogmático negado a la diversidad del mismo pensamiento; de avance hacia el partido único con mengua del pluralismo partidista; de consolidación del poder presidencial mediante la negación de la división y el equilibrio entre los varios poderes; y de uso y manipulación de la participación popular para crear servidumbres al Estado y al autócrata.

Ese modelo ancló de modo incipiente, sin que nadie reparase al respecto, en la Constitución bolivariana de 1999. Y el contenido y alcances de los "cinco motores" fueron explicitados hasta la saciedad en La Nueva Etapa, en 2004, a propósito de la cual Chávez comprometió trasponer los umbrales del capitalismo. Presentamos un resumen de cada uno de los motores explicados en profundidad en los trabajos publicados durante esta semana.

a    *La Habilitante*

En La Nueva Etapa, en 2004, Chávez es consecuente con el propósito constitucional. En ella revela su disposición a "consolidar... un nuevo sistema social, una nueva organización popular, más allá de los partidos políticos", y anunció, entonces, su decisión de "rediseñar la estructura funcional del Estado en todos sus niveles" y realizar un "marco jurídico que permita construir la nueva institucionalidad revolucionaria municipal, estadual y nacional". La reciente Ley Habilitante, en suma, no es circunstancial.

Nada distinto de lo anterior –y es lo que cabe observar– ocurrió en el modelo constitucional cubano que ahora inspira a la acción de Chávez, como bien lo explica la jurista Martha Prieto Valdés: "Nuestro diseño político –señala– se organiza sobre la base de la unidad de poder o unidad de acción política; se aparta de la clásica tríada montesquiana (*sic*), así como del sistema del "check and balance" que los padres fundadores del texto norteamericano idearon, y de otras pluralidades de poderes instituidos" (como ocurría en la democracia que conocimos los venezolanos y que disfrutan la mayoría de los países del continente).

De tal forma que al lector menos prevenido de la Constitución comunista de Cuba le será fácil constatar que si bien existe una suerte de Parlamento denominado Asamblea Nacional de Poder Popular, próximo al nuestro –monocolor y sirviente– y con la igual calificación que Chávez se apresura dar recién a sus ministros para llamarlos en lo adelante Ministros del Poder Popular, por otra parte dicha Asamblea apenas se reúne accidentalmente. Durante su receso legisla por su cuenta y en su nombre el Presidente del Consejo de Estado. "No existe el rejuego político partidista entre los diputados, o entre éstos y el Gobierno", dice Prieto Valdés.

b. *Reforma constitucional*

La reforma constitucional se orientará, según lo anunciado, hacia la construcción de un modelo de Estado y de sociedad socialistas, a la luz del llamado socialismo del siglo XXI; fuera de cuyos odres, según Chávez, no habrá lugar a diálogo constitucional con opositores.

Lo planteado por Chávez como eje del modelo revolucionario, según su testimonio y lo antes dicho, "es trascender el modelo capitalista". "El planteamiento comunista, no (...) en este momento sería una locura, quienes se lo plantean no es que estén locos. No es el momento", afirma el Presidente "reelecto" en La Nueva Etapa citada.

En el ámbito de la organización del Estado y de la sociedad avanza hacia la formulación de un partido único y la reformulación de la organización del Estado y de la sociedad para consolidar "la nueva estructura social de base": sustentada en el llamado poder comunal y sus consejos –ahora lo sabemos–, quienes ejercerán tareas políticas y de producción en la base popular amén de la contraloría social, y harán propio el sistema de gestión de la cosa pública derivado de la experiencia y consolidación de las "misiones" exportadas desde La Habana.

El régimen económico, que se afirma, según la Constitución, en la competencia libre y en el respeto a la propiedad privada, y que le abre un espacio tímido a la "propiedad colectiva", avanzará conforme a La Nueva Etapa hacia la cogestión, la economía popular, el autoempleo y la creación de nuevos valores de "producción y consumo solidarios", dentro de un contexto de planificación centralizada y de desarrollo endógeno.

La política exterior y de defensa nacional, apoyada en las ideas constitucionales de la soberanía absoluta y la articulación de todo el orden normativo fundamental alrededor de la seguridad nacional y la preeminencia de la Fuerza Armada, encuentra en La Nueva Etapa como sus objetivos la confrontación abierta con Estados Unidos, la exportación del modelo revolucionario bolivariano, la creación de un nuevo pensamiento militar, el desarrollo de las milicias populares, la formación de la población en la obediencia y disciplina militar, y la creación de grupos de opinión, comunicólogos e intelectuales que contribuyan a crear matrices de opinión internacional favorables al proceso.

### c. *La educación bolivariana*

La educación popular, nombre inicial del tercer motor de la revolución socialista, titulado luego Moral y Luces con una precisión nada ingenua: "educación en los valores socialistas", intenta concretar la idea del "hombre nuevo" con vistas al socialismo del siglo XXI.

El "hombre nuevo" fue imaginado por Chávez, en 1999, como un "bolivariano", quien alcanzaría su madurez dentro de lo bolivariano y quien al participar, política y socialmente, se hace parte de lo nacional en tanto y en cuanto sea bolivariano.

Desde entonces se instaló aquí el pensamiento único, cuyo último intérprete pasó a ser el Estado y no su destinataria, la gente, apenas libre para reflexionar dentro de un pensamiento predeterminado y postizo.

Quien estudie la Constitución de Cuba, sancionada en 1976, observará cómo la guía inicial de su modelo es martiniana –como la nuestra es bolivariana– y marxista como lo será la nuestra, una vez dictada la reforma.

El Estado cubano, como lo indica su Constitución en el artículo 9, también tiene la atribución de desarrollar la personalidad humana. Es quién "realiza la voluntad del pueblo... y afianza la ideología". La enseñanza, allá, es función del Estado y aquí, entre nosotros, servicio público del Estado. Allá se fundamenta, lo repito, en "el ideario marxista y martiniano" y aquí, en Venezuela, en el "bolivariano", hasta tanto alcancemos, por lo pronto y "por ahora", el estadio socialista.

El tercer motor de la revolución socialista, en síntesis, no es nuevo. El motor de la educación popular hace ruido para que la gente sepa que no hay vuelta atrás en la idea de compartir con Cuba y su Constitución "el objetivo final": "edificar la sociedad comunista".

d. *Geometría del poder*

Ahora y al igual que ocurriera en Cuba, la geometría socialista nos llega entendida como una geopolítica del poder, para la desfiguración de la institucionalidad republicana mediadora y para la acumulación de más poder en el vértice de la pirámide del poder; e implica el manejo por éste de la base territorial –de allí las expropiaciones sin límite de las tierras en manos de los particulares– y luego de la población, adaptándolos a las exigencias del proyecto socialista en cierne.

En la Constitución de 1999 quedó inoculado en germen de tal reorganización geopolítica. Se acotaron las competencias de los Estados (artículo 164) y se sujetó la autonomía municipal (artículo 168), haciéndolas depender de los dictados de la ley nacional. Y, como se expresa en la Exposición de Motivos constitucional, el objeto fue liquidar de raíz el pacto federal que diera origen consensual a nuestra República, empujándola hacia una suerte de "federalismo cooperativo" organizado desde el Gobierno Central y por su Consejo Federal, que hoy dirige el Vicepresidente (artículo 185).

e. *Poder comunal*

Al exponer La Nueva Etapa, El Mapa Estratégico de la Revolución Bolivariana, en 2004, Chávez sobre los rieles constitucionales enunciados desnudó su premisa ideológica dominante y de raigambre cubana: "Consolidar la nueva estructura social de base [Unidades de Batalla Endógena, Misiones, Contralorías Sociales]: [como] elementos [... de] un nuevo sistema social, una nueva organización popular, mucho más allá de los partidos" y trascender al capitalismo.

Las herramientas a tenor de La Nueva Etapa, en consecuencia, no son otras que la formación de la "red de centros del poder popular [como unidades productivas]" y dentro de éstos la institucionalización de "las misiones" y de la "contraloría social", para las "denuncias confidenciales" y el "control del 'modo de vida' de los funcionarios". Las unidades de la reserva militar popular para la gestión de la "seguridad ciudadana" revolucionaria les acompañarían y, todas a una, fundidas o relacionadas, serán la prolongación de la "instancia única de coordinación y toma de decisiones de las organizaciones con fines políticos del proceso": el debatido partido único.

Así las cosas, desde el día en que arrancaron los motores se han trasladado ingentes sumas de dinero hacia los consejos comunales certificados desde el Gobierno.

## 9. LA REFORMA SÍ ES CUBANA

16 de agosto de 2007

El pasado miércoles, no más, el soldado –así se identifica para la ocasión– Hugo Chávez Frías, suerte de cadáver de una historia que se niega a la sepultura, vino por los fueros del socialismo marxista y anuncia que los instalaría aquí, a contrapelo del sentimiento mayoritario de los venezolanos.

En otro de sus discursos luengos, aliñado de ocurrencias y de desvaríos, explica ante la Asamblea Nacional su proyecto de "reforma constitucional bolivariana" y confiesa haberlo consultado con los dictadores de Cuba y Belarús, y también con el nicaragüense Daniel Ortega.

Les ha pedido ilustrarlo acerca del camino exacto para reincidir en el modelo marxista, despejado de los errores y falencias que provocaran su derrumbe global a finales del siglo XX.

A Ortega, ¡qué duda cabe!, le solicita cuenta de su revés como conductor de la Revolución Sandinista y de la pérdida del poder –a pesar de la muleta de Jimmy Carter– ante la señora Violeta Chamorro.

De modo que, como consta en el texto de la reforma en cuestión, Chávez aborda la construcción de un nuevo Estado y sociedad socialistas en Venezuela: que de novedoso tiene, según él, su matización histórica y quizás el estilo –léase, el llamado intento de "humanización" de la dictadura del proletariado– pero que de viejo acopia lo inevitable: la consolidación de la omnipotencia del Estado, el dominio total sobre la sociedad por el autócrata, y la servidumbre de cada hombre –varón o mujer– al pensamiento único socialista y a quien lo administra dictatorialmente.

## A. *Ejes básicos de la reforma comunista*

En cuanto a lo doméstico, como parece, la reforma, de alcanzarse, cristaliza el sueño frustrado de aquella izquierda criolla que se engolosina con la Revolución rusa de 1917, y que se hace de un primer y escueto espacio durante el derrocado Gobierno de Isaías Medina Angarita (1941-1945). Y quienes, por vía de la revancha, luego, contando con el apoyo de la Cuba comunista, toman el camino de la guerrilla urbana y rural y de la insurgencia armada militar durante el gobierno de Rómulo Betancourt, en los años '60.

No por azar, en su discurso ante la Asamblea, Chávez abre los fuegos rindiéndole homenaje al Capitán de Navío Víctor Hugo Morales, allí presente, otrora actor del cruento Porteñazo –golpe militar contra Rómulo– y esta vez diputado revolucionario, Presidente en funciones del Parlamento Andino.

La reforma constitucional, por lo mismo, es hija de la frustración y de la rabia contenida, en el decir textual de su autor.

No es ella un saludo a la bandera. Son 33 los artículos objeto de reescritura por este inquilino sin término del Palacio de Miraflores: que numéricamente representan el 10% de la Carta, pero que, en sus alcances y como lo reconoce éste a la sazón, inciden sobre la plenitud de la ingeniería constitucional aprobada en 1999.

Aun así, la vía escogida es la reforma, violentándose la Constitución vigente, que manda la convocatoria de una Asamblea Nacional Constituyente cada vez que se pretenda afectar el esqueleto y los principios superiores del Texto Fundamental. ¡Y es que la ética marxista se apoya sobre una regla invariable: el fin justifica los medios! Es lo mismo que ocurre en 1999 cuando Chávez convoca a una constituyente desafiando las reglas de la Constitución de 1961, sin que nadie se lo impida.

Abunda, en la ocasión y hasta la saciedad, sobre las razones de su reforma y se detiene en explicaciones minuciosas acerca del significado de algunos de los artículos reformados; aun cuando da por vistos otros, que considera de poca importancia o a los que no quiere otorgarles, por comprometedores, la significación que merecen. El caso de la norma reformadora del artículo 230 constitucional, sobre la reelección continua y el aumento del período presidencial desde 6 hasta 7 años –que es de 5 años cuando resulta electo por vez primera, en 1998– es emblemático. Le basta a Chávez ajustar que el asunto ha de ser objeto de decisión por el pueblo. Y punto.

El modelo inédito –para nuestra tradición constitucional y republicana– que subyace en la reforma proyectada, lo repetimos ahora con mayor convicción, es una variante musical de la Constitución de Cuba de 1978, enmendada en 1992. Y esto es así aun cuando su autor insiste en la idea de que se trata de un proyecto de socialismo a la venezolana, propio, endógeno, inspirado incluso en el ideario del Padre Libertador, Simón Bolívar, ícono del "gendarme necesario".

La Constitución cubana, tengámoslo presente, no es ajena a tal disparate. Anuda también, desde su preámbulo, el pensamiento de Marx, Engels y Lenin con "el ideario de José Martí".

Las premisas de la reforma chavista, en todo caso, no son el fruto de la improvisación. Intenta verterlas su hacedor en la Constitución de 1999: como consta en el proyecto original. Las esboza luego con trazos más precisos y reveladores luego del referéndum revocatorio, en 2004, a propósito de su discurso sobre La Nueva Etapa: El Nuevo Mapa Estratégico de la Revolución Bolivariana. Y recién vuelve sobre ellas al anunciar "Los cinco motores de la revolución socialista", en 2007.

"Abrir paredes que hasta ahora no habíamos podido abrir" es el desiderátum, declara Chávez ante la Asamblea. No caben las sorpresas. "Ya llevamos tres mapas estratégicos (desde 1994, cuando estaba en Yare, en la prisión), son una evolución del mismo mapa", observa antes en La Nueva Etapa.

La reforma, en concreto, transita sobre cuatro ejes básicos para afirmar la vía "venezolana" hacia un socialismo marxista de estirpe cubana: (1) Trastoca y acota los derechos humanos, en particular los políticos y económicos, y sobre la expresión e información libres; (2) ata el régimen económico y su funcionamiento a la voluntad absoluta del Estado y al proyecto de economía socialista; (3) modifica la estructura vertical del poder, para vaciarlo de equilibrios y mediatizaciones institucionales; (4) define el sistema de seguridad popular para el sostenimiento del modelo de Estado y de sociedad socialistas planteado: el pueblo en armas, como a título de orientación lo dispone el artículo 3 *in fine* de la Constitución de Cuba y que repite Chávez con obsesión y miedo.

Veamos, en grueso, los elementos de tal reforma.

### B. *La reforma como proyecto, en concreto*

En cuanto a los derechos, la idea de la participación política popular tiene un propósito unidireccional y no pluralista: "la construcción del socialismo", según reza el artículo 70 reformado. Y es la ley nacional, que al paso ha de dictar el propio Chávez en su condición actual de "legislador habilitado", la encargada de definir el contenido de las distintas formas de participación para el novel ejercicio de "soberanía directa" propuesto.

Hay, en suma, participación popular, conforme al dictado venido desde el poder presidencial y dirigido hacia la base de la pirámide, y no a la inversa. En todo caso, para corregir las desviaciones ideológicas eventuales, la reforma del artículo 156 (incisos 29 y 30) precisa que es de la competencia nacional del Estado controlar el espectro electromagnético, la telefonía por cable, inalámbrica y satelital, así como la televisión por suscripción.

El carácter unidireccional de la participación política –"la construcción del socialismo"– deja sin efecto, por vía de consecuencias, la prédica sucesiva del artículo 100 reformado, que apunta al carácter intercultural de la venezolanidad: hecha de raíces europeas, indígenas y africanas. Tratase, pues, de un saludo a la bandera, cuya única razón es sugerir oblicuamente que el experimento socialista es extensible a la "Gran Nación Suramericana".

El principio de la libre iniciativa económica, por su parte, cede con la reforma propuesta del artículo 112. Se le morigera *ab initio* señalando, de manera engañosa, que su objetivo es el "desarrollo de un modelo económico productivo, intermedio, diversificado e independiente", donde cabe la mixtura entre el Estado, el sector privado y el llamado poder comunal; pero a renglón seguido se anuncia lo sustancial y veraz: la construcción, por vía cooperativa y colectiva, de una "economía socialista", que de intermedia nada tiene.

En pocas palabras, la libertad de iniciativa privada lleva por límite y en lo sucesivo al socialismo y a la radical "preponderancia de los intereses comunes (o colectivos) sobre los individuales", como se lee en el indicado artículo objeto de la reforma.

Por consiguiente, en el texto del artículo 115 siguiente y reformado se reconoce la existencia de distintas formas de propiedad sujetas a la voluntad y control estatales (a saber, la propiedad pública, la social con sus variantes de propiedad comunal y propiedad ciudadana, la colectiva, y la mixta), y se acepta la propiedad privada –que deja de ser "derecho" de propiedad, como lo prevé el artículo 115 original– disponiéndose que ha lugar sobre "los bienes de uso y consumo", y "medios de producción legítimamente adquiridos" a juicio del Estado, se entiende.

Sin embargo, unas y otra formas de propiedad se justifican dentro del molde estricto y exclusivo que claramente identifica la reforma del artículo 114 propuesta: La iniciativa económica privada y el uso de la propiedad privada no pueden separarse de "los métodos y sistemas de producción social y colectiva" inherentes a la economía socialista ni incidir, afectándolas, sobre "la propiedad social y colectiva", a tenor del artículo 113 reformado; en cuyo defecto los bienes del caso deben ser expropiados y ocupados de inmediato por el Estado, sin esperar el dictamen judicial, como lo señala el citado artículo 115 de la reforma.

Dicho lo anterior en términos rupestres, todo venezolano tiene libre iniciativa y asimismo propiedad sobre sus bienes; pero es el Estado socialista quien le indica como usar de esa libertad y como disponer de sus bienes, si aspira conservarlos o librarlos de cargas y gravámenes públicos onerosos.

Así las cosas, como bien corresponde a una economía que se precie de socialista y marxista, el Estado, al prohibir los monopolios privados –mediante el artículo 113 reformado– se reserva para sí y para su propiedad pública, social o mixta, bajo "control del Estado", la explotación de los recursos naturales y los bienes que considere estratégicos, a su arbitrio.

Según lo indican los artículos reformados 112, 113, 115, 156 en sus incisos 34 y 35, y 321, corresponde al Estado no solo planificar

–promover o fomentar– la construcción de dicha economía socialista, señalando las formas de producción y ejecución económicas pertinentes, sino disponer directamente del desarrollo y del control e intervención necesarios al aseguramiento de los propósitos de "producción y/o distribución social" socialistas, como "defender la estabilidad económica" y evitar su vulnerabilidad.

Nada distinto de lo anterior consta en los artículos 14 a 27 de la Constitución de Cuba, que le entrega al Estado la planificación central de la economía socialista, la propiedad sobre los medios de producción "fundamentales" y que admite la llamada "propiedad personal". Nada diferente de tales postulados es cuanto da sustento doctrinal e histórico al socialismo marxista. Así de claro.

### C. *La geometría del poder*

La geometría del poder y su reorganización, inspirada en el marxismo de Gramsci como lo afirma Hugo Chávez ante la Asamblea Nacional, es un aspecto central de la "reforma constitucional bolivariana" y el eje para la dominación presidencial directa sobre la vida de todos los venezolanos. Ella se concreta, como cabe interpretarlo, en la instrumentación de dos fuerzas ordenadoras y de potencia: una descendente, venida desde el vértice del poder nacional y otra ascendente, llegada desde la base de la pirámide social, pero cuyos manejos y disposición pasan siempre por las manos del Presidente de la República y reformador constitucional.

La primera de ellas, constante en los artículos reformados 11, 16, 156 en su inciso 11 y 236 en su inciso 3, se orienta al desmantelamiento del poder real de los actuales Estados federales y de sus Municipios y su fragmentación para la centralidad del mando total de la República. Al efecto, dichos artículos disponen la creación, por una parte, de "regiones especiales militares" en cualquier sitio de la geografía y, por otra parte, de "provincias federales, territorios federales y comunales, ciudades federales y comunales", las que, de conjunto, penetrando o sobreponiéndose a la entidad geopolítica originaria estadal federal o municipal, pueden succionarle, a conveniencia y disposición del propio Presidente, el contenido y la fuerza de sus competencias propias o autónomas.

Es este, ciertamente, el modo expedito encontrado por el proyectista de la reforma –inspirado en la Constitución cubana de 1976, reformada en 1992– para darle término a las identidades y culturas regionales y locales; esas que dan origen, según las palabras del propio Chávez ante la Asamblea, a los "presidenticos de republiquetas o republiquitas" hoy existentes.

No gusta ahora al inquilino de Miraflores, a pesar de su verbo conocido y en contrario, el sentimiento regional, el amor que profesaría cada venezolano por su terruño o patria de campanario.

La otra fuerza, que presiona desde abajo y en fragua después de la aprobación anticipada de la Ley de los Consejos Comunales de 2006, la representa el llamado Poder Popular y Comunal, conforme a lo dispuesto por los artículos 16, 70, 115, 136, 156 incisos 11 y 35, 167, 168 y 184 de la reforma: expresado en las Ciudades Comunales, Comunas y Comunidades, integrantes y núcleos indivisibles del Estado socialista.

Dicho Poder opera bajo el dominio de los Consejos del Poder Popular (Consejos Comunales, Consejos Obreros, Consejos Estudiantiles, Consejos Campesinos, entre otros), cuya "promoción, organización, y registro" corresponde, según la reforma, al Poder Público Nacional y, de modo específico, tal y como lo confirma la Ley en cuestión, a la iniciativa presidencial.

El Poder Popular y sus distintas manifestaciones, por fundarse en la idea de la democracia directa, según consta en el artículo 136 reformado, "no nace del sufragio ni de elección alguna". En teoría será el producto del autogobierno, de la agregación espontánea de los movimientos comunales y de las comunidades más varias. En la realidad, de acuerdo a la reforma constitucional y a Ley de la materia, toma cuerpo y adquiere su financiamiento bajo el impulso y a discreción del Jefe del Estado.

Una vez constituido el Poder Popular y Comunal, éste pasa a ser depositario de las competencias que, por mandato de la Ley nacional, se le desprendan a los Estados y a los Municipios, a la luz de lo dispuesto en los artículos 168 y 184 constitucionales reformados. De donde, la consecuencia "desinstitucionalizadora" de la vida estadual y municipal y centralizadora del poder nacional no se hace esperar y es arrolladora.

Presionando desde arriba, el Presidente vacía de poder y mitiga tanto la intermediación y los equilibrios de poder que significan ante él, actualmente, los Estados de la Federación y los Municipios; y empujando desde abajo, a partir del Poder Popular construido bajo su dirección contiene o frena –hasta anularlos– dichos Poderes mediadores entre el ciudadano y la localidad y entre ésta y el Poder Nacional: Líder y pueblo quedan así fundidos, en esencia una y única.

Nada diferente expresa el entramado constitucional cubano en vigor, constante en los capítulos X, XI y XII del Texto Fundamental respectivo.

En efecto, la Asamblea Nacional del Poder Popular, una vez como elige en Cuba al Presidente del Consejo de Estado –Fidel Castro *ad aeternum*– le cede sus poderes a éste para que legisle por aquélla durante su receso y además le convoque, y quien, a su vez, se apoya para su gestión de gobierno ministerial omnímodo y omnicomprensivo sobre las Asambleas del Poder Popular de las localidades: brazos ejecutores "del poder del Estado" y no de la gente, como se aprecia en el artículo 103 *ejusdem*.

Y tal Poder Popular cubano, como ahora lo pretende en paralelo la "reforma constitucional bolivariana", se ocupa preferentemente del manejo de los servicios públicos y de la producción económica socialista: cuyas "empresas o entidades regionales", según lo indica el texto del artículo 300 reformado, son creadas por ley nacional, desde arriba.

En suma, huérfanos de sus Municipios y de sus Estados, que en lo sucesivo no son otra cosa que entelequias, los larenses, los yaracuyanos, los guayaneses, los zulianos, los andinos, los caraqueños y paremos de contar, han de agregarse sin nombres ni apellidos a las comunidades y a las comunas del Estado socialista proyectado: como sirvientes de dicho Estado y para que éste, a su vez, quede al servicio de su Supremo Hacedor: Hugo Chávez Frías, heredero de Castro, del extranjero Fidel que nos ha invadido y no de El Cabito, Cipriano Castro, a quien mucho también se le parece, por jaquetón.

## D. *La revolución es armada y miliciana*

Finalmente, el sostenimiento del modelo de Estado y de sociedad socialistas propuesto, como lo repite Chávez ante la Asamblea, cuenta con otro eje que ha de garantizar su permanencia en el poder y la permanencia misma del socialismo. Se trata en el caso, cabe repetirlo, de una revolución, pacífica pero armada; a cuyo efecto la Fuerza Armada Bolivariana naciente, como lo disponen los artículos 328 y 329 constitucionales reformados, pasa a ser una fuerza "popular y antiimperialista", vale decir, parte del sistema socialista en construcción.

De allí que, según el dicho del propio Presidente reformador, sea inútil repetir esta vez cuanto prescriben sucesivamente todas las constituciones anteriores y el artículo 328 de la Constitución de 1999 vigente: "En ningún caso (la Fuerza Armada) está al servicio de persona o parcialidad política alguna". En su defecto, mejor ha de decirse que tal milicia –como se lee en el texto de la reforma– nunca estará al servicio "de oligarquía alguna o poder imperial extranjero".

La reforma desmonta, así, la tradicional y conveniente separación de las Fuerzas Armadas según sus ramas o especialidades, concebida antes para evitar la concentración operacional y el efecto nocivo que sobre la democracia y las libertades puede ejercer el mando único sobre una única fuerza militar, cuando deriva en arbitrario.

La norma reformada hace de las expresiones armadas de tierra, mar y aire, meros testimonios administrativos, a la par de que los desafía y acota severamente con la incorporación de un componente heterodoxo y virtualmente dominante, común a los totalitarismos marxistas y a la experiencia del fundamentalismo islámico: la Milicia Popular, el pueblo en armas, repetimos.

La Constitución de Cuba no postula algo conceptualmente diverso. Al pueblo en armas le corresponde, según su artículo 3 citado *supra*, ejercer "la lucha armada" con el fin de sostener al Estado socialista y a su régimen social y económico como a sus asambleas populares. Y al efecto, el artículo 119 *ejusdem* crea los Consejos de Defensa de la Revolución, y las Zonas de Defensa Militar que imagina para su geometría bolivariana del poder el presidente Chávez.

La reforma constitucional en curso, junto con provocar la concentración del poder del Presidente, de asegurarle en su continuidad de mando y de hacer eficaz su autoridad sobre el territorio y la vida de los venezolanos: a quienes ve como lacayos de su imaginado Estado socialista, alcanza, sí, un punto de inflexión que la distingue en apariencia: la reducción en horas de la jornada laboral diaria desde 8 horas hasta 6 horas, mediante la reforma del artículo 90 constitucional. ¿Trampa caza tontos, quizás, que acaso busca humanizar la dictadura con el ocio?

Nada de eso. Chávez anuncia "verbalmente", al presentar su reforma y en plagio del artículo 45 de la Constitución cubana, que el tiempo libre será libre pero para el "desarrollo integral" (artículo 90 reformado) mediante el trabajo voluntario: ese que busca obtener de nosotros sin contraprestación alguna, con apoyo en su reforma constitucional bolivariana y para hacer funcionar, a costa nuestra, la economía socialista; y, como reza el texto de la Cuba de Fidel, para formar "la conciencia comunista de nuestro pueblo".

## 10. "EL ESTADO NACIONAL MODERNO QUEBRÓ": DIÁLOGO CON ROBERTO GIUSTI

El Universal, Caracas

26 de octubre de 2008

Asdrúbal Aguiar: "Esa estructura se hizo vieja y ya no es sostenible porque resulta incapaz de reflejar la nueva realidad global". El mundo está pasando "de la explotación del hombre por el hombre, a la explotación del tiempo por el hombre".

En su exilio voluntario en Argentina, donde ha permanecido por cuatro años como profesor en dos universidades de Buenos Aires, le ha permitido a Asdrúbal Aguiar, ex juez de la Corte Interamericana de Derechos Humanos, entre otras muchas responsabilidades, no sólo liberarse de la diatriba cotidiana nacional, sino un ir más allá e incurrir, como él mismo lo dice, en "un desquiciamiento intelectual" que es una tesis estimulada, en última instancia, por la entrevista que le hiciera El Universal a Arturo Sosa (s.j), rector de la Universidad Católica del Táchira: "Sosa decía que en Venezuela el Gobierno y la oposición tienen el mismo discurso. Y yo diría que en Argentina ocurre lo mismo".

Si uno hace encuestas en ambos países determina que la mayoría no quiere a Chávez ni a Kirchner. Sólo que esas mayorías no tienen la capacidad para canalizar la voluntad general y expresarla en una voluntad de cambio.

**-¿Esa situación es un hecho aislado o forma parte de un problema más complejo?**

- Lo que se está ocurriendo es que cedió y quebró el Estado moderno como concepción política organizada de la sociedad.

Llegó a su término final, como sucedió, en su momento, con el Imperio Romano, las repúblicas medievales o la comunidad primitiva griega. El Estado moderno, cuyo tiempo transcurre entre el Renacimiento y el tiempo actual, cede porque las referencias y elementos que le dieron origen no son sostenibles de cara a la nueva realidad que vivimos a nivel global.

**-¿Cuáles son los síntomas de ese quiebre y cómo comprometen a las sociedades?**

- El quiebre del Estado moderno arrastra el sistema garantista de poderes y sus correas de transmisión, los partidos políticos. Opera, entonces, una suerte de desnudez en la ciudadanía porque de la noche a la mañana perdimos el sistema de seguridades. Historiadores como Ramón Velásquez han señalado que, de cara a la experiencia venezolana, la gente dejó sus casas para irse a la calle con la disposición de no abandonarlas. La democracia es víctima de sí misma porque la gente permanece en actitud constituyente.

**-¿No se asemeja esa tesis al planteamiento marxista?**

-Sí, en el fondo la gente está en actitud constituyente, pero no basta, y este es el punto focal de la hipótesis, con que la gente tenga en sus manos el poder para gobernar a las mayorías sino que es indispensable dotar a las mayorías de los canales que les garanticen la posibilidad de expresarse para darle corporeidad a su voluntad.

**-¿No es esa la propuesta de la democracia participativa que esgrime Chávez?**

- Claro, pero ahí se genera un problema. Cuando hablo de la quiebra terminal del Estado voy a dos puntos de referencia vinculados a declaraciones de Chávez y Cristina Kirchner, quienes hablan de la muerte de capitalismo, del neoliberalismo y del Estado mínimo porque ahora se demuestra que éste debe asumir la conducción e intervenir.

**-¿No tienen razón?**

- Ese discurso es el de unos fantasmas de ultratumba que no se apercibieron cómo el Estado, que fue cárcel de ciudadanía y oprimió la expansión de la libertad individual, muere por sobreabundancia de sí mismo y cede en su capacidad gestionaría con la caída del muro de Berlín. Luego de ese acontecimiento (Giovanni) Sartori decía que esa era la prueba de la victoria de la democracia liberal y del Estado mínimo, donde se le dan todas las fuerzas posibles al ciudadano.

**-Fukuyama planteó**....

- Sólo que ahí observo un defecto de óptica: lo que aproximaba el socialismo real a la visión de la democracia liberal, era que ambas experiencias se construían en favor o en contra del Estado. Es decir, el Estado era un referente obligado, como expresión impersonal al cual se le traslada la voluntad general y mientras la sociedad se ocupa de sus cuestiones, hay un ente que gerencia y gestiona por ella.

**- Muy bien, el Estado nacional vive una crisis terminal que abre serias interrogantes para el futuro. Pero, ¿no se debe antes determinar las causas de esa crisis?**

- Cuando uno mira al Estado Nación (y esto lo demuestra el efecto Wall Street) en su perspectiva global, encuentra que pasa a ser una cosa absolutamente insignificante e intrascendente para las decisiones que está planteando la sociedad global y digital. Ni EEUU logra ponerle un freno a la sangría. Lo mismo le ocurre a los europeos. A pesar de actuar como Estado.

**- Si los estados nacionales y ni siquiera una fuerte confederación como la Unión Europea han podido conjurar la crisis, ¿no se plantea, como natural el Estado planetario?**

- No lo sé. No puedo hacer el papel de demagogo populista ni el de profeta. Sí observo que el Estado, en relación a los grandes temas globales, pasa a ser algo insignificante.

**-¿Quién detenta el poder?**

- En lo interno se está produciendo un fenómeno complejo y perverso. Al notar la infuncionalidad del Estado el ciudadano lo siente como una suerte de parque jurásico demasiado pesado por su incapacidad de responder a las demandas sociales. Decide, entonces, romper con él y con el concepto de ciudadanía para replegarse en aquello que Miguel de Unamuno llamaba "las patrias de campanario". Pero así como tienes una tendencia hacia la globalización digital, con el predominio de las autopistas de la información, donde el Estado no logra controlar ese fenómeno, en otros extremos aparece una recreación de adscripciones sociales donde la gente, no sintiéndose ciudadana de la patria de bandera, prefiere ser ambientalista, indigenista, ser parte de un consejo comunal, meterse en un grupo religioso trascendentalista o si se es joven en una de estas tribus urbanas. El problema es que quien se suma a cualquiera de estas asociaciones sólo comparte con quien se siente similar o próximo a él.

**-La fragmentación.**

- Están pululando una serie de retículas sociales que, en teoría, lucen como un fenómeno extraordinario porque es la recreación de la vida comunal, pero al mismo tiempo muy primaria y alimentada de una connotación fundamentalista. Pero las sociedades modernas son complejas y el deber del Estado es abrirse a la diversidad. ¿Cómo se hace viable el gobierno democrático de las mayorías frente a una sociedad global, con problemas tan complejos como el terrorismo, el tema de la capa de ozono o la crisis financiera, creando soluciones acordes con decisiones democráticas, colectivas y universales? Por otro lado, las grandes mayorías que no logran insertarse en el mundo global se repliegan a estas patrias de campanario, contrarias a la concepción del pluralismo.

**-Al comienzo señalabas que con la crisis del Estado hemos perdido el sistema de seguridades.**

- La seguridad existencial parte de la condición de la ciudadanía, que con mucha lucidez nos la dan Maquiavelo y Rousseau. De manera que aquella inseguridad medieval dio paso a realidades mucho más controlables, pero cuando la gente pierde esas seguridades regresa a los brujos.

Afloran los astrólogos, los adivinadores y uno comienza a entender por qué prenden fenómenos como el de Chávez. Son, entonces, los traficantes de ilusiones quienes empiezan a llenar ese vacío provocado por una inevitable anomia social. Eso se ve en fenómenos como que las reales relaciones internacionales no pasan por las cancillerías sino por el mundo de los campesinos, de los ambientalistas, de los sin tierras, de las Ong's.

**- Aunque eso, todavía, no es un fenómeno dominante, ¿cuál es el problema de que lo llegue a ser?**

- El problema es que ese mundo está desarticulado, deshilachado socialmente y carece de redes de comunicación entre esa diversidad de organismos. Eso explica por qué el grupo de retículas sociales puede coincidir en un objetivo, pero resultar incapaz a la hora de cambiar una realidad por responder a mecanismos instrumentales demasiado pequeños y primarios.

**- En la práctica y con todas sus verrugas, ahí siguen los partidos políticos.**

- Los viejos actores convocan a los partidos y dicen que se deben recrear. Pero los partidos nacieron como correa de transmisión del antiguo Estado nacional. Para ser optimista uno admitiría que aquella democracia que nació dentro del Estado y se transformó en democracia formal y garantista (separación de poderes), pasa a ser un derecho a la democracia que le pertenece al hombre de a pie. Pero volvemos de nuevo: sin una suerte de orden mínimo garantista, la democracia no tiene futuro.

**- ¿No resulta una paradoja que mientras más se avanza en el desarrollo de la tecnología y de las comunicaciones, sea menor el poder del Estado democrático?**

- Hay un salto de la edad de la materia a la edad virtual. Un paso del tiempo apocado y elefantiásico del Estado institucional a una sociedad de vértigo, donde las cosas cambian cada 24 horas. En EEUU está ocurriendo lo que debía ocurrir: Bush envió una moción legislativa al Poder Legislativo y la opinión pública, desesperada, demandaba respuestas inmediatas a la crisis. Pero la disfuncionalidad entre el Estado nación y los reclamos de una sociedad global que está cambiando cada segundo impedía una respuesta rápida. De manera que la muerte del Estado no implica, necesariamente, la muerte de la democracia. Todo depende de cómo entendamos la expresión democrática.

**¿No fue eso lo que ocurrió en la sociedad de entreguerras del siglo pasado? ¿La puesta en cuestión de los estados liberales democráticos, la crisis de los partidos tradicionales, el surgimiento de iluminados y del fascismo?**

- Pero la lógica del Estado Nación seguía siendo dominante. El cambio que se produce entreguerras consiste en que la relación entre el Estado absoluto soberano, que coexistía en paridad con el resto de los estados, obliga, para el sostenimiento de la paz, a la creación de un mecanismo institucional mínimo, por sobre los estados, de manera de garantizar los principios básicos de la paz y el respeto a los derechos humanos. Pero la lógica de la Liga de las Naciones y de la ONU era la del Estado soberano. El drama es que esa estructura impersonal, funcional y garantista, de cara a las nuevas realidades (el mundo de la inteligencia artificial) se hace pequeñito. Y en el orden interno resulta incapaz de resolver los nuevos miedos: hambre, enfermedades, inseguridad y problemas cotidianos.

**- La crisis del Estado nacional plantearía problemas como las nuevas formas de organización político-administrativa y territorial**

- El concepto sobre el cual se construye el poder del Estado es el del espacio geográfico, de los límites. ¿Cómo plantearle, entonces, a la generación del Nintendo el valor de una frontera o de unos mojones que definen los límites entre estados?

**- ¿De qué manera?**

- Discursos como el sostenido por los seguidores del socialismo del siglo XXI no sólo resultan retrógrados y antihistóricos sino que pretenden recrear estructuras muertas para siempre. Mientras tanto, el discurso de quienes hemos sido demócratas liberales no se muestra funcional de cara a las nuevas realidades. De manera que, si ellos son viudos del muro de Berlín nosotros somos viudos de la Revolución Francesa. El tiempo que viene por delante no será mejor ni peor, debe ser distinto.

**-¿Qué significa distinto?**

- Para nosotros la primera regla era la universalidad de los derechos humanos, pero ¿cómo sostienes esa tesis (filosóficamente es posible sobre la base de la dignidad humana) dentro de la multiculturalidad, el cruce de religiones y civilizaciones y en donde todo se relativiza? Lo mismo ocurre con el principio de la igualdad ante la ley, cuando resulta que la realidad, que cambia cada segundo, está obligando a la desestructuración de la ley y aquí se dicta leyes para los indígenas, para el medio ambiente, para los sin tierra, para quienes la tienen y para quienes la van a perder. Hay una fragmentación de las referencias legislativas que le quitan al Estado de Derecho su carácter sistemático, impersonal y general.

Un tercer ejemplo es el de los partidos ante una ciudadanía que reclama nuevas formas de organización social, primarias, porque las sienten más cerca de su realidad. Ya no se entiende la noción del partido estructurado, integrador de intereses generales, ante retículas sociales que no tienen sino intereses particulares. Luego están los medios, que del papel de contralores del poder desde afuera, pasaron a convertirse, dentro de la sociedad que se monta sobre las autopistas de la información, en el poder real y en el único estructurador de coyuntura ante la carencia de instituciones capaces de reflejar la realidad. En ese escenario la autopista de la información es el único factor que mantiene la sintonía entre todos esos entes aislados entre sí. De allí que ahora sea más intensa la pelea entre gobiernos y medios por el mercado de la opinión pública

## 11. "EL CAOS SE ESTÁ TRAGANDO AL GOBIERNO DE HUGO CHÁVEZ": DIÁLOGO CON ROBERTO GIUSTI

El Universal, Caracas

16 de marzo de 2009

Asdrúbal Aguiar: "Como se le acabó el dinero y merma el respaldo popular, sólo le queda la opción represiva para sostener el Estado autoritario".

El pasado sábado, en su reunión semestral celebrada en La Asunción, la Sociedad Interamericana de Prensa otorgó el Gran Premio Chapultepec al colaborador de *El Universal*, Asdrúbal Aguiar, por su lucha en la promoción, difusión, afirmación y defensa de la libertad de expresión. Aguiar, quien entre otras muchas funciones fue juez de la Corte Interamericana de Derechos Humanos, vuelve a Venezuela luego de varios años de labor académica en Buenos Aires y en su análisis sobre la situación venezolana no duda en afirmar que el control absoluto de los medios de producción en el país "está a la vuelta de la esquina".

**- La desaparición progresiva de la propiedad privada, ¿no implica, a la larga, el fin de los medios críticos que viven de la publicidad de las empresas?**

- Eso es inevitable, salvo que ocurra un hecho capaz de modificar los acontecimientos porque todo lo que hace Chávez responde a una visión estratégica de largo aliento, donde todos estos acontecimientos están hilvanados y responden a una idea central: el establecimiento de un socialismo marxista decantado, porque él entiende que Venezuela no es la Cuba de los años 50, aun cuando ese siga siendo el modelo. Y eso es tan así, que cuando sale del referendo revocatorio anuncia el nuevo mapa estratégico y en noviembre de 2007 le presenta al país el Plan Nacional Simón Bolívar, el primero de carácter socialista. Por eso la aceleración de los últimos días no responde sólo a la merma de la renta petrolera y al deterioro del respaldo popular, sino a medidas que, como él lo reconoce, fueron elaboradas desde que estaba preso en Yare. Eso implica una nueva estructura de poder, distinta a la concepción republicana que nosotros manejamos. Un gobierno asambleario donde gobiernan todos y no gobierna nadie. De manera que sus relaciones, en lo interno, no son con los poderes públicos y en lo externo tampoco lo son con los palacios presidenciales, sino con un subterráneo de organizaciones sociales alrededor de las cuales cree que puede construir el socialismo del siglo XXI. Ahora, cuando se pasa al ámbito moral uno se encuentra con un obseso creyente en la filosofía del Che Guevara. No hay socialismo sin la creación de un hombre nuevo y eso explica por qué se niega a dialogar con el resto del país.

**- Señala que Chávez pretende crear una nueva estructura de poder sobre la base de un gobierno asambleario, donde gobiernan todos y no gobierna nadie. Sin embargo, la tara fundamental que se le enrostra a Chávez, ¿no es su obsesión de mandar sólo él y nadie más que él?**

- El objetivo final de Chávez no es distinto al de Castro o al de Pinochet, pero siempre los dictadores buscan una valoración ética justificativa y la de Chávez es la creación de una democracia distinta a la que conocemos, la representativa, donde el pueblo gobierna permanentemente. Como contrapartida, el pueblo se realiza dentro del Estado, de manera que el ciudadano existe para el Estado y no el Estado para el ciudadano.

**- Dice que Chávez actúa de acuerdo a un guión previamente establecido que ha venido cumpliendo hasta ahora. De acuerdo con ese libreto, ¿qué viene ahora?**

- La transferencia al Estado de los medios de producción, con énfasis en aquellos que de manera directa tocan las necesidades fundamentales del individuo. Es decir, todas las redes relacionadas con la producción, comercialización y consumo de alimentos, así como las vinculadas al ámbito farmacéutico. Eso es una locura cuyo fracaso ya está comprobado, pero el hecho es que se piensa constituir empresas de producción social y se va a tratar de fortalecer el sistema de la propiedad social. Cuando habla de la existencia de algunas industrias de propiedad privada, no se trata sino de un espectro marginal. Así que el avance del Estado hacia el control de los medios de producción y de los mecanismos de intermediación financiera está a la vuelta de la esquina.

**- ¿Incluye a los medios de comunicación?**

- Él considera que los medios han estado al servicio del capitalismo y de la desinformación. Habla de una información de Estado que se forma dentro de un pensamiento único, el revolucionario. En su Plan Nacional de Desarrollo afirma que se debe ser tolerante, menos con quienes promuevan las injusticias, valga decir, con los contrarrevolucionarios. No se trata sólo del cierre de medios, como ocurrió con RCTV, sino que con sus recursos económicos se ha hecho del aparataje comunicacional, creando nuevos medios o comprando aquellos que estaban en manos del sector privado. Lo cierto es que no ha engañado a nadie y siempre fue claro al afirmar hacia dónde iba.

**- Pero luego de diez años tampoco ha podido cumplir su objetivo sino a medias y con muchas dificultades.**

- Porque medio país ha permanecido invulnerable e impenetrable ante las tentaciones de la corrupción y a todo el proceso de horadación mental generado por la única obra tangible de este Gobierno: la publicidad.

**-El avance del proyecto ha sido posible porque Chávez ha contado con recursos extraordinarios. ¿Podrá seguir avanzando en medio de una crisis económica?**

- Siempre he sido un crítico del modelo caritativo de Chávez. Las misiones, a las cuales algunos políticos de oposición temen cuestionar, son la expresión más acabada del fracaso en materia de gestión pública porque se trata de una medicina de emergencia que nunca pudo ir más allá. Pero eso llegó atado con el arraigado mito de El Dorado. El venezolano cree que Venezuela es el país más rico del mundo y como la mayoría no llega a serlo, entonces considera que "alguien me está robando". Así surge la figura del gendarme, el vengador que viene a devolverte lo que te robaron. Dentro de esta lógica, Chávez reafirma las dos grandes taras que cruzan nuestra historia: los mitos de El Dorado y del gendarme necesario. Pero ciertamente se le acabó el dinero y ya no puede financiar una revolución en los términos en que lo hacía. De manera que no tiene otra opción, sino la represión para el sostenimiento del Estado autoritario. ¿Será por esto que asumió el control directo del estamento militar? El modelo cubano operó en medio de grandes carestías, pero habiendo desarrollado un aparato autoritario fuerte y eficiente.

**-¿No tenía ya, de hecho, el control del aparato militar?**

- El control de un aparato militar punitivo es eficiente dentro de estructuras sociales que se amolden a los requerimientos del Estado policial. El problema está en que Chávez tiene dificultades para ejercer esa autoridad de policía porque ha transformado el país en un gran caos. El ha dicho que el 27F surgieron leyes inherentes al caos y ciertamente cuando vas creando situaciones caóticas, en diferentes sitios a la vez, automáticamente se genera un caos. Sólo que cuando se institucionaliza el caos éste termina llevándose por delante al propio generador del caos.

**- ¿Qué necesidad tiene de generar caos cuando todo gobierno lo que quiere es orden?**

- Porque tiene una visión rupturista. No es un dictador militar tradicional que llegó a poner orden. Muchos sectores de clase media y alta votaron por él, en 1998, pensando en Pérez Jiménez o en Pinochet. Y se equivocaron.

**- ¿Él lo que vino fue a subvertir el orden?**

- A subvertir el orden cuando dice, desde su toma de posesión, que quien roba lo hace por necesidad social. Ahí están las consecuencias. Cuando se sobrepasa la cifra de 14 mil homicidios anuales estás ante un caos institucional que se ha tragado a la República.

**- ¿No son esas características de una revolución?**

- Porque en definitiva la revolución viene a destruir y a eso es que ha venido él. Sólo que no ha podido porque ha sido tal el caos y la corrupción, que no ha avanzado en la institucionalización de esos paradigmas en los que él teóricamente creía. Entonces el caos y el tremedal se lo están tragando.

Está llegando al momento de la verdad de un modelo impulsado sobre la base de los recursos, que recibe un frenazo, porque se acabaron.

**- ¿Se quiebra la continuidad establecida en su guía de navegación?**

- Tengo la impresión de que se hace inviable. Él puede tener reservas que le permitirán estirar la arruga hasta 2009. Si dedica el dinero que le queda para reactivar la economía, no lo habrá para las misiones y mucha gente no seguirá acompañando a la revolución. Y, si hace lo contrario, no habrá reactivación de la economía en un país que lo importa todo.

# IV. EL FINAL DE LA REPÚBLICA
# Y
# SU HEGEMONÍA COMUNICACIONAL

# 1. LA MUERTE DEL ESTADO

1° de abril de 2009

A. *La democracia versus el Estado*

Hace más de una década me impacta una reflexión de Alain Touraine quien, palabras más, palabras menos, afirma que la sociedad democrática es víctima de su propia fuerza. La he entendido como el desafío que se le presenta a la democracia, forma de gobierno, para mudar en condición de la vida humana y estado del espíritu. Y es que, en efecto, más allá del Estado hecho patria y de sus filiaciones nacionales, el hombre actual alcanza identidad y rasgos propios, léase conciencia de su dignidad como persona.

Mal he podido entender luego, por lo mismo, la grave y descontextualizada conclusión del Informe de Dante Caputo –me refiero al estudio realizado por el Programa de las Naciones Unidas para el Desarrollo en 2004– y que al referirse a la situación de la democracia en la América Latina advierte sobre una preferencia mayoritaria de la gente por los derechos sociales, a un punto que poco le importa sacrificar los derechos sustantivos a la experiencia de la democracia, los denominados derechos civiles y políticos.

Una y otra visión, coinciden en el diagnóstico de lo temporal –la urgencia de que el Estado y sus instituciones como la política– estén al servicio de los reclamos de inclusión social y económica y sobre todo de pertenencia de unas mayorías –víctimas del desafecto– que se rezagan durante el período de modernización de nuestras naciones. Pero una y otra se muestran divergentes, como lo aprecio, por sugerir la primera que al individuo ya le corresponde tomar las riendas de su propio destino y asumir su libertad con responsabilidad ante y junto a los otros individuos quienes, junto a él, integran a la sociedad y le compromete con sus retos; en tanto que la segunda predica como desiderátum la urgencia de más Estado, en fin, la profundización en la tutela histórica del colectivo.

Pero una y otra perspectiva, de ser llevadas a sus extremos y de asumirse sus diagnósticos como inferencias de causas, pueden maridarse en una percepción tanto más nociva cuanto capaz de legitimar otro fenómeno de coyuntura, que habla y dice acerca de la hora de la anti-política o de la "posdemocracia". Es la tesis de quienes afirman que la moratoria de lo social –así lo sugiere Caputo– es culpa de los políticos y que siendo los políticos parte de los partidos, aquéllos y éstos viven su peor momento.

La consecuencia no se hace esperar. La equívoca interpretación de la perspectiva de Touraine, quien aprecia de positiva la madurez y autonomía de cada ciudadano cuando toma conciencia de su misma ciudadanía, por una parte, y por la otra la errada conclusión del Informe del PNUD, que casi apuesta a la muerte de la democracia como fatalidad y que reivindica los fueros de un Estado fuerte, de suyo legitiman las actuales corrientes y gobiernos que avanzan hacia el rescate del ejercicio populista, paternalista y personalista del poder; ese que hoy, *ex novo*, se niega al control de las instituciones republicanas y a los equilibrios que procuraran hasta el pasado reciente y que desprecia a "la democracia [como] la política del reconocimiento de los otros" (Charles Taylor, *The politics of recognition*, Princeton University Press, 1992).

B.  *Ceden los espacios y domina el tiempo*

Lo cierto es que corren como río sin madre dos realidades distintas y muy complejas, pendientes de encontrar odres nuevos que la expresen y contengan y escapan a los criterios reduccionistas de la anti-política o de la devaluación de la democracia; premisas a las que apelan, repito, los gendarmes civiles y militares de novísimo cuño para sostener o hacer regresar sobre sus pasos el tiempo ominoso de los gobiernos dictatoriales o totalitarios, de las "patrias de bandera" –como las llama Miguel de Unamuno– y a su siglo ya idos.

Exagero para explicarme. La realidad corriente y que no entendemos a cabalidad indica el fin de una milenaria etapa, que se inicia hace más de 40 mil años cuando el *homo sapiens* logra dominar la materia y el espacio, fabricando útiles y armas y representando al mundo de lo objetivo mediante el arte y los rituales; haciendo de todos éstos la primera fuente de su poder y base sustentable de las comunidades. Es el tiempo en que la acumulación se sitúa en la antesala de las formas de organización social y política, dando lugar milenios después, incluso, a las ideologías. No por azar, en la historia más próxima surge el Estado Nación fundado sobre criterios patrimoniales y espaciales, y como la manifestación más acabada y abstracta de un orden y de unas relaciones societarias y políticas que vienen desde el alba de la vida humana y de la cultura.

En un tris, sin embargo, por obra de la mente del hombre y al comer éste del árbol de la ciencia como rezan las Escrituras, el tiempo de los espacios y de la materia es superado por la virtualidad y lo atemporal. El tiempo de la explotación del hombre, por razón de la acumulación material, deriva en el tiempo de la explotación por el hombre del mismo tiempo y de su velocidad.

La generación Internauta –que piensa en bytes y megabytes, que usa el BlackBerry y es capaz de dominar hasta la genética para predecir los comportamientos de la especie humana– le fija su término al *homo sapiens;* y montada sobre las autopistas de la información devalúa los límites geográficos y sus derivados políticos dándole forma a un mundo en el que estos ceden estrepitosamente y le hacen espacio a la Edad de la Inteligencia Artificial.

El Estado y sus correas de transmisión tradicionales –los poderes públicos, los partidos con sus andamiajes y fardos de ideas: capitalistas y marxistas en el lenguaje común– restan incapaces para resolver por sí solos –con sus viejas categorías– los asuntos inéditos de la agenda global, inherentes al vértigo de la sociedad digital en fragua. Y en los intestinos de cada Estado, sus mismos hacedores o realizadores –los ciudadanos– lo aprecian como una suerte de paquidermo lento e incapaz de satisfacer o de ser sensible a las necesidades básicas del hombre común.

De modo que, lo constatable es que un torrente de seres humanos se desprende a diario y para sobrevivir de sus ataduras a lo nacional y viaja sobre las redes telemáticas o de la información y a través de ellas satisface sus distintas carencias; en tanto que otros grupos, preocupados por el cambio demencial en los patrones de vida y huérfanos de sus seguridades ciudadanas conocidas, se repliega hacia pequeñas "patrias de campanario": retículas de asociación primitiva o de base, dominadas por elementos étnicos, raciales, religiosos, culturales, o vecinales.

Lo grave es que el "ciudadano global" medra culturalmente unificado y ajeno a la diversidad bajo la idea y por exigencias de la virtualidad, en tanto que, los hijos del "multiculturalismo" asumen sus particularidades con sentido excluyente, bajo una visión fundamentalista del cosmos. Ni aquél ni éstos se reconocen en la otredad y aun cuando prediquen sus convicciones democráticas de hecho son unos apóstatas.

C. *¿Crisis dentro de la democracia o fuera de ella?*

La democracia vive una crisis dentro de la misma democracia. Son sus instrumentos o elementos de realización los que se revelan infuncionales por atados a una organización social de la política –la del Estado impersonal, centralizado y omnipotente– que hace aguas, como lo hacen antes las repúblicas medievales o los feudos que le preceden en el camino de la historia. De allí que, en la actualidad, éste sea un cascarón ocupado por ventrílocuos dentro de los que hacen nicho el tráfico de las ilusiones o el caos social. Venezuela es un emblema.

A la luz de los estándares clásicos de la democracia, cabe preguntar, sin esperar respuestas inmediatas, acerca de su vigencia ¿Cómo habremos de afirmar, en lo sucesivo, el carácter universal de los derechos humanos –elemento esencial de la democracia representativa, según la Carta Democrática Interamericana– dados los relativismos inherentes al manido cruce de las civilizaciones?

¿Qué alcance o variación sufre el Estado de Derecho con su regla de la igualdad ante la ley, abstracta y general, en una circunstancia como la corriente, teñida de localidades y de pequeñas aldeas con pretensiones universales de que la ley las reconozca y regule en su derecho a ser diferentes?

¿En qué plano queda el sufragio universal, vía originaria para el ejercicio por el pueblo o *demos* de su soberanía, sujeto al arbitrio actual de la aristocracia digital?

¿Los partidos y las organizaciones políticas cómo lograran conciliarse con las formas horizontales de asociación no gubernamental o de base, que agregan intereses cotidianos particulares y encuentran preferencia en el colectivo, incluso, para la realización de la política?

La histórica y sustantiva exigencia de la división del poder público y de la independencia funcional de sus manifestaciones orgánicas, necesarias para el balance institucional y la garantía de los derechos humanos, ¿cómo servirá con eficacia y prontitud a la gobernabilidad de un tiempo que fluye velozmente, que cambia y reclama de decisiones perentorias, y es extraño al ritmo de los palacios y a las formas sacramentales del Derecho?

Y con vistas al pedido más sentido, la transparencia democrática, que es un imperativo por obra de la misma sociedad de la información en boga, ¿acaso no cabe considerar –como lo sugiere Javier Roiz, catedrático de la Universidad de Tarragona– que al igual que resultan inviables las censuras, los filtros y el secreto, fuentes del poder absoluto en todos los tiempos, también la información de intensidad máxima y para todos puede conducirnos hacia la desorientación, y lo que es más grave, a la mengua de nuestras intimidades humanas?

No cabe duda, pues, en cuanto a que la democracia deja de ser una simple forma política de gobierno y asume los perfiles de un derecho humano en forja. Pero sus novísimas categorías penden de una respuesta cierta a los interrogantes anteriores, y adecuada a las realidades del siglo en marcha, urgido de nuevas categorías constitucionales.

## 2. LA DEMOCRACIA EN AMÉRICA LATINA Y VENEZUELA: LIBERTADES PÚBLICAS Y CONVIVENCIA DEMOCRÁTICA EN EL SOCIALISMO DEL SIGLO XXI

Cartagena de Indias, 6 de diciembre de 2009

*"A menos que se defina claramente esa palabra y se llegue a un acuerdo sobre las definiciones, la gente vivirá en una inextricable confusión de ideas, para beneficio de demagogos y déspotas".*
Alexis de Tocqueville (1835)

*"Exijo lealtad absoluta a mi liderazgo. No soy un individuo, soy un pueblo". Hugo Chávez Frías (2010)*

A. *Demo-autocracia a la cubana*

Una evaluación crítica del estado de la democracia en América Latina y, de modo especial, en Venezuela, exige clarificar la idea de la democracia. La inédita realidad que bajo inspiración del recién bautizado "socialismo del siglo XXI" –copia cabal del modelo constitucional cubano de 1976– se instala en Caracas con propósitos de expansión regional y vocación social a polarizar, así lo impone.

Por lo mismo, al hacer constar nuestro agradecimiento a los organizadores de esta edición de los seminarios de la Serie Houston, quienes por segunda vez piden nuestra presencia y nos brindan un auditorio de alto nivel y calidad integrado por lo más representativo de la clase política colombiana, a la que saludo con afecto fraternal, no huelga mencionemos a manera de introducción algunos antecedentes propios a la circunstancia venezolana.

¡Y es que las exposiciones previas de mis ilustres colegas Eduardo Gamarra y Adrián Bonilla, recrean, dentro de sus países –Bolivia y Ecuador– y con sus especificidades, las etapas antes vividas y padecidas por mi patria desde 1999! Ello nos convence, aún más, acerca de la necesidad de hacer un alto, poner de lado lo anecdótico y reflexionar a profundidad sobre el sentido y alcances de la democracia verdadera, para luego obtener una mejor comprensión y entendimiento de las tendencias políticas de actualidad.

Hemos de recordar que Fidel Castro hace su primera aparición en nuestra tierra en 1959, al alcanzar el poder en La Habana por la vía de las armas. Nos ofrece a los venezolanos de la época sus armas, para la defensa de la libertad conquistada meses antes y a la caída del dictador militar Marcos Pérez Jiménez. "Aquí en Venezuela hay muchas más montañas que en Cuba" son sus palabras precisas, de donde y en un tris le pide al presidente electo, Rómulo Betancourt, le suministre petróleo a cambio de productos cubanos. Pero el rechazo no se hace esperar, por entender éste que el oro negro vale dinero y es –todavía lo es– la fuente material de nuestra seguridad económica y estabilidad política.

El desencuentro de marras se sitúa en los orígenes de la guerra de guerrillas que nos hace presa durante los años '60 y da lugar a dos invasiones cruentas de emisarios de Castro a las costas de Venezuela. Tanto que, al final de su administración, el mismo presidente Betancourt –artífice de nuestra democracia representativa y de la consagración de la elección directa de los gobernantes mediante el voto universal, directo y secreto– previene a las generaciones que le siguen sobre el peligro que significa Cuba para nosotros y región.

"Fácil resulta explicar y comprender por qué Venezuela ha sido escogida como objetivo primordial por los gobernantes de La Habana para la experimentación de su política de crimen exportado. Venezuela es el principal proveedor del Occidente no comunista de la materia prima indispensable para los modernos países industrializados, en tiempos de paz y en tiempos de guerra: el petróleo. Venezuela es, además, acaso el país de la América Latina donde con más voluntariosa decisión se ha realizado junto con una política de libertades públicas otra de cambios sociales, con simpatía y respaldo de los sectores laboriosos de la ciudad y el campo. Resulta así explicable cómo dentro de sus esquemas de expansión latinoamericana, el régimen de La Habana conceptuara que su primero y más preciado botín era Venezuela, para establecer aquí otra cabecera de puente comunista en el primer país exportador de petróleo del mundo", son las palabras de Betancourt constantes en su Mensaje Anual al Congreso de 1964.

La acción subversiva e insurreccional de Cuba sobre nuestro país, cabe subrayarlo, motiva su expulsión del Sistema Interamericano.

Décadas más tarde, luego de fracasar en su intento de golpe de Estado militar contra el Presidente Carlos Andrés Pérez y su gobierno democrático, el Teniente Coronel y actual Presidente venezolano, Hugo Chávez Frías, a la sazón candidato, visita a La Habana. Allí es ungido como Comandante de la Revolución por el Castro quien pisa nuestro suelo y lo mancilla cuarenta años antes. Uno y otro formalizan una alianza y juntos, desde aquél instante, la extienden al mundo árabe. Libia e Irak deciden patrocinar al emergente aspirante a la Presidencia con un propósito que éste acepta y años después hace bueno: usar el petróleo como arma política e instrumento para la confrontación con Estados Unidos, cuna del capitalismo y de la democracia liberal.

Llegado 1999, al inaugurar su mandato Chávez convoca una Asamblea Nacional Constituyente contraviniendo la Constitución de 1961, que al paso y ante el país es declara "moribunda" por éste y para lo cual cuenta con el ucase –por alegadas razones políticas y de conveniencia– de los jueces de la Corte Suprema de Justicia. Impone antes un sistema de elección que niega el principio democrático de representación proporcional de las minorías, y con un 51% de los votos asalta con los suyos el 98% de los escaños constituyentes.

Redactada la novísima Constitución, ya sometida a referéndum popular y en espera de su publicación, la Constituyente se declara depositaria del poder soberano originario y bajo la dirección del presidente Chávez desmonta la totalidad de los poderes constituidos y remueve a sus titulares, incluidos todos los jueces de la República.

Es designado a dedo un parlamento o congresillo no electo por el pueblo y son ocupados los cargos del Tribunal Supremo, de la Contraloría General, del Ministerio Público y de la Defensoría del Pueblo con seguidores de la llamada Revolución Bolivariana. Se consolida, así una hegemonía política que dura hasta hoy y que con el correr de casi 11 años ha derivado en igual hegemonía económica y comunicacional, bajo los signos del "socialismo del siglo XXI" y de la democracia participativa y protagónica del pueblo.

Han ingresado a territorio venezolano, desde entonces hasta ahora, sin necesidad del asalto armado, aproximadamente 100.000 cubanos. Comparten la gestión administrativa de Chávez y cooperan con él en la instalación de un modelo político heterodoxo –suerte de "demo-autocracia"– que no encuentra sede en los cánones de la Constitución de 1999, tildada por éste y aquéllos de transitoria, y que al paso proscribe a las fuerzas de la oposición democrática. "Esto que estoy planteando acá es la continuación de la ofensiva, para impedir que se reorganicen [los opositores], hablando en términos militares, y si se reorganizaran: para atacarlos y hostigarlos sin descanso", declara el propio Chávez en 2004, al presentar La Nueva Etapa: El Nuevo Mapa Estratégico de la Revolución Bolivariana.

La OEA y sus órganos políticos no se dan por enterados, ni se inmutan, salvo excepciones. Antes bien, por iniciativa del presidente Chávez, la Asamblea General hemisférica ha decidido ponerle término a la exclusión de Cuba pedida por Betancourt, quien, paradójicamente, en 1948, durante las sesiones que marcan el nacimiento del Sistema Interamericano en Bogotá, hace punto de honor la defensa de la democracia representativa y la proscripción "sanitaria" de los gobernantes militares. Esa es la historia.

Veamos, pues, cual ha sido y es la historia de la democracia occidental y latinoamericana y sus desafíos inmediatos, a fin de darles cuenta de su estado objetivo en la Venezuela socialista y bolivariana.

B. *La democracia verdadera*

Durante el siglo XX destaca como tema central de la vida política en Occidente la llamada "cuestión democrática". Pero la noción que entonces se tiene de la democracia es objeto de una confusión auspiciada por la lucha acerca de la soberanía popular entre visiones institucionales radicalmente opuestas, la marxista y la liberal, como bien lo explica el teórico italiano de la democracia, Giovanni Sartori.

El marxismo –aun cuando Marx denuncia a la democracia como superestructura para la opresión– promete, mediante una "transición" a perpetuidad que implica supresión de libertades y proscripción de enemigos, la llamada democracia popular u oclocracia, el dominio plebiscitario de las mayorías con preterición de las minorías y sus derechos. La perspectiva liberal democrática, supérstite luego del derrumbe de las democracias populares en la Europa del Este, se afinca sobre el método democrático. Repara en el valor eminente del sufragio y de la representación popular proporcional, le otorga primacía a los derechos civiles y políticos tanto como predica la despolitización de la sociedad civil; no obstante, sobrevenido el Estado social de Derecho se compromete con los derechos económicos y sociales y acepta, por consiguiente, la intervención normativa y moderadora del Estado como indispensable para la garantía de la convivencia.

A propósito de tal dualismo, el mismo Sartori advierte sobre la trampa del comunismo: juzgar "su" democracia con vistas a la expectativa imaginaria que propone, al tiempo que prosterna la democracia representativa apuntando a sus deficiencias de realización inmediata. Sin embargo, la cuestión, en el presente, es otra y por otras razones. Dentro de un marco distinto e inédito la idea de la democracia otra vez se oscurece, pero como siempre y según la advertencia precisa de Alexis de Tocqueville, para beneficio de déspotas y demagogos.

En América Latina, hasta 1959, la democracia resulta de su oposición a las dictaduras militares. La emergencia de gobiernos electos mediante el sufragio universal basta para el establecimiento de un límite preciso entre aquélla y éstas. Luego, a partir de la Declaración de Santiago, adoptada por la OEA el mismo año, si bien se reconoce como atributo de la democracia la existencia de "gobiernos surgidos de elecciones libres", se cita como su componente el "principio del imperio de la ley" y su garantía "mediante la independencia de los poderes y la fiscalización de la legalidad de los actos del Gobierno por órganos jurisdiccionales del Estado".

Es incompatible con la democracia, según dicha Declaración, "la perpetuación en el poder, o el ejercicio de éste sin plazo determinado", tanto como es contrario a su orden el uso de la proscripción política. Y al señalar los elementos que le fijan su teleología más allá de las formas, cita el respeto a los derechos humanos –en su perspectiva tanto individual como a la luz de la justicia social– y la libertad de expresión y prensa.

Esta idea de la democracia y de sus estándares, que se manifiesta sea como método o como finalidad de los gobiernos, sea como estilo de vida ciudadana, encuentra invariable respaldo en la jurisprudencia de la Corte Interamericana de Derechos Humanos desde 1987. Y cabe decir que la Carta Democrática Interamericana, adoptada por la misma OEA en 2001, a la que remite la Corte en sus fallos, recoge tales criterios, decantados y aceptados pacíficamente tanto por la opinión pública como por las élites gubernamentales y políticas de todo el Continente. De modo preciso, la Carta, que es síntesis de la doctrina democrática desarrollada desde la fundación del Sistema Interamericano, supera la visión clásica y unidimensional del golpe de Estado castrense como atentado a la democracia, y lo hace para acoger, con similar entidad, las denominadas "alteraciones graves" del ordenamiento constitucional por gobiernos elegidos. No solo eso. Saca a la democracia de los odres del Estado que la sujetan y condicionan, para situarla en lo adelante como derecho de los pueblos y afirmarla, en su expresión representativa, mediante el ejercicio cotidiano de la participación.

Los Jefes de Estado y de Gobierno reunidos para la Tercera Cumbre las Américas, cuya declaración final es adoptada en Quebec el mismo 2001 y reserva en soledad el estrenado Presidente venezolano, Hugo Chávez Frías, son quienes piden el dictado urgente del mencionado estatuto democrático de las Américas, justamente por considerar que "las amenazas contra la democracia asumen [ahora] variadas formas". Tienen en mente a Alberto Fujimori, Presidente del Perú, quien llega al poder a través del sufragio y desmonta las instituciones democráticas apoyado en su legitimidad de origen, a fin de prorrogarse como gobernante.

Los artesanos de la Carta no imaginan, empero, que algo más grave ya ocurre en la región. Los cultores de la democracia popular marxista –huérfanos tras el agotamiento del socialismo real, reunidos en el Foro de San Pablo y no pocos atrincherados en organizaciones extrañas a los partidos políticos y transversales a la sociedad, como las ONG's– vuelven por sus fueros. Asaltan las reglas de la democracia liberal haciéndolas propias, para vaciarlas de contenido. Explotan la circunstancia que más tarde les dibuja el Informe Caputo del PNUD (*Ideas y aportes: La democracia en América Latina*, 2004), a cuyo tenor la mitad de los latinoamericanos estaría dispuesta a sacrificar un gobierno democrático en aras del bienestar económico y social. En otras palabras, reinciden e insisten en concluir la tarea pendiente, como la es acabar con la democracia burguesa y capitalista usando de sus armas. Y quizás por ello, Alain Touraine, advierte que la democracia hoy es víctima de su fuerza.

Por consiguiente, sin haber transcurrido un lustro desde su vigencia, la Carta Democrática Interamericana sufre los embates de la nueva y heterodoxa tendencia, que hace cuerpo y se instala paulatinamente en varios gobiernos de la región. Y en 2005, con la Declaración de la Florida, éstos se encargan de frenar a la OEA en cuanto al ejercicio de sus competencias como mecanismo de seguridad colectiva democrática, bajo el añejo argumento de la No intervención. No pocos mandatarios, incluso de distinto signo, dudan al respecto y cuestionan a la primera sin fundamento en el Derecho internacional, alegando su carácter no vinculante o su insuficiencia normativa.

Lo cierto es que por obra de tales circunstancias, cuando los propios detractores originales de la Carta Democrática –a la cabeza el señalado presidente venezolano– la reaniman a conveniencia para conjurar la crisis institucional que expulsa del poder al presidente de Honduras, Mel Zelaya, el Consejo Permanente de la OEA apunta a la tesis clásica del golpe de Estado y obvia de plano la figura de las "alteraciones constitucionales" provocadas por éste para sostenerse en el poder sin solución de continuidad. Aquélla, al calor de la diatriba, pierde toda su eficacia o efecto útil y hasta el organismo hemisférico, hipotecado bajo el débil liderazgo de su Secretario General, José Miguel Insulza, mengua en su capacidad ordenadora, por lo demás ante un país pequeño y sin potencia real como el señalado.

## C. *La vuelta de los dominios personalistas*

El asunto de marras no queda allí, pues coincide en su realidad con otro fenómeno que corre en paralelo, a saber, el relajamiento de las estructuras del Estado latinoamericano desde finales del siglo XX e inicios del siglo XXI: demasiado grande para las pequeñas cosas, demasiado pequeño para los desafíos globales –copio el giro del filósofo italiano del Derecho Luigi Ferrajoli– y cuyos espacios de poder transitoria e inevitablemente los ocupan demagogos, "dominaciones" personales que Max Weber tildaría de carismáticas.

Así, dada la evidente pérdida posmoderna del valor de la ciudadanía dentro del Estado y, de suyo, la fractura del entramado social, la Nación, como soporte de aquél, encuentra por causahabientes a pequeñas patrias o cofradías, étnicas, raciales, religiosas, comunales, excluyentes de los extraños y cultivadoras de una cosmovisión casera; verdad que por su naturaleza y efectos es impermeable a la convivencia y a los mismos partidos, como puntos de encuentro de los intereses generales y correas de transmisión con la organización pública y constitucional de la democracia.

De modo que, las "dominaciones carismáticas" citadas, encuentran espacio fértil para sus degeneraciones mesiánicas y despóticas, por la misma falta de una resistencia social coherente, nacional, y unitaria. "Quienes fueron designados para gobernar –lo recuerda el finado ex presidente Raúl Alfonsín– se apropian de ese mandato y lo transforman en un atributo natural de carácter providencial", contrapuesto a la racionalidad legal del mandato democrático. Pero no dejan de proclamar, paradójicamente, que son progenitores de la verdadera democracia.

El subproducto no puede ser más ominoso. Chávez y sus aliados, a modo de emblemas regionales en cuanto a lo descrito, asumen y ejercen sus poderes con ánimo de perpetuidad y vocación totalizante, a la mejor manera de los dictadores, pero refrendados con los oleos y sacramentos de la democracia occidental. He aquí, por ende, la diferencia entre el caso de Fujimori, un demócrata liberal quien es tocado por la vanidad del poder y el de Zelaya, frustrado discípulo de la experiencia morganática venezolana, que mixtura arbitrariamente el pensamiento de Simón Bolívar con el de Carlos Marx para la fragua del indicado "socialismo del siglo XXI".

En fin, dado el desmantelamiento progresivo de los principios de alternabilidad en el poder en distintos Estados americanos, de separación de poderes, de respeto al pluralismo, de garantía de los derechos humanos, de libertad de expresión y de prensa, e incluso de sujeción del poder militar al civil, ocurre en la práctica una suerte de reinterpretación a conveniencia, leonina y a contra cara, del artículo 1 de la Carta Democrática Interamericana. Éste consagra a la democracia, textualmente, como derecho de los pueblos que ha de ser garantizado por los gobiernos, en tanto que, parte de los gobiernos miembros de la OEA entienden a la democracia como derecho de los gobernantes, que han de respetar los pueblos.

Sea lo que fuere, a falta de instituciones internacionales y nacionales potentes y de reglas fieles y efectivas para la garantía y el sostenimiento de la democracia, ésta se debate entre la arbitrariedad o el devaneo populista de los gobernantes y un pueblo sin articulaciones sociales ni políticas, ahora libre de la cárcel del Estado pero de impredecible decantación en su rumbo incierto y como fuente indispensable de la soberanía real.

D. *Venezuela, al margen de la Carta Democrática*

El estado actual de la democracia en Venezuela, a la luz de la Carta Democrática Interamericana y en contraste con sus predicados no puede ser, en virtud de lo anterior, menos absurdo. La práctica gubernamental y la correspondiente a los demás poderes del Estado muestra un permanente desafío a los estándares de la democracia contenidos en aquélla y, sin embargo, los órganos de la propia OEA, salvo excepciones, no se atreven a concluir de modo preciso acerca de la naturaleza antidemocrática del régimen venezolano.

La Carta, en su artículo 3, dice sobre los elementos esenciales de la democracia y consagra, como uno de éstos, "el respeto a los derechos humanos y las libertades fundamentales".

El gobierno de Chávez se inicia, en 1999, reconociendo públicamente la legitimidad de la violencia. Razona éste el incremento de los delitos contra las personas y la propiedad arguyendo necesidades sociales y económicas de los delincuentes. Luego le otorga su reconocimiento a los movimientos narco-guerrilleros sitos en la frontera colombiana. Y, sucesivamente, alega que su revolución es pacífica pero armada.

Entre tanto, por efecto de la modulación social que ejerce su discurso político –lo sugiere la misma Corte Interamericana de Derechos Humanos en 2008, refiriéndose a la libertad de expresión del mandatario– la violencia criminal aumenta en espiral. En el curso de la década, la cifra anual de 4.580 homicidios ocurridos en 1998 se eleva hasta 19.800, en 2009. Más de 116.450 venezolanos no acceden a una vida digna a manos de la revolución bolivariana porque pierden su vida biológica, en una espiral que el mismo artesano de nuestra violencia califica de "transición". Y no bastándole ello, hace pocos días, señala que "la delincuencia es inducida para golpear a la revolución".

No solo eso, de concierto a la Presidenta del Tribunal Supremo de Justicia, Luisa Estella Morales, anuncia no estar dispuesto a aceptar la autoridad y validez de las decisiones y sentencias de la Comisión y la Corte Interamericanas de Derechos Humanos, y le impide a los miembros de esta Comisión realizar visitas *in loco* a Venezuela.

Y a propósito de la huelga de hambre sostenida recién por los estudiantes venezolanos, reclamando la presencia en Venezuela de la Comisión Interamericana, José Miguel Insulza, Secretario de la OEA, les pide a éstos cesar en su empeño. Se trata de una "medida de presión tan extrema para exigir algo que puede no ser resuelto en plazo breve", son sus palabras. Omite, sí, hacerle un reclamo público al gobernante venezolano.

La democracia, según la Carta, implica "el acceso al poder y su ejercicio con sujeción al Estado de Derecho".

En 1999 Chávez convoca a una Asamblea Nacional Constituyente en abierto desconocimiento de la Constitución de 1961. Cuenta con el ucase de la antigua Corte Suprema de Justicia, justamente lo que intenta y no logra Mel Zelaya en Honduras. E integra la Asamblea con los suyos, dado el desconocimiento que se hace del principio de representación proporcional de las minorías.

Una vez redactada la nueva Constitución, dicha Asamblea, desbordando el mandato que se le otorga, se declara en posesión de la soberanía popular originaria y destituye la totalidad de los poderes públicos constituidos e incluso electos junto al mismo Chávez durante la jornada comicial de 1998. Desde entonces, cuidando apenas las formas, la Revolución Bolivariana ocupa la totalidad del andamiaje orgánico e institucional de la República y liquida los balances y contrapesos inherentes a la democracia.

En 2007, el Presidente de la República, la Presidente del Tribunal Supremo de Justicia y la Presidenta de la Asamblea Nacional, Cilia Flores, pretendiendo dar por terminada la manida transición que –según ellos– implica el texto constitucional de 1999, proponen de conjunto su reforma, para acoger los paradigmas de la Constitución de Cuba de 1976 con sus variantes de 1992. No obstante, al no lograr éstos su objetivo por vía del procedimiento constitucional formal establecido, mediante decretos leyes y leyes ordinarias imponen a rajatabla y progresivamente las propuestas socialistas rechazadas por el pueblo mediante referéndum.

La democracia es "elecciones periódicas, libres y justas y basadas en el sufragio universal y secreto como expresión de la soberanía del pueblo".

Las elecciones para gobernadores y alcaldes de noviembre de 2008 son precedidas por la inhabilitación política, mediante actos administrativos, de los candidatos de la oposición con mayor arrastre popular, contraviniéndose las normas de la Constitución y de la Convención Americana de Derechos Humanos. Empero, los sustitutos ganan las gobernaciones más emblemáticas y hasta el gobierno municipal de la capital metropolitana.

La reacción de Chávez no se hace esperar. El Alcalde electo de Maracaibo y ex candidato presidencial, Manuel Rosales, hoy exilado en Perú, es sometido a juicio penal. Chávez cumple así con la amenaza pública que le hace a Rosales durante la campaña electoral, al momento de pedirle a los seguidores de éste y a los suyos votar por el candidato de la revolución. Y a Antonio Ledezma, electo Alcalde Mayor de Caracas con 900.000 votos, le impide por la fuerza, usando de sus huestes, ocupar el Palacio de Gobierno capitalino. En el interregno, hace aprobar por la Asamblea una ley que despoja a Ledezma de sus competencias y recursos financieros, luego de lo cual son transferidos a una funcionaria designada a dedo por el propio Chávez, con el nombre de Jefe de Gobierno del Distrito Capital.

Seguidamente, con vistas a las elecciones parlamentarias de 2010, la Asamblea Nacional elige a los nuevos Rectores del Poder Electoral venezolano entre militantes, a la sazón, del Partido Socialista Único de Venezuela. Una de ellos es ex ministro de Chávez. Y todos, antes de jurar, anuncian haber renunciado a sus membresías partidarias para cumplir con el mandato constitucional que prohíbe a las autoridades electorales tener "vínculos" con organizaciones políticas

"El régimen plural de partidos y organizaciones políticas" es esencial a la democracia según la Carta. La participación política reclama, en efecto, de los derechos a la asociación libre, a la reunión pacífica, a la libre expresión del pensamiento, en suma, manda la diversidad ideológica y protege la disidencia.

En noviembre de 2004, en documento suyo que lleva por nombre *La Nueva Etapa: El Nuevo Mapa Estratégico de la Revolución Bolivariana* y en el que al paso dispone hacerle la guerra a Colombia, Chávez, a propósito de la oposición y en práctica que cumple al pie de la letra, declara lo siguiente: "Esto que estoy planteando acá es la continuación de la ofensiva, para impedir que se reorganicen [los opositores], hablando en términos militares, y si se reorganizan: para atacarlos y hostigarlos sin descanso".

Al momento, pues, 47 venezolanos se encuentran en la cárcel por razones políticas, entre ellos el Prefecto de Caracas, Richard Blanco, colaborador inmediato del Alcalde Mayor Ledezma. De los mismos el gobierno afirma que se trata de políticos presos, no de presos políticos.

A raíz de las últimas manifestaciones pacíficas organizadas por la oposición, más de 2.200 venezolanos participantes son acusados de traición a la patria y sometidos a régimen de presentación judicial. Y hace poco tiempo, dos diputados oficialistas quienes se declaran en rebeldía y acompañan a varios gobernadores y alcaldes de oposición en una protesta por la mejora de sus presupuestos, al llegar al Palacio Federal Legislativo se les impide el ingreso. A uno de aquéllos se le arrastra por el piso e irrespeta su inmunidad, luego de ser golpeado salvajemente por los propios integrantes de la fuerza pública que cuida las puertas del Palacio Federal Legislativo.

La expresión y la información libres menguan en Venezuela. Donde ha lugar y se sostienen es por obra de actos de valentía. Desde 1999 –momento para el cual el Estado venezolano cuenta apenas con una señal de radio (Radio Nacional) y otra de televisión (Venezolana de Televisión)– hasta 2009, el número de medios de comunicación oficiales ha crecido exponencialmente. Hoy cuenta Chávez con 238 emisoras, 28 estaciones de televisión, 340 impresos y más de 125 sitios de propaganda en Internet. Ha hecho buena su decisión, anunciada en 2004, de construir una "hegemonía comunicacional". A la par, cierra y toma por la fuerza a Radio Caracas Televisión, persigue penalmente al Presidente de Globovisión, Guillermo Zuloaga, luego clausura 38 emisoras de radio en manos del sector privado en un programa para el cierre próximo de otras 150 estaciones independientes, y al iniciarse el año 2010, suspende las transmisiones por cables de RCTV Internacional y TV Chile, entre otras.

Como puede apreciarse, el predicado necesario del Socialismo del Siglo XXI es avanzar en contra de la globalización usando también de sus medios y redes satelitales. Y no inhiben al Presidente venezolano, en su estrategia, las dos condenas que por los Casos de Radio Caracas Televisión y de Globovisión le impone al Estado la Corte Interamericana de Derechos Humanos, en 2008, como tampoco la última protesta por la comunidad internacional de las señaladas medidas de cierre de televisoras por suscripción.

La democracia, en fin, es "separación e independencia de los poderes públicos". Desde entonces no cesa Chávez de instruir públicamente a los titulares del Tribunal Supremo de Justicia, de la Asamblea Nacional, del Ministerio Público, de la Contraloría General de la República y de la Defensoría del Pueblo, acerca de sus tareas institucionales y al efecto esgrime su rol constitucional de Jefe del Estado.

Por si fuese poco, las asambleas de los jueces concluyen en la actualidad al grito "patria, socialismo o muerte" y la recién aprobada Ley del Sistema Judicial, aparte de instaurar la justicia popular, que legitima la participación en los juicios de todo movimiento comunal o de calle extraño a los procesos, le impone a los servidores de la Administración de Justicia, como mandato legal, participar en el proceso de transformación social y revolucionaria que vive Venezuela.

A manera de colofón cabe señalar que, ha poco, la Presidente del Tribunal Supremo de Justicia es concluyente en cuanto al modelo "democrático" que sostiene el llamado Socialismo del Siglo XXI y que apoya con su autoridad: "No podemos seguir pensando en una división de poderes, porque eso es un principio que debilita al Estado", declara a pié juntillas. No se trata de palabras. Una juez de primera instancia en lo penal, luego de que el Ministerio Público deja de asistir sin explicaciones a las audiencias convocadas para decidir acerca del juzgamiento en libertad de una persona detenida durante 3 años, sin juicio y sin sentencia, pero señalada de problemas con el gobierno, al decidir dejarlo en libertad condicional, sin pasar una hora es detenida por orden presidencial dirigida al propio Ministerio Público y llevada a los calabozos de la policía política.

Finalmente, entre otras exigencias más, la democracia manda, a tenor de la Carta Democrática Interamericana, "la subordinación constitucional de todas las instituciones del Estado a la autoridad civil legalmente constituida".

Hugo Chávez Frías, al salir de la cárcel que alguna vez ocupa por su condición de golpista, pierde su condición de militar en actividad. Pero ya en ejercicio del poder, reforma mediante decreto la Ley Orgánica de la Fuerza Armada a objeto de asignarle carácter militar a la función civil de Comandante Jefe que ejerce el Presidente de la República conforme a las reglas de la Constitución. Desde entonces se hace de un uniforme con distintivos propios a su readquirida situación militar y asume de manera directa e indelegable el control operacional del Ejército, de la Aviación, de la Armada, y de la Guardia Nacional venezolanas.

E. *Los peligros o desafíos presentes*

El avance que significa la Carta Democrática Interamericana como fundamento de la tolerancia en la convivencia y como llamado a la inclusión social y económica en tanto que elemento y componente de la democracia; la oportuna y raizal diferenciación que la Carta introduce, entre legitimidad de origen y legitimidad de desempeño democráticos, y su exigencia para el fortalecimiento de la representatividad política mediante la participación ciudadana; parecen no bastar, por lo visto,  a objeto de satisfacer los graves interrogantes que suscita esa suerte de "libanización" social –copio la expresión de Jean-Marie Guéhenno– o de retículas o nichos que cobijan en la urgencia a los parias de la ciudadanía. Los puntos y líneas que antes separan a los Estados surgen esta vez dentro de los mismos Estados y en el ángulo opuesto, al caer el velo protector de la vieja polis o ciudad los ciudadanos de siempre advertimos la pérdida de la identidad común y nuestra transformación en piezas de una dinámica global que aún no controlamos y nos empuja, por lo pronto, a la práctica del fundamentalismo y la segregación.

"En una situación de anulación de fronteras, de tanta desaparición de límites, y en la que la vida fluye por todas partes sin orden aparente, ya no digamos concierto, el individuo de la democracia actual encuentra que ha ido demasiado lejos. Azuzado por el miedo a la tiranía; asustado por el abuso físico del hambre, la carencia afectiva o la humillación pública; y melancólico por la decadencia de su cuerpo, las enfermedades, las agresiones a su salud y la vejez; se ha sumado a la carrera despavorida que sólo tiene una meta, dejar las pesadillas y los miedos bien atrás y guardados bajo llave. Encerrarlos en el pasado de una historia-tren con furgones estancos, en donde estos fantasmas se mantengan bajo control y con sus ataques desactivados". Así lo observa Javier Roiz, autor de *El gen democrático*.

Otros aprecian, antes bien, que al margen de las concepciones de la política y del Derecho específicas de esa democracia que decanta dentro del Estado moderno y –como aparenta– llega a su final junto a éste, lo innegable es que media una suerte de radicalización intensiva y extensiva del principio de la misma democracia, si nos atenemos, que no basta, a su alcance etimológico, como "poder del pueblo". Hay, como lo sostiene la doctrina alemana de actualidad, un desangramiento popular de "reivindicaciones normativas y materiales". Crece la participación de la gente a un punto tal que supera los ámbitos que le son reconocidos a la ciudadanía en el modelo de representatividad democrática y de segmentación del poder antes conocidos.

El caso es que en este momento –como lo señala el autor de *La muerte de la ciencia política*, César Cancino– la persistencia de la democracia y su sobrevivencia se juega en el espacio de lo público-político, como la calle, la plaza, la escuela, la fábrica, la ONG, el barrio, el chat, el blog, lugares donde los ciudadanos de ayer ratifican su voluntad de ser libres y donde producen contenidos simbólicos que ponen en vilo tanto al poder constituido hecho república, dominado por órganos formales y la misma institución de los partidos, como también a sus pretendidos sucesores de ocasión, los gendarmes carismáticos y renovados del socialismo real del siglo XX.

F.  *Hacia la reinvención de lo democrático*

Fijadas las premisas anteriores, si se trata de reconstruir la convivencia en democracia a partir de la globalidad o mundialización dominante ello implica, como hipótesis, dejar de lado la pluralidad que es sustantiva al poder decisorio y diferenciado de los pueblos, quienes aún reivindican su titularidad soberana o acaso intentan hacerse de una autonomía de la voluntad mejor adecuada a sus sobrevenidas condiciones de microcosmos sociales o de "patrias de campanario", como las llama Miguel de Unamuno.

En la otra acera, reconstruir, en defecto de un hilo de Ariadna o acaso de un mito movilizador que ate los fragmentos que a su paso deja el Estado Nación en su agonía, también implica desafiar la deriva negadora del pluralismo que aquéllos expresan en la coyuntura. El carácter excluyente y la ausencia de reconocimiento recíproco que le son característicos como nichos culturales o retículas sociales, relativizan y hasta anulan el sentido mismo de la convivencia democrática, que implica unidad en la diversidad.

En suma, admitidos los conceptos clave del presente: el hundimiento del comunismo, la globalización en sus múltiples ámbitos, la expansión del poder de la prensa sin rostro, el predominio de lo económico-financiero, los saltos cuánticos en la biotecnología, el choque de las culturas, el aumento de la criminalidad trasnacional y del terrorismo deslocalizado, en fin, la fractura del tejido social de las naciones, la alternativa, en todo caso, es imaginar, construir *ex novo* arriesgando y no solo reconstruir.

Cabe apostar una y otra vez al hombre con sus falencias muchas, obligándolo a la profilaxis del cinismo y provocando en él su reencuentro con las leyes fundamentales, cuando menos, de la decencia; leyes universales que se reducen a "tratar humanamente a todos los seres humanos", a ejercer la libertad reconociendo en los otros lo distinto y aceptando la igualdad en la dignidad; y a "no hacer a los otros lo que no quiere cada persona que se le haga a sí misma"; síntesis, ésta, de principios que no cesan con independencia de los moldes o formas institucionales cuya finitud nos deja viudos, en lo adelante, a los demócratas y cultores de la razón jurídica, tanto como la caída de la Cortina de Hierro lo hizo con los practicantes del comunismo, luego de 1989.

En lo inmediato, por fuerza de la transición y lo explicado, apenas caben las preguntas. Son muchas y no tienen, en lo inmediato, respuestas adecuadas. Ellas saldrán al paso y en el camino del hacer infatigable pendiente, a cuyo efecto de nada sirven los catecismos políticos de nuestra modernidad.

Sabemos, por ejemplo, que la democracia predica el carácter universal de los derechos humanos. Pero ¿cómo conciliar dicha universalidad con el relativismo que apuntala la idea contemporánea de la multiculturalidad?

La democracia es Estado de Derecho e igualdad de todos ante la ley general y abstracta, y asimismo partidos políticos como articuladores del interés común. Mas ¿cómo se avienen tales premisas con las aldeas o nichos sociales en boga, que reclaman y hacen valer su derecho a ser considerados y respetados como tales en sus hábitos?

Si se trata de los comicios, la más antigua fuente legitimadora de la democracia, expresión de la soberanía de los más, ¿qué decir de su actual control y dominio por los menos, por las autocracias digitales administradoras del voto y de la voluntad popular?

En fin, reparando en el dogma democrático de la separación de poderes, ¿cómo se armoniza su compleja realidad institucional con la simplicidad y rapidez de trámites que demandan los problemas de una "sociedad" tocada por la anomia como la naciente, "posmaterialista" y mejor ganada para el vértigo?

Las interrogantes, por lo visto, no cesan y se acumulan. De hecho, alimentan nuestros señalados miedos y son parte atemporal del drama humano que nos acompaña y somete a dura prueba, en lo particular, a quienes somos demócratas a pie juntillas.

¿En defecto del Estado –acaso claustro de la ciudadanía y de la sociedad– cuál es la elección como garantía de la paz? ¿Ante la "dictadura gris" o la expansión tecnológica virtual sin límites, existen opciones?

¿Cuál es el punto medio o de balance que ha de fijarse para la renovación eficaz de la experiencia democrática y para la fragua de la polis del siglo XXI? ¿Qué imagen o expresión –formal o ideal– podemos hacernos de ella, como sede de la ciudadanía planetaria y, a la vez, del hombre de las cavernas?

G. *Un test para demócratas*

Valen en este orden, por último, otras preguntas de fondo como test democrático, ante el fenómeno de intransigencia política revolucionaria instalado en Venezuela y trasplantado al Ecuador, Nicaragua y Bolivia, elaboradas desde antes por el agudo criterio de Norberto Bobbio, maestro italiano del Derecho y de la política.

¿Qué valor tiene el consenso donde el disenso está prohibido? ¿Qué hacemos con las personas que disienten y piensan de manera diferente a nosotros? ¿Las aniquilamos o las dejamos sobrevivir? Y si las dejamos sobrevivir ¿las detenemos, las hacemos circular, las amordazamos, las dejamos hablar? ¿las rechazamos como desaprobadas o las dejamos entre nosotros como ciudadanos libres, con el riesgo de que usen la libertad para acabar con la misma libertad?.

No basta, en conclusión, por efecto pendular o como lo anuncian los vientos de cambio que soplan en vía contraria a las realidades descritas, el giro de los gobiernos de América Latina desde la izquierda hacia la derecha con sus distintos matices o variantes políticas e históricas, para exorcizarnos de las angustias o para dar por restablecidos los paradigmas de la Carta Democrática Interamericana junto a sus efectos bienhechores sobre la convivencia. "En esta nueva encrucijada decisiva hay que tener bien claro qué es lo que debemos cambiar y cuáles son las metas que tenemos que alcanzar", reza el testamento político del ex presidente de Venezuela, Rafael Caldera, copartero de la república civil y de partidos, fallecido la pasada Navidad.

## 3. DEMOCRACIA VS DEMOCRACIA: CRISIS INÉDITA EN LATINOAMÉRICA DIÁLOGO CON OCHO COLUMNAS

Guadalajara, 21 de mayo de 2010

América Latina ha entrado en una crisis política inédita, un cambio histórico mediante el que se pretende atacar a la democracia por medio de la propia democracia, orillando con ello a los desencantados ciudadanos a organizarse en asociaciones civiles para tratar de resolver sus asuntos de la vida cotidiana. Esto genera una «cosmovisión casera» ya que los grupos primarios que forman no reconocen las necesidades del resto de la sociedad, y entonces se genera una realidad fragmentada y pulverizada.

Asdrúbal Aguiar Aranguren, político venezolano y presidente del Observatorio Iberoamericano por la Democracia, afirma lo anterior durante la entrevista que concede a Ocho Columnas, en su breve paso por la ciudad a donde vino para impartir una conferencia magistral en el foro que organiza la Asociación de Tribunales y Salas Electorales de la República Mexicana. Declarado defensor de la democracia, Aguiar Aranguren explica que esta crisis encierra el peligro principal de que figuras mesiánicas de izquierda o de derecha, pretendan colarse como la opción capaz de resolver todos los problemas de la sociedad.

### A. *La democracia amenazada*

Refiriéndose a su país, afirma que «se viene produciendo una suerte de acefalía institucional; acefalía que está dando lugar, justamente, a la afirmación del mesianismo, del personalismo en el poder, enfermedad que no sólo toca a las izquierdas sino también a las derechas». Esto debilita incluso a los partidos políticos. La tendencia social a agruparse en pequeñas organizaciones civiles, ya sea por cualquier tema: religioso, ambientalista, indígena o urbano, genera formas de nucleamiento social que traducen, a la vez, egoísmos desbordantes, pues cada grupo pugna por sus propios intereses.

Señala que también a escala internacional se está produciendo otro fenómeno que victimiza a la democracia. «En lo internacional global, nuestro Estado soberano ya no tiene las fuerzas necesarias para poder revertir o decidir con eficacia sobre los problemas más globales que tenemos, como el terrorismo, la criminalidad trasnacional y el narcotráfico, inclusive en el problema global ambiental. «Tenemos problemas financieros de carácter mundial, entonces es lógico que, en medio de ese cuadro, las instituciones regulares comiencen a tener una suerte de falencia funcional y es ahí donde justamente es indispensable que los actores políticos, los actores intelectuales, quienes administran justicia, comiencen a hacer una reflexión a mediano y largo plazos sobre la crisis democrática que ello apareja». El problema que tenemos hoy en día es la democracia confrontando a la misma democracia y es víctima de su misma fuerza.

### -¿Cómo se llega a esta situación?

«Hay un quiebre histórico muy profundo; así como tenemos a los "viudos" de la caída del muro de Berlín –los marxistas quienes no se van a Marte, sino que se quedan en la Tierra y abandonan los partidos comunistas formales– también existen los "viudos" de la Revolución Francesa, que forja el modelo democrático. La Revolución Francesa nos ofrece, además, un modelo democrático atado a la figura del Estado soberano, como estado patrimonialista y afincado sobre un espacio político limitado; y por eso los temas de los límites son tan importantes entre unos y otros estados hasta ahora.

Sin embargo, resulta que estamos ingresando de manera acelerada a la sociedad digital en donde es muy difícil que su "generación" entienda de límites soberanos e internos y sobre la concepción patrimonial del Estado, que da incluso en el siglo XX lugar a los acres debates entre el capitalismo y el marxismo.

En la era de la inteligencia artificial ningún partido formal y piramidal es conciliable con sus odres. Vivimos en una sociedad de vértigo y horizontal, que cambia a cada segundo y en donde, justamente, la materialidad cede frente a los elementos de la virtualidad. Por eso es que con mucha habilidad los viejos fantasmas del marxismo hacen un intento que creo vano e inútil por modernizarse. Hablan del socialismo del siglo XXI y recrean el mismo catecismo del siglo XIX y del siglo XX, pero ritmo de BlackBerry. Simplemente utilizan los medios globales y de comunicación para expandir y reiterar su pensamiento y ahí es donde el sector democrático latinoamericano occidental se les retrasa. No ha tenido la humildad ni se da el tiempo para hacer una reflexión acerca de nuestro propio catecismo y saber si los paradigmas que hemos defendido hasta hoy en día son funcionales en la nueva realidad global emergente. Esta situación propicia "mesías" y traficantes de ilusiones, con propuestas vetustas y de largo plazo.

«La democracia no debe limitarse simplemente a votar. El acto de votación hoy en día debe ser entendido como algo mucho más complejo; no se trata de tener la posibilidad de votar ni se trata de la posibilidad de uno ser elegido para un cargo público. Se trata de lograr procesos comiciales que respondan mejor a sus finalidades, a estas exigencias más complejas de justicia, de equidad, de igualdad, en donde el acto democrático se plantee un ejercicio más complejo».

**-¿No se han equivocado los países de América Latina al seleccionar como modelo político la democracia, después de 200 años en los que no la han sabido manejar?**

«Esa es una gran falacia, una gran mentira que explotan con buena fortuna los apologetas del populismo autoritario, porque obviamente se montan sobre las carencias inmediatas que tienen los sectores de la población; pero cualquier persona que con absoluta serenidad regrese el reloj histórico y se sitúe en la América Latina de los años 50, tendrá que darse cuenta de que la región, en los años 50, era un territorio de letrinas, una América Latina de pozos sépticos donde el promedio de vida general era de 50 años. Y justamente medio siglo después América Latina logra tener acceso a los sistemas de aguas blancas y servidas logrando tener como promedio de vida los 74 años. Se debe mirar la situación en términos objetivos y no tras las cortinas de la ilusión electoral. Es un gran engaño pretender juzgar a la democracia liberal sobre la base de sus resultados en el momento inmediato».

**-A pesar de la democracia, la gente siente que no vive ahora mejor que antes...**

«Ese planteamiento tiene su origen en el informe de Naciones Unidas para el Desarrollo que se realiza en el año 2004. Hay una encuesta que corre todavía en América Latina y dice que la gente prefiere el bienestar económico a la democracia; pero cuando uno hace las preguntas de manera sincera y no sesgada puede notar que la gente común, al hablársele de democracia la asocian sólo al partido político, al dirigente político, o al funcionario parlamentario a quien ven cómodamente sentado en una poltrona palaciega e insensible al drama diario de la gente. Sobre eso se ha montado el tema del socialismo del siglo XXI, para liquidar a la democracia con la misma arma de la democracia. De allí que lo que tenemos ahora es una suerte de "demo-autocracia. Si preguntásemos mejor por la libertad, otra sería la conclusión"».

**-¿Volverá a haber golpes de estado en América Latina?**

«No, porque estamos en el siglo XXI y las realidades del poder son otras. Hoy se dan golpes de micrófono, no golpes de estado. La situación es distinta y cuando hablo de golpes de micrófono me refiero a la fuerza de los golpes de opinión. Cuando uno observa la experiencia hondureña reciente vemos que no son los golpes militares como ocurrían en el pasado los actuantes. «El de Honduras es la mejor revelación de la "inhabilidad" de los golpes cuarteleros": una actuación material militar como la ocurrida quedó sujeta totalmente a lo decidido por todo el aparataje institucional democrático del estado».

**-La revocación de mandato que se pretende incorporar a la ley electoral mexicana, ¿no sería abrir una posibilidad al golpe de estado no militar?**

«Yo creo que la gran solución que ha tenido el constitucionalismo, es la de los gobiernos con periodo fijo. Yo siento que los mecanismos de participación tienen que encontrar distintas expresiones en el campo político. La figura del referéndum y otras formas de consulta legislativa son buenas, pero los latinoamericanos no somos suizos y en este sentido estamos acostumbrados a nuestros relojes biológico-electorales periódicos. Si ese reloj biológico se altera entonces simplemente el rudimentario grado de cultura institucional que tenemos se nos va por la borda. Opino que los periodos políticos gubernamentales deben de ser fijos, completos y no renovables».

**-En el bicentenario de la independencia de muchos países latinoamericanos, ¿que podríamos aprender de España?**

«En realidad, hoy nada. España se nutre en su momento, cuando compartimos la misma realidad política, de la cosmovisión americana y nosotros de su tradición hispana y latina, que hace espacio a nuestra sangre mestiza. Y que los traficantes del momento pretenden desterrar bajo la irreal prédica de lo originario. Creo que el ideal americano actual es el que proclama Vasconcelos: la raza cósmica».

# 4. DEMOCRACIA Y LIBERTAD DE PRENSA EN LAS AMÉRICAS

París (Cumbre de líderes, CERTAL), 22 de septiembre de 2010

Aprecio el honor de acompañarlos en esta Cumbre Mundial sobre Libertad de Expresión, Sociedad de la Información y Medios de Comunicación promovida por el CERTAL. Se trata de un espacio privilegiado para el diálogo fecundo y la elaboración de ideas que despejen las incertidumbres y fortalezcan, en la hora presente, la defensa de la libertad de expresión y de prensa, que es elemento esencial y componente fundamental de la democracia. Agradezco, en lo íntimo, la cálida acogida de Radio France International, a cuyos directores y periodistas envío mi palabra de amistad.

## A. *La cuestión democrática y el socialismo del siglo XXI*

Se me pide comentar el estado de la libertad de expresión y de prensa en América Latina. Ello me impone un breve comentario previo, sobre el ideal democrático dominante en la región.

En el siglo XX destaca como tema central la "cuestión democrática". La noción que se tiene de ella se oscurece a propósito del antagonismo que frente a la democracia verdadera plantean los marxistas y su "democracia popular". Éstos la prosternan tachándola de liberal y representativa, y le señalan sus deficiencias inmediatas para la solución de lo social; en tanto que, en su defecto, prometen el sueño comunista a precio del sacrificio de las libertades políticas en el presente.

En América Latina, hasta 1959, la democracia resulta de su oposición a las dictaduras militares. Sin embargo, ya se dice que reclama como parte de sus componentes y más allá de los gobiernos surgidos de elecciones libres, el imperio de la ley, la separación de los poderes públicos, la rendición de cuentas por los gobernantes y el control de éstos por la opinión pública a través de la libertad de expresión y de prensa. Cuarenta años después Alain Touraine afirma que "la democracia es víctima de su propia fuerza, y no le falta razón.

Los autores de la Carta Democrática Interamericana, en 2001 tienen ante sí la experiencia del gobierno de Alberto Fujimori, quien, una vez electo mediante el voto popular desmonta los valores e instituciones de la democracia peruana y tira por la borda el principio de la alternabilidad en el ejercicio del poder. A Baruch Ivcher Bronstein le revoca su nacionalidad para separarlo como accionista y director del Canal 2 de televisión por denunciar los hechos criminales de Vladimiro Montesinos, tal y como consta en la sentencia que dicta al efecto la Corte Interamericana de Derechos Humanos.

Sin embargo, no imagina la opinión pública de las Américas que en paralelo a Fujimori madura otra experiencia más ominosa, que llega con buena fortuna y en mala hora. La respalda luego el discurso del Programa de las Naciones Unidas para el Desarrollo, que si acaso promueve la democracia de los ciudadanos y dice constatar que los latinoamericanos prefieren el bienestar a la misma democracia, ofrece como solución milagrosa al Estado. Pero éste, en la práctica de la región, de ordinario ha sido y es cárcel de la ciudadanía y purgatorio de la libertad.

Esa experiencia distinta se cocina en las hornillas de La Habana y de Caracas, con el ucase del Foro de San Pablo. En éste adquiere carta de naturaleza el Socialismo del Siglo XXI, siendo su ejecutor más destacado el presidente venezolano, Teniente Coronel Hugo Chávez Frías.

El caso es que los huérfanos del socialismo real, luego de los años '80, se mueven hacia la transversalidad de las sociedades y abandonan tanto sus viejos partidos estalinistas como la violencia de las armas. Penetran en el mundo de las organizaciones no gubernamentales, pero no renuncian a sus propósitos de siempre. En lo sucesivo, como nos consta a los venezolanos, los socialistas marxistas de nuevo cuño cambian su método para el acceso al poder, pero no ceden en las estrategias y objetivos de su credo totalitario.

Ahora se proponen acabar con la democracia liberal y burguesa apelando a las formas de la misma democracia, pero vaciándolas de contenido. En igual orden intentan ponerle fin al capitalismo y a la globalización con los instrumentos de la sociedad global, beneficiándose de los recursos que aportan el libre mercado y las autopistas de la información para luego ponerles alcabalas.

El Socialismo del siglo XXI –que Fidel Castro desnuda hace pocas semanas, llamándolo a secas comunismo– es el mismo de los siglos XIX y XX a ritmo de BlackBerry. Se niega, eso sí, a la ética democrática, para la que cuentan las formas y el fondo, donde los fines y medios han de ser, juntamente y en su relación, medios y fines igualmente legítimos.

Los postulados teóricos del Socialismo del Siglo XXI constan en el Libro Rojo; no en el de Mao sino en el de Chávez. En él se reúnen la Declaración de Principios y las Bases Programáticas del partido de éste - el Partido Socialista Unido de Venezuela - aprobadas el pasado 24 de abril y que dicen bien sobre su desencuentro con la columna vertebral de la democracia, la prensa y los periodistas.

Desafiando a la historia, el gobernante venezolano y su partido se declaran marxistas y antiimperialistas. Afirman tener por aliados a los gobiernos de Argentina, Bolivia, Brasil, Ecuador, Nicaragua, Paraguay y Uruguay, y también al de El Salvador, cuyo presidente, Mauricio Funes marca distancia pública de Chávez hace pocos días.

*"El capitalismo en la fase imperialista –según tal Libro Rojo– ha tocado sus límites y se ha reafirmado, con sus políticas de desarrollo neoliberales y su modelo de influencia mediática, como el principal enemigo de la humanidad. Asistimos a un creciente dominio de la dictadura de los propietarios de los medios de difusión ideológicos masivos que ha contribuido grandemente con el envilecimiento de la conciencia social y la parálisis egoísta de la sociedad"*, concluye el mismo.

Los albaceas del nuevo y antiguo credo afirman, así, por vía de efectos, que:

*"Es necesario… dilucidar la dinámica [...] de la industria de la publicidad y su relación con los medios de comunicación privados y su incidencia en la configuración del imaginario social"…El*

*enemigo principal –arguyen– es el imperialismo capitalista, ..., sus monopolios transnacionales, en particular los del sector financiero, ... y mediático, por una parte, y por la otra, la alta jerarquía eclesiástica contra-revolucionaria, la oligarquía, las burguesías apátridas, así como todo sector social que, al igual que aquellos, le sirva de base social al imperialismo".*

### B. Las leyes de control de contenidos

Los cambios constitucionales ocurridos en Venezuela, Ecuador y Bolivia, que no logran cristalizar en Honduras, son consistentes con el desiderátum del Socialismo del Siglo XXI: la perpetuación en el poder sus gobernantes, la hegemonía del Estado y el dominio público por éste de la personalidad de los ciudadanos, a través de la educación y el manejo de los medios de comunicación social.

En Venezuela, Argentina, Bolivia y Ecuador, surgen, seguidamente, legislaciones para la radio y la televisión y para la regimentación de sus contenidos, a fin de procurar modificaciones en el señalado imaginario social y en los patrones democráticos y culturales dominantes. Tal propósito consta en un documento oficial cuyo autor es Chávez, denominado La Nueva Etapa: El Nuevo Mapa Estratégico, dado a la publicidad en noviembre de 2004.

A la Ley de Responsabilidad Social de Radio y Televisión que se dicta Venezuela el mismo año, le sigue la Ley de Servicios de Comunicación Audiovisual de la Argentina de 2009, quedando pendiente de aprobación, por lo pronto, la Ley ecuatoriana de las Comunicaciones.

A la ley de Argentina la precede un fuerte debate público del gobierno de los Kirchner con el Grupo Clarín y a la venezolana le antecede el ataque virulento de Chávez contra las principales emisoras de televisión, a las que llama Jinetes del Apocalipsis.

Radio Caracas Televisión, la más antigua de todas es confiscada. Globovisión padece acciones armadas contra sus instalaciones y sus periodistas son víctimas de agresiones físicas, lo que da lugar a una condenatoria del gobierno de Venezuela por la Corte Interamericana de Derechos Humanos que éste desafía públicamente. Venevisión y Televen, a su turno, deciden neutralizar su línea editorial e informativa.

El ánimo tras las novísimas legislaciones no se corresponde, pues, con las exigencias de la democracia que nominalmente aceptan y tampoco atiende al aseguramiento de una competencia efectiva dentro del respectivo mercado de las comunicaciones, según lo prueba la experiencia.

En defecto de la ley argentina, que es suspendida temporalmente por la Corte Suprema de Justicia de la Nación, Chávez ordena, con fundamento en su ley, la revocatoria de 240 concesiones radiales otorgadas al sector privado. Y a las restantes emisoras les secuestra 3 horas y media de sus transmisiones diarias para uso gubernamental, que excluyen a las cadenas presidenciales.

De tal modo, la presencia de Chávez a través de la radio y la televisión ocupa dos mil horas. Durante los primeros diez años de su gobierno, desde 1999, habla un promedio de 60 días sin interrupción. Sus cadenas suman 1.995 horas. Y el 58% de las mismas se realiza en el horario estelar o de mayor audiencia de la radio y televisión privadas.

El Estado venezolano, a finales del pasado siglo, es propietario de una emisora radial y otra de televisión. Bajo su nueva legislación construye una hegemonía comunicacional de Estado: posee 238 emisoras de radio, 28 estaciones de televisión, y más de 125 webs de propaganda en Internet.

C. *Las víctimas de la hegemonía comunicacional*

A distancia del tiempo transcurrido, del incremento exponencial de la intervención estatal en las comunicaciones con mengua de las libertades y el debate democrático, ahora se pasa, en América Latina, por una parte y en casi toda la región, al asesinato impune de los periodistas –sobre todo en México, Brasil y Colombia– para silenciarlos por siempre e intimidar a sus colegas de oficio; y por la otra, en los países del eje socialista, a la criminalización de los actores privados de los medios, sometidos hoy al escarnio y desprecio públicos.

En Argentina se plantea el control gubernamental sobre el papel para limitar su disposición por la prensa opositora escrita y se amenaza con llevar a la cárcel a los directores de los diarios La Nación y Clarín, acusándoles de nexos antiguos con personas vinculadas a la dictadura militar.

En Venezuela, a los accionistas de Globovisión –única emisora de señal abierta que sostiene una línea editorial independiente y que a diario denuncia la corrupción oficial– se les dictan medidas privativas de libertad. El gobierno procura la autocensura de dicho medio a través de su asfixia económica y el exilio de sus propietarios.

A Guillermo Zuloaga, Presidente del Canal, luego de opinar en contra de Chávez durante la Asamblea de la Sociedad Interamericana de Prensa que se realiza en Aruba este año, se le abre un juicio penal y ordena su ingreso a una cárcel de alta peligrosidad. Se le imputa mantener en su residencia 20 vehículos de lujo con fines de especulación al no disponerlos en lo inmediato para su venta al pueblo soberano.

A Nelson Mezerhane, socio de Zuloaga, primero se le encarcela con apoyo en actas que forja en su contra el Ministerio Público por exigencias del gobierno y según el denunciante, imputándosele ser autor intelectual del homicidio del fiscal Danilo Anderson. Chávez le exige vender las acciones de Globovisión si aspira a su libertad, que éste logra, pero ayudado por los periodistas quienes demuestran y hacen públicos los documentos de la conspiración de Estado fraguada.

Sucesivamente, las empresas de Mezerhane son confiscadas hasta que el propio Chávez y su Vicepresidente de nuevo lo amenazan. Le exigen el cese de los ataques al gobierno por parte de Globovisión. Y al no alcanzar su objetivo aquél ordena la intervención del Banco Federal, propiedad de Mezerhane. Meses antes los periodistas del canal gubernamental promueven el retiro masivo de los depósitos de dicha entidad financiera. Hoy, en cadena de radio y televisión, Chávez ríe ante los suyos, les dice tener en sus manos las acciones de Mezerhane en el canal de la contrarrevolución, y anuncia el dictado de una ley que prohíbe a los banqueros ser dueños de televisoras. La Asamblea Nacional, disciplinada, la aprueba en apenas siete días.

D. *Los conceptos clave del presente*

Permítanme una consideración final, que juzgo indispensable.

En el tránsito corriente desde la Era del materialismo hacia la Era en cierne, dominada por la sociedad de la información y sus tecnologías, que derrumba fronteras culturales y políticas, ocurre la inevitable pérdida del valor de la ciudadanía dentro del Estado y sus seguridades. Pues se trata de un Estado –de nuestros Estados, hijos de la modernidad– cuyo poder se afirma sobre el espacio limitado y el patrimonio tangible; por lo mismo es demasiado pequeño y débil para asumir los desafíos de la Humanidad virtual y defenderse también de los peligros de la globalización, como el terrorismo y el tráfico de drogas deslocalizados. Y es además demasiado grande –lo cuenta el filósofo y jurista Luigi Ferrajoli– para comprender los miedos y la sensación de orfandad del actor corriente de nuestra democracia, víctima, en la transición, del fetichismo político.

Lula Da Silva, Cristina Kirchner, Evo Morales, Rafael Correa, Pepe Mujica, Fernando Lugo, Daniel Ortega y Chávez, quienes se proclaman apóstoles del Socialismo del Siglo XXI, son, en tal orden, hechiceros con carisma, quienes tienen por presa a sus pueblos y les ofrecen paliarles sus temores e inseguridades, que a la vez los alimentan para beneficio propio.

En la espera de que cuaje un Nuevo Orden apropiado a la realidad distinta que nos acompaña y nos muestre sus novedosas categorías constitucionales, ese hombre, desnudo de ciudadanía, sin posibilidades para la crítica dada la velocidad de los datos que recibe, se sube a las autopistas de la información e integra a la sociedad de vértigo como un ente pasivo, por ende, negado a la esencia deliberante de la democracia. Entre tanto, otros, carnes de cañón de Chávez y de sus aliados, se retraen hacia nichos o patrias pequeñas, hechas de cosmovisiones caseras, religiosas, étnicas, culturales, de suyo intolerantes y excluyentes de todo aquel a quien consideran distinto.

La democracia latinoamericana y los medios de comunicación social no viven, por consiguiente, su mejor momento. No obstante, soy un convencido de que al final y como en el pasado remoto la modernidad se impone y sobrepone al medievalismo político e ideológico. Es una ley de la historia humana.

Admitidos, pues, los conceptos clave del presente: el hundimiento del comunismo, la globalización en sus múltiples ámbitos, la expansión del poder de la prensa sin rostro, el predominio de lo económico-financiero, los saltos cuánticos en la biotecnología, el choque de las culturas y sus relativismos, el aumento de la criminalidad trasnacional y del terrorismo deslocalizado, en fin, la fractura del tejido social de las naciones, la alternativa es imaginar, construir *ex novo* arriesgando y no solo reconstruir. No hay vuelta posible al pasado.

En lo inmediato, por fuerza de la disyuntiva en curso apenas caben las preguntas. Son muchas y no encuentran, en lo inmediato, respuestas adecuadas.

¿En defecto del Estado –acaso claustro de la sociedad civil sitiada– cuál es la elección como garantía de la paz y de la libertad? ¿Ante la "dictadura gris" o la expansión tecnológica virtual sin límites, existen opciones?

Guiados por el sabio criterio de Norberto Bobbio, maestro italiano del Derecho y de la política, valen en este orden, otras preguntas de fondo como test democrático, ante el fenómeno de intransigencia gubernamental y de negación del pluralismo en las ideas instalado en Venezuela y trasplantado al Ecuador, a Bolivia y a la Argentina, entre otros.

¿Qué valor tiene el consenso donde el disenso está prohibido? ¿Qué hacemos con las personas que disienten y piensan de manera diferente a nosotros? ¿Las aniquilamos o las dejamos sobrevivir? Y si las dejamos sobrevivir ¿las detenemos, las hacemos circular, las amordazamos, las dejamos hablar? ¿las rechazamos como desaprobadas o las dejamos entre nosotros como ciudadanos libres, con el riesgo de que usen la libertad para acabar con la misma libertad?.

E. *Los desafíos de la prensa democrática*

En síntesis, el sostenimiento y la renovación de la experiencia democrática dentro de nuevos odres y en el marco del siglo en curso impone el desafío de la reflexión y de la crítica sobre el novedoso papel que le corresponde a los medios de comunicación social, en lo particular a la radio, a la televisión, y a la prensa escrita, sin mengua y a la luz de los valores permanentes que, entre otros documentos, reconoce la Declaración de Chapultepec adoptada por la Conferencia Hemisférica sobre Libertad de Prensa en 1994. Diversos datos o problemas, en efecto, están urgidos de su resolución y ponen a prueba a la misma prensa en su más amplio sentido, a saber:

a. La prensa, como articuladora sobrevenida de lo político, en una transición ganada para la anomia social e institucional y dominada por la opinión pública.

b. La prensa, como memoria de la sociedad, en una sociedad pulverizada, amnésica y proclive a la explotación del hombre por el tiempo.

c. La prensa, como ordenadora de la información, en un contexto global de sobre información y desinformación dominantes, y en atención al dominio paulatino de la prensa sin rostro y sus redes virales.

d. La prensa, como hilo de Ariadna de la sociedad e intérprete de sus particularismos, en un entramado de pequeñas patrias desvinculadas de la Humanidad totalizante a la que nos invita la mundialización y sus manifestaciones.

e. La prensa, como regeneradora de la palabra y de su especificidad, en un escenario de prostitución de la palabra y de ambigüedad en el lenguaje político, nutrido de expresiones e informaciones triviales o rupturistas.

f. La prensa, en fin, como guardiana de los valores éticos que la hacen posible y, por lo pronto, amenazada por los silencios utilitarios y el cinismo verbal de los gobernantes.

Un sabio ex presidente, cofundador de la democracia venezolana, Rafael Caldera, antes de fallecer el pasado mes de diciembre a la edad de 94 años, dice en su testamento que "en esta nueva encrucijada decisiva hay que tener bien claro qué es lo que debemos cambiar y cuáles son las metas que tenemos que alcanzar". Afirmo, en lo personal, que la palabra orientadora, al igual que hace doscientos años, la tienen ahora y en primer orden los periodistas, quienes hablan y quienes escribimos, y asimismo quien nos lee, nos escucha y además nos juzga, la opinión pública.

# 5. A DOSCIENTOS AÑOS DE LA INDEPENDENCIA

Isla de Margarita (LXVII Asamblea Anual de FEDECAMARAS),

8 de julio de 2011

Han transcurrido 67 años desde cuando se realiza, en la sede del Colegio de Ingenieros de Caracas, situada en el Bosque de Los Caobos, la Primera Convención Nacional de Cámaras y Asociaciones de Comercio y Producción.

Ahora como ayer podemos decir y repetir con Luis Rincón Troconis, para entonces Presidente de la Cámara de Comercio de La Guayra, que aquí, en Isla de Margarita, "soplan [las] ráfagas libertarias del 5 de julio de 1811". !Y es que la realidad que hace posible desembarazarnos de Fernando VII, en su ausencia del poder, hoy se repiten con trazos indelebles e inesperados!.

Como cabeza de la Cámara cuya iniciativa cristaliza en la Carta Fundamental de FEDECÁMARAS, Troconis, en ese "mes de la libertad" como le llama y ante la reunión que organiza con éxito memorable Carlos Julio D'Empaire, describe lo que se proponen los empresarios: echar el basamento en que ha de erigirse el porvenir económico y social de Venezuela.

El acta constitutiva, firmada el 17 de julio, enlaza las ideas del desarrollo económico y los intereses de la producción y el comercio con las del bienestar social, y subraya el papel primordial que le corresponde al empresariado como parte de las fuerzas vivas de la Nación. Y una vez concluida la Asamblea, los hombres de empresa le exigen al Presidente de la República, General Isaías Medina Angarita, el cese de las organizaciones oficiales de control nacidas por la emergencia de la guerra.

La tendencia hacia el proteccionismo e intervención en la economía por el Estado responde a circunstancias superadas. Aquéllas se demuestran, a la par y en los hechos, ineficaces. No limitan el aumento en el costo de la vida ni evitan la escasez de los artículos esenciales de la dieta popular.

El pedido en 1944 es, en síntesis y como ahora, libertad. Y la imaginan los fundadores de FEDECAMARAS de modo igual a los firmantes del Acta de nuestra Independencia. Según éstos, los derechos naturales del hombre y del ciudadano exigen en contrapartida y como garantía social a instituciones, por ende, el cese del absolutismo monárquico y de la visión dominante que predica la indivisibilidad de la soberanía y su secuestro por un Estado unitario, personal y centralista.

El Congreso de 1811 aprende de los errores de la Revolución Francesa. Es consciente de que el desafío no se reduce a sustituir el personalismo monárquico con otro secular, encubierto tras las formas republicanas. De allí que se comprometen sus diputados con un modelo federal en el que la soberanía la detentan los ciudadanos y son éstos quienes la distribuyen bajo la forma de competencias a nivel horizontal, fracturando el poder según la fórmula de Montesquieu; y a nivel vertical compensando y acotando al poder federal mediante el fortalecimiento de las provincias y de los municipios y sus órganos locales, únicos capaces de realizar el autogobierno.

A. *El 5 de julio vuelve como efemérides en su bicentenario*

La relectura de los acontecimientos y debates que preceden a la histórica fecha permite comprender nuestras moras o falencias como nación, nuestras desviaciones como Estado y como sociedad, y sirve para extraer enseñanzas que nos permitan abrir cauces apropiados en un momento de mayores desafíos para la patria.

Hablar del 5 de julio de 1811 –a propósito de la promoción y garantía de los derechos humanos, línea de mi argumento– puede estimarse como un recurso para la distracción. Pero lo cierto es que urge tensar el arco de la historia lo más atrás posible, para situar la flecha de nuestro compromiso como venezolanos en un punto distante del pesimismo y del espíritu de subordinación que nos tiene por presas.

¡La mirada y repaso de la jornada que va desde la proclamación hasta la declaración de nuestra Independencia muestra dos hechos fundamentales, válidos para el juicio del presente y su proyección hacia el porvenir!

Se trata de dos referentes que luego diluye y trastoca nuestra historia épica, epopeya de soldados realizada por Caínes y nutrida de traiciones. Ellos resumen el catecismo político que dejan como legado los Padres legítimos de nuestra nacionalidad, olvidados o desconocidos por las generaciones que nos acompañan.

¿Quién recuerda a Francisco Javier Yanes o a Juan Toro, o a Martín Tovar y Ponte? ¿A Juan Germán Roscio, Cristóbal Mendoza, Francisco Iznardy?, entre tantos dentro de esa pléyade de los cuarenta y un firmantes del Acta de la Independencia. Veintiún de ellos, cabe subrayarlo, son egresados de nuestra antigua Universidad de Caracas: la Universidad Santa Rosa de Lima, hoy Universidad Central de Venezuela.

La dominancia del procerato civil e intelectual en la forja de la Venezuela naciente, que se declara entidad política soberana e imagina sus primarias formas de Gobierno sin apelar a las armas ni depender del tráfico de las ilusiones, es lo propio a nuestros orígenes.

La comprensión por nuestros Padres verdaderos de lo que es esencial y preliminar a la Independencia –el reconocimiento y la garantía de los derechos del individuo y del cuerpo social– le fija sentido y contenido al modelo político naciente; sobretodo ajusta el dilema que a doscientos años de distancia no clausuramos los venezolanos y que entonces motiva la pregunta del diputado Fernando Peñalver: ¿Somos acaso una asociación informe de pueblos no constituidos o una reunión de provincias independientes y soberanas para confederarse?

En este día de incertidumbres cabe nos preguntemos, más allá del orden nominal que reúne e identifica a los venezolanos y que consta en la Constitución de 1999, sobre el Ser nacional que somos: ¿Acaso una sociedad invertebrada, pulverizada, diluida en pequeñas patrias de campanario, hecha de cosmovisiones caseras y cuyo único lazo, que une y divide a la vez, es el Fernando VII de Barinas?

Francisco de Miranda, el intelectual de la Colombeia, cuyo nombre graba la historia universal a la caída del Antiguo Régimen y durante la Francia revolucionaria de los derechos, sabe que el hombre antecede al Estado. Y éste se explica y justifica en el hombre común y para la mejor garantía de sus derechos; de allí que, en respuesta al mismo Peñalver, sostiene el Precursor lo que ahora, en 2011, desconoce el autoritarismo personalista y el centralismo en boga: "los ayuntamientos son los únicos órganos capaces de apreciar los verdaderos intereses de los pueblos y de expresar sus deseos".

La reflexión no es ociosa. 1811 dibuja una Venezuela de hombres capaces de confrontar alrededor de las ideas, sin darle habitáculos a la guerra fratricida ni claudicar sobre la mesa de las conveniencias; es esa Patria que algunos titulan como Patria Boba para luego justificar, sobre sus ruinas, al gendarme necesario y al Estado omnipresente que aún hoy nos acompaña.

Ante el reto de la Independencia y para fijarle su teleología al traspaso de la soberanía desde las manos del monarca ausente a las del pueblo, el Congreso, el día 4, sanciona nuestra Carta de Derechos. Es lo primero y lo primordial. Y son esos derechos, en esencia, los derechos por los que aún luchamos para su reconocimiento y garantía; cuyos rasgos generales no son distintos de los que proclama la Humanidad en 1948, sobre las experiencias del fascismo y del nazismo.

La Carta caraqueña de Derechos, cabe observarlo, se anticipa a cuanto entienden los alemanes luego del Holocausto. La Constitución de éstos, adoptada en 1949, en su pórtico proclama como sagrada la dignidad del hombre y como deber del Estado y sus poderes respetarla y protegerla. Prescribe que "los derechos fundamentales… vinculan al Poder Legislativo, al Poder Ejecutivo y a los tribunales…". Ya no son la dadiva graciosa que dispensa a su conveniencia el Führer.

Nuestros Padres fundadores, los de 1810 y 1811, entienden la felicidad común en tanto que fin de la sociedad, justamente por implicar ella el goce de los derechos a la libertad, a la seguridad, a la propiedad, y a la igualdad. Consideran al gobierno como un instrumento subsidiario para asegurarlos. Predican, por ende, la forja de instituciones hechas a imagen de los derechos del individuo y del cuerpo social y para su realización. Y abjuran de aquello que, siendo ley y razón de la monarquía, postula y hace norte de su ideario Simón Bolívar a la caída de la Primera República.

Según nuestro Libertador –lo explica con documentado criterio el historiador venezolano Giovanni Meza Dorta– los colombianos somos incapaces de autogobernarnos. Requerimos de un líder que nos tutele y lleve hacia los predios de la civilización y la república. De donde, de ser ello así, para no caer en las repúblicas aéreas que tanto cuestiona el mismo Bolívar, separándose de nuestros Padres fundadores y entregando a Miranda, le pudo bastar el sostenimiento de la Corona española. Al autócrata español, pues, le sucede el autócrata criollo.

La vigente Constitución, embriagada por el nominalismo libertario que nos es característica y a contravía de nuestra genética, mirándose en esa desviación histórica que se hace dogma y cristaliza en la tesis sociológica del gendarme necesario, declara en su artículo 3, como fin del Estado, el desarrollo de la persona. En suma, los venezolanos somos y existimos y tenemos sólo los derechos de personalidad que nos dispensa y asegura el autócrata de turno.

No insinúo odiosos o mezquinos paralelos, sobre todo en un instante grave y delicado para el destino democrático de Venezuela y para la garantía de los derechos que a todos nos pertenecen como individuos y ciudadanos. Pero no huelga observar que la ausencia de Fernando VII y su sumisión a los hermanos Bonaparte, es la que rompe la fuente que nos muestra en la desnudez más primitiva, huérfanos de lazos sociales, prisioneros de egoísmos, ávidos de una identidad que nos permita identificarnos como sociedad madura; pero ello no es óbice sino el acicate que nos moviliza para el rescate de nuestra dignidad de hombres y mujeres libres, capaces de autogobernarnos.

El cáliz de la división está presente ayer como ahora en el Supremo Congreso de Venezuela. Los pleitos entre los representantes de Cumaná, Valencia, San Carlos, y los de Caracas, son legendarios. Se dice sobre la enemistad secular entre corianos y caraqueños, entre las gentes de San Felipe y Barquisimeto. Mérida reclama su autonomía. Mas lo cierto es que más allá del debate corriente entre centralistas y federalistas, lo que existen son reservas acerca de la sobre representación parlamentaria que acusa la Provincia de Caracas.

En buena hora Miranda, con su aguda mirada sobre la escena, pide a los diputados no confundir lo "que sólo quieren algunos como la voz general de los pueblos". Antonio Nicolás Briceño, de Mérida, a su vez señala que es un absurdo tomar como opinión pública nacional "la de cuatro hombres de Caracas contrariada por la mayor parte de la población".

B. *Nuestros derechos fundacionales constan en la Carta de 1811*

Desde 1811, el constituyente patrio predica (1) la libertad de pensamiento y opinión, teniendo por límites el respeto a la propiedad y al honor; (2) la seguridad, para proteger a la persona, en sus derechos y propiedades; (3) la igualdad de todos ante la ley; (4) el derecho a discrepar de la ley, sin perjuicio de su acatamiento; (5) el debido proceso y la presunción de la inocencia, junto a la proscripción de rigores arbitrarios e innecesarios contra los encausados por los tribunales; (6) la calificación como criminal y tiránica de toda ley con pretensiones de retroactividad; (7) el derecho a adquirir propiedad y la prohibición de privar a ninguno de la menor porción de su propiedad, salvo justa compensación y cuando lo reclame una necesidad pública verdadera; (8) el derecho a exigir los derechos ante toda autoridad pública; (9) la inviolabilidad de la casa de todo ciudadano; en fin, (10) ningún género de trabajo, cultura, industria o comercio puede ser prohibido a los ciudadanos, salvo aquellos que sirvan a la subsistencia del Estado.

La garantía social que fija la arquitectura política mínima de ese Estado que conciben los firmantes de nuestra Independencia para la garantía de los derechos, existe allí, según ellos, donde la ley es expresión de la voluntad general; está presente allí donde se califica de tiránico y arbitrario todo acto ejercido contra un ciudadano sin respeto por la ley; sobre todo, como lo dicta nuestra primera Carta de Derechos, hay garantía social allí donde la ley determina claramente los límites de los poderes públicos y fija la responsabilidad de los funcionarios por violar los derechos del individuo o de la sociedad.

Dos premisas sirven de aseguramiento anticipado a los derechos que se da el pueblo venezolano en 1811 a través de sus mandatarios elegidos popularmente, a saber, que: (1) los delitos de los agentes de la República no deben quedar nunca impunes, y (2) el magistrado que decrete y haga ejecutar actos arbitrarios ha de castigarse con severidad.

### C. ¿Qué decir transcurridos doscientos años?

Así como el período que va desde el 19 de abril de 1810 hasta la caída de la Primera República, en 1812, es el génesis de nuestra experiencia democrática moderna, entendida, en términos contemporáneos como la cultura de los derechos humanos y del Estado de Derecho; a pesar de que el Congreso de 1811 cuenta con 45 diputados elegidos por el pueblo, quienes representan, cada uno de ellos, a una fracción de 20.000 habitantes, el tiempo posterior de Venezuela, con todo y esos orígenes auspiciosos, se nutre de taras coloniales.

El autócrata necesario y el Mito de El Dorado vuelven por sus fueros con los soldados que se revelan incapaces de sostener sobre sus bases a la Primera República. En buena lid ellos derrotan a los españoles, nos dejan la república de 1830, pero sobre las cenizas de nuestra destrucción social y económica.

El gendarme necesario es Fernando VII. Es el mismo que sugiere indispensable el Bolívar del Manifiesto de Cartagena y de la Constitución de Bolivia. Es quien decanta, sucesivamente, en la arquitectura intelectual de Laureano Vallenilla Lanz, para justificar, antes, a Juan Vicente Gómez, hoy a Hugo Chávez Frías.

A Gómez le acompañan los conservadores, quienes se espantan ante lo que miran como anarquía por incapaces de entender la acritud del debate plural y abierto de las ideas opuestas –entre federales y centralistas– como el testimonio de nuestra experiencia democrática germinal, en 1811. A Chávez –lo apunta con mejor propiedad el profesor Meza Dorta– se le suman quienes venidos desde el marxismo interpretan la controversia agonal de nuestro primer Congreso republicano como una lucha de clases, que ha de acabar como siempre con la dictadura del proletariado, la oclocracia, y el final de las libertades públicas.

En uno y en otro caso, por lo visto, no es siquiera el Estado sino su cabeza quien se sitúa por encima del pueblo y sujeta sus derechos. Se trata, ayer y ahora, del príncipe medieval, quien afirma "yo soy la ley, yo soy el Estado". Así lo asume el presidente Chávez, en noviembre de 2001, ante el Congreso Internacional de Derecho Agrario.

El Mito de El Dorado, por otra parte, la riqueza que no se trabaja, que se codicia u obtiene a fuerza de confiscaciones o en la nómina de la política, es lo propio al tiempo anterior a 1811. De allí la importancia que nuestros Padres fundadores le otorgan, dentro del plexo de los derechos naturales, a la propiedad privada, y a los límites que con relación a ella encuentran la acción del Estado y de sus funcionarios.

Pero la caída de la Primera República refuerza la cultura del asalto a lo ajeno y la idea de que las riquezas se obtienen por providencia del autócrata o bajo el paraguas del Estado.

Son memorables al respecto y antecedentes de nuestras desviaciones históricas, la Ley de Secuestros de 1819 y la instalación de la Comisión de reparto de bienes nacionales en 1822. Bajo sus normas ocurre el "paroxismo del despojo", cuyo espíritu alcanza al Socialismo del Siglo XXI. Entonces como en esta hora es desarticulada la naciente sociedad civil y son destruidas y abandonadas las haciendas con sus siembras y ganados.

La patria deriva en botín de guerra y de éste surgen los patriotas como el nuevo poder económico y éstos se afincan como los "caudillos" del porvenir. ¡Que no les quede nada! es la expresión de ese pasado ominoso que se repite en los años recientes y explica el arrase oficial de empresas constructoras, bancos, hatos, siembras, medios de comunicación, productoras de alimentos, comercios, por el simple hecho de pertenecer a particulares.

La propiedad privada, que es el paradigma de los derechos en la Venezuela inaugural, cede para transformarse en derecho incómodo para la generalidad de los actores políticos del país e incluso de la América Latina. Los textos modernos sobre derechos humanos –internacionales y constitucionales– la recogen con pinzas y sin respirar.

El gendarme necesario y el Mito de El Dorado, cabe entenderlo, son las rémoras que se oponen, desde hace doscientos años, a nuestro desarrollo democrático, a nuestra maduración como sociedad capaz de asumir su propio destino económico y político y de exigir el respeto a sus derechos y libertades fundamentales.

## D.  La Constitución de 1999

Sin que pueda decirse que las anteriores corrigen a profundidad la narrada traición de nuestros ideales de libertad y de garantía social, es el texto constitucional en vigor el que de modo más acabado nos lanza al basurero de la historia.

Al escribir sobre ella, a pocos días de su sanción, advierto que 117 de sus 349 artículos prescriben sobre derechos humanos; no obstante su texto es una tienda por departamentos, en pocas palabras la sacrílega junta del espíritu de la Revolución Francesa con los paradigmas del Antiguo Régimen.

La Constitución en vigor entroniza al gobernante legislador, quien de suyo ata a sí a la Justicia, encarnando al Estado y también a los ciudadanos; y a éstos los hace depender –por preferirse– de la seguridad del mismo Estado y de la articulación que éste encuentra con la sociedad a través de los cuarteles. Dentro de tal contexto desaparece la autonomía municipal –nuestro más antiguo referente ciudadano, generador de la experiencia democrática– y deriva en espejismo el poder público de los Estados.

Se explica así, no por otra razón, que, a contrapelo de la filosofía de nuestra Independencia, donde la soberanía popular le otorga su perfil al poder que ha de garantizar los derechos humanos, luego de 1999 los derechos humanos y entre éstos la propiedad sean interpretados según las necesidades del Estado y los mandatos de la revolución. De allí el divorcio que sostienen el presidente Chávez y los demás titulares de los poderes públicos con el patrimonio intelectual y democrático que, bajo la idea de la primacía de la dignidad humana y su carácter universal, consta en la Convención Americana de Derechos Humanos y la Carta Democrática Interamericana.

A tenor de la primera cada derecho y todo derecho sólo es realizable dentro de las instituciones democráticas; ningún derecho puede ser interpretado fuera de las exigencias de la democracia representativa; y los derechos admiten como límites, únicamente, los que acepta el bien común en una sociedad democrática.

Conforme a la segunda –cuyos estándares dispone obligatorios la Corte Interamericana de Derechos Humanos, a la par que los desconocen en su fuerza vinculante tanto el presidente Chávez como el Secretario de la OEA, José Miguel Insulza– las formas democráticas no bastan. Ellas reclaman la legitimidad del ejercicio democrático.

La Carta Democrática no es un salto al vacío, menos el atropello de una circunstancia en que la democracia latinoamericana es víctima de su propia fuerza. Es, antes bien, la decantación del ideario republicano y democrático que se construye en las Américas desde 1826, con el Congreso Anfictiónico de Panamá, y a fuerza de controvertir con los gendarmes militares.

El principio de la No Intervención nace para proteger a la república de los monarcas; no es –como lo practica el Secretario Insulza– una patente de corso que cuida de los gobernantes a contrapelo de los derechos de sus pueblos.

La Carta Democrática de 2001, en fin, entiende la democracia como la imaginan, hacia 1959, los gobiernos civiles que toman espacio a la caída de las dictaduras. Ella es, la democracia, derecho a los derechos humanos y su respeto; acceso al poder con apego al Estado de Derecho; elecciones libres y justas; régimen plural de partidos; separación e independencia de los poderes. Y el ejercicio democrático obliga a la transparencia de los gobiernos, les exige probidad, manda la responsabilidad de los gobernantes por sus violaciones a los principios de la democracia, y demanda, sobre todo, libertad de expresión y de prensa. Es más, no hay democracia ni de forma ni de fondo allí donde los militares no se subordinan a la autoridad civil o inhiben la participación ciudadana confiscándola.

La democracia, como reza el artículo 1 de la Carta Democrática Interamericana, es derecho humano de los pueblos y obligación de los gobiernos promoverla y defenderla.

E. *Las enseñanzas y conclusiones no se hacen esperar*

La Convención Americana de Derechos Humanos y la Carta Democrática Interamericana, cuyas normas bien pueden leerse a la luz de los principios ordenadores de nuestra Independencia, se niegan al Estado gendarme y a los gendarmes de cualquier signo, sean civiles o militares.

Rechazan a quienes manipulan las formas de la democracia para derivar –como en Venezuela– en autocracias electivas o "demoautocracias", que es lo novedoso en el siglo XXI latinoamericano.

En medio de la inevitable declinación de los Estados Nacionales, de las patrias de bandera, por incapaces para asumir los desafíos de la Era de las Comunicaciones y la Inteligencia Artificial, e insensibles a las exigencias morales y temores del hombre y mujer contemporáneos, la democracia deja de ser mera forma de Gobierno. Se transforma, desbordando, en hábito cotidiano de la gente, en derecho humano a la democracia. Se trata de una feliz vuelta al espíritu de 1811, pero a ritmo de BlackBerry.

De modo que, el aprendizaje democrático no nos llegará desde afuera. Hemos de asumirlo al igual que los Padres fundadores, en la calle, en la asamblea vecinal, en las sociedades patrióticas de actualidad, en las Ong's, en las redes sociales, en nuestras muchas patrias de campanario. La alternativa a lo anterior es el gendarme local, unas veces de uniforme, otras con vestido de paisano, o acaso el procónsul extranjero, encuéntrese en Cuba o quizás en la Casa Blanca.

El desafío por la renovación democrática y la conquista del derecho a la democracia, es incompatible con el estado actual de cosas y el régimen constitucional vigente en Venezuela. Como lo recuerda Martín Tovar Ponte ante el Congreso de 1811, "redactar un proyecto de constitución democrática es incompatible con el mantenimiento del Rey".

No es ocioso, para la reflexión de quienes aquí estamos y para los responsables de orientar a la actual sociedad democrática venezolana, o incluso para quienes anhelan que una mano salvadora venida desde lejos ponga reparo a nuestras muchas desgracias, considerar el criterio sólido de un hombre experimentado en los pasillos internacionales y conocedor cabal de los intereses de los gobiernos extranjeros, como lo es Francisco de Miranda, el más universal de nuestros compatriotas. Sus pares diputados expresan angustia por el auxilio de las potencias a nuestra decisión de ser independientes, y él les invierte los términos: "La ambigüedad de la conducta de Venezuela es la que trastorna los cálculos del extranjero".

## F. *El porvenir de Venezuela*

Con nuevo retardo llegamos al siglo XXI, tanto como alcanzamos el siglo XIX en 1830 y el siglo XX en 1935. Pero el vino nuevo no cabe vaciarlo en odres viejos.

Querámoslo o no, así como declina el socialismo real con la caída del Muro de Berlín, llega a su fin el largo período liberal inspirado en la Revolución Francesa y la americana. La sociedad de vértigo y la generación de relevo están presentes. A los actores del pasado nos corresponde ayudarles en el parto en gestación, sin hipotecarlas, convencidos de que al principio y al final de todo –lejos de nuestros cesarismos y en cada jornada de reconstrucción– siempre restan el hombre –varón o mujer– y sus derechos inalienables.

No sabemos, por inéditas, cuáles serán las categorías constitucionales de la democracia local o global durante el siglo XXI en curso. Todos intuimos que vuelven a imponerse –por sobre los intentos de regresión histórica– las leyes universales de la decencia humana: no hacer daño a los demás y ver y reconocer en cada individuo la imagen y expresión nuestra, por iguales en dignidad.

Al término de doscientos años de historia, contados desde el 5 de julio de 1811, cabe que las élites económicas y políticas de Venezuela asuman el dilema que hoy nos interpela y que no se reduce al respeto o irrespeto de la Constitución. La actual, con su fardo de derechos, sólo promete la sustitución de un gendarme militar por otro civil. La hora nos reclama de algo más.

No hay Independencia ni puede predicarse la soberanía popular allí donde cada hombre no es capaz de valerse por sí mismo y de luchar por su libertad; de exigir que el cuerpo social le otorgue seguridad a su persona y a sus bienes; de hacer parte de un país de propietarios y no de mendigos o sirvientes del autócrata; de integrarse en una sociedad con instituciones y orgánicamente participativa, que no discrimina, cuyos ciudadanos no usan de las mayorías para liquidar los iguales derechos de las minorías. No hay Independencia, lo afirman los firmantes de nuestra Declaración, donde el poder se ejerce a perpetuidad.

Ante el desasosiego y la presión de los intereses encontrados que afectan a sus compañeros del Congreso de 1811, Miguel Peña grita a todo riesgo y pulmón: ¡Nosotros detestamos a Fernando VII! Que no detenga el miedo a los ingleses para declarar la Independencia, porque jamás aquéllos han podido conquistar un palmo de tierra en el Continente español. ¡Caracas, donde se forma y dirige la opinión pública, reclama la Independencia! Hemos de tener, los actores de hoy, igual coraje.

# 6. NOTAS SOBRE LA GOBERNABILIDAD EN VENEZUELA

2 de agosto de 2011

A. *Premisas conceptuales*

El Estado –expresión política de la sociedad– entra en crisis terminal por obra de la distinta perspectiva cultural y los cambios estructurales que impulsa la globalización. En el caso de Venezuela aquél pierde su institucionalidad y equilibrios funcionales precarios, además, bajo la centralización y personalización totalizante de sus poderes públicos a manos de Hugo Chávez Frías; con apoyo en la arquitectura constitucional diseñada en 1999 y sobre un cuadro de anomia en el país que se hace evidente a partir de 1989.

La sociedad, como soporte necesario del Estado y obra del pacto entre los individuos y sus comunidades de base, se desintegra en Occidente al ceder el mismo Estado Nacional y con éste los partidos políticos, en tanto que correas clásicas de transmisión de la cosa pública y formas propiciatorias de identidad dentro de la ciudadanía. No obstante, por defecto histórico de una cultura propia compartida y raizal, preliminar al mismo Estado, la nación venezolana, en lo particular, ofrece una débil textura, apenas arraigada alrededor de los símbolos de la Patria; los que, en la hora actual y paradójicamente, derivan en factores de confrontación y violencia colectivas.

La comunidad de nuestro tiempo, no solo la venezolana, disgregada y espontánea, se reorganiza sucesivamente, por defecto del Estado, alrededor de retículas múltiples o de pequeños nichos o cavernas –culturales, históricas, religiosas, locales, vocacionales, étnicas, generacionales, comunales, urbanos– que se excluyen y desconocen, las unas a las otras, presas de cosmovisiones caseras y unilaterales. Existe, en efecto, una "globalización de las transformaciones" sin que ella predique la simetría global de sus consecuencias humanas; salvo que, las formas de disgregación enunciadas, por lo dicho y sin mengua de sus legitimidades, conspiran contra la experiencia democrática, que es hecha de tolerancia en la convivencia.

El Estado venezolano, como tal y por ser históricamente nominal –salvo el intento que ocupa la segunda mitad de nuestro siglo XX– es incapaz de construir por si solo la gobernabilidad; aun cuando estudios recientes reivindiquen la idea de su reconstitución a fin de superar el "desencanto con la democracia". Antes que resolver conflictos los exacerba en medio de un cuadro creciente de incumplimiento colectivo de las normas y de nula predictibilidad de las conductas sociales.

De suyo, pues, el Estado contemporáneo hoy es ineficaz para la gobernanza o gobernación, incluso la de origen autoritario; entendiéndose tal gobernanza como la realización posible y material de los valores del Estado de Derecho y de la democracia. Y como se aprecia, es deficiente para la toma de decisiones a largo plazo y acerca de los problemas vertebrales de actualidad (criminalidad transnacional, medio ambiente, pobreza y exclusión, comunicaciones planetarias) tanto como para solventar la inflación de las demandas que le dirigen los gobernados, creándose así, adicionalmente, la llamada "ingobernabilidad por sobrecarga".

El país acusa una involución en el camino bicentenario de su historia. Muestra adhesión parcial y renovada por las formas pretéritas de gendarmería, propias del siglo XIX latinoamericano –inoculadas en el alma de los venezolanos por la prédica bolivariana, a la caída de la Primera República– y ajenas a los valores compartidos por el mundo occidental; asumidos y hechos propios, estos valores, por nuestros Padres Fundadores, en 1810 y 1811.

Las partes o nichos de lo que antes se integra bajo la idea de la Nación o como patria de bandera, dada sus acusadas naturalezas introspectivas no encuentran ahora caminos transversales –Hilos de Ariadna– que las restablezcan en un propósito común; o que al menos favorezcan su cooperación recíproca para la forja de un orden mínimo estable, promotor de la mencionada y urgida gobernabilidad.

Venezuela –sus poderes públicos y el pueblo– ha de adquirir, por lo mismo y con urgencia, cualidad de gobernable. Es una premisa condición al mero hecho electoral o de adquisición de legitimidad originaria, para que alguna entidad o personalidad pueda o intente ejercer dentro de ella su arte de gobernar y favorezca su desarrollo institucional, político, económico y social, democráticamente, en condiciones de estabilidad, con vistas a un nuevo proyecto generacional y dentro de cauces constitucionales adecuados al siglo de las comunicaciones en curso.

B. *Hipótesis o postulado*

La gobernabilidad autónoma o consensual –léase democrática– es distinta de la heterónoma o autoritaria, que se sostiene, sea sobre la personalidad carismática del gobernante, la fuerza de policía, el pacto con la corrupción, o de uno y otros de dichos factores en su conjunto. Las medidas de alta policía –para afirmar la estabilidad o mantener la seguridad y el orden público en la democracia– exigen de legitimidad o respaldo social y de legalidad formal sustantiva, únicas que permiten el ejercicio por el gobernante de competencias regladas y sujetas al control ciudadano, y atadas a las finalidades de la democracia. Ello resulta complejo sino imposible a corto plazo, en comunidades invertebradas o espontáneas, que abandonan o no alcanzan el estadio asociativo, que es la consecuencia de la racionalidad convencional en el plano de lo ético y luego en el terreno de la política.

C. *Datos de actualidad*

Ausentes las fortalezas y equilibrios institucionales del Estado y sobre el complejo archipiélago social que es la Venezuela del presente, penetra durante la última década –1999/2010– el poder fáctico sustitutivo y articulador de la inteligencia política cubana y también la criminalidad común, de modo preponderante el narcotráfico colombiano y el terrorismo internacional junto a sus efectos disolventes de la ética social y política. Éstos se sirven de aquellas realidades y ejercen su control sobre los restos y partes de la organización del Estado y sobre nuestra invertebrada sociedad; en un contexto que, a la vez de ser indicativo de la incapacidad del mismo gendarme –Chávez Frías– para sostenerse y prorrogar, por sí solo y con su personalidad mesiánica el poder autoritario que detenta, a la par demuestra que el objetivo de la conservación de su poder es desbordante y priva sobre las formas democráticas y su expresión electoral. Es el objetivo superior ante el que los comicios y su celebración derivan en medio alternativo, pero no excluyente de los otros.

El tránsito a lo largo de la década, desde la cifra de 4.500 homicidios a casi 18.000 homicidios por año, sumado ello a la progresiva criminalización –como política de Estado– de los actores del orden político y social precedente, sea por razones políticas propias –dirigentes de partidos tradicionales o medios de comunicación social– o impropias –empresarios, hacendados, constructores, banqueros, editores– es aleccionador al respecto.

La aparente partición de la realidad venezolana en dos grandes mitades políticas –chavismo vs. oposición democrática– puede sugerir –como lo muestra la composición parlamentaria actual– una suerte de "cohabitación" y la idea contraria de la anomia social y política comentada. Hasta puede recomendar el necesario y conveniente entendimiento entre ambas bancadas para favorecer la convivencia social, y a renglón seguido la gobernabilidad del país.

Cabe preguntar, en consecuencia, si acaso ¿es posible una transacción coyuntural de intereses a costa de los valores y la ética de la democracia; explicándose tal partición alrededor o en contra de un individuo –Chávez Frías– quien actúa como factor personal de integración o desintegración de nuestra realidad social y política? Tal idea, como lo creemos, es inviable para la generación de "transversalidades" que procuren unidad dentro de la diversidad venezolana, y por cuanto, si bien la ejemplaridad de los actores nacionales propulsa la movilidad social, la gobernabilidad democrática real demanda su reconstrucción desde la base de la pirámide poblacional.

Al ceder recién la omnipresencia del presidente Chávez, dada su enfermedad veraz o ficticia, junto a la ruptura en el imaginario social del mito del líder hecho con barro de dioses y la inmediata percepción colectiva de su transitoriedad, vuelve y se muestra en su crudeza la pulverización que anida en una y otra de las mitades coyunturales del espectro colectivo; y los restos del andamiaje estatal quedan desnudos en su deriva y sin solución de continuidad. La misma gente, si acaso se fractura en dos mitades políticas aparentes, la prueba de la anomia corriente la representa la ninguna adhesión general por el cumplimiento de las normas constitucionales sobre la misma transición presidencial. No por azar el propio Chávez Frías, en medio de su crisis personal se comporta convencido en cuanto a que la "gobernabilidad" –léase la paz social y política entre los venezolanos– pasa por sus manos y la amenaza de la disolución se frena ante su dedo.

La Mesa de la Unidad Democrática, como esfuerzo de articulación social para la acción política en su vertiente electoral, quiérase o no se explica y justifica –en el momento– alrededor de la persona del mismo Chávez Frías y el propósito de sustituirlo. El respaldo creciente a las iniciativas de aquella se impone como inevitable, por la misma razón; dado lo cual mal puede entenderse que el acompañamiento social con el que cuenta la MUD, bajo el símbolo de la unidad, implica un respaldo racional y militante hacia los partidos que la integran. La fuerza cohesionadora que en el pasado éstos demuestran, según lo ya señalado, decae con las estructuras y cometidos del Estado moderno, dentro de cuyos predios se realiza la democracia como mera forma de Gobierno y no como derecho humano a la democracia.

D. *Referencias históricas*

A la caída de la penúltima dictadura –la de Marcos Pérez Jiménez– se hace presente una situación de ingobernabilidad en Venezuela, pero diferente de la actual. El presidente Rómulo Betancourt llega al poder sin contar con la cooperación –antes bien padeciendo el rechazo– de las Fuerzas Armadas y la Iglesia Católica, como elementos primarios de vertebración de la venezolanidad. Los partidos, capaces entonces de ayudar a la gobernanza o gobernación, no cuentan con la fuerza indispensable para asegurar la gobernabilidad pues vienen de una década de clandestinidad y aislamiento. El secretario de la Presidencia, Ramón J. Velásquez, se ocupa de tirar puentes con la milicia y el episcopado, y Betancourt acude a la plaza pública ante cada amago de golpe militar. Pacta la estabilidad social con las dos organizaciones mejor establecidas y de mayor peso social del momento, el empresariado y los sindicatos. Así, sobre tal piso, puede gobernar dicho mandatario conforme a las reglas y propuestas del célebre Pacto de Punto Fijo.

Las circunstancias de 1989 y 1994 son, aquí sí, el anticipo del cuadro de ingobernabilidad corriente. La crisis del Estado y la anomia son manifiestas. La ética pública y privada se relajan abriéndosele paso tímido pero inicial al narcotráfico en su modalidad de lavado de dineros; lo que impulsa el fenómeno de los homicidios semanales por ajustes de cuentas y la corrupción policial. La indiscutible legitimidad de origen con la que cuenta Carlos Andrés Pérez, durante su segunda presidencia, no le basta para sostener la gobernabilidad y a renglón seguido la gobernación; incluso comportándose de manera ortodoxa y racional –no arbitraria– en el desempeño de su poder democrático. Es víctima, antes bien y paradójicamente, de un andamiaje estatal ya sin poder real y deslegitimado, cooptado por las franquicias en que se transforman las organizaciones políticas que al paso promueven su destitución.

Llegada la administración de Rafael Caldera, catapultada por sobre la anomia social y política reinante, mediando el desprestigio de los poderes públicos, la crisis financiera, y sobrevenida la división de las Fuerzas Armadas, su *auctoritas* personal es la que sostiene precariamente los hilos de la gobernabilidad; siendo ello impropio de una democracia madura. La gobernanza que se realiza, por ende, mal revierte la tendencia hacia la desestructuración de lo nacional que toma cuerpo pleno y tampoco, dada tal debilidad social y orgánica, no es capaz de transformarse en factor de renovación y profundización de la democracia, a pesar de su ejemplaridad. No basta, al efecto, el apoyo para la gobernación del declinante partido Acción Democrática.

E. *Problemas*

El tema de la gobernabilidad, que es esencial para la renovación democrática de Venezuela y para la asunción de la democracia como derecho humano que han de garantizar los gobiernos, ¿acaso le preocupa a quien sólo se ocupa –Chávez Frías– de permanecer en el poder y detentarlo como fuero personal, por encima de cualquier referente institucional integrador y libre de sujeciones a un orden social autónomo, incluido el electoral?

¿El hecho electoral se basta y es suficiente como estrategia para frenar o contener un propósito de poder personal abroquelado con estrategias varias para su conservación –donde la electoral es una mera alternativa– y sustentado por intereses propios y de aliados para quienes no cuenta la gobernabilidad democrática?

¿Es suficiente alcanzar la elección de un candidato –o acaso existe el candidato– que represente la unidad emocional y coyuntural de un país transformado en archipiélago, bajo amenaza externa e interna del narcotráfico y sujeto a la colonización extranjera; con instituciones públicas y privadas débiles o inexistentes o penetradas, tanto como para asegurar, con el apoyo de la MUD, la gobernabilidad que le permita a dicho candidato gobernar, una vez elegido, y evite, sobre todo, las amenazas probables de su derrocamiento a partir de 2012?

## F. *Observaciones*

La legitimidad interna de un nuevo Gobierno –como lo prueba la experiencia de CAP– no basta si se funda sobre una población desarticulada, huérfana de lazos sociales y afectivos. Aquél carece de estabilidad y es incapaz para la gobernación de no encontrar basamento –orgánico y social– sobre la articulación de las múltiples y distintas retículas o parcelas, léase demandas sociales, que hoy configuran a nuestra geografía.

Otro tanto vale para la llamada legitimidad internacional, que se alcanza con la legitimidad de origen del respectivo gobernante electo; pero la comunidad internacional, de hecho y según la experiencia, se moviliza y sus medidas de tutela democrática alcanzan ser efectivas sólo en proporción al respaldo social interno y sobre todo eficaz que alcance el gobernante electo o en ejercicio. Honduras es el mejor ejemplo y su emblema.

## G. *Soluciones*

✓ Identificar las transversalidades que subsisten dentro del disuelto panorama nacional a fin de comprometerlas de antemano en un pacto de gobernabilidad (Iglesias, estudiantes, sindicatos, redes de la sociedad civil, etc.) susceptible de satisfacer la diversidad de sus aspiraciones mínimas, bajo comprensión por aquéllas del cuadro de ingobernabilidad actuante como de sus peligros reales para la paz de todas y de todos, sin exclusiones.

✓ Promover un pacto de gobernabilidad popular, para la paz y el sostenimiento de la democracia, que articule al país desde la base y en el marco de su compleja y disuelta conformación, teniendo como referencia formal y ascendente a la organización histórica de la República (parroquias, municipios, estados).

✓ Desarticular progresivamente las amenazas instaladas y latentes, externas (Cuba, Brasil, Argentina, Ecuador, Bolivia, Nicaragua) e internas (poderes constituidos y penetrados, estructuras militar y policial, redes financieras y de negocios coludidas), que desde ya comprometen la gobernabilidad y por urgidos como se encuentran de proteger los intereses –incluso antagónicos– que les tutelan Hugo Chávez Frías y su régimen en declinación.

✓ Afirmar la gobernación de Venezuela mediante un acompañamiento internacional y nacional de actores representativos de la diversidad social y política, previamente convencidos de lo anterior y los propósitos de la gobernabilidad indispensable; en el marco de un proyecto nacional integrador y generacional a corto, mediano, y largo plazos, que a su vez favorezca el re-equilibrio de los intereses internacionales que convergen sobre el país.

H. *Alianzas necesarias*

El conocimiento a profundidad de la red de penetración ideológica y criminal en Venezuela, reclama de alianzas estratégicas inmediatas con los países colateralmente afectados y sus servicios de inteligencia civil y militar.

La desarticulación práctica de la red mencionada impone sumar como aliados a los actores de las distintas instituciones públicas –civiles y militares– y privadas –empresariales y financieras– concernidas y/o penetradas, no comprometidos con aquella, pero conscientes de su peligro para la convivencia social y política.

El respaldo de la iniciativa –sin perjuicio de la obligante reserva en cuanto a lo operacional– ha de contar con la adhesión y compromiso de las instituciones sociales transversales externas al poder constituido y que subsisten (Conferencia Episcopal, FEDECAMARAS, sindicatos, universidades, academias) así como de un núcleo de personalidades de mucho peso y relevancia, con *auctoritas* suficiente ante la opinión pública local e internacional, y del que participen algunos actores fundamentales y socialmente legitimados de la vida política (ex candidatos a las elecciones primarias).

## I.   *Tareas por realizar hacia el futuro*

Constitución de un *task force*, encargado de obtener y procesar la información clave para la gobernabilidad, en las áreas estratégicas (política, militar, policial, económica).

Elaboración de un estudio situacional que muestre el curso probable de las hipótesis de vacío de poder o de conflicto de poderes –institucionales y fácticos– y sus alternativas de solución.

Apreciación realista del cuadro electoral y el diseño tecnológico para la realización de los comicios presidenciales; arbitrándose las opciones para el control o la efectiva denuncia de los vicios que les afectan, incluidos la expedición de cédulas de identidad y el registro electoral.

Diseño de un pacto de gobernabilidad a distintos niveles (nacional, estadal, municipal, y parroquial), como expresión de la diversidad social y reticular de la Venezuela contemporánea y constructor de legitimidad; y redacción de un plan maestro de gobernabilidad y para la gobernanza, que escape al tradicional programa de gobierno.

Identificación de las acciones políticas y judiciales necesarias o indispensables, incluidas las derivadas de la cooperación internacional bilateral o multilateral, para la neutralización de las amenazas a la gobernabilidad y de sus actores principales.

Definición de las actividades de gobernanza preferentes en su realización y preferidas para las inversiones internas e internacionales, por susceptibles de asegurar la gobernabilidad y facilitadoras de la misma gestión gubernamental.

Conformar una mesa o senado de gobernabilidad democrática (acaso el actual y aún no conformado Consejo de Estado), encabezado por el Presidente de la República e integrado por actores capaces de desempeñarse como elementos de articulación y factores transversales a la vida política y social de Venezuela en la coyuntura; comprometidos con el impulso de las medidas que contribuyan a la reinstitucionalización democrática y para la generación de los equilibrios que demanda la gobernanza.

Integrar, bajo la rectoría del Vicepresidente de la República, un gabinete sectorial de gobernabilidad, persuadido de la prioridad de sincronizar las acciones de los despachos directamente concernidos (relaciones interiores y justicia, relaciones exteriores, defensa, finanzas, educación superior, trabajo y seguridad social, secretaría de la Presidencia), contando con la presencia y apoyo de las gobernaciones y alcaldías claves (regiones fronterizas y metropolitanas).

Formalizar el apoyo operacional para la gobernabilidad, confiándolo a un *task force* que sume –bajo una rectoría única– a distintos actores de los diversos servicios de inteligencia internos, que cuenten con respaldo judicial, parlamentario y gubernamental para el despliegue de sus actividades.

J.  *Anexo:* Pacto *Popular de gobernabilidad para la paz y el sostenimiento de la democracia (Quienes suscriben, precandidatos, líderes sociales y políticos)*

Conscientes de nuestra responsabilidad de defender y sostener la vigencia de la democracia como derecho humano, que es deber de los gobiernos garantizarlo, y de procurar un clima de gobernabilidad en Venezuela;

Ante nuestro deber de orientar a la opinión pública y producir acuerdos sobre los principios y valores fundamentales que nos identifican como venezolanos e integrantes de la sociedad democrática, y nos alejan de las prácticas del populismo y del mesianismo autoritario por irrespetuosas de la dignidad de la persona humana, nos comprometemos a lo siguiente:

**Defensa a ultranza del orden constitucional y de la ética democrática.** En democracia los fines legítimos han de alcanzarse a través de medios igualmente legítimos; de donde es deber insoslayable de todo demócrata, sea ciudadano sea servidor público o dirigente social, resistir ante cualquier acción ilegítima o de fuerza –incluidas las de quienes detentan el poder público– que pretenda conculcar los derechos humanos de cualquier venezolano y su derecho a expresarse libremente y sin temores, sea a través del voto o de la opinión.

**Unidad defensiva de la democracia y solidaridad militante.** Salvaguardando el clima de pluralidad de ideas que compartimos la mayoría de los venezolanos y que en nuestro caso le dan soporte sólido a nuestra vocación como demócratas, la unidad democrática y popular defensiva de las libertades se hace vital e indispensable. La unidad, en suma, no es incompatible con las naturales diferencias que acusa toda sociedad auténticamente democrática. Pero la defensa y sostenimiento de la democracia exige también de un compromiso colectivo responsable y de base popular, donde la actitud y el comportamiento de cada ciudadano o de cada líder social o político cuenta, pero a la vez exige de un acompañamiento militante y solidario por los demás ciudadanos, sean o no líderes políticos o sociales.

**La defensa de la descentralización.** No hay democracia allí donde el poder se concentra y no se comparte responsablemente, menos allí donde el liderazgo asume connotaciones mesiánicas, populistas y unilaterales.

**Defensa de la voluntad popular.** La defensa de la voluntad expresada por los habitantes de cada parroquia, municipio, o estado gobernados por la oposición democrática es causa común y compromiso de todos los ciudadanos y de cada uno de los gobernadores y alcaldes, sobre todo de los líderes sociales en sus distintas vertientes y manifestaciones.

**Soluciones electorales.** La democracia nace y se fortalece mediante el voto libre, universal y secreto de los ciudadanos y en comicios signados por la equidad, la justicia y la transparencia; pero la democracia no se limita al acto electoral. La Constitución prevé distintas vías para su defensa contra quienes la violentan o la burlan.

**Erradicación de la violencia social y política.** La gobernabilidad democrática exige proscribir el discurso del odio, fuente de los crímenes de lesa humanidad; afirmar la intolerancia social ante la impunidad y el irrespeto por las normas del Derecho; auspiciar el desarme de los ánimos y de la intolerancia hacia las ideas contrarias; y el fomento de una cultura de paz animada por el espíritu de la convivencia.

**Construcción de un nuevo modelo de democracia, socialmente incluyente y a la vez garante de las libertades.** La acción de gobierno local o comunal, parroquial, municipal, estadal, y nacional, desde las filas de la oposición democrática ha de traducirse, con base en la experiencia, en el diseño de opciones que, adecuadas a las nuevas realidades y circunstancias del siglo en curso permitan la realización efectiva y no excluyente o antagónica de los derechos civiles y políticos, económicos, sociales y culturales de toda persona humana, sin distingos ni diferencias odiosas. Ha de superarse la pobreza y favorecer la inclusión social dentro de la democracia, mediante la forja de una sociedad de propietarios y solidaria, en el marco de las libertades que aquélla garantiza y tiene como propósitos, no fuera de ella.

**Diálogo permanente**. La democracia exige de diálogo constante y de consensos, en tanto y en cuanto los consensos conduzcan al fortalecimiento mismo de la experiencia democrática y con apego a la misma ética de la democracia.

# 7. LEYES MORDAZA, SIN ESCAPATORIAS

Lima (67° Asamblea Anual de la SIP),
17 de octubre de 2011

En el curso de la última década y algo más se instala en Hispanoamérica, paulatinamente, una inédita cuanto perversa experiencia de populismo dictatorial o "demo-autocracia". Es, en la práctica, una franquicia política y jurídica conocida hoy con el nombre de Socialismo del Siglo XXI, que se expande como un virus, y hace metástasis sobre toda la región intentando montar sobre sus vagones a la vieja y agotada ciudadanía dentro del Estado y al mismo modelo de Estado que heredamos desde la modernidad, prometiéndonos la redención, una historia nueva y un hombre nuevo.

La experiencia del caso supera con creces, perfeccionándola, a la tradición autoritaria que desde antes arrastran nuestros Estados y emerge en el tiempo posterior a la Emancipación y caída de nuestras primeras repúblicas liberales; cuando los patriotas libertadores tachan a éstas y las tildan de "patrias bobas" por civiles y sobre ellas construyen, sin solución de continuidad, la tesis sociológica del gendarme necesario.

El anti-modelo en curso, sembrado en Venezuela, replicado en Ecuador, Bolivia y Argentina por lo pronto, dice algo más y es aún más nocivo que la visión tutelar y hasta paternal que el subconsciente de nuestros pueblos asume por obra de la indicada tesis histórica y con relación a nuestros Estados y sus gobernantes de turno. Es más perversa como propuesta en curso de realización, que la que explica como parte de nuestra fatalidad histórica a las largas dictaduras militares que padecimos y también, cabe decirlo, a los arrestos intervencionistas de la libertad característicos de nuestros distintos gobiernos de extracción democrática durante el siglo XX.

Comprender el significado y los alcances de este novedoso e inédito fenómeno, que es coyuntural pero llega con propósitos de permanencia, resulta indispensable para el entendimiento claro del conjunto de leyes que buscan transformar el régimen de la prensa en la región y no solo reformarlo; todavía más, es condición para que la misma prensa y los periodistas alcancen conjurar y revertir con eficacia los daños irreparables que el indicado Socialismo del Siglo XXI le ocasiona, desde ya, al sentido mismo de la libertad y a la esencia de la vida democrática bajo el Estado de Derecho.

A. *Nominalismo libertario y propósitos hegemónicos*

Si nos limitamos a la mera revisión normativa y comparatista de las leyes en cuestión, destacando sus falencias o sus contradicciones con los estándares que acerca de la libertad de pensamiento y de expresión se reconocen a nivel interamericano, basta señalar que el molde lo constituye la Ley Resorte o Ley Mordaza de Venezuela, oficialmente llamada Ley de Responsabilidad Social en Radio y Televisión, sancionada en el año 2004; y del mismo surgen la  Ley de Servicios de Comunicación Audiovisual, adoptada por Argentina en 2009, la Ley General de Telecomunicaciones, Tecnologías de Información y Comunicaciones, aprobada por Bolivia en 2011, y el proyecto de Ley de Comunicación de 2009, que discute el parlamento ecuatoriano.

Todas a una llegan justificándose, nominalmente, como garantías para los derechos humanos y la misma libertad de expresión; como mecanismos para favorecer la participación activa y protagónica de la ciudadanía, por usuaria de  los medios de comunicación social o gestora directa de los medios de comunicación alternativos; como reglas que buscan atenuar la violencia de género y favorecer los contenidos que sirvan para la protección integral de los niños, niñas y adolescentes; en fin, como exigencias que, con vistas al fortalecimiento de la pluralidad democrática, reclaman la disolución de los monopolios mediáticos del sector privado.

Siendo así, no por azar la propia Relatoría para la Libertad de Expresión de la OEA, al analizar tales leyes las observa y crítica de forma moderada; saluda sus aspectos positivos sin dejar de destacar aquellos en los que muestra su desacuerdo. Y si nos limitamos a la mera revisión formal o material de dichas leyes, obviando el perverso modelo político subyacente y los propósitos reales las animan, tampoco debe sorprender que coincidan las manifestaciones inaugurales de tales leyes con la advertencia que la jurisprudencia más reciente de la Corte Interamericana de Derechos Humanos, en el Caso *Kimel*, hace con relación al supuesto y preocupante "poder de los medios".

No obstante, cabe preguntarse ¿qué dicta la sustancia de tales leyes y muestra la realidad, y desnuda a estas monarquías neo-medievales suramericanas que mixturan las enseñanzas del marxismo jurásico con los recursos tecnológicos la sociedad digital, ofreciéndonos ahora un comunismo a ritmo de BlackBerry?

Todas a una de las leyes en cuestión favorecen la desinstalación paulatina de los medios independientes y en manos del sector privado; derivando éstos en meras concesiones de servicio público, por ende, en prolongaciones del aparato estatal sujetas a la intervención corriente de éste. A la par procuran el crecimiento exponencial de los medios estatales o los alternativos sujetos al control del Estado. En Venezuela, el gobierno, luego de tener una estación televisora y una radio nacional en 1998, en 2011 sostiene una hegemonía comunicacional de Estado que integran 6 emisoras de TV incluida TVSUR, 20 emisoras de radio y unos 60 periódicos alternativos bajo su control.

Es más, todo el espectro radioeléctrico abierto o por cable, en manos del Estado o del sector privado, está obligado, bajo pena de ley, a transmitir los mensajes presidenciales que duran largas horas. En 11 años Chávez ha efectuado 2.125 cadenas de radio y televisión.

Las leyes a las que nos referimos establecen órganos colegiados, con participación decisiva de los actores gubernamentales, competentes para el control de los contenidos de la información y el establecimiento horario de las preferencias programáticas e informativas que mejor se ajusten a los dictados gubernamentales. Y se arguyen para ello necesidades de clasificación por motivos de violencia, de sexo, de lenguaje, de salud, quedando bajo regulación gubernamental el proceso de otorgamiento de frecuencias, bajo el principio de que las frecuencias oficiales son de amplio espectro y de disposición discrecional; pero las privadas no pueden cubrir con sus señales sino a parcelas limitadas de la opinión pública, consideradas geográfica y poblacionalmente.

Dichas leyes, además, favorecen las llamadas programaciones independientes, sujetándolas al control y autorización estatales; y permiten no solo la indicada censura de los contenidos de la información, sino hasta la posibilidad de clausura preventiva de las emisiones por alegadas razones de seguridad nacional.

B. *Criminalización de la disidencia*

El asunto, como lo indico al principio, no es ni se limita a la intervención autoritaria, mayor o menor, de los gobiernos que aplican estas leyes en el ámbito de la información y de las comunicaciones en general.

En el pasado, en el marco de las dictaduras que conoce Hispanoamérica, a los editores o dueños de medios de comunicación y a los periodistas, les bastaba portarse bien y no provocar al gendarme de ocasión. Durante los regímenes intervencionistas de origen democrático, les es suficiente cumplir con la ley, por muy rigurosa u obstruccionista que sea y, dado el caso, apelar al amparo de la justicia nacional o interamericana para asegurar la vigencia de los estándares mínimos que implica el respeto a la libertad de expresión, por ser columna vertebral de la democracia.

Hoy no es así, justamente, porque quienes intentan cumplir la ley, pero no se subordinan al dominio arbitrario y total sobre sus medios por parte del Estado, este los persigue de igual modo y los criminaliza. Y quienes se le someten tampoco se salvan al final, pues el modelo del Socialismo del Siglo XXI predica y postula el dominio totalitario del Estado sobre la personalidad humana y por los gobernantes que lo encarnan. Bajo la fórmula no hay espacio para los medios de propiedad o gestión privada e independiente.

Pero a diferencia de las dictaduras que conoce la región y que aún en lo ominoso de sus prácticas se comportan de modo transparente y con seriedad dictatorial, estos gendarmes del siglo XXI usan las formas de la democracia vaciándolas de contenido, para liquidar de raíz a la misma democracia. Quieren dictaduras electivas, consensuadas mediante el voto de la población y la renuncia por la misma población a sus ideales de libertad, aceptando el sometimiento. Pretenden, asimismo, acabar con la globalización y el capitalismo mediante los mismos recursos tecnológicos de que dispone la sociedad global y el empresariado.

El artículo 3 de la Constitución de la República Bolivariana de Venezuela es decidor al respecto y matriz del modelo, cuando le encomienda al Estado el desarrollo de la personalidad humana; y al disponer, en su estructura orgánica, que el Estado y sus poderes pueden confundirse en el Jefe del Estado. Por ende, Chávez en Venezuela declara en 2004 que él es el Estado y la ley, y Correa en Ecuador, más recientemente, afirma altanero, ¡yo soy el jefe del Estado!

En los años '60, el padre de esta criatura, Fidel Castro, intenta hacerse de nuestros gobiernos mediante la violencia insurreccional. Hoy, usando a Venezuela como puente, tal como lo predice preocupado, en 1963, el presidente venezolano Rómulo Betancourt, vuelve por sus fueros. Pero esta vez apela a las reglas democráticas y a libertad para luego escarnecerlas y doblegarlas.

Lo anterior explica, a manera de ejemplos que, a Guillermo Zuloaga, Presidente de Globovisión, se le cerque con la Ley Resorte y sujeten a dicho canal de noticias a innumerables expedientes administrativos sancionatorios. Pero el objeto final es desplazarlo, purgarlo del país por capitalista y representante del sector privado; para lo cual se le desprestigia y abre un juicio por un delito común como especulador. Y a su socio, Nelson J. Mezerhane, se le acusa de fraude bancario, para luego confiscarle sus acciones en la indicada televisora.

Más recientemente, al periodista Leocenis García, quien critica con acritud y hasta sorna a las "mujeres del poder" en Venezuela, a la presidenta del Tribunal Supremo, a la Fiscal General, a la Contralora General, a la Defensora del Pueblo, a la presidenta del Consejo Electoral, y a la Vicepresidenta de la Asamblea Nacional, no se le juzga y priva de libertad por desacato; menos se le persigue por difamación o injuria, como es lo normal y objeto de debate rutinario en la misma SIP y en la OEA. Está preso por violar la ley que protege a las mujeres de la violencia.

C. *El régimen de la mentira*

Las enseñanzas, en suma, no se hacen esperar. Si no se comprende la naturaleza de los regímenes que han impulsado estas leyes orientadas a la forja de un totalitarismo de Estado dentro de Estados que existen a través de gendarmes de nuevo cuño y electos, se cae en el esfuerzo inútil de razonar jurídicamente. Y se sirve al propósito de quien, como éstos, usan las leyes para sus despropósitos y perturban con las formas legales a la ética democrática; esa que demanda medios legítimos para fines legítimos.

Los gobernantes del eje del Socialismo del Siglo XXI cuidan las formas legales para sus cometidos criminales y no pocas veces revisten a estos cometidos de sanas virtudes, para luego apelar a medios ilegales que se justifican en el objetivo de bien colectivo que prometen sus autores.

Debo decir, para concluir, que en el pasado los perseguidos políticos eran los políticos, durante las dictaduras. Esta vez son perseguidos, por razones políticas, los empresarios privados y los dueños de los medios independientes, por capitalistas y por defender libertades que no se concilian con estas gendarmerías de nuevo cuño.

Lo que cabe, por consiguiente, es la denuncia recurrente ante la opinión hispanoamericana e interamericana de esta falacia histórica con pretensiones de construir historia, borrando la historia pasada y ofreciéndoles a nuestros países una historia nueva, escrita a conveniencia del comunismo del siglo XXI.

## 8. EL OLVIDO DE NUESTROS PADRES FUNDADORES O RELECTURA DE LA CONSTITUCIÓN DE CÁDIZ DE 1812

Casa de Iberoamérica, Cádiz, 18 de octubre de 2012

A. *El olvido de nuestros padres fundadores*

La revolución civil y de las luces que prende en las Españas de ambos hemisferios dos siglos atrás, trasiega sus efectos al constitucionalismo moderno y nos tiene hoy como deudores de permanente gratitud. Se trata de una revolución en propiedad, como lo precisa Miguel Artola, historiador quien dedica sus mejores esfuerzos al estudio del asunto; pues nada tiene que ver con "fenómenos de parecida apariencia –el cambio violento de gobierno e incluso de régimen– y menor trascendencia (Miguel Artola, editor, *Las Cortes de Cádiz*, Marcial Pons Historia, Madrid, 2003, p. 9).

Aparte de otorgarle a la España peninsular su primera y pionera constitución liberal, la Constitución Política de la Monarquía Española –o de la Nación española– sancionada en 1812, tal "experimento" (Miguel Artola, "La revolución gaditana con acento francés", El Mundo, Madrid, 2009) inspira la ingeniería constitucional italiana y portuguesa, la de los países centroamericanos y sudamericanos, la mexicana de Apatzigán e incluso, en las antípodas de la geografía, la de los decembristas rusos.

La magna tarea constituyente y legislativa que acometen los diputados doceañistas, reunidos en Cortes Generales y Extraordinarias desde el 24 de septiembre de 1810, primero en la Real Isla de León y luego en Cádiz, puerto que une a los españoles de uno y de otro continente y quienes desde sus respectivas trincheras luchan por sus Independencias, no es menor a la que demandan las Revoluciones americana y francesa que le preceden. Así cabe subrayarlo, sin mengua de destacar y reconocer las aportaciones sustantivas que éstas realizan al Derecho público y político hispanoamericano, hoy bajo revisión profunda, e incluso al entonces naciente Derecho constitucional gaditano, que es visionario, testimonio y emblema de perfectibilidad.

En su Decreto I, otorgado en la indicada fecha, las Cortes precisan los fundamentos o principios del orden que las justifica y la orientan en su labor constituyente, haciendo saber que en ellas, como representantes de la Nación, reside la soberanía nacional; que la renuncia al trono por Fernando VII carece de validez "por faltarle el consentimiento" de las mismas; que resulta inconveniente la reunión de los poderes legislativo, ejecutivo, y judiciario; que el ejercicio del poder acarrea responsabilidad conforme a las leyes; que la justicia se administra conforme a las leyes; y que la persona de los diputados es inviolable (*Colección de los decretos y órdenes que han expedido las Cortes Generales y Extraordinarias desde su instalación de 24 de septiembre de 1810*, Tomo I, Imprenta Nacional, Madrid, 1820, pp. 1-3).

Inexplicablemente, tal revolución de levitas e ideas –uno de cuyos referentes es el hombre de leyes liberal y excelso tribuno asturiano, Agustín de Argüelles– se ve luego desplazada; no por desconocerla y abrogarla el mismo Rey Fernando, una vez como regresa al poder, sino que es subestimada por la posteridad, por las cátedras y academias del mundo hispanoamericano. Lo que es más grave, políticos, jueces y legisladores la ignoran como precedente, la obvian hasta para lo circunstancial, como lo es el juramento de La Pepa en los territorios del Nuevo Mundo. "Durante la guerra de Independencia de Hispanoamérica ese instrumento jurídico estuvo vigente en 2 ocasiones (1812-1814 y 1820-1823) en los territorios de Venezuela" (*Diccionario de historia de Venezuela*, Tomo I, Fundación Polar, Caracas, 1997, p. 1010).

Esta minusvalía ocurre, y así cabe señalarlo, bajo el peso de una lamentable confusión histórica. Ella es obra del armamentismo de la historia que nos es común a "los españoles de ambos hemisféricos". Se hace dogma a conveniencia bajo un silencio conveniente, y a la confusión del caso se suma el injustificado complejo de culpa que acusa y no supera todavía la Madre Patria, a pesar y luego de haber llevado a cabo la más grande obra de civilización conocida por la Humanidad, el descubrimiento del Nuevo Mundo.

España pasa la página del desencuentro que nos tiene por presa durante las dos primeras décadas del siglo XIX, para no perturbar el reencuentro anhelado y mirar hacia el porvenir. Pero, entre tanto, en las Américas de actualidad, tanto como en las Américas recién emancipadas, no pocos de sus gendarmes de ocasión releen y hasta reescriben la página de aquel instante crucial. La idea de la Emancipación junto al colombino Mito de El Dorado, al paso de los años derivan en ariete que disimula y justifica las falencias propias, encubre autoritarismos, perdona graves omisiones políticas y sirve al despropósito de aquéllos, como lo es mantener a nuestros pueblos sojuzgados, en la inmadurez. Libres e independientes de imperios, hacia afuera, siervos y tardos hacia adentro.

La ley de las espadas, en buena lid, hace posible la emergencia de nuestras naciones como *res-publicae*, pero a partir de una guerra fratricida –no lo olvidemos– entre "todos los españoles" de cada hemisferio y entre los españoles de ambos hemisferios, catapultada por una "crisis dinástica". Emerge inevitable una realidad en cuyo desenlace la razón de la fuerza –sea la de Napoleón Bonaparte, sea la de Simón Bolívar o la del mismo Fernando VII– pone de lado nuestra más primitiva cultura de libertad y gobiernos moderados, pioneros de la democracia local.

Y no es ocioso subrayar al respecto, que 300 años de historia colonial, aún dentro de los predios del absolutismo borbónico que padecen por igual los habitantes de la península y concita la reacción constituyente de Cádiz como la de las provincias americanas, hace de nosotros, hispanoamericanos, causahabientes forzosos del patrimonio intelectual e institucional de la remota Hispania y posterior madre España.

B. *Cádiz, esperanza y cementerio de la integración y de la ley*

La hora y el tiempo en el que la censura de la Inquisición se relaja y hace posible la multiplicación de los periódicos, panfletos y escritos políticos en el Cádiz de 1812, es el mismo tiempo y la hora cuando el Precursor de la Independencia Hispanoamericana, Francisco de Miranda, hijo de canarios, el más universal de los hombres de su momento y actor destacado de las Revoluciones americana y francesa, se anticipa al ideario constitucional de la Cortes.

Tras su amarga experiencia, haciendo trazos a distancia dice, en 1798, tal y como lo hará luego el Divino Argüelles: !Dios nos libre de principios jacobinos como de la peste! Y es que éste asume a la libertad dentro del orden, las ideas a cuyo tenor la revolución constante –incluso la retórica– divide voluntades y el acceso al poder mejor se legitima "por los medios legales y lícitos", como su catecismo de jurista y constituyente (Carlos Massa Sanguinetti, "D. Agustín de Argüelles", Semanario Pintoresco Español, año X, 29 de junio de 845, pp. 201-203, apud. Jorge Vilchez, "La ilustración liberal", *Revista española y americana*, No. 39, www.ilustracionliberal. com).

Se trata, también, del hito histórico en el que la visión reducida y gramatical de la nación igualmente se abre espacios dentro de la Ilustración hispana en búsqueda de miras generosas y universales. Miranda, en 1808, anima la creación de la Colombia americana. La idea de la integración la hacen propia los repúblicos caraqueños de 1810 –incluso dentro del molde federal al que aspiran– al imaginar la "grande obra de la confederación americano española". Y los diputados gaditanos, desde su perspectiva, procuran "la reunión de todos los españoles de ambos hemisferios".

Es, por lo demás, la etapa de nuestras historias in comento cuando el Precursor –quien reclama el 10 de enero de 1808 alcanzar la libertad "sin anarquía y sin confusión"– topa con la traición de su subalterno, el citado Coronel Bolívar. Dado ello y antes de que sus huesos obtengan sepultura y se pierdan en La Carraca de Cádiz, escribe desde este presidio a su amigo y canciller británico Nicholas Vansittart, el 30 de junio de 1814, una vez desconocida La Pepa por el Rey, que si éste "hubiera aprobado la Constitución yo me habría considerado libre, en virtud de la garantía de la libertad personal y la fuerza de de mi derecho".

Así las cosas, el olvido de nuestros próceres civiles, liberales y justos, es lo que explica, como lo creo, que en el sur del Río Grande prenda la sociología del "gendarme necesario" –sistematizada por don Laureano Vallenilla Lanz, historiador positivista venezolano, durante la primera mitad del siglo XX (Del autor, *Cesarismo democrático*, 1919)– y es lo que determina, incluso, el sentimiento de frustración que inunda a Dionisio Inca Yupanqui, diputado peruano a las Cortes gaditanas, hacia 1824: "De modo que debo reconocer que a los que defendimos la libertad y el Texto Sublime de 1812 nos ha quedado un triste papel en la comedia de la historia de España. !Cuántas revoluciones justas se han perdido en el polvo de la historia!", son sus palabras.

En su Memorial de presidiario, víctima como Argüelles de su obra de libertad fundada en la razón moral; dando cuenta de la caída de la Primera República de Venezuela y de su capitulación ante el soldado realista Domingo de Monteverde, Miranda la juzga propicia, a pesar de su costo. Dominado por el espíritu de las luces, al que subordina su experiencia de militar, apuesta por una nueva era que "reconciliase a los americanos y europeos, para que en lo sucesivo formasen una sola familia y un sólo interés".

Luego de analizar la Constitución de Cádiz, el citado e ilustre escritor de la *Colombeia*, quien también es oficial del Ejército español, desde las bóvedas del Castillo de Puerto Cabello que lo tienen prisionero, declara en 1813 haber preferido –atendiendo al reclamo de los vecinos de Caracas– "una honrosa reconciliación a los azarosos movimientos de una guerra civil y desoladora"; a cuyo efecto y "en medio de este tropel de sucesos harto públicos –son sus palabras textuales– se promulga en Caracas la sabia y liberal Constitución que las Cortes generales sancionaron el 19 de marzo del año último: monumento tanto más glorioso y honorífico para los dignos representantes que lo dictaron, como que él iba a ser el iris de la paz, el áncora de la libertad y el primero pero importante paso que jamás había dado la metrópoli en beneficio del continente americano".

Mas, al término también revela como Yupanqui, y como lo hace Argüelles una vez en el exilio, su total desencanto. Monteverde burla el tratado y a la par desconoce a La Pepa –tanto como Bolívar critica desde Cartagena la obra constituyente, liberal e ilustrada venezolana que forja la Constitución de 1811 (*Constitución Federal para los Estados de Venezuela*) – para hacer primar la dictadura de las casacas: "Creían los venezolanos –observa Miranda– que al abrigo y protección de este precioso escudo todo terminaría, que las prisiones se relajarían, que se restablecería el sosiego y que un nuevo orden de cosas, un sistema tan franco y liberal aseguraría perpetuamente sus vidas y propiedades".

Desde la prisión de Puerto Rico, a la que sigue y a tres meses de su famoso memorial, Miranda confiesa ante el Rey su adhesión a "la libertad civil y política de los hombres", reconoce que "los que hoy sirven a la causa de la libertad española en Venezuela, no son ciertamente hombres ilustrados en estos principios liberales", y de allí que acuse la prórroga del sistema opresivo antiguo; no obstante lo cual, se repite en su credo liberal y atribuye las culpas "del fracaso en la reconciliación de España con las Indias a los que mandan, vejan y oprimen" (William Spence Robertson, *La vida de Miranda*, Banco Industrial de Venezuela, Caracas, 1967, p. 411).

La historia, pues, es otra, entonces y ahora, y el desafío de su desarme y para ello la renovación del pensamiento civil de aquel momento, sigue pendiente en nuestros días. Sin la dualidad que implica el pensamiento bolivariano –Bolívar "llevara la democracia en los labios y sus sentimientos de privilegio en el pecho" observa Ramón de Basterra (*Los navíos de la Ilustración*, Caracas, Ediciones de la Presidencia de la República de Venezuela, 1954, p. 223)– y siendo conscientes, como lo apunta la introducción del libro de Miguel Artola (*Las Cortes de Cádiz*, Marcial Pons Historia, Madrid, 2003, p. 11), que "la revolución liberal, ahora que el comunismo se ha descubierto como una vía sin salida, recupera la situación que tuviera hasta 1917".

C.  *La limitación constitucional del poder, base de la antigua y moderna democracia*

Algunos juristas e historiadores enjuician las realidades constitucionales a la luz de las circunstancias que las originan o condicionan en lo inmediato. Piensan que ello es fundamental para la adecuada interpretación o hermenéutica de los textos normativos que las recogen, para impedir críticas que horaden la estabilidad de éstos, o a fin de evitar extrapolaciones atemporales; sin mengua, como es obvio, de las cláusulas de salvaguardia que permiten la reforma o enmienda constitucional a la luz de la experiencia y apuntando hacia su evolución.

En pocas palabras, cada carta constitucional es hija de su momento. "Una generación no puede sujetar a las generaciones futuras a sus leyes", reza el artículo 28 de la Declaración de los Derechos del Hombre y del Ciudadano. Lo que no implica que a la primera se le pueda transformar, si apelamos a las palabras del eminente jurista e historiador venezolano de comienzos del siglo XX, José Gil Fortoul, en el librito amarillo que se viola cada día y se modifica todos los años. La Constitución, al fin y al cabo, es asimismo la expresión de la identidad permanente de la Nación que le da forma.

Cada vez que una sociedad se ve sometida a cambios o rupturas sociales y políticas de importancia o cuando ingresa al plano de una eventual anomia, la recomposición del pacto nacional y hasta la supervivencia del espíritu de lo ciudadano exige releer y volver sobre los textos constitucionales más remotos y fundacionales. Pero ocurre –así lo muestra la cruda realidad de nuestros días– que algunos procuran el regreso del todo y de todos a las fuentes de la historia para propiciar su reescritura a conveniencia; para ajustar cuentas con el pasado; o para impedirle a la misma sociedad el aprendizaje progresivo del autogobierno. En la óptica de los más sabios y prudentes cabe volver la mirada hacia los orígenes, aquí sí, mas sólo cuando se requiere de sus enseñanzas, ora para el redescubrimiento del ser colectivo eventualmente extraviado, ora como anclaje cierto de la libertad connatural e individual que cabe reivindicar a diario.

Es ésta, justamente, la cuestión vertebral que bulle en la mente de los hombres del Cádiz de las Cortes, quienes siembran su pacto de Independencia sobre los fueros más antiguos sin descuidar la observación necesaria sobre los movimientos libertarios revolucionarios del inmediato siglo anterior. "Nada ofrece la Comisión en su proyecto que no se halle consignado del modo más auténtico y solemne en los diferentes cuerpos de la legislación española, sino que se mira como nuevo el método… más análogo al estado presente de la nación, en que el adelantamiento de la ciencia del gobierno ha introducido en Europa un sistema desconocido en los tiempos en que se publicaron los diferentes cuerpos de nuestra legislación", recuerda Argüelles (Agustín de Argüelles, *Discurso preliminar a la Constitución de la monarquía española*, Imprenta Nacional de Sierra y Martí, Barcelona, 1820, p. 2).

La esencia y trascendencia de la obra constituyente gaditana, a mi juicio y al margen de su infeliz e inmediato destino o del uso parcial o interesado que luego hacen de la misma quienes se sitúan en la arena de la lucha política española como partisanos o para halagar a la monarquía –tanto la traidora como la usurpadora– reside, exactamente, en que aquella es el producto de una transacción de genuina inspiración democrática, distinta de la falaz y estéril componenda entre intereses estamentales diversos, contrarios a la idea del "voto nacional" e "incompatibles...con cualquiera forma de gobierno justo y responsable" (Agustín de Argüelles, *Examen histórico de la reforma constitucional de España*, Londres, Imprenta de Carlos Wood e hijo, 1835, Tomo II, p. 62). Se sobrepone el ideal común que a todos les vertebra bajo un supuesto que es sustantivo a la democracia auténtica, a saber, la limitación por los ciudadanos del poder absoluto, para salvar y cuidar de sus derechos.

"La democracia consiste en poner bajo control el poder político", afirma en la actualidad Karl Popper. Y en las Cortes reunidas en la Iglesia de San Felipe Neri, sede constituyente e ícono de la libertad de las Españas, desde antes y en el decir de Argüelles se habla de "monarquía representativa" y del fin de "la abominable doctrina de la servidumbre de la nación" (Argüelles, *Examen histórico...*, *op.cit.*, Tomo I, p. 4 y Tomo II, p. 68, respectivamente).

En Cádiz, así las cosas, se forja un verdadero y moderno orden constitucional. Llega fundado, es cierto, sobre la vieja constitución primitiva española, que alude mejor a sus usos y costumbres, a sus fueros, a sus leyes fundamentales y que, como lo explica Argüelles en su Discurso preliminar a La Pepa, están contenidas "en el Fuero Juzgo, las Partidas, Fuero Viejo, Fuero Real, Ordenamiento de Alcalá, Ordenamiento Real y Nueva Recopilación" (Argüelles, *Discurso preliminar...*, p. 16). Éstas adquieren para lo sucesivo un orden sistemático en cuanto a sus líneas gruesas.

Pero no se trata de una simple codificación, pues la Constitución de 1812, por una parte, escarba en el pasado de España porque "fue siempre una democracia. Lo fue en su estado de tribu; lo fue bajo el régimen municipal romano; (y) la invasión de las instituciones aristocráticas germanas no pudo destruir la anterior (y originaria) constitución... ni enraizar en ella el régimen de herencia y de casta, como lo hizo con el resto de Europa"; hasta cuando, como lo narra Oliveira Martins en su *Historia de la civilización ibérica* (Editorial Aguilar, Madrid, 1988, p. 405) se constata que "el alma había muerto en nosotros completamente".

Mas, por otra parte, sobre lo anterior, sus autores –de preferencia Argüelles y los otros miembros de la comisión de constitución que preside Diego Muñoz Torrero– vacían sobre el texto constitucional de 1812 lo que aprecian en estado de elaboración dentro de las revoluciones americana y francesa, a saber lo que hoy conocemos como el moderno Estado Constitucional y de Derecho: "principios de supremacía constitucional, de sujeción del ejercicio del poder a los límites de la legalidad y separación de los poderes del Estado, de unidad sistemática del Derecho, de sujeción a la ley por todos quienes integran la Nación española, de responsabilidad de los funcionarios del Estado por violación de la Constitución y las leyes, en fin, de control de la constitucionalidad mediante la acción popular" (Asdrúbal Aguiar, *Libertades y emancipación en las Cortes de Cádiz de 1812*, Editorial Jurídica Venezolana, Caracas, 2012, pp. 163-164).

En su testimonio personal y desde el exilio, constante en su citada obra de 1835, Argüelles explica que "el estado de guerra interior que mantuvo (España) por espacio de ocho siglos, hacía degenerar el gobierno en una especie de régimen militar, que disminuía el influjo de las instituciones libres en que estaba fundado". Pero lo cierto, agrega, es que "el principio de elección libre de los reyes, y de restricciones puestas a su autoridad en la monarquía goda, se reprodujo, en los gobiernos fundados en España, apenas empezó a rescatarse la nación del dominio de los árabes...". Y en una suerte de lucha agonal entre las leyes y las armas en las que ganan las primeras declinando el siglo XV y al reunirse las coronas de Aragón y Castilla con los Reyes Católicos, sobreviene la restauración; mas, por obra de un sino esta se pierde –lo explica otra vez Argüelles– al pasar la corona "á una raza extranjera...sin haber tomado ninguna precaución que asegurase la libertad contra el influjo de príncipes, nacidos y educados fuera de la nación". Ello "produjo el germen de la discordia civil... y la ignominiosa y dura esclavitud en que gimió tres siglos" España, la de los dos hemisferios (Arguelles, *Examen histórico...*, *op.cit.*, Tomo I, pp. 24 y ss.).

La Constitución gaditana lo es propiedad y según lo indicado al principio, sobre todo y por cuanto además de plantearse por sus redactores la señalada vuelta a los orígenes, cuando España –fortalecida por su orden municipal– vive en libertad y bajo la garantía de la limitación del poder sujeto a la primacía de la ley, y observando además los movimientos revolucionarios ocurridos a finales del siglo XVIII, aquéllos no ponen de lado la circunstancia doméstica. Argüelles sabe y las Cortes lo entienden, que resulta imposible la Independencia frente al invasor sin la libertad y sin la unidad de la nación. De modo que, él y sus colegas de la comisión de constitución son conscientes en cuanto a que el límite de la conciliación y la diversidad social –y así lo aceptan, finalmente, los distintos diputados a las Cortes– es el final de los privilegios, junto a la apertura de la igualdad de derechos para todos los españoles y el acceso de todos, sin discriminación, a las funciones del Estado (*Ibídem*, Tomo II, pp. 62 y ss.).

Junto con cumplir las exigencias –legitimadoras, políticas, económicas y sociales, y transformadoras– que la teoría constitucional demanda de toda constitución moderna (Antonio Moliner Prada, "Liberalismo y democracia en la España del siglo XIX", *Revista de historia Jerónimo Zurita*, Zaragoza, 2010, 85, p. 169), La Pepa, inevitablemente, sin ser –lo precisa Argüelles– "un acto superfluo y arbitrario de las Corte sí es, eso sí, "arma, que no podía menos de emplearse contra un conquistador –Napoleón– tan sagaz como atrevido, que también la usaba para someter a la nación" (Argüelles, *Examen histórico...*, *op.cit.*, Tomo I, pp. 1-2) con su texto farsa de Bayona, otorgada en territorio francés por José Bonaparte bajo el nombre de Acta Constitucional de España y que repite el modelo de estado constitucional absolutista.

D. *Una constitución y su control, para los derechos y la propiedad*

La Constitución Política de la Monarquía Española es, sin lugar a dudas y por lo dicho, la primera constitución escrita de España "y está considerada técnicamente como uno de los mejores modelos del constitucionalismo occidental", como lo recuerda Moliner Prada (*cit.*, pp. 172 y ss.). Alcanza conciliar –cabe reiterarlo– las distintas visiones de unas Cortes integradas de un modo plural y balanceadas, divididas al caso proporcionalmente entre eclesiásticos, nobles, y profesionales liberales, y contándose dentro de los 184 diputados que adoptan el texto de 1812 unos 70 juristas y cerca de 16 catedráticos. Se trata de una asamblea ilustrada, no cabe duda. Y dentro de ésta, por lo mismo, se advierte, por una parte, una tendencia jurídica realista, que apunta a la idea de una soberanía compartida entre el Rey y las Cortes, dentro de la idea pactista y escolástica de la *translatio imperii*, que sitúa la titularidad originaria de aquélla en la nación reunida; otra tendencia netamente liberal, que habla de soberanía nacional y división de poderes; finalmente, la visión o tendencia americana, que entre la primera −inspirada en el modelo constitucional británico− y la segunda −alineada con el modelo francés de 1789 y 1791− le preocupaba más el autogobierno de las provincias y la representación proporcional de la población como base de la organización política deliberativa y normativa, a cuyo efecto ve más adecuado el modelo federal norteamericano.

Sea lo que fuere, la Constitución de 1812, a la par de dibujar el Estado de Derecho, le fija al orden constitucional naciente una teleología, en línea con la idea muy contemporánea de la democracia de realizaciones, residente en el ciudadano y obligante para los poderes del Estado. En efecto, al fundarse como texto sobre la idea de la soberanía de la Nación y en procura de su carácter garantista de los derechos, la misma Constitución declara ser su objeto "conservar y proteger" la libertad civil, la propiedad y los demás "derechos legítimos de todos los individuos" (artículo 4); con lo cual la idea despersonalizada y colectiva de la nación, a quien pertenece y en quien reside la misma soberanía, se descomprime y adquiere concreción en todos y cada uno de los españoles de ambos hemisferios. En este sentido, el Estado de Derecho gaditano adquiere su dimensión social concreta, al señalar como propósito que asegura La Pepa "el bien de toda la nación" (Preámbulo) y como obligación normativa del gobierno "procurar el bienestar de los individuos que la componen" (artículo 13).

En este último aspecto cabe resaltar, a manera de ejemplos, que las Cortes mediante −en una técnica distinta a la del constitucionalismo americano y francés− reconoce y garantiza derechos mediante decretos separados, precedentes y subsiguientes al mismo texto constitucional, como los que prohíben las vejaciones a los Indios primitivos: "la cruzada en favor del indígena fue una de las páginas brillantes del Experimento de Cádiz", recuerda Mario Rodríguez (Del autor, *El experimento de Cádiz en Centroamérica: 1808-1826*, México, FCE, 1984); los que aseguran la igualdad de representación en las Cortes, la libre industria, el acceso sin discriminaciones de origen o clase a los empleos, la abolición de la tortura y de los apremios, o los que determinan la prohibición de otras prácticas aflictivas.

Lo que es más importante, en su perspectiva constructora de un Estado social, al considerar las Cortes que la propiedad –la posesión de renta de bienes propios– es circunstancia que hipoteca, limita o condiciona el ejercicio de la ciudadanía, lo hace a objeto de darle a ésta su plenitud y no, como se cree, para favorecer el dominio político de una clase propietaria con detrimento de las mayorías. No obstante, para los fines electorales inmediatos, en lo particular de la elección de diputados a las Cortes, las mismas establecen al respecto una moratoria.

Las razones que a la sazón explica Argüelles, para justificar todo lo anterior, son dos y bastante ilustrativas del criterio de las Cortes en la cuestión: La acumulación de las propiedades territoriales en cabeza de instituciones de manos muertas, la restricción de la aplicación de capitales y conocimientos a la industria individual, y la falta de libertad para el ejercicio de las facultades intelectuales, representan rémoras o causas que impiden que las cosas se encuentren dentro del cauce natural y reclaman de tiempo para reordenarse. De donde agrega, para reforzar lo anterior, que el aprecio y el respeto público para la elección, en todo caso, resultan más compatibles con "la organización y forma que adquiere cada día la sociedad en el mundo civilizado" (Argüelles, *Examen histórico...*, *op.cit.*, Tomo II, p. 78), son sus palabras.

La propiedad, cabe insistir, queda situada como uno de los derechos fundamentales que, junto a la libertad, debe tutelar el orden constitucional naciente. El debate que se suscita entonces queda orientado a la reivindicación de la idea de la propiedad individual, con mengua de la corporativa. De donde vale el sentido pionero y genuino que alcanza la idea sobre la reforma agraria en 1812 y que apenas conoce y desarrolla, como cuestión central, el constitucionalismo social hispanoamericano durante el siglo XX.

Refiere Rodríguez, al respecto, que al debatirse la posible repartición de los ejidos indígenas –objeto del abuso y explotación por oficiales reales y caciques de pueblo– y mediante la titulación de las propiedades individuales, dado lo arraigado del sistema, siguiendo las orientaciones del Padre Larrazábal –diputado centroamericano a las Corte– se ordena como alternativa el parcelamiento individual de las tierras baldías y realengas; y en cuanto a la disposición de las tierras así obtenidas por los indígenas del gobierno y su libre disposición, los diputados a las Cortes arguyen la necesidad de pasar leyes que eviten la venta de propiedades indígenas a grandes corporaciones. Y Argüelles –al repetirse en su defensa del derecho del indígena a disponer libremente de su propiedad– ajusta que de nada vale la concesión de tierras sin un financiamiento para su trabajo. Así nacen, bajo instrucción de la regencia dirigida a los ayuntamientos y gobiernos provinciales, las cajas de comunidad, suerte anticipada de los modernos bancos agrícolas (Rodríguez, *El experimento de Cádiz..., op.cit.*, pp. 119-120).

En síntesis, dentro de su particular circunstancia histórica, las Cortes de Cádiz procuran una visión compartida sobre los distintos estándares que en la actualidad fundan al llamado Estado democrático de Derecho, que surge de elecciones, pero adquiere legitimidad con su desempeño. Al efecto, la Constitución sancionada por éstas dispone la garantía del respeto a los derechos humanos –libertad y propiedad, entre otros– y la tutela del debido proceso (artículos 4 y 287 y ss.), la celebración de elecciones (desarrolladas por el Título III), la citada sujeción del gobierno al Estado de Derecho y el principio de su responsabilidad (artículos 131, cláusula vigésima quinta y 226); la sujeción parlamentaria a la legalidad constitucional y la de los jueces a ésta y a la ley propia (artículos 100, 117 y 279); la irresponsabilidad parlamentaria por opiniones e inmunidad (artículo 128); la citada separación de los poderes públicos (artículos 15, 16 y 17); y como columna vertebral de todo lo anterior la libertad de expresión política y de prensa (artículos 131, cláusula vigésima cuarta y 371), base de la educación e ilustración.

El anclaje de la experiencia democrática que alcanza a forjarse por las Cortes de Cádiz dentro del odre de una suerte de monarquía parlamentaria o constitucional limitada, lo fijan aquéllas en las disposiciones –una constante en la Constitución y otra en uno de sus

decretos (Decreto CCX de 28 de noviembre de 1812)– que consa-
gran, de un modo pionero como sucesivo, el control concentrado de
constitucionalidad por las Cortes, y el control difuso de constitucionalidad, en manos de los jueces, quienes al efecto "preferirán a todo
otro asunto los relativos a la infracción de la Constitución política
de la Monarquía" que han de ser "determinados con la mayor prontitud" (Aguiar, *op.cit.*, p. 173). Ello se realiza, como mejor garantía
de la perspectiva democrática de la Constitución y de su función
protectora de los derechos de la nación y de los españoles, mediante
la consagración del derecho de petición o representación (artículo
373 en su relación con el artículo 372), que es extendido, como deber de información de las infracciones constitucionales, a las Diputaciones provinciales (artículo 335, inciso 9)

### E.  *Argüelles, liberal a secas*

La redacción y el debate habido dentro de la Cortes de Cádiz
acerca de La Pepa y la definición de sus partes y criterios –tanto
dogmáticas como orgánicas– son el producto de una acción y la
fragua de un denominador común de ideas entre diputados de distintos estamentos y perspectivas ideológicas, quienes se resisten y
oponen a la invasión napoleónica desde el citado puerto extremeño.

Tras la misma se encuentra una guía intelectual y liderazgo
quien, interpretando el momento histórico adecuadamente, las realidades que viven los españoles, y apelando a las leyes fundamentales
o primitivas de la nación española, se muestra convencida del espíritu
liberal que a todos les es común, a pesar del despotismo reinante.

Argüelles, jurista, políglota de clase media, lector de los clásicos, quien llega a trabajar para el Obispo de Barcelona y sobre todo
para el canonista noble y hombre de letras Gaspar Melchor de Jovellanos, próximo a su familia, ejerce funciones cruciales dentro de la
justicia española y más tarde integra la Junta Central de Sevilla. En
buena lid es el "patriarca de la libertad española y uno de los padres
fundadores del moderno constitucionalismo hispano e hispanoamericano. Integra la Comisión de la Constitución en Cádiz y, con anterioridad, ejerce como Secretario de la Junta de Legislación en Sevilla, donde se trazan las líneas conceptuales del texto de 1812; lo
cual es revelado por dicha Comisión desde su primera sesión, como

consta en el acta de 2 de marzo de 1811 y a cuyo efecto se pide la colaboración de D. Antonio Ranz Romanillos, para la compulsa de dichos antecedentes.

Antes de la sanción del texto constitucional, además, Argüelles previamente defiende de un modo activo y apasionado el proyecto que da vida al Decreto sobre Libertad de Imprenta, que es el hilo conductor de la ingeniería constitucional gaditana y eje principal del tránsito español hacia la modernidad.

Acerca del decreto de marras, numerado IX y de fecha 10 de noviembre de 1810, basta destacar –para situar mejor su importancia dentro del pensamiento liberal que apuntala Argüelles– la ratio que consta en su preámbulo: "La facultad individual de los individuos de publicar sus pensamientos e ideas políticas es, no solo un freno a la arbitrariedad de los que gobiernan, sino también un medio de ilustrar la Nación en general, y el único camino para llevar el conocimiento de la verdadera opinión pública".

Los estudiosos de actualidad sitúan a Argüelles, por lo mismo y según lo ya indicado, dentro de la tendencia liberal que concurre a las Cortes. Contrasta con la corriente realista mencionada supra –defensora de la idea de la soberanía compartida entre el Rey y las mismas Cortes y muy crítica de la Revolución Francesa– y la que integran, por otra parte, los diputados americanos, quienes rechazan la uniformidad político-administrativa y abogan por una monarquía cuasi-federal", como lo explica detenidamente Moliner Prada (*op.cit.*, pp. 170 y ss.).

Dentro de los liberales se afirma de Arguelles ser de postura radical, al defender la idea de una soberanía que la Nación no puede abdicar y en oposición a la tesis de los moderados, entre éstos su ductor, Jovellanos, quienes se mueven entre la noción de la soberanía compartida y la transferida al monarca, pero que puede reivindicarse ante el vacío de su autoridad; tesis, la última, que por cierto acogen como su fundamento los movimientos juntistas que arraigan en la península y en América una vez ocurre el llamado parricidio, cuando, según las palabras del mismo Argüelles, "sin que hubiese intervenido un acto de violencia y coacción que los obligase, acudieron a una ciudad de un reino extraño –el monarca, su heredero, diputaciones de la nobleza y del clero– (y) reunidos en ella consintieron, autorizaron, y, del modo que pudieron, consumaron la entrega de su patria en manos de un extranjero" (*Examen histórico, op.cit.,* Tomo II, pp. 61 y ss.).

¿Es acaso Argüelles un radical y, como a buen seguro arguyen en su época sus detractores, un jacobino al que hubiese que temer –como aquéllos sobre los que previene Miranda a los americanos– o es un republicano, amenaza que preocupa a los diputados realistas dentro de las Cortes?

El discurso preliminar a la Constitución de 1812, que redacta y lee Argüelles ante las Cortes, y para cuya elaboración recibe el apoyo y asistencia del diputado catalán José de Espiga y Gadea, clérigo liberal de orientación regalista y jansenista, más tarde Presidente de las Cortes durante el Trienio Liberal (1820-1823) y Arzobispo de Sevilla desconocido por Roma, es, a buen seguro, el mejor mentís a su radicalismo.

Cada propuesta constitucional, tal y como lo explica más tarde el ilustre diputado doceañista y se señala antes, es hija de usos y costumbres cuya autoridad se reivindica, pero morigerados a la luz de las exigencias propias del movimiento independentista y sin desconocer los avances que muestra el Derecho político de la época. Es La Pepa una cuidadosa obra racional y de transacción histórica, muy pragmática. No es la resultante de un asambleísmo desbordado y pugnaz o ideologizado, al punto que, como lo confiesa Argüelles, "las Cortes, al confiarle tan delicado encargo (a la comisión de constitución que él integra) no le señalaron el camino que debía seguir en sus tareas"; no obstante, una vez realizada ella "los fundamentos de su plan no hallaron oposición, sino en una muy pequeña minoría" (*Examen histórico, op.cit.,* Tomo II, pp. 61 y 95).

Incluso así, sin mengua de la revista y arrastre que se hace de los citados usos y costumbres para la reconstitución de España, mal cabe afirmar que media una suerte de neta transacción liberal con el *Ancien Régime*, a la manera en que lo intentan los revolucionarios franceses de 1789 y 1791. Se da una labor constituyente *ex novo*, como lo creo y dado que Argüelles confiesa, además, que "la comisión, aunque lo hubiera deseado, no era arbitra de restablecer lo que la insurrección había aniquilado en sus fundamentos". Todo el orden existente "había perecido en la convulsión del mes de junio de

1808", a cuyo efecto apenas resta la memoria de "la antigua planta de la monarquía". Y ella significa, una autoridad real sujeta a restricciones, Cortes convocadas para todos los negocios graves y autora de las leyes, jueces responsables sujetos a la autoridad de éstas, y administración de los pueblos y provincias "confiados á sus ayuntamientos como en su origen, y según la índole natural y primitiva que tuvieron", es decir, electivos mediante el voto popular. El citado "juntismo", por lo mismo y como fenómeno espontáneo que fue, no es otra cosa que una vuelta a "la forma popular de administración y gobierno" hecha hábito desde la antigüedad y a partir de la cual ha lugar a la transmisión del poder a esa primera magistratura que lo concentra y conserva en procura de la unidad de la nación.

De modo que, el ideario liberal gaditano, a la luz de dichos predicados se resume en el voto nacional como fundamento legitimador de un orden jurídico moderado que a su vez sustenta a la monarquía histórica, ajena al absolutismo. Pero no se trata de dogmas, según lo indicado. Independencia, libertad e integridad de la nación son desiderata.

En lo formal y sustantivo, la innovación reside en el dictado de un único texto, un acta constitucional que va más allá del sistema de codificación de leyes y usos conocido, y recoge los "principios fundamentales" que aseguran las libertades históricas y ordena los poderes que han de garantizarlas; lo que es consistente con el novísimo constitucionalismo revolucionario francés y el artículo 16 de la Declaración de los derechos del hombre y del ciudadano de 1789. La Pepa, en su artículo 4, predica bien como obligación de la Nación –cabe repetirlo nuevamente– proteger mediante "leyes sabias y justas la libertad civil, la propiedad, y los demás derechos legítimos de los individuos que la componen', y el Decreto I de las Cortes es preciso al señalar lo inconveniente de que queden reunidos el Poder legislativo, el ejecutivo y el judiciario".

Lo propio y constante, según lo describe Argüelles, es el restablecimiento del "estado político de la sociedad", por una parte y, por la otra, el restablecimiento del "estado civil de los ciudadanos". Y en cuanto a lo primero se fija en ella "el origen de la autoridad suprema en España" –es la reivindicación de la *res-publicae* en su significado originario, sin predicar a la república como forma de gobierno– y, con vistas a lo segundo se vuelve a la exigencia primitiva, a cuyo tenor todos los españoles son "admitidos sin distinción de clase ni fuero a los empleos y cargos del Estado".

!Y es que Argüelles –cabe decirlo con énfasis– se encuentra persuadido de que lo anterior, sin perjuicio de su savia, es esencial a fin de asegurar "el principio de unidad que tanto importaba consolidar en lo sucesivo", sobre todo ante la urgencia de remover obstáculos –pretensiones parciales, intereses opuestos, privilegios feudales, inmunidades y fueros eclesiásticos– y fijar contrapesos y equilibrios entre las clases a objeto de "salir triunfante (España) en su arriesgada empresa" de Independencia; la cual implica no solo derrotar a Napoleón sino también evitar el influjo del régimen que había establecido en su imperio y de la propia revolución francesa.

Tanto es así que, en cuanto a la transacción sobre el tema religioso –que en el fondo y desde el principio se admite como error grave pero inevitable– y al declararse en el artículo 12 a la religión católica como única y nacional, las Cortes la aceptan, según lo explica Argüelles, en obsequio de la paz y armonía y a la espera de reformas graduales, sobre todo por entenderlo –en la coyuntura– como el factor más determinante de la reclamada unidad cultural y espiritual de los españoles en plena guerra por la libertad. No se renuncia, pues, al espíritu laico dominante en las mismas.

Esa unidad nacional considerada tan esencial, también se refleja en el "unicameralismo" por el que se opta, para evitar que las clases refractarias entren a las Cortes armadas como en el pasado de un veto absoluto, sin el freno de la elección y la responsabilidad que ante los ciudadanos plantea el acceso a cada diputación. Aun así, por atada a su modelo de representación democrática de la Nación y por ajena a la oclocracia o al jacobinismo, léase al "gobierno de las masas", las Cortes fijan por vía constitucional y como contrapeso, ante el dictado y espera de la sanción real de las leyes, la figura del Consejo de Estado.

A la luz de lo anterior, a saber, de los principios de unidad y soberanía nacional, separación de poderes, respeto y acatamiento tanto por los ciudadanos como por los titulares de los poderes públicos –entre éstos el monarca– de la ley, que es obra de la misma soberanía reunida en Cortes, y la finalidad de las leyes y objeto de la

Justicia, como lo es la protección de derechos y la exigencia de responsabilidades por su violación, las Cortes de Cádiz y el ideario de su comisión constitucional logran hacer de la indicada tutela de derechos el sustrato de ese modelo híbrido e inédito que afirmado sobre una indiscutible base democrática forja la coexistencia entre la *res-publicae* y la monarquía primitiva de España.

Agustín de Argüelles es parco y sinóptico al decir, luego de precisar que en lo adelante el Rey adquiere independencia y estabilidad, tanto como se le asegura inviolabilidad y declara exento de responsabilidad, que la Constitución lo que si hace es blindar a la monarquía de la degeneración de su poder "en absoluto y arbitrario". Y al efecto, conforme a la Constitución cuenta con "atributos y prerrogativas que pueden ser necesarios para gobernar en paz y en justicia...".

Sea lo que fuere, lo que sí es vertebral a La Pepa, de allí su carácter liberal, son los principios de soberanía nacional, de la citada separación de los poderes, y como el elemento de ruptura o para fijarle su teleología a la idea jurídica y abstracta de la nación –que la doctrina advierte equivocadamente como preocupación preferente del orden constitucional naciente, que en principio soslaya al individuo– fija como derecho transversal al texto la citada libertad de imprenta: "Todos los españoles tienen libertad de escribir, imprimir y publicar sus ideas políticas sin necesidad de licencia", reza el artículo 371, desarrollado desde antes de aprobarse la Constitución por el ya mencionado Decreto IX.

El fin de la censura y de los tribunales de imprenta y la Inquisición son los que, al fin y al cabo, determinan el paso conclusivo desde el absolutismo hacia la libertad, asegurándose la pluralidad de las ideas y la formación de la opinión que demanda el ejercicio libre del voto nacional y el desempeño de la representación en las Cortes.

Queda en cuestión, no obstante, para una mejor valoración del pensamiento de Argüelles, liberal a secas, el asunto crucial de la soberanía nacional "fundamento del sistema político de Cádiz y origen del régimen liberal".

## F. *El sello indeleble de la escolástica*

La Nación deja de ser en Cádiz, como cabe observarlo, el *nascere* o pertenencia a un pueblo, para derivar en un concepto jurídico político. Expresa al cuerpo de los ciudadanos, su igualdad –la de todos– ante la ley, y su unidad en la lengua y la cultura. Y en ella, compuesta de la "reunión de todos los españoles de ambos hemisferios" (artículo 1), que "no es ni puede ser patrimonio de ninguna familia ni persona" (artículo 2), "reside esencialmente la soberanía" (artículo 3). De allí que, a la Nación, representada en las Cortes, corresponde el derecho de establecer sus leyes y al monarca, dentro de sus atribuciones, proponerlas y sancionarlas, y vetarlas sólo con efectos de moratoria y reconsideración; ello, a un punto tal que, si en Cortes sucesivas y por tercera vez éstas admiten y aprueban el proyecto vetado, no podrá negarlo el Rey, a tenor del artículo 149 constitucional.

A la luz de las reflexiones que ocupan estos párrafos, sean cuales fueren los usos y costumbres que signan las libertades primitivas españolas urgidas de su reivindicación y más allá de las incidencias de los experimentos revolucionarios de finales del siglo XVIII o las realidades que impone la misma lucha de la Independencia en España, que a la vez catapultan las Independencias hispanoamericanas, el modelo gaditano es conceptualmente tributario de las ideas escolásticas. Y ello no abona a favor de la corriente realista con mengua del movimiento liberal que representa Argüelles; por lo que en ello reside, justamente, la especificidad y el carácter propios de la Constitución de 1812 dentro del movimiento constitucional moderno.

Aún dentro de la complejidad que reviste la cuestión o la afirmación dicha, reconociendo lo problemático de la relación entre el liberalismo y la escolástica como discursos particulares y temporales –lo advierte bien Luis Carlos Amezúa Amezúa– se reconocen las aportaciones que ésta, la escolástica castellana o escolástica tardía, hace a las ideas liberales sin confundirse exactamente con ellas. Sus planteamientos, en efecto, según el citado profesor de Valladolid, "podrían ser interpretados como un impulso fundamental para entender lo que vino después" y admite que hoy, no obstante, cobra "carta de naturaleza la opinión de que el moderno constitucionalismo y la representación de la legitimidad de la convivencia política hunden sus raíces en las aportaciones doctrinales de la escolástica" (Del autor citado, "Liberalismo y escolasticismo, una relación problemática", s/f)

La idea de que la comunidad popular –la llamada Nación por los asambleístas franceses y luego por los diputados gaditanos– es la titular primaria del poder político, por ende, de la experiencia democrática, es en efecto muy antigua. Consta en los textos griegos y en el Derecho romano. La escolástica entiende, hacia el siglo XIII, que el fundamento del poder público es el denominado *pactum subietionis*, es decir, la sumisión voluntaria y contractual de la comunidad a la persona o personas que ejercen el poder y sus desacuerdos, que ocurren en el Cádiz de las Cortes, tienen que ver más con los efectos de ese pacto. Pero todos a uno recogen y reconocen, como denominador común, los principios políticos medievales que la misma escolástica hace suyos, a saber y según lo enseña Recaséns Siches: "a) soberanía popular originaria; b) que sólo mediante un contrato político, expreso o tácito, puede transmitirse el ejercicio del poder público a otra persona; c) que cuando el contrato caduque la comunidad recobra su pleno derecho de imperio; d) que el pueblo tiene el derecho de resistencia pasiva y activa o rebelión contra el príncipe tiránico; e) que el pueblo es sujeto capaz de derecho y acción; f) que entre el príncipe y la comunidad popular se da una relación jurídica bilateral con derechos y deberes de ambas partes" (Luis Recaséns Siches, "Historia de las doctrinas sobre el contrato social", *Revista de la Escuela Nacional de Jurisprudencia*, Tomo III, Octubre-diciembre de 1941, No. 12).

Guillermo de Occam (1280-1347) entiende, según las ideas que acoge con nitidez el pensamiento de Argüelles, que en cualquier forma de gobierno el pueblo siempre es el soberano y que la comunidad conserva un poder legislativo sobre el monarca y un control permanente sobre el ejercicio del poder público.

"En lugar de una pura democracia –que Tomás de Aquino identifica al hablar de comunidades libres que se dan a sí mismas las leyes– hallaron (los sectores de la opinión pública en el proyecto de constitución) la monarquía de Castilla y Aragón, restauradas por una ley fundamental...", comenta Argüelles. Pero, al fin y al cabo, monarquía limitada conforme al pensamiento tomista, que considera al sistema mixto donde "el poder regio se halle ligado en parte a la cooperación de otros órganos" como el más conveniente: *Gerentes vicen totius multitudines*, es decir, administradores del derecho del pueblo, léase de la Nación como ente moral autónomo cuyo fin es el bien común, es lo que son, efectivamente, los gobernantes, llámense monarcas, jefes de estado o jefes de gobierno. Este es el corolario que hoy importa.

Juntas numerosas, conocidas como Cortes, resuelven –agrega Argüelles– sobre las leyes y negocios graves, y cuerpos llamados Concejos, ó Ayuntamientos, asumen el gobierno interior de los pueblos y los integran vecinos cabezas de familia. Es, si cabe una reflexión final, el orden sano que ajeno a los extremismos y fundado en los equilibrios, permite la gestación de la idea de la democracia y su fundamento; que obliga a todos y cada uno de los miembros del cuerpo social –como reza La Pepa– a ser "justos y benéficos". Es, en fin, con sus variantes formales, el mismo orden que se dan las naciones de Hispanoamérica al apenas alcanzar sus Independencias y que luego prosternan las espadas, tachándolo como "repúblicas aéreas". Es el orden que tiene a "filósofos por jefes, filantropía por legislación, dialéctica por táctica, y sofistas por soldados", según lo entiende Bolívar desde Cartagena, en 1812. Pero es la diatriba que se prorroga en el siglo que entonces corre y luego abraza al siglo XX hispanoamericano, representada en el cruce de palabras que sostienen el presidente civil y sabio venezolano, José María Vargas, con el General Pedro Carujo, prócer de la Independencia: "El mundo es de los valientes", le dice éste al gobernante una vez como lo arresta en un día de junio de 1835, a lo que Vargas responde categórico, "No, el mundo es del hombre justo; es el hombre de bien, y no el valiente, el que siempre ha vivido y vivirá sobre la tierra y seguro sobre su conciencia".

El movimiento constitucional de nuestro tiempo, en lo particular el que ocurre en no pocas "repúblicas" de América del Sur –y aquí concluyo– reclama como en Cádiz de una vuelta a los orígenes. Cabe depurarlos de los mismos espejismos que intenta vender en su hora Napoleón Bonaparte, con su Estatuto de Bayona, redentor del absolutismo. Urge reconciliarlos con la idea de una democracia de ciudadanos, nada ajena a nuestros orígenes remotos y muy proclive, sí, a la idea necesaria de una república que se hace representar por impedirle su versión tumultuaria "dictar leyes, dirimir pleitos y castigar a los transgresores". Pero república que, dentro de la perspectiva renovada de la escolástica liberal, si cabe como síntesis y teniendo como referente a Francisco de Vitoria, hace valer su autoridad y decisiones sobre el principio de las mayorías, inherente a la democracia cabal, donde las mismas mayorías encuentran como límite a la democracia y a la intangibilidad de los derechos de las personas. Ese es nuestro desafío.

# 9. CHÁVEZ MORIBUNDO, TRAICIONADO POR LOS SUYOS

10 de enero de 2013

## A. El camino constitucional

Encontrándose concluido, este 10 de enero de 2013, el período constitucional de seis años para el que fuera electo el actual Presidente de la República, Hugo Rafael Chávez Frías, a tenor de lo previsto en los artículos 230 y 231 constitucionales; y al ceder éste, por lo mismo, en el ejercicio –improrrogable– de sus actuales atribuciones constitucionales y de suyo agotar sus mandatos respectivos el Vicepresidente Ejecutivo –quien suple al primero por ausencia temporal– y los distintos ministros integrantes del Consejo de Ministros, por ser éstos y aquél "órganos directos" del mismo Presidente cuyo ejercicio llega a término, según lo dispuesto por los artículos 238 y 242 *ejusdem*;

Siendo indiscutible que los períodos constitucionales y sus mandatos tienen entidad propia e identidad temporal, no siendo por ello susceptibles de prórroga o reconducción por exigencias de nuestra tradición constitucional republicana y no monárquica, hecha aquélla de mandatos temporales y alternativos; dado lo cual se obliga al Presidente de la República en ejercicio "resignar sus poderes" de manera fatal en la fecha del término de su mandato, con independencia de que pueda volver a ejercerlos durante otro período constitucional inmediato o posterior;

Observando que, como lo muestran nuestros textos constitucionales desde el primero que aprueba el Congreso de Valencia al separarnos de Colombia, tanto los que prohíben la reelección presidencial (1830, 1858, 1864, 1874, 1881, 1891, 1893, 1901, 1904,

1936, 1945) como los que la permiten de forma inmediata (1857, 1909, 1914, 1922,1925, 1928, 1929, 1931, 1953) o los que la aceptan de forma diferida (1947 y 1961), todos a uno señalan que la "resignación de poderes" ha lugar –a manera de ejemplos– a manos del Presidente Electo una vez juramentado (1961), y caso de no tomar éste su juramento y posesión en el día constitucional previsto y mientras lo hace, el primero –el Presidente en ejercicio– asume en lo inmediato la condición de Encargado de la Presidencia (1936 y 1945) o resigna sus poderes en el Presidente de la Corte Suprema de Justicia (1947) o en la persona llamada a suplirlo provisionalmente en caso de falta absoluta, a saber, el Presidente del Congreso (Constitución de 1961);

Considerando que la circunstancia de coincidir el nombre del Presidente en ejercicio y del Presidente electo, en modo alguno varía las apreciaciones anteriores, ya que de lo contrario se atentaría contra la Constitución y hasta se permitiría el absurdo, como lo es que el Presidente en ejercicio, al término de su período constitucional prorrogue su mandato a la espera de que el Presidente electo –si fuere otro y no él– tome juramento el día previsto por la Constitución y no lo haga por cualquier razón;

Resultando indiscutible que la toma de posesión del cargo de Presidente de la República sólo ha lugar mediante el juramento constitucional, que es una exigencia sacramental sustantiva e inexcusable para el inicio de la función de gobierno, como lo indican el artículo 231 constitucional y lo ratifica luego la Sala Constitucional del Tribunal Supremo de Justicia, que en su sentencia de 26 de mayo de 2009 precisa que la juramentación "es formalidad esencial para la toma de posesión del cargo y condición inseparable del acto previo de elección popular";

Destacando que en los precedentes constitucionales inmediatos a la vigente Constitución de 1999, se reconoce la figura de la "ausencia temporal" del Presidente electo (1947 y 1961), en cuyo caso y mientras puede juramentarse asume como Encargado de la Presidencia el Presidente de la Corte Suprema de Justicia (1947) o el Presidente del Congreso (1961); y es sólo la Constitución reeleccionista que rige durante el gobierno de Marcos Pérez Jiménez (1953) la única que dispone considerar la "ausencia absoluta" del Presidente electo quien no tome posesión y juramento de su cargo en la fecha prevista por la misma Constitución;

Visto que el acto de juramentación del Presidente electo de la República sólo puede tener lugar en el sitio donde constitucionalmente residen los poderes públicos, es decir, en la ciudad de Caracas o "en otros lugares de la República" cuando ello se disponga, como lo manda el artículo 18 de la Constitución;

Siendo elemental que de no hacerse presente el Presidente Electo de la República, Hugo Rafael Chávez Frías, para tomar posesión de su cargo mediante juramento ante la Asamblea Nacional en la fecha constitucionalmente establecida; de encontrarse regularmente reunida y constituida la citada Asamblea, en cuyo caso no se da el "motivo sobrevenido" que autoriza al Tribunal Supremo de Justicia para tomar el juramento del Presidente electo en defecto de aquélla, de acuerdo a lo que señalan el citado artículo 231 y las enseñanzas del Derecho comparado constitucional; y no estando permitida la extensión del mandato del Presidente en ejercicio ni la de su Vicepresidente Ejecutivo, quien le ha suplido durante su ausencia temporal, es inevitable la puesta en marcha los mecanismos constitucionales que impidan la ocurrencia de un vacío de poder en Venezuela;

B. *El orden constitucional de sucesión*

Siendo impostergable, pues, la resignación de los poderes que detentan los actuales integrantes del Poder Ejecutivo cuyos mandatos concluyen, cabe predicar lo siguiente:

a) La sana interpretación constitucional indica –atendiendo a nuestros antecedentes constitucionales– que la resignación de poderes, de no acudir para su juramentación el Presidente electo, ha de ocurrir transitoriamente a manos de la persona llamada a encargarse de la Presidencia de la República en los supuestos de falta absoluta del "Presidente electo", de acuerdo a lo que prevé el párrafo segundo del artículo 233 constitucional. De modo que, a partir de la citada fecha, 10 de enero de 2013, debe asumir como Encargado de la Presidencia de la República el Presidente de la Asamblea Nacional en ejercicio.

b) El Presidente de la Asamblea Nacional, como Encargado de la Presidencia de la República, en consecuencia, ha de proveer en lo inmediato, llenando las vacantes sucedidas del Poder Ejecutivo –designando un Encargado de la Vicepresidencia y encargados de los despachos ministeriales– hasta tanto se resuelve, de acuerdo con las indicadas previsiones constitucionales, sobre la situación del Presidente electo; quien, como cabe repetirlo, no se encuentra en ejercicio por falta de juramentación y toma de posesión para el período constitucional que se inaugura.

c) A objeto de que se determine sobre la eventual falta absoluta del Presidente electo, quien, según la información oficial disponible, se encuentra enfermo de cáncer y fuera de Venezuela, cabe que el Encargado de la Presidencia de la República requiera del Tribunal Supremo de Justicia la designación de una junta médica que certifique la incapacidad permanente o no del Presidente electo, en dictamen que debe ser aprobado por la Asamblea Nacional, según lo previsto en el artículo 233.

d) Si ha lugar a la hipótesis de una "falta temporal" del Presidente electo –con fundamento en la certificación médica en cuestión– y la misma se prolonga por más de noventa días, no prorrogables, como lo indica el artículo 234 in fine, la Asamblea Nacional debe declarar si la considera absoluta, y sucesivamente, de acuerdo a la misma previsión constitucional del artículo 233, "procederá a una nueva elección universal, directa y secreta dentro de los treinta días consecutivos" siguientes.

Este es el camino constitucional, a la sazón el mismo fijado por el Presidente de la República, Hugo Rafael Chávez Frías, ante la probabilidad de su ausencia para tomar posesión de un nuevo mandato en calidad de Presidente electo, y que demandó acatar antes de su abandono del territorio nacional.

Lo actuado en contrario y de forma concertada, sin solución de continuidad, entre los distintos poderes del Estado, incluida la Sala Constitucional del Tribunal Supremo de Justicia, que afirma la continuidad administrativa del Presidente y la irrelevancia de su juramentación, significa una alteración grave del ordenamiento constitucional mediante una "mutación" a cuyo tenor se modifica en la práctica la Constitución de 1999 y se le dan a sus palabras un significado distinto y que no tienen; todavía más y lo que es aún más grave, plantea una usurpación de las atribuciones del Presidente de la República y representa un atentado a los principios de la república como modelo constitucional de nuestra organización política.

## C. *Post scriptum*

El 5 de marzo, siendo las 4,25 horas de la tarde, en Caracas, a los 58 años, muere sin tomar juramento el presidente reelecto, Teniente Coronel Hugo Rafael Chávez Frías. Luego, la historia es otra. Concluyen, así, los 14 años de otra revolución más dentro de las muchas habidas a lo largo de los siglos XIX y XX venezolanos, bajo el arquetipo del "gendarme necesario" que sigue retrasando la madurez nacional y democrática de la patria de quien fuera su más acabado ejemplo, Simón Bolívar, El Libertador.

## 10. "TRAICIONARON A SU PADRE PREOCUPADOS POR LA HERENCIA": DIÁLOGO CON ROBERTO GIUSTI

El Universal, Caracas

10 de febrero de 2013

"Lo de Chávez era un llamado para que los muchachos sostuvieran la estabilidad nacional". "La oposición tiene visiones legítimas y acertadas de la realidad, pero está fragmentada".

A juicio de Asdrúbal Aguiar, una de las tragedias en el tema de la sucesión es el predominio de la tendencia militar, pese a que el ungido por Chávez sea Maduro.

Asdrúbal Aguiar considera que limitar el problema nacional a la solución de las carencias materiales o proclamar, como algunos lo hacen, que al venezolano lo que le preocupa es comer, antes que vivir en democracia, constituye una visión reductora e injusta según la cual carecemos de la suficiente consistencia moral y cultura política como para luchar por nuestros derechos básicos.

Aguiar, quien acaba de publicar un libro, "Historia Inconstitucional de Venezuela", donde desarrolla un enjundioso análisis sobre las violaciones constitucionales que atribuye al Gobierno de Hugo Chávez, reclama la necesidad de un "nuevo pacto nacional" que admita la diversidad y consolide la unidad alrededor de los objetivos, como una manera de restablecer los lazos de solidaridad social que se han disuelto a lo largo de los últimos tres lustros por la falta de un cuadro institucional.

"El primer paso para saber cuál es la terapia que requiere Venezuela en esta hora, es acertar en el diagnóstico de la enfermedad, porque si erramos en esto cualquier ejercicio que se haga puede resultar equivocado. Si creemos, como una mayoría, que el país, en medio de sus dificultades, sigue en marcha, con sus altibajos, porque no pasa nada, a pesar de que sí están pasando cosas graves, entonces los actores sociales y políticos se comportarán como si la situación fuera normal".

- **El problema es que el factor de poder determinante ha desaparecido, aunque no totalmente, de la escena. Eso altera profundamente la situación y genera incertidumbre e indefinición.**

- En física los vacíos se llenan, quien tiene el poder lo hace y no pasa nada. Pero hay un problema mucho más profundo que puede parecer una exquisitez, cuando en realidad no lo es: Desde 1999 Hugo Chávez y su gente han ido engullendo el caldo de la democracia. Y ahora, luego de 14 años, sólo quedó la vasija, que no es poca cosa porque era el molde institucional y republicano que, en cierta forma, mantenía la solidaridad, muy disminuida ya, que existía entre los venezolanos. Eso impedía que pasáramos a una situación mucho más grave.

- **Y ya lo hicimos.**

- El 10 de enero, la sentencia del Tribunal Supremo quiebra ese molde, lo tira al piso y le pone una lápida. Hoy en día vivimos la tragedia provocada por una falencia democrática y este no es el mismo país que fue a lo largo de al menos medio siglo.

- **Volvimos al pasado.**

- En el medio siglo precedente a ese período teníamos dictadores, pero con espíritu republicano.

- **¿Dictadores con espíritu republicano?**

- Dictadores que cumplían determinados sacramentos formales en el ejercicio del poder. Aunque lo ejerciesen de manera permanente eran consistentes con una regla de oro: "Nos dimos una República, abandonamos la monarquía y nos fijamos períodos regulares, temporales y limitados".

- **¿No era eso una ficción para cubrir las apariencias?**

- Juan Vicente Gómez cumplía su período constitucional y cuando vencía le entregaba al Presidente de la Corte Federal y de

Casación por 24 horas. Pérez Jiménez, mientras se relegitimaba a través de elecciones espurias, asumía la condición de encargado de la Presidencia y admitía que cedía el poder en su condición de Presidente titular. Esos sacramentos fueron pisoteados el 10 de enero y ahora ni siquiera tenemos la vasija en la cual vaciar el contenido de nuestra reconstitución democrática. Esto nos explica el proceso de disolución que estamos viviendo.

**- Eso puede ser así, pero el beneficiado con la posesión ilimitada del poder no puede hacerlo y los sucesores no tienen la suficiente envergadura para llenar el vacío.**

- En el chavismo hay un gran rompecabezas. Los intereses antagónicos tienen, a pesar de todo, un elemento de unidad, que ni siquiera es el Chávez enfermo, sino la necesidad de sobrevivir ante la posibilidad de perder el poder y se exponerse, en términos personales, a un cataclismo. Hay, entonces, una suerte de solidaridad utilitaria que no es producto de una visión política o institucional, tanto que ellos, inclusive, traicionaron a Hugo Chávez.

**- Muy pocos lo perciben así.**

- A última hora, en el momento en que se va a La Habana y para mi sorpresa, en una suerte de gendarme de viejo cuño, de padre "bueno", como lo fue Gómez ("yo soy la orden, yo soy la ley"), Chávez apeló a la Constitución porque "si yo no estoy vamos a tener una situación de orfandad total de la ley". Cuando se dirige al país era consciente de que le quedaba un mes de poder y que al día siguiente del 10 de enero la situación mutaba a un probable vacío. Entonces dijo: "Cúmplase la Constitución" y eso implicaba que, si agotado el período, él no llegaba, había que ajustarse al mandato constitucional.

**- Esa traición, ¿no fue, también, un error estratégico?**

- Lo de Chávez era, en cierto modo, un llamado a que los muchachos cumpliesen con el mínimo de exigencias para sostener la estabilidad nacional. Pero ellos, preocupados más por la herencia, traicionan al padre moribundo y manipulan su propia realidad para sostener un esquema de poder que no puede prolongarse en el tiempo por los intereses antagónicos que los separan.

- **¿Qué papel juega la oposición en ese entramado?**

- La oposición, con visiones legítimas y acertadas, pero parciales de la realidad, está fracturada. Hay un sector sistémico que defiende la República, los fueros de la soberanía y los elementos formales del Estado, de la invasión comunista, pero sin complementar su visión con la deriva tecnológica, como lo hizo Chávez, quien puso al parque jurásico del socialismo al ritmo del siglo XXI. Otro sector, con mucha perspicacia, reclama el papel de conserje en el mejor sentido de la palabra: tapar huecos, solventar necesidades. Lo cual es un cometido loable, pero no el problema central porque a pesar del manejo arbitrario de la economía los venezolanos tienen garantizados los tres golpes. Finalmente está un tercer sector, al cual el tren de la historia se le está yendo porque no espera el vagón en la estación sino en la vía férrea, con el riesgo de que el ferrocarril lo atropelle, dispuesto, como está, a dialogar con Dios y con el diablo. Falta, entonces, el hilo de Ariadna que los una frente a lo principal.

- **Planteadas así, las cosas, ¿no sería lo más sano para todos que Chávez regresara?**

- Un país sano no puede permanecer atado a la realidad finita de un gendarme, con todo el carisma que tenga. Chávez podrá regresar pero en un determinado momento va a desaparecer. Entonces quedamos de nuevo en una suerte de vacío.

- **Cuando Francisco Franco se estaba muriendo dijo que lo dejaba todo "atado y bien atado". Si ocurriera lo mismo con Chávez, ¿podría él decir lo mismo?**

- Ni Gómez ni Franco dejaron atado el porvenir porque, en el fondo, buscaban una prórroga. Pero entonces casi siempre ocurre lo inevitable: en los días posteriores a la desaparición del caudillo, el poder es ocupado por alguno de sus seguidores. Pero como esos seguidores no tienen las cualidades carismáticas de aquel, entonces...

- **Acuerdan.**

- Pero acuerdan obligados por la situación social y política para asegurar la estabilidad.

- **En los casos de Franco y Gómez, ni ellos, ni sus herederos, regían mandatos totalitarios. Chávez ha tenido aspiraciones de**

**serlo y una de sus características, como la de sus presuntos herederos, en la de negarse al acuerdo.**

- Ese es uno de los dramas de la sucesión porque la dominante que se sostiene es la militar. Si bien Chávez deja a Maduro, nominalmente, como sucesor, le entrega el poder real a la estructura del MBR 200 (no al PSUV) porque los gobernadores de las áreas críticas vienen del viejo movimiento, sector militarista habituado a la regla del mando y la obediencia. Sin cultura para el diálogo porque es gente pre-convencional.

**- Algunos decían que por civil y dirigente sindical, Maduro podría tener otra actitud, pero no ha sido así.**

- Maduro, que podía abrir juego, no lo hace por la escuela totalitaria. Al fin y al cabo, es un colono de los hermanos Castro y éstos no aceptan diálogo con los disidentes, salvo que les sirvan de medio coyuntural para asegurar sus finalidades. Aquí lo importante no es lo que piense el Gobierno, ni reducir el problema a la salud de Chávez y su regreso o no al país. El tema es que la oposición entienda cuál es su papel en un momento de transición agónica para la República.

## 11. LA GOBERNABILIDAD EN VENEZUELA, BAJO GRAVE AMENAZA

28 de abril de 2013

### A. *Después de Capriles*

En condiciones de normalidad, en una república donde la Constitución y sus leyes son interpretadas cabalmente, sin sufrir mutaciones de conveniencia por jueces políticamente comprometidos, y en la que los ciudadanos cuenten con la garantía de sus derechos bajo poderes públicos independientes, Henrique Capriles Radonski sería, sin lugar a dudas, el actual Presidente de los venezolanos.

No cabe, con ello, subestimar la militancia amalgamada a su alrededor por el carismático presidente fallecido, Hugo Chávez Frías; forjada sobre una Venezuela que pierde su cohesión social durante los últimos 20 años del siglo XX; por defecto de las condiciones anteriores; como resultado de la vocación hegemónica de soldado que acusa éste; y, además, dada la cultura asistencialista que él mismo refuerza durante sus 14 años de mandato. Pero el *tsunami* de votos –de los cuales 5 millones son pobres– provocado por Capriles, revela que la comedia revolucionaria llega a su final desde el pasado 14 de abril.

Acaso sus actores serán los mismos, "mientras tanto", pero falta el protagonista. La trama que los obliga, ahora es otra.

¡Que el sucesor impuesto por La Habana, Nicolás Maduro Moros, confirmado por el moribundo presidente antes de partir hacia su Gólgota, ocupe hoy la silla de Miraflores y arguya haber ganado en comicios limpios, con un magro 1% de diferencia en los comicios realizados, no cambia la realidad!

Acaso vieja pero encubierta y hoy desnuda, esa realidad nueva muestra datos de significación: (1) La Unidad, como expresión de la Mesa de la Unidad Democrática y alianza entre todos quienes defienden el sistema democrático verdadero, obtiene más votos que el partido único oficial, el PSUV, quien hubo de completar su precio electoral con los centavos que le aportan los micro-partidos que son sus clientes de ocasión; (2) Tres lustros de pedagogía marxista-leninista, bajo dirección de cubanos diseminados por toda la estructura del Estado y la organización comunal que aún hoy intenta sustituir a las formas republicanas, no lograron cambiar la esencia del venezolano, pues se acostumbró a vivir en libertad; (3) Venezuela, si se aceptan los resultados electorales oficiales, muestra estar partida, políticamente, en dos mitades exactas; (4) La negativa del "ministerio electoral" –4 de los 5 miembros del Poder Electoral son militantes del oficialismo– en cuanto a realizar una auditoría imparcial y objetiva, que despeje las dudas sobre la elección realizada y eventualmente confirme la victoria del mismo Maduro, le hace perder a éste y al CNE toda legitimidad ante las mayorías y buena parte de la comunidad internacional.

De modo que, el ahora presidente no las tienes todas consigo.

La gobernabilidad, que es cualidad de las comunidades políticas en donde existe la obediencia cívica a gobiernos que éstas aceptan como legítimos, hace falta para alcanzar la gobernanza –el ejercicio efectivo del gobierno– y aún más para la gobernanza democrática. De modo que no se trata de un mero asunto de números, más o menos, como lo creen Maduro y los otros causahabientes de Chávez. Cuentan más las fracturas sociales profundas.

No se olvide, al respecto, que el poblamiento venezolano con el aporte de corrientes europeas que se suman a los planes de colonización del territorio, es obra de los gobernantes del siglo XX, aun cuando lo inaugure el general José Antonio Páez en 1830, al dictar su decreto favorecedor de la inmigración canaria. El propósito es alcanzar la fragua de una sociedad armónica, que alcance su identidad en el "mestizaje cósmico" que apunta Vasconcelos, pero con una predominancia cultural de corte latino y Occidental. Sin embargo, hacia 1974, cuando adviene la llamada Venezuela Saudita, dentro de un contexto en el que la pobreza, la exclusión y el desarraigo toman cuerpo acelerado –obra de dictaduras y de guerras, que a su vez son propicias a la instalación de la Teología de la Liberación en el mundo andino y centroamericano– otra corriente, distinta, anega y antagoniza, se desplaza hacia Venezuela. Se cruza con sus gentes y cede el patrón cultural dominante. Son millones los desheredados quienes toman espacio dentro de nuestra generosa geografía, progenitores de nuevos hijos y nietos venezolanos. Ocurre un verdadero "parte aguas" social, que se afirma a lo largo de los años '90 y clama luego de urgentes equilibrios y no es ajeno a su explotación "revolucionaria".

Rafael Caldera ejerce su último gobierno hasta 1999 con el apoyo de una minoría mayor dentro de las varias minorías que forman al país, afectado desde entonces por una severa anomia. Es global la crisis de las democracias dentro de la misma democracia y el repliegue estructurador de los Estados y los partidos políticos. No obstante, nadie pone en duda su legitimidad para gobernar; pero el cuadro señalado le obliga –para hacer viable su gobernanza– al aseguramiento de la gobernabilidad reuniendo y obteniendo consensos –incluso muy precarios– entre las partes o pedazos del rompecabezas nacional, amigos, opositores, cuadros diversos de la sociedad civil. Pudo conjurar así la violencia y darnos la paz. No fue derrocado. Tampoco se derrumbó.

Maduro no advierte, en otro orden, que es un "civil" dentro de un régimen de neta factura militar y, por si fuese poco, penetrado éste por la corrupción y el narcotráfico, los mayores factores de disolución social contemporánea.

Intenta gobernar en un país anegado por la sospecha y la desconfianza, que demanda transparencia y servicio a la verdad; cuya mitad "política", cuando menos, cree burlada su voluntad soberana y a la que, junto a su otra mitad, apenas le espera el calvario de la recesión económica. No hay dineros –el déficit fiscal alcanza a 19 puntos del PIB– a fin de situar la disyuntiva, siquiera, sobre el terreno que antes pisa el Contralmirante Wolfgang Larrazabal en 1958, con su Plan de Emergencia para la distracción popular: ¡O plata, o plomo!, según la expresión de su ministro de relaciones interiores, Numa Quevedo, es la disyuntiva. Y se ha ausentado para siempre, por si fuese poco, el último prestidigitador y traficante de ilusiones que nos lega nuestra larga tradición de caudillos, quien hizo ver virtudes prometedoras de la redención en las desgracias e ignominias muchas padecidas por el pueblo venezolano.

Hemos llegado al "llegadero".

Maduro, si hace política y marcha al encuentro de toda Venezuela, acusará dificultades con los talibanes y la sargentería que le sostiene; pero quizás pueda alcanzar la gobernabilidad necesaria, acompañado por el universo de los venezolanos, si los respeta. Si huye hacia adelante, opta por profundizar las divisiones sociales y políticas, persigue a Capriles y los suyos como ya lo hace y se lo exigen los primeros, no le bastarán las caponas y charreteras que puso en sus manos el marino "muy oportunista" quien es su ministro de la defensa, Diego Molero Bellavía. Hará méritos, pero para repetir el papel de Germán Suárez Flamerich, civil y diplomático quien sucede en la presidencia al asesinado Coronel Carlos Delgado Chalbaud a partir de 1950, por breve tiempo. Nada más.

B. *Diálogo en medio de la disolución*

Las apreciaciones anteriores requieren, no obstante, de algunas precisiones que eviten los equívocos o las simplificaciones.

No basta, aun cuando es muy importante, el diálogo necesario entre las dos partes en las que se encuentra "políticamente" fracturada Venezuela, para alcanzar con prontitud su gobernabilidad. Una y otra, cabe advertirlo, son aluviales, pues su cohesión coyuntural alrededor de los dos liderazgos de circunstancia actual –Maduro y Capriles– es sólo eso, circunstancia. No son ellas, como mayorías equivalentes, el resumen a nivel nacional de organizaciones o instituciones intermedias que funcionen a todo pulmón.

Antes bien, el dominante, que se repite progresivamente en otros países y a raíz de la crisis –dentro de la misma democracia, lo hemos dicho antes– que viven la democracia y el Estado como cárcel moderna de la ciudadanía democrática, es el desplazamiento masivo de la gente hacia formas primarias y hasta primitivas de adscripción social, excluyentes de lo ciudadano, presas de cosmovisiones caseras, y que reclaman el derecho a la diferencia.

Se desconocen las unas a las otras. Es el caso de los movimientos indigenistas, neo-religiosos, de género y sexto, las llamadas tribus juveniles urbanas, ambientalistas, por solo mencionar algunos, y que buscan ubicarse dentro de corrientes transversales y trasnacionales que no tienen patria de bandera. Sin embargo, cabe señalar que los venezolanos no pierden, como Hilo de Ariadna que todavía los une dentro de la disolución social corriente, el que "se acostumbraron a vivir en libertad".

En lo particular, dentro de quienes adscriben al llamado chavismo una fuerte mayoría –incluso inscritos en el partido oficial de Estado (PSUV)– lo hace bajo presión de dos factores esenciales: el desempeño de un cargo público o la membrecía dentro de algunas de las misiones sociales organizadas en Venezuela por Cuba, a objeto de ordenar los beneficios prodigados por el Estado y hacerlo de un modo condicional; sin desestimarse que otra parte importante de dicho sector adquiere su cohesión bajo la fuerza carismática que ha desaparecido, la de Chávez.

Y en lo relativo a la otra parte de venezolanos quienes "militan" en las filas espontáneas de la oposición democrática, cabe decir también que lo hacen bajo el paradigma citado –la vocación libertaria– en un país cuyas instituciones constitucionales formales han sido penetradas y se encuentran sujetas a la presencia de 210.767 "misioneros cubanos", contabilizados hasta 2012, de los cuales unos 5.800 ocupan espacios dentro de las áreas de Seguridad y Defensa.[1] La organización tradicional de partidos políticos, que se hace fuerte a partir de 1958, con la llamada república civil y hasta 1998, ha cedido de manera significativa y la gente opta hoy, de modo preferente, por la asociación espontánea y al ritmo de las iniciativas sociales y políticas que le presenten.

Podría decirse, de forma coloquial, que hasta el momento de la desaparición física del presidente reelecto, a comienzos del año, su fuerte personalidad –no los elementos institucionales– es la única que une, a favor o en contra del mismo, a los venezolanos, quienes vienen de encontrarse urgidos por la renovación de sus odres insti-

---

[1]    Fuente: Gral. (Ej) Antonio Rivero, 2013

tucionales y democráticos desde finales del siglo XX; pero que en modo alguno se los llega a suministrar la Constitución de 1999, por demostrarse como simple comodín para la experiencia de la Revolución Bolivariana hoy transformada en Socialismo del siglo XXI.

### C. *Entre el agotamiento petrolero y el narcotráfico*

Dentro del citado contexto, por ende, dos variables se sobreponen a la conducta social y los comportamientos de los venezolanos del presente, reunidos bajo el temor y la necesidad de afirmar sus dignidades y aspiraciones de bienestar, o para darle rienda suelta –con vistas a este último– al espíritu clientelar que toma cuerpo y propicia el mismo Estado.

Tales variables son, por una parte, las dádivas oficiales –persuasión a través de la corrupción o compra de lealtades– que se hacen fluidas y son flexibles en la misma medida en que los ingresos petroleros que sostienen a la economía no drenan todos hacia torrente formal del presupuesto público, sujeto a los controles de ley. Deliberadamente es sobreestimado el valor de cada barril de petróleo –50 $ por barril– en modo de liberar la diferencia sobre el precio real –100$ por barril– a objeto de nutrir el fondo que administra sin regulaciones y a su arbitrio la Presidencia de la República.

La otra variable, que cuenta de modo significativo y es más ominosa, pues condiciona los comportamientos sociales de manera más estable, es la presencia e influencia del narcotráfico. Su actividad criminal, que crece en Venezuela de un modo exponencial, a partir de 1999, provoca más que una distorsión el absurdo: Las cifras de homicidios crecen desde 4.500 en promedio por año hasta casi 20.000 homicidios ocurridos a lo largo del año 2.012, dentro de una nación pródiga en riquezas materiales y cuyo gobierno dice atender, de modo preferente, las urgencias vitales de los sectores más necesitados.

A la luz de lo anterior, sobre el cuadro de anomia social descrito y dominante, el poder estructurador de la corrupción, procedente de los dineros públicos, no obstante, se encuentra condenado al agotamiento.

El déficit financiero venezolano alcanza, a pesar de los ingresos citados y por obra de su dilapidación para fines esencialmente políticos, los 19 puntos del PIB. Por lo demás, tratándose de una economía que ya no produce –salvo petróleo– a raíz de las expropiaciones y confiscaciones habidas de los capitales privados o por obra de los que huyen bajo tal circunstancia, y visto que todo lo que se requiere para el consumo popular o industrial lo importa el Estado, lo predecible, en lo inmediato, dentro del contexto dibujado, es la recesión, la hiperinflación; con todo lo que todo ello significa en materia de desabastecimiento, incremento exponencial de los precios, y deterioro severo de los salarios de la población.

De modo que, en defecto del Estado y por cooptación total de su organización por el Poder Ejecutivo y las autoridades cubanas que lo auxilian, ante la ausencia de lazos sociales, políticos y culturales firmes que le den sentido de direccionalidad a la masa poblacional de Venezuela, resta como poder omnímodo, real, estable y estructurador el del narcotráfico. ¿Hasta dónde ha penetrado en los intersticios de la vida nacional?, es difícil saberlo, pero la cifra de homicidios, que ya sitúa a Venezuela como uno de los países más violentos del Occidente revela los peligros que acusa la gobernabilidad democrática luego de la muerte del presidente Chávez.

### D. *Los indicadores de nuestra "muerte moral"*

Lo dicho no es especulación. Veamos los indicadores.

a. Es máxima de la experiencia la relación activa y militante que existe entre Cuba y la narco-guerrilla colombiana (FARC), siendo hoy La Habana, por lo mismo, la sede para los acuerdos de paz entre ésta y el Estado colombiano.

b. En 1998, el candidato presidencial Hugo Chávez recibe su primer apoyo estratégico desde Cuba –que a la vez le provee de vínculos con Libia e Irak– pudiendo advertirse que, al efecto, con visas falsificadas logran ingresar al territorio nacional de Venezuela unos 150 cubanos, enviados por el Comandante Fidel Castro. USA lo sabe y tolera, apostando a la relación naciente entre aquél y el ex presidente Jimmy Carter, quien busca asegurar la intangibilidad de las relaciones económicas bilaterales.

c. A finales del siglo XX, antes de asumir Chávez el poder, el problema central que preocupa al Estado venezolano es el lavado de los dineros procedentes del narcotráfico colombiano, por su eventual incidencia sobre el mundo de la política y de los negocios. Aun cuando el comercio al detal de la droga, dada la vecindad de Venezuela con Colombia y al transformarse en país de tránsito de la droga, hace ver sus primeros efectos sociales disolventes, saltando en escalera la curva de los homicidios. Al efecto, es creada la Comisión Nacional Anti-Drogas y se organizan cuerpos especiales dentro de las Fuerzas Armadas y la policía.

d. Al iniciar su gestión, en 1999, primero como presidente electo y luego de ser juramentado, Chávez envía una primera misión de contacto amistoso con la guerrilla colombiana, que da sus frutos hacia el mes de agosto. Entonces, le encomienda a su director de inteligencia, Capitán de Navío Ramón Rodríguez Chacín –quien antes trabaja en la frontera y luego purga cárcel por asesinatos ocurridos en la misma– servirle como puente con las FARC. De allí, en punto de cuenta que éste firma y le entrega al mismo Presidente –generándose con ello el disgusto del Comandante Urdaneta, superior inmediato de Rodríguez Chacín, pues ve burlado el orden jerárquico y canal regular dentro de la antigua DISIP– nace el esquema de cooperación activa entre la narco-guerrilla y el Estado venezolano. Ello implica ayuda petrolera, medicinas, favorecimiento con una organización financiera que llevaría el nombre de Banco de los Pobres, la posibilidad del uso del territorio nacional como aliviadero, bajo el compromiso de las FARC de no fomentar la violencia y no entrenar a venezolanos, salvo cuando medie el permiso previo del gobierno.

e. La criminalidad en su dominante de ajustes de cuentas entre delincuentes crece de forma escandalosa en los años sucesivos, instalándose la cultura de la muerte dentro de la sociedad venezolana y en su anomia reseñada: Año 2000: 8.022 homicidios; 2003: 11.342 homicidios; 2006: 12.257 homicidios; 2009: 13.985 homicidios. La industria del "secuestro express", en connivencia o con participación de funcionarios policiales, es considerada, además, como la de mayor crecimiento en América Latina. Tal modalidad afecta apenas a la frontera con Colombia (Estados Zulia, Táchira, Apure) hasta 1999 y desde dicho momento hasta ahora cubre a la totalidad de la geografía nacional. Unos 2.325 secuestros de personas, a las que se les reclama el pago de fortunas, ocurre durante el mandato de Chávez y hasta marzo de 2008; entre tanto, entre 1959 y 1999 ocurren sólo 306 raptos en Venezuela.

f.  Hacia marzo de 2009, en fase de profundización de la política de seguridad democrática implementada por el presidente colombiano Álvaro Uribe, se sabe del desplazamiento hacia territorio venezolano de la organización gerencial de narcotráfico, que al hacerse invulnerable motiva la iniciativa de varios mandatarios latinoamericanos, liderados por el ex presidente César Gaviria, quien, en La Asunción, Paraguay, da cuenta ante la SIP de la necesidad de la legalización de la marihuana.

g.  En julio de 2010, es denunciada Venezuela ante el Consejo Permanente de la OEA, por Colombia, dada la presencia y el uso del territorio venezolano como aliviadero, por unos 1.500 miembros de la narco-guerrilla.

h.  En agosto de 2010 es detenido en Colombia uno de los empresarios venezolanos con mayor proximidad al entorno del chavismo, Walid Makled, quien logra con apoyo del Estado adquirir la línea aérea Aeropostal y realiza despachos de droga desde el sur Venezuela, usa como escala el territorio hondureño –que motiva la crisis diplomática con Caracas luego de la destitución del presidente Zelaya– y también, a través del África, participa en los envíos hacia la Unión Europea (700 kgm. de cocaína habrían llegado durante 2010). Mantiene estrechas relaciones con un número importante de Generales de la Fuerza Armada y confiesa –antes de ser extraditado hacia Venezuela, por pedido que le hace el presidente Chávez al presidente Santos–, que mantiene en su nómina y financia a distintos generales, ministros y diputados del régimen. Al presente, del asunto no se habla más y las investigaciones periodísticas han sido archivadas, por temor a los asesinatos.

i. La "lista de Makled" refiere como nombres, al declarar en Colombia antes de ser extraditado, a unos 14 oficiales generales, 3 oficiales superiores y 2 oficiales subalternos de la Fuerza Armada venezolana, entre éstos, los siguientes: Mayor General Henry Rangel Silva, ministro de la defensa (actual gobernador del Estado Trujillo); Mayor General Félix Antonio Velásquez, Comandante de la 5ª División de Infantería de la Selva; Mayor General Luis Alfredo Motta Domínguez, Comandante de la Guardia Nacional; Almirante Carlos Aniasi Turchio, Comandante de la Armada (2009); General José Gregorio Montilla Pantoja; General Hugo Armando "El pollo" Carvajal, de la Dirección de Inteligencia Militar; General Néstor Luis Reverol T. (recién removido como Ministro del Interior y luego designado Presidente de la Oficina Nacional Antidrogas (ONA) por el Presidente Maduro.

j. Hacia octubre de 2010, según fuente de la DEA (John Walters), que recoge Diario La Crónica de México[1], se citan como poseedores de cuentas millonarias de dólares en el exterior a numerosos venezolanos directamente vinculados con el chavismo, en lo particular, el ex Vicepresidente José Vicente Rangel y su hijo; Diosdado Cabello, actual presidente de la Asamblea Nacional; Rafael Ramírez, ministro de petróleo; General Jorge Luis García Carneiro (gobernador de Vargas); Cilia Adela Flores, actual Primera Dama; María Iris Varela, ministro de asuntos penitenciarios; y Nicolás Maduro Moros, recién electo Presidente de Venezuela, etc.

k. Hacia noviembre de 2010, el presidente de Colombia, Juan Manuel Santos, reunido con los editores de la SIP en México y refiriéndose a su diálogo con el presidente Calderón, hace entender que, efectivamente, la gerencia de la droga se desplaza desde Colombia y la ruta de sus negocios hacia el norte tiene como punto neurálgico a Honduras.

---

[1] http://chavezlosabe.blogspot.com/2010/10/dea-tiene-lista-de-chavistas-con.html?m=1

l. Durante el primer cuatrimestre de 2012, presionado por las denuncias de Makled que salpican al Alto Gobierno y miembros del Alto Mando Militar, el Consejo Moral Republicano –controlado por el mismo gobierno– destituye de su cargo al Coronel y magistrado, Presidente de la Sala Penal del Tribunal Supremo de Justicia y cabeza de la justicia penal venezolana, Eladio Aponte Aponte. Le acusan de haberle firmado una credencial al citado narcotraficante. No obstante, éste se defiende y revela –desde su exilio– haber tenido culpas graves que acepta pagar, como haber administrado justicia para perseguir y condenar a los adversarios del régimen, pero observa que liberó a narcotraficantes como un acto de obediencia militar y ante pedidos de la Presidencia de la República, encontrándose Chávez en pleno ejercicio. Tales denuncias, se negó a sustanciarlas la Fiscal General de la República, Luisa Ortega Díaz.

m. Para el año 2.013, dentro de Lista Clinton (*Blocked Persons List*, USA, april 18, 2013) aparecen señalados, expresamente, entre otros, los siguientes personeros: Mayor General Henry de Jesús Rangel Silva (actual gobernador del Estado Trujillo); Capitán de Navío Ramón Rodríguez Chacín (actual gobernador del Estado Guárico); Mayor General Cliver Antonio Alcalá Cordones; Freddy A. Bernal (ex Alcalde del Municipio Libertador y cabeza de los grupos armados de choque del chavismo, en Caracas); Mayor General Hugo Armando Carvajal Barrios; Valed Makled García, etc.

E. *Venezuela urge de solidaridad y redescubrir sus raíces*

Venezuela está urgida de un acompañamiento leal, comprensivo, consciente de su muy grave realidad y de los peligros que acechan a su débil gobernabilidad. Cabe ayudarla en su tarea, en primer lugar, de afirmar la libertad y el respeto a los derechos humanos de sus habitantes, y luego de rescate de espacios progresivos en los que pueda forjarse un espíritu de tolerancia en la convivencia.

Dado los elementos anteriores no es fácil prever un cambio súbito de régimen, en virtud de los intereses ideológicos, criminales y de oportunidad –en lo interno y exterior– que lo mantienen como presa. Cabe estimular, no obstante, el espíritu de lucha cívica de quienes se lo proponen por los caminos de la resistencia pacífica, y abrirle caminos a su comprensión en el ámbito internacional.

Sobre la base del único denominador común que aún permanece –el espíritu libertario– las piezas del gran rompecabezas social venezolano cabe ordenarlas y ensamblarlas, con la asistencia y persistencia de los núcleos más proclives a fomentar el diálogo y el reencuentro; al amparo de valores éticos y universales que sobrepasen a los "nichos o cavernas" de estirpe localista, racial, sexual, cultural, neo-religiosa, y de vocación intolerante que son expresión de nuestra contemporaneidad y su transición. Ellos –dignidad humana, solidaridad, subsidiariedad, bien común, autoridad legítima– bien pueden llenar el vacío de identidad nacional que, por atada, históricamente, a símbolos patrios que son hoy motivo de profundas divisiones, ha contribuido al estado de anomia y de violencia que afecta a los venezolanos.

Finalmente, en la mediación entre los actores formales –gobierno vs. oposición– que sobresalen y guían a los venezolanos en el ámbito de una ciudadanía en entredicho, cabe se asuma por los facilitadores una postura similar a las los jueces de derechos humanos, quien arbitran entre dos partes, pero persuadidos de la ausencia de "igualdad de armas": una representada por el Estado y la otra la víctima.

# V. LUCHA AGONAL POR LA REFUNDACIÓN DE LA VENEZUELA CIVIL

# 1. EL DESAFÍO DEMOCRATIZADOR DE LOS VENEZOLANOS

12 de julio de 2013

*"La democracia es el lugar donde los extremistas no prevalecen (y, si lo hacen se acabó la democracia)". Norberto Bobbio (1909-2004)*

Rindo cálido homenaje a los directivos e integrantes de la Asociación Civil Forma y a sus presidentes, Juan Miguel Matheus y César Briceño, quienes celebran, todavía jóvenes en plenitud, una década de buenos frutos al servicio de Venezuela.

A contra corriente del ambiente de circunstancia, hacen y reman sin pereza en su propósito común de formar una nueva generación de hombres y de mujeres capaces de insertarse en la trinchera de la política sin complejos, animados por su diversidad de cosmovisiones y proyectos de vida, trabajando con nuestra realidad y asumiéndola como tarea común, eso sí, sin renunciar a los valores éticos de la democracia y del humanismo cristiano.

"La búsqueda de la verdad y el compromiso con ella son propios de toda persona humana"[1], lo recuerda nuestro fallecido rector Enrique Pérez Olivares en línea con la idea central que hace buena a lo largo de su existencia ese otro ilustre venezolano, su compañero de hornada, a quien sus pares llaman el Canciller de América, Arís-

---

[1]    Enrique Pérez Olivares, Rafael María de Balbín, y Fernando Cervigón Marcos, *Una visión de la universidad*, Caracas, Universidad Monteávila, 2012, p. 49.

tides Calvani: "La democracia hay que establecerla donde no existe, fortalecerla donde es débil, y consolidarla donde ya está presente".

Atiendo el honroso encargo que me han hecho y como propósito de mi lección conmemorativa ante Ustedes –jóvenes cuya presencia masiva me reconcilia y muestra que es garantía cabal de porvenir– explicaré cómo se forjan y encuentran esas dos corrientes que aún pugnan en Venezuela y que en amplios sectores de Iberoamérica dividen voluntades; e impiden –por encima de la modernización alcanzada– que la tarea de nuestra madurez social sea la obra del entendimiento democrático, haciendo privar mitos o sobreponiendo hábitos ancestrales nocivos.

Pero comentaré cómo una buena parte de nuestras generaciones civiles precedentes logra trascender a la lucha del hombre contra el hombre en estas tierras de gendarmes, y burlando nuestras apuestas cotidianas al azar trazan rumbos despejados, fincándolos en el respeto a la dignidad de la persona humana y el ejercicio responsable de la libertad.

Al término repetiré, una vez más, que soy un convencido de los desafíos ingentes y espacios generosos que para el trabajo creador se les abren a los venezolanos del presente. Es llegada la hora terminal de un tiempo de nuestra historia que ya no podrá renovarse pero que hemos de grabar en nuestra memoria; cuyas horas sucesivas serán otras y muy distintas; pero, al proponernos que sean horas para los artesanos de la paz, capaces de desarmar corazones y a nuestra propia historia, habrán de hacerle justicia al ideario de nuestros primeros repúblicos, nuestros verdaderos Padres Fundadores.

A. *Preliminar*

Iberoamérica o América Latina, en su conjunto y en el curso de casi dos siglos desde la Independencia, hace de la democracia –que ha de ser derechos humanos y Estado de Derecho a la vez– un proceso maleable e inacabado, postizo en cuanto a lo sustancial.

Es cierto que aumenta recién nuestra expectativa de vida al pasar de 53 años en 1958 hasta 73 años en 1999, y en el mismo lapso –en el caso de Venezuela– al crecer nuestras universidades desde 5 hasta 33 más 200 centros de educación superior; pero aún así entendemos la libertad y la democracia como fórmulas o medios para alcanzar el poder, y si posible no abandonarlo mientras se pueda.

Los causahabientes de esta España del otro hemisferio –como reza la célebre Pepa o Constitución de Cádiz de 1812– avanzamos y retrocedemos sobre las exigencias y estándares fundamentales de la vida democrática a la par de nuestras circunstancias; las sujetamos a las falencias culturales o materiales que nos aquejan y a su resolución por vía de la suerte; y asimismo, aquellas o éstos valen mientras no ocurran desencuentros y vuelvan por sus fueros las traiciones o patadas históricas que –salvo ahora y bajo la experiencia del Socialismo del siglo XXI– no dejan resentimientos insuperables a lo largo del camino.

La procura de una identidad social común y raizal –diferente del atajo o de la rebeldía o la "cultura" de presente que son característicos de nuestro comportamiento popular– y que sea capaz de traducirse en cultura política y hacernos adquirir una noción cabal de la libertad, se nos revela como una tragedia sin solución de continuidad y bifronte.

Asumimos con obsesión una idea de libertad que es insobornable y extremista frente a los otros, los del norte, a quienes tachamos sin más de conquistadores o imperialistas o perturbadores de nuestra caverna; a la vez que ponderamos y aceptamos la libertad propia, entre los nuestros, como una gracia o privilegio prescindible, que se tiene o se pierde según el dictado de una lealtad utilitaria o el temor hacia nuestros "caudillos" de ocasión.

Lo primero –dicen los conocedores– nos viene de la vertiente indígena, y lo segundo de la africana. El indígena se refugia en la casa, en su yo interior hacia el que traslada las fuerzas cósmicas o de la naturaleza que le intimidan; en tanto que éste –el venido desde el África que luego nos hace mulatos o zambos– se mimetiza en los de afuera –en el español que le coloniza– para hacer más llevadera su tragedia. Y penetra en lo lejano, en los objetos que la misma naturaleza le prodiga, aprovechándolos para su beneficio. Lo indígena nos hace taciturnos y desconfiados a los venezolanos, introspectivos, amarrados a lo inmediato; mientras que el espíritu de color nos torna seductores y vivaces, permeables y astutos, amigos de la parentela extendida, de los amigos recientes a quienes llamamos hermanos antes de que se nos pierdan en el olvido al llegar los otros.

Lo cierto es que no es fácil domeñar esa personalidad huidiza que nos distingue en los aspectos básicos de la ciudadanía democrática. Sobre todo, si a ello le sumamos el dominante de la península que nos aporta el espíritu de las contradicciones; pues en el español conviven la libertad y el despotismo, lo igualitario con lo aristocrático, la superstición con la rebeldía: La ley se acata pero no se cumple, y la puerta de la casa, como ocurre en la Caracas de antaño, es el límite entre la humanidad y el prejuicio. Puertas adentro conviven y hasta se amanceban el español y su mujer con los sirvientes. La calle es otra cosa, según la opinión autorizada de don Ramón Díaz Sánchez.[2]

Pero hablando de nuestros mitos heredados, cabe decir que el mito de El Dorado o de la opulencia, de origen colombino, fortalecido luego durante el proceso post colombino, nos hace creer que formamos un grupo social o amasijo de privilegiados cuyas riquezas nos excusan del trabajo creador cotidiano. Y nos sirve de burladero al presentarnos como víctimas de constante expoliación por bucaneros y enemigos ajenos, poseídas mediante la violencia o el engaño, a cuyo efecto, instalada ya la colonia o acaso desde antes y sobre todo en la actualidad, acudimos al cacique, al piache o al chamán, al "gendarme necesario" –Hugo Chávez Frías– para que nos apacigüe, ponga fin a nuestras tribulaciones, y proteja en la desventura.

El precio del bienestar y de la libertad es para nosotros un golpe de suerte o la dependencia sin condiciones –por fatalidad o conveniencia– ante el tercero quien todo lo decide y por todos nosotros ha de decidirlo, justificándonos la huida de la realidad. En el caso del *césar democrático* que describe la sociología de Laureano Vallenilla Lanz[3], se trata de quien, en la teoría, se oculta o diluye en los

---

[2]  Ramón Díaz Sánchez, "Paisaje histórico de la cultura venezolana", en *150 años de vida republicana (1811-1961)*, Ediciones de la Presidencia de la República, Caracas, 1964, volumen II, pp. 241 y ss.

[3]  Laureano Vallenilla Lanz, *Cesarismo democrático* (El Cojo, 1919) *y otros textos*, Caracas, Biblioteca Ayacucho, 1991, pp. 94-109.

inicios de nuestra vida primitiva tras la imagen del enviado desde el más allá, el descubridor o el conquistador, y es quien más tarde, cuando adquirimos tesitura política como naciones, medra tras las formas abstractas de ese dios artificial e impersonal que es el Estado –el Leviatán de Thomas Hobbes– al que usa como mampara o *paravent*. El ejemplo acabado, cabe decirlo sin ambages ni temores, pero sin irrespetos, son nuestros Libertadores de casaca, como Simón Bolívar, o como José Antonio Páez, los Monagas, o Antonio Guzmán Blanco en el siglo XIX o Juan Vicente Gómez, en el siglo XX.

A tenor de los entendidos y en síntesis se trata de rémoras o taras genéticas –el mito de El Dorado y el gendarme necesario– que prenden o cristalizan en el alma nuestra desde el lejano amanecer, sin abandonarnos aún.

B. *Nuestros padres fundadores y su ilustración*

En ensayo que redacto hacia 1978 junto a mi coautor, el ilustre y ya finado venezolano Eddie Morales Crespo: "De la integración colonial a la desintegración republicana", afirmo que "si brillante es en América la generación que realiza la Independencia, …pálidas y grises son las generaciones que inmediatamente después les toca la suerte de liberarnos y conducirnos".

La América hispana, en lo particular, "no logra alcanzar de un solo golpe jerarquía universal pues habiendo transcurrido sus hombres entre la sumisión y el obligado sosiego de la colonia, habiendo invertido ellos en su forja como pueblos y en la sucesiva emancipación las mejores energías creadoras, el resultado posterior es que coronada tal empresa, aquéllos malgastan el tiempo en inútiles contiendas domésticas y ejercicios de oralidad épica contra los intrusos; de donde nuestro Continente opta por medrar en la más absoluta ignorancia de sí mismo, desde los años inaugurales hasta inicios y mediados del siglo XX".[4] Y agrego ahora, que otro tanto nos ocurre

---

[4]    Asdrúbal Aguiar A., "De la integración colonial a la desintegración republicana: Una reflexión sobre la contemporaneidad de América Latina" (en colaboración con Eddie Morales Crespo). Caracas, *Revista de Economía Lati-*

durante la segunda mitad del siglo XX –a pesar del intento regenerador ilustrado en el que prenden, otra vez, los sueños de los repúblicos civiles de 1810 y 1811– y se agrava durante el tiempo que ya recorre el siglo XXI que nos tiene por testigos.

Somos los íbero-americanos, en fin, hijos de un "encuentro" de civilizaciones que a ras transformamos en desencuentro, trastornando o confundiendo el complejo Ser que somos. Aniquilamos de raíz y en nuestra memoria o la ocultamos, como si se tratase de una rémora o vergüenza, el concepto que acerca de nuestra participación en la vida de la ciudad o *polis* y al ritmo de nuestro "mestizaje cósmico" nos hacemos en 1811, en 1830, en 1947, y luego en 1961, al anclar nuestras expectativas constitucionales como sociedad de hombres libres, madura y responsable, fundada en la razón y amante de la verdad.

Un elemento de juicio que ilustra bien lo antes dicho nos lo ofrece el momento emancipador o de la final conquista de la libertad y la consolidación de nuestros Estados como noveles y experimentales repúblicas.

En Venezuela, sobre un suelo que en sus orígenes es una auténtica Torre de Babel –no se olvide que nuestros naturales o pueblos originarios, muy pocos numéricamente y sin la fuerza de civilizaciones como la Maya y la Azteca, viven dispersos en 11 parcelas idiomáticas y 150 dialectos que entroncan con el chino– como cosecha de más de 300 años de tormentosa forja de ideas y realidades cabe a nuestra primera Ilustración, no obstante, imaginarnos como una nación de ciudadanos plural y posible.

De manos de dicha Ilustración, de la que hacen parte 141 venezolanos formados en teología, cánones, derecho civil, medicina y artes, e integrantes del Claustro de Doctores desde donde vienen nuestros Padres Fundadores –que a todos enorgullecen, egresados de nuestra primera universidad, fundada entre 1721 y 1723 y llamada de Santa Rosa de Lima y Tomás de Aquino, y entre quienes se cuentan José Vicente Unda, Andrés Narvarte, Pedro Gual, Cristóbal

*noamericana*, N° 53. BCV, enero de 1978; *ídem*, Caracas, *Revista Nacional de Cultura*, 235, marzo-abril 1978.

Mendoza, Juan Germán Roscio, Rafael Escalona, Manuel Vicente Maya, José María Vargas, Rafael Escalona, Félix Sosa, Ramón Ignacio Méndez, el Licenciado Francisco Xavier Yanes, o los abogados Felipe Paul, Francisco Espejo o Miguel José Sanz– y hablando todos el español, alcanzamos darnos nuestra primera organización democrática. La fundamos, previamente, sobre una Carta de Derechos adoptada el 1° de julio de 1811 y a la que la Constitución ha de servir sin servirse de ésta.

Como era inevitable, bebemos de las fuentes revolucionarias de la época –la francesa y la americana– al proveernos de dicha Constitución llegado el 23 de diciembre; pero cuidamos de no trastocar la pluralidad original que nos viene desde antes del descubrimiento –proclives a lo federal– y que refuerza el alma de rompecabezas que traslada en sus equipajes el conquistador: el castellano duro y frugal; el gallego lírico y brumoso; el andaluz bohemio y supersticioso[5]; pero, igualmente y a la par, conciliamos sin complejos con las ideas que bullen en la más primitiva constitución española: El poder reside en el colectivo y el rey lo recibe y ejerce, pero no a perpetuidad, pudiendo serle revocado cuando traiciona el bien común o regresar al pueblo por ausencia del monarca, lo recuerda don Agustín de Argüelles[6].

Son lúcidas y preclaras, en efecto, las mentes universitarias y civiles que forjan nuestro constitucionalismo inaugural hispanoamericano y lo sustentan como ideario, con carácter garantista de nuestros derechos por medio de organizaciones públicas desconcentradas y balanceadas en sus poderes, tanto en el mismo Cádiz como en las provincias del Nuevo Mundo.

El esfuerzo de orientación y raciocinio que realiza al respecto nuestro Precursor y padre del célebre Incanato constitucional, Francisco de Miranda, cuyo nombre está inscrito para la posteridad en el Arco de Triunfo que rinde homenaje a los actores de la Revolución

---

[5] Díaz Sánchez, *op.cit.*

[6] Agustín de Argüelles, *Discurso preliminar a la Constitución de 1812 (Introducción de Luis Sánchez Agesta)*, Centro de Estudios Constitucionales, Madrid, 1989, pp. 67 y ss.

Francesa, es también consistente con esas premisas; que se nos presentan inéditas, es verdad, divorciadas del absolutismo monárquico dominante, e incluso de nuestras costumbres inaugurales.

Miranda y los Padres Fundadores, sensiblemente, no logran sostener y salvar ese amago instintivo de libertad alcanzada y decantada; y al hacerse espacio fatal las armas o "espadas de la libertad" ellas cortan de cuajo el pensamiento democrático y liberal, para luego avanzar contra la Metrópolis y ganarse a sangre y fuego las preseas que les da la guerra.

"Las espadas" acusan de débiles a las patrias libres y en emergencia, y las desprecian como ejercicios de "repúblicas aéreas".

### C. *Otra vez el gendarme*

Contra el cuadro civil e intelectual que representan los repúblicos de abril y los constituyente federales; contra la fragua lenta pero tenaz de un orden social y político perfectible que intenta sacarnos de nuestro estadio pre-convencional y prepararnos como pueblo para el diálogo civilizado y la hora de la razón, protesta y se alza en 1812, llegada la caída de la Primera República, nuestro Padre Libertador, Simón Bolívar; mantuano consumado, descendiente del primer Simón de Bolívar, vizcaíno, quien se avecina a Caracas en 1589 y sirve como Procurador de nuestros negocios ante el monarca español, Felipe II de Borbón.

Los mantuanos persiguen sin lograr prosternar, por cierto, a Santiago de Miranda, padre del Generalísimo quien es el Vicepresidente de nuestro primer congreso general constituyente. Al primero le consideran blanco de orilla antes de ocurra la humillación de su hijo Francisco, quien fallece en La Carraca traicionado por sus subalternos, por el mismo Bolívar, el militar Manuel María de las Casas, y el doctor Miguel Peña.

Desde Cartagena de Indias, por preferir la enseñanza antigua sobre la *traslatio imperi*[7] o renuncia del pueblo a su poder soberano a manos del monarca o "déspota ilustrado" que lo ha de ejercer vitaliciamente, Bolívar reza su credo con devoción: "Filósofos por jefes, filantropía por legislación, dialéctica por táctica, y sofistas por soldados" es lo característico de nuestros Padres Fundadores y su obra germinal, quienes mal se percatan –opina Bolívar– que "nuestros conciudadanos no se hallan en aptitud de ejercer por sí mismos y ampliamente sus derechos".[8]

Luego, en 1819, en Angostura, propone la constitución de un Senado hereditario –con los hombres de guerra quienes nos dan la Independencia; pues a ellos todo lo debemos y hasta la posteridad– y ánima, como efecto, la designación de un presidente vitalicio. De allí que, contra tal deriva despótica y siendo que 1811 –como lo recuerda en 1895 Alejandro Urbaneja[9]– es el parto de hombres "ilustrados, progresistas, más adelantados que su época" y su Constitución "el granero de las ideas democráticas y federalistas", prefiere Bolívar "un gobierno fuerte y uno", de laureles y no de levitas.

De modo que, una vez alcanzado el propósito, sus espadas arrasan y toman como cosa propia –suerte de botín– las tierras liberadas.[10] Ocurre el paroxismo del despojo y nace una nueva oligarquía

---

[7] Al respecto, Luis Recaséns Siches, "Historia de las doctrinas del contrato social", en *Revista de la Escuela Nacional de Jurisprudencia*, tomo III, octubre-diciembre de 1941, núm.12, s/l, pp. 175 y ss.

[8] Simón Bolívar, *Discursos, proclamas y epistolario político*, Madrid, Editora Nacional, 1975, pp. 40 y 43.

[9] Alejandro Urbaneja, "El derecho constitucional venezolano", en *Primer libro Venezolano de literatura, ciencias y bellas artes*, Tipografía El Cojo, Caracas, 1895, pp. CLXI-CLXVIII

[10] En Venezuela, mediante ley de 3 de septiembre de 1817, se secuestran y confiscan a favor de la República los bienes del gobierno español y sus vasallos o servidores de origen europeo o americano, a la que sigue la ley de 10 de octubre del mismo año que ordena repartir dichos bienes entre los militares proporcionalmente. Luego, con ley del 6 de enero de 1820, el Congreso de Angostura, que dicta la Constitución de 1819, ordena asimismo repartir los bienes nacionales a título de recompensas entre los servidores de patria durante la guerra de independencia. Tales disposiciones son ratificadas, posteriormente, por el Congreso de la Villa del Rosario de Cúcuta con ley de 28 de septiembre de 1821, que legitima las

militar terrateniente en Venezuela. Son dictadas leyes de secuestro y se instalan comisiones para el reparto de las tierras entre los soldados. Es desarticulada la sociedad civil en formación y son destruidas y abandonadas las haciendas con sus siembras y ganados. Trescientos años de historia son borrados en un tris y no se permite que dejen saldo fértil alguno. La empresa "liberadora" es, desde entonces, como en Sísifo, tarea épica que no concluye y a diario comienza, desde cero, bajo la guía de un "padre bueno" como llaman sus colaboradores, a manera de ejemplo, al general dictador quien nos manda a los venezolanos con mano de hierro durante los primeros 35 años del siglo XX.[11]

No obstante lo anterior, como lo explica con agudeza el catedrático chileno Miguel Castillo Didier[12], en buena hora "uno de los rasgos que definen la cultura occidental es el hecho de que los hombres vuelven a realizar de manera más o menos consciente los grandes gestos y movimientos simbólicos, configurados antes por las formulaciones e imágenes de los antiguos". La llama civil de la libertad, por lo visto, sigue y seguirá siendo terca y no se apagará en Iberoamérica, menos en Venezuela. Nos acostumbramos a vivir en libertad, machacaba el ex mandatario hoy fallecido, Rafael Caldera.

El memorial redactado por el intelectual liberal Tomás Lander, amigo de Miranda y miembro que es de la Secretaría del Libertador Simón Bolívar, dirigido en 1826 al doctor Francisco Xavier Yanes, Ministro de la Corte de Justicia del Estado de Venezuela y antes firmante del Acta de Independencia y la Constitución de 1811, muestra bien la firmeza de criterio y las luces de esos nuestros Padres Fundadores; pero igualmente es testimonio del parte aguas señalado, de esas corrientes encontradas que aún hoy condicionan nuestra agónica evolución democrática continental y venezolana.

---

confiscaciones y la repartición hecha entre los soldados patriotas (*Vid.* Allan R. Brewer-Carías, "El régimen de las tierras baldías y la adquisición del derecho de propiedad privada sobre tierras rurales en Venezuela", septiembre de 2005).

[11] Asdrúbal Aguiar (Director), *De la revolución restauradora a la revolución bolivariana*, Caracas, UCAB/Diario El Universal, 2009.

[12] Miguel Castillo Didier, "El mito de Odiseo", Atenea 487, I Semestre, 2003.

"Los artículos 76 y 79 de la Constitución dictada en Chuquisaca por el Libertador Presidente para la República de Bolivia, es lo que ha sobresaltado nuestro celo, porque S.E. la ha considerado adaptable a Colombia, y como tal recomendándola para su establecimiento a los hombres públicos de ella", comenta Lander, antes de agregar que "los mencionados artículos erigen un Presidente *vitalicio e irresponsable* con la facultad de nombrar su sucesor en la persona del Vicepresidente –léase, hoy, Nicolás Maduro Moros– y de conmutar las penas capitales, sin acuerdo de los tribunales que las impusieren".[13]

En su texto, dicho prócer civil, quien además ejerce como presidente del primer Congreso Nacional venezolano, agrega: "Creemos que al hacer tal recomendación el ínclito patriota, el Hijo de Caracas, parece que perdió de vista, entre la vasta extensión del territorio a que su espada y sus talentos han dado libertad, los caracteres distintivos de su querida patria, de la ilustrada Venezuela, pues los arroyos de sangre inmaculada con que esta región heroica, desde el 19 de abril de 1810 está escribiendo constante las calidades del gobierno que intentó establecer, *electivo y responsable*, no dejan duda sobre el voto de sus pueblos y el objeto de sus sacrificios. Pero, ¿por ventura fue dada a los héroes –a los hombres de armas, agregaríamos– la cualidad sólo divina de la infalibilidad? Sus grandezas no los hacen superiores a los errores y equivocaciones; y sus glorias quedan intactas a pesar de las nubecillas pasajeras que osen transitar por sus entendimientos", concluye.[14]

En fin, por encima del panorama que domina la historia de nuestra región y de Venezuela ahogando las voces de la democracia, los pequeños intersticios temporales que ésta conquista le bastan para sostener esa memoria acerca de unos orígenes nada bastardos que nos anudan a una idea de libertad responsable, fundada en las virtudes de la moderación civil y política, de la tolerancia mutua; que mal pueden fertilizarse y hacerse inmunes a nuestra indocilidad

---

[13] Congreso de la República (Editor), *La doctrina liberal: Tomás Lander*, Pensamiento Político Venezolano del siglo XIX, tomo 4, Caracas, 1983.

[14] *Loc.cit.*

de carácter si median la sangre fratricida y los arrestos revoluciona-rios. No por azar los constituyentes venezolanos de 1811, los gadi-tanos de 1812, y el mismo Miranda, le huyen a la demagogia, a la violencia, al dogmatismo, propios –según José Enrique Rodó[15]– de la tendencia partidaria que preña de excesos a la empresa de nuestra modernización política y también emprenden los franceses en 1789.

### D. *La larga noche y su amanecer*

Habrán de transcurrir casi 150 años y superarse el panorama de ominosas dictaduras de derechas e izquierdas que prenden en el corazón de las Américas desde cuando Bolívar nos alcanza la liber-tad como hija de la fuerza; pasarán dictaduras que a la vez manipu-lan y exacerban la memoria de nuestros Libertadores, patriotas de uniforme, y silencian a los Padres Fundadores, los hombres de 1810 y 1811, para que, sucesivamente, bajo la necesidad vital y social de imponerle un "cordón sanitario" a la desviación genética que nos significa el "gendarme necesario", fragüe hacia 1959 un claro en-tendimiento sobre los desafíos de la democracia, tarea pendiente y, más que inacabada, perfectible.

Hasta entonces y donde ella –la democracia– prende como ex-cepción, no va más allá de la experiencia procedimental electoral y el respeto a la legalidad formal. Las constituyentes y las constitu-ciones que nos damos –en el caso de Venezuela– luego de 1830 y que "se modifican todos años" según el maestro José Gil Fortoul, no tiene otro propósito que ordenar la sucesiva perpetuidad en el poder del caudillo de turno o su reelección. Los derechos de la per-sona humana son apenas desiderata –vertidos más tarde en la Decla-ración Americana de 1948– y la misma democracia es un orden institucional que se compromete para lo venidero, según se infiere de la Carta de Bogotá del mismo año e instituyente de la OEA.

La Declaración de Santiago de Chile, adoptada por la Quinta Reunión de Consulta de Ministros de Relaciones Exteriores de la OEA, en la misma oportunidad en que nace la Comisión Interame-

---

[15] José Enrique Rodo, *Liberalismo y jacobinismo*, Montevideo, Librería y Papelería La Anticuaria, 1902, p. 72 y ss.

ricana de Derechos Humanos y tiene como su primer Presidente al eximio escritor y ex mandatario venezolano Rómulo Gallegos, es la que define, finalmente, una pauta sustantiva sobre la democracia que debe considerarse doctrina pionera en el Hemisferio Occidental. Es, cambiando lo cambiable, una suerte de oportuna recreación de las enseñanzas inaugurales venezolanas y de un tiempo pasado que se hizo bicentenario.

La democracia, como propósito y derecho que cabe a los gobiernos asegurarlo, se entiende, tal y como reza el documento citado, como sujeción a la ley mediante la independencia de los poderes y la fiscalización de los actos del gobierno por órganos jurisdiccionales del Estado; surgimiento de los gobiernos mediante elecciones libres; incompatibilidad con el ejercicio de la democracia de la perpetuación en el poder o el ejercicio de éste sin plazo determinado o con manifiesto propósito de perpetuación; deber de los gobiernos de sostener un régimen de libertad individual y justicia social fundado en el respeto a los derechos humanos; protección judicial eficaz de los derechos humanos; contrariedad con el orden democrático de la proscripción política y sistemática; ejercicio de la libertad de prensa, información y expresión en tanto que condición esencial para la existencia del mismo sistema democrático; en fin, desarrollo de estructuras económicas que aseguren condiciones justas y humanas de vida para los pueblos.[16]

En tal orden, progresivamente se forja en las Américas un verdadero sistema jurídico de seguridad colectiva de la democracia –primero de orden jurisdiccional y en adición de carácter político y diplomático, ajeno a la fuerza o, mejor aún, fundado en la fuerza del Derecho– que encuentra sus manifestaciones más actuales en la

---

[16] *Vid.* numerales 1 a 8 de la declaración, en la obra del autor, Asdrúbal Aguiar, *El derecho a la democracia*, Editorial Jurídica Venezolana/Observatorio Iberoamericano de la Democracia, Caracas, 2008, pp. 537-539, o en F.V. García Amador (Compilador), *Sistema Interamericano, a través de tratados, convenciones y otros documentos*, Vol. I, Washington D.C., OEA, 1981.

Convención Americana de Derechos Humanos (1969)[17] y en la Carta Democrática Interamericana (2001).[18]

Aquélla, de modo preciso, señala en su Preámbulo que los derechos humanos valen y tienen entidad más allá de los Estados partes y sus gobiernos y que su respeto y garantía sólo es posible dentro del cuadro de las instituciones democráticas. Y, en sus artículos 29.c y 32.2, dispone que los derechos humanos cabe interpretarlos –para determinar sus núcleos pétreos y posibles límites– a la luz de lo que es inherente a la forma democrática representativa de gobierno y conforme a las justas exigencias del bien común en una democracia.

La Carta Democrática Interamericana, por su parte, adoptada como resolución y mediante consenso por los Estados miembros de la OEA, preterida por los gobiernos quienes ahora la incumplen o desconocen pero la usan para sancionar a sus "enemigos ideológicos", es la obra de una larga maduración sobre los predicados de la misma democracia según el entendimiento que de ella tienen la doctrina política y judicial regional más autorizadas. Se trata, como lo precisan las reglas del Derecho y la jurisprudencia internacionales constantes, de un instrumento jurídicamente vinculante por ser interpretación auténtica sea de la Carta de la Organización de Estados Americanos o Pacto de Bogotá, sea de la citada Convención Americana.[19]

---

[17] Suscrita en la Conferencia Especializada Interamericana de Derechos Humanos, celebrada en San José, Costa Rica, del 7 al 22 de noviembre de 1969.

[18] Aprobada mediante resolución de la Asamblea General de la OEA, en la primera sesión plenaria de su 28° Período de Sesiones Extraordinarias, en Lima, Perú, el 11 de septiembre de 2001.

[19] Bástenos señalar, como suficiente, que en el Preámbulo de la Carta se hace constar que es su propósito "precisar las disposiciones contenidas en la Carta de la Organización de los Estados Americanos e instrumentos básicos concordantes, relativas a la preservación y defensa de las instituciones democráticas"; lo que, en línea con lo observado en su momento por el Comité Jurídico Interamericano, indica que la resolución de marras bien cabe dentro de aquellas que tienen efecto obligatorio por "interpretar disposiciones convencionales, [amén de] constituir prueba de la existencia de normas consuetudinarias" (*vid.* "Observaciones y comentarios del Comité Jurídico Interamericano sobre el proyecto de Carta Democrática Interamericana", documento CJI/doc.76/01, en la obra de Humberto La

La Carta Democrática, no muy distante del ideal democrático que prende durante la empresa constitucional pionera y de emancipación americanas, discierne entre la democracia de origen, atada a elementos esenciales, y la democracia de ejercicio, que predica la efectividad de su ejercicio y como derecho humano de las personas y los pueblos.

Pues bien, es un dato de la realidad que a lo largo de la última década del siglo pasado y la primera del corriente, la democracia vive otra crisis profunda, pero esta vez dentro de la misma democracia.

A la tradicional oposición *democracia v. dictadura militar* sobreviene la oposición *democracia v. democracia teatral o de utilería*. Ella es coetánea al igual debilitamiento y agonía, casi terminal, que padece el Estado moderno por obra de la revolución global de las comunicaciones y según los desafíos e iguales peligros que aquejan a la misma, como el terrorismo desnacionalizado o el narcotráfico, entre otros. Y bajo la mirada de todos, en una hora de tránsito admirable e inédito entre una historia que llega a su término y otra que se abre bajo signos radicalmente distintos, que no se reducen a una simple deriva inter-generacional o política y hablan más de nuestro paso hacia una sociedad de vértigo y virtual, la coyuntura es ocupada por ventrílocuos del poder contemporáneo declinante y sus reglas atentatorias de la ética democrática e incluso de la moral personal. En el instante, para éstos, el fin justifica los medios. Avanzan hacia la instalación apresurada de neo-dictaduras de carácter personal y populista. Es lo novedoso. Usan medios democráticos formales y le dan vida a una suerte de "demo-autocracia", manipulando las formas del Estado de Derecho para consolidarla, desnudando a éste y a la democracia de su esencia y finalidades.

No por azar, el ex presidente de la Corte Interamericana de Derechos Humanos, reconocido jurista mexicano, Sergio García Ramírez, en sus aportes postreros a la doctrina del Alto Tribunal de las Américas previene sobre lo que observa preocupado y a la espera de

---

Calle –Coordinador Editorial– *La Carta Democrática Interamericana: documentos e interpretaciones*, Washington D.C., OEA, 2003, pp. 243 y ss). Apud. Aguiar, *op.cit.*, p. 138.

que lleguen a consolidarse pronto los paradigmas constitucionales y democráticos del porvenir; esos que reclama Luigi Ferrajoli al referirse a la globalización como desafío y a la crisis del viejo Estado nacional "tras la caída de los muros"[20]. Habla aquél sobre las *nuevas formas de autoritarismo* presentes en la región y al efecto dice que "para favorecer sus excesos, las tiranías clásicas que abrumaron a muchos países de nuestro Hemisferio, invocaron motivos de seguridad nacional, soberanía, paz pública. Con ese razonamiento escribieron su capítulo en la historia... Otras formas de autoritarismo, más de esta hora, invocan la seguridad pública, la lucha contra la delincuencia (o la pobreza, cabe añadir), para imponer restricciones a los derechos y justificar el menoscabo de la libertad. Con un discurso sesgado, atribuyen la inseguridad a las garantías constitucionales y, en suma, al propio Estado de Derecho, a la democracia y a la libertad"[21], concluye.

El "memorial" de García Ramírez, por ende y como puede apreciarse, no se aleja del criterio del ilustrado Lander; quien defiende la obra intelectual que realizan los primeros repúblicos nuestros entre 1810 y 1812, ante quienes los ciudadanos de uniforme, usando las armas para el fin de la libertad, al paso reniegan de las virtudes de la democracia y sojuzgan a las que califican –tomando prestada la expresión de Mariano Picón Salas– de "patrias bobas".[22]

En la circunstancia corriente no podemos escapar, en otro orden, a las reflexiones que en cuanto a la democracia demandan esas realidades históricas distintas y sobrevenidas recién; pues como lo

---

[20] Luigi Ferrajoli, *Razones jurídicas del pacifismo*, Editorial Trotta, Madrid, pp. 79 y ss.

[21] Caso *Escher y otros v.* Brasil, sentencia de 2009 - Serie C, n° 200, Voto del juez García Ramírez, párr. 13.

[22] Mariano Picón Salas, *Francisco de Miranda*, Colección Historia 6, Universidad Católica Andrés Bello, Caracas, 2009, p. 213 y ss.: "La mayoría de los hombres que por fin estuvieron de acuerdo para firmar el Acta de Independencia de Venezuela el 5 de julio de 1811 no alcanzaban a prever todo lo que tras sí acarreaba el elegante documento puesto bajo la protección de Dios Todopoderoso y vestido con las mejores y más nuevas teorías del Derecho público".

plantea Laurence Whitehead[23], catedrático de Oxford, si la democracia no es discutible deja de ser tal, y por ser humana –me permito observarlo– y de suyo perfectible, es a todas luces "un mecanismo de corrección de errores"; el menos malo de los regímenes políticos, como lo señala Sir Winston Churchill.[24]

"La democratización debe entenderse como un proceso de final abierto. La democracia es «esencialmente discutible» no sólo porque nuestros valores puedan diferir, o porque nuestros conceptos políticos puedan carecer de validación lógica o empírica final, sino también porque nuestra cognición política es en sí misma crítica y reflexiva", ajusta Whitehead. Al hablar y debatir sobre la democracia, pues, hemos de tener presente la metáfora del ancla del barco que nos refiere este profesor, "ya que indica cómo incluso en el mundo físico una entidad puede estar restringida [en sus movimientos] sin ser fija".

La democracia, en fin, tiene componentes indispensables en cuyo defecto su noción queda hueca, vacía. "Se tienen que resistir los intentos de apropiarse del término que produzcan significados fuera de esa corriente, principalmente porque destruirían las posibilidades de diálogo reflexivo sobre el cual se debe apoyar cualquier democracia"[25]. Ese es el desafío y esta la hora nona o crucial de Ustedes, venezolanos de las nuevas generaciones.

E.  *Mirando hacia el horizonte*

Para ir concluyendo cedo a la tentación de repetir las consideraciones que constan en uno de mis libros más recientes –*La demo-*

---

[23]  Laurence Whitehead, *Democratización, teoría y experiencia*, Fondo de Cultura Económica, México, 2011, *passim*.

[24]  Discurso en la Cámara de los Comunes, el 11 de noviembre de 1947: "De hecho, se ha dicho que la democracia es la peor forma de gobierno, excepto por todas las otras formas que han sido probadas".

[25]  *Loc.cit.*

*cracia del siglo XXI y el final de los Estados*[26]– pues allí, sin mengua de una mirada a lo esencial, preciso y reitero lo antes dicho, a saber que el porvenir será distinto a lo que hemos conocido o se nos ha contado; pero tampoco puede construirse con saltos al vacío.

Son innumerables, en efecto, los asuntos e interrogantes por resolver acerca de la democracia y sus desafíos de actualidad. Hasta los gobiernos que mayores falencias acusan o muestran un déficit democrático elevado no dejan de rendirle culto y hasta justifican sus dislates y arbitrariedades arguyendo, incluso falazmente, su lealtad al ideal democrático. Pero la democracia se agota, progresivamente, como experiencia instrumental, dentro de los odres de la república conocida y en las cárceles de ciudadanía en que se han transformado los Estados. Ello es inocultable.

Pero la realidad histórica de aquélla y la de éstos no deja de aportar una lección extraordinaria. El tiempo de la democracia se hace generoso y los peligros que la acechan disminuyen cuando la misma –a manos de sus verdaderos hacedores, la gente– se funda en el pluralismo y niega a los extremos y los fundamentalismos; siendo aquélla, la democracia, algo muy distinto de los centrismos insípidos o los sincretismos –formas larvadas que asume el totalitarismo contemporáneo– que buscan conciliar a la luz de la neutralidad que predicaría el derecho a la diferencia y con prescindencia de los valores trascendentes y comunes[27]. Cede el final de la democracia, además, cuando deja de ser forma de gobierno para asumir su condición de derecho humano transversal al resto de los derechos, como lo explico en mi obra sobre *El derecho a la democracia*[28] y como lo enseña el propio Maritain al indicarnos que "una sociedad de hombres libres implica algunos dogmas básicos que constituyen la medida de su existencia misma. Una democracia genuina importa

---

[26] Asdrúbal Aguiar, *La democracia del siglo XXI y el final de los Estados*, Caracas, 2009; DF, Observatorio Iberoamericano de la Democracia/Rumbo a la democracia, México, 2012.

[27] Jorge Mario Bergoglio, S.J., *Reflexiones en esperanza*, Ediciones Universidad del Salvador, Buenos Aires, 1992, pp. 291-292.

[28] Asdrúbal Aguiar, *El derecho a la democracia*, Editorial Jurídica Venezolana, Caracas, 2008, passim.

un acuerdo fundamental de las opiniones y las voluntades sobre las bases de la vida común; ha de tener conciencia de sí y de sus principios, y deberá ser capaz de defender y promover su propia concepción de la vida política y social; debe contener un credo humano común, el credo de la libertad".[29]

No sabemos aún sobre las nuevas formas o los intereses distintos que es necesario equilibrar de cara a la renovación de la democracia y a la luz del siglo en curso, de sus tendencias globales y también de sus muchos nichos sociales o cavernas, casi todos recreadores de una suerte de Medioevo posmoderno. Pero las reglas de la pluralidad y de la subsidiariedad –o articulación pluralista de la sociedad– bajo los criterios de unidad, de unicidad y de alteridad de toda persona, propios del humanismo, valen ahora como nunca antes.

Lo veraz e indiscutible, en todo caso, es la reprobación que sufre la democracia ante la opinión pública dominante a nivel universal y que el eminente filósofo del Derecho italiano, Norberto Bobbio, ausculta, oponiendo el ideal democrático con la realidad democrática. No obstante, como cabe anotarlo, la reprobación ha lugar porque el común de nuestros pueblos asimila la expresión democrática con su instrumental histórico: el Estado, los poderes públicos, los partidos políticos, el voto periódico y su ineficacia para conjurar las urgencias y exigencias materiales y morales de la vida cotidiana.

No es la primera vez que ocurre una crisis de fe en la democracia y su largo trayecto a lo largo la historia de los hombres y de los pueblos. El ex presidente Caldera recuerda en vida y en sus momentos inaugurales de forjador de libertades en Venezuela, que *el mundo más adelantado* la vive –esa crisis de fe– en los años 10 al 40 del siglo XX; a un punto que, en 1939, la opción fatal es el totalitarismo de izquierda o derecha. Y dos razones abonan al respecto. Una, la mala fortuna de coincidir la revolución liberal con el auge del capitalismo, incriminándose a aquélla de las culpas de éste. Otra, las dificultades derivadas de la falta de elasticidad de las estructuras

---

[29] Jacques Maritain, "La carta democrática", en *Notas y documentos*, N° 55-56, Caracas, abril/septiembre 1999, pp. 5 y ss.

políticas para amoldarse a las necesidades de la gente.[30] Sea lo que fuere, lo veraz es que si se le pregunta a la misma gente si acaso está dispuesta a renunciar a la libertad recibiendo a cambio mayor bienestar económico, a buen seguro dice que no; porque en el fondo lo que se reclama de la democracia es lo que Protágoras predica de ella: su identidad con la naturaleza humana, con las cosas simples, en pocas palabras.

Se trata, entonces, de no perder el rumbo frente a las reglas permanentes y milenarias de la decencia inscritas en el Decálogo; que en nada sufre o mengua bajo el peso de su milenaria tradición. El respeto a los otros –que pueden ser discrepantes o adversarios pero no enemigos– nos aleja de las verdades absolutas, no le da tregua a los fanatismos, y en el debate libre de las ideas –iluminadas por el reconocimiento y primacía de la dignidad humana– se procuran los cambios de poder sin sangre y ha lugar al espíritu de la convivencia, a la posibilidad de la creación en común en medio de la diversidad. La perfectibilidad, el saber que nuestra condición de humanos nos torna obras inacabadas y de quehacer constante, por ende, nos impulsa asimismo a la restauración periódica de la experiencia humana, y también democrática, como ocurre desde hace 2.500 años.

Sobre tal telón de fondo, Jean-Marie Guéhenno[31] escribe en 1995 sobre el fin de la democracia arguyendo lo espectacular y complejo del momento presente; pues 1989, antes que cerrar el tiempo iniciado en 1945, superada la Segunda Gran Guerra, o en 1917, con la instalación del comunismo en Rusia, le "pone fin a la era de los Estados-naciones, se clausura aquello que se institucionalizó gracias a 1789". Y dice bien que de la antigua ciudadanía política y democrática "dentro del Estado" nada queda y es "un cómodo medio de manifestar mal humor hacia unos dirigentes".

Durante dos siglos, en efecto, hemos pensado en la libertad, léase la democracia, a través de la esfera política que había de organizarla. De donde advierte Guéhenno, por otra parte, que "se ha

---

[30] Rafael Caldera, *Reflexiones de la Rábida*, Caracas, Seix Barral, 1976.
[31] Jean-Marie Guéhenno, *El fin de la democracia*, Barcelona, Paidós, 1995.

entablado una carrera entre la difusión de la técnica a nivel global, que aumenta los medios de la violencia, y la difusión relacional del poder por obra de la anomia o la ruptura del tejido social que soporta a nuestros Estados Naciones, que la desactiva", en una suerte de paradoja. Amenaza el caos constantemente, pero éste no toma cuerpo.

Ha lugar, en síntesis y como lo creo, a un cambio de ciclo en la historia de la civilización. Más allá de su vocación universal o de su consecuencia: el agotamiento del Estado y de su organización republicana, por impersonal y patrimonial e hija del espacio material, tiene por objeto y sujetos al individuo o individuos como personas y a la Humanidad Totalizante. Deja en espera o sujeta a revisión a todas las formas sociales, geopolíticas intermedias y subsidiarias conocidas: las regiones, las provincias, las municipalidades y hasta las comunas como las familias. Los individuos quedan libres de ataduras y sujeciones asociativas, abandonan sus identidades *ciudadanas* o correspondencias con la *patria de bandera* y en paralelo pierden las seguridades que les aportan el propio Estado o la sociedad política moderna. De suyo, en lo sucesivo medran huérfanos, solitarios, en espera de otras seguridades que sustituyan a las anteriores pero que no llegan con la urgencia reclamada. De allí el regreso, la vuelta a la "tribu" y al chamán, y los nuevos miedos o angustias que hacen presa del hombre de la generación digital al igual que los sufre antes el hombre primitivo –el americano originario– y también el medieval.

La diatriba reciente sobre la democracia intenta fijar el debate en una suerte de mera oposición entre la democracia representativa y la democracia adjetivada de participativa. Pero el asunto reviste mayor complejidad, aun cuando, para resolver tanto el problema de la impersonalidad histórica del Estado como el distanciamiento de los representantes políticos con relación a sus electores, la Carta Democrática Interamericana prevea una regla adecuada: *La democracia representativa se refuerza y profundiza con la participación permanente, ética y responsable de la ciudadanía.*

Los paradigmas instrumentales de la democracia a buen seguro serán otros durante el siglo ya corriente y pendientes de alcanzar. Mas cabe observar que, así como la idea de la representación se hace necesaria e imprescindible para sacar a la democracia de sus límites comunitarios y hacerla extensiva a grandes espacios geográficos y humanos, la idea de la participación permanente de la ciudadanía y hasta la absorción por la política del mundo íntimo del individuo también hace morir a la democracia, cuando deriva aquélla –la participación– en trivial por exceso. Así ocurre, en su primera experiencia, durante la Grecia de los antiguos.

De modo que, la idea del alejamiento de los extremismos y sectarismos se impone por lo pertinente y ha de machacarse sin tregua. La representatividad debe llevarse hasta el punto que reclama la eficacia en la gestión de los objetivos democráticos complejos y de dimensiones espaciales importantes como las globales y regionales en boga, pero no puede ser desplegada hasta el extremo en que la democracia pierda su sentido como proyecto político e intente reducir el conjunto de la vida humana a "ciudadanía totalitaria": tesis que, cambiando lo cambiable, es común al pensamiento de Marx y de Rousseau.

Queda pendiente, queridos jóvenes, una auténtica revolución democrática en este espacio de la prehistoria del tiempo naciente. Se trata de realizar, cabe apuntarlo, una revolución que no es meramente política sino esencialmente espiritual o ética.

Los debates sobre la democracia por venir *se referirán a la relación del hombre con los otros hombres y con el mundo*. Se trata de debates morales –a los que se adelanta sabiamente la jurisprudencia de la Corte Interamericana de Derechos Humanos por anclar su sistema jurídico en una premisa moral, a saber, la dignidad de la persona humana– y acaso por vía de éstos es que ha de renacer la política "en un proceso que partirá de abajo, de la democracia local distinta de la vieja institucionalidad municipal, regional y nacional y de la definición que una comunidad dará de sí misma para elevarse".

Concluyo, pues, mis palabras, dejándoles una enseñanza ajena que hago mía por lo pertinente y por pertenecer a mi muy querido Padre Jorge, hoy S.S. Francisco. "La pérdida de las certezas nos pone frente a un grave desafío político", afirma el Arzobispo de Buenos Aires en 2005, antes de decirnos que "no podemos evitar cargar con la herencia recibida, las conductas, preferencias y valores que se han ido constituyendo a lo largo del tiempo. Pero una perspectiva cristiana sabe valorar tanto «lo dado», lo que ya está en el hombre y no puede ser de otra forma, como lo que brota de su libertad, de su apertura a lo nuevo, en definitiva, de su espíritu como dimensión trascendente, de acuerdo siempre con la virtualidad de «lo dado».

"Es un deber, una obligación del cristiano, involucrarse en la política... porque al estar en ese ámbito se puede trabajar por el bien común". S.S. Francisco (2013).

# 2. LA HISTORIA INCONSTITUCIONAL DE VENEZUELA (1999-2013)

Buenos Aires (Academia Nacional de Derecho y
Ciencias Sociales, 18 de julio de 2013

Al recibir de manos del consecuente y noble amigo Gregorio Badeni, académico Presidente de la Academia Nacional de Derecho y Ciencias Sociales de Buenos Aires su invitación, para este encuentro y a fin de compartir con mis colegas académicos, incluidos los de la Academia de Ciencias Morales y Políticas, mis recientes escritos acerca la vida jurídica e institucional de Venezuela, no dude un instante en aceptarla. Es un honor inmerecido, que le agradezco emocionado en unión de Mariela, mi esposa, aquí presente.

Las generosas palabras de bienvenida del ilustre venezolano en los afectos quien es el académico Juan Aguirre Lanari, me obligan, además y aún más, en mis afectos hacia su patria, la Argentina. La mención que hace del apoyo solidario y sin medias tintas que Venezuela ofrece a sus compatriotas durante la guerra de las Malvinas y en el gobierno de Luis Herrera Campíns, y el respaldo igual que la Argentina nos otorga a los venezolanos a través de su Canciller, Luis María Drago, una vez como las potencias europeas bombardean nuestras costas a inicios del siglo XX, me llega al corazón. Por lo que debo decirle al ex Canciller Aguirre que los venezolanos comprometidos con la libertad recibimos su histórico recuerdo, en esta hora crucial en la que acusamos la soledad de la indiferencia latinoamericana, como el agua refrescante.

Tengo una deuda postrera y felizmente insoluble con las academias argentinas, con estos museos alejandrinos que me acogen en su seno durante mi providencial autoexilio bonaerense, años atrás;

pues me han permitido emular a tientas la ejemplar trayectoria de otros ilustres compatriotas quienes me preceden y a cuya memoria rindo homenaje: el eximio escritor don Arturo Uslar Pietri y el estadista de la paz, Rafael Caldera, ambos fallecidos después de una vida fértil, útil y nonagenaria, de servicio a nuestra democracia. La sola mención de ellos me hace comprender, cabalmente, la gravedad del compromiso que asumo al hablar ante este auditorio de privilegio.

A. *El juramento en falso*

Sea cuales fueren los rótulos bajo los que califiquemos la circunstancia política actual e institucional de Venezuela y al margen del rico debate que suscita la teoría del golpe de Estado al momento de definirlo, un hilo conductor e histórico le caracteriza, con independencia de sus móviles, como el acto llevado a cabo por órganos del mismo Estado.

No se reduce el golpe de Estado, como se cree, a un levantamiento o insurrección que la experiencia demuestre luego ineficaz, y tampoco es una simple acción de la soldadesca sobre el centro del poder constituido tal y como ocurre entre nosotros, los venezolanos, el 4 de febrero y el 27 de noviembre de 1992.

La presencia militar en los golpes y en su práctica es algo común. Pero ella ha lugar no solo cuando a propósito de un golpe el estamento militar participa, sino también cuando asume neutralidad o se hace cómplice por indiferencia del acto golpista ejecutado por un gobernante, el parlamento, o los mismos jueces supremos.

Las obras de Gabriel Naudé (*Consideraciones políticas sobre el Golpe de Estado*, 1639), Curzio Malaparte (*Técnica del Golpe de Estado*, 1931), o la más actual, de Edward Luttwak, con igual título que la de éste (1969), son emblemáticas en cuando a dicho fenómeno fáctico de la política, y también jurídico, pues como lo recuerda el maestro de la dogmática del Derecho Hans Kelsen, ha lugar cuando ocurre la violación de la legalidad del orden existente y su mutación con un claro propósito: el reforzamiento del poder por quien lo ejerce. "Lo decisivo es que la constitución válida sea modificada de una manera, o remplazada enteramente por una nueva constitución, que no se encuentra prescripta en la constitución hasta entonces válida" (*Teoría Pura del Derecho*, 1935).

La consideración anterior viene al caso por los golpes a nuestra constitucionalidad –léase a nuestros derechos fundamentales y ciudadanos– deliberadamente impulsados desde el Palacio de Miraflores, en Caracas, desde el año final del siglo pasado, durante la primera década del presente siglo y en los tres años que lleva la segunda; apoyados éstos, sin reservas, acompañándolos o silenciándolos, por distintos parlamentos, el Ministerio Público, la Defensoría del Pueblo, la Contraloría de la República, el Poder Electoral, y el Poder Judicial, cooptados en su totalidad y sin matices por el gendarme Presidente y por su actual sucesor, Nicolás Maduro Moros, bajo la mirada complacida de la Fuerza Armada.

Tales golpes de Estado o graves rupturas a la constitucionalidad, revisados de conjunto no abrigan otro propósito que reforzar el poder personal del mismo Presidente a costa de la democracia –fingiéndola– y su desmantelamiento; por encima de los dictados precisos de la Constitución y mediante su violación sistemática; provocando mutaciones constitucionales a través de la manipulación o el desconocimiento ora de las formas del Derecho, ora de la voluntad popular legítima expresada en elecciones o actos de participación política constitucionalmente tutelados.

Al efecto, he aquí lo típico y novedoso de la experiencia golpista venezolana del siglo XXI. Se usan o subvierten las mencionadas formas del Derecho para consumar "golpes de Estado" sucesivos y continuados, vaciando de contenido ético y finalista al mismo Derecho: medios en apariencia legítimos con miras a fines ilegítimos y fines supuestamente legítimos a través de medios claramente ilegítimos, con lo cual se trastoca de raíz a la ética democrática. En el pasado, durante la primera mitad del siglo XX, instaladas las dictaduras y presentes sus llamados "gendarmes necesarios", cuando menos tienen el pudor de modificar previamente el orden constitucional para ajustarlo a sus necesidades autocráticas y luego afirmar que lo acatan, a pie juntillas.

En su intento por reforzar su poder político personal, con arrestos de primitivismo, el antes llamado Comandante Presidente, hoy fallecido, luego de golpear aviesamente a la Constitución de 1961 jurando no reconocerla –la llama moribunda al momento de prestar su juramento y con ello invitar a desconocerla– y a pesar de ser elegido bajo sus cánones, fuerza luego una mora en la Constitución que la sucede, la de 1999; ello, para favorecer sobre el vacío constitucional inducido el desmantelamiento de los poderes públicos legítimamente constituidos a partir de 1998.

B. *No huelga recordar los antecedentes, y a cabalidad*

Al inaugurar su mandato, el 2 de febrero, dicta un decreto –sin esperar que lo haga el Congreso electo junto a él como estaba previsto– convocando a un referéndum popular. Le pide al pueblo le otorgue directamente y sin más, en lo personal, autoridad para fijar las bases de un proceso comicial que lleve al país hacia la constituyente. Y su propósito confesado, como reza la iniciativa, es "transformar el Estado y crear un nuevo orden jurídico" sin cumplir con la exigencia previa de la reforma de la citada Constitución de 1961.

Llegada la hora se abstiene el 53,7 por ciento de los votantes inscritos y Chávez –dado el modelo electoral establecido para la circunstancia– al obtener el 65% de los votos sufragados se hace con el 98% de los escaños de la nueva Asamblea: 125 constituyentes oficiales y 6 constituyentes opositores. La representación proporcional de las minorías, esencial en la democracia, fenece en ese instante preciso.

Lo cierto es que tal Asamblea Constituyente –sin encontrarse apoderada para ello– sostiene, una vez instalada, que es depositaria de la soberanía popular originaria y afirma no encontrarse atada por la Constitución en vigor. Y sin avanzar aún en la redacción de la nueva Carta, interviene y paraliza al Congreso de la República y, lo que a la sazón más importa a quienes desde entonces controlan los rieles del poder en Venezuela, destituye sin fórmula de juicio a todos los jueces. Les sustituye con jueces provisorios, de libre nombramiento y remoción.

Cabe decir que la Constitución naciente –aprobada por el 80% pero del 40% de venezolanos quienes sufragan durante el respectivo referéndum– se afirma sobre el ideario del "césar democrático" o gendarme necesario, que tanto defiende Simón Bolívar al prosternar la obra constitucional liberal, democrática y republicana de nuestros Padres Fundadores, hombres de levita e ilustrados. A la caída de la

Primera República, una vez como traiciona al Precursor Francisco de Miranda, su superior, a quien entrega ante las autoridades españolas a cambio de un pasaporte que le permite viajar a Cartagena, desde allí manifiesta el mismo Bolívar que "filósofos por jefes, filantropía por legislación, dialéctica por táctica, y sofistas por soldados", es lo característico de la obra germinal de los civiles egresados de nuestra primera universidad, la Universidad de Santa Rosa de Lima y Tomás de Aquino creada en 1721.

No por azar, pues, la Constitución de 1999, cambiando lo cambiable, en su lenguaje contemporáneo no dista del credo bolivariano. Según éste los venezolanos "no estábamos preparados para tanto bien", el de la república democrática, por lo que, en su defecto, propone en 1819, desde Angostura, la forja de un senado hereditario integrado por las armas, a las que todo debe –según él– la patria, y pide un presidente vitalicio a la manera del monarca británico. Y en 1826, al otorgar la Constitución de Chuquisaca, se repite al disponer la erección de un presidente vitalicio e irresponsable con la facultad de nombrar su sucesor en la persona del Vicepresidente.

Por cierto, fallecido el autor de nuestra vigente Constitución, le sucede su vicepresidente –impuesto *in articulo mortis*– hoy en ejercicio ilegítimo del gobierno venezolano, Nicolás Maduro Moros.

La Constitución de 1999 *in comento*, en su artículo 3 dispone que es al Estado a quien compete, como función esencial, desarrollar la personalidad de los venezolanos; educarlos para que adecuen sus proyectos de vida a los nuevos valores instalados, como reza el artículo 103; que no son otros, como principios ordenadores del andamiaje constitucional, que los constantes, según el artículo 1, en la doctrina y el pensamiento del Libertador. Por si fuese poco, dicha Constitución, a objeto de asegurar su modelo de gendarmería recreado  en pleno siglo XXI y procurar el advenimiento de "hombre nuevo" venezolano, autoriza la delegación sin límites, sin justificaciones de emergencia, de las funciones legislativas a manos del Presidente; y hace de la seguridad nacional –cuyo eje vertebral es una Fuerza Armada que vota y delibera, y asume la responsabilidad de militarizar a los civiles– el elemento articulador del Texto Fundamental, como se aprecia en su Título VII.

Lo anterior, sin embargo, no le basta a Chávez. De allí la citada mora que ocurre en cuanto a la publicación oficial del novísimo texto adoptado por la Asamblea Nacional Constituyente y aprobado por el pueblo. Afirmando ésta que ahora sí, finalmente, ha muerto la Constitución de 1961, de seguidas aclara que el primero entrará en vigencia una vez publicado en el diario oficial, lo que sólo ocurre pasado un mes y algunos días más.

Entre tanto, la Asamblea recordando ser la depositaria provisional de todos los poderes constitucionales de la República, sin esperar e *ipso facto* procede a la clausura de todos poderes públicos constituidos o reconstituidos luego de las elecciones de 1998 en las que es electo el mismo Chávez.

Los titulares de estos –magistrados supremos en ejercicio y sin concluir sus mandatos, el fiscal general, el contralor– son sustituidos por otros provisorios, designados a dedo, tanto como se cierran las legislaturas estadales y cuerpos municipales. A la par se organiza una Comisión Legislativa o Congresillo integrada por diputados electos a dedo por la Constituyente, quienes asumen las tareas legislativas para lo sucesivo y hasta tanto sean electos los nuevos miembros de la Asamblea Nacional unicameral creada por la Constitución de 1999

## C. *Las consecuencias ominosas eran de esperarse*

Una vez en vigencia la Constitución así procreada, mediante un aborto revolucionario y de la que se elaboran cuatro textos distintos, tres de los cuales no los conocen sus constituyentes sino los enmendadores o censores oficiales, en pleno año 2000 la Defensora del Pueblo provisional, Dilia Parra, le recuerda a la Asamblea su deber de relegitimar a los poderes públicos provisorios dándole cumplimiento estricto a la naciente forma de democracia participativa instalada; en pocas palabras, permitir que los comités de ciudadanos postulen libremente a quienes han de ocupar las distintas funciones dentro del Estado y en calidad de titulares.

Pero el presidente de la Constituyente, don Luis Miquilena, responde que la cuestión debe ser consultada ante la Sala Constitucional integrada por los magistrados provisionales que ella misma ha nombrado antes y éstos, a la vez, resolviendo en causa propia y mediante sentencia sentencian que las reglas constitucionales aprobadas no rigen para quienes, al igual que ellos, ya se encuentran ejerciendo sus cargos respectivos.

De modo que, de un zarpazo el poder total, uno y fuerte, la dictadura encubierta, desde entonces se vuelve a entronizar en Venezuela, y se viste de uniforme. No es una cuestión actual o sobrevenida. La degeneración constitucional luego acusada es apenas la prolongación de ese pecado original. Chávez, bajo la cobertura de las formas del derecho y la anuencia de sus pares en el Continente, se transforma en dictador y ejerce su dictadura con el concurso dominante de la Fuerza Armada; cuyos oficiales y suboficiales, a la sazón, pasan a ocupar la mayoría de los cargos de la administración pública central y descentralizada, hasta el presente y ahora presente el sucesor de éste.

El desencuentro no resuelto aún entre el Estado venezolano y la Comisión Interamericana de Derechos Humanos, que lleva a la denuncia reciente del Pacto de San José, se explica en lo anterior: *"El engranaje constitucional [en vigencia desde 1999] no prevé, en supuestos importantes, mecanismos de pesos y contrapesos como forma de controlar el ejercicio del poder público y garantizar la vigencia de los derechos humanos. Las principales facultades legislativas fueron derivadas bajo un régimen habilitante al Poder Ejecutivo sin límites definidos para el ejercicio de la misma"*, opina la Comisión llegado apenas el año 2002.

Ocurrirán, sucesivamente, algunos *tours de force* de Chávez con los sectores modernos de la sociedad venezolana para alcanzar –lo que no logra a cabalidad hasta el momento– que ésta se someta a su poder y sobre todo al control colonial cubano, y se avenga al modelo que finalmente habrá de sustituir la primera cubierta constitucional de estirpe bolivariana: el Socialismo del siglo XXI.

D. *Los pasos emblemáticos hacia el socialismo marxista*

Antes de concluir 1999, Chávez pacta formalmente con la narco-guerrilla colombiana, las Fuerzas Armadas Revolucionarias de Colombia. Más tarde les reconocerá estatuto de beligerancia. El territorio venezolano se vuelve aliviadero y puente inmediato para sus crímenes internacionales. Y el embajador venezolano para el despropósito es el jefe de inteligencia, hoy gobernador del Estado Guárico, Capitán Ramón Rodríguez Chacín. La cuestión se encuentra documentada, no es especulativa.

Llegado el año 2000, la Constituyente no cierra aún sus actividades a pesar de encontrarse agotado su cometido. Pendiente el proceso de relegitimación de los poderes públicos sanciona un Estatuto Electoral que permite abandonar el sistema uninominal de circunstancia –usado para la elección de la misma asamblea constitucional– y restablecer el régimen de listas partidarias cerradas para el ejercicio del voto; pero se castiga otra vez a la representación de las minorías y el Congresillo designado a dedo se encarga de conformar el nuevo Poder Electoral con aliados del Presidente. Chávez se mide así en la justa de relegitimación compitiendo contra su compañero de hornada golpista, el Teniente Coronel Francisco Arias Cárdenas, actual gobernador chavista del Estado Zulia; y al vencer, como era previsible, su mandato original de 5 años, producto de las elecciones de 1998, muda, en la práctica, en otro de 8 años. Los jueces supremos declaran a la sazón que los primeros años de ejercicio presidencial no cuentan al efecto, con vistas al sexenio que se inaugura.

Entre tanto, la Sala Constitucional se encarga de la desarticulación de la sociedad civil para reorganizarla a la medida del Estado, a cuyo efecto decide establecer por vía estatutaria un régimen para las ONG's; excluyendo de tal concepto y negándoles su representatividad para los fines del ejercicio del derecho de participación o de representación de intereses difusos o colectivos a las asociaciones formadas por extranjeros, las que reciben subsidios externos o financiamientos directos o indirectos del presupuesto público, las que pueden tener algún fin de tipo político, económico, transnacional o mundial. Y a renglón seguido concluye que sólo son reconocidas como tales ONG's aquellas que prueben su "representatividad", estén reguladas mediante ley, y realicen elecciones de sus autoridades bajo la dirección del Poder Electoral ahora oficialista.

El propósito del control revolucionario se muestra total, salvo por el incidente del mes de diciembre, cuando el gobierno, bajo su nueva Constitución, obliga a los sindicatos de trabajadores a realizar elecciones supervisadas por el Estado y las pierde.

Sea lo que fuere, no concluirá el año sin que el Gobierno firme su primer Convenio Integral de Cooperación con la República de Cuba, que significa liberalidades financieras y petroleras a favor de ésta; la que a cambio nutre a Venezuela con su legión de médicos y de maestros. Suman 40.000 los primeros misioneros cubanos en territorio venezolano, a los que se agregan, según información del funcionario castrista responsable, otros 30.000, miembros de los Comités de Defensa de la Revolución. Ellos, en la actualidad, fungen de comisarios en las dependencias militares y son quienes controlan los servicios de registro público, inteligencia, identificación e inmigración, se encargan del manejar los primeros anillos de la seguridad presidencial y hasta se ocupan del transporte del propio Presidente de Venezuela en los equipos de Cubana de Aviación.

Venezuela, en suma, es colonizada pacíficamente bajo el ucase de sus militares y por quienes, durante los años '60 del siglo pasado, la invaden por la vía de las armas y no lo logran. Es premonitorio el diagnóstico que al efecto hace el padre de nuestra República civil contemporánea, Rómulo Betancourt, al presentar su última memoria como gobernante ante el Congreso de 1964: "Venezuela es el principal proveedor del occidente no comunista de la materia prima indispensable para los modernos países industrializados, en tiempos de paz y en tiempos de guerra: el petróleo. Venezuela es, además, acaso el país de la América Latina donde con más voluntariosa decisión se ha realizado junto con una política de libertades públicas otra de cambios sociales, con simpatía y respaldo de los sectores laboriosos de la ciudad y el campo. Resulta así explicable cómo dentro de sus esquemas de expansión latinoamericana, el régimen de La Habana conceptuara que su primero y más preciado botín era Venezuela, para establecer aquí otra cabecera de puente comunista en el primer país exportador de petróleo del mundo".

El año 2001 Chávez afirma que "estamos haciendo un esfuerzo sobrehumano para hacer una revolución pacífica, cosa difícil pero no imposible. Pero si ésta fracasa, vendría una revolución por las armas, porque esa es la única salida que tenemos los venezolanos". Es el momento en que hace público el entendimiento que tiene del orden constitucional que impulsa en 1999: "La ley soy yo, el Estado soy yo", son sus palabras precisas ante el Congreso Internacional de Derecho Agrario.

Acto seguido, como legislador supremo que es y se siente, procede a sancionar mediante decreto 49 leyes, entre otras, la conflictiva Ley de Tierras, conforme a la cual, sin mediación judicial ni indemnización previa a los afectados, acuerda la confiscación de los predios necesarios para el desarrollo agrícola nacional. Y autoriza a la autoridad administrativa para que, sin más, proceda al desconocimiento de la constitución de sociedades, la celebración de contratos y, en general, la adopción de formas y procedimientos jurídicos mediante los cuales, en su criterio y bajo discreción no reglada, considere que se puedan burlar los propósitos de la ley.

De modo que, como saldo, durante la III Cumbre de las Américas, cuando se conviene en la redacción de la Carta Democrática Interamericana, Chávez le pone fin al tiempo del disimulo. Se separa de sus pares y protesta contra la democracia. Seguidamente declara ser "el segundo Castro latinoamericano". Entre tanto, desde Rusia afirma que "cree en la democracia, pero no en las formas de democracia que nos imponen", a cuyo efecto, el Alto Mando Militar –ausente el Comandante del Ejército– declara públicamente su adhesión al proyecto revolucionario y Chávez anuncia la conformación de una milicia popular, con un millón de civiles armados. Y Norberto Ceresole, su asesor argentino, afirma la legitimidad del pronunciamiento del "partido militar".

Así las cosas, antes de que ocurra el paro nacional del 10 de diciembre, que reúne al sector sindical con el empresarial, la Iglesia y los partidos que restan de la vieja experiencia de la República civil de Punto Fijo, y la sociedad civil, la Sala Constitucional adopta una medida crucial. Fija, otra vez por vía estatutaria y mediante su sentencia 1.013, el conjunto de reglas que más tarde serán recogidas por la Ley de Responsabilidad Social de Radio y Televisión o Ley Mordaza, que permite el control de los contenidos informativos de la prensa por el Estado y su avance hacia el establecimiento de una hegemonía comunicacional pública.

La revolución sabe y es consciente de que no puede avanzar –mediante una democracia de utilería– sin silenciar a los jueces y a la prensa, contralores tradicionales del poder que se ejerce como río sin madre.

Llegado el mes de enero de 2002, en la antesala de la masacre de Miraflores y del sainete militar de los micrófonos, que eso fue a todas luces el llamado golpe de Estado del 11 de abril, en lo personal advierto ante el país y por escrito que se están se dando "condiciones objetivas" tanto externas como internas, sociológicas y políticas, que para el momento ora son determinantes ora son la evidencia de la aceleración de un proceso inexcusable de quiebre institucional en Venezuela. Aprecio que el mismo, dado lo ocurrido hasta entonces, se orienta hacia la final y necesaria definición de roles entre el viejo Estado gendarme y la ya madura sociedad civil venezolana: aquél, bajo la conducción del soldado Chávez, Presidente de la República, quien vuelve por los fueros que pierden sus compañeros de armas a raíz del 23 de enero de 1958, cuando nace la mencionada República civil; y ésta, al despertar por esfuerzo propio –bajo la misma crisis histórica y en medio de la anomia que la acompaña por huérfana de los partidos y líderes civiles que le otorgan su tutela hasta el pasado reciente– reacciona firme, pero instintivamente, para impedir los propósitos que buscan aniquilarla en sus libertades o neutralizarla políticamente.

Lo cierto es que los militares –los integrantes del "partido militar" forjado desde 1999 alrededor de Chávez– se adelantan al juego, en lo particular quienes no se avienen dentro de éstos a la planteada sujeción o desplazamiento final de Venezuela hacia un modelo de inspiración cubana y marxista, en el marco de un proyecto colonizador que se hace también manifiesto en los cuarteles.

### E.  *Median la Iglesia, Carter y la OEA, para evitar lo peor*

La Iglesia Católica firma, llegado el 6 de marzo, unas bases para un acuerdo democrático nacional junto a los actores de la sociedad civil. Pero Chávez, quien por formación desprecia el diálogo y lo entiende como derrota bajo su idea muy bolivariana de la fatal oposición entre amigos y enemigos, estaba preparado para la circunstancia fatal mencionada, en ebullición, que sabía inevitable y también propicia. Mejor aún, la acelera y ello tiene a un testigo de excepción, su ex Vicepresidente y actual embajador en Roma, para aquél momento titular del Ministerio Público, Julián Isaías Rodríguez Díaz.

El 16 de abril de 2012 éste confiesa a la prensa, con retardo imperdonable dada sus culpas, haber sido llamado por el Presidente en los días previos al 11 de abril para imponerlo, en presencia de militares leales a su causa, de lo que ocurriría. Y para preguntarle si tenía el coraje de asumir los hechos o acaso renunciar. Al final, optan ambos por no aminorar o hacer desaparecer a tiempo el riesgo conocido, con medidas jurídicas o de alta policía oportunas. Prefieren que la vorágine tome cuerpo y concluya con 20 muertos y un centenar de heridos de bala ante la urgencia de pavimentar el piso del narco-estado en formación y de factura cubana, hoy en evidencia desdorosa y muy dolorosa.

Luego vendrán, de concierto con el presidente de la Sala Penal del Tribunal Supremo de Justicia, el coronel y magistrado Eladio Aponte Aponte, el perdón de los llamados pistoleros de Puente Llaguno, militantes de la revolución e integrantes de los Círculos Bolivarianos, quienes dirigen sus balas contra una manifestación civil ejemplar y llena de cantos y banderas, que se aproxima al centro de la ciudad el fatídico día. Y llegará la injusta condena a 30 años que se le imponen por los muertos habidos –para encubrir el crimen de Estado dolosamente forjado– a unos comisarios de policía opositores; tal y como lo admite públicamente, con igual retardo y culpa, el citado juez del horror, Aponte Aponte, una vez como el dedo arbitrario del régimen al que ha servido con disciplina de soldado lo pone de lado.

El Tribunal Supremo, luego del 11 de abril, en la hora dividido tanto como lo están los militares, considera por mayoría ajustada, no obstante, que no se dieron los supuestos de una acción militar violenta para juzgar como insurrectos a los alzados; pues al fin y al cabo desobedecen al Presidente ante la realidad de la masacre y por ella ocurrir, usando los micrófonos de las televisoras, sin disponer de las armas tradicionales.

Lo cierto es que Chávez sale y regresa al poder en cosa de horas y acto seguido sus aliados en el parlamento destituyen a los jueces desleales, mientras el primero limpia el cuadro militar pero sin hostigar a los militares. Serán perseguidos, eso sí, de modo implacable, los civiles quienes en la hora nona creen –de manos militares– llegado el instante para despachar a los cubanos de regreso a su país.

Jimmy Carter y César Gaviria, secretario de la OEA, no obstante, deciden mediar al respecto. La Comisión Interamericana de Derechos Humanos, por su parte, invita a los venezolanos a una tarea de reflexión seria sobre la grave crisis que aqueja a su democracia y al Estado de Derecho, y previene a los órganos del Estado sobre sus responsabilidades ineludibles al respecto; pero no deja de apuntar hacia dos circunstancias que, en lo inmediato, pueden trastornar de nuevo la paz social de no ser atendidas con urgencia: Una, la relativa a la investigación y prevención de los hechos de violencia atribuidos a los Círculos Bolivarianos o milicias populares, dado que "es indispensable que el monopolio de la fuerza sea mantenido exclusivamente por la fuerza de la seguridad pública, [asegurándose] el más completo desarme de cualquier grupo de civiles". Otra, la conformación de una Comisión de la Verdad "integrada por personas de alta credibilidad y experiencia en derechos humanos... con pleno acceso a las pericias científicas y otras piezas de la investigación penal..., con plazo razonable para que agote todas las líneas de la investigación; [y basada] en un compromiso político serio de aceptación de sus conclusiones.." sobre la realidad de la Masacre de Miraflores y sus responsabilidades, que "puede realizar una contribución muy importante para la democracia venezolana".

Ninguna de las propuestas, avanzan o se aceptan por Chávez, salvo en el papel –en los célebres Acuerdos de Mayo– y apenas se aviene éste a dar, no sin trapisondas, una última batalla con el mundo opositor, la de acudir a un referendo revocatorio de su mandato.

Al efecto, sobre la marcha, le ordena a los mandos militares no acatar ninguna orden judicial que pueda contrariar sus disposiciones de Comandante en Jefe, y llegado el mes de diciembre seguidores suyos provocan otra masacre, en Plaza Altamira, con saldo de 3 muertos y veinte heridos de bala; a la vez que decide suspender las garantías constitucionales –con aval de la Sala Constitucional del Tribunal Supremo– sin cumplir con las exigencias formales que demanda la Constitución al respecto y dado el paro petrolero en curso.

Llegado el 2003, Chávez destituye sin fórmula judicial ni administrativa, a través de un programa de televisión, designando por sus nombres a los afectados, 20.000 miembros de la nómina de trabajadores de la industria petrolera, quejosos del uso de los recursos de ésta para fines proselitistas y de exportación revolucionaria.

La Sala Constitucional del Supremo, acto seguido le pone piso seguro a la revolución y decide, arguyendo la omisión legislativa, el nombramiento de las autoridades electorales que se encargarán del referéndum revocatorio. A la vez, haciendo mutar las normas constitucionales, también transforma el referéndum previsto en un plebiscito constitucionalmente inexistente. Aun cuando la oposición democrática pudiese alcanzar el quórum que manda la Constitución para la revocación del mandato presidencial, bastándole hasta entonces y según el texto preciso de la Constitución un voto más al número de votos obtenido por el presidente Chávez durante su última elección, en lo adelante, según el mismo tribunal, basta que el mismo saque un voto más a su favor para que su mandato no quede revocado. Chávez había sido electo con 3.757.774 votos y la oposición obtiene 3.989.008 votos, pero no le bastan por lo ya dicho.

Más tarde, habiéndose adoptado para dicho evento referendario un sistema de votación electrónica integrado con máquinas de juego bidireccionales, compradas a la Olivetti por la empresa Smarmatic, Chávez confesará con inusitada transparencia el origen de su fraudulenta victoria: "Si no hubiéramos hecho la cedulación, ¡hay Dios mío! yo creo que hasta el referéndum revocatorio lo hubiéramos perdido, porque esta gente sacó 4 millones de votos... Entonces fue cuando empezamos a trabajar con las misiones, diseñamos aquí la primera (la Misión Identidad) y empecé a pedirle apoyo a Fidel. Le dije: Mira, tengo esta idea, atacar por debajo con toda la fuerza, y me dijo: si algo sé yo es de eso, cuenta con todo mi apoyo".

Los observadores, Carter y la OEA, convalidan lo ocurrido y a la par, para aliviar sus conciencias declaran en sus informes sobre el referéndum realizado, entre otras cosas, lo siguiente: (1) Es cierta la "significativa asimetría de recursos" entre el Gobierno y la oposición para sus campañas; (2) el "número de electores –inscritos en el Registro Electoral– creció desmesuradamente y demasiado rápido", aparte de que se dieron migraciones involuntarias de votantes hacia centros de votación distantes; (3) el Consejo Nacional Electoral removió a todos los miembros de las Juntas Electorales designando en su lugar a militantes "chavistas"; (4) no se hizo la auditoria convenida para el día de la elección; (5) las actas de votación no se imprimen antes de su transmisión electrónica, haciéndose posible que computadoras centrales impartan instrucciones a las máquinas; (6)

la Fuerza Armada participa en la administración del proceso en las afueras y dentro de los centros de recolección de firmas y los centros electorales y "en algunos casos ese papel activo intimida a los electores"; (12) tiene lugar, en fin, "falta de transparencia en la toma de decisiones" del Poder Electoral.

Reforzadas, pues, las estructuras del poder chavista sobre sangre inocente y unos comicios amañados, cabe decir, para hacer corta la historia inconstitucional, que al finalizar el año Chávez sanciona la Ley Mordaza y pone en marcha lo que denomina "La Nueva Etapa, el nuevo mapa estratégico de la revolución"; en otras palabras, anuncia ante sus compañeros de armas la sujeción plena de Venezuela al modelo cubano. Dado lo cual ocurren, en lo inmediato, las primeras visitas formales a Fidel Castro de los egresados de los Cursos de Comando y Estado Mayor de la Fuerza Armada.

F. *Es palmaria la depresión de la vida constitucional y democrática*

El presidente del Poder Electoral, Francisco Carrasquero, hoy magistrado de la Sala Constitucional, en vísperas de realizarse el citado referéndum revocatorio del mandato de Chávez, a pedido de éste le hace entrega al diputado oficialista Luis Tascón de la nómina de venezolanos quienes firman su petitorio. La "lista" sirve para la presión indebida por el gobierno sobre los funcionarios públicos o beneficiarios de dádivas oficiales firmantes, en modo de que cambien su voluntad. Pero esa lista de la infamia o Lista Tascón –cuyo uso admite el Primer mandatario– a partir de 2005 es el filtro que determina el acceso de los administrados a los distintos servicios del Estado o para ingresar a su servicio. A los firmantes se les considera "muertos civiles". El efecto disuasivo sobre la militancia democrática se torna contundente; tanto que, durante las elecciones parlamentarias de finales de año el 90% de los venezolanos inscritos en el Registro Electoral decide no acudir a las urnas. Ocurre el mayor porcentaje de abstención electoral de la historia republicana.

Y en 2006 la Sala Constitucional del Tribunal Supremo de Justicia, en fallo que dicta por si fuese poco, se encarga de reiterar que "en el proceso automatizado el escrutinio lo realiza la máquina de votación, por lo que no se requiere la contabilización manual de votos". Las auditorías electorales quedan, en la práctica, proscritas.

La Asamblea Nacional, entre tanto, por sobre el andamiaje constitucional y mediante ley crea el Estado de Comunas. Dicta al efecto la Ley Orgánica de los Consejo Comunales para ponerle fin a nuestra organización histórica y geopolítica municipal, adelantándose a la reforma constitucional socialista que propondrá Chávez en 2007 y cuyo intento de realización traerá sorpresas ingratas y gratas para él.

El gobierno, acto seguido, procede a clausurar Radio Caracas Televisión, la emisora privada e independiente más antigua del país, defensora abierta del credo civil y democrático. De un modo exponencial, asimismo, ocurre la confiscación indiscriminada de propiedades privadas. Y así, llegado el 2 diciembre, sometida la citada reforma constitucional a referéndum y ante la amenaza cierta de la pérdida de las liberalidades hasta el momento ofrecidas por el sistema capitalista en vigor a todos los venezolanos, la ex esposa del presidente, Marisabel Rodríguez y su ex ministro de la defensa, Isaías Baduel, hombre de su estrecha confianza, se le sitúan a Chávez en la acera del frente. El segundo, en lo particular, hoy preso político del régimen, lo conmina a aceptar la derrota que le inflige a su proyecto socialista el pueblo, que despierta de su modorra. Los rectores electorales, sirvientes y obsecuentes, para aliviarle la carga al Primer Mandatario, optan por silenciar los resultados totales. Se limitan a informarle al país que la reforma constitucional no obtiene una mayoría. Se le niega a la oposición el conocimiento de su fuerza real.

No obstante, no pasarán los días sin que Chávez, en complicidad con la Presidenta de la Asamblea Nacional, Cilia Flores, la Presidenta del Tribunal Supremo de Justicia, Luisa Estella Morales, y la Presidenta del Consejo Nacional Electoral, Tibisay Lucena, reparando en el continente y no en el contenido –burlando incluso la prohibición constitucional que rige en la materia– impulsen una enmienda constitucional puntual, contenida en la reforma derrotada, a saber, la relativa a su reelección *sine die* y sin límites. Por lo pronto a Chávez sólo le interesa, sobre su derrota, sostenerse en el poder y fortalecerlo por sobre la constitucionalidad. Usa, otra vez, de un medio legítimo –el voto– para un fin ilegítimo, asegurarse el gobierno a perpetuidad, dentro de la mejor ortodoxia bolivariana. Al apenas inaugurarse el 2009, por consiguiente, dicho golpe de Estado y a la constitucionalidad se consuma cabalmente.

Pero como los golpes no se agotan en sus objetivos de un solo golpe y sobre sí mismos, pueden adquirir como lo hemos visto un carácter sistemático en la misma medida en que su artífice sigue violando el Estado de Derecho para reforzar su señalado poder.

Kelsen, en su celebérrimo libro sobre *Teoría General del Derecho y del Estado* (1925), recuerda bien que dentro de las dictaduras "las elecciones y los plebiscitos tienen como único objetivo ocultar el hecho de la dictadura". No bastan las elecciones, en consecuencia, para sostener la prédica democrática. Como tampoco basta y se basta el Estado formal de Derecho sin poderes independientes que lo hagan realidad y sin titulares ajenos a las enseñanzas de Maquiavelo y Guicciardini, para quienes –en el siglo XVI– el poder no se puede ejercer según los dictados de la conciencia.

Como testimonio de la degeneración constitucional que ocurre en Venezuela a lo largo de estos 14 años y algo más, como ejemplo vivo de la desviación moderna de la democracia denunciada: el avance hacia la dictadura por las vías democráticas y la instauración del comunismo con los recursos del capitalismo, ocurren otras ejecutorias más recientes, destinadas a vaciar de competencias o sobreponer autoridades de facto a los gobernadores y alcaldes de la oposición.

De modo que, en 2009, al apreciar Chávez la mengua de significativos espacios sobre los que despliega su acción populista y dictatorial, mediante el ejercicio de su poder personal y centralizador, una vez como sus candidatos pierden en elecciones los Estados Táchira, Zulia, Carabobo y Miranda como las Alcaldías de Maracaibo y la Mayor de Caracas: las que de conjunto suman a la mitad del electorado, le ordena a la Asamblea Nacional disponer el dictado de una Ley para reconcentrar en sus manos, como Jefe del Estado, las competencias que los gobiernos locales opositores detentan. El caso de la Alcaldía Mayor de Caracas es el más escabroso. Antonio Ledezma, regidor metropolitano obtiene una victoria inobjetable y brutal por sobre el ventajismo y la corrupción electoral del régimen, pero acto seguido el Presidente le pide a la Asamblea –a contrapelo de la Constitución– crear la figura del Jefe de Gobierno del Distrito Capital, vaciar de competencias constitucionales a la señalada Alcaldía Metropolitana, y dejar en sus manos la libre elección y remoción del nuevo gobernante capitalino.

La inhabilitación previa de candidatos opositores para dichas elecciones –que motiva otra vez la actuación del Sistema Interamericano– y la persecución judicial como el desmantelamiento señalado de las competencias de los gobernantes locales electos para blindar más su poder ya omnímodo y abusivo, le permite a Chávez consumar ese golpe efectivo que le da a la Constitución, desde el Estado; o, como lo refiere la doctrina francesa, esa otra "violación deliberada de las formas constitucionales por un gobierno, por una asamblea, o por un grupo de personas que detentan autoridad" para encumbrarse por sobre el Bien Común y la sociedad democrática.

No siéndole suficiente lo acometido, contando para ello con sus "jueces del horror" quienes recrean la experiencia de los jueces y fiscales que le ofrecen armazón jurídica a la más oprobiosa dictadura del siglo XX, la de Adolf Hitler, el círculo del avance golpista por etapas sucesivas y sistemáticas, simulando al efecto las formas de la democracia, lo cierra Chávez sin burladeros ni disimulos en el año 2010.

A inicios de febrero arrecia su autoritarismo. Desde la Plaza Bolívar de Caracas realiza expropiaciones a dedo a través de la televisión, y las ejecuta oralmente antes sus funcionarios al ritmo de su fértil imaginación: ¡Exprópiese! dice ante cada edificio o construcción aledaña que observa, sin reparar en las exigencias constitucionales que apenas admiten expropiaciones una vez como se demuestra su utilidad pública y el interés social, mediando una decisión judicial y disponiéndose, previamente, de los recursos fiscales para las indemnizaciones a sus propietarios, según lo prevé el artículo 115 de la Constitución.

Acto seguido juramenta a 35.000 miembros de su llamada guerrilla popular armada y, entre tanto, su partido oficial, el Partido Socialista Unido de Venezuela, se declara formalmente marxista. La motivación de sus estatutos es más que decidora: "Solo es posible avanzar en la eliminación del capitalismo si se eliminan las relaciones sociales de producción basadas en la explotación del trabajo ajeno y, por consiguiente, si se eliminan los procesos de acumulación privada del capital basados en la ganancia producida por la explotación del trabajo". Nace, así, en Venezuela, un verdadero parque jurásico.

La Sala Constitucional del Tribunal Supremo de Justicia otra vez se desnuda en su rol militante y se dedica a constitucionalizar la inconstitucionalidad, asumiendo ser depositaria de la soberanía popular originaria. Al efecto, por sobre lo dispuesto en el artículo 297 de la Constitución, que confía la jurisdicción contencioso electoral a una Sala Electoral especializada del mismo Tribunal Supremo y ya en funcionamiento, aquélla la desapodera y la sustituye mediante su sentencia 182, arguyendo que no hay una ley que la regule. De consiguiente, para lo sucesivo, dicha la Sala Electoral no puede recibir y tramitar los recursos de amparo que los particulares interpongan contra las decisiones que adopte el Consejo Nacional Electoral (CNE), o sus órganos subalternos o cualquier otra instancia que se encargue de organizar comicios en el país. El gobierno, por lo visto, no está dispuesto a correr riesgo alguno dentro de la Justicia comicial.

Ya mantiene Chávez para el momento y bajo rejas a un número importante de disidentes, por políticos unos y a otros por capitalistas; en tanto que a los más –jóvenes profesionales sin futuro previsible– los empuja al ostracismo. De modo que, dado lo indicado, una vez como pierde de modo manifiesto la mayoría del electorado durante las elecciones parlamentarias de diciembre de 2010, pues la oposición obtiene el 52% de los votos, logra que se le asignen a ésta menos diputados que a su partido. Y a renglón seguido le exige a la Asamblea que concluye su mandato le habilite para legislar por decreto; lo que cumplen disciplinadamente ésta, antes de que sus diputados abandonen las curules que pierden y decidiendo más allá del tiempo que les corresponde como mandato; sustrayéndole parte del tiempo constitucional que, por decisión popular, ya es propio del cuerpo parlamentario recién electo.

El torrente de las leyes socialistas pendientes (propiedad de la tierra, poder popular, contraloría social, comunas, telecomunicaciones, partidos, contenidos de la información, educación universitaria, trasferencia de competencias desde las gobernaciones y alcaldías al poder popular emergente, etc.) lo sanciona Chávez, así, como una suerte de dictador constitucional, de espaldas abiertas a la Constitución.

José Miguel Insulza, Secretario General de la OEA, como cabe registrarlo, cohonesta todo lo ocurrido desde cuando asume sus funciones y desde que el "demo-autócrata" venezolano y sus pares usan y abusan de las formas del Derecho y de la misma democracia para acabar con la libertad de sus compatriotas y las garantías institucionales. Su actitud resbaladiza, sus muchos silencios al respecto, los cubre arguyendo el principio de la No intervención. Y olvida a conveniencia o por ignorancia que tal principio encuentra su génesis y teleología en la Doctrina Monroe, justamente para la protección de los ideales republicanos y del modelo de gobierno que se dan nuestras naciones a partir de la Independencia. Sin su defensa a pie juntillas –que para eso es creada en 1948– la misma OEA pierde su vocación y razón de ser.

Al admitir Insulza, *in extremis,* que la castración de la naciente Asamblea Nacional de Venezuela por su predecesora, transformando en supremo legislador al inquilino de Miraflores, viola el espíritu de la Carta Democrática Interamericana, presuroso se ocupa de aclarar que lo dice a título de mera opinión personal, pero nada más. No tiene en cuenta que la Carta mencionada, cuyo texto es algo más que simple "espíritu" e interpreta de modo auténtico las obligaciones democráticas que pesan sobre los Estados según el estatuto de la organización hemisférica citada y la Convención Americana de Derechos Humanos, dice bien en su artículo 20 que cualquier Estado miembro o el Secretario General pueden solicitar –sin requerir la autorización del país afectado– la convocatoria del Consejo Permanente para que aprecie y decida acerca de "una alteración grave del ordenamiento constitucional" que afecte gravemente al orden democrático.

### G. *Los tiempos del fingimiento, para bien y para mal, ya son otros*

El tiempo más reciente, ocurrido lo anterior, es apenas sacramental y justificador de lo injustificable a manos de los escribanos judiciales del gobierno, en un tiempo y una hora nona en la que se hace cierta –esta vez sí y como nunca antes– la frase atribuida a don José Gil Fortoul, eximio autor de la *Historia Constitucional de Venezuela* (1907): "La Constitución es un librito amarillo que cuesta un centavo, se reforma todos los años y se viola todos los días".

Al inaugurarse el año judicial de 2011, por voz de uno de los magistrados supremos quien previamente destaca su lealtad hacia el Comandante Presidente, se afirma desde el Tribunal Supremo de

Justicia que los jueces penales, civiles y administrativos han de perseguir y sancionar a los disidentes del socialismo revolucionario en curso de afirmación. Y el argumento no les llega en un tris. En el señalado vértice de la organización judicial se dice que otro tanto ocurre en el pasado, cuando son castigados –a la sazón parte de los mismos coautores del despropósito revolucionario o "involucionario" actual y en curso– quienes atentan contra el Estado de Derecho y las instituciones democráticas liberales a partir de 1960.

Al nomás comenzar el 2012, en circunstancia igual, otro magistrado supremo, en nombre sus pares, aboga por el Estado total, apoyándose en las tesis del arquitecto jurídico del nazismo, Carl Schmitt.

Lo que es más grave y desdoroso, seguidamente el Poder Moral y la Asamblea Nacional –en medio de la reyerta interna que ocurre dentro del Estado y el gobierno, provocada por la enfermedad sobrevenida del Primer Mandatario y la incógnita acerca de su eventual sucesión política– destituyen al Presidente de la Sala Penal del Tribunal Supremo de Justicia, el citado Coronel Eladio Aponte Aponte, cabeza y contralor de la justicia penal venezolana hasta entonces.

Éste, desnudando con cinismo inenarrable el colapso moral que sufre la República hacia el mes de abril, confiesa –asumiendo que vivirá momentos aciagos y que acepta– haber usado a los jueces bajo su mando para perseguir a los adversarios del gobierno, condenar a inocentes mediante testigos forjados, y perdonar a narcotraficantes vinculados a las más altas esferas oficial y militar. Y revela, además, la colusión semanal y sostenida entre las titulares del Supremo Tribunal y del Ministerio Público con la Vicepresidencia de la República, para ordenar la justicia según el dictado presidencial y atender a las necesidades políticas de la revolución.

No sorprende, pues, en su larga agonía, durante el año de marras, último vital del Comandante Presidente Hugo Chávez Frías, primero Comandante y luego gobernante a cuyo efecto también modifica la ley para volver a endosar la casaca, que la sede del Poder Ejecutivo venezolano se traslade a La Habana y desde allí, de facto, se gobierne a Venezuela hasta la hora postrera. Chávez presuntamente –pues está y no está grave según los suyos– firmará en

Cuba, decretos y nombrará ministros cuyos decretos de nombramiento luego aparecen otorgados por el mismo Chávez en el Palacio de Miraflores.

Desde la isla, justamente, atendiéndose a la voluntad testamentaria del hoy fallecido mandatario, expresada el 8 de diciembre, se organiza luego su sucesión; en proceso que comparten y del que hacen cómplices los aliados de éste en América Latina. A la mejor manera del Bolívar de Chuquisaca, Chávez designa como heredero a Nicolás Maduro Moros, ciudadano de origen colombiano, formado durante su juventud en la Escuela de Formación Política de La Habana y a quien la Cuba de los Castro conoce mucho antes que a su causante.

No tiene relevancia, en suma, que éste, Maduro, se haya sometido a un escrutinio electoral el pasado 14 de abril de 2013, en elecciones cuestionadas por la oposición democrática, por el Instituto de Altos Estudios Europeos, la Red Internacional de Universidades para la Paz, y hasta por el mismo Centro Carter. Poco importa, asimismo, que el acompañante internacional de la logia instalada en UNASUR afirme la pulcritud de unos comicios en las que el sucesor designado apenas logra separarse de su contendor, el joven gobernador del Estado Miranda, Henrique Capriles, por un 1% de votos.

Lo que cabe tener presente es que la ilegitimidad del nuevo gobernante venezolano proviene de los dos últimos golpes que le asesta a la Constitución de 1999 el señalado Tribunal Supremo de Justicia.

Llegado el 10 de enero de 2013, el presidente Chávez –moribundo según unos, fallecido en La Habana a finales del año según otros– no acude al acto de su juramentación para el nuevo período constitucional. La Sala Constitucional, en sentencia del día anterior, se encarga de decir que éste no requiere de juramento y puede prestarlo cuando a su arbitrio lo decida. Y agrega que al gobierno cuyo mandato fenece ese día de un modo fatal, según la Constitución, no obstante, y por encima de ésta lo beneficia el principio de la continuidad administrativa. El Vicepresidente, Maduro Moros, por ende, sigue siendo tal y en tal calidad puede ejercer como Encargado de la Presidencia de la República.

Atrás queda, en síntesis y por decisión de la manida Sala del Tribunal Supremo, la regla constitucional cuya interpretación meridiana indica que en la república los mandatos fenecen fatalmente y ante el vacío probable, mientras se resuelve, asume provisionalmente el titular de otro órgano de la soberanía popular, en el caso el Presidente de la Asamblea Nacional, hoy el teniente Diosdado Cabello.

El Supremo, por lo demás, cierra la alternativa constitucional que le obliga designar una junta médica competente para determinar –antes de concluido el período constitucional *in comento*– sobre la ausencia absoluta o no del presidente en ejercicio, o luego la del presidente re-electo. Los jueces, en suma y a rajatabla hacen valer el testamento político del moribundo soldado de la traición, quien tiene por albaceas a los hermanos Castro.

Así las cosas, bajo una ilegítima prórroga de su mandato como Vicepresidente, violatoria de los principios republicanos, Maduro, en calidad de encargado presidencial se presenta luego como candidato a las elecciones. Y he aquí que otra vez la magistratura judicial sirviente dicta otro fallo a pedido y de conveniencia, donde declara que el señor Maduro, siendo Presidente Encargado y no encargado de la Presidencia –en pocas palabras, como Presidente a medias que es– no cabe aplicarle la norma constitucional del artículo 229 que le prohíbe, como Vicepresidente, ser candidato presidencial.

Maduro, en fin, por obra de esa otra sentencia de la indignidad, dictada el día 12 de marzo próximo pasado y que al efecto asume a nuestro texto constitucional como un vestido *pret-a-porter*, es, desde entonces y no sólo ahora, cuestionada su elección, un gobernante ilegítimo.

En el libro que escribo sobre la *Historia inconstitucional de Venezuela* y presento ante Ustedes, apreciados colegas de la academia argentina, describo a cabalidad las "patadas históricas" o los típicos golpes constitucionales de Estado que, en número de 178, se suceden en mi patria entre 1999 y 2012, a los que cabe agregar ahora los dos últimos, de 2013, obra todos ellos del militantismo judicial que tanto asustaba, con razón sobrada, al maestro Kelsen.

El libro en cuestión, si se quiere, más que una historia por lo cercana, es el espejo de la Venezuela actual –lo dice el historiador venezolano Elías Pino Iturrieta– y de un soldado quien se alza con las armas que le confía la república y al no más fracasar es elegido Presidente. Pero quien prefiere hipotecar el mandato que recibe y decide transferirlo para su ejercicio a los hermanos Castro, Fidel y Raúl, para vergüenza del Castro nuestro, Cipriano, El Cabito, quien inaugura como Presidente nuestro siglo XX y también enferma muriendo fuera de su lar; pero cuya dignidad y la del pueblo venezolano le hacen protestar, con el apoyo activo de la Argentina y de su Canciller Luis María Drago, contra la planta insolente del extranjero.

Desde ahora y en este punto, a las generaciones que me siguen les corresponderá escribir otra historia, que no pierda la mirada sobre el horizonte y tenga presente el ejemplo de nuestros Padres Fundadores, los ilustrados, quienes imaginan la libertad vestidos de paisanos y se niegan a los laureles o caponas que se obtienen pagando el precio de la violencia, con el armamentismo de la historia.

Desarmar a nuestra historia y recrearla sobre los odres de la civilidad republicana es el urgente desafío que tenemos planteado los venezolanos y el resto de nuestros compatriotas en el Hemisferio.

## H. *El testimonio del Padre Jorge*

Para finalizar, y aquí concluyo, debo decir que corresponde tener muy presente que el desafío democratizador hoy planteado en las Américas mal puede implicar una pérdida de memoria sobre lo que hemos vivido y hasta padecido como naciones.

Monseñor Jorge Mario Bergoglio, hoy su S.S. Francisco, a quien tributo mi palabra de respeto y de gratitud desde la distancia, desde ésta su ciudad natal, Buenos Aires, y a nombre de mi familia por el apoyo solidario que de él recibimos al apenas pisar este suelo generoso, dice bien en 2005 sobre la importancia de recuperar el rumbo: la utopía, y yo agregaría, la utopía democrática. Pero el Santo Padre, como Cardenal advierte –y hago mía sus palabras– que ello implica adherir "a la ética de la solidaridad, y generar una cultura del encuentro... Se nos exige, aún más en los tiempos difíciles, no favorecer a quienes pretenden capitalizar el resentimiento, el olvido de nuestra historia compartida, o se regodean en debilitar vínculos, manipular la memoria, comerciar con utopías de utilería", en su enseñanza precisa y bienvenida.

# 3. LA ILEGITIMIDAD CONSTITUCIONAL DE NICOLÁS MADURO

Buenos Aires (Asociación Argentina de Derecho Comparado),
15 de julio de 2013

> *«... una situación fáctica de poder... se convierte en una situación de poder relativamente duradera y con ello en una organización en algún sentido amplio o estricto, sólo si las 'decisiones' de quienes detentan el poder son obedecidas por lo menos por una parte de los sometidos a este poder...». Hermann Heller (1971).*

Hago constar mi agradecimiento al noble amigo admirado compañero de inquietudes intelectuales, Pedro Aberastury, cabeza de nuestra corporación, la Asociación Argentina de Derecho Comparado, por la generosa llamada que me cursa días atrás a fin de que compartiese con Ustedes, estimados colegas, mis apreciaciones acerca del acontecer jurídico e institucional de mi patria, Venezuela, en su actual y muy difícil circunstancia.

A. *La demo-autocracia*

Durante 14 años he escrito sobre el régimen político y "constitucional" que se instala en Venezuela desde 1999. Se trata de una suerte atípica de "demo-autocracia" más allá de sus ribetes socialistas, bolivarianos, cubanos, o populistas, bautizada como Socialismo del siglo XXI.

Tal categoría –obra de la anomia social y política corrientes en buena parte de América Latina y Europa– identifica al gobernante que personaliza el ejercicio del poder y lo ejerce de modo absoluto;

cuyas decisiones no son atacadas, limitadas, o frenadas con eficacia por otras fuerzas dentro del mismo Estado o la sociedad, las que se le subordinan; y las hace valer sin más ante los ciudadanos y sus mismos colaboradores.

La moderna separación de los poderes públicos y la sujeción de éstos a la ley, características de la república, las aprecia de formulismos estériles, hijas de su voluntad, y amoldables bajo su voluntad; a cuyo efecto hace dogma y con carácter extensivo la denominación constitucional que se le otorga al mismo gobernante como Jefe del Estado. Pero, he aquí lo novedoso, ejerce su autocracia una vez como la valida mediante el voto popular en elecciones de corte fundamentalmente plebiscitario y sin propósitos de alternabilidad.

El maestro Norberto Bobbio (1909-2004) diría que se le puede calificar de cualquier manera, menos como demócrata, pues en democracia hasta las mayorías encuentran como límite las exigencias de la misma democracia y su sostenimiento.

Se afianza así, en la actualidad, una modalidad posmoderna y atípica de dictadura por los caminos de la democracia. Se usan y manipulan sus formas hasta vaciarlas de contenido. Democráticamente se le da partida de defunción a la democracia o acaso se la sostiene, nominalmente, perturbando y haciendo de su lenguaje una Torre de Babel. Sus valores y principios –que paradójicamente anudan con las libertades y los derechos humanos y con el Estado de Derecho– son reinterpretados a conveniencia por la Justicia constitucional sometida, para encubrir a la autocracia y minar las resistencias de la opinión pública democrática. Los textos legislativos y sus palabras acusan significados variables, según lo dicten las circunstancias y necesidades de este "modelo" que el ex presidente ecuatoriano, Osvaldo Hurtado Larrea, prefiere llamar "dictadura del siglo XXI".[32]

No cuenta dentro de la misma la ética de la democracia, a cuyo tenor los fines legítimos reclaman de medios legítimos y viceversa. Se impone, en apariencia, la llamada dictadura de las mayorías u

---

[32] Osvaldo Hurtado, *Dictaduras del siglo XXI: El caso ecuatoriano*, Paradiso Editores, Quito, 2012, passim.

oclocracia, situada por encima y más allá de la Constitución; pero a la sazón encarnan tales mayorías en el mismo autócrata, quien habla y decide por ellas y hasta por encima de ellas.

Su falta de transparencia –que es de suyo la característica que la domina y cuyos fautores la practican hoy con cínica impudicia– no permite siquiera emparentar dicho fenómeno actual de la política con la tradicional experiencia, de neta estirpe bolivariana, del "gendarme necesario", que describe a cabalidad la sociología de Laureano Vallenilla Lanz, autor de Cesarismo democrático (1919).

Simón Bolívar, en efecto, ataca de modo directo el ideario republicano y liberal que prende, en el caso de Venezuela, durante los años 1810 y 1811. Desde Cartagena, en 1812, a la caída de la Primera República, afirma que "nuestros conciudadanos no se hallan en aptitud de ejercer por si mismos... sus derechos"[33], a contracorriente de las creencias de nuestros Padres Fundadores, en su mayoría, cabe decirlo, egresados de la Universidad de Santa Rosa de Lima y Tomás de Aquino e integrantes de la primera Ilustración venezolana.

Luego, en 1819, desde Angostura, propone en su defecto la constitución de un Senado hereditario –con los hombres de armas quienes nos dan la Independencia y a quienes todo, para siempre, les debe la patria– y anima la designación de un presidente vitalicio, a la manera del monarca británico. De allí que –como lo recuerda en 1895 el juez y jurista Alejandro Urbaneja[34]– siendo 1811 el parto de hombres "ilustrados, progresistas, más adelantados que su época" y su Constitución "el granero de las ideas democráticas y federalistas", prefiere Bolívar en su defecto un gobierno fuerte y uno, de laureles, no de levitas.

---

[33] Simón Bolívar, *Discursos, proclamas y epistolario político*, Editora Nacional, Madrid, 1975, p. 43.

[34] Alejandro Urbaneja, "El derecho constitucional venezolano", en *Primer libro Venezolano de literatura, ciencias y bellas artes*, Tipografía El Cojo, Caracas, 1895, pp. CLXI-CLXVIII.

B. *Esto ha sido así hasta ayer, no más*

La "heterodoxia" democrática, sin embargo, llega recién a su final en Venezuela y la cobertura engañosa de sus formas cede a cabalidad. Le sucede en lo adelante un régimen abiertamente ilegítimo, quizás despótico en su intención, el de Nicolás Maduro Moros y el de su sostén militar, el teniente Diosdado Cabello, presidente de la Asamblea Nacional; y ello ocurre mediante golpes sucesivos, nunca más encubiertos como hasta ayer, al orden constitucional y republicano. Al efecto los tribunales al servicio de éstos se encargan de hacerle decir a la Constitución aquello que claramente no dice. Releen sus normas –cosa distinta de mal interpretarlas a conveniencia– de forma inversa y aviesa para apuntalar a dichos sucesores.

Veamos los hechos, pues son anteriores a las elecciones presidenciales del 14 de abril pasado, cuestionadas en lo nacional e internacional, cuya victoria le es otorgada a Maduro Moros.

A Hugo Chávez Frías, soldado golpista en sus orígenes, hábil traficante de ilusiones, autócrata que pasa por demócrata, afianzado por el petróleo venezolano, capaz de licuar el agua y el aceite y exportar su experiencia hacia América Latina, lo vence la fatalidad luego de hacerse reelegir –arguyendo su curación total del cáncer que padece– durante las penúltimas elecciones presidenciales del 14 de octubre de 2012.

En la hora postrera sorprende a los suyos, e incluso a sus adversarios, e intenta amarrar el futuro del país con relativo apego a la ortodoxia: "Si como dice la Constitución... si se presentara alguna *circunstancia sobrevenida*, así dice la Constitución, que a mí me inhabilite... para continuar al frente de la Presidencia de la República Bolivariana de Venezuela, *bien sea para terminar*, en los pocos días que quedan... ¿un mes? ... Nicolás Maduro no sólo en esa situación *debe concluir, como manda la Constitución, el período*; sino que mi opinión firme... –en ese escenario que obligaría a *convocar como manda la Constitución de nuevo a elecciones* presidenciales– ustedes elijan a Nicolás Maduro como Presidente..." (cursivas nuestras), son sus palabras exactas al caminar hacia su Gólgota el 8 de diciembre pasado, en una suerte de aparente contrición y enmienda ante la disyuntiva de su desaparición mortal.

Quizás Chávez recrea, para el caso y en su instante agonal, el ideario de Bolívar vertido sobre su célebre Constitución de Chuquisaca, de 1826; cuyo tenor y en tono de protesta contra el texto de ésta lo explica Tomás Lander, amigo de Miranda y miembro que es de la Secretaría del mismo Libertador: "Los artículos 76 y 79 de la Constitución dictada en Chuquisaca por el Libertador Presidente para la República de Bolivia, es lo que ha sobresaltado nuestro celo, porque S.E. la ha considerado adaptable a Colombia, y como tal recomendándola para su establecimiento a los hombres públicos de ella". Sin embargo –continúa Lander– "los mencionados artículos erigen un Presidente *vitalicio e irresponsable* con la facultad de nombrar su sucesor en la persona del Vicepresidente,...".[35]

Sea lo que fuere, la vigente Constitución de 1999, en la parte pertinente de su artículo 233 dispone que "si la falta absoluta se produce durante los dos últimos años del período constitucional, el Vicepresidente Ejecutivo... asumirá la Presidencia de la República hasta completar dicho período"; que conforme al artículo 230 *ejusdem* "es de seis años" y se inicia y concluye, de manera fatal, el día diez de enero. Según el artículo 231 siguiente, en esa fecha precisa, "el candidato elegido... tomará posesión del cargo de Presidente". Mas la misma Constitución prohíbe, expresamente, la elección de "quien esté en ejercicio del cargo de Vicepresidente Ejecutivo...", como lo indica su artículo 229.

La hipótesis de la eventual conclusión del sexenio por el Vicepresidente Maduro, empero, pierde su efectividad por vía de las manipulaciones inconstitucionales ocurridas y el ocultamiento de las realidades. Se afirma que Chávez fallece el día 29 de diciembre, a las 4.45 pm, en la ciudad de La Habana, y llega muerto a Caracas –tal y como lo confiesa su Jefe de Estado Mayor Presidencial, general Jacinto Pérez Arcay– el 18 de febrero, una vez fenecido el período constitucional, sin juramentarse para otro.

El vicepresidente Maduro, el presidente de la Asamblea Nacional citado, y la presidenta del Tribunal Supremo de Justicia, Luisa

---

[35] Congreso de la República (Editor), *La doctrina liberal: Tomás Lander*, Pensamiento Político Venezolano del siglo XIX, tomo 4, Caracas, 1983.

Estella Morales, desde antes le cierran el camino a la sucesión presidencial constitucionalmente ordenada; e incluso, sabiendo ellos del carácter terminal de la enfermedad del Presidente, obvian la posibilidad de declarar su falta absoluta "por incapacidad física... certificada por una junta médica designada por el Tribunal Supremo, con aprobación de la Asamblea", tal y como lo manda el artículo 233 constitucional. En cuyo caso, a Maduro le correspondía concluir el período constitucional como Presidente en plenitud, según el artículo 233 *in fine* de la Constitución.

Lo cierto es que llega el 10 de enero de 2013 y el presidente Chávez, teóricamente en ejercicio hasta ese instante, cuando deja de ser tal y a la espera de que, en su calidad sobrevenida, como presidente reelecto, preste su juramento, no lo hace finalmente. No asiste a la Asamblea Nacional para ello.

Sus delfines citados, Maduro y Cabello, quienes hoy manejan el aparato de poder en Venezuela con el auxilio tutelar de los cubanos, deciden mantenerlo a distancia e invisible. Lo ocultan y sostienen alejado de intrusos o terceros interesados en clarificar el asunto de la sucesión política que plantea la circunstancia. La declinación física de Chávez, bajo el tormento de un doloroso padecimiento, deriva en cosa secundaria. Asegurar una sucesión conveniente es lo que importa a los primeros, sobre todo a los hermanos Castro y a sus gobernantes aliados o cómplices de América del Sur.

En el interregno hablan y deciden por él y fingen que es él quien decide y hasta firma los actos de gobierno, con lucidez, desde su lecho de moribundo en La Habana. Se afirma que a diario camina como si nada. Tanto que, llegado el 15 de enero, sin todavía juramentarse como gobernante para un nuevo período constitucional, designa como ministro de relaciones exteriores a su antiguo vicepresidente, Elías Jaua, cuyo decreto otorga, paradojalmente, en Caracas, en el Palacio de Miraflores, mientras muere o se encuentra ya muerto a 2.000 kilómetros de distancia. Es decir, Chávez vive y muere a la vez para seguir viviendo. Logra desdoblar su espíritu y estar en Cuba y Venezuela al mismo tiempo. Lo presentan los suyos, a propósito, y deliberadamente, como una suerte de Cristo transfigurado o Ser atemporal para lo sucesivo.

¡Y es que la "demo-autocracia" que crea y recrea Chávez –y es lo primero que cabe advertir al margen del fraude a la Constitución que se consuma por etapas– ahora muda, paulatinamente, lo hemos dicho, en despotismo!

De nada valen el testamento del presidente moribundo, ni la precisión de las normas constitucionales que disponen lo necesario para los casos de ausencia temporal o definitiva de los presidentes electos o reelectos. La revolución y sus intereses mercaderiles coaligados quedan por encima.

C. *Hacia la deriva despótica*

El despotismo –lo explican las obras de historia clásica y política– predica un ejercicio del poder más ominoso que la autocracia y su forma renovada reciente, la "demo-autocracia". No se limita al antiguo dominio que el patrón griego –*despotēs*– ejerce sobre sus esclavos y dentro de sus tierras. Es el poder que se ejerce movido por la pasión. Es el gobierno sin frenos, dominado por los caprichos, que todo lo arrasa y arrastra a todos, y que abate los ánimos sembrando desaliento en el más débil sentido de la dignidad humana, dada la vocación servil que se forja en los gobernados. El déspota se cree o se le presenta como al Sumo Sacerdote, quizás el chamán o hechicero de nuestro tiempo inmemorial americano, y se le trata como a Dios o su descendiente o enviado.

De modo que, mediando un artificio jurídico –su solución– que anuncia previamente Maduro ante el país el 4 de enero, como Vicepresidente Ejecutivo y que luego homologa la escribana presidenta de nuestro Tribunal Supremo y de su Sala Constitucional, a partir del 10 de enero, *in articulo mortis*, Chávez es mito en ciernes, hombre sobrenatural, libre de ataduras constitucionales y mundanas.

Sus herederos, bendecidos por José Miguel Insulza desde la OEA y hasta por Marco Aurelio García, a nombre de Brasil, se hacen de una sentencia que para los repúblicos y demócratas implica, más que un golpe por el Estado, una burla o mutación constitucional dentro del mismo Estado, con fines despóticos; y para sus hacedores es la garantía –así lo creen– de que Venezuela no abandonará su adquirida condición de colonia cubana en pleno siglo

XXI y para que, si es el caso y resulta necesario, rija en ella, ahora sí y sin subterfugios, un régimen fundado sobre el iluminismo: "Chávez se me apareció en forma de pajarito y me bendijo", declara Maduro llegado el 2 de abril. La dualidad o el matrimonio morganático –dictadura más democracia– ya no es posible sostenerla. Su artesano ha fallecido.

El primer paso, en tal sentido, ocurre justamente el día 9 de enero anterior, a pocas horas de llegar el gobierno del mismo Chávez a su final y antes de su anunciada renovación. El Tribunal Supremo de Justicia, mediante sentencia, le exige al gobernante enfermo y quizás muerto mantenerse como tal, como llama de la revolución; como factor movilizador más allá de su agonía y voluntad testamentaria que se cumple, pero a empujones y con trapisondas.

No requiere, según lo indica la sentencia de marras, jurar como presidente electo; pues desde antes y para lo sucesivo es presidente. Seguirá siéndolo sin jurar, o jurando lealtad constitucional cuando lo considere posible, a su arbitrio, afirman los jueces supremos.

"Puede volver cuando le dé la gana", alguna vez y desde antes espeta José Vicente Rangel, también ex Vicepresidente, cuando el gobernante de marras es sometido a las primeras intervenciones quirúrgicas de su cáncer en La Habana. Es la respuesta del régimen a la opinión pública democrática que demanda entonces, sin haber llegado las cosas hasta donde llegan luego, la designación de un encargado de la Presidencia, en pocas palabras, que el Vicepresidente, de acuerdo con la Constitución y sin más, *ope legis*, supla al Presidente. Pero éste se lo impide entonces.

El orden de facto que nace el 10 de enero es constitucionalmente irreconocible. Es la negación de los valores éticos de la democracia y de la propia república que imaginamos los venezolanos en 1811 y nos dimos a partir de 1830, en defecto de una monarquía despótica. El cinismo de los albaceas testamentarios no encuentra límite: "El presidente de Venezuela, Hugo Chávez, sigue respirando asistido a través de una cánula traqueal, pero esto no impide que dicte órdenes de gobierno por escrito", agrega el propio Maduro ante el país el 24 de febrero.

D. *La sentencia del 9 de enero, un galimatías*

He aquí el primer mensaje –ser y no ser a la vez– que dejan para la historia nuestros jueces supremos, arrodillados, reescribiendo la Constitución: "Hasta la presente fecha, el presidente Hugo Rafael Chávez Frías se ha ausentado del territorio nacional, por razones de salud, durante lapsos superiores a "cinco días consecutivos". No debe considerarse que la ausencia del territorio de la República configure automáticamente una falta temporal en los términos del artículo 234 de la Constitución de la República Bolivariana de Venezuela, sin que así lo dispusiere expresamente el Jefe de Estado mediante decreto especialmente redactado para tal fin".

Luego, esos mismos jueces, obviando que es la Constitución y sólo ella la que fija y determina la ocurrencia de las causales de una falta absoluta del Presidente (muerte, renuncia, destitución, incapacidad) y sobre cómo proveer al respecto o acerca de sus ausencias temporales, que son hechos objetivos sin más, optan por agregar de modo insólito otra causal, en términos negativos, para decir lo que es, con todo respeto, una verdadera insensatez jurídica, otro galimatías: "A diferencia de lo que disponían los artículos 186 y 187 de la Constitución de 1961, que ordenaban que en caso de existir un desfase entre el inicio del período constitucional y la toma de posesión, el Presidente saliente debía entregar el mandato al Presidente del Congreso... la Carta de 1999 eliminó expresamente tal previsión, lo cual impide que el término del mandato pueda ser considerado una falta absoluta...".

El despropósito judicial queda en evidencia. Varía la naturaleza de la reelección presidencial y muda en un simple mecanismo administrativo de ejercicio del cargo o para el ejercicio del cargo; desvirtuándosela como institución del derecho político y como derecho político del funcionario que ejerce un cargo electivo, a fin de postularse como candidato para un nuevo período o mandato.

Si acaso fuese posible tal absurdo, como lo declara bien ante el país el ex magistrado supremo Román J. Duque Corredor, la reelección de Chávez ocurrida el 7 de octubre de 2012 fue un simple plebiscito según los actuales jueces supremos. Ellos insisten y declaran, por lo mismo, que: "a pesar de que el 10 de enero próximo se inicia un nuevo período constitucional, no es necesaria una nueva toma de posesión en relación al Presidente Hugo Rafael Chávez Frías, en su condición de Presidente reelecto, en virtud de no existir interrupción en el ejercicio del cargo". "En consecuencia, el Poder Ejecutivo (constituido por el Presidente, el Vicepresidente, los Ministros y demás órganos y funcionarios de la Administración) seguirá ejerciendo cabalmente sus funciones con fundamento en el principio de la continuidad administrativa".

Por si fuese poco, dando a entender algo distinto de lo que dispone la Constitución, a saber, que llegado el día de la juramentación y no pudiendo hacerlo el Presidente electo ante la Asamblea –acaso por no encontrarse reunida o tener problemas para su instalación– puede éste hacerlo ante el Tribunal Supremo de Justicia, la sentencia consuma su golpe desde el Estado o una mutación constitucional en los términos siguientes: "La juramentación del Presidente reelecto puede ser efectuada en una oportunidad posterior al 10 de enero de 2013 ante el Tribunal Supremo de Justicia, de no poder realizarse dicho día ante la Asamblea Nacional, de conformidad con lo previsto en el artículo 231 de la Carta Magna. Dicho Acto será fijado por el Tribunal Supremo de Justicia, una vez que exista constancia del cese de los motivos sobrevenidos que hayan impedido la juramentación"; es decir, cuando lo indique el propio gobernante.

E. *La solución constitucional*

Es indiscutible que los períodos constitucionales y sus mandatos tienen entidad propia e identidad temporal, no siendo por ello susceptibles de prórroga o reconducción por exigencias de la tradición constitucional republicana y no monárquica, hecha aquélla de mandatos temporales y alternativos. Dado lo cual se obliga al Presidente de la República en ejercicio "resignar sus poderes" de manera fatal en la fecha del término de su mandato, con independencia de que pueda volver a ejercerlos durante otro período constitucional inmediato o posterior.

Como lo muestran los textos constitucionales venezolanos desde el primero que aprueba el Congreso de Valencia al separarnos de Colombia, tanto los que prohíben la reelección presidencial (1830, 1858, 1864, 1874, 1881, 1891, 1893, 1901, 1904, 1936, 1945) como los que la permiten de forma inmediata (1857, 1909, 1914, 1922, 1925, 1928, 1929, 1931, 1953) o los que la aceptan de forma diferida (1947 y 1961), todos a uno señalan que la "resignación de poderes" ha lugar –a manera de ejemplos– a manos del Presidente electo una vez juramentado (1961), y caso de no tomar éste su juramento y posesión en el día constitucional previsto y mientras lo hace, el primero –el Presidente en ejercicio– asume en lo inmediato la condición de Encargado de la Presidencia (1936, 1945 y 1953) o resigna sus poderes en el Presidente de la Corte Suprema de Justicia (1947) o en la persona llamada a suplirlo provisionalmente en caso de falta absoluta, a saber, el Presidente del Congreso (Constitución de 1961).

La circunstancia de coincidir el nombre del Presidente en ejercicio y del Presidente electo, en consecuencia, de modo alguno varía las apreciaciones anteriores, ya que de lo contrario se atentaría contra la Constitución y hasta se permitiría el absurdo, como lo es que el Presidente en ejercicio, al término de su período constitucional prorrogue su mandato a la espera de que el Presidente electo –si fuere otro y no él– tome juramento el día previsto por la Constitución y no lo haga por cualquier razón sobrevenida.

La toma de posesión del cargo de Presidente de la República sólo ha lugar mediante el juramento constitucional, que es una exigencia sacramental sustantiva e inexcusable para el inicio de la función de gobierno; como lo indican el artículo 231 constitucional y lo ratifica luego, por cierto, la misma Sala Constitucional del Tribunal Supremo de Justicia que ahora cambia de rumbo y que en su sentencia de 26 de mayo de 2009 precisa que la juramentación "es formalidad esencial para la toma de posesión del cargo y condición inseparable del acto previo de elección popular".

En los precedentes constitucionales inmediatos a la vigente Constitución de 1999 se reconoce la figura de la "ausencia temporal" del Presidente electo (1947 y 1961), en cuyo caso y mientras puede juramentarse asume como Encargado de la Presidencia el Presidente de la Corte Suprema de Justicia (1947) o el Presidente del Congreso (1961); y es sólo la Constitución reeleccionista que rige durante el gobierno de Marcos Pérez Jiménez (1953) la única que dispone considerar la "ausencia absoluta" del Presidente electo quien no tome posesión y juramento de su cargo en la fecha prevista por la misma Constitución.

Es elemental que al no haberse hecho presente el Presidente electo de la República, Hugo Rafael Chávez Frías, para tomar posesión de su cargo mediante juramento ante la Asamblea Nacional en la fecha constitucionalmente establecida; al encontrarse regularmente reunida y constituida la citada Asamblea, en cuyo caso no se da el "motivo" que puede autorizar al Tribunal Supremo de Justicia para tomar el juramento del Presidente electo en defecto de aquélla y de acuerdo a lo que señalan el citado artículo 231 y las enseñanzas del Derecho comparado constitucional; y no estando permitida la extensión del mandato del Presidente en ejercicio ni la de su Vicepresidente Ejecutivo, quien le suple durante su ausencia temporal, era inevitable la puesta en marcha de los mecanismos constitucionales que impiden la ocurrencia de un vacío de poder en Venezuela y resuelven claramente, sin atajos, la cuestión de la continuidad administrativa que, en apariencia, es lo que preocupa ahora al citado Tribunal Supremo.

La sana interpretación constitucional indica –atendiendo a nuestros antecedentes– que la resignación de poderes, de no acudir para su juramentación el Presidente electo, ha de ocurrir transitoriamente a manos de la persona llamada a encargarse de la Presidencia de la República en los supuestos de falta absoluta del Presidente electo, de acuerdo a lo que prevé el párrafo segundo del artículo 233 constitucional. De modo que, a partir de la citada fecha, 10 de enero de 2013, debió asumir como Encargado de la Presidencia de la República el Presidente de la Asamblea Nacional en ejercicio. Y no fue así.

El mismo, como Encargado de la Presidencia de la República, tenía que proveer en lo inmediato, llenando las vacantes sucedidas del Poder Ejecutivo –designando un Encargado de la Vicepresidencia y encargados de los despachos ministeriales– hasta tanto se resolviese, de acuerdo con las indicadas previsiones constitucionales, sobre la situación del Presidente electo; quien, como cabe repetirlo, no acude al acto de su juramentación y toma de posesión para el período constitucional que se inauguraba.

En el caso, también correspondía a dicho Encargado de la Presidencia de la República requerir del Tribunal Supremo de Justicia la designación de la junta médica que certificase la incapacidad permanente o no del Presidente electo, en dictamen que debía ser aprobado por la Asamblea Nacional, según lo previsto en el artículo 233 constitucional. De modo que, si ello hubiese dado lugar a la hipótesis de una "falta temporal" del Presidente electo –con fundamento en la certificación médica en cuestión– y la misma se prolongara por más de noventa días, no prorrogables, como lo indica el artículo 234 *in fine*, la Asamblea Nacional estaba así mismo en la obligación de declarar si la consideraba absoluta, y sucesivamente, de acuerdo a la misma previsión constitucional del artículo 233, si cabía proceder "a una nueva elección universal, directa y secreta dentro de los treinta días consecutivos" siguientes.

F.  *Elecciones bajo un régimen de facto*

Las cosas tampoco ocurrieron así. Vuelve por sus fueros, como era de esperarse, el fingimiento electoral, a fin de sostener los mínimos formales de una democracia fingida y no concitar vientos encontrados, mientras se afianza el proyecto despótico convenido y que ejecutan, de conjunto, los albaceas y herederos del fallecido presidente electo; quien muere en Caracas, según el informe oficial, el día 5 de marzo, a las 4,25 horas de la tarde. A renglón seguido el mismo Tribunal Supremo, otra vez y en línea con lo dispuesto por el causante fallecido, se encarga de blindar la candidatura presidencial de Maduro Moros. Pero lo hace, una vez más, a contrapelo y con desprecio de la Constitución. Otra sentencia se dicta para el despropósito antidemocrático.

Llegado el 12 de marzo e iniciado el día 10 de enero el nuevo período constitucional sin juramentación del Presidente electo, luego fallecido; a pesar de que el artículo 233 de la Constitución dispone que ante la falta absoluta de éste "mientras se elige y toma posesión el nuevo Presidente..." se encargará de la Presidencia de la República el Presidente de la Asamblea Nacional; pero admitiendo la irregularidad constitucional del principio de continuidad administrativa del gobierno, Maduro en calidad de vicepresidente de un presidente que ya no es ni existe y quien mal le ha podido renovar su condición de tal, pasa a ejercer la "encargaduría" presidencial como Vicepresidente. Sin embargo, para no atentar contra la voluntad del testador, la Sala Constitucional hace mutar de nuevo a las normas fundamentales de la República.

El Vicepresidente deja de ser lo que es y es –sutilmente– ya no "encargado de la Presidencia" sino "Presidente" Encargado de la República. Es anulado, en los hechos, el artículo 229 constitucional a cuyo tenor "no podrá ser elegido Presidente... quien esté en ejercicio del cargo de Vicepresidente Ejecutivo..., en el día de su postulación o en cualquier momento entre esta fecha y la de su elección".

Nicolás Maduro Moros, así las cosas, pasa a ejercer de facto el poder en Venezuela y lo sostendrá *sine die* –con todo lo que ello implica en cuanto al uso y abuso de los recursos del poder– para hacerse elegir de forma inconstitucional y ostentando la doble cualidad de Presidente en ejercicio y a la par candidato presidencial.

No huelga repita, como síntesis, las premisas constitucionales del caso, a saber, la primera, que no llega a ejecutarse y a cuyo tenor, según el artículo 233 constitucional, "si la falta absoluta (del Presidente) se produce durante los dos últimos años del período... el Vicepresidente... asumirá la Presidencia de la República hasta completar dicho período" y lo hace, en la hipótesis que no se realiza, como gobernante a cabalidad; y la segunda, la que acontece finalmente, a cuyo tenor "si la falta absoluta del Presidente...se produce durante los primeros cuatro años del período constitucional, se procederá a una nueva elección (y)...mientras se elige y toma posesión el nuevo Presidente..., se encargará de la Presidencia de la República el Vicepresidente"; quien al efecto y por lo mismo no deja de ser lo que es, Vicepresidente encargado de la Presidencia, según el mismo artículo citado.

G. *El empate técnico y el golpe del parlamento*

Ahora bien, bajo un típico régimen de facto y en circunstancias alejadas de los estándares de toda elección en democracia, que reclaman ser realizadas de manera libre y justa, bajo condiciones de objetividad, imparcialidad y transparencia, como lo indican los artículos 3, 24 y 25 de la Carta Democrática Interamericana, ocurren en Venezuela nuevos comicios presidenciales el último 14 de abril.

A dicha elección concurren, en condiciones asimétricas manifiestas, el candidato del gobierno, Maduro Moros, a despecho del citado obstáculo constitucional que se le opone y remueve en su favor el TSJ mediante una sentencia dictada el 8 de marzo; y como candidato de la oposición, el actual gobernador del Estado Miranda, Henrique Capriles Radonski, respaldado por la Mesa de la Unidad Democrática, quien antes enfrenta a Chávez en sus elecciones postreras y al efecto se separa de su ejercicio como gobernador del Estado Miranda, en acatamiento de mandato constitucional que se lo impone y en su caso violenta Maduro.

El fallo judicial es lacónico: "Ocurrido el supuesto de hecho de la muerte del Presidente de la República en funciones, el Vicepresidente Ejecutivo deviene Presidente Encargado y cesa en el ejercicio de su cargo anterior. En su condición de Presidente Encargado, ejerce todas las atribuciones constitucionales y legales como Jefe del Estado, Jefe de Gobierno y Comandante en Jefe de la Fuerza Armada Nacional Bolivariana; ...El órgano electoral competente, siempre que se cumpla con los requisitos establecidos en la normativa electoral, puede admitir la postulación del Presidente Encargado para participar en el proceso para elegir al Presidente de la República por no estar comprendido en los supuestos de incompatibilidad previstos en el artículo 229 constitucional".

Maduro, en fin, inhabilitado por la Constitución, es el candidato oficial, como lo ordena Chávez antes de su muerte; y asume en calidad de ilegítimo, por lo mismo, su opción presidencial. Lo que luego ocurre en el ámbito de lo comicial es apenas una secuela del cuadro de ilegitimidad precedente, consolidada a partir del 10 de enero por obra de una justicia arrodillada y en ejecución de un típico golpe del o desde el Estado.

Las elecciones se realizan luego de una brevísima campaña electoral de dos semanas, pues según el citado artículo 233 constitucional, tal elección ha de realizarse dentro de los treinta días consecutivos siguientes a la falta absoluta declarada –por muerte, pero que era absoluta desde antes, por grave enfermedad– del Presidente de la República. El tiempo constitucional, no obstante, es administrado a conveniencia de los interesados, en comandita que se forma entre Caracas y La Habana.

Previamente, como cabe recordarlo, las elecciones presidenciales que determinan la reelección de Chávez, previstas a realizarse en diciembre de 2012, son adelantadas a conveniencia por el Poder

Electoral y situadas antes de que se haga evidente la incapacidad física de dicho gobernante para mantenerse en el ejercicio del poder. La mentira hace de las suyas y se muestra una vez más como política de Estado.

Las exequias fúnebres del presidente electo fallecido, quien vence a Capriles en los comicios del 7 de octubre –el primero haciendo crecer su votación en 10% y el segundo en 57%– son dispuestas abiertamente para el cometido simbólico necesario, es decir, nutrir al despotismo en emergencia que se cocina a fuego pleno en los días previos al arranque de la justa presidencial que ha de repetirse. Durante la campaña, a través de los medios de comunicación, no habla el candidato Maduro. Habla Chávez desde la tumba –apoyado en los recursos virtuales del siglo XXI– y cuando el primero lo hace habla con torpeza y en tono falaz, tanta que le gana el apodo popular de "mentira fresca".

Se repiten las prácticas electorales características de la vocación hegemónica de la "demo-autocracia" instalada en Venezuela a partir de 1999. La Fuerza Armada hace pública su adhesión al credo socialista revolucionario y dispone su aparataje para apuntalar al candidato oficial; las listas de quienes son funcionarios del Estado o beneficiarios de dádivas gubernamentales o programas sociales se distribuyen entre los "comisarios" y milicias armadas de la revolución, quienes se encargan de presionar y "asistir" personalmente a los más remilgos de los votantes; los grupos armados de motorizados al servicio del partido de gobierno –el Partido Socialista Unido de Venezuela– siembran miedo en los centros electorales, ante la pasividad de los guardianes militares y la indiferencia de los "acompañantes" internacionales, quienes asisten eufóricos a los actos de campaña organizados por el gobierno; los medios de comunicación estatales –atando a la menguada radio y televisión privadas conforme al mecanismo de las cadenas de propaganda oficial que impone la ley– usan sin límites de tiempo el espectro radioeléctrico para sostener al candidato Maduro; los dineros y recursos materiales de la industria petrolera fluyen para apuntalar las exigencias del continuismo, ahora con vocación despótica; en fin, el Poder Electoral, cuatro de cuyos cinco miembros militan en las filas de la revolución, hacen lo necesario para sostener la ficción y no le dan cabida a las denuncias y quejas de la oposición caprilista.

Lo relevante, en todo caso, es que la estrategia electoral escatológica no surte el efecto esperado y a pesar de las asimetrías las fuerzas democráticas se sobreponen a los temores y chantajes. Casi un millón de seguidores de la revolución cambia de autobús y apoyan con sus votos al candidato opositor.

Ha lugar, así, a un virtual empate técnico dentro del descrito contexto eleccionario. Pero sin resolverse aún sobre las denuncias ni contabilizarse los votos sufragados en el exterior, el Poder Electoral, presuroso y comprometido, anuncia la ajustada victoria de Maduro asignándole un punto porcentual de diferencia sobre su adversario. El guion preestablecido sigue su curso, a pesar de la sorpresa ingrata que mina al "designado" y al resto de los suyos.

La protesta de Capriles se hace sentir el mismo día y en la misma noche de los comicios al apenas concluir, y a pesar de que Maduro en su euforia –sorprendido por una victoria que sabe comprometida– acepta el reconteo de votos que le pide su contendor. Pero el encargado de la Presidencia regresa sobre sus pasos bajo el dictado de los "productores" de la trama tramposa. La revolución lo tiene como candidato presidencial, pero la jefatura, muerto Chávez, cuenta con trastiendas que llegan más allá de nuestras fronteras y cuya dirección final no ha sido resuelta hasta el presente.

La presidenta del organismo electoral, Tibisay Lucena, antigua subalterna del jefe del comando de campaña de Maduro, Jorge Rodríguez, corre hacia adelante. Cuestiona públicamente al candidato Capriles por no reconocer ni acatar su intempestivo acto de proclamación de Maduro como presidente electo; por pedir aquél lo que resulta elemental dentro de toda elección democrática, a saber, la auditoría de cierre posterior, electrónica y manual de los resultados electorales; por reclamar, en suma, sean despejadas las dudas presentes por la salud de la democracia, para el sostenimiento de la paz y el sosiego entre los electores, y dado el empate técnico que muestran los resultados: Nicolás Maduro, 7.505.338 votos (50,66 %), y Henrique Capriles Radonski, 7.270.403 votos (49,06 %).

A contrapelo de lo que surge evidente –a saber, que la mayoría de los venezolanos, pasados 14 años de pedagogía cubana y marxista, sostienen aún su raizal vocación libertaria– los dientes del despotismo en curso de instalación y sobrepuesto a la ficción democrática o "demo-autocracia" antes sostenida, son mostrados por los herederos de Chávez, en lo inmediato, sin dilación, con torpeza inocultable.

El declarado Presidente electo de la República, Nicolás Maduro Moros, de espaldas al orden constitucional y democrático, ante el anuncio del candidato Capriles de que concurriría acompañado de sus seguidores ante el Poder Electoral para solicitar formalmente la verificación de las elecciones celebradas, llegado el 16 de abril ordena la prohibición de toda reunión o manifestación opositora e instruye a tal efecto la Fuerza Armada, sin encontrarse Venezuela en una situación de suspensión de garantías. Asimismo, amenaza con llevar a la cárcel al candidato opositor mientras son detenidos y torturados numerosos estudiantes y opositores por la policía al servicio del régimen, auxiliada por los comisarios cubanos. Y le dice a la comunidad internacional que el fascismo opositor se ha dado a la tarea de quemar los CDI o centros de salud donde los médicos cubanos atienden a los venezolanos; pero se trata de centros que una vez quemados, como lo hace suponer el propio Maduro, al visitarlos la prensa, 24 horas después, observan que siguen como estaban antes, funcionando sin novedades.

Tal decurso lleva a un acto todavía más grave e inconstitucional. Se prosterna abiertamente a la soberanía. El mencionado Cabello, presidente de la Asamblea y vicepresidente del partido gubernamental desconoce, acompañado de su bancada, la voluntad popular que elige y hace sus representantes, luego de las elecciones de diciembre de 2010, a los diputados opositores con el 52% de los votos. En sesión del mismo día 16 de abril, transmitida desde la sede del parlamento y a través de las radios y televisoras estatales y privadas, anuncia y hace efectiva su decisión de no permitir, como cabeza del parlamento, el uso de la palabra por los diputados quienes, antes, no hagan público su reconocimiento a Nicolás Maduro Moros. La misma exigencia se la hacen a los centenares de manifestantes detenidos, para otorgarles su libertad. Y no bastando ello, procede Cabello a destituir a los opositores quienes ejercen las presidencias de las distintas comisiones que forman a la Asamblea Nacional.

La presidenta del Tribunal Supremo de Justicia, Luisa Estella Morales, quien el 9 de enero y el 8 de marzo precedentes firma las sentencias que inconstitucional e ilegítimamente le permiten a Maduro ejercer la Presidencia de la República como encargado y a la sazón, siendo Vicepresidente en ejercicio, participar como candidato presidencial, ahora y en comparsa, sin mediar sentencia alguna, anuncia el 17 de abril que quedan cerradas las puertas al reclamo de recuento manual de votos pedido por el candidato Capriles. Abona a través de los medios de comunicación social en favor de su persecución. Afirma que el mismo engaña a los venezolanos por hacerles ver como posible lo imposible, la variación del resultado electoral o una verificación manual que es contraria –según ella, pero no según nuestro Texto Fundamental– a la constitucionalidad en vigor.

El 30 de abril ocurre lo insólito. Se repite el "día del fusilamiento del Congreso", ejecutado en 1848 por la dictadura de los hermanos Monagas, cuando es asesinado el diputado Santos Michelena. Esta vez, los diputados oficialistas patean salvajemente –tirada en el suelo– a la diputada opositora María Corina Machado, mientras hacen otro tanto con los colegas de ésta, Julio Andrés Borges, Nora Bracho, y Américo De Grazia. El día 16 anterior, al diputado opositor William Dávila, en plena sesión de la Asamblea Nacional, otro diputado oficialista le lanza un micrófono al rostro causándole una herida profunda con la que casi pierde la vista.

La reacción serena y aplomada de la bancada víctima causa más estupor que la violencia, y a todas éstas concluye con la iniciativa, que suscribe Capriles, de demandar ante el Tribunal Supremo de Justicia la nulidad de las elecciones presidenciales llegado el 2 de mayo. Sus razones sobran y han sido mencionadas, y el diagnóstico del fraude lo comparten observadores internacionales imparciales, como el Instituto de Altos Estudios Europeos y la Red Internacional de Universidades para la Paz. La existencia de irregularidades durante los comicios del 14 de abril hasta la admite el Centro Carter.

El silencio al respecto, no obstante, es más que decidor. La Sala Electoral y su presidente, a la sazón Vicepresidente del Tribunal Supremo de Justicia, Fernando Vegas Torrealba, nada hacen y nada dicen al respecto y le trasladan la cuestión, sin mediar queja, a la Sala Constitucional que fabrica las ominosas sentencias que afianzan a Maduro Moros como gobernante ilegítimo y pretendiente de déspota. Las palabras dichas por Vegas, en apertura del año judicial 2011, describen sin ambages la justicia que hoy administra junto a sus colegas el máximo Tribunal:

"Así como en el pasado, bajo el imperio de las constituciones liberales que rigieron el llamado estado de derecho, la Corte de Casación, la Corte Federal y de Casación o la Corte Suprema de Justicia y demás tribunales, se consagraban a la defensa de las estructuras liberal-democráticas y combatían con sus sentencias a quienes pretendían subvertir ese orden en cualquiera de las competencias ya fuese penal, laboral o civil, de la misma manera este Tribunal Supremo de Justicia y el resto de los tribunales de la República, deben aplicar severamente las leyes para sancionar conductas o reconducir causas que vayan en desmedro de la construcción del Socialismo Bolivariano".

### H. *Venezuela, partida en dos mitades exactas*

El liderazgo de una de las partes de la Nación, el oficial, apalancado por todos los poderes públicos constituidos, alienados con una revolución de neta factura e inspiración cubana, afirma ahora su decisión de radicalizar el proyecto socialista marxista en avance desde 1999 –lo dice el nuevo Vicepresidente de Maduro, Jorge Arreaza, yerno del fallecido Presidente– y en tal sentido se propone la reconstrucción de la hegemonía coyunturalmente debilitada por la muerte de éste y mutarla en despotismo, como ya se advierte.

La otra mitad, habiendo adquirido conciencia de mayoría, y su liderazgo, a la vez, por vez primera coincide en la naturaleza del régimen espurio que intenta doblegarlos. Vuelven a pugnar, otra vez y como siempre, como disyuntivas agonales de los venezolanos, el cesarismo o caudillismo y la razón ilustrada, la valentía y la idea de la justicia, el cuartel y la universidad, la razón y el fundamentalismo, que marcan como dilema igual a la Venezuela anterior y posterior a José María Vargas, el sabio presidente y antiguo rector de nuestra Universidad Central.

Son estos, en suma, los hechos que describen, sin pasiones y para la memoria inconmovible e insobornable de la historia venezolana, la herencia real que a su muerte deja Hugo Chávez Frías: El golpe de enero y sus secuelas más lamentables, o el paso de la demo-autocracia al despotismo señalado. Han de ser aquéllos, por ende, el soporte sobre cuya lectura, consideración y reflexión serenas, se logren entender los desafíos pendientes para nuestra sociedad democrática y la íbero-americana. Y para que se afirmen los ánimos en la lucha por una libertad bajo instituciones republicanas que apenas comienza y en buena hora muestra sus posibilidades extraordinarias.

# 4. EL SOCIALISMO DEL SIGLO XXI Y SU CAUSAHABIENTE: EL DESPOTISMO ILETRADO

23 de octubre de 2013

A. *De regreso al pasado*

El tiempo que transcurre entre 1999 y 2013 muestra a Venezuela como un país archipiélago, que pierde su identidad en el momento mismo de nuestra fragua final como nación civil y democrática, una vez como alcanzamos los activos de la modernidad.

En cuanto a lo último bastan pocos datos. El promedio de vida del venezolano, 53 años para 1958, crece a más de 72 años hacia 1998. La vialidad de 6.000 kilómetros que la democracia recibe aumenta a 98.000 km. Y las primeras 3 universidades, de mediados del siglo XX, suman casi 400 instituciones de educación superior al iniciarse el siglo XXI.

En cuanto a quienes hoy ocupamos –como suerte de refugio de damnificados– el espacio de la otrora República civil, otra vez secuestrada por las espadas, cabe decir que morimos de mengua, pasados los efectos de la droga revolucionaria. Somos el escenario más violento del mundo occidental, con 19.000 homicidios promedio cada año. Las reservas se agotaron en más de un 50% y las operativas se encuentran en su nivel histórico mínimo. Alcanzan para pocos días. La construcción de viviendas –2.033.481 unidades durante los 30 años previos a 1999– en los últimos 15 años mal supera las 296.047 unidades. Y el país petrolero que somos, ahora importa gasolina para el consumo interno.

La consideración anterior viene al caso por los golpes de Estado y a nuestra constitucionalidad ocurridos desde el año final del siglo pasado, durante la primera década del presente siglo, y en los tres años que lleva la segunda, cuyo saldo es el indicado.

Pero he aquí lo típico y novedoso de la experiencia venezolana de destrucción. Se usan o subvierten las formas del Derecho para consumar "golpes de Estado" continuados vaciando de contenido ético y finalista al mismo Derecho: medios en apariencia legítimos con miras a fines ilegítimos y disolventes de lo institucional, y fines supuestamente legítimos a través de medios claramente ilegítimos.

El soldado golpista, quien se hace de nuestra realidad por la vía electoral como un perro de presa, y quien antes, ayudado por Fidel Castro, obtiene como candidato el apoyo financiero de los dictadores libio e iraquí, e incluso el ucase del Departamento de Estado, a horas de ungido como Presidente de la República declara que robar no es un delito cuando se tiene necesidad. Tira por la borda, así, la disciplina social mínima que, sobre todo por hábito, priva hasta entonces dentro de la sociedad venezolana.

Desafía luego la autoridad de los otros poderes del Estado: "Debo confirmar ante la Honorabilísima Corte Suprema de Justicia el principio de la exclusividad presidencial en la conducción del Estado", reza la carta que en abril de 1999 le dirige a los Jueces Supremos. Y éstos, doblegados, aceptan que el Teniente Coronel y mandatario en cierne convoque a una Constituyente al margen del orden constitucional en vigor; que logre elegirla según sus reglas y la controle tanto como la usa para aprobar una Constitución a su medida, mediante un pacto entre los suyos, que excluye a quienes juzga beneficiarios del pasado, la otra mitad de Venezuela.

Llegada la hora se abstiene el 53,7 por ciento de los votantes inscritos y Chávez –dado el modelo establecido para la circunstancia– al obtener el 65% de los votos sufragados se hace con el 98% de los escaños de la nueva Asamblea: 125 constituyentes oficiales y 6 constituyentes opositores. Y tal Asamblea Constituyente, sin encontrarse apoderada para ello, declara ser depositaria de la soberanía popular originaria y no encontrarse atada al Estado de Derecho.

De modo que, sin avanzar aún en la redacción de la nueva Carta, interviene y paraliza al Congreso de la República y lo que a la sazón más le importa, destituye sin fórmula de juicio a todos los jueces de la República. Les sustituye con jueces provisorio, dispuestos a purificar constitucionalmente las inconstitucionalidades que se ponen en marcha.

Cabe decir que la constitución naciente –aprobada por el 80% del 40% de venezolanos quienes sufragan durante el respectivo referéndum– se afirma inicialmente sobre el ideario del "césar democrático" o gendarme necesario, que tanto defiende Simón Bolívar al prosternar la obra constitucional liberal, democrática y republicana de nuestros Padres Fundadores, hombres de levita e ilustrados.

No por azar, cambiando lo cambiable, en su lenguaje contemporáneo, adhiere a dicho credo y lo entroniza como columna del país naciente. "No estábamos preparados para tanto bien", el de la república democrática, dice Bolívar, por lo que, en su defecto, en 1819, desde Angostura, pide la forja de un senado hereditario integrado por las armas, a las que todo debe –según él– la patria; y pide un presidente vitalicio a la manera del monarca británico. Y en 1826, al otorgar la Constitución de Chuquisaca, se repite para disponer la erección de un presidente vitalicio e irresponsable con la facultad de nombrar su sucesor en la persona del Vicepresidente.

Así se explica que, fallecido Chávez, le suceda por fuerza su vicepresidente –impuesto *in articulo mortis*– Nicolás Maduro Moros, a quien luego santifica la Sala Constitucional –antes del fingido simulacro electoral de abril pasado– haciendo mutar para ello y por dos veces al Texto Constitucional; pero sin vulnerarse la regla de oro, a saber, el mando permanece en manos militares.

B. *Tres lustros de ignominia*

1999 es el año cuando, a través de su director de inteligencia, Ramón Rodríguez Chacín, Chávez acuerda su *"modus vivendi"* con la guerrilla colombiana. La mantiene como huésped de honor para lo sucesivo, le ofrece auxilios financieros y petróleo, y hasta el lavado de sus narco-dineros. Y ya aprobada la nueva Carta Fundamental, decide congelar su publicación hasta finales del año, para que "su" Constituyente desmantele y sustituya de facto, bajo sus instrucciones, a los demás titulares de los poderes constituidos. Y hasta crea un "congresillo" de diputados, designado a dedo.

En el 2000, bajo alegato de errores de copia, se publica un nuevo texto constitucional distinto del aprobado mediante referéndum, sin participación de la Asamblea Constituyente. Y ésta, asumiendo potestades legislativas, dicta un Estatuto Electoral a conveniencia, prosterna el principio de representación de las minorías, y cambia el voto personalizado por listas cerradas, mientras su Congresillo designa a rectores electorales sin apego a las reglas de la nueva Constitución. La Sala Constitucional provisoria avala tales decisiones e incluso ajusta que ellos –los mismos jueces supremos provisorios– no requieren para su igual relegitimación de cumplir con la Constitución, pues ya ejercen sus cargos.

En el año 2001, Chávez ejerce como legislador supremo habilitado. Predica encontrarse a la cabeza de una lucha de negros e indios contra la oligarquía, y ordena mediante decreto la confiscación, sin mediación judicial, de la propiedad de las tierras privadas. Nacen, a pedido de éste, los Círculos Bolivarianos, como organizaciones de movilización popular para la defensa de la revolución a través de métodos de acción violenta, los cuales reciben su primer entrenamiento en la sede de la Embajada Libia, en Caracas. Su primer objetivo son los medios de comunicación social y los periodistas independientes.

En 2002 ocurre la renuncia presidencial –o el golpe de Estado, según Chávez– a raíz de la Masacre de Miraflores, que este propicia el 11 abril. Luego es restituido en el poder a manos de los mismos militares quienes horas antes lo inducen a renunciar y no del pueblo como lo sostiene el mandatario. Seguidamente, firma un acuerdo con Cuba para que médicos y paramédicos cubanos –parte de la "brigada internacional" de los 7.000 milicianos ya instalados en el país– drenen con su militancia sobre los sectores populares. La oposición viste de luto y el régimen celebra.

Llega en 2003 la tutela sobre Venezuela que determinan los Acuerdos de Mayo, propiciados por el ex presidente Jimmy Carter y el Secretario de la OEA, César Gaviria, a fin de encontrarle una solución pacífica y constitucional a la cruenta división del país, a su anomia manifiesta. Chávez privilegia sus relaciones con Irán y ejecuta, entre tanto, un "genocidio" en el sector petrolero, al expulsar de sus puestos de trabajo a 20.000 trabajadores de nuestra mayor industria. Los obliga, junto a sus familias e hijos, mediante el uso de la fuerza militar, al abandono de las viviendas que ocupan. Y nace la Lista Tascón, suerte de nómina oficial de la infamia, que marca la muerte civil de miles de venezolanos opositores quienes firman el pedido de revocatoria del mandato presidencial.

En el curso del 2004 se realiza el referendo revocatorio, cuyos resultados a favor de Chávez aplaude el presidente Carter. No obstante, ante la Comisión Segunda del Senado colombiano, la Canciller de Colombia Carolina Barco afirma que entre febrero y julio les son entregadas cédulas de identidad venezolanas a 500.000 colombianos en las zonas bajo control de la guerrilla. Y aquél, a la sazón, reconoce públicamente la injerencia directa de Fidel Castro para conjurar los riesgos a que se ve sometido por la realización del citado referendo, luego de lo cual anuncia "La Nueva Etapa, El Nuevo Mapa Estratégico de la Revolución", que signa –ahora sí y de modo ordenado– el rumbo acelerado hacia la instalación del dominio cubano y sus prácticas sobre Venezuela.

En 2005, por decisión propia, el Presidente asume el rango militar de Comandante en Jefe con derecho a insignias y al ejercicio inmediato del control operacional del aparato castrense. El gobierno civil cede cabalmente. El régimen adquiere su verdadero perfil. Crea las milicias populares: el pueblo en armas, y en desafío a las decisiones del Consejo de Seguridad de la ONU le otorga su respaldo público y formal al programa nuclear de Irán. De modo que parte del pueblo, que rechaza el avance hacia un régimen totalitario y en medio de una crisis política e institucional que no resuelven los Acuerdos de Mayo, opta por la resistencia. Se abstiene durante las elecciones parlamentarias de finales del año y la Unión Europea denuncia la falta de garantías democráticas e independencia del organismo electoral.

Llegado el 2006 Chávez encuentra surco propicio para la instalación de su modelo comunal comunista, a despecho de la Constitución. Crea por ley los consejos comunales, a contravía y en detrimento de la organización municipal e histórica de Venezuela. Nace un remedo de las bandas del paleolítico.

En 2007, seguro de sí y teniendo bajo control legal a la prensa, ordena el cierre de Radio Caracas Televisión. Manda la inhabilitación política de numerosos dirigentes opositores y anuncia –sin lograrlo– la reforma de la Constitución a fin de liquidar el modelo económico de libre iniciativa privada y cambiar la geometría del poder u organización vertical del Poder Público para darle paso a las ciudades socialistas. Juan José Ravilero, Presidente de los Comités de Defensa de la Revolución Cubana, confiesa que 30.000 cederristas que cuidan de Chávez y su gobierno.

En 2008 este dicta por decreto 26 leyes fuera del lapso de su nueva habilitación como legislador y afirma que el objeto de ellas es "profundizar el plan socialista". Crea, mediante normas extra constitucionales, las bases para afianzar el dominio militar sobre la vida civil, sobreponer autoridades regionales de su libre escogencia a las autoridades estaduales y municipales electas, y proceder a la expropiación forzosa de toda la cadena económica relacionada con la alimentación.

En 2009, de espaldas a la Constitución impulsa y logra la aprobación de una enmienda puntual que le asegura su reelección a perpetuidad. Y en mensaje ante la Asamblea Nacional reconoce formalmente a las FARC y al ELN como grupos beligerantes legítimos, destacando que no se trata de terroristas. Y Castro reconoce que compra, a nombre y por cuenta de Venezuela, los repuestos para sus equipos médicos.

En el año 2010 se cierra el ciclo del avance hacia la dictadura y comienza a ceder el "autoritarismo competitivo". El PSUV, partido oficial, se declara marxista y en sus bases programáticas anuncia el final del Estado de Derecho y la afirmación de un socialismo a la cubana. El Tribunal Supremo de Justicia, al inaugurar el año judicial, anuncia que, así como en el pasado los jueces civiles y penales persiguen a quienes atentan contra el Estado de Derecho, en lo sucesivo castigarán a los disidentes del socialismo. Acto seguido, el doblegado Consejo Nacional Electoral reformula los circuitos electorales y otorga sobrerrepresentación a entidades poco pobladas. La oposición gana las elecciones, pero las pierde. Obtiene el 53% de los votos y le asignan menos diputados que al gobierno. Y ante el hecho sobreviene el golpe de Estado terminal que ejecuta el propio

Presidente. Demanda de la Asamblea saliente le habilite para legislar por decreto durante el tiempo que corresponde al nuevo cuerpo representativo nacional elegido.

El 2011, sin embargo, descubre al Presidente como enfermo terminal y acaso, por razón de ello, discurre y concluye el año con los estertores, con los arrebatos desbordados de quienes saben que morirán políticamente con el fin del último gendarme de nuestra larga historia de país que no abandona su mentalidad rural, ni deja de invocar a los caudillos.

Chávez ejerce el gobierno desde La Habana, su hospital –sin transferir constitucionalmente el mando a su Vicepresidente– y firma decretos como si estuviese en Caracas. Antes le entrega el control sobre la producción de las cédulas de identidad a Cuba, quien adquiere el dominio sobre la información de cada venezolano. Y mientras la bandera cubana en izada en el Fuerte Paramacay, en Naguanagua, el Ministro de Petróleo y Presidente de PDVSA, Rafael Ramírez, informa al Presidente de nuestra deuda con el Fondo Chino por 20.000 millones de dólares, más los 8.000 millones ya recibidos, ocasionándole a Venezuela un daño patrimonial de $ 18.430 millones de dólares.

El 2012 lo signa, apresurada por la muerte inminente de Chávez, la muerte moral de la República. Las ratas abandonan el barco. Se descubre la entrega, por deliberada omisión gubernamental, de nuestro territorio Esequibo y marítimo a manos de Guyana. El renunciado Presidente de la Sala Penal del Tribunal Supremo, Coronel Eladio Aponte Aponte, confiesa haber condenado a inocentes –coludido con la Fiscalía General– y por órdenes presidenciales, y hasta liberado narcotraficantes como un acto de disciplina. Y el ex Fiscal y ahora Embajador en Roma, Isaías Rodríguez revela, cínicamente, que tanto él como el Comandante estaban al tanto de que ocurriría la Masacre de Miraflores en 2002. Y al hilo de la muerte, audaz ante la muerte, Chávez se hace reelegir para amarrar el futuro, sin medir el saldo de su aventura inconstitucional.

Es ésta, pues, la memoria inconstitucional e indecorosa de nuestra primera década y algo más de un siglo, el XXI, al que todavía no hemos ingresado.

## C. Los causahabientes

La "heterodoxia" democrática o su fingimiento, recién, llega a su final en 2013. Le sucede, en lo inmediato, un régimen abiertamente ilegítimo, quizás despótico en su intención e iletrado, el de Nicolás Maduro Moros, civil y desangelado, y el de su sostén militar, el teniente Diosdado Cabello, presidente de la Asamblea Nacional.

Ocurre ello mediante golpes sucesivos, nunca más encubiertos como hasta ayer, al orden constitucional vigente. La Sala Constitucional se encarga de hacerle decir a la Constitución aquello que no dice, para cumplir con el testamento político del causante, dictado por los hermanos Castro.

Venezuela, en la hora y por ahora, es un cuartel militar arruinado, regentado por Mayores Generales del Ejército. Pero en buena hora al populismo, verdadero resorte que ha sostenido a esta experiencia amarga y disolvente de nuestra democracia, también le llega su término. El causante dilapidó los 646.000 millones de dólares que obtiene de nuestras exportaciones petroleras y cuyo 70% ocupa para importaciones no reproductivas y sus obsequios revolucionarios. A sus herederos les queda una deuda externa sideral, que crece desde 28.000 millones de dólares hasta 105.000 millones de dólares desde 1999. La devaluación de la moneda alcanza a 1.798 % y ya no hay medicinas ni alimentos.

De los aspectos constitucionales de este deslave escribo a profundidad en mis dos últimos libros: *Historia Inconstitucional de Venezuela* y *Los golpes de enero en Venezuela*, ambos publicados bajo el sello de la Editorial Jurídica Venezolana, en 2012 y 2013. Son mi legado para las generaciones que hoy se levantan y un ancla para que la falta de memoria no les engulla, nunca más y luego de la reconstrucción civil, nuestro indómito espíritu de libertad.

## 5. EL PRISIONERO ROJO: EN LA PRESENTACIÓN DEL LIBRO DE IVÁN SIMONOVIS

22 de noviembre de 2013

El país –que es mucho más que el Estado, ese que a partir de 1999 otra vez muta en prisión de la ciudadanía– hoy recibe de las manos limpias de otra de las víctimas de éste, Iván Simonovis, un libro testimonial, *El prisionero rojo*.

Su narrativa, más allá de lo íntimo, de la vida suya que nos cuenta como en el Mito de Sísifo, desgarradora y vitalmente humana, es la síntesis renovada de una tara que marca la piel y hace hendidura en nuestra historia republicana, forjada con "saña cainita" como lo diría el ex presidente Rómulo Betancourt.

A. *Aquéllas aguas trajeron el deslave*

Me refiero, obviamente, a la deriva militarista que secuestra a nuestra sociedad y la divide entre amigos y enemigos una vez caída la Primera República. Es el culto al gendarme necesario, al cínicamente llamado "César Democrático", que desde entonces y de tanto en tanto hace posible que tantos venezolanos ejerzan de presos políticos o como desterrados. Aludo a ese instante inaugural cuando lanzamos al basurero de la historia –guiados por Simón Bolívar– nuestro espíritu de civilidad y la Ilustración que, conformada por hombres de levita, armados de ideas y de sueños, nos imagina como patria posible y de concordia.

Hago presente, para desbrozar la memoria ante un país sin memoria como el nuestro, a quienes antes de otorgarnos nuestra Independencia y de darle forma a las instituciones garantes de nuestra libertad, como Escalona, Mendoza, Padrón, Santana, Muñoz y Tébar, Toro, Isnardy, Xavier Yanez, o Pául, nos dejan en herencia una Carta de Derechos del Pueblo; justamente, para recordarnos que el Estado y sus servidores son electos para servir y no para servirse, y que están sujetos al control de la opinión y de las plumas. Tanto que, dictada esa Carta antes de ser sancionada nuestra primera Constitución, el 23 de diciembre de 1811, en lo inmediato procuran, además un decreto de libertad de prensa.

Pero al concebirse y nosotros admitir luego que el uso de las espadas, para cerrar el ciclo de nuestra Independencia, otorgaba a las mismas espadas el derecho vitalicio a dibujar la república y nuestra sociedad a su antojo; y al permitir el desprecio hacia nuestros verdaderos Padres Fundadores, egresados en su mayoría de la Real y Pontifica Universidad de Caracas, mediante el libelo de que son arquitectos de "repúblicas aéreas" en un pueblo no preparado para el bien supremo de la libertad; al efecto hicimos de la cárcel, de La Carraca de Francisco de Miranda, de La Rotunda de José Rafael Pocaterra, o del SEBIN de Iván Simonovis, aposentos de la razón, depósitos de razonantes.

No por azar, al escribir el prólogo de este libro, que ha de ser motivo de íntima reflexión y en el que cada uno de nosotros debe mirarse como en un espejo, refiero –citando a Juan Liscano– que, "aquéllas aguas –las de nuestro tiempo inaugural– trajeron estas crecientes devastadoras o (acaso y ello es probable) estas inundaciones fertilizantes".

¡Y es que a pesar de la fatalidad no debemos olvidar que fueron esas enseñanzas distintas, cuyos parteros hubieron de refugiarse en nuestras prisiones o en el exilio, las que todavía sostienen nuestra tozudez democrática! Son las que nutren esos espacios de libertad bajo gobiernos civiles, que se cuentan como pequeños intersticios oxigenados en el marco de una historia ahogada por la idea muy bolivariana del Presidente vitalicio, a quien hereda su Vicepresidente; o del Senado hereditario formado por militares, según los diseños constitucionales de Angostura y de Chuquisaca.

## B. *Volver al ejemplo de los próceres civiles*

El desafío actual del país, que es más y está más allá del Estado, debo repetirlo, es más exigente que el de nuestros causantes verdaderos, nuestra Ilustración fundacional, uno de cuyos causahabientes, entre otros, es un hombre de acción y asimismo de ideas, víctima de nuestra historia cercana, *El prisionero rojo*.

El Precursor Miranda casi que logra sobreponerse y cabe decir que la desgracia de verse traicionado por su subalterno, luego detenido en Puerto Cabello y más tarde en Puerto Rico, antes de depositar sus huesos en el puerto de Cádiz, no le empuja a renunciar a su credo democrático. Lo sostiene a pie juntillas. Es un abierto enemigo del jacobinismo, un promotor de la reconciliación. Ello lo prueba el haberse dejado ganar por el anuncio del dictado de la Constitución liberal de Cádiz, La Pepa celebérrima de 1812; pues ese texto pone a los derechos del hombre por delante del monarca; lo que le permite a Miranda justificar su capitulación y reclamar que en cumplimiento de los postulados civiles y liberales se le pusiese en libertad.

El sabio José María Vargas igualmente opone la Justicia a la fuerza de las casacas del altanero Carujo. Y quedó su ejemplo.

La generación de 1928, a su turno, corre a contravía del gendarme necesario y en acre controversia frente a los apologetas de éste, ilustrados de nuestra primera mitad del siglo XX, pero confesos positivistas, forja otra ilusión de país, radicalmente humanista, en 1958.

Nos lega Betancourt, Rafael Caldera y Jóvito Villalba, una república de partidos que en apariencia naufraga después de una generación; cuando la generación sucesiva, por otro sino de nuestra misma historia, vuelve su mirada hacia atrás como la mujer de Lot. Deja ella, no obstante, como lo muestra la terca realidad, a un pueblo que se acostumbró a vivir en libertad.

El desafío citado y el acicate que es a mi juicio *El Prisionero Rojo*, desde sus entrelíneas, con sus fardos, no es imposible de acometer y lo prueba nuestra historia próxima. Pero no es agua de miel.

La deriva militarista que posee a la República en 2013, y apenas tiene a un civil como mascarón de proa, está contaminada por gérmenes extraños a nuestro gentilicio.

Laureano Vallenilla Lanz, al escribir su sociología patria le canta loas al credo bolivariano que imagina encarna en Juan Vicente Gómez y lo hace convencido de que en nuestra conducta popular dominan los elementos étnico-raciales y ambientales más allá de nuestra capacidad para la reflexión. Pero Bolívar y quienes les siguen no construyen sus gobiernos sobre la falacia, así hubiesen hecho de las constituciones meros sacramentos o trajes a la medida.

A partir de 1999 y de manos de quienes se dicen seguidores de El Libertador, se instala en Venezuela la mentira, como política de Estado, y eso explica –más allá de las traiciones o patadas históricas que conoce nuestro pueblo y sus víctimas– lo ominoso e inhumano *in extremis* del caso *Simonovis*, contrario a las leyes de la Humanidad.

Chávez, lo digo en mi prólogo del libro de Iván, una vez muerto deja tras de sí un régimen pasional que emula el proceder de las sectas, una legión de presos políticos y de condenados al ostracismo, la muerte civil de los disidentes, un país con los ánimos encrespados, pero sobre todo nos traslada como heredad social una Torre de Babel. He aquí lo relevante.

C. *La perturbación del lenguaje*

Hablamos todos el mismo idioma que a todos nos aporta la civilización hispano-romana que rige entre nosotros durante 300 años y que éste, el propio Chávez, desprecia y reduce a otra de 200 años magros, con afán de pionero; pero no obstante, de manos ajenas y extranjeras, creando una hegemonía comunicacional, se ocupa de que las mismas palabras en español y de uso corriente dentro de la política y la moral acusen significados distintos para unos y para otros, para quienes lo siguen o quienes lo adversan. No le preocupa a él y menos a sus sucesores el diálogo entre razonantes quienes se entiendan sobre un piso común, pues le tiene pánico, por ser la fuente cierta de la democracia.

El sentido cabal de la justicia, que es precisa en sus formas y en el fondo, cuyas palabras son indelebles y acotadas, resulta en un imposible. Y por lo visto no hay traductores a la orden, quienes sirvan para resolver el complicado entuerto planteado por esa inevitabilidad del "diálogo de sordos" y del desprecio constante por la verdad, que es sojuzgamiento de la dignidad inmanente de la persona.

Por obra de ese "credo" del mal absoluto, instalado en el eje de los poderes públicos de Venezuela, los juicios éticos o sobre los asuntos del Estado y hasta la Justicia administrada –bajo control de novísimos "jueces del horror" se tornan parciales o confusos. Los corruptos no son corruptos y quienes bañaron a la república de sangre persiguen como criminales a sus víctimas. Lo justo y lo injusto, la inocencia o la culpabilidad, no dicen lo mismo para unos y para otros, menos para quienes aún le sirven –ya muerto– al último rezago de nuestro caudillismo genético y su historia de traiciones.

Bolívar, el mismo Gómez o Pérez Jiménez tenían sus muertos, sus presos y sus desterrados. Los llevan sobre las espaldas, pero no los ocultan tras los sofismas. Los ven como adversarios, conspiradores o disidentes del orden impuesto por las espadas. No los trucan de criminales como ahora. Son veraces, en dictaduras y en dictablandas.

### D. *Simonovis, víctima de la mentira*

¡Y es que cabe puntualizar que *Así habló Zaratustra*, de Nietzsche, es el libro de oraciones que predica la muerte de Dios y en el que reza Chávez hasta cuando decide morir lejos de sus gobernados, hombres inferiores para él, apenas eslabones entre los animales y el "super hombre" que promete crear con su revolución! Es la misma trama, base de la filosofía totalitaria, tributaria de la mentira, del menosprecio por la realidad racional y prometedora del hombre perfectible. De allí que aparezcan tras estos regímenes jueces quienes cantan la verdad tardíamente, sólo en la hora de la cobardía; como el juez Eladio Aponte Aponte, cabeza penal del Tribunal Supremo, quien admite haber ordenado la condena de hombres y mujeres inocentes como Simonovis cuando la hidra de sus cómplices también lo amenaza devorar.

¡Es que asimismo el engaño es la madre de la corrupción y la fuente donde se relajan los resortes morales de una sociedad, enfermando! Tanto es así que el ex Fiscal General y flamante embajador, Julián Isaías Rodríguez Díaz, sin remordimientos, ufano, declara recién desde Roma, ser conocedor y autor junto al Presidente Chávez del riesgo que concluye con la Masacre de Miraflores.

No se percatan estos señores que hasta el propio Sol –lo afirma Nietzsche, descontextualizando el Eclesiastés– tiene su ocaso. Pero lo intuyen. Se horrorizan ante la voz firme de sus víctimas, consideradas como la nada. Intentan seguir mintiendo para doblegarlas y confundirlas, otra vez. Mas viven el ocaso, óigase, y a los venezolanos nos espera el amanecer.

Frente regímenes levantados sobre la muerte de Dios, haciendo posible los muchos Simonovis que conocen las experiencias del nazismo y el comunismo –allí está la familia de Iván, su mujer, la admirable, constante compañera que es y ha sido Bony, y que son y han sido los hijos amados de ambos, a quienes se les ha negado su "proyecto de vida", con Peter Haberle y también con Iván– quien nos recuerda a Pocaterra, escritor desde la cárcel de las *Memorias de un Venezolano de la Decadencia* –cabe preguntarse si es posible que el Estado constitucional intente fijar los límites dentro de los cuales exista la tolerancia; y que al mismo tiempo no se apoye ni en un mínimo de verdad. Porque no puede decirse –lo recuerda el ex presidente checo Vaclav Habel, como preso que fue de los comunistas– que sea posible tolerancia alguna sino hay un deseo auténtico y colectivo por la verdad, y una adhesión general por la Justicia con propósitos de reparación.

Concluyo mis palabras abrazando desde la distancia a Iván, en la cercanía del afecto familiar que nos amarra –ambos somos Aranguren; y a Ustedes les dejo las palabras que le escuché al Padre Jorge–, hoy Su Santidad Francisco, mientras enseñaba en Buenos Aires: Vivimos y hemos de superar esta época de pensamiento débil, hecho de sentidos fragmentarios, parciales y desarraigados. Se ha roto y hemos de reconstruir la relación entre el hombre y su espacio vital, vacío, que es el *no lugar* que sufren nuestros hijos con espíritu de inmigrantes. Ello, no lo olvidemos, ha sido la obra de un déficit de memoria y de tradición que cabe resolver.

# 6. LA MASACRE DEL 12 DE FEBRERO

22 de marzo de 2014

## A. *Preliminar*

El Día de la Juventud tiene especial significación en la historia de los venezolanos. Fue decretado como tal el 12 febrero de 1947 por la Asamblea Constituyente establecida en Venezuela luego de la llamada revolución de octubre de 1945, que intenta ponerle fin al tiempo del "gendarme necesario" y abrirle cauces a la democracia civil mediante la conquista del voto universal, directo y secreto.

Ordena la misma conmemorar en dicha fecha una de las batallas dadas en tierra venezolana, en el actual pueblo de La Victoria, donde confrontan el 12 de febrero de 1814, hace exactamente doscientos años, tropas realistas contra patriotas, pero formadas éstas, en la emergencia, con estudiantes de los colegios y seminarios de la localidad y de modo importante con aquellos que cursan sus estudios en la Real y Pontificia Universidad de Caracas, llamada de Santa Rosa de Lima y de Santo Tomás de Aquino. De modo que, ocurre así una contienda en nuestra larga lucha por la Independencia signada por las luces y sus togas, pero mudadas en espadas bajo la circunstancia.

Esta vez, transcurridas dos centurias, la misma fecha, que se inaugura bajo iguales banderas de libertad, en marchas estudiantiles que recorren toda la geografía y protestan por las gravosas circunstancias que hoy vive la patria, es ahogada en su significación y transformada en jornada de represión sanguinaria por quienes, en la hora, comparten el gobierno de Venezuela, Nicolás Maduro Moros, en ejercicio de la Presidencia de la República, y su camarada, el Capitán (Ejército) Diosdado Cabello Moros, Presidente de la Asamblea Nacional.

Este relato o narrativa trata, en consecuencia, de las violaciones generalizadas y sistemáticas de derechos humanos que han sido ejecutadas por cuerpos militares "milicianos", policiales y de inteligencia, y paramilitares bajo control y dirección de los señalados funcionarios del Estado. Tienen por víctimas a civiles, en su mayoría estudiantes de distintas universidades venezolanas, militantes de la oposición manifestantes junto a ellos, seguidores del mismo gobierno o simples transeúntes, a partir de las celebraciones del Día de la Juventud y con motivo de las mismas.

En la convicción de quien esto escribe se han dado en Venezuela, por vez primera, elementos que tipifican, palmariamente, violaciones generalizadas y sistemáticas de derechos humanos, incluso bajo la modalidad de los crímenes de lesa humanidad. Tienen trascendencia internacional y han ocurrido durante los días indicados asesinatos, torturas, detenciones masivas e indiscriminadas, que replican las ocurridas bajo el mismo patrón en 2013, en el marco de una persecución de Estado dirigida sobre un grupo de civiles con identidad propia, fundada en motivos políticos; con conocimiento previo de dicho ataque por sus responsables, y enmarcado todo ello dentro de una clara y definida política Estado, estructurada progresivamente y de modo previo a los hechos sucedidos, orientada a la segregación de dicho sector político, por opositor dentro de la vida nacional.

En lo inmediato, en un instante en el que todavía no cede la violencia incubada y propulsada por el comportamiento activo u omiso del Estado y su gobierno, el saldo de víctimas ya alcanza a 31 muertos por heridas de bala, perdigones disparados a quemarropa o torturas, y 461 heridos –según lo informa el Ministerio Público– dentro de los cuales 59 han sido identificadas –según el Foro Penal Venezolano– como víctimas de las citadas torturas; en tanto que la cifra de detenidos alcanza 1.819 durante los días previos y posteriores al 12 de febrero, quedando casi una mitad –817– de los mismos sujetos a medidas cautelares judiciales, arbitrarias e ilegítimas, bajo las previsiones de una legislación antiterrorista.[36]

No huelga señalar que, en los supuestos de violaciones de derechos humanos, todavía más cuando adquieren carácter generalizado y/o sistemático y acontecen dentro de la jurisdicción de un Estado, no caben reparticiones de responsabilidades como en los casos en que dos o más Estados se encuentran en situación de beligerancia y con su hacer o deshacer causan daños que deban ser reparados de acuerdo al Derecho internacional humanitario. Pero, tanto en la primera como en la última de las hipótesis el Estado y sus agentes han de asumir como acto propio, que compromete grave y respectivamente sus responsabilidades colectiva e individual, el de las violaciones de derechos humanos ocasionadas por terceros, civiles o insurgentes, que resultan de un riesgo creado y conocido por éstos y aquél. La Corte Interamericana de Derechos Humanos, es concluyente en el indicado sentido, como consta en su sentencia del caso de Pueblo Bello vs. Colombia (2006).[37]

Pues bien, cabe decir que antes de que en los días sucesivos al 12 de febrero de 2014 tomase cuerpo una deliberada desinformación propagandística oficial aún actuante, en buena hora y mediante investigaciones periodísticas nacionales e internacionales y registros en video ocurridos en tiempo real sobre los hechos que aquí se registran y ponen en conocimiento de la opinión pública nacional e internacional, logra documentarse de forma suficiente la acción represora ejecutada de conjunto y bajo instrucciones oficiales superiores por la Guardia Nacional Bolivariana, en lo particular por su Guardia del Pueblo (grupo miliciano), por funcionarios del Servicio Bolivariano de Inteligencia (SEBIN), por la Policía Nacional Bolivariana y, también, por los llamados "colectivos populares" o paramilitares o paraestatales.

---

[36] http://m.eluniversal.com/nacional-y-politica/140303/critican-que-justicia-use-la-ley-antiterrorista-contra-protestas.

[37] Corte I.D.H., Sentencia de Fondo, Reparaciones y Costas, 31 de enero de 2006, Serie C, No. 140.

Ella ha tenido como objeto y víctimas a quienes manifestaban como población civil y de oposición contra el gobierno de Nicolás Maduro, quejándose de la grave crisis social y económica que hoy vive Venezuela y demandando incluso ora su renuncia, ora un cambio de rumbo, en los días indicados.

No se trata, en la sucesión de hechos que se enuncian y como se explica más adelante, de circunstancias –que pueden ser propias al desenvolvimiento de toda sociedad democrática– en las que hayan ocurrido manifestaciones públicas y civiles mediando la actuación de organismos de policía con fines de sostenimiento del orden público legítimo pero de un modo desproporcionado, desbordando, a manera de ejemplo, las reglas contenidas en la Normativa Internacional de Derechos Humanos para la Aplicación de la Ley (2003). Antes bien, ha lugar, durante la llamada *Masacre del 12 de Febrero o del Día de la Juventud*, la puesta en práctica y cristalización de una política de Estado preestablecida, diseñada y organizada para la represión sistemática y generalizada de la población civil venezolana, para los supuestos en que se encontrase bajo riesgo real, como ahora, la viabilidad del proyecto de socialismo marxista en curso de instalación a partir de 1999, según se explica seguidamente.

Los videos que se identifican seguidamente y pueden observarse en las redes, son apenas una síntesis de las violaciones generalizadas y sistemáticas de derechos humanos a los que se contrae el presente escrito y muestran a cabalidad la naturaleza del régimen instalado en Venezuela; violaciones que las hizo posibles una política de Estado construida al efecto, y que se negaron a ver y escuchar los miembros del Consejo Permanente de la OEA, reunidos el pasado 20 de marzo[38]:

En tal oportunidad, mediante una votación que a propuesta de los gobiernos de Nicaragua y Venezuela declaró privada la sesión del organismo hemisférico, se impidió, con una mayoría de 22 votos a favor, 11 en contra (Perú, Canadá, Estados Unidos, Panamá, Colombia, Chile, Costa Rica, Guatemala, Honduras, México, Para-

---

[38] http://internacional.elpais.com/internacional/2014/03/21/actualidad/13953 72011_579758.html.

guay) y 1 abstención (Barbados), la divulgación pública de las muy graves violaciones de derechos humanos que intentara llevar a conocimiento de dicho seno la diputada y líder de la oposición democrática venezolana María Corina Machado.

B. *El contexto de las violaciones generalizadas y sistemáticas de derechos humanos en Venezuela, a la luz de los estándares de la democracia*

De acuerdo al más reciente informe de *Human Rights Watch*, en Venezuela se vive una falsa o ficticia democracia, o diríamos mejor, desde su año inaugural, cuando se instala el régimen que hace posible las violaciones generalizadas y sistemáticas de derechos humanos que aquí se describen, ha prendido una verdadera ficción democrática.[39] Ella, en efecto, si bien no se niega nominalmente a los estándares que de la democracia conoce Occidente y de modo particular las Américas, ampliamente desarrollados por la doctrina y sobre todo por la jurisprudencia de la Corte Interamericana de Derechos Humanos, les otorga un contenido distinto, o los manipula hasta vaciarlos totalmente de su núcleo pétreo.

Osvaldo Hurtado, ex presidente ecuatoriano habla por ello de dictaduras del siglo XXI[40], si bien, en lo personal, preferimos llamar demo-autocracias a las experiencias que surgen bajo el paraguas del Socialismo del siglo XXI, pues la gente opta por la dictadura a través de voto.

No es del caso profundizar en la cuestión, pues desborda el propósito de este documento. Sin embargo, cabe señalar, para la mejor comprensión del contexto de perturbación democrática dentro del que ocurre la *Masacre 12 de Febrero o del Día de la Juventud*, lo siguiente: En Venezuela, es verdad, ocurre un paradójico fenómeno de inflacionismo electoral, pero que tiene, como contrapartida un dato ominoso. Cada vez que la oposición venezolana logra su-

---

[39] http://www.eluniversal.com/nacional-y-politica/140122/hrw-incluye-a-venezuela-en-rango-de-democracias-ficticias.

[40] Osvaldo Hurtado L, Dictaduras del siglo XXI, el caso ecuatoriano, Paradiso Editores, Quito, 2013.

perar las trabas de un sistema electoral cabalmente controlado por el gobierno y accede a cargos municipales o regionales, de alcaldes o gobernadores, el poder nacional les retira sus competencias mediante ley o a la par les crea instituciones paralelas en sus jurisdicciones, confiándoselas a los militantes oficialistas derrotados. Son emblemáticos los casos de la Alcaldía Metropolitana de Caracas y de su aledaño Estado Miranda, que ocupan los líderes de oposición Antonio Ledezma y Henrique Capriles Radonsky.

O acaso ocurre lo más reciente, a saber, la orden o amenaza pública de detención de alcaldes opositores –v.g., el de San Cristóbal (Estado Táchira), Daniel Ceballos, secuestrado por el Servicio Bolivariano de Inteligencia y en horas acusado de rebelión civil y privado de libertad por orden judicial de instancia, o el de San Diego (Estado Carabobo), Enzo Scarano, removido de su cargo y condenado a 10 meses de cárcel por la constitucionalmente incompetente Sala Constitucional del Tribunal Supremo de Justicia, que al efecto muta en tribunal penal de única instancia y le acusa no haber desactivado la protesta opositora en curso dentro su jurisdicción, desacatando su mandato amparo–, como lo revela el estudio que realiza el conocido jurista venezolano Allan R. Brewer-Carías[41], y el pronunciamiento realizado por todos los Colegios de Abogados de la República.[42] O se da el absurdo de la actual Asamblea Nacional, compuesta por una minoría de oposición que gana ampliamente las elecciones legislativas, y una mayoría gubernamental derrotada pero mayoritaria en escaños; y al paso, a la bancada opositora no se le permite presidir comisiones del parlamento o es víctima, de tanto en tanto, de allanamientos a las inmunidades de sus miembros, mediante juicios forjados, para facilitar el acceso de suplentes previamente cooptados por el oficialismo.

---

[41] http://www.allanbrewercarias.com/Content/449725d9-f1cb-474b-8ab2-41 efb849fea3/Content/Brewer-Car%C3%ADas.%20Sobre%20la%20sentencia%20 de%20la%20Sala%20Constitucional%20encarcelando%20Alcaldes.%2021-3-2014.pdf

[42] http://www.ilustrecolegiodeabogadosdecaracas.com/descargas/Pronunciamiento%20Colegios%20de%20Abogados.pdf

Sea lo que fuere, en lo sustantivo, la democracia es fundamentalmente derechos humanos, derecho de todos a todos los derechos y sus garantías. Sin embargo, el actual gobierno elimina la tutela internacional de dichos derechos, contraviniendo la disposición del artículo 31 de la vigente Constitución y al denunciar la Convención Americana de Derechos Humanos. Y si acaso permanece atado a la vigilancia de la Comisión Interamericana de Derechos Humanos, por ser aún Venezuela Estado parte de la Organización de los Estados Americanos, no acata las decisiones de ésta ni le permite realizar visitas in loco al territorio nacional.[43]

La vida nada vale como derecho esencial y de primera generación. Suman 200.000 los homicidios ocurridos entre 1999 y 2013, que cierra con una cifra de 23.000 víctimas, dentro de un cuadro de impunidad que supera el 90%. Y la Defensoría del Pueblo –a quien la ONU le llama la atención por ello– opta por defender la revolución socialista a la que sirve y a los órganos de los poderes públicos, por encima de las garantías de los derechos humanos de sus conciudadanos.

La democracia, en el mismo orden exige como elemento sustantivo la separación e independencia de poderes, pero tanto el Tribunal Supremo de Justicia como el Ministerio Público venezolanos rechazan tal concepción, por atentatoria contra la unidad del Estado. Todavía más, el actual Vicepresidente del Supremo Tribunal, Fernando Vegas Torrealba[44], ha afirmado el deber de la Justicia civil, penal y administrativa de servir a los objetivos del socialismo y perseguir criminalmente a su disidencia, tal y como lo confirma el Coronel y ex magistrado Eladio Aponte Aponte, cabeza de la Sala Penal y de la Justicia penal venezolana, al admitir públicamente que las sentencias absolutorias o condenatorias dictadas por dicha jurisdicción son previamente consultadas con el Poder Ejecutivo.[45]

---

[43] http://www.oas.org/es/cidh/prensa/comunicados/2012/117.asp

[44] http://www.tsj.gov.ve/informacion/miscelaneas/DicursoMagVegasApertura2011.pdf

[45] http://www.ultimasnoticias.com.ve/noticias/actualidad/politica/lea--las-declaraciones-completas-de-eladio-aponte.aspx

Sólo en democracia se accede al poder conforme al Estado de Derecho, a lo que cabe subrayar que Nicolás Maduro Moros accede a la Presidencia de la República con base al testamento político de su predecesor, Hugo Chávez Frías, hecho público el 8 de diciembre de 2013, por encima de las disposiciones constitucionales. Al efecto, la misma Sala Constitucional provoca, mediante dos de sus sentencias "mutaciones constitucionales" para salvar los obstáculos. Maduro, cabe decirlo, no podía asumir como encargado presidencial sin el juramento previo de Hugo Chávez Frías para un nuevo período constitucional, quien fallece antes, y él mismo, Maduro, a la sazón Vicepresidente, como tal estaba inhabilitado constitucionalmente para ser candidato.

La columna vertebral de la democracia es la libertad de prensa. Cabe decir que los venezolanos han logrado rebelarse contra la hegemonía comunicacional, la censura progresiva de Estado y su sistema de propaganda; más, como consta en los hechos que seguidamente se describen, en los días previos a la *Masacre del 12 de Febrero o del Día de la Juventud* ocurren manifestaciones populares por la negativa gubernamental de otorgar a la prensa escrita independiente las divisas necesarias para la compra de papel, ocurriendo el cierre de distintos medios, y llegado el trágico 12 de febrero el presidente Maduro ordena el cierre de las trasmisiones en Venezuela del canal NTN24 de Colombia y expulsa a los corresponsales de CNN.

Transparencia y probidad son iguales exigencias sustantivas de la democracia. Empero, en Venezuela no hay estadísticas fiables ni las muestra el régimen, a un punto que las protestas sociales que el gobierno ha pretendido desactivar mediante la violación generalizada y sistemática de derechos humanos a la que se contraen estas apuntaciones, se explican, junto al cuadro de inseguridad personal reinante, en problemas de inflación –la más alta del mundo– y de escasez y desabastecimiento de los productos básicos y medicinas, en una economía que ha recibido a lo largo de los últimos 3 lustros más de 1,5 billones de dólares por ingresos petroleros, en el clima de corrupción e impunidad dominantes, a pesar de las repetidas y escandalosas denuncias que tienen lugar.

La subordinación de la Fuerza Armada al poder civil, clave de la democracia, queda debilitada a partir de la Constitución de 1999 y desde entonces hasta ahora todos los mandos superiores de la administración venezolana son ocupados por oficiales activos o retirados de la Fuerza Armada; dominando la presencia de Mayores Generales del Ejército en las áreas de política, seguridad, y economía.

Nada cabe agregar con relación a los otros dos elementos sustantivos de la democracia, a saber, la existencia de partidos políticos y la celebración de elecciones justas y libres, pues fue tesis y decisión impuesta por Chávez, en noviembre de 2004, con *La Nueva Etapa: El Nuevo Mapa estratégico de la Revolución*, la formación de un partido único, el PSUV, que desde el 2010 se declara oficialmente marxista.[46] Los partidos del siglo XX son franquicias en la actualidad y los que se proyectan hacia el siglo XXI, con vocación democrática cabal, son perseguidos con saña y sus militantes criminalizados por disidentes.

C. *Los hechos determinantes de las protestas*

En el marco de una política de Estado, cierta e indiscutible, orientada a la imposición del modelo socialista marxista en Venezuela –o en "paz" o por las armas– es que ocurren los gravísimos atentados a la dignidad humana de jóvenes venezolanos manifestantes ocasionados por elementos armados –milicianos, policías, y colectivos populares– bajo control de los herederos del hoy fallecido Comandante Chávez.

Los sucesos, que tienen por víctimas, en su mayoría, a jóvenes estudiantes o trabajadores, se sitúan y tienen directa explicación con el cuadro de conflictividad social creciente puesto de manifiesto durante los días inmediatos al 12 de febrero. Durante el año 2013, en efecto, se suceden en el país 4.410 protestas sociales, según el Observatorio Venezolano de Conflictividad Social.[47]

---

[46]  http://www.psuv.org.ve/wp-content/uploads/2010/06/Libro-Rojo.pdf
[47]  http://www.noticiascol.com/2014/01/14/se-registraron-4-410-protestas-en-venezuela-durante-2013/

Las protestas estudiantiles y las que luego se le sobreponen, extendiéndose a distintas entidades de Venezuela hasta el momento, obedecen a la inseguridad reinante y el vil asesinato de una conocida actriz y reina de belleza, Mónica Spear (29 años), y su esposo, Henry Thomas Berry (39 años), acaecida el mismo lunes 6 de enero, en la autopista Puerto Cabello-Valencia[48]; el anuncio por el presidente Maduro de su decisión de avanzar hacia la censura de prensa y la poca importancia que le atribuye a que lo acusen de dictador[49]; el cierre paulatino de la prensa escrita independiente por falta de papel y la negativa oficial de otorgarle divisas para su compra [50]; el desborde de la inflación –56%, la más alta del mundo– como la escasez de productos esenciales –alimentos, medicinas, repuestos– para la vida del venezolano[51] y su racionamiento[52], al final de un largo período de 15 años, con un desempeño económico equivocado en el que se expropian o confiscan numerosas industrias y comercios privados que cesan en su producción, en procura de un modelo de socialismo marxista sustitutivo del capitalismo.[53]

Por lo demás, según confesión pública de los mismos ministros del régimen, se entera la opinión pública que la riqueza o el ingreso petrolero y fiscal recibida durante los últimos 15 años y administrados por el mismo equipo de gobierno –1,5 billones de dólares US– se agota por falta de planificación, según lo declara el ministro de petróleo Rafael Ramírez[54]; unos 40 mil millones de dólares, el doble de las reservas internacionales, son entregados, sin controles, a em-

---

[48]  http://www.eluniversal.com/sucesos/140107/asesinados-la-actriz-venezo lana-y-ex-miss-monica-spear-y-su-esposo

[49]  http://www.eluniversal.com.mx/el-mundo/2014/me-llamaran-39dictador -39-y-no-me-importa-maduro-985894.html

[50]  http://www.espanol.rfi.fr/americas/20140212-manifestacion-en-caracas-para-exigir-papel-periodico

[51]  http://es.reuters.com/article/topNews/idESMAEA2400020140305

[52]  http://www.infobae.com/2014/03/08/1548789-maduro-anuncio-un-siste ma-racionamiento

[53]  http://www.elmundo.com.ve/noticias/economia/politicas-publicas/vene zuela-tiene-que-soportar-la-resaca-de-la-bonan.aspx

[54]  http://www.revolucionomuerte.org/index.php/entrevistas/2330-lea-la-en trevista-realizada-por-jose-vicente-rangel-al-ministro-rafael-ramirez

presas fantasmas o mediante sobrefacturaciones, según lo refieren el ministro de planificación económica, Jorge Giordani, y el propio Ministro del Interior, Mayor General (Ejército) Miguel Rodríguez Torres[55]; y a la par, durante esos tres lustros, crece la deuda pública desde US $ 32.809 millones de dólares hasta US$ 205.300 millones de dólares.[56]

La represión armada de la disidencia política que ocurre y se despliega como medida extrema, es consecuencia de lo anterior. Es el saldo de una política de Estado que toma cuerpo paulatino, cabe repetirlo, bajo una cuidadosa decisión política y preventiva por los responsables de la llamada revolución bolivariana –hoy Socialismo del siglo XXI– pero que no había mostrado su rostro más ominoso por ausencia de las condiciones objetivas presentes esta vez y descritas.

En los días previos a las violaciones de derechos humanos que aquí constan, luego de ocurrir durante el mes de enero precedente distintos robos masivos en las Universidades Santa María, Católica Andrés Bello, y Alejandro de Humboldt, situadas en Caracas, y de sucederse el intento de violación de una estudiante del Núcleo Táchira de la Universidad de los Andes[57], a partir del día 4 de febrero tienen lugar distintas manifestaciones estudiantiles en jurisdicción del Estado Táchira (frontera de Venezuela con Colombia).

Llegado el día 6, una de éstas se expresa ante la residencia del Teniente (Ejército) José Gregorio Vielma Mora, gobernador de dicho Estado, para quejarse de la inseguridad reinante y protestar por las acciones de violencia policial en contra del estudiantado durante los meses y días anteriores. No obstante, dicho mandatario, aliado del gobierno nacional, acusa a los estudiantes de querer secuestrar a

---

[55] http:// impactocna.com/giordani-reconoce-que-se-perdieron-25-mil-millo nes-de-dolares-por-el-sitme/;http://www.eluniversal.com/economia/130523/bcv-cal cula-que-la-economia-requiere-3-millardos-al-mes; http://www.eluniversal.com/ec onomia/131213/40-de-empresas-que-recibieron-dolares-oficiales-eran-fantasmas

[56] http://www.lapatilla.com/site/2013/08/13/jose-guerra-que-hicieron-giorda ni-y-merentes-con-la-economia/

[57] http://prodavinci.com/2014/02/10/actualidad/5-claves-para-entender-las-pr otestas-estudiantiles-en-venezuela/

sus hijos y sin más afirma, desconociendo los hechos objetivos que motivan las manifestaciones, que el responsable de dicha protesta es el líder opositor nacional Leopoldo López, cabeza del partido Voluntad Popular y residente en Caracas.

Al efecto, en lo inmediato, ordena sean arrestados los estudiantes –entre otros, Reinaldo José Manrique, Leonardo Manrique y Gerald Rosales– por funcionarios del Servicio Bolivariano de Inteligencia (SEBIN) dependiente del Ministro del Interior y de Justicia, a quienes se les recluye en el Centro Penitenciario de Coro, al norte de Venezuela.[58]

El día 7 de febrero y hacia la madrugada del 8, a propósito de la manifestación que realizan en la ciudad de Mérida estudiantes de la Universidad de Los Andes, son reprimidos con disparos de perdigones a quemarropa por la Policía del Estado, bajo la autoridad del gobernador chavista Alexis Ramírez Márquez. Un estudiante de ingeniería José Suárez, recibe un tiro en el tórax.[59]

Como era de esperarse, la reacción estudiantil no se hace esperar y la protesta, ahora por los estudiantes llevados a una cárcel de criminales y el herido, se extiende a nivel nacional.

Es emblemático, al respeto, el comportamiento que despliega premeditadamente el gestor de los Círculos Bolivarianos, actuales "colectivos populares" armados y paramilitares, el mencionado Diosdado Cabello, a la sazón también Vicepresidente del partido gubernamental PSUV, quien el 10 de febrero afirma públicamente que están "decididos a impedir que la derecha fascista lance sus garras sobre el pueblo". Y refiriéndose a las protestas estudiantiles de los días anteriores anuncia haber puesto en acción las UBCh (Unidades de Batalla Chavistas) controladas por su mismo partido.[60]

---

[58] http://www.ultimasnoticias.com.ve/noticias/actualidad/politica/estudiantes-de-la-ucat-protestaron-frente-a-casa-d.aspx

[59] http://www.lapatilla.com/site/2014/02/08/policia-dispara-a-quemarropa-a-estudiantes-en-merida-videos/

[60] http://www.psuv.org.ve/portada/cabello-estamos-decididios-a-impedir-que-derecha-lance-sus-garras-contra-pueblo/

En lo particular, como antesala de lo que sabe ocurrirá bajo el incremento de la censura de la prensa ya dispuesto por Maduro, Cabello –lo que lo hace conocedor previo y por lo mismo, dado su carácter de titular de uno de los poderes públicos, responsable del riesgo trágico que sucesivamente cristaliza– señala, en línea con lo afirmado por Vielma Mora, que López pretende, el 12 de febrero, hacer la marcha que antes suspendiera Henrique Capriles el 14 de abril y le prohibiera el mismo Maduro. Hace referencia a la manifestación que intenta realizar y que luego paraliza bajo amenaza gubernamental, el citado candidato presidencial opositor, una vez como denuncia un fraude electoral en su contra y al afirmar la ilegitimidad de la elección de Nicolás Maduro a la presidencia de la República. Y Cabello, señalando que se trata de un pedido que muchas personas le hacen, de "meter presos" a los líderes opositores, responde que el pueblo de Venezuela ha de tener la seguridad de "que vamos a actuar".[61]

Lo cierto es que el mismo día previo a la *Masacre del 12 de Febrero o del Día de la Juventud*, el 11 de febrero, en el marco de las protestas estudiantiles que se dan en la ciudad de Mérida, Estado del mismo nombre, ocho (8) personas resultan heridas por grupos de motorizados ("colectivos populares") identificados con el partido oficial, PSUV, quienes se ocupan de atemorizar a la población. Dado ello, el citado gobernador de dicha entidad, Ramírez Márquez, informa de la llegada a su jurisdicción de 160 hombres de la Guardia Nacional, componente militar y su milicia.[62]

D. *El día de la masacre*

El 12 de febrero, sabiéndose de la marcha nacional convocada por los estudiantes, en ejercicio de un derecho democrático, quienes participan de las manifestaciones durante los días precedentes, el

---

[61] http://www.el-nacional.com/politica/Cabello-estudiantes-Vamos-actuar 0 353364889.html; http://www.minci.gob.ve/2014/02/cabello-estamos-decidios -a-impedir-que-la-derecha-lance-sus-garras-sobre-el-pueblo/

[62] http://www.laprensagrafica.com/2014/02/12/opositores-y-oficialistas-mar chan-en-caracas

Gobierno llama a marchar en paralelo a los militantes del oficialismo –hace cristalizar el riesgo conocido y esperado– y al final de la jornada se conoce el saldo luctuoso, 3 muertos, 66 heridos y 69 detenidos, según el parte oficial, en el que a la par el mismo Gobierno acusa a la oposición de la violencia registrada ese día.[63]

Seguidamente, el diario Últimas Noticias, de línea próxima al oficialismo, resume los acontecimientos ocurridos, en su perspectiva, así[64]:

1- Desde los primeros días de febrero hasta la fecha, se registraron al menos 12 protestas en todo el territorio nacional. Estudiantes del estado Táchira, Mérida, Trujillo, Carabobo, Zulia, Lara, Caracas y otras localidades salieron a las calles a manifestar en contra de la inseguridad.

2- El 6 de febrero, estudiantes de la Universidad Católica del Táchira protestaron y fueron acusados de atacar la residencia del gobernador José Gregorio Vielma Mora, donde se encontraba la primera dama de la entidad.

3- Tras esa protesta fueron detenidos cuatro estudiantes: Leonardo Manrique (ULA), Reinaldo Manrique (Universidad Católica) y Jesús Gómez (Javu) y una comerciante de nombre Patricia Sarmiento. Los estudiantes fueron enviados a la cárcel de Coro.

4- Hace una semana aproximadamente dirigentes de la oposición encabezado por Leopoldo López, convocaron a una marcha para el 12 de febrero, día de la juventud.

5- El ministro para la Educación, Héctor Rodríguez, también hizo un llamado a los estudiantes oficialistas para celebrar el Bicentenario de la Batalla de La Victoria.

6- Desde las 9:00 de la mañana, estudiantes opositores y oficialistas comenzaron a concentrarse en los puntos acordados para

---

[63]  http://cnnespanol.cnn.com/2014/02/12/tension-en-venezuela-en-medio-de-marcha-nacional-y-ola-de-protestas/

[64]  http://www.ultimasnoticias.com.ve/noticias/actualidad/politica/protesta-del-12-de-febrero-en-12-sucesos-claves.aspx

cada marcha este miércoles. La oposición estaba convocada en Plaza Venezuela para partir hacia la Fiscalía General de la República y el oficialismo en Plaza O'Leary para llegar hasta La Pastora.

7- En horas del mediodía, Nicolás Maduro, se unió a la marcha de jóvenes oficialistas en Puerta Caracas desde donde hizo un llamado para "no caer en provocaciones. Aquí nadie debe agredir a nadie".

8- Minutos más tarde comenzaron los hechos violentos en los alrededores de la sede de la Fiscalía, donde resultaron dos muertos y 23 heridos, de acuerdo a reportes oficiales de la Fiscalía General de la República. La cifra de heridos graves pasaría a 66.

9- Una de las víctimas es un miembro del colectivo de El 23 de enero, llamado Juan Montoya y otra fue el estudiante de la Universidad Alejandro Humboldt, Bassil Dacosta (24).

10- Dirigentes del Gobierno responsabilizaron a Leopoldo López y María Corina Machado como los responsables de hechos violentos.

11- Miguel Rodríguez Torres, ministro de Interior, Justicia y Paz, indicó que están detenidas 30 personas y que investigarán autores materiales e intelectuales, a quienes "les caerá todo el peso de la ley".

12- Desde las 5:00 de la tarde del miércoles, se concentraron estudiantes en Chacao para continuar la protesta. Desde hace días se reunían en el mismo sitio en horas de la tarde. En la manifestación resultó muerto Robert Redman y además 11 heridos.

Lo cierto es que ese mismo día, al concluir pacíficamente la marcha estudiantil, previamente autorizada, en las puertas del Ministerio Público, en Caracas, los estudiantes rezagados reciben la información de las muertes inexplicables de Montoya y Dacosta en la zona aledaña, y acto seguido causan destrozos en las puertas de dicha institución.

La fría y deliberada ignición de la chispa de la violencia que ahora no se detiene, bajo cobertura estatal, queda en evidencia a los pocos días, y apunta hacia una acción deliberada, preparada previamente, por los Servicios Bolivarianos de Inteligencia (SEBIN) dependiente del Ministerio del Interior y de Justicia.

Más tarde, en la zona de Chacao, el estudiante Robert Redman, quien antes carga el cuerpo de Dacosta, es asesinato de un tiro en la cabeza, como a las 8.30 pm.

La narrativa de Laura Weffer C., periodista de Últimas Noticias, es escalofriante[65]:

"En una moto negra, sin identificación, iban los asesinos de José Roberto Rodman Orozco de 31 años, que resultó muerto en Chacao. Testigos que presenciaron el hecho, cuentan que el parrillero de la motocicleta lanzó una ráfaga y una de las balas le impactó el cráneo. También resultaron heridas 5 personas más. A lado de Rodman, caminaba Miyail Rodríguez de 23 años, a él, la bala le llegó al tobillo. A las once de la noche le dieron de alta en Salud Chacao. Aseguró que no tenía intenciones de marchar de nuevo.

"Desde las residencias ubicadas en la avenida San Ignacio, lugar donde ocurrió el hecho, los vecinos le gritaban a la GNB "asesinos" y le lanzaban piedras y botellas. Los militares repelían el ataque con bombas lacrimógenas. Varios contingentes se movilizaban corriendo, al amparo de las santamarías. La fachada del Ministerio de Vivienda, que es de vidrio, quedó con dos grandes boquetes. En la calle había barricadas de basura y fuego y en algunas partes habían levantado las alcantarillas".

Ese mismo día, Cabello, luego de haberlos incitado previamente y montado sobre la tragedia, pide "calma y cordura" a sus colectivos populares, en lo particular a los del 23 de Enero, zona emblemática de éstos en el oeste de la ciudad capital, Caracas.[66]

No concluye el 12 de febrero sin que el Servicio Bolivariano de Inteligencia (SEBIN), al que pertenece el Comisario Melvin Collazo –a quien se señala como autor de los disparos que provocan la

---

[65] http://notitweet-sucesos.blogspot.com/2014/02/vecinos-relatan-como-fue-el-asesinato.html

[66] http://www.eluniversal.com/nacional-y-politica/140213/cabello-pide-calma-a-los-grupos-del-23-de-enero

primera tragedia de ese día, según se advierte más adelante– proceda a la detención del joven Raúl Ayala Álvarez, a quien trasladan a sus instalaciones en El Helicoide. Allí es torturado, recibiendo cuando menos treinta (30) descargas eléctricas, a objeto de forzarlo a comprometer con los hechos ocurridos a Leopoldo López y al Alcalde Metropolitano de Caracas, Antonio Ledezma.

El plan macabro del gobierno de Nicolás Maduro para reprimir a la oposición civil, a pesar del amago anterior citado, intenta continuar con su agenda. Y el 13 de febrero, no sólo desborda la Guardia Nacional Bolivariana en El Trigal, Valencia, Estado Carabobo, que hace presos a varios estudiantes –le llaman el grupo de los 11– y practica torturas en la sede del Destacamento de Seguridad Urbana, entre otros al joven Juan Manuel Carrasco, de 21 años, quien luego de ser golpeado es objeto de violación sexual con un fusil; sino que aquél, Maduro, anuncia haber ordenado el cierre de la señal de NTN24 de Colombia por transmitir los sucesos ocurridos –evidentes crímenes de Estado– y que el propio Maduro reseña, la señalada censura de prensa, como "decisión de Estado".[67]

Seguidamente, según lo previsto –anunciado a la vez y anticipadamente por el Capitán Cabello– se ordena la privación de libertad del líder de oposición Leopoldo López, Coordinador General del partido Voluntad Popular, a quien se le acusa de los delitos de asociación para delinquir, instigación a delinquir, intimidación pública, incendio a edificio público, daños a la propiedad pública, lesiones graves y "homicidio intencional calificado ejecutado por motivos fútiles e innobles", en perjuicio de los fallecidos Julio Montoya y Bassil Alejandro Da Costa Frías.

La orden de aprehensión es entregada por la Juez 16 en Funciones de Control del Área Metropolitana de Caracas, Ranelys Tovar Guillén[68] a funcionarios del Servicio Bolivariano de Inteligencia;

---

[67]  http://azstarnet.com/laestrella/internacional/maduro-decisi-n-de-estado-sacar-se-al-de-ntn/article_8a480a82-953f-11e3-852b-0019bb2963f4.html
[68]  http://www.eluniversal.com/nacional-y-politica/140213/ordenan-al-sebin-capturar-a-leopoldo-lopez

quien al paso, ocurrida su decisión, confiesa haberla dictado bajo presión gubernamental y para conservar su cargo.[69]

Distintos partidos de la oposición, desafiando el giro que se le pretende dar a los hechos acaecidos antes y durante el 12 de febrero, le exigen al presidente Maduro desarmar a sus "colectivos".[70] El Secretario General de la Organización de los Estados Americanos, José Miguel Insulza, ignorante deliberado de sus responsabilidades institucionales, se limita a recomendar que se eviten "nuevas confrontaciones que puedan agravar las tensiones".[71] Y el ex magistrado de la Corte Interamericana de Derechos Humanos, Asdrúbal Aguiar, quien esto narra, a su vez solicita el mismo 13 de febrero se convoque al Consejo Permanente de la OEA para que conozca de los hechos de violencia ocurridos en los días anteriores, atribuidos según las investigaciones a actores estatales.[72]

E. *La espiral de la represión de Estado*

El 14 de febrero, el presidente Maduro, insistiendo en su trama preestablecida y sin duda concertada con Cabello, revela, sin que se hayan adelantado aún las investigaciones policiales y fiscales necesarias, que fue la misma arma la que asesinó a Montoya y a Dacosta. Y pide a los autores materiales –obviamente se refiere al líder opositor Leopoldo López– entregarse ante la Justicia.[73]

La Conferencia Episcopal Venezolana, el mismo día, insiste ante el gobierno que proceda a desarticular los "colectivos popula-

---

[69]   http://www.venezuelaaldia.com/2014/02/gabriela-mata-ntn24-jueza-ralen ys-tovar-guillen-actuo-presionada-en-caso-lopez-por-el-gobierno-video/

[70]   http://www.elheraldo.co/internacional/alianza-opositora-venezolana-pide-liberar-detenidos-y-desarmar-colectivos-142953

[71]   http://www.lapatilla.com/site/2014/02/13/insulza-condena-violencia-en-ve nezuela-y-llama-a-evitar-confrontaciones/

[72]   http://www.eluniversal.com/nacional-y-politica/140214/aguiar-solicito-se-convoque-consejo-permanente-de-oea

[73]   http://www.ultimasnoticias.com.ve/noticias/actualidad/politica/maduro-mo ntoya-y-dacosta-fueron-asesinados-con-la-.aspx

res"[74], y Rupert Colville, portavoz del Alto Comisionado de Derechos Humano de la ONU, persuadido de la gravedad de los hechos, también demanda del Estado sean enjuiciados y "sancionados con las penas adecuadas" los responsables[75], ante lo cual responde Maduro airado llamándolo "abusador".[76]

Lo cierto es que, en las horas inmediatas posteriores, sobre el incremento de la información que aportan testigos y registros en video tomados por transeúntes, la perspectiva que se muestra es cabalmente diferente a la que construye aceleradamente el Estado. Apunta, en concordancia con el contexto descrito preliminarmente, al desarrollo de una efectiva acción criminal urdida desde los propios poderes públicos, diseñada para ese día fatídico, ejecutada con alevosía. Tanto que, el mismo día 15 de febrero –en opinión que más tarde intenta variar– Nicolás Maduro, Presidente de la República, le ofrece la calle a los suyos "porque se trata de derrotar una corriente fascista" –refiriéndose a los estudiantes que protestan en su contra[77]– pero, a la sazón, recula para afirmar que "se equivocan quienes creen que son muy revolucionarios porque cargan un fusil" y afirma que las "armas de la revolución" –para la defensa de su proyecto– sólo deben estar en poder de la Fuerza Armada.[78]

En el caso de Montoya, su muerte, como lo sugiere la declaración que al efecto da el ex comisario y parlamentario del gobierno, Freddy Bernal, al diario oficialista ya citado, Últimas Noticias, el 16 de febrero, busca exacerbar los ánimos de los "colectivos" puestos

---

[74] http://www.el-nacional.com/sociedad/Iglesia-catolica-gobierno-desarmar-colectivos_0_355764565.html

[75] http://www.larepublica.pe/15-02-2014/venezuela-onu-pide-investigar-asesinatos-en-protestas

[76] http://www.noticias24.com/venezuela/noticia/222287/maduro-repudia-declaraciones-de-rupert-colville-eres-un-abusador-si-no-sabes-nada-de-venezue la-no-opines/

[77] http://www.revolucionomuerte.org/index.php/noticias/nacionales/2384-no-podemos-tener-ni-un-milimetro-de-debilidad-ni-un-segundo-de-vacilacion-porque-se-trata-de-derrotar-una-corriente-fascista

[78] http://www.correodelorinoco.gob.ve/nacionales/maduro-quien-quiera-combatir-armas-que-se-vaya-chavismo/

en acción por instrucciones del Alto Gobierno y para reprimir a los manifestantes opositores: "Esa es la responsabilidad política... hablé con muchos (colectivos) para que confiemos en el Estado de Derecho. Nadie puede pretender que tomar la justicia por las propias manos sea una solución", son sus palabras.[79]

Entre tanto, mientras la Guardia Nacional, en lo particular sus milicianos, la llamada Guardia del Pueblo, dispersa con ánimo represor y suma violencia las protestas en la zona de Guayana, al sur de Venezuela, en Valencia son asesinados dos sacerdotes salesianos octogenarios –Jesús Plaza y Luis Sánchez– y un tercero herido, David Marín, director del Colegio Don Bosco, en hechos que se atribuyen al hampa común.

El gobierno –a través de Cabello– ejerce presión sobre los padres de Leopoldo López, para empujarlo al exilio o señalarles que existe una amenaza de atentado contra su vida, que preocuparía al presidente Maduro.

Sin ceder ante ello, a continuación de una marcha pacífica que organiza al efecto el mismo Leopoldo López desde la clandestinidad, el día 18 de febrero se entrega en manos de la misma Guardia Nacional, quien en cumplimiento de la señalada orden judicial que lo señala como responsable de los homicidios de Montoya y Dacosta, lo traslada a una prisión militar donde actualmente se encuentra.[80]

El día anterior, en búsqueda de él y de sus seguidores inmediatos, para igualmente apresarlos y quienes son miembros del partido Voluntad Popular los persigue la misma Guardia Nacional, a cuyo efecto ocurren allanamientos que realizan en la sede de la citada institución partidaria funcionarios tanto de la Dirección de Inteligencia Militar como de los Servicios Bolivarianos de Inteligencia (SEBIN), sin mediar autorización judicial.

---

[79] http://www.ultimasnoticias.com.ve/noticias/actualidad/investigacion/-a-juancho-montoya-lo-mataron-funcionarios-.aspx

[80] http://www.abc.es/internacional/20140218/abci-leopoldo-lopez-entrega-guardia-201402181821.html

El mismo día, mientras marcha pacíficamente en Valencia, capital del Estado Carabobo, junto a sus compañeros de estudios, Génesis Carmona, de 22 años, recibe un tiro de bala en la cabeza. Es, para ese momento, la quinta joven caída en las protestas estudiantiles reprimidas por milicias de la Fuerza Armada y colectivos populares. Y antes que arbitrar sobre lo ocurrido y actuar conforme al Estado de Derecho, el gobernador de dicha entidad federal y partidario oficialista, Mayor (Ejército) Francisco Ameliach, le hace un llamado a las Unidades de Batalla Bolívar-Chávez (colectivos populares partidistas / UBCH) "a prepararse para el contraataque fulminante" contra los "fascistas".[81]

Llegado el 19 de febrero, en horas de la noche, mientras el presidente Maduro encadena con un discurso suyo a todos el sistema de radio y televisión, miembros de la Guardia Nacional y de los "colectivos populares" disparan armas de fuego y lanzan bombas lacrimógenas en distintos barrios y urbanizaciones de Caracas a discreción, dejando un saldo de siete (7) heridos, dos de ellos por balas, tal y como lo reseña la prensa escrita del día 21 de febrero.[82]

La violencia de Estado, en consecuencia, se hace endémica y extiende hacia todo el país, asumiendo un rol activo, ahora y en lo adelante, la "milicia" adscrita a la Guardia Nacional conocida como Guardia del Pueblo, en respuesta a la irritación que estimula el mismo gobierno en el seno de los estudiantes y militantes de la oposición.

En esa fecha, al efecto, se sabe de la expulsión del país de la corresponsal de CNN Patricia Janiot y la revocatoria de credenciales a los demás corresponsales de la cadena internacional de televisión en Caracas, quienes cubren la violencia de Estado en marcha. La cadena de noticias alemana DW, a su vez, informa que a su enviado especial Marc Koch, le fue impedida su labor informativa por el go-

---

[81]  http://www.notitarde.com/Valencia/Murio-Genesis-Carmona-estudiante-herida-de-bala-en-la-cabeza-durante-manifestacion-/2014/02/19/306552

[82]  http://www.el-nacional.com/caracas/GNB-civiles-armados-centro-Caracas_0_359964216.html

bierno.[83] Y cabe decir que hasta las redes sociales, cuyas comunicaciones contribuyen a que no se oculten o desfiguren las trágicas realidades en marcha, se ven afectadas por hackers oficiales, a fin de que el mismo Maduro y Cabello tengan la oportunidad de reescribir su historia, guiados por la mentira como igual política oficial, lo que ocurre entre los días 11 y 15 de febrero, tal y como lo reseña el Instituto Prensa y Sociedad (IPYS).[84]

Pero es grave lo que ocurre y el desbordamiento criminal de la milicia, de la Guardia del Pueblo, que dispara a quemarropa sus perdigones contra los estudiantes, tal y como le ocurre a Geraldine Moreno, en Naguanagua, Estado Carabobo, a consecuencia de lo cual fallece.

A renglón seguido, el mismo 21, la Comisión Interamericana de Derechos Humanos, quien toma nota de un "uso excesivo y desproporcionado de la fuerza" por agentes de seguridad del Estado, hace saber que está al tanto y le hace seguimiento al alto número de personas, incluyendo menores de edad, quienes han sido detenidas, rechazando al efecto el uso de la Justicia por el gobierno para silenciar a los opositores.[85]

Llegado el día 24, Últimas Noticias, a contravía de su primera información próxima a la versión oficial, reseña y revela que, ciertamente, la muerte de Montoya ha ocurrido por acción de los mismos "colectivos" de los que participara, durante una actuación represora contra opositores el día 12 de febrero; lo que deduce de la investigación registrada en video que acomete el señalado rotativo, a la vez que prueba cómo, por acción de funcionarios del Estado y de tales "colectivos" civiles también pierde la vida Dacosta.

---

[83] http://www.elespectador.com/noticias/elmundo/venezuela-cnn-expulsa-do-y-periodista-de-cadena-alemana-articulo-476595

[84] http://www.ipys.org/noticia/1698

[85] http://www.cainfo.org.uy/2014/02/comision-interamericana-de-derechos-humanos-expresa-preocupacion-por-situacion-en-venezuela/

La narración de la Unidad de Investigación del diario Últimas Noticias es detallada y palmaria, al efecto:[86]

ÚLTIMAS NOTICIAS, 19 de febrero de 2014

Eran las 3:13 de la tarde cuando cayó el cuerpo de Bassil Alejandro Dacosta en la acera. En ese momento, la calle y la línea de tiro estaban en manos de individuos identificados con uniformes, placas y vehículos del Servicio Bolivariano de Inteligencia Nacional (Sebin) acompañados de otros vestidos de civil. Habían tomado toda la cuadra desde la esquina de Ferrenquín hasta Tracabordo, en Candelaria, después de que la Policía Nacional Bolivariana retirara sus piquetes.

Luego de ver y analizar tres videos y cerca de 100 fotos proporcionadas por testigos (amateur y profesionales), es posible una reconstrucción del momento del asesinato. Un grupo intenta subir desde la esquina de Monroy hasta la de Tracabordo. Ya la marcha de los estudiantes convocada para celebrar el 12 de febrero había concluido. Quedaban algunos que se negaban a abandonar el lugar. Desde su trinchera gritaban a la policía, los insultaban y les lanzaban piedras. Avanzan hacia una moto del Sebin, que estaba justo en la esquina noroeste de Tracabordo y la tumban. Intentan tomarla y la acción provoca la avanzada de los efectivos a tiro limpio. Se escuchan detonaciones y se ve a los hombres de oscuro accionar armas cortas y algunas escopetas de perdigones. El grupo de manifestantes se repliega hacia la avenida Universidad. Otros, entre los que se encontraba Bassil Dacosta, buscan resguardo y cruzan hacia una calle lateral: la esquina Este 2. El ángulo de la toma del video no permite identificar qué los obliga a devolverse 12 segundos después, cuando regresan corriendo y quedan en la línea de fuego. En la pared del restaurante que hace esquina, "La Cocina de Francy", cae el cuerpo del guatireño de 24 años. En ningún momento se dejan de escuchar las detonaciones. Los vecinos describen la escena como "terrible", "espantosa" y "de pavor".

---

[86] http://www.ultimasnoticias.com.ve/noticias/actualidad/investigacion/video---uniformados-y-civiles-dispararon-en-candel.aspx

Dacosta es el antepenúltimo de una fila de jóvenes que cruzan para escapar de las balas. Los compañeros de jornada lo recogen cuando cae de frente sobre la acera y se lo llevan cargado.

## Con moto y pistola

La señora "L" y su hijo estaban en el último piso de uno de los edificios aledaños. Explica que minutos antes de la llegada de los uniformados, la esquina de Trocadero estaba tomada por hombres y mujeres en motos, "de esos que salen en la televisión". Todos vestidos de civil. Algunos con cascos y franelas, "otros con la cara tapada". Disparaban hacia la esquina de Monroy, donde había estado inicialmente el grueso de los manifestantes. "Sacaban el brazo con la pistola, detonaban y luego se escondían". En la pared de una dependencia de la Alcaldía de Libertador se cuentan más de 10 impactos de bala. Las nueve personas entrevistadas para este trabajo, coinciden en recordar el estruendo de esta balacera.

Sin embargo, este grupo que los vecinos reconocieron como "colectivos" conversaron unos minutos con los uniformados y luego se retiraron. Los espacios que ellos ocupaban fueron tomados por los hombres identificados como del Sebin.

A la cabeza entró una moto Kawasaki Versys 1000 en la que iba de parrillero un hombre de contextura gruesa, vestido de civil con camisa caqui y pantalón de jean, con un radio de onda corta en la mano derecha. Parece llevar la voz cantante. Grita, manotea, dirige. Después de que cae Dacosta, acelera y gesticula hacia un hombre de camuflaje gris y negro.

En el momento de la muerte de Dacosta, una toma y secuencias fotográficas recogen a por lo menos siete hombres que desenfundan sus armas. Cinco de ellos las disparan de pie, uno al aire y cuatro a la manifestación. Dos están uniformados.

Uno de ellos lleva camisa blanca, pantalón verde militar, casco y lentes negros (ver foto). En la mano izquierda lleva un anillo grueso con piedra. Se mueve en una moto con placa oficial número 2-177.

El otro viste camisa manga larga negra, jean y zapatos negros. No tiene casco ni lentes. Los hombres de civil actuaban en coordinación con los uniformados.

Uno de los tiradores recoge la moto que tumbaron los estudiantes. Dos hombres recolectan los casquillos, mientras un grupo de guardias nacionales que fueron testigo de los hechos, dan la espalda en sus motos y se van hacia el norte.

*Interrogantes*

El jueves en la noche, en cadena nacional, el presidente de la República, Nicolás Maduro, aseguró que ya habían identificado a los responsables de la muerte de Bassil Dacosta, aunque un día después la policía científica hacía estudios planimétricos en el lugar donde cayó el cuerpo de Dacosta.

Aparte de la identidad de los responsables, hay preguntas que quedan por responder en la investigación: ¿Por qué la GNB retira sus piquetes? ¿Por qué utilizan armas de fuego para reprimir la manifestación? y ¿Por qué había civiles y uniformados reprimiendo la manifestación?

Ese mismo 24 de febrero, Maduro decide respaldar abiertamente y hacerse solidario con la acción desplegada por los organismos del Estado, en lo particular la Guardia Nacional y sobre todo por los "colectivos populares", negando que sus acciones generalizadas y sistemáticas de represión a la población civil por razones de discriminación política, respondan a la verdad. Los llama "colectivos" de paz.[87]

Así, estimulados desde el Palacio de Miraflores, esos agentes gubernamentales de la represión se ceban luego en sus víctimas y lo hacen con saña, dando rienda suelta a las más bajas pasiones, como en el caso de Marvinia Jiménez Torres, joven quien ese día participa de una manifestación en la zona de La Isabelica (Valencia, Estado Carabobo) y tras ser detenida y lanzada en el suelo por Guardias del Pueblo, adscritos a la Guardia Nacional Bolivariana, una de aquellos le causa lesiones en la cara y el cuerpo golpeándola con su casco a la vista de todos.

---

[87] http://www.periodico24.com/presidente-maduro-recibe-en-miraflores-a-fuerza-motorizada-por-la-paz/noticia/51586/

Cabello, a su turno, el mismo día, desde su privilegiado sitial y ahora como conductor de un programa de televisión ("Con el mazo dando", VTV), intenta trucar y modifica la realidad de dos hechos muy graves ocurridos en los días precedentes, a saber, el fallecimiento, el día 23, del joven ingeniero José Alejandro Márquez, quien ha recibido una golpiza a manos de efectivos de la Guardia Nacional en la parroquia Candelaria de Caracas, y el intento de allanamiento, sin orden judicial, del domicilio de un General retirado y enfermo, Ángel Vivas.

Al primero, quien es aprehendido por la Guardia Nacional en la Avenida Urdaneta por filmar con su cámara y participar de una manifestación, luego de lo cual ingresa con fractura de cráneo y politraumatismos al Hospital Vargas de Caracas, adonde es dejado por sus mismos torturadores quienes allí mismo lo siguen golpeando,[88] lo intenta presentar Cabello, ante el país, como paramilitar; y en cuanto al segundo, mostrando una foto tomada de Internet y correspondiente a una empresa de armas de juego situada en USA, afirma que esas son armas de fuego y se encuentran en la casa del señalado oficial, lo que luego desmienten, previa investigación, los medios de televisión internacionales. Ponen de manifiesto la forja evidencias por el citado titular de uno de los poderes del Estado para confundir a la audiencia y encubrir graves violaciones de derechos humanos, bajo protección de la hegemonía comunicacional vigente y la censura impuesta a los medios privados.[89]

Se ocupan ambos, Maduro y Cabello, en fin, de hacerle ver a la opinión pública que la violencia viene del lado de quienes se les oponen, democráticamente, y a quienes presentan como instigadores de un golpe de Estado en marcha; focalizan su atención en las secuelas de la masacre ocurrida a manos de los militares, servicios de inteligencia, y los círculos "paramilitares", atribuyendo la violencia a las barricadas o "guarimbas" que anegan a nuestra geo-

---

[88] http://www.el-nacional.com/sucesos/GNB-Alejandro-Marquez-Hospital-Vargas_0_362363949.html

[89] http://www.venezuelaaldia.com/2014/02/general-r-angel-vivas-aclara-foto-de-armamento-presentada-por-diosdado-cabello-fotos/; http://dtvoficial.com/2014/02/26/cnn-en-espanol-desenmascara-las-mentiras-de-diosdado-cabello/

grafía en los días sucesivos con fines de protesta y autoprotección vecinal, luego de la orgía de sangre y violencia que ha tenido lugar.

No obstante ello, el 24 de febrero citado, el Capitán José Gregorio Vielma Mora, gobernador oficialista del Estado Táchira, donde recrudece la violencia gubernamental contra los opositores, admite públicamente que pidió "el cambio del Jefe de la Región Estratégica de Desarrollo Integral –repartición militar situada en su jurisdicción– porque estoy en contra de la represión", son sus palabras; agregando estar en desacuerdo con la detención ocurrida del dirigente opositor Leopoldo López.[90]

Ese día, en el Estado Zulia, bajo gobierno del Teniente Coronel (Ejército) Francisco Arias Cárdenas, chavista, la intolerancia de las milicias de la Guardia Nacional se hace presente, cuando el sacerdote Carlos Camacho de la Diócesis de Cabimas oficia una misa pública en la Plaza Bolívar con ocasión de la violencia ocurrida en el país. Es detenido y golpeado salvajemente, junto a otras cuarenta personas.[91] Días antes, el 19, había ocurrido otro tanto en dicha jurisdicción, en Maracaibo, teniendo por víctima al Padre José Palmar, agredido por funcionarios policiales.[92]

Pero las muertes de Montoya y Da Costa, las dos primeras de la masacre, a fin de cuentas y según lo determinan las investigaciones han sido la obra efectiva de los llamados "colectivos" o grupos paramilitares al servicio del Presidente Nicolás Maduro, y el diputado y Capitán Cabello[93]; sobre todo de funcionarios del Servicio Bolivariano de Inteligencia (SEBIN), bajo directa dependencia del Ministro del Interior y Justicia, Mayor General (Ejército) Miguel Rodrí-

---

[90] http://www.notitarde.com/Pais/Vielma-Mora-pide-libertad-para-Leopoldo-Lopez-y-Simonovis/2014/02/24/310572

[91] http://www.elpropio.com/actualidad/sucesos/apresaron-sacerdote-Diocesis-Cabimas-protesta_0_470952946.html

[92] http://www.el-nacional.com/regiones/Padre-Palmar-Plaza-Republica-Maracaibo_0_358764188.html

[93] http://www.ultimasnoticias.com.ve/noticias/actualidad/politica/investigan-sicariato-en-crimen-de-juancho-montoya.aspx

guez Torres[94], uno de los cuales, a la sazón, el Comisario Melvin Collazo, ha sido su escolta y hombre de confianza.[95] La evidencia no pueden manipularla ya, y al Ministerio Público no le queda otra opción que presentar a los responsables materiales ante los tribunales, llegado el día 26 de febrero.

### F. La cuestión no se detiene allí

En el mes de marzo, el primer día da cuenta el Foro Penal Venezolano, organización no gubernamental, de haber contabilizado hasta el momento a 772 detenidos por las manifestaciones y registrado la cifra de 33 torturados por actores estatales en todo el país.[96]

Al siguiente día, distintos especialistas en Derecho opinan sobre la gravedad de la aplicación por el Estado de la ley antiterrorismo, para sujetar a los manifestantes detenidos, pero que defienden ardorosamente los defensores del gobierno.[97] El día 4, se toma nota del ingreso de la Policía Nacional Bolivariana dentro de distintos edificios situados al este de Caracas, uno de ellos el edificio El Dorado, para arrestar sin autorización judicial y violando domicilios, a jóvenes manifestantes.[98] Entre tanto, el gobierno celebra, con un desfile cívico-militar, en el que participan los cuerpos responsables de las violaciones sistemáticas y de derechos humanos ocurridas, el aniversario de la muerte del Comandante Hugo Chávez Frías.[99] Y el día 5, ocurre algo más grave. Son detenidos durante tres días cuatro

---

[94] http://www.el-nacional.com/sucesos/Fiscalia-Sebin-Bassil-Da-Costa_0_36 2963826.html

[95] http://www.diariolasamericas.com/america-latina/comisario-sebin-que-dis paro-12.html

[96] http://www.eluniversal.com/nacional-y-politica/140301/manifestantes-al zaron-su-voz-contra-abusos-y-torturas; http://www.reportero24.com/2014/03/ddhh-casos-de-torturas-hicieron-llorar-a-muchos/

[97] http://m.eluniversal.com/nacional-y-politica/140303/critican-que-justicia-use-la-ley-antiterrorista-contra-protestas; http://www.aporrea.org/ddhh/a183505.html

[98] http://www.noticierodigital.com/2014/03/efectivos-de-la-pnb-irrumpen-en-edificio-de-altamira-y-se-llevan-detenido-a-un-estudiante-de-la-ucab/

[99] http://elnacional.com.do/venezuela-convulsionada-por-protestas-conmemo ra -muerte-de-chavez-2/

menores de edad manifestantes por supuestos funcionarios de la Policía del Estado Mérida, quienes son brutalmente golpeados y sometidos a tortura por personas quienes tenían acento cubano y les disparan, al cuerpo, con metras.

El gobierno de Panamá, a todas éstas, decide solicitar al Consejo Permanente de la Organización de los Estados Americanos su reunión, a fin de que analice la situación de Venezuela a la luz de las normas que rigen a dicha organización hemisférica, en lo particular, conforme a los postulados de la Carta Democrática Interamericana.

El presidente venezolano, Nicolás Maduro, así las cosas, opta por romper relaciones diplomáticas con dicho país y anuncia que ni ahora ni en lo adelante la OEA pondrá su pie en territorio venezolano.[100] Y no se limita a ello, sino que, agravando su circunstancia, el día 5 de marzo pide a los "colectivos populares" –Unidades de Batalla Bolívar-Chávez, UBCH– que apoyan a la revolución dar su concurso para eliminar las protestas que tienen lugar en el país y disolver las "guarimbas" montadas por la oposición en sus distintas comunidades[101]; lo que es interpretado como un llamado a la "guerra civil".[102]

El día 7 de marzo, el presidente Maduro, dando un paso atrás y otro adelante, que no afecte su estrategia represora y de Estado, le pide públicamente a los colectivos, como grupos paraestatales o paramilitares, dejar sus armas e incorporarse institucionalmente a las "milicias" –ciudadanos en armas– bajo control institucional de la Fuerzas Armada.[103]

---

[100] http://www.eluniversal.com/nacional-y-politica/140305/gobierno-rompe -relaciones-diplomaticas-y-comerciales-con-panama;http://www.primicias24.com /nacionales/nicolas-maduro-advirtio-que-ninguna-comision-de-la-oea-pisara-vene zuela/

[101] http://www.el-nacional.com/politica/Maduro-colectivos-UBCH-disolver-guarimbas_0_367163541.html

[102] http://www.eluniversal.com/nacional-y-politica/protestas-en-venezuela/ 14 0306/mesa-alerta-que-el-gobierno-siembra-semilla-de-la-guerra-civil

[103] http://www.notitarde.com/Pais/Maduro-pide-a-los-colectivos-dejar-las-ar mas-para-incorporarse-a-la-Milicia/2013/08/08/233116

La acción de los colectivos no se hace esperar, y a manera de ejemplo, a cinco horas de la orden de Maduro: "Yo les hice un llamado a las UBCH, a los consejos comunales, a las comunas, a los colectivos. Candelita que se prenda, candelita que se apaga"[104], en distintas zonas del suroeste de Caracas, ocurre una acción combinada de éstos con Guardias Nacionales.

Se producen quemas, ingresos a los edificios violándose domicilios, disparan a discreción y queda como saldo, destrucción y, en Los Ruices, dos muertos: un joven moto-taxista, José Gregorio Amaris Castillo y el sargento Acner Isaac López, otro joven. Son 12 los detenidos que luego quedan a la orden de Cuerpo de Investigaciones Científicas, Penales y Criminalísticas (CICIP).

La narración periodística de Thábata Molina es, al efecto, ilustrativa de la tragedia que provocaron las palabras de Maduro:[105]

EL UNIVERSAL, Caracas, viernes 7 de marzo de 2014

Menos de cinco horas pasaron antes de que grupos afectos al oficialismo acataran la orden dada el miércoles por el presidente Nicolás Maduro desde el Cuartel de la Montaña: "Yo les hice un llamado a las UBCH, a los consejos comunales, a las comunas, a los colectivos. Candelita que se prenda, candelita que se apaga", dijo el jefe de Estado, y más tarde comenzaron las agresiones contra las urbanizaciones del Este de Caracas.

Esa misma noche grupos armados atacaron en varias zonas del Sur oeste y el Este, pero fue ayer después de las 10 a.m. cuando en Los Ruices comenzó una batalla campal entre un grupo afecto al oficialismo y los vecinos de la zona, que terminó con un funcionario de la Guardia Nacional y un mototaxista asesinados a tiros.

Las víctimas fueron identificadas como José Gregorio Amaris Castillo, de 25 años, quien trabajaba como moto-taxista y que fue traslada-

---

[104] http://informe21.com/nicolas-maduro/maduro-%E2%80%9Ccandelita-que-se-prenda-candelita-que-se-apaga%E2%80%9D

[105] http://www.eluniversal.com/caracas/140307/ataque-en-los-ruices-dejo-dos-muertos

do hasta el hospital Pérez de León; y el sargento de la GNB Acner Isaac López Lyon, de 21 años, trasladado hasta la Policlínica Metropolitana con un tiro en la espalda.

En Los Ruices la confrontación arrancó cuando un grupo de motorizados se presentó a la calle A para quitar las barricadas colocadas por los vecinos. Esto originó un cacerolazo y según los habitantes de la zona, los motorizados comenzaron a lanzar botellas y piedras contra los edificios.

"La gente empezó a gritarles y a lanzarles botellas y ellos hacían lo mismo. Después se retiraron por unos minutos y cuando regresaron, dispararon contra los apartamentos. Las ventanas de los primeros pisos se reventaron con los tiros y las cosas que lanzaban, hasta que después de una hora llegó la Guardia Nacional y lanzó bombas lacrimógenas", contó Yonathan Arjona, comerciante de la zona que estaba en su local.

"Los motorizados lanzaron una bomba molotov contra un edificio y cayó sobre un carro, que explotó y se incendió", dijo el comerciante.

Toda la zona de la avenida Francisco de Miranda y las calles A y B de Los Ruices fueron militarizadas. Poco después del mediodía llegaron 25 tanquetas de la GNB y la Policía Nacional Bolivariana para resguardar el área y los alrededores de Venezolana de Televisión.

*Las consecuencias*

Mientras todo esto ocurría, en Parque Carabobo Maduro hacía referencia a lo sucedido.

"Casi frente a VTV, unos muchachos motorizados llegaron a limpiar las vías y desde un edificio les dispararon. Hirieron a dos y uno lamentablemente murió en el –hospital– Pérez de León (...) Llegó la Guardia para poner orden y volvieron a disparar desde otro edificio y mataron a un GNB", indicó el Presidente.

Durante la batalla entre la PNB, la Guardia y los vecinos de Los Ruices, en la zona estaba Ricardo Vargas, dirigente de la Fuerza Motorizada Bolivariana que la semana pasada estuvo en Miraflores en el acto que el Presidente hizo con el gremio.

En la tarde, el alcalde de Sucre Carlos Ocariz, ofreció un balance sobre la situación en el municipio y confirmó la militarización de Los Ruices.

"Cualquier palabra que diga un funcionario público tiene consecuencias. Entonces tenemos que ser responsables con lo que decimos. Le pedimos a las autoridades que no repriman a la gente de Los Ruices porque son personas honestas, trabajadoras y pacíficas", apuntó el alcalde Carlos Ocariz en rueda de prensa.

El Foro Penal Venezolano indicó que los disturbios de Los Ruices fueron detenidas cinco personas.

*Complicidad*

"Colectivos armados ingresaron a las residencias Los Cortijos, Irene y Jardín de Los Ruices, luego de que un vecino les reclamara que evitaran la violencia, pero su respuesta fue quemar un carro en la calle María Auxiliadora y otro cerca del Metro Los Cortijos", relató Pedro Ruiz, vecino.

Ruiz señaló que las calles fueron rondadas por "colectivos armados", quienes dispararon al aire.

"Ellos mismos hirieron a sus compañeros que estaban en la calle, por eso el tiro le entra por la espalda", reiteró.

Frente a decenas de funcionarios de la Guardia y PNB los motorizados lanzaron piedras a las ventanas de los balcones de la torre A del edificio Jardín de Los Ruices. Uno de ellos usó una gran piedra para romper los cristales y cerradura de su puerta principal para permitir el ingreso de los colectivos.

"Asesinos", gritaba una residente mientras los hombres sustraían extintores y demás objetos en la planta baja de esa torre, en la avenida Francisco de Miranda.

Más temprano la Policía Nacional y los motorizados destrozaron las puertas principales y del estacionamiento del edificio Irene e ingresaron y agredieron a jóvenes y adultos en pasillos, sótanos y ascensores.

Al lugar acudió el viceministro de Política Interior y Seguridad Jurídica, José Vicente Rangel Ávalos, quien les indicó a los motorizados: "Resistencia, ellos quieren mantener una protesta para que intervenga la Organización de Estados Americanos (OEA) y nos invadan los gringos". Minutos después el viceministro se retiró del lugar cuando la GN detenía a dos personas que frente a él eran agredidas por los motorizados.

A un lado el comandante del Comando Regional CORE 5, José Manuel Quevedo Fernández, declaró que "estaba garantizado el orden público sin distinción". Frente a él sus compañeros y motorizados lanzaban piedras y bombas lacrimógenas a balcones y estacionamientos en Los Ruices. "Las Fuerzas Armadas son indoblegables. Respeten al presidente Maduro, lo respaldamos, quédense en sus casas", indicó.

La orden y el reconocimiento del uso de la población civil armada para repeler las manifestaciones, es confirmada el mismo 7 de marzo por Diosdado Cabello, quien ejerce control sobre los "colectivos populares" en calidad de Vicepresidente del PSUV, como consta del diálogo que sostiene con una periodista colombiana de RCN: "Al ser consultado por una periodista de la cadena colombiana RCN sobre el mensaje en Twitter del gobernador de Carabobo, Francisco Ameliach, que escribió "UBCH ("colectivos populares" o militancia chavista armada) a prepararse para el contraataque fulminante. Diosdado dará la orden", Cabello le responde: "Las UBCH son una fuerza política que existe. La orden que yo les voy a dar no es problema de RCN. Las UBCH van a defender esta patria".[106]

El 8 de marzo, para estupor de la opinión pública, la Defensora del Pueblo, Gabriela Ramírez, aun admitiendo que "algunos" militares y policías han incurrido en "abusos" al repeler las manifestaciones, pasando por sobre sus deberes constitucionales, pide poner el acento no en la trama hasta aquí referida, sino en sus consecuencias, las llamadas guarimbas o barricadas levantadas por las comunidades a fin de protegerse de la acción vandálica oficial y sobretodo paramilitar. Y atribuye la mayoría de muertos a éstas, abonando en fa-

---

[106] http://www.el-nacional.com/politica/Cabello-UBCH-van-defender-patria_0_367763492.html

vor de la tesis estatal forjada por el presidente Maduro y el presidente de la Asamblea Nacional, Diosdado Cabello.[107] De allí que, incluso la Fiscal General de la República, Luisa Ortega Díaz, militante de la revolución al igual que la citada Defensora del Pueblo, opta por hablar de "actitudes de exceso de los cuerpos policiales", el día anterior[108]; tanto como lo hace la citada funcionaria Ramírez, en términos aproximados, el 4 de marzo precedente.[109]

El mismo día la Iglesia Católica condena el llamado de Maduro para que civiles –los "colectivos populares"– asuman tareas de orden público, absolutamente ilegales.[110] Y Maduro, quedando en evidencia su relación con dichos sectores armados paramilitares, intenta regresar sobre sus palabras y los hechos consumados, advirtiendo que sus palabras de invitación a los colectivos fueron "tergiversadas".[111]

Sea lo que fuere, a partir de 10 de marzo, hasta donde alcanza la presente narrativa factual y sin que haya cesado en modo alguno la situación de violencia en Venezuela, llegan los testimonios escalofriantes de algunas de las víctimas sobrevivientes que sufrieran graves torturas.

El testimonio de la periodista Alicia de la Rosa es revelador, al describir distintas narrativas que muestran como los soldados y colectivos actuaron "como perros de caza" y sobre sus amenazas, luego de golpear a las estudiantes: ¡Te vamos a violar perra sucia![112]

---

[107] http://www.eluniversal.com/nacional-y-politica/140309/defensora-tacho-a-guarimbas-de-trampas-caza-humanos

[108] http://www.laverdad.com/politica/47781-mp-afirma-que-recibio-25-denuncias-por-exceso-de-efectivos-policiales.html

[109] http://www.nacion.com/mundo/Defensoria-venezolana-denuncias-Guardia-Nacional_0_1400260053.html

[110] http://www.eluniversal.com/nacional-y-politica/140310/iglesia-es-ilegal-y-peligroso-que-civiles-repriman-protestas

[111] http://guiaturistica.eluniversal.com/nacional-y-politica/protestas-en-venezuela/140308/maduro-afirmo-que-su-llamado-a-apagar-candelitas-fue-tergiversado

[112] http://www.eluniversal.com/nacional-y-politica/140310/los-soldados-actuaron-como-perros-de-caza

EL UNIVERSAL, Caracas, lunes 10 de marzo de 2014

"El rostro de los militares reflejaba odio, descontrol. Es como cuando tienes animales encerrados y los liberas, es como cuando sueltas a los perros, consiguen la presa y luego disparas. Los soldados actuaron como perros de cacería". Así describe el estudiante de la Universidad Santa María (USM), Maurizio Ottaviani (20 años), su experiencia al ser capturado y golpeado por efectivos de la Guardia Nacional (GNB).

Ottaviani fue una de las 41 personas que fueron emboscadas en Altamira la noche del viernes 28 de febrero por motorizados de las GN, donde hubo excesos de la fuerza pública, según abogados de Fundeci, Fundepro, CDH-UCAB, Foro Penal, la Comisión de DDHH de la Mesa y la USM.

"Me encontraba cerca de la Torre Británica manifestando pacíficamente. Cuando volteé hacia la autopista, bajaba un grupo de motorizados de la GN. Mi reacción fue correr pero me cercaron y al verme atrapado no opuse resistencia. Se bajaron cuatro militares, me despojaron de mi morral, me golpearon y forcejearon para derribarme al suelo. Caí y mi instinto fue ponerme en posición fetal y protegerme. Me dieron patadas en el estómago, en la espalda y entre el dolor y el ajetreo descuidé la cara. Uno de ellos con el tacón de la bota me propinó un golpe en el lado derecho del rostro", explicó el joven, quien cursa 2do semestre de Estudios Internacionales. Luego de 37 horas en tribunales, fue llevado a una clínica. Le diagnosticaron hemorragia conjuntival en 80% del ojo.

Aseguró que los GN al ver su rostro lo dejaron de golpear, le amarraron las manos con abrazaderas de plástico, lo montaron en una moto y lo llevaron al Distribuidor Altamira. Lo metieron en un autobús con todos los detenidos. "Sentí miedo. Pensé que me iban a matar. Los soldados nos aplicaron psico-terror las horas que estuvimos en el vehículo, amenazando con lanzar una bomba lacrimógena para ahogarnos". Sin embargo, el joven no se rinde. "Tengo ganas de salir pero un juez me arrebató mi derecho a manifestar. Dejar de luchar, jamás. Venezuela bien vale la pena el sacrificio", expresó.

*Tortura y trato cruel*

El Centro de Derechos Humanos de la Universidad Católica Andrés Bello (UCAB), presidido por Ligia Bolívar, divulgó un informe que reportó hasta el 7 de marzo, sólo en la Gran Caracas, la detención de más de 400 jóvenes. En el balance se identificaron patrones específicos de actuación de los cuerpos de seguridad del Estado en la avenida Universidad (12F), en San Antonio de Los Altos (19F) y Los Castores, estado Miranda (25F) y en Plaza Altamira (28F).

"En la mayoría de los casos a los detenidos no se les permitió comunicarse con familiares y abogados; las autoridades no levantaron constancia del estado físico y síquico; reportaron que fueron despojados de sus pertenencias (celulares y billeteras). Casi todos denunciaron agresiones físicas (golpes, perdigones) y sicológicas (amenazas de muerte y violación sexual)", reza el informe.

Además, destaca que los lugares utilizados como centros de detención "son absolutamente inadecuados", como fue el caso del Comando de la GN en la Dolorita, donde 18 jóvenes "estuvieron dos días en un mismo cuarto, sin baño, sin ventilación, sin colchonetas, y sin provisiones de alimentos".

Del grupo capturado en la Urdaneta, 16 jóvenes denunciaron que fueron víctimas de tortura y tratos crueles mientras permanecieron en el CICPC de Parque Carabobo. "Fueron obligados a permanecer de rodillas con el tronco erguido durante horas, recibieron golpes y fueron bañados con gasolina".

*Desfiguraron la cara de mi hijo*

Luis Gutiérrez, estudiante de la UCV, se encontraba participando en la manifestación que se realizó el 19 de febrero en San Antonio de Los Altos cuando fue aprehendido.

Explicó su madre, Katiuska Pietro, que los militares le propinaron una golpiza tan fuerte que "mi hijo presentó varias fracturas en el rostro y quedó desfigurado. Debió someterse a una intervención quirúrgica para reconstruirlo", dijo.

Según el CDH-UCAB, el Tribunal fue trasladado al Hospital en Los Teques para realizar la audiencia, donde se le impuso la cautelar de libertad con presentación cada 45 días.

*Vejados y también robados*

Las abogadas, Elenis Rodríguez, directora de Fundeci, y Jackeline Sandoval, presidenta de Fundepro, acudieron a la Fiscalía junto a un grupo de jóvenes para denunciar, no sólo que fueron golpeados y humillados sino robados por sus aprehensores.

Ana Karina Triana, estudiante de Mercadotecnia, es una de las denunciantes. Fue capturada por la GNB en Plaza Altamira cuando caminaba junto a una amiga para irse a su casa. "Escuché a la gente gritando que corriéramos y lo hice pero en la vía había aceite que me dificultaba la acción. Un efectivo, me agarró por el cabello, me montó en la moto y me llevó al Distribuidor Altamira. Al llegar, recibí un golpe en la cabeza con el arma que usan para lanzar bombas lacrimógenas. ¡Quedé aturdida!".

La joven de 20 años, a quien le quitaron su bolso, comentó que al entrar a un autobús estaban Shakira Casal y Lisbel Sanguino, esposadas y custodiadas por más de 11 militares. "Las muchachas gritaban porque varios de ellos les daban nalgadas y toqueteaban. Yo mantuve la calma y sin embargo los efectivos me gritaron y me amenazaron: ¡Te vamos a violar, perra sucia!".

Daniel Alejandro Rodríguez, estudiante de la Universidad Nueva Esparta y Juan Pablo De Haro, empleado de un almacén, ambos de 22 años, también recibieron golpes por parte de la GN en Altamira el 28F.

Rodríguez fue llevado al Hospital Militar "porque un GN con la punta del fusil me partió la cabeza y me quitaron mis celulares". De Haro, los GN lo golpearon. "Me dejaron hematomas en todo el cuerpo". También le robaron su morral.

*Perdigones en los testículos*

Moisés David Guánchez (19), fue desalojado del Centro Comercial La Cascada por los dueños del restaurante donde labora, debido a los disturbios del pasado 5 de marzo. "Cuando salió del lugar, la GN lo capturó, le disparó tres perdigones, uno en la ingle, cercano a un testículo, otro en el glúteo derecho y uno en el brazo", explicó María Esperanza Hermida, coordinadora de Exigibilidad de Provea.

Su madre, Mónica Díaz, le explicó a Provea que a su hijo "lo encaramaron en una moto sangrando y los vecinos le gritaban a la GN que lo montaran en un vehículo y lo llevaran a un hospital. Se logró el traslado al Victorino Santaella", precisó Hermida. Guánchez fue intervenido quirúrgicamente.

Este es el primer caso en el que la Defensoría el Pueblo se apersonó y solicitó investigar a los GN que actuaron. Tribunal acordó libertad plena.

El 12 de marzo, realizándose manifestaciones estudiantiles en distintas partes del país, como Caracas, en Valencia, donde gobierna el citado Capitán Ameliach, se producen nuevos hechos de sangre, cuando los llamados "colectivos", disparando a discreción asesinan a dos personas más, en la zona de La Isabelica, con saldo de 14 heridos. Y en Naguanagua, jurisdicción del mismo Estado, muere víctima de un disparo un Capitán de la Guardia Nacional, quien, según el gobierno "enfrentaba grupos terroristas" y el mismo presidente Maduro los identifica como "francotiradores guarimberos", buscando situar el origen de la violencia, cabe reiterarlo, a fin de reescribir la historia de los sucesos narrados hasta aquí, en opositores a su régimen.[113] Y ese mismo 12, luego del llamado efectuado por Maduro a los "colectivos populares" para que actúen, la violencia se desata en Plaza Altamira ocurriendo destrozos en la Torre Británica –anticipados por el propio Presidente– que la propia Guardia Nacional actuante no atribuye a los estudiantes.[114]

G. *Patrón de las violaciones sistemáticas: Las manifestaciones de abril de 2013*

Las acciones o hechos narrados con anterioridad, cabe observarlo, no son inéditos o accidentales como se ha indicado. Antes bien responden al mismo perfil o patrón represivo, asumido como

---

[113] http://www.el-nacional.com/regiones/herido-ataque-GNB-manifestantes-Valencia_0_371362960.html; http://www.eluniversal.com/nacional-y-politica/140 313/tres- muertos-y-14-baleados-dejan-protestas-en-carabobo

[114] http://www.diariolavoz.net/2014/03/14/los-que-destrozaron-la-torre-brita nica-son-estudiantes/

política de Estado por el gobierno de Venezuela, a fin de desestimular las protestas o manifestaciones de la disidencia política, atemorizando a la población para inhibirla en cuanto al ejercicio de ese derecho fundamental, criminalizando al liderazgo de las mismas al que se acusa de incurrir en rebelión civil o instigación a la violencia, citándose al paso que las víctimas son en su mayoría actores o militantes del oficialismo; siendo que, la citada represión aumenta los riesgos de violencia y responden a claras iniciativas estatales.

Todavía más, ante hechos como los descritos, hoy al igual que ayer, durante las manifestaciones populares y estudiantiles ocurridas en distintos puntos de la geografía venezolana, durante los días siguientes a las discutidas elecciones presidenciales del 14 de abril de 2013, otra vez y de conjunto tanto el Ministerio Público como la Defensoría del Pueblo han justificado los actos del Estado y atribuido la violencia al actor principal de turno en la oposición, en ese momento, el actual gobernador del Estado Miranda, Henrique Capriles.

La versión oficial habla entonces de nueve (9) muertos y treinta y cinco (35) heridos, siendo los primeros, según el Ministerio Público y la Defensoría del Pueblo "partidarios del gobierno" y acusa al mismo Capriles –como ahora se hace con Leopoldo López– de "instar al ciudadano a tomar acciones de calle y de violencia" al haber perdido supuestamente las elecciones presidenciales. La Fiscal General de la República, Luisa Ortega Díaz, cabeza del Ministerio Público, hablará de setenta y ocho (78) heridos.

Sin embargo, el Foro Penal Venezolano pide hacia el 2 de julio de 2013, mediando hasta el presente total impunidad, que se investigue la verdad, evitando las manipulaciones y mentiras[115]; pues lo cierto es que durante las manifestaciones ocurridas en Lara, Carabobo y Barinas, se repitió el mismo patrón de violencia puesto en práctica, sobre todo, por funcionarios de la Guardia Nacional Bolivariana. Al efecto, acompañado de las víctimas, jóvenes estudiantes, consignó diez y siete (17) casos de agresiones y de torturas sufridas

---

[115] http://www.lapatilla.com/site/2013/07/02/foro-penal-pide-que-se-investigue-la-verdad-sin-manipulacion-y-mentiras/

por los mismos, siendo emblemática la situación de Ehlister Vásquez, a quien la misma Guardia Nacional le disparó a quemarropa sobre el rostro, en Barquisimeto, Estado Lara.

La organización No gubernamental *Human Rights Watch*, en consecuencia, llegado el día 11 de julio se dirige a los distintos Relatores Especiales de Naciones Unidas, entre éstos al de Tortura, Detención Arbitraria, y Libertad de Reunión y Asociación Pacíficas, así como a la Alta Comisionada de la ONU para Derechos Humanos, para imponerlos de las violaciones generalizadas de derechos humanos ocurridas en Venezuela durante abril de 2013, propiciadas por funcionarios estatales y de las cuales queda el dramático registro en video de lo ocurrido en Barquisimeto.[116]

### H. *La construcción de una política de Estado para la represión de la disidencia*

Las acciones u omisiones criminales –violaciones generalizadas y sistemáticas de derechos humanos– y de trascendencia internacional, desplegadas, propiciadas o provocadas desde el Estado venezolano, bajo la dirección visible y combinada de los indicados funcionarios públicos –Nicolás Maduro Moros, Presidente de la República, y Diosdado Cabello Rondón, Presidente de la Asamblea Nacional– en los días previos al 12 de febrero, el mismo día citado y en los sucesivos, son, lo hemos adelantado al principio de esta narrativa o crónica, la consecuencia de una política de Estado deliberadamente puesta en marcha para reprimir con la violencia a sus opositores, disponiendo para ello de las instituciones armadas a su servicio, y también auxiliados por grupos armados paraestatales, que financia y sostiene el propio gobierno por razones políticas y partidarias.

Se trata de una cuestión que tiene un largo antecedente y despeja las dudas que, para atenuar los actos responsabilidad del Estado que han ocurrido y han dejado un número importante de víctimas civiles, introducen, convalidando los crímenes de lesa humanidad

---

[116]  https://www.youtube.com/watch?v=7cncJxHcMsg

ejecutados, las mencionadas funcionarias Luisa Ortega Díaz y Gabriela Ramírez, titular del Ministerio Público y de la Defensoría del Pueblo, respectivamente.

Todo responde, en efecto, a decisiones adoptadas desde hace más de una década por el gobierno de Venezuela e implementadas progresivamente hasta el momento crucial de la *Masacre del 12 de Febrero o del Día de la Juventud*, de la que han hecho parte –activa u omisa– dichos órganos del Estado, apoyados en el control total que ejercen de las instituciones públicas y bajo un régimen que niega la separación material de los poderes públicos y sus contrapesos; en pocas palabras, bajo un régimen negado al Estado de Derecho, la democracia, y el respeto y la garantía de los derechos humanos.

# 7. EL PROBLEMA DE VENEZUELA

Cádiz (Real Academia Hispanoamericana de Ciencias,
Artes y Letras),18 de junio de 2014

*Ilustrísima Señora Académica Directora y representante de Su
Majestad Don Juan Carlos I, Ilustrísimos Señores Académicos,
Autoridades, Señor Almirante Comandante del histórico Arsenal de
La Carraca, Señoras, Señores.*

En unión de Mariela y nuestros hijos, teniendo presente en la
distancia a mi madre ya nonagenaria, a mi padre y a mi hermano
mayor fallecidos, a los amigos y colegas cultores de la Constitución
de Cádiz de 1812, ofrendo a Venezuela, en tránsito adolorido y a
sus estudiantes, víctimas actuales de la intolerancia oficial, esta pre-
sea que recibo de Ustedes. La valoro como privilegio inestimable.
Es de suyo un sello de compromiso, un anillo de fidelidad, por ser
esta Real Academia y su sede histórica, Cádiz, los faros del auténtico constitucionalismo liberal hispanoamericano.

A.  *Los académicos venezolanos de inicios del siglo XX*

Agradezco emocionado mi nombramiento como Académico
Correspondiente, dado lo cual y a la sazón, rindo cálido homenaje a
los otros compatriotas que me preceden con méritos más que superiores, incorporados a esta egregia corporación hasta 1933. ¡Y es
que ellos, de conjunto, hacen parte del tercer movimiento ilustrado
y de ideas que muestra mi país y contribuye a su fragua como entidad política, postergada desde las horas luminosas de su frustrada
Emancipación!

Don Lisandro Alvarado, verdadero erudito y políglota, masón,
cuyos restos reposan en el panteón de los próceres de espada siendo
uno de los paradigmas de nuestra civilidad, como médico naturalista
es acogido por Ustedes con carácter pionero el 20 de mayo de 1912.

Destaca en los campos de la historia y sobre todo como lingüista y lexicógrafo. Escribe acerca de nuestras guerras civiles –mal llamadas revoluciones– durante el siglo XIX y deja aportación sólida al idioma español en Venezuela. "Lisandro es lo que se llama un carácter formado y una figura que se prepara ya a lucir en la escena. Juicio, discreción, compostura, amor por el estudio, aprovechamiento precoz, todo lo tiene, sobre todo virtudes, y talento que a mí me emociona", cuenta de él Guillermo Morón, decano de nuestros historiadores contemporáneos.

Su pensamiento lo enmarca rigurosamente dentro de la corriente positivista en boga y de ella toma enseñanzas para hacer el diagnóstico de la Venezuela objeto de sus preocupaciones, de mis preocupaciones.

Al incorporarse a la Academia Nacional de la Historia, en 1923, advierte que los venezolanos –en quienes priva, según él, más un doctrinarismo inconsciente, y un apego idolátrico sólo a lo que conocen luego de palparlo– son monárquicos fervientes en 1810, pues la república liberal que sueña y predica Francisco de Miranda, el Precursor, la desconocen y apenas llega como ideal a muy pocos ilustrados. De allí que considere que la adhesión que luego le brindan a la misma es un hecho de mera conveniencia, sólo útil como bandera reivindicativa, tanto como cuando se dividen sobre su forma de dibujarla.

"Los… conservadores de Colombia escogieron el nombre de Bolívar, y los oposicionistas o liberales el de Santander, personajes que representaban no muy bien las aspiraciones de aquellos dos partidos", narra al efecto Alvarado para luego señalar que "los reformistas o demócratas de 1835 (los venezolanos liberales) fueron bolivarianos y los constitucionales u oligarcas (o conservadores), que aquéllos combatían, antibolivarianos".

Así, el acusado igualitarismo social y político del venezolano, que aún se mantiene como rasgo de lo nacional, lo identifica este ilustre Académico como la mera consecuencia de necesidades económicas, de desesperaciones vitales, si se quiere, que no de una clara comprensión sobre el valor de la libertad y el sentido de la ciudadanía.

Rufino Blanco Fombona sigue a Alvarado en sus pasos dentro de esta Real Academia. Escritor prolijo y diplomático, esencialmente periodista y sobretodo editor en España de las obras americanas, ingresa a esta el 7 de septiembre del 1916. Poeta, cultiva la narrativa, el cuento y la escritura histórica. Es descrito como el intelectual que se hace en el clima asfixiante de las dictaduras y en el exilio.

De él afirma el intelectual patrio Jesús Sanoja Hernández que "la acción en Blanco Fombona pretende ser, y lo es, total, y no se trata de ir a la guerra o a la cárcel y escribir un libro, sino de profundizar en el amor, arriesgarse en el duelo, probar el machismo y el alma antigua del conquistador... La palabra saltó en él del joyel a la armería, de los collares de rimas al despojo total, contaminada por otros usos y significaciones, sonoridades y asociaciones".

Blanco Fombona ofrece un perfil de nuestros genes como hispanoamericanos al observar que el mismo conquistador español, individualista en grado excelso, "aunque fervoroso realista, desobedece... al Rey, cuando así le peta o le conviene... *La ley se acata, pero no se cumple*, dice con arrogancia Belálcazar, fundador de Popayán, héroe del país de los Chibchas", según sus palabras.

Felipe Tejera, nombrado académico el 15 de enero de 1917, escritor y crítico literario, es recordado por su *Manual de Historia de Venezuela*. No siendo un generalista de la historia hace crítica del decreto de Guerra a Muerte dictado por Simón Bolívar en 1813 contra españoles y canarios y por lo mismo su texto es prohibido en 1876. Académico de la historia, miembro de la academia venezolana correspondiente de la Real Academia Española, regenta la cátedra de literatura en nuestra más antigua universidad, la Central, hasta jubilarse; pero al paso nos lega su famosa *Historia de la Literatura Española*, en la que ordena las obras de arte que pertenecen a la palabra escrita o hablada en idioma castellano. En su drama *Triunfar con la Patria*, de 1875, Tejera, bolivariano cabal, recrea el tiempo inmediato posterior a la caída de la Primera República de Venezuela en 1812 y lo desnuda; muestra la realidad dual que aquella provoca y es resuelta con la practicidad o el carácter utilitario que marca el comportamiento de la Venezuela de ayer y ahora.

Al introducir a Don Juan, uno de sus personajes, le hace decir que "De libertad, de igualdad / De progresos y derechos, / Y de todas las mentiras / Que inventaron los modernos; / Ya la virtud no es virtud / Sino manía de viejos". Pero luego le da vuelta cuando, persuadido de la utilidad, ha de reconocer que "Si la patria triunfadora / A mi hija premia así, /Aunque español yo nací, / Soy venezolano ahora".

Tejera, por cierto, con su diálogo citado se anticipa en 65 años a Ernest Hemigway, haciendo hablar a su otro personaje, también llamado Ernesto: "Y en el corazón me hiere / Esa voz como un puñal / (Se oye doble de campanas) / ¿Por quién doblan las campanas / Con tan fúnebre compás? / ¿Si plañen ya mi agonía? / ¿Si por mí doblando están? / ¡Huye señor!".

Eloy G. González, cuyo nombramiento otorga esta Real Academia el mismo día en que distinguen a Tejera, es quien aproxima los niños de nuestra Venezuela al conocimiento de su propia historia desde el tiempo anterior al descubrimiento de América hasta el instante en que, separados de la Gran Colombia, adquirimos talante definitivo como república independiente, en 1830.

Polifacético, pues es escritor, ingeniero, periodista, pedagogo, historiador y político tanto como asiduo colaborador y redactor de *El Cojo Ilustrado*, nuestra enciclopedia venezolana de la ilustración, asume la defensa pública de los jóvenes literatos, entre éstos Lisandro Alvarado.

Docente de anales patrios en nuestra Universidad Central, algunos le atribuyen ser el autor de la proclama del presidente y general de montoneras Cipriano Castro, a quien sirve como Secretario General, dicha en 1902 luego de ser bombardeada Venezuela por potencias acreedoras europeas: «...La planta insolente del extranjero ha profanado el sagrado suelo de la patria...». Y es esa, justamente, la expresión que evoca el credo bolivariano, queda grabada para la posteridad, y se ve actualizada cada vez que algún gobernante, endosando o no charreteras, pretende distraer la atención de sus gobernados en tiempos de carestía y para disimularla tras la hipotética existencia de amenazas extranjeras contra nuestra soberanía.

El 12 de julio de 1928 es aprobado el ingreso como Académico Correspondiente de Pedro Manuel Arcaya, jurista, sociólogo, historiador, diplomático y político, quien hace parte de las comisiones que se ocupan de la reforma de nuestros códigos civil, de procedimiento civil, y de enjuiciamiento criminal, modernizándolos. Miembro que es de varias de las academias venezolanas y director de la Academia Nacional de la Historia, ministro de relaciones interiores de Juan Vicente Gómez, quien manda el país entre 1908 y 1935, resume en pocas palabras su perspectiva intelectual como otro pionero más de la generación positivista venezolana: "El ideal de la independencia de Sudamérica, soñada por Miranda, estaba en perfecta armonía con la constitución mental hereditaria de Bolívar... A su necesidad de acción se le presentaban allí vistas ilimitadas, batallas que ganar, enemigos potentes que vencer, pueblos que electrizar; en una palabra, cómo renovar en la historia el *fiat* del Génesis. De allí que el propósito de la Independencia se convirtiese en Bolívar en magna obsesión. Era un poseído. Por eso fue capaz de realizarlo...".

Bien acierta Héctor Parra Márquez al señalar que Arcaya "llegó a fundar escuela en la difícil tarea de crear y aplicar métodos modernos en el estudio crítico y en la revisión del proceso anterior a la Independencia", con lo cual nos ancla en lo fatal y describe como deterministas a quienes somos venezolanos.

Doctor en Ciencias Médicas por Caracas y París, educador y catedrático, Rector de la Universidad Central de Venezuela, el eminente investigador científico Plácido Daniel Rodríguez Rivero es electo miembro de esta Corporación el 6 de abril de 1931. Académico de la historia y de la medicina, funda, sostiene y dirige los *Archivos de Historia Médica Venezolana*.

A inicios del siglo XX participa en la llamada Revolución Libertadora –última guerra civil que opone al liberalismo político contra el personalismo centralizador del general Castro– luego de lo cual Rodríguez Rivero viaja al extranjero. Es ejemplar su obra benéfica como promotor de casas de salud dentro de un territorio insalubre y ganado para las epidemias como el nuestro, aún hoy, por amago en pleno siglo XXI de los proventos de modernidad alcanzados hasta 1998.

Hacia 1919 Rodríguez preside el primer Congreso Masónico Plenipotenciario de Venezuela y sus palabras quedan registradas para el bronce como testimonio de su cosmovisión civilista: "Labremos siempre en este ambiente de paz y de concordia, teniendo a Dios en todos nuestros actos de ciudadanos y de masones como el más noble y alto de nuestros emblemas; respetándonos nuestras diversas creencias religiosas y nuestras ideas; aboliendo para siempre las intransigencias; acatando las opiniones políticas de cada uno y adorando a la Patria! Así llegaremos a la cumbre de nuestros ideales". De modo que, afirma del eminente médico su sobrino y ex presidente de Venezuela, Rafael Caldera, que "es un hombre que, perteneciendo a una generación que vivió los días terribles de la guerra civil y la noche oscura de la tiranía, logró dejar un brillante testimonio de ciencia, de preocupación por la cultura y de servicio a la humanidad".

César Zumeta, en fin, quien me precede en el honroso nombramiento de Académico Correspondiente, es incorporado el 19 de enero de 1933. Originario de la misma tierra del doctor Rodríguez Rivero, San Felipe, en el Estado Yaracuy, se le cita como uno de los ideólogos del régimen gomecista, que es el partero de nuestra tardía unidad como Estado y bajo la férula de una suerte de República Militar, encabezada por un militar y administrada por una parte de la citada generación de académicos.

Se dice, en efecto, que los venezolanos llegamos al estadio de sociedad política, como tal Estado, antes de adquirir lazos asociativos civiles o conciencia como sociedad en formación; si bien puede decirse que, para entonces, ya existen en Venezuela, formadas desde su tiempo colonial pero trastornadas durante la guerra fratricida por la Independencia, lo que Giambattista Vico juzga necesario a la existencia de la ciudad: "Las gentes aparecieron antes que las ciudades y son los que los latinos llamaron *gentes maiores*, o sea, casas nobles antiguas".

Jurista de formación, Zumeta no concluye sus estudios al ser expulsado del país en 1883 por su acerada pluma crítica desde la trinchera del periodismo, su auténtica vocación. Desde ella forja un denso pensamiento y se hace editorialista en Venezuela y en el extranjero. Dirige el diario *El Universal* a partir de 1891. Llega a presidir el Consejo y la Asamblea de la Sociedad de Naciones. Masón como Rodríguez Rivero, alcanza el Grado 33 y ejerce como Gran Maestro de la Gran Logia de la República de Venezuela. Y en su línea como escritor y académico de la historia deja huella profunda entre los ilustrados de su época, sobre todo con su libro *El Continente Enfermo*, de 1899, que lo revela como otro positivista más, quien comparte con su generación el credo que no cesa aún de hacer mella sobre el común de los venezolanos y les condiciona en su comportamiento político.

"Cualesquiera que sean las razas pobladoras, en la zona tórrida no imperará sino una civilización lentamente progresiva: cualquiera que fuese el esfuerzo hecho por asimilarla a las zonas templadas, fracasaría a la postre, vencido por algo inmanente e inexorable que nos obliga a mantenernos dentro del cuadro de la vida que el medio nos demarca; y que únicamente nos exige propender a vivir en el decoro de la paz y el trabajo, hacernos fuertes dentro de nuestra propia casa, y a ligarnos todos contra el invasor extraño", opina César Zumeta.

En suma, igualitarios, utilitarios, desobedientes de la ley, de fértil imaginación épica, negados a la emancipación social y con temor raizal a lo extraño, los venezolanos seríamos el pasto de la tradición militarista que aún nos tiene como presa y es causa y efecto del padre bueno y fuerte que ha de domesticarnos, de tanto en tanto, según la perspectiva de esa generación de ilustrados académicos venezolanos que ingresan a esta Casa de las Luces hasta hace ochenta años.

B.  *Entre civilización y barbarie*

He aquí, pues, Ilustres Académicos, la cuestión central o el problema de Venezuela. Lo intentaré desbrozar ante Ustedes sin pretensiones de solución y acotado, sí, por consideraciones que puedan ser útiles para un debate sosegado, libre de prejuicios, en esta hora dilemática para los venezolanos, mis conciudadanos.

Se trata, en el fondo, de preguntas o de preocupantes hipótesis que han estado allí una y otra vez, que seguidamente se diluyen al calor de lo urgente, pero que de nuevo surgen obligantes al hilo de nuestras realidades y de las descripciones que acerca de Venezuela y de los venezolanos hace el patriciado de nuestra cultura nacional de la primera mitad del siglo XX.

¡Y es que observo, a guisa de esta presentación de una parte de nuestro procerato civil, el regreso o la vuelta por sus fueros del llamado gendarme necesario o César democrático, junto al peso determinante que vuelven a tener los cuarteles en la Venezuela del siglo XXI, luego de haberla precedido casi medio siglo de experiencia civil y democrática!

¿Es acaso ello el producto de una fatalidad – el apego a lo concreto de nuestras gentes y su negación al pensamiento abstracto y racional, en virtud de lo cual, como lo aprecia Arcaya, "no caben en la mente humana (y en tal estado) más ideas ni sentimientos que los muy sencillos de la sumisión, por afecto o miedo a un caudillo cualquiera"? O, mejor todavía, ¿es la consecuencia de una Ilustración civil que, como la señalada y con sus honrosas excepciones, abona con sus enseñanzas y explicaciones científicas el camino para que se imponga como fatal ese dictador uniformado, siempre proletario, que cubre la casi totalidad de nuestra vida republicana? ¿Se dejan seducir nuestros hombres de pensamiento por el halago de ese capataz que los necesita para asegurar su "prestigio", mediando, obviamente, favores y privilegios?

Cuenta el académico Arcaya, a la sazón, acerca del carácter secundario que paradójicamente asume la razón ilustrada dentro de los propios ilustrados venezolanos, pues usan de sus doctrinas, elaboradas a conveniencia, como mitos movilizadores de causas guiadas por el sólo apetito de poder. Tanto que, a manera de ejemplo, la aparente e histórica oposición entre godos, oligarcas o mantuanos –nombre que se le asigna en Venezuela y de un modo crítico a quienes ejercen el poder sin disposición para abandonarlo– y el proletariado o pueblo llano, unos predicando el centralismo, otros animados por la idea de la federación, es comentada por el historiador constitucional José Gil Fortoul en términos lapidarios: "Los evangelistas del régimen federativo, tan convencidos como sus adversarios de la conveniencia o ventaja, para ellos, de una oligarquía territorial o militar o intelectual, hicieron después en el gobierno cuanto les fue posible para retrotraer la Federación a su esencia de teoría política, bautizando con ella la Constitución para no contradecir el programa de su partido, pero despojándola del concepto de igualación de clases que durante los años de lucha armada predominó en el pueblo". Se refiere él, obviamente, a la Guerra Federal o Guerra Larga que ocurre en Venezuela entre los años 1858 y 1863.

Cabe decir, por lo pronto, que los nombres de los académicos correspondientes a quienes he rendido homenaje en el pórtico de este discurso, son apenas pocos, pero muy estimados como iconos dentro del conjunto muy amplio de nuestra Ilustración contemporánea o, mejor dicho, de los venezolanos discípulos de la Ilustración.

Lectores proverbiales de obras extranjeras, de razonamiento agudo, con comprensión cabal de nuestro medio que luego lo desbrozan con el arte de sus plumas y de sus letras, endosan levita, provienen de la universidad o de las bibliotecas familiares así algunos de ellos se hagan también, bajo las circunstancias domésticas, hombres de espada y uniforme. No pasan desapercibidos en sus momentos distintos, pero no más allá, y ese es el problema de Venezuela. Es como si no hubiesen marcado con sus sellos distintivos de hombres de razón a nuestra posteridad, permitiendo que nuestra historia patria, como se la sigue enseñando, siga bordándose con colores de sangre y arrestos de valentía.

La Ilustración venezolana que conoce esta Real Academia hasta hace 80 años, es causahabiente –pero distinta– de los hacedores civiles de la Venezuela de 1830; a los que se suman los sobrevivientes de la igualmente guerra duradera por nuestra Independencia, una vez separados de la Gran Colombia. En el último caso, puede hablarse de "sosegados hidalgos y letrados" –así los llama Mariano Picón Salas en *La Aventura Venezolana* (1963)– entre quienes descuellan Fermín Toro, Valentín Espinal, Juan Vicente González, o Pedro José Rojas, situados en la llamada trinchera conservadora, y por lo pronto Tomás Lander, Antonio Leocadio Guzmán o Santos Michelena, emblemas civiles del pensamiento liberal, además de José María Vargas, Diego Bautista Urbaneja o Francisco Xavier Yanes, resurrectos de 1810 y 1811.

Es larga y nutrida esta saga de hombres de ideas y de libros, susceptible de llenar de orgullo a cualquier nación del Occidente. La generación de 1830 mencionada, viene a su vez precedida por la de los verdaderos Padres Fundadores de nuestra nacionalidad, quienes forman nuestro primer movimiento ilustrado y en su mayoría proceden del Claustro General de Doctores. Son los que forjan, con criterio y autonomía cabal de razonantes, sin mediar armas ni violencia, la señalada Primera República de Venezuela, hija del movimiento emancipador del 19 de abril de 1810, plasmada en la Constitución Federal de los Estados de Venezuela de 21 de diciembre de 1811; eso sí, acicateados por el movimiento popular que se reúne en la Junta Patriótica. Y una vez caída aquélla, llenos los espacios para la barbarie y la razón de la fuerza, son quienes no cesan en el empeño renovador de su credo civil en un país que promete, organizando el vituperado Congresillo de Cariaco de 1817.

Allí están, en el desván de los olvidos, los apóstoles don Cristóbal Mendoza o el mismo sabio Vargas, Miguel Peña, Andrés Narvarte, Tomás Sanavia, Pedro Gual o Fernando de Peñalver, José Vicente Unda o el mencionado Francisco Xavier Yanes, José Félix Sosa o Luis Ygnacio Mendoza, los López Méndez o el Padre José Cortés de Madariaga o Francisco Javier Ustáriz; también Miguel José Sanz, Francisco Espejo o Martín Tovar Ponte, o el catedrático de la Real y Pontificia Universidad de la Inmaculada Concepción de Santa Rosa de Lima y del Angélico Maestro Santo Tomas de Aquino, Juan Germán Roscio, autor del primer tratado de teoría política que conoce Hispanoamérica.

¿Y qué decir de Don Andrés Bello, comisario de guerra honorario y modesto secretario de la Junta de Caridad para el gobierno, dirección y economía de los hospitales de la Provincia de Caracas, quien en 1810 elabora los trazos de nuestra primera historia resumida como Provincia y al término, siendo el más acabado historiador, jurista, legislador, filólogo, naturalista, diplomático, poeta, filósofo, político y educador de su tiempo, vive lejos de Venezuela y es acogido por los chilenos, a quienes les crea su sistema educacional y ejerce como el primer rector de su Universidad?

Bello nos describe sin dejo trágico a los venezolanos, al afirmar que si bien "en la gobernación de Venezuela era el hallazgo del Dorado, el móvil de todas las empresas, la causa de todos los males... en los fines del siglo XVII, debe empezar la época de la regeneración civil..., cuando acabada su conquista y pacificados sus habitantes, entró la religión y la política a perfeccionar la grande obra que había empezado el heroísmo...". Al efecto, entre las circunstancias favorables de este logro, cita don Andrés que la consistencia durable y socialmente modeladora de nuestro sistema político, antes de 1810, se debió, providencialmente, al "malogramiento de las minas que se descubrieron a los principios de su conquista". De donde la atención se dirigió a "ocupaciones más sólidas, más útiles, y más benéficas".

Cómo olvidar al mismo Miranda, general de la Independencia norteamericana y de la Revolución Francesa quien, si bien se hace militar para crecer y mudar, como lo hace, en uno de los más acabados teóricos de la guerra de su tiempo, jamás deja de ser lo que es en su esencia hasta el trágico final de sus días: un hombre de ávida lectura y de razón ilustrada, el más acabado de los ilustrados de Hispanoamérica que conoce el Viejo Mundo.

Llega hasta aquí, por cierto, hasta Cádiz, "la única población española que vive de cerca el problema americano", y lo hace a fin de forjarse, a partir de aquí, como ciudadano del mundo y patriarca de la libertad en la América Hispana. Pero ya anciano, víctima de la traición de los suyos, en lo particular del mismo Coronel Simón Bolívar, su subalterno, entrega sus cenizas en el arsenal de La Carraca. Se confunde con esta tierra generosa y enigmática en la agoniosa espera de su libertad, alegando su derecho a los beneficios de La Pepa, la Constitución Política de la Monarquía Española, constitución liberal obra de ilustrados como él, ajena al jacobinismo, y sancionada en 1812.

Caracciolo Parra Pérez, a quien esta Real Academia nombra Académico Honorario el 6 de junio de 1930, siendo diplomático durante la dictadura del general Juan Vicente Gómez, pero Canciller y ministro de los gobiernos de apertura democrática que a éste le suceden, es, cabe recordarlo, quien rescata la magna obra *Colombeia*, el archivo de Miranda constante de esos 63 volúmenes que viajan por el océano extraviados y pasan de manos a manos en Europa hasta que los localiza y adquiere, en 1926, por cuenta del gobierno venezolano. De allí sus dos obras señeras de hombre ilustrado, entre otras tantas, la *Historia de la primera república de Venezuela* y *Miranda y la Revolución Francesa*, originalmente escrita para defender al Precursor de sus detractores galos. En ellas narra a profundidad los alcances de ese ideario de los hombres que cubren con sus luces el momento auroral de nuestra emancipación hasta cuando, por obra de un sino, la guerra y las espadas secuestran la promesa liberal e inaugural que entonces éramos.

Pues bien, sobre este desbordamiento casi inaudito de luces en distintos momentos, o instantes de nuestra historia, la inexplicable oposición entre civilización y barbarie trágicamente se mantiene; mejor aún, no cede dentro de la psicología colectiva. El dilema entre la fuerza de la razón y la razón de la fuerza persiste como fundamento constitutivo de nuestra nacionalidad y del sentido que los venezolanos le atribuimos, incluso, a la autoridad de la ley. Priva de ordinario, casi siempre, la última perspectiva.

Venezuela, hoy, se encuentra partida en mitades que reflejan lo dicho o acaso contiene dos patrias a la vez atomizadas en muchas "patrias de campanario" –copio a Miguel de Unamuno– que antagonizan sobre un mismo suelo, sin propósitos de asimilación recíproca. Y cada una de ellas, eso sí y como único denominador común, tiene la esperanza, al mejor estilo bolivariano, de hacer historia nueva sobre las cenizas de una tradición nunca acabada.

¿Se trata acaso, me pregunto y como lo apreciamos al calor de las nuevas circunstancias que vive Venezuela, que en apariencia anclan en lo más recóndito y viejo de sus días inaugurales, de la imposible armonía entre el mundo de los cuarteles y la experiencia civil de la democracia moderna?

C. *Génesis y regreso del gendarme necesario*

Simón Alberto Consalvi, actor de la segunda mitad de nuestro siglo XX, cronista del tiempo recorrido por la República civil de partidos que emerge en 1958 con el Pacto de Puntofijo y la caída de nuestra penúltima dictadura militar; cuyos cánones democráticos quedan inscritos en la Constitución de 1961, siendo la de más larga duración desde la Independencia; aprecia que a partir de 1999 "uno de los signos más conspicuos de este tiempo venezolano es el retorno de los militares a la política".

Pero expresado el asunto de esa manera –advierte Consalvi– "podría suponerse que fueron los propios militares quienes tomaron otra vez y como en el pasado la iniciativa de politizarse y de interferir en la vida civil; y nos condenaría a la noria de las interpretaciones confusas que han predominado en la historia, alterando un diálogo franco entre civiles y militares".

La enseñanza sería, entonces, que el argumento de la fuerza por sobre la fuerza de los argumentos y vice versa es el contexto adecuado para un análisis del fenómeno histórico descrito, frente al criterio común de la simple oposición entre los civiles y las armas a lo largo de la historia de Venezuela.

No por azar el poeta Andrés Eloy Blanco, canciller y más tarde presidente de la Asamblea Constituyente del trienio octubrista (1945-1948), pone de lado la insoluble y aparente disyuntiva entre la razón y la fuerza cuando se le mira desde el plano que opone la vida ciudadana y el desempeño de los cuarteles. Pues en verdad, como señala en su escrito *Navegación de Altura*, de 1942, los militares de la segunda mitad del siglo XIX hasta entrado el siglo XX "eran en su mayoría civiles disfrazados de generales o coroneles".

Desde la llamada Revolución de las Reformas –movimiento militar que ocurre entre 1835 y 1836, cuando el general Pedro Carujo hace preso al presidente civil y sabio José María Vargas diciéndole que Venezuela es de los valientes, y éste le replica afirmando que ella es del hombre justo– hasta los primeros años de la organización de nuestro ejército, ajusta Andrés Eloy, "no se podía decir dónde terminaba el militar y dónde empezaba el civil en un venezolano corriente".

Éste es, en síntesis, con independencia de su distinta perspectiva para el análisis, el problema secular de Venezuela. Los venezolanos no hemos logrado discernirlo ni resolverlo, satisfactoriamente, después 200 años de historia inacabada y de anhelo por una democracia que sigue hipotecada por el mito de Sísifo.

Por encima y más allá del mestizaje cósmico predicado por José de Vasconcelos y concluyente en el crisol de razas que somos, y al margen del parte aguas que significa la movible prosperidad de los menos ante la transitoria penuria económica de los más, según el ritmo que acusan los cambios de gobiernos y sus respectivas clientelas, lo vertebral del asunto, por obra directa de quehacer o el accionar concreto de civiles y de militares, es la distinta concepción o perspectiva que acerca de la idea de la dignidad humana albergamos, al término de esta azarosa trama, unos y otros de los venezolanos. Para los más, la libertad es el don que garantiza el consenso de las mayorías y sobre todo el privilegio que dispensa la república autoritaria o quien la manda en su momento; en tanto que para los otros la misma precede y es irrenunciable, pertenece a la persona y de suyo es anterior y superior a la organización del Estado, que ha de respetarla y asegurarla sin discriminaciones de ningún género.

Sigue vigente, en suma, la diatriba medieval y escolástica que en su momento opone a nuestros libertadores de casaca, en lo particular a Simón Bolívar, con los Padres Fundadores de levita: el príncipe, ora gobierna de modo absoluto sin que sus súbditos puedan contenerle legítimamente y en el mejor de los casos se comporta como un déspota ilustrado, apoyado en la violencia, ora el príncipe –según la mejor tradición tomista– es consciente de que "el dominio político ha sido instituido *iure humano;* fundándose en la razón y secundando el orden de la naturaleza", que obliga a la coincidencia del orden legal con el principio de la Justicia, sancionando lo recto, lo debido, según lo pida la igualdad en la misma dignidad de la persona.

Las mejores plumas de nuestros literatos han hecho apología del susodicho e irresoluble fenómeno, asumido con cierto dejo de fatalidad. Allí están, sin solución de continuidad, *El diente roto*, de Pedro Emilio Coll (1872-1847); *Los Batracios* de Mariano Picón Salas (1901-1965); *Tío Tigre y Tío Conejo*, de Antonio Arráiz (1903-1962); o la obra cumbre de Don Rómulo Gallegos (1884-1969), *Doña Bárbara*, que muestran a la Venezuela cruel y del despotismo, y también a la que lucha contra la dictadura desenfrenada, apelando a la pluma y a los panfletos.

Cabe, pues, a la altura de estas reflexiones, hacer historia corta y puntual sobre algunos datos que ilustran *a priori* y abonan más sobre el asunto comentado.

En contra del cuadro civil e intelectual que representan los repúblicos de abril de 1810, quienes integran la Junta Suprema de Caracas conservadora de los derechos de Fernando VII, y asimismo desafiando a los constituyentes federales de 1811, en su mayoría egresados de nuestra citada Real y Pontifica Universidad, actual y citada Universidad Central de Venezuela; ante la fragua paulatina y razonada de un orden social y político liberal, susceptible de evolución y aprendizaje, que intentase sacarnos de nuestro estadio previo como sujetos de ese despotismo que hace presa por igual a las Españas de ambos continentes y a fin de prepararnos como pueblo para la experiencia de la razón, para el "partido del humanismo", protesta acremente, en 1812, llegada la caída de la Primera República, nuestro Padre Libertador. Se trata, cabe anotarlo, del descendiente del primer Simón de Bolívar, vizcaíno, escribano de Cámara de la Audiencia de Santo Domingo quien se avecina en Caracas hacia 1588 para acompañar en su gestión al designado Gobernador de la Provincia don Diego de Osorio Villegas, propicia la creación de nuestro primer Seminario, y sirve como Procurador de nuestros negocios ante el monarca español, Felipe II de la Casa de Austria.

Desde Cartagena de Indias, Bolívar, por preferir la enseñanza antigua sobre la *traslatio imperi* o la renuncia del pueblo a su poder soberano a manos del monarca quien lo ha de ejercer vitaliciamente, se ocupa de rezar su credo: "Filósofos por jefes, filantropía por legislación, dialéctica por táctica, y sofistas por soldados" es lo característico de la obra germinal de nuestros Padres Fundadores; mal se percatan –opina quien con las armas nos lega la Independencia– que "nuestros conciudadanos no se hallan en aptitud de ejercer por sí mismos y ampliamente sus derechos". Y es lo mismo que opina, en plenitud de la Gran Colombia, hacia 1825, Sir Robert Ker Porter, Cónsul de su Majestad Británica desde Caracas: "Los celos, el egoísmo y la rapacidad pecuniaria (según me dicen todos) son los motivos principales de la conducta de casi todos los empleados al servicio del ejecutivo de este país. Si esta conducta es general, y verdadero el ejemplo antedicho de falta de respaldo mutuo por parte de los funcionarios públicos, creo que las palabras del propio Bolívar serán ciertas", finaliza.

Seguidamente, en 1819, en Angostura, propone la creación de un Senado hereditario –con los hombres de guerra; pues a ellos todo se lo debemos los venezolanos y hasta la posteridad– y anima al efecto la designación de un presidente vitalicio. De allí que, contra tal deriva despótica y siendo que 1811 –como lo recuerda en 1895 el jurista ilustrado Alejandro Urbaneja– es el parto de hombres "ilustrados, progresistas, más adelantados que su época" y su Constitución "el granero de las ideas democráticas y federalistas", prefiere Bolívar "un gobierno fuerte y uno", de laureles, no de levitas.

Más tarde, con su celebérrima Constitución de Chuquisaca de 1826, concreta el modelo final de su ideario político, fraguado entre avances y retrocesos y al mismo ritmo que se lo imponen las circunstancias de su tarea como guerrero en pro de la libertad hispanoamericana. Pero contra ella y su deriva autoritaria reacciona el intelectual liberal Tomás Lander, amigo de Miranda y miembro que es de la Secretaría del mismo Libertador. De modo que, en memorial que dirige en 1826 al doctor Francisco Xavier Yanes, Ministro de la Corte de Justicia del Estado de Venezuela y antes firmante del Acta de Independencia y de la Constitución de 1811, pone sobre el tapete ese parte aguas o las dos perspectivas de las que hablo y todavía hipotecan la forja de nuestra nacionalidad y el goce de una democracia madura.

"Los artículos 76 y 79 de la Constitución dictada en Chuquisaca por el Libertador Presidente para la República de Bolivia –dice Lander– es lo que ha sobresaltado nuestro celo, porque S.E. la ha considerado adaptable a Colombia, y como tal recomendándola para su establecimiento a los hombres públicos de ella"; pero lo cierto es que "los mencionados artículos erigen un Presidente *vitalicio e irresponsable* con la facultad de nombrar su sucesor en la persona del Vicepresidente y de conmutar las penas capitales, sin acuerdo de los tribunales que las impusieren".

No huelga señalar, en línea con lo expuesto y al margen, que a distancia de 183 años es lo que se repite e impone como dogma, en enero del pasado año, luego de fallecer nuestro último gobernante militar, Hugo Chávez Frías, y de sucederle, con base en su testamento político, haciendo mutar la Constitución vigente a manos de los Jueces Supremos, Nicolás Maduro Moros, actual gobernante venezolano.

En su texto, Lander, quien además ejerce como presidente del primer Congreso Nacional venezolano, agrega: "Creemos que al hacer tal recomendación el ínclito patriota, el Hijo de Caracas, parece que perdió de vista, entre la vasta extensión del territorio a que su espada y sus talentos han dado libertad, los caracteres distintivos de su querida patria, de la ilustrada Venezuela, pues los arroyos de sangre inmaculada con que esta región heroica, desde el 19 de abril de 1810 está escribiendo constante las calidades del gobierno que intentó establecer, *electivo y responsable*, no dejan duda sobre el voto de sus pueblos y el objeto de sus sacrificios. Pero, ¿por ventura fue dada a los héroes –a los hombres de armas, cabe reiterarlo– la cualidad sólo divina de la infalibilidad? Sus grandezas no los hacen superiores a los errores y equivocaciones; y sus glorias quedan intactas a pesar de las nubecillas pasajeras que osen transitar por sus entendimientos", concluye este miembro ilustre de nuestra Primera Ilustración.

La protesta de Lander y la misma presencia de esos tres grandes movimientos ilustrados y civiles pero antagónicos que muestra Venezuela durante el siglo XIX y la primera mitad del siglo XX, no obstante se ahogan, a pesar de que unos y otros se dividen intelectualmente, unos para sostener el bastión de la libertad, otros para justificar la urgencia del autoritarismo. Tanto que, transcurridos 173 años hasta el 23 de enero de 1999 –en vísperas de agotarse la República civil replanteada en 1959– otro grito o reconvención se escucha y también se apaga, lamentablemente.

Un ilustrado compatriota de mi generación, ya fallecido, Luis Castro Leiva, observa declinar ante el credo de las espadas el más largo y duradero experimento civil y democrático, iniciado 40 años atrás. Y ante el Congreso entonces reunido, en presencia de los senadores y diputados les advierte que "tienen la obligación de pensar –afirma– no la de hincarse ante la opinión" o el voluntarismo social. "Tienen que convencernos con argumentos y ejemplos probos que son dignos de la confianza que les entregamos". "Tienen que deliberar bien y derechamente para que podamos sentir todos que la delegación de nuestro poder, nuestra representación, no será usurpada por la sinrazón".

Castro Leiva conoce nuestra historia y la anda y desanda con fuerza ante la representación popular, una vez como constata que, por vez primera, el militarismo amenaza con volver al poder, esta vez e inéditamente con la fuerza emocional de votos. Y al rescatar su voz, poniéndola en mí voz, digo que a la luz de tal hecho cabe concluir "que es la sociedad la que los ha creado porque es esta sociedad –la que tenemos, según Luis– la que concibió estos prejuicios; la que los ha hecho propios y ajenos, la que tira la piedra de su moralismo y esconde la mano de su responsabilidad. Somos nosotros quienes hacemos la vida social posible y real, quienes nos educamos en el escándalo, son nuestras las prácticas que hacen y deshacen la política, su tragedia y su comedia. Porque no se equivoque sobre esto nadie, por lo menos no conmigo. La política que tenemos es la que nuestras «representaciones sociales» han hecho posible y afianzado para bien y para mal; y la hechura del mal que no queremos hacer y del bien que hacemos como podemos es tan nuestra como de nuestros mandatarios. Pues, ¿quién si no nosotros somos los habitantes de esta tierra?", concluye.

Pues bien, allí está, otra vez y como en Chuquisaca, hecha realidad, la Constitución de la República Bolivariana de Venezuela, todavía en vigor a pesar de las 180 violaciones y/o mutaciones que sufre, en buena parte a manos de nuestra Justicia Constitucional durante los últimos tres lustros. Es una suerte de matrimonio morganático, esta vez, entre el Antiguo Régimen y las enseñanzas de la Revolución Francesa; una ilusión de porvenir anclada en una vuelta al pasado cuando priva sin contenciones la razón de la fuerza, pero, paradójicamente, cabe repetirlo, apuntalada por la fuerza del discernimiento o de la pasión hecha voluntad colectiva. Es lo que el ex presidente ecuatoriano, Osvaldo Hurtado, describe como fenómeno y le titula "dictadura del siglo XXI".

Tal Constitución –negación contumaz de los breves intersticios de libertad y afirmación del Estado de Derecho que significan nuestras Constituciones liberales y mixtas de 1811, 1830, 1947 y 1961– es precisa en sus postulados de neta factura autoritaria y bolivariana, diluidos tras engañosos procedimientos democráticos.

A partir de 1999, en efecto, le corresponde al Estado dibujar y realizar la personalidad de los ciudadanos, según el artículo 3 de la vigente Constitución Bolivariana, y a ellos ha de educarlos el mismo Estado para que amolden sus comportamientos a los valores constitucionalmente preestablecidos, como lo indica el artículo 102; valores que no son otros que los inscritos en el pensamiento único y monolítico de Simón Bolívar, tal y como reza el artículo 1. De suyo o en consecuencia, el Presidente de Venezuela es hoy como en el pasado remoto cabeza del Estado, pero asimismo gobernante y legislador supremo, tal y como lo mandan los artículos 203 y 226; y a la Fuerza Armada, bajo su comando efectivo como cuerpo ahora políticamente deliberante y participante del sufragio, le cabe sostener la seguridad de Nación y su modelo neo-hegeliano así concebido, tal y como lo prevé el Título VII constitucional.

Se trata, en síntesis, de distintos hitos acabadamente bolivarianos –1819, 1926, 1999– dentro de una magra historia que prosterna a su Ilustración, a las luces que hacen posible el parto de la libertad civil que ocurre en 1810 y en 1811, repitiéndose luego en 1961, con intersticios civilizadores en 1830 y en 1947. Mas lo cierto es que, como lo avanzáramos previamente, en la historia oficial de la República de Venezuela, desde 1810, sólo se habla de héroes militares y sus hazañas, hechas revueltas o revoluciones, que predominan sobre los héroes civiles, que son muertos civiles para nuestra historia; si acaso útiles de ocasión para el bautizo de alguna plaza pública secundaria o escuela de provincia. Y nada más.

### D. *Entre la fuerza y la razón, una transacción constitucional*

El jurista suizo Ernesto Wolf, quien tramita la edición de su *Tratado de Derecho Constitucional Venezolano* –monumento a la claridad pedagógica y al análisis sosegado– en el mismo momento en que ocurre la polémica Revolución democrática de Octubre, en 1945, escribe a manera de síntesis y por lo mismo, sobre la Venezuela del siglo XIX –cuando se hace más crítico y arraiga el ejercicio personal del poder y su asalto a través de lances por los más audaces– destacando su fama "por el número elevado de sus revoluciones".

Se arguyen en todo momento razones reivindicatorias, legalistas, o soberanistas, y dado el hábito de la patada cotidiana a la mesa de la institucionalidad, no hay siquiera acuerdo respecto de la cantidad de movimientos armados ocurridos: Una parte de la doctrina cita 52 revoluciones importantes durante la época, otra enumera 104 en 70 años "sin hablar de simples sublevaciones". Pero al paso cita que sobre estas o como su consecuencia, Venezuela tiene "el record de haber cambiado, hasta 1945, "más de veinte veces" la constitución; sin incluir, obviamente los textos sucesivos mencionados de 1947, 1952, 1961 y el de 1999, en vigor.

Hemos vivido, pues, hasta el nacimiento de la República de partidos o república civil y democrática que emerge en 1961 y concluye en 1999, presas del mando de los cuarteles, de los "chopos de piedra" o de los hijos de la "casa de los sueños azules" como llaman sus cadetes a la Academia Militar de Venezuela. Son la excepción, aparente, los nueve civiles representantes de caudillos militares quienes ejercen el poder entre 1835 y 1931 (el rector José María Vargas, Manuel Felipe de Tovar, Pedro Gual, Juan Pablo Rojas Paúl, Raimundo Andueza Palacio, Ignacio Andrade, José Gil Fortoul, Victorino Márquez Bustillos, Juan Bautista Pérez) o los cuatro civiles quienes buscar afirmar el poder civil respaldados por un golpe militar o mediando un magnicidio, a partir de 1945 y hasta 1958 (Rómulo Betancourt, Rómulo Gallegos, primer gobernante electo mediante el voto universal y directo, Germán Suárez Flamerich, y Edgard Sanabria).

Durante 183 años de historia independiente los venezolanos hemos sido, en 130 años, ciudadanos de repúblicas militares o colonizadas por los mitos revolucionarios. Y no se trata sólo de la actual Revolución Bolivariana que cínicamente muta en Socialismo del Siglo XXI y es una suerte renovada del viejo marxismo que le sirve de trastienda y ancla en la hermana República de Cuba desde la segunda mitad del siglo XX, para justificar así otro despotismo más de los tantos que nutren el devenir de Hispanoamérica.

Así las cosas, lo constatable, ¡he aquí otra vez el verdadero asunto que nos ocupa y no debe distraernos!, es que tras cada acto de fuerza o mediando la demanda del caudillo militar y/o rural de ocasión, sigue siempre la explicación intelectual y detrás el texto fundamental de circunstancia, obra de escribanos cultos y refinados, que le otorgan ribetes democráticos y hasta constitucionales a lo así ocurrido. ¿Ocurre acaso una suerte de aparente transacción entre la fuerza y la razón, o mejor, estamos en presencia de la transformación utilitaria definitiva de la razón, haciéndola sirviente de la fuerza en Venezuela?

Al observar nuestra evolución constitucional también se comprueba que esa suma abigarrada de textos fundamentales, que surgen tras cada revolución, eventualmente pueden o no ser compatibles con los nobles propósitos anunciados por cada movimiento revolucionario a objeto de justificarse; pero las más de las veces, eso sí, intentan forjar, a través de reformas constitucionales o de constituyentes, las previsiones necesarias para que el mandamás logrero alcance su estabilidad, se aleje del poder sin perderlo, o se prorrogue en el ejercicio del poder, directamente o al través de sus designados. Mude de proletario en oligarca y mantuano, a fin de cuentas.

En principio, es trágicamente atinada la descripción magistral que a través de su célebre y ya citado cuento *Los Batracios* hace de la mencionada tradición política y constitucional venezolana don Mariano Picón Salas, uno de los más prolijos intelectuales de nuestra contemporaneidad, nacido a inicios del siglo XX y fallecido en su segunda mitad, cuando esta apenas deja transcurrir tres lustros. Poniendo énfasis en la obra del testigo, del acompañante quien es capaz de fabricar frases oportunas, otorgar documentos o hacer fe de la violencia que lo compromete en calidad de cómplice, Picón presenta la trama risible pero trágica del coronel Cantalicio Mapanare, a quien los peones de su hato interiorano le dan ese rango castrense hasta cuando deciden, mediando tragos o algún condumio, ascenderlo a general.

En medio de una de tales tenidas Cantalicio hace llamar a su abogado y le anuncia que tomará por asalto la jefatura civil de su pueblo costeño. Está molesto con su taciturno y barrigón gobernante, quien le impone multas para mantenerlo a raya en su soberbia y por aquello de que –según ese gobernante local de tierra desértica– "ley pareja no es dura". El leguleyo, oportuno, pero a la vez inoportuno, le aconseja al Coronel, estratégicamente, esperar a la venida de otros refuerzos quienes se anuncian desde las Antillas para que la operación terrestre y memorable que imaginan cristalice con éxito total. Pero Cantalicio Mapanare lo pone en su sitio. Le recuerda sin locuacidad y con tono de mando su rol en la revolución: "Civil no discute cosa de guerra... Papel y lápiz mi doctorcito porqué usté (*sic*) va a apuntar...".

Pues bien, a la altura de esta explicación cabe decir que los hombres de letras a quienes he citado de modo especial en mí introducción, por ser Académicos Correspondientes de esta Real e histórica corporación de estirpe gaditana y liberal, son, no todos y así las cosas, actores de excepción de una tragedia que presencia la mayoría silente de los venezolanos –auditorio sin gestos y amarrado a los grillos– para quienes el siglo XX de marras no se inicia sino al término de la representación tiránica del momento, en 1935. Sirven con fe de carboneros al general Juan Vicente Gómez, con sus excepciones, como cabe repetirlo. ¡Y es que, desde la cárcel, atado a los grillos de La Rotunda, otro ilustrado y quizás el más perspicaz intelectual dentro de aquellos, José Rafael Pocaterra, autor de las *Memorias de un venezolano de la decadencia*, decide romper con el determinismo positivista y el fatalismo del mestizaje sobre el cual se encumbra el gendarme necesario! Le canta a la libertad connatural, a la esencia de la dignidad humana: "He caído en el pozo de la desesperación", dice. "Y no sé de qué oscuras fuentes de mi alma, de cuáles reservas recónditas de mi sangre, cuyo tumulto va serenándose lentamente, saco un extraño, un admirable estoicismo que anula todo pavor, todo recelo, todo instinto para conformar mis treinta años ante esta agresión tremenda del destino", finaliza su rezo, en enero de 1919.

Entre tanto, Zumeta quien es ministro de relaciones interiores mientras nuestro admirado don José Gil Fortoul, su colega académico, ejerce interinamente el gobierno de la República, se ocupa de organizar un Congreso de Municipalidades, en 1911; de tanta importancia que sus deliberaciones provocan la reforma constitucional que, sucesivamente y sin solución de continuidad, afirma la preeminencia final del poder militar por sobre el poder civil en Venezuela.

Cesan paulatinamente las "prácticas" mínimas o formales de tolerancia –para algunos los incipientes amagos de democracia– que se conocen entre 1908 y 1914; pasados ya 6 años desde cuando el mismo Gómez deja fuera del mando y exilado a su compadre y superior, El Cabito, Cipriano Castro, quien accede a la Presidencia de la República del mismo modo en que ocurre en el país desde 1858 y al apenas iniciarse el siglo XX. Se hace "rutina histórica –cabe repetirlo–, que el caudillo vencedor de una revolución se convierta, de hecho, en el nuevo autócrata", como lo comenta en 1959 el entonces Presidente de la Junta de Gobierno, profesor Edgar Sanabria.

Así, mediante una labor de reingeniería política y constitucional, obra de civiles ilustrados, hijos de la razón, con la Constitución del año 14 le es conservado el poder absoluto y militar al general Gómez, hijo de la fuerza, quien lo detenta en su sustancia y bajo los paradigmas de una dictadura que se hace tiranía hasta que la Providencia se lo lleva. El nuevo texto, en lo formal, consagra la reelección presidencial, amplia el mandato de cuatro a siete años, y separa el ejercicio de la jefatura militar y "tutelar" del país del desempeño administrativo del Gobierno a manos de un Jefe del Estado, y que le permitió al primero "gobernar el país, aun sin ejercer la Presidencia", como lo apunta el maestro de nuestros publicistas contemporáneos, Allan Brewer-Carías.

Los arquitectos de levita –a la sazón el propio Gil Fortoul– explican y defienden lo acontecido. Alegan que en todo caso la Autoridad Suprema del país –pero nominal, no lo olvidemos– queda en las manos un civil, Victorino Márquez Bustillos, quien la detentará siempre y en calidad de Presidente provisional, desde 1914 hasta 1922; momento en el que Gómez, preocupado por su sucesión, reasume y unifica el poder, restableciendo dos Vicepresidencias, una para su hermano, otra para su hijo.

Al caudillo tutelar, de ordinario volcánico y primitivo si viene de oriente o de los llanos, o taimado y desconfiado si es montañés, aún se le apuesta en Venezuela, es el dato relevante.

Se le atribuye su descripción intelectual a Laureano Vallenilla Lanz, miembro de la citada generación ilustrada de los académicos del primer tercio de nuestro siglo XX. Su obra clásica, *Cesarismo democrático o Estudios sobre las bases sociológicas de la constitución efectiva de Venezuela*, publicada en 1919, es decidora al respecto y monumento al positivismo de moda: "Si en todos los países y en todos los tiempos –aún en estos modernísimos en que nos ufanamos de haber conquistado para la razón humana una vasta porción del terreno en que antes imperaban en absoluto los instintos– se ha comprobado que por encima de cuantos mecanismos institucionales se hallan hoy establecidos, existe siempre, como una necesidad fatal "el gendarme electivo o hereditario de ojo avizor, de mano dura, que por las vías de hecho inspira el temor y que por el temor mantiene la paz"; tesis que Vallenilla copia de Hippolyte Taine, autor de *Les origines de la France Contemporaine* (1975-1884).

El caudillo, gendarme o chamán, el césar que los venezolanos invocamos y nos damos periódicamente, es una suerte de talismán con su anverso y reverso, con dos facetas que interactúan y se sincronizan.

El autoritarismo puro y bruto mal podría instalarse, así no más, y en verdad, no basta para ello la apología realizada por una parte de nuestra Ilustración. Se le considera, en efecto, como el único capaz de realizar a través de su fuerza telúrica o astucia zorruna una exigencia que es sociológicamente central en la vida de Venezuela: el Mito de El Dorado, que refiere Andrés Bello y nos acompaña desde nuestra hora germinal; pero que luego refuerzan las guerras por la Independencia.

No por azar, el mismo Picón Salas escribe que "invocando a Bolívar como el dios tutelar que se llevó temprano la muerte – como la muerte se llevó temprano a nuestro último gendarme de uniforme, Hugo Chávez Frías –y vaticinando, también, todos los recursos que nuestro país puede ofrecer al mundo, viven y padecen muchas generaciones venezolanas durante el siglo XIX". Y agregaría yo que nada diferente –con más fuerza telúrica– ha sido nuestro siglo XX y su escalada hacia el paroxismo en el tiempo que corre del siglo XXI.

El propio Vallenilla, al explanar su tesis recuerda otro dato histórico de relevancia. Los mismos llaneros, el pueblo llano, en medio de su penuria y lucha por la supervivencia que lo tiene como presa de caza, incapaz de discernir entre el régimen colonial y la república, en nombre del pillaje y saqueo, así como defiende los principios republicanos al día siguiente lo hacen en favor de Fernando VII.

De modo que, es Bolívar, observando cómo los mismos soldados que sirven al realista José Tomás Boves son los que luego abrazan las banderas de la Independencia, quien explica en 1821 la razón de fondo de todo esto: "Cuando el señor general Páez ocupó a Apure en 1816, viéndose aislado en medio de un país enemigo, sin apoyo ni esperanza de tenerlo por ninguna parte, y sin poder contar siquiera con la opinión general del territorio en que obraba, se vio obligado a ofrecer a sus tropas, que todas las propiedades que perteneciesen al gobierno... (las confiscadas a los enemigos) se distribuirían entre ellos liberalmente. Este, entre otros, fue el medio más eficaz de comprometer a aquellos soldados y de aumentarlos, porque todos corrieron a participar de iguales ventajas", termina Bolívar.

En el "padre bueno y fuerte", entonces, todos los venezolanos buscan encarnar, pues él, además y por el ser caudillo es, asimismo, quien encarna la Constitución: Es su arquitecto y último intérprete a lo largo de nuestra experiencia histórica. Es quien asegura, en consecuencia, los límites de nuestro libertarismo ancestral y lo administra de modo conveniente. Eso sí, se le entiende como una suerte de recurso único, de única e inmediata instancia, sólo para realizar la Justicia las veces en que El Dorado no alcanza certidumbre en un país –cabe decirlo– que nunca tuvo a El Dorado como sí lo han tenido México y el Perú coloniales. Mas llegó a Venezuela ya entrado el siglo XX con el descubrimiento del petróleo; dado lo cual el pueblo sigue urgiendo de culpables, para que paguen a manos del gendarme gobernante por sus días de penuria o escasez.

A la ley se la entiende –más allá de las reminiscencias coloniales– como un instrumento de ajuste de cuentas, y en su defecto se acata pero no se cumple, justamente, por quienes la asumen, únicamente, como el soporte para sus "reivindicaciones" individuales.

Otra vez las palabras de Vallenilla Lanz son, al respecto, ilustrativas, pues las vierte a raíz de una trágica constatación, a saber, el engaño del que fueran víctimas, tanto por realistas como patriotas, el pueblo que usaron como carne de cañón para una guerra fratricida como la de la Independencia.

De un lado, el Libertador hace expedir en 1817 una Ley de Repartos –en esencia confiscatoria de los bienes enemigos, es decir, los venidos desde la Colonia– para satisfacer la entrega de los botines de guerra que el mismo pueblo entiende haber obtenido por el uso de sus lanzas. Y no se le cumple a cabalidad, antes bien, los tribunales, afincados en la todavía vigente legislación realista, anula muchas confiscaciones devolviéndolas a sus legítimos propietarios; en tanto que buena parte de los jefes patriotas les compran a sus subalternos, por precios leoninos, los haberes militares obtenidos.

El Congreso intenta luego solventar la situación mediante la entrega de certificados o vales que las mesnadas miran con desconfianza y como excusas adicionales para no pagarles lo que juzgan se les debe. De modo que, como lo entiende y reconoce el propio Bolívar "con hombres acostumbrados a alcanzarlo todo por la fuerza... y tantas veces engañados... no pueden adoptarse sino medios extremos... no pueden ser halagados ni entretenidos con esperanzas". De suyo, siendo así, la dictadura constitucional y el centralismo personalista que anima a su obra constitucional sería la consecuencia de su mismo quehacer revolucionario.

Al volver desengañados a sus hábitos de pillaje y nomadismo, sobre todo los llaneros, si en los tiempos coloniales podían advertir alguna ilicitud en sus comportamientos, éstos los encontraban ahora purificados por haber hecho parte de la gesta libertadora: "podían disfrazar sus bárbaros impulsos proclamando principios políticos y "reformas" constitucionales, explica Vallenilla. Prefiere ajustar, morigerando la cuestión, que "con una fe absoluta en la eficacia de las leyes, los hombres cultos pretendían cambiar con preceptos constitucionales aquél estado de anarquía espontánea, sin sospechar siquiera que él era la lógica expresión de un organismo social rudimentario en pleno trabajo de integración".

Se dictan, en efecto, leyes para contener el bandidaje desatado luego de que las tropas no encontraron su adecuada reinserción en la vida nacional, como la Ley de Hurtos de 1836 que reforma la igual dictada en Colombia en 1826. Pero las mismas, cabe reiterarlo, se acatan pero no se cumplen; tanto como el realista Domingo Monteverde dice acatar en territorio americano la Constitución de Cádiz de 1812, pero nunca ejecuta sus providencias y prefiere dar rienda suelta a sus instintos represores.

Se olvidaba, pues, "que como el principal elemento de toda revolución era precisamente aquel contra el que debía descargarse el peso de la ley, cayo ésta en desuetud, cuando los adversarios de Colombia y de Bolívar –más tarde– necesitaron halagar las pasiones populares y establecer la impunidad como sistema", concluye Vallenilla. Es una radiografía cabal lo así dicho, entonces y lamentablemente, de la Venezuela de aquél momento y de la que nos acompaña en pleno siglo digital.

No por azar, al escribir en el 2000 sobre la Venezuela del siglo XX, en lo particular en cuanto a "El Derecho: ¿práctica de vida o imposición ajena?", luego de repetir cuanto afirmaba Gil Fortoul, en cuanto a que la Constitución es para los venezolanos un librito amarillo que se reforma todos los años y se viola todos los días, señalo que "no cabe la idea de una cultura jurídica propia o doméstica en Venezuela...si se constata el sugerido divorcio entre las formas del Derecho y el sentir de la gente...", por defecto de Ilustración. "El perfeccionismo del Derecho tiene un precio perfecto: la no-eficacia del Derecho".

¿Cómo desandar, pues, la génesis del problema de Venezuela, a fin de zanjar el desencuentro existencial que todavía pesa sobre nuestra difusa conciencia colectiva? Pues, sea lo que fuere, dos perspectivas distintas lo encierran.

Una sería el comentado desdén de Bolívar por los hombres ilustrados, hijos de la razón y ajenos a las espadas, quienes en 1811 nos hacen a los venezolanos, primeramente, sujetos de derechos fundamentales e inalienables, capaces de formar una sociedad, y quienes luego le imponen al Estado naciente y en fragua, por vía de consecuencias, servir a tales derechos; lo que consta en el Manifiesto de Cartagena, que a partir de 1812 se propone cambiar nuestra partida de nacimiento y borrar 300 años de historia.

En otra banda, el maestro Rómulo Gallegos, cuya estela de hombre de letras alcanza cubrir y ganar fama en toda Hispanoamérica, afirma en 1909 que el sentido de la ley no ha penetrado en la conciencia venezolana "no porque esté calcada en la de extraños pueblos –como se dice– no es esta Constitución, nuestra Constitución, sino porque no se nos ha enseñado a verla como cosa propia, y tan extraña permanecería para nosotros si ella fuera sacada de la propia alma nacional". Y desde entonces, desde los días inaugurales poco nos importa a los venezolanos que "los de arriba" tuerzan a su antojo a las leyes porque, en verdad, las mismas no le hablan al alma –lo dice Gallegos– y su desdén tampoco nos significa nada, pues incluso quienes alguna vez claman sanciones para los violadores de la ley, que siempre son otros o los otros, lo hacen con hipocresía y sin sentir que éstos atentan contra la patria ultrajada.

¡He aquí, entonces, la cuestión vertebral que, por vía de conclusiones, determinaría nuestra circunstancia, como una trampa que ha congelado nuestra evolución y nos niega a los venezolanos el pasado y el porvenir, tornándonos en hijos del presente, de lo circunstancial! Seguimos invocando al gendarme necesario, quien hace posible nuestra esperanza del Dorado, y la ley, ora sirve para apuntalar expectativas que habrán de llegar sin esfuerzo, salvo el reclamo, ya que la cotidianidad "legal" es otra cosa; ora es válida sólo cuando su peso ha de caer sin miramientos ni atenuantes sobre aquél venezolano que intente hacernos regresar al plano de la razón y ordenar nuestros instintos.

E. *La construcción de la república civil, obra de orfebrería*

Rómulo Betancourt y Rafael Caldera, forjadores junto a Jóvito Villalba de nuestra República Civil contemporánea, que dura hasta que los militares vuelven por sus fueros, auscultan el tema que nos ocupa. Los hacen desde dos perspectivas interesantes, orientadoras en cuanto al problema de Venezuela, y la última es una corrección o complemento de la primera.

Pero un dato más cabe agregar, antes de lo anterior y me refiero, exactamente, a lo que declara Hugo Chávez Frías en 2004, al inaugurar la sede del Comando Regional 5 de la Guardia Nacional, cuando les recuerda a sus compañeros de armas que después de varias décadas de perderlo readquieren otra vez –bajo su mando– los espacios que les roban los civiles, léase los políticos, durante la República de Puntofijo.

Betancourt, en 1962, en alocución que dirige a los representantes diplomáticos de los países bolivarianos comenta que "el pensamiento de Bolívar, lo sabemos bien, ha sido falseado y deformado por los teóricos al servicio de los despotismos criollos, quienes con unas cuantas frases mal interpretadas y con citas de Le Bon, de Spencer y de otros forjaron la doctrina del "cesarismo democrático". Pero admite que "vigente continúa ese peligro para las democracias de América de los que pretenden erigirse en hombres providenciales". En pocas palabras, la primacía en Venezuela de la razón de la fuerza por sobre la fuerza ideológica de los razonantes tendría su explicación en éstos, no así en quienes, a la luz de los hechos y bajo el arrebato de ocasión, apuntalados por las armas, han impedido nuestra madurez democrática.

El entonces gobernante dirige su dedo acusador, justamente, sobre los miembros del tercer movimiento de ilustración al que varias veces me he referido, actores de la primera mitad de nuestro siglo XX. En lo particular, apunta, sin nombrarlo, al hombre de letras y amante de la sociología, Laureano Vallenilla Lanz, a quien hemos mencionado.

Rafael Caldera, a su turno, analizando el comportamiento intelectual de esta generación de levitas, que convive y buena parte de cuyos actores hacen literatura a la sombra del dictador Gómez, prefiere sostener lo siguiente: "La aventura de la Revolución Libertadora (a comienzos del siglo XX y que opone de conjunto a liberales y banqueros al dictador Cipriano Castro) es muy compleja....; pero es lo cierto que para los jóvenes venezolanos la Revolución Libertadora apareció como la última tentativa, como la última posibilidad de derribar un gobierno autocrático y permitir nuevamente el juego de los partidos y de las personalidades políticas (como lo imaginan los repúblicos de 1811 y lo alcanzan los de 1830, agregaría, pero)... lo cierto es que la pérdida de la Libertadora trajo consigo la conversión pragmática de las brillantes generaciones intelectuales de la época, que si despertaron ilusionadas con la asunción de Gómez en diciembre de 1808, después, ante un nuevo desengaño, optaron por considerar irremediable la figura del gobernante absolutista y rodearlo para servir dentro de las posibilidades del régimen los intereses nacionales".

Observa Caldera, al respecto, que así "1902, 1908 (frustrada obviamente la experiencia de la generación de ilustrados de 1830), son apenas dos hitos y no se volverán a movilizar los ánimos juveniles hacia formas de gobierno democrático, hasta el brote de la generación del 28, dos décadas después"; la que a la sazón provoca el parto de la república civil que emerge a partir de 1959.

No obstante, a fin de abrirle caminos a posibles respuestas a los interrogantes que nos hemos formulado, cabe deslindar, por lo visto, a cada movimiento de ilustrados en Venezuela; pues parecería que mantienen una suerte de hilo conductor ideológico sin solución de continuidad, pues al final, la generación de inicios del siglo XX referida por Betancourt y Caldera, cambia de perspectiva –a pesar de su cientificismo– al resignarse, al ceder ante la lucha.

Dentro del conjunto extenso de nuestros hombres ilustrados, los de 1811 son, efectivamente, discípulos de la Ilustración francesa e inglesa, en tanto que también leen a Jovellanos y a Campomanes, tanto como los hombres de 1830; si bien éstos, los últimos, se hacen llamar en la circunstancia, unos conservadores, otros liberales, sin que los primeros dejen de ser liberales y los últimos bastante conservadores de los privilegios que les dispensan las guerras de la Independencia.

Los del primer tercio del siglo XX, todos a uno, masones en su mayoría, afirman, lo hemos dicho, ser discípulos del positivismo europeo. Los de 1830, si bien alcanzan su prestancia bajo la cobertura del "primer lancero del mundo", con prestigio carismático de gran caudillo, el Centauro de los Llanos, general José Antonio Páez, primer presidente de la Venezuela cabalmente independiente, y le sirven, muestran una diferencia sustantiva con relación a los primeros.

Páez busca "someter a sus propios conmilitones y acostumbrarlos a un orden civil que, si no es el de la democracia perfecta, parece una traducción tropical de la monarquía inglesa", según sus estudiosos, como el académico e historiador venezolano Elías Pino Iturrieta. Al efecto, ejerciendo su mando a cabalidad escucha "a los hombres inteligentes del país", a la oligarquía culta que quizás le estimula, a un punto tal que en sus postrimerías, exilado y fuera del poder, se hace un hombre de letras y de pentagramas.

Pero mediando un común denominador entre los hombres de 1811 y 1830, que puede situarlos como diferentes a los de inicios del siglo XX, y admitiendo la servidumbre común al gendarme de turno entre los de 1830 y éstos, la originalidad de los primeros, quienes no logran prorrogarse en el tiempo, es que dibujan y forjan la república a despecho de los militares.

Los de 1830 ven finalizar su obra, cuando optan por prosternar y no satisfacer las ambiciones de las lanzas que hacen la Independencia; en tanto que los más recientes, quienes preceden a la luminosa generación juvenil y civil de 1928, optan por aceptar al gendarme como un mal necesario a quien deben ayudar los civiles.

La generación de 1811 tiene a muchos emblemas cuyo pensamiento es suficiente para conocerla a cabalidad intelectualmente, y concluir que si bien beben en las fuentes constitucionales americana y francesa, acopian pensamiento propio y decantado, de suyo congruente con las ideas liberales que bullen en la España invadida por Napoleón.

Juan Germán Roscio es, sin embargo, el emblema y se revela como un acendrado discípulo del Derecho natural, y en *Patriotismo de Nirgua y abuso de los reyes* (1811) recuerda que "Dios no crio reyes ni emperadores, sino hombres hechos a imagen y semejanza suya". Y añade que "el gobierno republicano fue el primero porque es más conforme a la naturaleza del hombre". Antes precisa que "piensan muchos ignorantes que el vivir sin rey es un pecado este pensamiento, fomentado por los tiranos y sus aduladores, se ha hecho tan común, que para definir al vulgo a un hombre malvado suele decir que vive sin rey y sin ley". Y continúa, afirmando que "sin ley, es verdad, nadie puede vivir, porque está impresa en el corazón de todos los hombres por el Autor de la Naturaleza...; pero sin rey cualquiera puede y debe vivir, porque es un gobierno pésimo, nacido casi siempre de la violencia y del fraude, fomentado por el fanatismo y la superstición y transmitido por esta vía desde el gentilismo hasta nuestros días".

Roscio, a la vez, en *Triunfo de la libertad sobre el despotismo*, escrito en 1817, a cinco años de fracasada la Primera República, confesando sus errores políticos, recuerda que al igual que en Venezuela, asimismo en España se derrumbó el edificio de su Constitución liberal. Y no obstante las críticas que dirige contra La Pepa, por no haber procurado una igualdad efectiva entre la Península y los países de ultramar, afirma: "Lloré, sin embargo, su ruina, y suspiraba por su restablecimiento y mejora. Me bastaba para estos sentimientos el mirar declarado en la nueva carta el dogma de la soberanía del pueblo; sentadas las bases de la convención social; abierto el camino de la felicidad a una porción de mis semejantes; y marcado el rumbo de la perfección de una obra que debía ser imperfecta o viciosa en su cuna". Y finaliza así: "Conocía luego la causa principal del trastorno, obrado por el Rey y su facción en Valencia, a su regreso de Valencey. Me confirmé en mi concepto, cuando de la prensa ya esclavizada, empezaron a salir papeles y libros contra principios naturales y divinos profesados en la Constitución. Unos textos de Salomón y San Pablo eran los habitadores de la falange, que acababa de triunfar, de las ideas liberales que han exasperado en todos los tiempos el alma de los ambiciosos y soberbios".

Mal puede decirse, entonces, que nuestros Padres Fundadores araban en la mar, desprendidos de realidades como afirma Bolívar. El caso es que hacían estimación de sus realidades a partir de la idea de la perfectibilidad de la persona humana. Apuntaban al reconocimiento de la dignidad que a todos nos es connatural y que sólo rescata nuestra contemporaneidad sobre la tragedia del Holocausto, al reclamar el renacimiento del Derecho natural como fundamento del constitucionalismo a partir de 1945.

De modo que, poniendo de lado el hecho circunstancial de la traición al ilustrado Miranda, por su subalterno Bolívar, cabe quizás como explicación del fracaso de nuestro primer experimento democrático, el argüido por Picón Salas, a saber, el faccionalismo del mundo civil frente a la unidad de la emergencia de la guerra; pues al fin y al cabo, como recuerda el mismo Picón, reparando en el tiempo posterior de la Guerra Federal, entre 1858 y 1863, "la guerra –aunque la hayan predicado los intelectuales– la hacen los hombres de armas". Llegan allí por imperativo de lo circunstancial.

Parecería, pues, que más que las ideas cabalmente democráticas de nuestra Ilustración civil, lo que se impone al final, en efecto, no es más que la realidad de las divisiones entre los mismos hombres de levita, cuyos espacios, por obra de una ley universal y de la física, los ocupan para lo sucesivo y hasta ahora las caponas y los quepis.

Al dibujar sobre el papel el comportamiento de las élites civiles y urbanas en los albores de la Emancipación y durante el período de nuestra Independencia, Picón Salas hace, sin proponérselo, un ejercicio de actualidad descarnada, que puede sorprender al menos avisado de los venezolanos del siglo XXI en curso. Comentando sobre la gente y las facciones en la Caracas de antaño, cuya efervescencia tiene tanta fuerza innovadora como la que prende en paralelo durante el Cádiz de las Cortes y que hace posible a La Pepa, refiere la existencia de tres partidos: "La caldera está ardiendo y en ella se mezclan los intereses más opuestos". "Un primer partido sería el de los aristócratas autonomistas que quieren aprovechar la excelente coyuntura de la guerra española para mandarse solos… Creen merecer más autoridad que cualquier intruso funcionario español sobre la próvida tierra venezolana…". Aunque coincidan con los mantuanos en el deseo de liberarse del régimen español, acaso un segundo partido de gran fuerza propagandística –prosigue– es el formado por la juventud que leyó libros de Francia y vibra con el humanitarismo fraternal e igualitario de la Revolución…". Y agrega que "con desconfianza miran lo que pasa quienes se pueden llamar los hombres del tercer partido: comerciantes y funcionarios españoles que se ven desplazados ante la insurgencia del patriciado criollo; y elementos conservadores de una indecisa y borrosa clase media, cuyo viejo estilo colonial de vivir se previene de toda innovación…Y aún el pueblo, a veces, prefería al funcionario español que por no estar ligado a los intereses de la casta aristocrática, hacía justicia y aplicaba una ley pareja, al ensoberbecido patricio criollo que subrayaba su altanera preeminencia".

La traición de Bolívar a Miranda, que funge como parte aguas de nuestra historia recorrida y en cuanto al asunto que nos ocupa, en verdad y más allá del ánimo incubado en El Libertador luego de su fracaso en Puerto Cabello, parece encontrar explicación en la vesania de los civiles y mantuanos quienes le rodean en la hora.

Guillermo Burke, sin embargo, pone el énfasis en un comportamiento propio y anticipado de quienes abonan en favor de la razón de la fuerza, al precisar en su opúsculo sobre *Tolerancia Religiosa* (1811) que "en vano habrían trabajado los apóstoles de la tiranía si, induciendo al fanatismo, no hubiesen privado también la libertad de pensar y santificado la ignorancia". De allí que, bien apuntan los ilustrados de Cádiz y de Caracas cuando a su turno respectivo, aquellos, antes de sancionar la Constitución Política de la Monarquía Española en 1812, aprueban una Ley de Imprenta en 1810, tanto como éstos, antes de sancionar la Constitución Federal para los Estados de Venezuela, en diciembre 23 de 1811, en la Proclamación de los Derechos del Pueblo, sancionan que "el derecho de manifestar sus pensamientos y opiniones por voz de la imprenta debe ser libre", aun cuando la condicionen al respeto del dogma y la tranquilidad pública.

La Sección Legislativa de Caracas, que adopta un Decreto de Libertad de Prensa el mismo año, reconoce "que la imprenta es el canal más seguro para comunicar, a todos, las luces, y que la facultad individual de los ciudadanos de publicar libremente sus pensamientos e ideas políticas es no sólo un freno de la arbitrariedad de los que gobiernan, sino también un medio de ilustrar a los pueblos en sus derechos y el único camino para llegar al conocimiento de la verdadera opinión pública".

No huelga afirmar, a todo evento y en línea con esta apreciación, que si acaso la tesis bolivariana del "gendarme necesario" hubiese sido cierta y realista como válidos los remedios que propone a lo largo de casi dos centurias de acontecer republicano inacabado y siempre en reinicio, la circunstancia de otras latitudes que nos son próximas –Colombia, Uruguay, Argentina– sería la misma, y no lo es. ¿O será que los causahabientes del mismo Bolívar no hicieron buena su consigna de "moral y luces" como nuestras primeras necesidades, que sí la apreciaron e hicieron suya, anticipadamente nuestros hermanos gaditanos, según lo admite Roscio, quienes al sancionar La Pepa, como cabe repetirlo, y propiciar un tránsito no violento entre el Antiguo Régimen y la modernidad, prescriben como fundamento y columna vertebral de su obra constitucional y libertaria el contenido del célebre artículo 371, situado deliberadamente en el Título sobre la Instrucción Pública: "Todos los españoles tienen libertad de escribir, imprimir y publicar sus ideas políticas sin necesidad de licencia, revisión o aprobación alguna anterior a la publicación, bajo las restricciones y responsabilidades que establezcan las leyes".

La generación de 1830, por su parte y en cuanto a su cosmovisión, puede leerse mejor y en sus enseñanzas, quizás en Fermín Toro y no sólo en Tomás Lander, resurrecto de la ilustración fundacional, quien en comunidad con Roscio es cultor del iusnaturalismo en los términos siguientes: "Las leyes de la naturaleza deben ser las primeras lecciones –lo recuerda en su *Manual del Colombiano o Explicación de la Ley Natural*– de todo joven que no quiera andar tropezando en cada paso de su vida", y al señalar que la sociedad implica "un contrato expreso o tácito", a perfilar la idea de Justicia y la forma en que prescribe a la misma ley natural, habla de los atributos inherentes a la organización del hombre, "la igualdad, la libertad, la propiedad". Y para que gobiernen las leyes, como expresión de la libre voluntad general, y no los hombres, sostiene Lander que, a la luz de la enseñanza natural, "es absolutamente preciso que estén separados los tres poderes: legislativo, ejecutivo, y judicial".

Toro tiene apenas 23 años cuando Venezuela se constituye finalmente como República independiente y, forjándose como periodista y tribuno parlamentario de fuste, en vísperas de iniciarse la Guerra Federal ejerce como ministro de hacienda y de relaciones exteriores, pero sobre todo preside la Convención Nacional de Valencia, en un intento por frenar la deriva despótica y antidemocrática cuando anuncia volver por sus fueros en 1858.

En un momento crítico, sobre lo fatal de la citada guerra y con vistas a la dictadura de circunstancia que ejerce Páez, quien antes fue gobernante demócrata y conciliador, le escribe a éste para decirle "duras verdades" sobre una premisa: "Creyó Usted también que para realizar su idea, necesitaba estar revestido del poder dictatorial que usted obtuvo por su poder y que hemos visto sus esfuerzos para emplearlo en realizar el hermoso pensamiento de terminar la guerra e inaugurar una época de paz". Pero le advierte que no fue así, y que ese hecho externo "en que se usa la fuerza para conseguir un fin deseado aun suponiendo éste honesto" trocó en "poder absoluto, arbitrario y tenebroso que todo lo demuele y nada crea; que ahoga la voz de la libertad e impone silencio hasta las más justas quejas".

Al caso y dado su fracaso, Toro previene a Páez, en 1862 (¿?) sobre el camino recomendable, a saber, darle a la sociedad "ciertas condiciones de existencia política a las cuales no renuncia nunca ninguna sociedad por más humillada que éste, por más marcada que sea con el sello de la desgracia y el látigo del despotismo si una vez, una vez siquiera ha respondido ésta a la libertad, ha visto la luz de la civilización, si no va a ser contada en el número de las civilizadas".

Venezuela, en su criterio, jamás podría ya renunciar a un mínimo común y ese se lo indica a través de una pregunta y otra afirmación: "¿Cree usted que puede hoy gobernarse un pueblo, valeroso e inteligente, ahogando estrechamente su libertad y aniquilando su representación política?... Hoy no queda ni aquel simulacro (de Congreso y de libertad de imprenta de los Monagas)... Tampoco hay un solo periódico. Sí, hay uno, (comenta Toro) el consagrado oficialmente a la mentira y el delirio, para difundir en la República el engaño y el terror".

El testimonio de Fermín Toro es revelador del credo de su generación, nuestro segundo movimiento ilustrado, que cabe destacar en su importancia pues, efectivamente, ocurre en su tiempo una verdadera división dentro del movimiento civil de estirpe democrática, y en el marco de un paradójico panorama en el que se reflexiona ampliamente y a profundidad "sobre el destino de Venezuela"; a saber, cuando "florecen los periódicos con redactores solventes y polemistas de insólita calidad", como lo destaca con su pluma fértil y sin concesiones Pino Iturrieta.

Se enfrentan "sin conciliación, dos generaciones. La de los sosegados hidalgos y letrados [ya citados, los de 1830 y los que vienen de atrás] que habían acompañado a Páez y entre 1858 y 1860 asisten a las tertulias de don Manuel Felipe de Tovar, y los que aprendieron su populista evangelio de rebeldía, en los escritos de Antonio Leocadio Guzmán".

En contra de los forjadores del constitucionalismo inaugural de 1811 y de 1830, liberales en su esencia, bajo el nombre de liberales y tras los intelectuales que así se hacen llamar a partir de ese instante, vuelven las lanzas de la Independencia para apuntalar sus despropósitos; y en el acre debate que se da entre Toro y Guzmán el viejo –padre de esa suerte de César y Napoleón que procuran los acontecimientos y es su hijo, Antonio Guzmán Blanco, autócrata durante el último tercio del siglo XIX venezolano– aquél le escribe para recordarle que "nunca daré mi adhesión a un poder arbitrario y opresor que no tiene otros resortes que el terror y la violencia. Tampoco he sido partidario de la Federación (que es el nombre del movimiento guzmancista, que se presenta como reacción al centralismo paecista liderado por los centralistas de 1811) cuando su bandera (efectivamente) combatía un gobierno legítimo y una Constitución liberal".

En suma, la Ilustración de 1830, tanto como la de los Padres Fundadores, naufraga, no por argüir ideas inválidas, sino víctima del faccionalismo, de las ambiciones y el personalismo. Dice bien Pino Iturrieta, a la sazón, que "con Páez otra vez en el poder (1839-1843) y durante la gestión de Carlos Soublette (1843-1847), mientras coincide la materialización del pensamiento con una severa crisis económica, ocurre el divorcio de los notables", de esa "combinación de protagonistas integrada por patriarcas severos (quienes realizan su trabajo con ponderación para la forja de una nueva patria) y letrados díscolos (quienes pescan el río revuelto)". Y desde allí, como se ve, emergen dos oligarquías intelectuales distintas "sobre las cuestiones de mayor entidad"; una democrática contumaz, otra logrera y oportunista, sin dejar de ser ilustrada. Pero suficiente para que el país tome la senda de la disgregación, que no se supera, "como un cuero seco –copio otra vez a Pino Iturrieta– en que imperan los gamonales y sus plumarios".

### F.  *El optimismo de la voluntad o el mito de Sísifo*

Una vez como las espadas alcanzan en Venezuela el propósito de la libertad, arrasan y toman como cosa propia – a la manera del botín - las tierras liberadas.[117] La anarquía posterior a la Independencia propicia despojos y nace una nueva oligarquía militar terrateniente. Son dictadas, vuelvo a recordarlo, leyes de secuestro y se instalan comisiones para el reparto de las tierras entre los soldados. Es desarticulada la sociedad civil en tímida formación y son destruidas y abandonadas las haciendas con sus siembras y ganados. Tres centurias de historia y tradición hispanas son borradas en un tris y no se permite que dejen saldo fértil alguno. La empresa "liberadora" es, desde entonces tarea épica que no concluye y a diario comienza, desde cero.

"Son numerosas las plumas que se emplean a fondo para justificar el gobierno de Gómez a través de la óptica positivista", cabalmente distinta a la de nuestros Padres Fundadores y a la Ilustración que luego nos organiza, definitivamente, como realidad independiente cabal, en 1830.

---

[117] En Venezuela, mediante ley de 3 de septiembre de 1817, se secuestran y confiscan a favor de la República los bienes del gobierno español y sus vasallos o servidores de origen europeo o americano, a la que sigue la ley de 10 de octubre del mismo año que ordena repartir dichos bienes entre los militares proporcionalmente. Luego, con ley del 6 de enero de 1820, el Congreso de Angostura, que dicta la Constitución de 1819, ordena asimismo repartir los bienes nacionales a título de recompensas entre los servidores de patria durante la guerra de independencia. Tales disposiciones son ratificadas, posteriormente, por el Congreso de la Villa del Rosario de Cúcuta con ley de 28 de septiembre de 1821, que legitima las confiscaciones y la repartición hecha entre los soldados patriotas (*Vid.* Allan R. Brewer-Carías, "El régimen de las tierras baldías y la adquisición del derecho de propiedad privada sobre tierras rurales en Venezuela", septiembre de 2005).

Pino Iturrieta en *Venezuela metida en cintura 1900-1945*, destaca dentro de aquéllas a "Pedro Manuel Arcaya, José Gil Fortoul, Laureano Vallenilla Lanz y César Zumeta". Y sostiene que, "grosso modo, (al éstos) observar en Venezuela la presencia de una raza mezclada por la unión de tres distintas etnias que en tres siglos desarrolla una caracterología cuyas tendencias trasmitidas de generación en generación, merced al factor hereditario, crean una colectividad impulsiva, valiente, belicosa y veleidosa", juzgan que "el caudillo, protagonista excepcional del siglo XIX, es la clave para la comprensión de tan descompuesta escena", que hoy sigue haciendo de las suyas.

Pero no sería justo reducir el acontecer vital de éstos hombres ilustrados al papel de meros escribanos de dictaduras. De allí, quizás, la validez de la explicación que nos diera Caldera, a saber, la resignación, el pesimismo ante la adversidad, que es el mejor aliento que nutre a los autócratas, y desarticula los impulsos hacia la civilización.

Rufino Blanco-Fombona, siete años antes de su ingreso a esta Real Academia como académico correspondiente, en yunta con José Ladislao Andara, autor de la obra *Evolución política y social de Venezuela* (1904), Pedro Manuel Arcaya, Manuel Díaz Rodríguez, y el mismo Zumeta, mi predecesor, desde la misma sede del gobierno, en la Casa Amarilla, deciden crear el Partido Radical para "redimirnos de la barbarie, representada hoy por Gómez". Y al hacer constar su credo sustancialmente democrático, hablan de un "partido político, radical, civilista, civilizador... que luche contra la barbarie soldadesca, instaure una severa moral política..., plantee una nueva justicia social, despierte en el país la confianza en sí, en sus fuerzas, en su porvenir, se oponga a la farsa de los viejos liberales y al estancamiento del pétreo conservatismo anacrónico". La iniciativa se la plantean el 6 de septiembre de 1909.

Mas, el día 8 siguiente, siguiendo con fe en sus objetivos y entendiendo "que los liberales de Venezuela se han convertido en conservadores; que los conservadores se evaporan como partido; y, por último, que amenaza levantarse y prevalecer, como en la época de Castro y con un hombre inferior a Castro en todo, el personalismo más rastrero y peligroso"; aun así, se preguntan si podrán lograr sus objetivos, antes de reconocer que "entre nosotros se ha llegado al más triste estado: aquel en que los hombres carecen de fe unos en otros; y en que, unos y otros, carecen de fe en el esfuerzo ya personal, ya colectivo".

Por lo mismo, diría para finalizar, en este instante en que la Venezuela civil duda y se fractura, parte de ella acusa desaliento ante el porvenir, que el tiempo en el que Venezuela logra su mayor período de estabilidad constitucional y democrática, entre 1958 y 1999, ocurre por cuanto sus actores, antes acres adversarios, pero todos a uno demócratas con fe de carboneros, hacen cesar entre ellos la conflictividad ideológica estéril y los personalismos que ésta procura. Y las distintas parcelas intelectuales y partidarias actuantes y que representan, ninguna de las cuales, por cierto, renuncia al culto de lo bolivariano, acicateadas por la noche oscura de la dictadura militar (1948-1958), encuentran como piso común la idea del pluralismo democrático y su defensa en común.

Ello, a la luz de la experiencia, es el mentís cabal al determinismo positivista que otra vez se nos sobrepone y al que nos han sujetado los gendarmes y sus escribanos de toda hora. La vuelta de éstos, hace 15 años, no cabe dudarlo, ocurre sobre un vacío de coyuntura, originado en el agotamiento y fractura de ese pacto social e institucional necesario, cuyo asiento es la Constitución de 1961; pero que los actores civiles e intelectuales de la última hornada democrática no alcanzan a recomponer, en un instante trágico cuando éstos asumen la experiencia libertaria conocida como una empresa acabada y no necesitada de su siembra cotidiana.

De modo que, por encima del panorama que domina la historia de Hispanoamérica y de Venezuela, ahogando las voces de la democracia, los pequeños intersticios temporales que ésta conquista, no obstante y en buena hora valen y bastan para sostener con optimismo esa memoria acerca de unos orígenes nada bastardos que nos anudan a una idea de libertad responsable, fundada en las virtudes de la moderación civil y política, de la tolerancia mutua, como lo recordara Tomás Lander; pero que mal podrán hacerse inmunes a nuestra indocilidad de carácter si sigue mediando, ora en el gobierno, ora en la sociedad civil y tras arrestos de prepotencia que no ceden en nuestro espíritu colectivo, con sus costos ominosos, la persecución o el aislamiento de quienes discrepen y el silencio o descalificación de sus opiniones.

Vale, en este orden, las palabra sabias y oportunas del actual Papa Francisco, quien antes de acceder a la Silla de Pedro nos pide a todos –hijos de la fuerza o cultores de la razón– re-jerarquizar la política como obra colectiva, desvirtuada por la partidocracia utilitaria y la pérdida de las certezas. Al efecto, nos sugiere en buena hora pasar del nominalismo formal a la objetividad armoniosa de la palabra, volver a las raíces constitutivas y a la memoria histórica, salir de los refugios culturales y buscar la trascendencia capaz de enlazar sin dividir a las generaciones, caminar desde lo inculto al señorío sobre el poder, en fin, avanzar hacia pluriformidad en la unidad de los valores, descartando el sincretismo de laboratorio, sirviendo, eso sí y en todo caso, a la verdad.

## 8. EN LA PRESENTACIÓN DE LA OBRA COLECTIVA, DEL PACTO DE PUNTO FIJO AL PACTO DE LA HABANA

29 de julio de 2014

### A. *El siglo de Venezuela*

Al narrar la historia de nuestro siglo XX, en la obra *De la Revolución Restauradora a la Revolución Bolivariana* afirmo que este, inaugurado dentro de los cuarteles y finalizado en la horma de los partidos, es el siglo de Venezuela. Quizás nuestro único siglo.

Los muy dolorosos y desdorosos acontecimientos ocurridos en el país desde el mes de febrero y que tienen como epílogo la muerte moral de la República, ante la desnudez de un régimen sin decoro ni escrúpulos, amoral, me reafirman en lo dicho.

En el siglo XIX Venezuela vive su Medioevo. El pueblo, que de la Independencia nada obtiene, pues el suelo patrio se lo reparten los amos de las muchas revoluciones y revueltas que se suceden a lo largo de este siglo de traiciones y ambiciones, corre presuroso, por necesidad o avidez, tras "quien le lee un programa demagógico o le convoca para la aventura armada". Esto lo recuerda Rómulo Betancourt.

Esa mala historia deja raíces profundas que aún nos sirven de parte aguas cultural y ético, desdibujando nuestra identidad como venezolanos.

Al apenas iniciarse el siglo XXI ella vuelve por sus fueros: "En el país, hay una revolución militar en marcha, que debe ser permanente, no puede detenerse", reza el testamento político que deja a los suyos Hugo Chávez Frías el 28 de diciembre de 2012, despidiéndose de los mortales.

*Del Pacto de Punto Fijo al Pacto de La Habana*, obra colectiva que prologamos y coordina el ex ministro de obras públicas del primer gobierno de Rafael Caldera, José Curiel Rodríguez, ejemplo del servidor público que antes tuvo Venezuela, muestra con cifras aleccionadoras las consecuencias prácticas de un dilema histórico que se resiste a su final solución.

El país alcanza su desarrollo integral y obtiene sus mayores cotas de bienestar, bajo gobiernos cabalmente civiles y democráticos. Busca resolver, en términos positivos, el drama que tiene como personajes al ex rector y presidente José María Vargas y el general Pedro Carujo: "Venezuela es de los valientes; no general, es del hombre justo".

Nuestros activos materiales y sociales se deterioran o no avanzan con igual o mayor rendimiento, antes bien, cuando se producen regresiones como la corriente y en boga; que, en esencia, nos niega el derecho a la madurez y emancipación social, y que busca sostener el providencialismo tutelar que es inherente a la obra constitucional de Simón Bolívar.

Las cifras y datos de la obra de Curiel y sus colegas son bastantes. Pero incluso así, hoy como ayer, se repite, incluso en auditorios informados, que la "década militar" que finaliza en 1958 fue la más rendidora; o que la "década actual" y algo más, que marca la ruptura de nuestra urdimbre como pueblo, no tiene más pasado que el abismo.

La ausencia de un análisis serio al efecto, y la falta de defensa de las realizaciones de la democracia por sus mismos actores: no pocos reciclados en siglo actual, es lo que da lugar al "retorno de los militares a la política". Bien lo comenta el fallecido Simón Alberto Consalvi, en uno de sus lúcidos ensayos.

Pasamos por alto que la expectativa de vida, para 1955 era de 51,4 años, y en 1998 sube a 72,8 años, por un dato incontrovertible: Se construyen acueductos y multiplican en 65% entre 1959 y 1964, y crecen luego, exponencialmente, hasta servir en 1998 a 19.142.910 habitantes. Se producen 3.033.899.000 $m^3$ de agua, y las cloacas o aguas servidas alcanzan proteger de las enfermedades a 15.220.686 habitantes.

Venezuela, excluyendo a su boutique caraqueña, es en 1958 un país de letrinas. La dictadura construye tantas que suman 149.654 para 1955. Contábamos apenas con 3 universidades públicas y 2 privadas, que aumentan hacia 1998, cuando nuestra geografía es cruzada por más de 200 instituciones de educación superior. Y en vialidad, que no existe a inicios de la dictadura del general Juan Vicente Gómez, constructor de las primeras tres carreteras que cruzan al territorio nacional, entre éstas la Transandina, hasta 1955 se construyen 19.927 km., llegando a ser 95.529 km. en 1998 y encontrándose asfaltados o con granzón 61.819 km.

Nada que decir sobre la salud. Desaparecen las endemias y epidemias a lo largo del siglo XX. En 1955 cuenta Venezuela con 228 hospitales, de los cuales 89 son privados. Los centros de salud, en poblaciones entre 5 y 15 mil habitantes son 11 y 396 las medicaturas rurales. Y ahora que las enfermedades superadas regresan en pleno siglo XXI e intenta mitigarlas el gobierno con médicos cubanos importados, se olvida que en 1998 contábamos con 39,6 profesionales de la salud (23,7 médicos) por cada 10.000 habitantes y 50.815 camas hospitalarias. Los hospitales generales se elevan a 927, de los cuales 344 pertenecen al sector privado, y los ambulatorios suman 4.027, de los cuales 3.365 son rurales.

El penúltimo hito del país pasivo y sedentario que entonces fuimos, como el actual, cuyo gendarme tutelar es quien dispensa a su arbitrio bienes y privilegios entre ciudadanos sin ciudadanía, son los días postreros al 23 de enero de 1958, pero no más allá.

A propósito del Plan de Emergencia que adopta el Vicealmirante Wolfgang Larrazábal, presidente de la Junta de Gobierno, media el problema que le plantea su ministro del interior, Numa Quevedo. Los pobres del campo avanzan como langostas hacia Caracas: "Presidente, o plomo, o plata", son sus palabras.

Aun así, Larrazábal, cuyo espíritu democrático aflora en un instante crucial como el que vive José Antonio Páez en 1830, le fija a sus compañeros de armas el rol que en buena lid les corresponde para lo sucesivo: "apoyo pasivo, pero enérgico, de toda la organización del Estado"; y ante los problemas de fondo y las necesidades de la población, prefiere la actuación sabia de la soberanía popular.

Ese es, justamente, el espíritu que cristaliza, como ánimo, en el Pacto de Punto Fijo, suscrito entre las distintas banderías políticas nacionales el 31 de octubre de 1959, y que evoca con su título este libro hecho de datos y de cifras, completado con el de Pacto de La Habana.

Aquel Pacto buscó asegurar la unidad nacional –distinta del "unanimismo impuesto por el despotismo", como reza su texto– basada en la inteligencia, el mutuo respeto y la cooperación recíproca entre todos para la "consolidación de los principios democráticos" y "auspiciar la unión... en el esfuerzo de lograr la organización de la nación venezolana", como exigencia superior.

Punto Fijo le otorga reconocimiento a los "amplios sectores independientes que constituyen factor importante de la vida nacional". Acepta y propicia las diferencias y la autonomía organizativa de los partidos, tanto como procura el compromiso de todos con un "programa mínimo común" y destaca la idea de unidad "como instrumento de lucha contra la tiranía y contra las fuerzas en aptitud de reagruparse para auspiciar otra aventura despótica". No albergan dudas sobre la naturaleza de su adversario.

B. *El pacto de La Habana*

Pero tras dicho Pacto se cocina, otra vez en las hornillas de la traición, el llamado Pacto de La Habana.

Importa recordar, por ende, no tanto lo que sabemos por nuestra proximidad temporal a los hechos, es decir, que nuestro último gobernante de uniforme decide morir lejos de la patria y someterse al cuidado de quienes, durante los años sesenta del pasado siglo mancillan nuestro suelo con dos invasiones armadas: El Bachiller y Machurucuto. Me refiero a los hermanos Castro.

Dada nuestra sordera histórica, cabe recordar lo que es historia y hasta profecía omitida por la pasada y presente generaciones. Betancourt, al concluir su gobierno en 1964, advierte que:

"Fácil resulta explicar y comprender por qué Venezuela ha sido escogida como objetivo primordial por los gobernantes de La Habana para la experimentación de su política de crimen exportado.

Venezuela es el principal proveedor del Occidente no comunista de la materia prima indispensable para los modernos países industrializados, en tiempos de paz y en tiempos de guerra: el petróleo. Venezuela es, además, acaso el país de la América Latina donde con más voluntariosa decisión se ha realizado junto con una política de libertades públicas otra de cambios sociales, con simpatía y respaldo de los sectores laboriosos de la ciudad y el campo. Resulta así explicable cómo dentro de sus esquemas de expansión latinoamericana, el régimen de La Habana conceptuara que su primero y más preciado botín era Venezuela, para establecer aquí otra cabecera de puente comunista en el primer país exportador de petróleo del mundo".

En fin, la mirada hacia el pasado y la observación crítica del presente, que nos plantea el libro de Curiel, no es nostálgica y menos ociosa.

Si somos conscientes de la ruptura de nuestros lazos sociales y la ausencia de instituciones que nos amalgamen bajo la idea de una ciudadanía compartida, cabe convenir que lo primero es "revitalizar la urdimbre de la sociedad".

Pero la unidad del pueblo, según aconseja el Padre Jorge Mario Bergoglio, hoy Papa Francisco, al escribir en 2005 sobre *La nación por construir*, se fundamenta en tres pilares: la memoria de sus raíces, pues le evita la importación de programas de supervivencia; el coraje frente al futuro, que le impide ser dominado; y la captación de la realidad del presente, pues quien no analiza con claridad lo que vive se fragmenta.

La utopía, necesaria para avanzar, anclada en esas raíces constitutivas que han de escrutarse y discutirse para que nos den una trascendencia fundante en la diversidad, y aten los nichos partidarios o refugios personales que nos acogotan, exige aceptar, además, lo que aprecia el último ilustrado de nuestro siglo XX, el fallecido ex presidente Ramón J. Velásquez:

"[Hemos de] reconstruir la unidad espiritual de los venezolanos, resquebrajada por la fiera lucha política a la que hemos asistido en los últimos años... Entre tropiezos, indudables aciertos y gravísimos errores, la democracia fue cambiando los hábitos de comportamiento cívico de su pueblo... nuevas fuerzas sociales han nacido y tomado conciencia de su poder... y el país político... desborda los moldes que hicieron posible, en 1959, el camino que hoy permite a Venezuela... exigir como condición de la paz política y social, un nuevo acuerdo...; pero que consulte las coordenadas del siglo XXI".

Saludo como venezolano, en fin, el extraordinario trabajo intelectual del doctor Curiel y sus colaboradores, pues al restablecer y fijar en sus justos términos la memoria nacional le pone freno a nuestro desarraigo pronunciado como pueblo y contribuye a sanar nuestras incertidumbres como nación.

## 9. LIBERTAD DE EXPRESIÓN Y PRENSA VS. HEGEMONÍA COMUNICACIONAL DE ESTADO: PREFACIO DEL LIBRO *A CALLAR QUE LLEGÓ LA REVOLUCIÓN*

3 de septiembre de 2014

Ha aceptado, como distinción honrosa, prologar para su publicación la tesis de Maestría en Ciencias Políticas de Paola Bautista Alemán, egresada de nuestra Universidad Simón Bolívar, quien realiza, desde un plano esencialmente experimental y objetivo, pero aportando conceptos que soportan sus análisis y conclusiones varias, una valiosa investigación sobre del comportamiento totalitario de la televisión estatal venezolana –Venezolana de Televisión–. Es su propósito, al efecto, confrontar y desnudar el fenómeno que, acabadamente, describe con su título: *Revolución Bolivariana y Comunicaciones Totalitarias*.

La autora explica y demuestra, sin dejar resquicios para la especulación, la forma en que ocurre la configuración de un espacio público a la medida del proyecto político dominante en Venezuela, en el que predominan, como ella misma lo constata, la censura y la propaganda; que si bien tienen lugar dentro del espacio temporal al que se contrae su observación, hacen evidente una tendencia afirmada, para cuyo conocimiento, mediando descripciones fácticas veraces, nos ofrece los aportes teóricos que facilitan su comprensión como problema que hoy se extiende, por cierto, hacia otros países que comparten intereses políticos con el nuestro.

La constatación de un régimen totalitario en materia comunicacional, según lo evidencian las páginas que integran la obra que sigue, se hace desde una perspectiva científica pero no ajena a su cometido político y pedagógico, a saber, como lo aspira Bautista, alcanzar en los sectores democráticos, interno y regional, eso que tanto pide Monseñor Jorge M. Bergoglio –hoy Papa Francisco– a quienes luchan con construir Nación e identidad sobre los despojos que a su paso dejan procesos revolucionarios como el que es objeto de su diagnóstico en la perspectiva comunicacional. Es decir, "la captación de la realidad del presente", el análisis certero de la realidad que se vive y donde se trabaja, si posible desde la periferia, sin prevenciones, como si se estuviese en una mesa de laboratorio, para así impedir la fragmentación o atomización que reclama construir en el mismo presente "el coraje para el futuro con la memoria de nuestras raíces (Jorge M. Bergoglio, S.J., *La nación por construir: Utopía, pensamiento y compromiso*, Editorial Claretiana, Buenos Aires, 2005, *passim*).

Por lo mismo, para sumar esfuerzos al análisis empírico que nos ofrece Paola Bautista de Alemán, considero que nada mejor que retribuirla –honor con honor se paga– con unas breves reflexiones, desde la perspectiva jurídica y política, acerca de la cuestión de fondo a la que se contrae su tesis y que la misma prueba hasta la saciedad.

### A. *El populismo dictatorial electivo*

En el curso de la última década y algo más –es lo que deseo comentar– se ha instalado en Hispanoamérica, paulatinamente, una inédita como perversa experiencia de populismo dictatorial electivo, que acaso y en apariencia es una reedición del "cesarismo democrático" descrito por la literatura positivista de inicios del siglo XX.

En la práctica, esta vez se trata de una franquicia que bajo el nombre de Socialismo del Siglo XXI se expande como un virus y contamina a la región, con grave perjuicio de sus democracias. Intenta montar en el tren de los ilusionismos a la ciudadanía que aún vive y hace crisis dentro de nuestros Estados por obra del profundo cambio histórico y global que a todos nos acompaña. Promete la redención social, una nueva historia, la fragua de un "hombre nuevo", y pretende una narrativa distinta de la libertad y la civilización occidental. Pero eso sí, bajo la férrea tutela de neo-autócratas –en tiempos de globalización– quienes llegan al poder a través del voto popular con el propósito de concentrarlo cabalmente, y desde allí procurar reelegirse sin solución de continuidad.

Estos han provocado constituyentes de corte plebiscitario o reformas constitucionales intempestivas para luego, con vistas al señalado cometido, adquiriendo el dominio previo sobre todas las ramas del poder público y la economía, atacar y restarle crédito a la prensa independiente y a los periodistas. Los hacen responsables de los males de actualidad y tildan de voceros de oligarquías insensibles.

Sucesivamente, los gobernantes alineados en esta prédica, mediante leyes dictadas al efecto, han estado forjado verdaderas hegemonías comunicacionales; sus gobiernos mudan en jefaturas de redacción y aquéllos hasta tienen programas cotidianos que se transmiten desde los palacios presidenciales.

Comprender el significado y los alcances de este inédito fenómeno autoritario y legislativo –que desborda y deja atrás el clásico antagonismo entre el ejercicio de la libertad de prensa y las leyes penales sobre difamación, injurias o calumnias, a las que apelaban de ordinario los gobiernos irritados por la crítica de la opinión pública– es hoy indispensable. El mismo intenta cambiar el paradigma de la prensa y sus libertades en las Américas, y no solo reformarlo.

B. *Estándares de la prensa libre*

¿Cuáles han sido y son los estándares de la prensa libre de toda democracia?

De acuerdo con la jurisprudencia sobre derechos humanos, tanto constitucional como la interamericana, en cuanto a la libertad de expresión y prensa cabe decir:

(1) Que se trata de un derecho y no es una concesión o privilegio que dispensa el Estado;

(2) Que es un derecho complejo, cuyas manifestaciones normativas son interdependientes e inseparables: pensar, expresarse, opinar, informarse e informar a los otros, como disponer de medios para ello, con libertad y como libertad;

(3) Que tiene como derecho dos dimensiones, la individual y la social, que no pueden sobreponerse o separarse la una a la otra sin la mengua de ambas;

(4) Que comprende el derecho a buscar, recibir y divulgar opiniones e informaciones;

(5) Que la censura directa o indirecta de las mismas queda prohibida, dado lo cual no puede condicionarse la expresión, ni formal ni materialmente, menos bajo exigencias de veracidad, salvo la demanda en los comunicadores de la "debida diligencia" y la "buena fe" al informar;

(6) Que el abuso de dicha libertad –al afectar derechos de terceros o el orden público "democrático"– sólo puede dar lugar a responsabilidades ulteriores, que sean legales, democráticas, necesarias, proporcionales, razonables, las que menos afecten a la misma libertad y no se transformen en una forma indirecta de censura, como las responsabilidades penales o las civiles de carácter confiscatorio, el control de papel e insumos para los periódicos, o la asignación de frecuencias radioeléctricas;

(7) Que sólo caben la censura clasificatoria para proteger a menores y adolescentes, y la prohibición anticipada y expresa de informaciones que hagan apología de la guerra o del odio nacional y constituyan incitaciones a la violencia o a la ilegalidad con fines discriminatorios;

(8) Que su regla de oro es el pluralismo, a cuyo efecto resultan inadmisibles los monopolios de los medios, sean privados o estatales, salvo las complementariedades que los aseguren para competir y ser económicamente sustentables, de suyo independientes;

(9) Que al producirse un eventual choque entre dicha libertad y otros derechos, sin que ello implique vaciamiento o minusvalía de los últimos, ha de preferirse aquélla cuando la expresión incida sobre el escrutinio democrático o el control de la actividad del Estado y sus funcionarios;

(10) Que, en fin, al quedar comprometido el ejercicio de dicho derecho a la libertad de expresión y prensa con la seguridad y el orden público de la democracia, cabe recordar, como lo hace la Corte Interamericana de Derechos Humanos, que "de ninguna manera podrán invocarse el Orden Público o el Bien Común como medios para suprimir un derecho garantizado por la Convención o para desnaturalizarlo o privarlo de contenido real".

Durante el largo período de vigencia de estos estándares y a partir de la modernidad, como atentados a la libertad de expresión se recuerdan las medidas de cierre o de censura impuestas por las dictaduras militares o revolucionarias de América Latina a la prensa escrita de propiedad esencialmente familiar; la imposición de la propaganda de Estado durante el fascismo y en los regímenes comunistas, quienes estigmatizaban a los productores independientes de noticias para que sus informaciones no llegasen a destino o perdiesen su valor y credibilidad; o acaso las relativas a la presencia monopólica de la radio y televisión públicas en la Europa occidental en fecha posterior e inmediata a la Segunda Gran Guerra y como derivación del *status* totalitario precedente; no obstante lo cual, los periódicos, en su mayoría órganos informales de los partidos políticos democráticos, luego se beneficiaban para su sostenibilidad de la distribución equitativa de la publicidad estatal ordenada por la ley.

C. *Venezuela es el mal ejemplo*

La perspectiva actual busca ser otra y debo decir, lamentándolo, que Venezuela, es el anti-modelo.

La revisión sustantiva, y comparatista de las actuales leyes de regulación de los medios radioeléctricos –y de la prensa escrita, contemplada por la legislación ecuatoriana– para el control de los contenidos de la información, adoptadas durante los últimos años en Argentina, Bolivia y Ecuador, encontrándose pendiente de su sanción la ley uruguaya, prueba que todas a una de dichas leyes se inspiran en la llamada Ley RESORTE o Ley de Responsabilidad Social de Radio y Televisión de Venezuela; sancionada en el año 2004 y reformada en 2010. Desde el punto de vista conceptual e ideológico como teleológico, son prójimas de ésta la Ley de Servicios de Comunicación Audiovisual de la República Argentina, de 10 de octubre de 2009 (Ley 26.522); la Ley General de Telecomunicaciones, Tecnologías de Información y Comunicaciones (Ley 164) promulgada por Bolivia el 8 de agosto de 2011; y la Ley Orgánica de Comunicación del Ecuador, promulgada el 21 de junio de 2013.

¿Cuáles son, en síntesis, las líneas maestras de estas novísimas leyes, que caracterizo sin ambages como leyes mordaza?

Permítaseme, antes, citar cuanto reza como esbozo programático de las mismas el documento sobre *La Nueva Etapa: El Nuevo Mapa Estratégico de la Revolución Bolivariana*, hecho público en noviembre de 2004 por el hoy fallecido presidente venezolano Hugo Chávez y luego presentado ante sus pares en el Foro Social Mundial de Porto Alegre, Brasil, en enero de 2005. "El poder de la comunicación debe ponerse al servicio de la revolución...el fuego comunicacional de la mayoría de los medios privados (lacayos de los intereses imperiales) silencia las voces del pueblo... Entre otras, las medidas que debieran adoptarse para (articular y optimizar la nueva estrategia comunicacional)... serían", entre otras, el "fomento de la comunicación alternativa y comunitaria..., [la] creación de medios públicos y fortalecer los existentes, procurar espacios de TV, radio y prensa..., [la] creación de grupos de formadores de opinión, comunicólogos e intelectuales para contribuir a conformar matrices de opinión favorables al proceso..., [la] facilitación de la habilitación de radios comunitarias" (Halman El Troudi, *El Salto Adelante, la nueva etapa de la revolución bolivariana*, Caracas, Ediciones de la Presidencia de la República, 2005, *passim*).

Las leyes en cuestión persiguen, en este orden de ideas, el monopolio, mejor aún la "totalización comunicacional" por los Estados y no una simple hegemonía comunicacional. Se proponen la desaparición paulatina de los medios en manos del sector privado, cercándolos judicial o económicamente. Y los que logran sobrevivir a sus reglas, ven secuestrados sus espacios, uniformadas sus programaciones, determinadas las "informaciones relevantes" de obligatoria transmisión, transformada la información en propaganda, y reescrita así una versión parcial y sesgada de la historia y el acontecer político.

Sus textos normativos dicen justificarse, nominalmente, como garantías de los derechos humanos y la misma libertad de expresión; como mecanismos para favorecer la participación activa y protagónica de la ciudadanía, usuaria de los medios de comunicación social o gestora directa de los medios de comunicación alternativos; como normas que buscan atenuar la violencia de género y favorecer los contenidos que sirvan para la protección integral de los niños, niñas y adolescentes; en fin, como exigencias que, con vistas al fortalecimiento de la pluralidad democrática, reclaman la disolución de los monopolios mediáticos, la regulación de la competencia entre los medios, y/o la protección del honor de los funcionarios.

Se trata, en suma, de expresiones difíciles de cuestionar en su conjunto, pero sólo que le sirven de pórtico de distracción a los mecanismos totalitarios que a renglón seguido forjan las normas de dichas leyes para disciplinar las opiniones e informaciones de la prensa y los periodistas, tanto como impedir las disidencias ante el proyecto ideológico que las motiva.

No se olvide que la libertad de expresión, como derecho fundamental, incluye el derecho de toda persona a los medios. "La libertad de expresión no se agota en el reconocimiento teórico del derecho a hablar o escribir, sino que comprende, además, inseparablemente, el derecho a fundar o utilizar cualquier medio apropiado para difundir el pensamiento y hacerlo llegar al mayor número de destinatarios". Aquéllos, en efecto, "sirven para materializar el ejercicio" de aquella y son asimismo "vehículos para el ejercicio" de su dimensión social y de allí que sus condiciones de funcionamiento, según la Corte Interamericana de Derechos Humanos, "deben adecuarse a los requerimientos de esa libertad" (*Opinión Consultiva* OC-5/85 y *Caso Herrera Ulloa vs. Costa Rica*, Sentencia de 2 de julio de 2004).

### D.  *La hegemonía comunicacional*

A partir de las leyes *in comento* y bajo sus premisas nominales, no obstante, lo que ha quedado demostrado es la estatización y objetivación, por obra de las mismas, de la libertad de expresión. El Estado se hace del control pleno –directo o indirecto– del espectro radioeléctrico y dada su prescrita naturaleza –"bien de dominio público", según la ley venezolana; "bien público" administrado por el Estado, según la ley argentina; "recurso natural, de carácter estratégico, limitado y de interés público, [que] el Estado lo administrará en su nivel central", según la ley boliviana– el mismo Estado se considera autorizado para sujetar a los operadores de los medios que usan el espectro radioeléctrico más allá de los elementos técnicos y administrativos involucrados.

La más acabada exégesis o síntesis de lo aquí dicho llega de manos de la Procuradora argentina, Alejandra Gils Carbó, quien al defender el modelo subyacente en estas leyes de amordazamiento y en escrito que envía a la Corte Suprema de Justicia de la Nación en 2013, dice, textualmente, que es competencia del Estado "la distribución democrática del poder de la comunicación" y que es inadmisible la "enorme ventaja competitiva en términos políticos" de los medios independientes, pues ello les da la "posibilidad de influir activamente en el diseño de las políticas públicas".

Entendido, entonces, que la libertad de expresión y prensa, según las leyes comentadas, es en la práctica un objeto y no un derecho, un "bien público" distribuible bajo intervención del Estado; y que, además, al considerarse que los medios son en esencia servicios públicos, tales leyes procuran seguidamente, por etapas y de un modo progresivo, la censura de los contenidos de la expresión del pensamiento y su uniformidad.

Las leyes comentadas definen, así, elementos uniformadores de los contenidos (violencia, sexo, lenguaje, salud), luego de lo cual imponen a los operadores de los medios trasmitir programas educativos y culturales supervisados por el Estado o realizados por el mismo Estado, junto a la disposición que deben hacer de espacios para los propios mensajes oficiales permitiendo que el Estado alcance su propósito final. Algunas de dichas leyes fijan, incluso, prohibiciones de contenidos –sean opiniones o informaciones– por razones políticas o alegados motivos de seguridad nacional nunca precisados. Deben los medios "… abstenerse de difundir mensajes que infrinjan los supuestos establecidos" en la misma ley, sean cuales fueren", destacando los "mensajes [omissis] que inciten a alteraciones del orden público; …inciten… la intolerancia por razones… políticas…; fomenten la zozobra en la ciudadanía…. sean contrarios a la Seguridad de la Nación", reza la ley venezolana.

Las consecuencias prácticas del modelo legislativo en avance, propiciado por el Socialismo del siglo XXI, están a la vista.

En el caso de Venezuela se emite por vez primera un programa regular de radio y Tv del Presidente de la República, Hugo Chávez Frías, a partir del 23 de mayo de 1999. Y desde entonces hasta las vísperas de su muerte, durante 14 años, dichos programas, sumados a las cadenas presidenciales –sin contabilizar los mensajes oficiales informativos y "educativos"– acumulan más de 3.500 horas de transmisión. Y desde el 14 de abril pasado, su sucesor, Nicolás Maduro, apoyado en las normas de la ley venezolana comentada, aparece en cadena nacional de radio y televisión, secuestrando la diversidad y el principio de pluralidad de los medios, 65 horas y 26 minutos. A la vez, ha salido en el canal del Estado (VTV) 48 horas y 4 minutos, casi 2 horas cada día, desde el 3 de junio último.

Bajo la ley mordaza ocurre, asimismo, el cierre de la emisora de televisión privada y pionera en Venezuela, la de mayor cobertura, RCTV, y en 2009 son clausurados 34 medios audiovisuales privados. Entre tanto, la señal de la televisión oficial (Canal 5, luego Canal 8) y la Radio Nacional de Venezuela, derivan en una red que actualmente integran 43 radios y televisoras públicas, a las que se suman los 235 medios audiovisuales comunitarios o alternativos que en número casi absoluto dependen, del subsidio oficial.

Apenas superada por Chávez y Rafael Correa, del Ecuador la presidenta de la Argentina, Cristina Fernández de Kirchner, es para 2012 uno de los jefes de Estado que más mensajes emite por cadena nacional, con la interrupción obligatoria de toda la programación pública y privada regular. "Sólo en cinco días pronunció cuatro discursos televisados, de los cuales tres fueron transmitidos por todas las emisoras del país. Sumó así 11 cadenas nacionales (mensajes de retransmisión obligatoria) desde que asumió su mandato, superando en horas los 11 mensajes pronunciados en Chile por Sebastián Piñera desde marzo de 2010, la veintena de cadenas que emitió el presidente Felipe Calderón en seis años, las siete de la brasileña Dilma Rousseff desde enero de 2011 hasta hoy y las tres del uruguayo José Mujica desde marzo de 2010. Supera ella, para esa fecha, también, a las 16 alocuciones pronunciadas por el colombiano Juan Manuel Santos en 24 meses, desde agosto de 2010", según reseña la prensa española.

E. *La regresión de la doctrina interamericana*

A fin de cuentas, ha ocurrido por vía legal y en parte de las Américas (control total de contenidos+emisoras públicas) una suerte de concentración monopólica de medios propios o sirvientes del

Estado; concentración que es usada como argumento en contra del periodismo independiente a fin de procurar –como lo declara la legislación ecuatoriana– la "erradicación de la influencia del poder económico y político" en los ámbitos de la prensa, la radio y la televisión. Para ello, lo paradójico es que quienes son víctimas de la difamación mediática oficial y dominante, son los editores y periodistas independientes, quienes mal pueden accionar en su favor las leyes a las que apelaban antes los gobiernos para perseguirlos, pues ahora, para suma de males, controlan la totalidad del poder y la administración de Justicia.

Y si acaso restan jueces –que los hay– con suficiente coraje y autoridad para frenar estas desviaciones legislativas, que chocan contra los fundamentos de todo Estado democrático y de Derecho, cabe señalar que la misma jurisprudencia interamericana de derechos humanos comienza a advertir "claros y oscuros" en materia de libertad de expresión y de prensa; lo que es una mala noticia y pido excusas por ser su portador.

Aparecen hoy preocupantes claros y oscuros en la materia por la razón o las razones que les he avanzado.

A partir del *Caso Kimel* y también con el reciente *Caso Mémoli*, ambos contra Argentina (*Sentencias de 2 de mayo de 2008 y 22 de agosto de 2013*, respectivamente), la Corte justifica los mecanismos sancionatorios en materia de libertad de expresión, revirtiendo su tesis tradicional sobre la despenalización. Aún más, habiendo abordado en su larga jurisprudencia sobre la prensa las cuestiones de fondo, como la oposición entre ésta y el derecho al honor, a partir del señalado *Caso Mémoli* se abstiene e indica que el juez nacional está en mejores condiciones para resolver sobre dicha oposición.

A renglón seguido, restringiendo peligrosamente el ámbito de protección de las expresiones relativas a los "temas de interés público" –tesis también constante en el *Caso Kimel*– o en los que la sociedad tiene un legítimo interés porque "afecta derechos e intereses generales o le acarrea consecuencias importantes", a partir de *Mémoli* acepta la sanción impuesta a las víctimas denunciantes por cuanto las mismas "no involucraban a funcionarios públicos o figuras públicas ni versaban sobre el funcionamiento de las instituciones del Estado"; ello, a pesar de que el asunto bajo debate se relacionaba con el funcionamiento de un servicio público gestionado por una entidad privada concesionaria que incurriera en hechos de corrupción, determinando a dicha actividad como de evidente interés público y social.

En el *Caso Fontevecchia* también contra Argentina (*Sentencia de 22 de noviembre de 2011*), la Corte obvia su constante exigencia sobre la especificidad y tipicidad de los supuestos en los que cabe una sanción por abuso de la libertad de expresión, y acepta que en materia de responsabilidades civiles la norma puede estar "redactada en términos generales", sin la especificidad y tipicidad que se les ha demando a las leyes sobre difamación.

Lo que es más preocupante, en esos casos la Corte Interamericana demoniza el "poder de los medios" y demanda su regulación normativa por los Estados, como justamente ocurre, con mengua de la democracia. Y al paso, copiando una enseñanza europea reciente estatuye, por vía jurisprudencial, sobre la actividad periodística, restringiéndola y sobre todo perturbando los estándares de la buena fe y la debida diligencia que prescribe la doctrina Sullivan para la determinación de los abusos de la libertad de prensa.

"Existe un deber del periodista –dice ahora la Corte en el *Caso Mémoli*– de constatar en forma razonable, aunque no necesariamente exhaustiva, los hechos en que fundamenta sus opiniones... Esto implica el derecho de las personas a no recibir una versión manipulada de los hechos. En consecuencia, los periodistas tienen el deber de tomar alguna distancia crítica respecto a sus fuentes y contrastarlas con otros datos relevantes... [ya que] la libertad de expresión no garantiza una protección ilimitada a los periodistas, inclusive en asuntos de interés público...[L]os periodistas deben ejercer sus labores obedeciendo a los principios de un periodismo responsable, es decir, actuar de buena fe, brindar información precisa y confiable, reflejar de manera objetiva las opiniones de los involucrados en el debate público y abstenerse de caer en sensacionalismos".

### F. *La importancia de la obra de Alemán*

En conclusión, la prensa libre y democrática vive una hora menguada en el Hemisferio occidental. El sabio principio *pro homine et libertatis* viene siendo sustituido por la primacía del Estado y sus gobernantes, de donde cabe afirmar categóricamente que la mejor ley de prensa es aquella que no se dicta.

Ante el intento de regimentar a la libertad de expresión, sea en Venezuela o en otros países del Hemisferio, para hacerla derivar en servicio público, en privilegio monopólico del Estado que eventualmente puede concesionarse a particulares bajo condiciones que no lo desnaturalicen, es pertinente que, quienes desde la acera de la misma democracia sin adjetivos y en defensa del pluralismo luchan para ponerla a tono con los desafíos y realidades del siglo corriente, sean los primeros en alertar sobre la deriva totalitaria comunicacional en curso. De allí lo pertinente y obligante de la lectura detenida de esta investigación, *Revolución Bolivariana y Comunicaciones Totalitarias*, en buena hora hecha libro por Paola Bautista de Alemán, a quien de nuevo felicito por su elevado sentido de responsabilidad en la defensa de los ideales de la democracia.

En su análisis e indagación empíricas, luego de advertir sobre las características de los totalitarismos –presencia del líder, sometimiento del orden legal, control de la moral privada, movilización continua, legitimidad basada en el apoyo masivo– destaca ella que la concepción comunicacional totalitaria desborda los regímenes de censura de las autocracias tradicionales, ya que concibe, como lo muestran las leyes reseñadas y la involución jurisprudencial advertida, a "los medios de comunicación como una herramienta vital en el proceso de adoctrinamiento y propagación" ideológica del Socialismo del siglo XXI. "El fundamento de la comunicación totalitaria es –lo dice Paola– la presencia de una ideología omniexplicativa de la realidad como centro del mensaje propagandístico y la labor de este pensamiento dentro del proyecto político es modelar la conciencia de la masa".

El fenómeno al que se refiere su libro, en efecto, prosterna la conciencia y la razón ilustrada y a la libertad de expresarlas como columna vertebral de la política y su jerarquía dentro de la democracia: Al respecto, por ende, "no podemos permitir que nos arrastre la inercia, que nos esterilicen nuestras impotencias o que nos amedrenten las amenazas", es el consejo y orientación final que aquí dejo, como preliminar, copiando al magisterio contemporáneo de monseñor Bergoglio, el Cardenal.

# 10. VENEZUELA, HACIA LA TRANSICIÓN

1 de diciembre de 2014

Venezuela vive una peligrosa situación de ingobernabilidad, producto del modelo político de dominación y hegemonía instaurado en 1999 y su inflexión con el posterior fallecimiento de Hugo Chávez Frías –relación directa entre líder carismático y el pueblo, sin mediaciones institucionales ni búsqueda de consensos, y la co-optación personal por éste del poder de decisión sobre todas las ramas del poder público– a cuyo efecto, ocurrida su desaparición, quedan al desnudo las tendencias o intereses antagónicos que medran dentro de la élite gubernamental. Y se hace evidente una circunstancia similar en la oposición, visto que, el señalado sistema de dominación personalista y populista y su mixtura militarista-cubana, les empuja a reunirse y unirse tácticamente, pero para resistir y sobrevivir dentro de dicho esquema y en espacios geográficamente limitados. La naturaleza perversa del régimen político y constitucional –formalidad democrática sin contenido democrático, soportada sobre prácticas populistas y autoritarias– ha impedido, hasta ahora, la construcción de una cosmovisión alternativa, imponiéndose dentro de la "oposición democrática" la ley de la supervivencia.

La protesta política, que se hace presente durante el gobierno de Chávez, sobre todo por la injerencia y el control creciente del gobierno cubano en el manejo de las políticas públicas y en las decisiones cruciales del Estado, poca incidencia ejerce, sin embargo, sobre la posibilidad de un cambio de rumbo hasta hace poco –lo muestra la crisis constitucional de 2002– y en virtud del sostenimiento de una paz social y económica generosamente financiada con los recursos del petróleo (Modelo de misiones, de inspiración cubana y también propio a la cultura militar, relativo a las operaciones cívicas de emergencia). Asimismo, respaldada tal perspectiva por la construcción progresiva de una "hegemonía comunicacional" y de propaganda, con lo que el régimen logra, hasta el fallecimiento de Chávez, que la percepción de la realidad se subordine a la percepción de la opinión pública modelada por sus medios. La violencia intestina –el salto en escalera desde 4.500 homicidios hasta 23.000 homicidios promedio durante cada año y en cuadro de impunidad casi total– no basta siquiera, hasta ayer y a manera de ejemplo, para impulsar la modificación social del *statu quo*.

Pero realidad cambia, según lo indicado, desde cuando asume el gobierno Nicolás Maduro –quien no es heredero natural de la logia castrense que toma el poder en 1999 por la vía electoral y luego de sus golpes de Estado fallidos de 1992– y a cuyo efecto la Justicia constitucional, cooptada por el régimen, elimina los obstáculos constitucionales que hubiesen impedido dicha sucesión, anunciada por Chávez antes de su muerte. A la par, el mandato de Maduro queda en entredicho no tanto por lo indicado cuanto por el resultado muy estrecho de su elección, que le obliga luego, para sostenerse, a una suerte de cohabitación muy incómoda e impredecible con los suyos –mediante equilibrios críticos– y las fuerzas disímiles reunidas tras la aureola del mismo Chávez: militares institucionales y militares incómodos con la presencia cubana en los cuarteles; militares acusados por hechos de corrupción; grupos militares, económicos y policiales coludidos con el narcotráfico; sectores civiles radicales de izquierda; grupos paraestatales civiles y armados; actores cubanos; sectores económicos beneficiados de la economía petrolera de Estado y sus fuentes de corrupción; élite de economistas de signos contrapuestos –ortodoxos vs. modernizadores– que han asesorado al régimen, etc.

No obstante lo anterior y a pesar de que, dadas tales fracturas, ahora y por vez primera quedan al descubierto hechos muy graves ocurridos a lo largo de los últimos 15 años –crímenes de Estado, teniendo por víctimas a altos personeros del Estado; vínculos activos con el narcotráfico (*Efecto Aponte*); desfalcos del tesoro público y robo de las divisas en cantidades que suman las reservas del país (*Efecto Giordani*)– la cuestión económica y social –caída de la industria petrolera, caída de los precios del petróleo, agotamiento de las divisas dentro de una economía esencialmente importadora– hoy contribuye activamente a profundizar el cuadro de ingobernabilidad reseñado y hace predecir situaciones de conflictividad social y política en puertas, potencialmente desestabilizadoras en razón de la naturaleza del régimen o sistema militarista establecido en Venezuela.

Algunos indicadores bastan para ilustrar lo anterior, incluso habiéndose afianzado desde los inicios de la gestión de Maduro la "hegemonía comunicacional", que diluye o atenúa la realidad (escasez de productos de un 28%, devaluación en un 500% en la tasa de cambio del bolívar frente al dólar para pasajes aéreos, inflación de casi 70% con proyección a tres dígitos, inseguridad, en fin, pérdida total de las certezas de los venezolanos), a un punto tal que la opinión pública, señala que el deterioro habido desde los inicios del actual mandato es de 60 puntos netos:

65% afirma vivir bajo un régimen militar, y sólo 45% cree en la posibilidad de un golpe militar. Pero un 85% juzga pertinentes las sanciones internacionales por violaciones de derechos humanos, el lavado de dinero, y la corrupción. Y el 67% considera que el gobierno es incapaz para resolver la crisis.

Segmentado el país, políticamente, el mundo opositor representa un 40%, un 30% se dice independiente, y un 30% muy chavista o chavista, con la particularidad, en este último caso, que la caída del apoyo "duro" al chavismo viene de 72% hasta 28% entre 2005 y 2014.

El 67% cree que habrá un colapso general del país y el 71% considera probable un estallido social. La percepción general de que las cosas van mal es de 72%, un 78% advierte el deterioro económico general, y un 54% sostiene que es negativa la situación económica familiar; a lo que se agrega el 56% de quienes creen que la expectativa también es negativa.

Un 98% de la población afirma haber sufrido, durante el gobierno de Maduro, alguna escasez, el 57% se queja de las colas que deben realizar para las compras de alimentos y medicinas.

Dado el régimen de controles impuesto –modelo autoritario militar ideologizado– la población le atribuye, en 72%, ser el origen de la corrupción imperante (en la que cree el 87%), a la vez que el 64 por ciento la imputa a la culpa del gobierno y personaliza en Maduro (40 %) y Diosdado Cabello (13%).

Durante la gestión de Maduro-Cabello, la población considera que han empeorado la delincuencia (84%), la corrupción (75%), el narcotráfico (68%), el desempleo (69%), el costo de vida (84%), la pobreza (62%).

Aun así, la hegemonía comunicacional todavía encubre algo la realidad descrita, a un punto que un 76% del chavismo cree que la crisis tiene su origen en la "guerra económica" de los enemigos del gobierno, pero tanto los neutrales como los opositores, creen que la culpa es del gobierno, en una escala que va desde 67% hasta 87%.

Es difícil predecir el rumbo final que tomarán las cosas en Venezuela, pero el panorama es de una gravedad inusitada, dada su anomia. Y en razón de la naturaleza del régimen o sistema de dominación impuesto, parece probable que, de hacer crisis la situación económica y social con sus efectos potenciadores sobre el cuadro de ingobernabilidad y deslegitimación crecientes, se produzca un recrudecimiento de la violencia de Estado –con su falta de organicidad, por ello muy peligrosa como lo muestran los hechos más recientes– y acaso, como resultado, un reacomodo dentro de las mismas fuerzas gubernamentales en pugna.

Por lo pronto, Maduro, para tratar de impedir su desplazamiento del poder, en apariencia logra rebajar la influencia del zar del petróleo, Rafael Ramírez (eje del modelo populista y quien ha llevado al país hasta la situación de importar petróleo y gasolina por vez primera, desde 1920); y, dado el cuadro de violencia acrecentado e incontrolable dentro del mismo gobierno por su evidente deterioro (militares, policías, grupos populares paraestatales y armados) y con el objeto de reprimir la protesta social u opositora, dada la misma crisis social y económica (muertos, torturados, presos políticos), se vale de la circunstancia para contener la influencia del eje militar controlado por Diosdado Cabello (es destituido el Mayor General Rodríguez Torres, ministro del interior) desplazándolo hacia otros actores de la misma milicia, a quienes entrega los ministerios de defensa e interior y justicia, además del que controla la alimentación.

Ante el vacío de referentes institucionales, consecuencia del modelo instalado en el país bajo influencia cubana, a la par se afirma que preocupa la ausencia de una alternativa real en la oposición venezolana; lo que, como aproximación parte de un equívoco, como lo es suponer la normalidad del funcionamiento democrático dentro de un claro sistema de dominación militar-cívico con vocación a mantenerse en el poder, por el solo hecho de que se realicen elecciones. La circunstancia anotada, en efecto, ha condicionado el comportamiento opositor de supervivencia electoral, dentro del marco de la Mesa de la Unidad Democrática (MUD), con mengua severa del arraigo de verdaderos liderazgos que dentro de la misma quedan diluidos y de la emergencia de una cosmovisión compartida y de futuro entre esos posibles liderazgos.

La opinión pública, sin embargo, comienza a identificar a esos liderazgos que permitan nuclear la dispersión social y política dominante, encubierta tras la fuerte personalidad del fallecido Chávez. Y tras el "mito movilizador" desprovisto de contenido, como lo ha sido la Unidad –eficaz para momentos electorales y como requerimiento táctico– surgen iniciativas variadas que toman cuerpo y alcanzan adhesión tras liderazgos identificables, como el de Leopoldo López (privado de libertad por el gobierno) que reúne un agrado de 49,9%, seguido de Henrique Capriles (48,4%), María Corina Machado (45,3%,), Henry Falcón (43,1%) y Antonio Ledezma (41,4%). Las propuestas democráticas (vagones de un mismo ferrocarril constitucional), a la vez, la convocatoria de una constituyente que sortee la crisis (50-55%), iniciativa del Congreso de Ciudadanos (52,2%), elecciones parlamentarias (48,4%), concitan apoyos importantes por parte de la misma opinión pública, si bien tales apoyos se invierten en su señalada significación en el caso de que, dicha oposición se presente dividida para las elecciones parlamentarias. El bloque partidos de la MUD –Elecciones parlamentarias– reuniría al 26,8% y la coalición de partidos de López-Machado-Ledezma obtendría un 24,6%.

De modo que, a la luz de lo que se reputa como ausencia de una alternativa de oposición, lo que muestran las encuestas es, antes bien, un proceso muy esperado, que se ha retrasado por los factores ya descritos arriba, de decantación de liderazgos plurales –en un país de arraigada tradición personalista y en búsqueda de opciones democratizadoras– que, montados sobre la profunda crisis que vive Venezuela, pueden, si se comportan con madurez y encuentran una narrativa común mínima, sin perjuicio de sus respectivas banderas de movilización social: todas válidas democrática y constitucionalmente hablando, darle al país un pacto de gobernabilidad para una transición que se avecina y habrá de dar lugar a otra etapa histórica, de mayor aliento y modernización, en la vida de Venezuela.

Un último aspecto que cabe señalar, hace relación con las iniciativas de diálogo planteadas durante los meses anteriores, atendidas desde la oposición y aceptadas por el gobierno. El sentido y destino de dicho diálogo, salvo por su efecto pedagógico y social en un país hecho rompecabezas, o mejor aún, atenuador temporal pero no proveedor de soluciones para la crisis en marcha, sería otro si gobierno y oposición contasen con instrumentos proporcionales de decisión para la corrección del rumbo político y económico que lleva el país. Pero el modelo imperante, como se hace, ha anulado toda capacidad de decisión extraña al gobierno y sólo el gobierno tiene en sus manos los elementos para frenar el despeñadero. Otra cosa son los diálogos "necesarios" que pueden tener lugar al interior de los grupos de "intereses" en pugna dentro del gobierno, para que se avengan a una solución, inevitablemente coyuntural, que los aleje de la ingobernabilidad que los tiene como presas. O los diálogos que caben y desde se avanzan dentro de los sectores de la oposición, para ordenar sus respectivas estrategias democráticas sin demonizaciones recíprocas, propiciando el encuentro alrededor de convicciones democráticas mínimas compartidas (cambio posible sin violencia, control del poder autoritario desbordado, legitimidad del proceso mediante la voz de la gente) y sin perjuicio de las urgencias tácticas impuestas por el cronograma electoral. En suma, si en el gobierno sólo es posible una transacción de conveniencias, en la oposición hay mejor y mayor probabilidad de un entendimiento en función del futuro político, económico y social de Venezuela.

El entendimiento y acompañamiento por la comunidad internacional y su opinión pública de las realidades que hoy vive Venezuela (régimen militar autoritario, pérdida de la identidad nacional y de las certezas, ley de la supervivencia, abandono del sentido de la realidad) cooperando en su desenlace constructivo y sobre todo de largo aliento, hará que dicho país, otra vez, sea garantía de estabilidad política, social, y económica en la región, en especial para sus países vecinos y para quienes han apostado con sus inversiones y esperan un ambiente de seguridad y respeto al Estado de Derecho.

**Fuentes**: Encuestas Keller y Consultores 21.

# 11. MENSAJE A LOS OBISPOS DE VENEZUELA

6 de enero de 2015

*Excelentísimos Monseñores*
*Arzobispos y Obispos*
*Conferencia Episcopal Venezolana*
*Montalbán*

Al ser consciente de que nuestro Episcopado, integrado por nuestros "mayores", es la reserva espiritual del país y la república, juzgo mi deber ineludible hacerles llegar las reflexiones que siguen y son mi contribución personal como miembro de la Iglesia para las deliberaciones de la Conferencia con la que inauguran el año que recién se inicia.

Concluye el año 14 del presente siglo, llamado de la inteligencia artificial y la globalización, con dos noticias que son síntesis de una tragedia. Ella obliga a Venezuela y sus hijos, quiérase o no, a situarse en el plano de lo dramático, de las opciones posibles y agonales, para que su obra histórica inacabada y los débiles lazos de identidad que la atan desde el tiempo anterior a la Emancipación no queden como piezas de museo.

Antes que un mensaje de aliento y saludo de año nuevo, quien ocupa sin título –por ausencia indiscutible de legitimidad constitucional– el Palacio de Miraflores, Nicolás Maduro Moros, apenas dice que nada tiene que decirnos a los venezolanos salvo anunciar que entramos en rauda recesión económica.

## A. *Hemos perdido la paz conquistada*

El saldo, a la hora y antes del repique de las doce campanadas de la noche vieja, noche fúnebre en la que se cierra el año con "24.000 muertes violentas" y numerosos jóvenes encadenados desde la Navidad demandando libertad para los presos políticos, es revelador de la grave enfermedad colectiva que nos aqueja a los venezolanos.

Lo cierto es que perdimos la paz conquistada durante el siglo XX una vez como, en nombre de otra revolución más, pero esta vez inéditamente ajena e importada, nos conquista el mal absoluto del odio ideológico y el narcotráfico.

Exacerbado como ha sido, además, el Mito de El Dorado que nos viene desde el tiempo de Colón, el único bien material que nos queda –el petróleo– después de haberse destruido todo género de industria y hasta los mismos fundamentos morales de la república –se devalúa y su industria es un arsenal de desechos–. En su defecto ahora le compramos el oro negro a los extranjeros para distribuirlo gratuitamente entre nuestros consumidores locales o mixturarlo con el que nos resta, para pagar la deuda sideral adquirida por el gobierno "bolivariano" desde 1999. No le bastó a éste la riqueza pública que ha dilapidado y hasta expropió el trabajo honesto de nuestras gentes.

Son estos los síntomas terminales de un dislate monumental hijo de la felonía, que se hace evidente desde cuando calla y deja de distraernos el traficante de ilusiones que ocupara la atención de todos, Hugo Chávez Frías, distrayendo nuestra irresponsabilidad colectiva e inmadurez ciudadana.

Luego sobreviene, inevitablemente, el paroxismo: "Chávez era el muro de contención de nuestras ideas locas", reconoce Diosdado Cabello, teniente del ejército y presidente de la Asamblea Nacional, uno de sus "tarazonas".

B.  *El golpe de enero*

Cabe que repita, a propósito, para curarnos del olvido que nos hemos común a los venezolanos, algunos breves párrafos de mi introducción al libro sobre *El golpe de enero en Venezuela*, editado el pasado año.

"Durante 14 años he escrito sobre el régimen político y "constitucional" que aquí se instala desde 1999. He dicho que se trata de una suerte atípica de "demo–autocracia" más allá de sus ribetes socialistas, bolivarianos, cubanos, o populistas, luego bautizada como Socialismo del siglo XXI.

"Tal categoría –obra de la anomia social y política corrientes en buena parte de América Latina y Europa– identifica al gobernante que personaliza el ejercicio del poder y lo ejerce de modo absoluto; cuyas decisiones no son atacadas, limitadas, o frenadas con eficacia por otras fuerzas dentro del mismo Estado o la sociedad, las que se le subordinan; y las hace valer sin más ante los ciudadanos y sus mismos colaboradores.

"La moderna separación de los poderes públicos y la sujeción de éstos a la ley, características de la república, las aprecia de formulismos estériles, hijas de su voluntad y amoldables bajo su voluntad; a cuyo efecto hace dogma y extiende la denominación constitucional que se le otorga al mismo gobernante como Jefe del Estado. Pero, he aquí lo novedoso, ejerce su autocracia una vez como la valida mediante el voto popular en elecciones de corte fundamentalmente plebiscitario, sin propósitos de alternabilidad.

"Se afianza así, entre nosotros, una modalidad posmoderna y atípica de dictadura personalista por los caminos de la democracia. Se usan y manipulan sus formas hasta vaciarlas de contenido. Democráticamente se le da partida de defunción a la democracia o acaso se la sostiene, nominalmente, perturbando y haciendo de su lenguaje una Torre de Babel. Sus valores y principios –que paradójicamente anudan con las libertades y los derechos humanos y con el Estado de Derecho– son reinterpretados a conveniencia por la Justicia constitucional sometida, para encubrir a la autocracia y minar las resistencias de la opinión pública democrática. Los textos legislativos y sus palabras acusan significados variables, según lo dicten las circunstancias y necesidades de este "modelo" que el ex presidente ecuatoriano, Osvaldo Hurtado Larrea, prefiere llamar "dictadura del siglo XXI".[118]

---

[118] Osvaldo Hurtado, *Dictaduras del siglo XXI: El caso ecuatoriano*, Paradiso Editores, Quito, 2012, passim.

"Lo que es más grave. No cuenta ya la ética de la democracia, a cuyo tenor los fines legítimos reclaman de medios legítimos y viceversa. Se impone, en apariencia, la llamada dictadura de las mayorías u oclocracia, situada por encima y más allá de la Constitución; pero a la sazón encarnan tales mayorías en el mismo autócrata, quien habla y decide por ellas y hasta por encima de ellas.

"Su falta de transparencia –que es de suyo la característica que la domina y se practica con cínica impudicia– no permite siquiera emparentar dicho fenómeno actual de la política con la tradicional experiencia, de neta estirpe bolivariana, del "gendarme necesario", que describe a cabalidad la sociología de Laureano Vallenilla Lanz, autor de Cesarismo democrático (1919).

"Así las cosas, tal y como lo planteo en mi primera crónica de este año, es bueno y necesario, urgente, apelar hoy a la razón profunda y no ocasional que nos permita imaginar formas de vida decente para Venezuela, sin tener que dar manotazos al miasma nuestro. Y el reclamo al respecto va dirigido a los mayores, a las élites políticas, económicas o morales del país, a quienes cabe interpelar.

"Al pueblo llano, fácilmente denostado desde las escribanías oficiales u opositoras, es injusto preguntarle ¿cómo aguanta? Lo cierto es que cada Juan Bimba acaso tiene tiempo para medrar en los gusanos o colas de la ignominia que, situadas a las puertas de cada abasto de alimentos o despensa de medicinas, esperan por un pan o una lata de leche que les alivie el crujido de los estómagos. No entiende el hombre y la mujer comunes que pasó o les pasó, luego de pasada la borrachera revolucionaria.

"Y acerca de los jóvenes, sobre quienes a menudo tales escribanías y sus turiferarios también cargan sus tintas y verbos para conjurar las culpas propias, cabe decir que viven con intensidad y en buena hora sus horas del sacrificio auténtico, de ideales que intuyen en búsqueda de darles un sentido "con las manos puras y el corazón inocente", diría Romain Rolland".

C. *La hora de las élites*

¿Acaso no es llegada la hora agonal de esas élites ensimismadas, me pregunto, para que recompensen –como tribunos de oficio, como líderes o guías– la brega por la cotidianidad del pueblo o el heroísmo de nuestros imberbes estudiantes?

La inflación electoral ha sido mucha durante 15 años de guerra disimulada, que se inicia con el zarpazo de la Constituyente en 1999. No nos dio más democracia, nos la quitó a fuerza de elecciones porque dejaron de ser lo que son en una democracia verdadera. Los comicios –no los plebiscitos antidemocráticos– son altos severos en el camino para la reflexión y para que el pueblo juzgue el rumbo que lleva, decidiendo sobre lo conveniente, pero de un modo informado, meditado. Durante tres lustros vivimos en un alto permanente para elegir permanentemente, en suma, para no elegir, haciendo meras instantáneas con la emoción de coyuntura. Y allí están ominosas las consecuencias económicas, sociales y políticas, sobre todo morales que nos anegan.

Reconstruir la nación –lo recuerda Mons. Jorge M. Bergoglio, hoy Papa Francisco– implica entonces reencontrar nuestras raíces; volver a ser nación demanda, como en 1811 y en 1961, un acuerdo sobre los valores fundantes civilizados compartidos y celebrantes de la pluralidad. Exige mirar el pasado, con ojo crítico, desterrando lastres de conveniencia que impiden nuestra madurez, como el citado Mito de El Dorado y la invocación del mesianismo, del padre bueno y fuerte que aún nos lleve de la mano, de neta inspiración bolivariana.

Se trata de mirarnos, mirándonos en los otros. Hacer memoria de las grandes hazañas de nuestra modernidad, olvidadas tras una aviesa reescritura de nuestra historia contemporánea y que superan con creces el quehacer fratricida de nuestra Emancipación: suerte de dogma que nos hace tragedia y nos niega a la elección de lo dramático.

Hay que tener coraje ante el futuro. Ningún pueblo, como reunión de diferentes acordados sobre los propósitos trascendentes, alcanza serlo sin mitos movilizadores.

No se trata de hurgar en el desván para sacar de allí los amuletos y reencontrarnos con el azar. Es reconocer que existe algo más allá de nosotros, que todavía no conocemos y podemos alcanzar humanamente. La generación de 1928 hizo de la democracia civil y de partidos su mito, en un momento de absoluta oscuridad para la república. Y con el sembró la esperanza sobre la resignación.

Y como no se trata de reinventar en falso, cabe no disimular la realidad. Vivimos algo peor que una dictadura totalitaria o un régimen comunista. Hemos perdido las certezas. La despersonalización nos es hábito. Hemos congelado nuestras dignidades humanas haciéndolas inútiles, a la espera de que una buena nueva nos llegue en una cadena de televisión del Estado y por boca de Maduro o Cabello, nuestros carceleros de la ciudadanía.

D. *El peso de la historia y la globalización*

La "posdemocracia" –esa que hemos conocido los venezolanos durante el siglo corriente y nos lanzó hacia último vagón del ferrocarril de la civilización– es la cara perversa de una globalización salvaje en curso, huérfana de categorías constitucionales. No es derechas ni de izquierdas. Es anomia total. Es el vacío que ocupa el traficante de ilusiones de sociedades sedentarias que se niegan a tener rostro, quien entiende el "liderazgo como celebridad mediática". Y que lo sostiene, como lo hemos dicho, sin mediaciones institucionales, ajeno al debate, intocable, ante un pueblo abúlico y al que apela sólo para justificar su legitimidad sin devolverle sus derechos. Usa y desecha a la democracia, como papel sanitario. La nutre de propaganda sin importarle el enlatado de ocasión, sea el Capital de Marx o las Cartas de San Pablo. Y, sobre todo, confisca o corrompe todo medio de información para asumir directamente su control y monopolizar su púlpito.

Cambiar las cosas sin violencia, contener el poder e impedir sus abusos, y darle voz propia y rostro a la gente, es así el deber ineludible de las élites en 2015, si anhelan lo que todos anhelamos, la recuperación de Venezuela y la refundación, mejor todavía, la reinvención de la democracia.

Reúno a propósito y por lo anterior, como memoria que refresque lo inmediato y a la manera de un diagnóstico sumario de los males que nos aquejan como nación, mis columnas publicadas en la prensa nacional y extranjera durante los dos años precedentes (2013-2014). Son la crónica del deslave de amoralidad política que ocurre ahora, desde cuando, rotas las amarras y pasado el ilusionismo, se impone, mediante un zarpazo de la Justicia, la herencia envenenada del propio Chávez Frías.

Lo que en las páginas siguientes se cuenta o describe, mira lo inmediato sin dejar de trazar enseñanzas. Eso sí, pone al desnudo –reclamando conciencia y acción– nuestra vuelta definitiva de país, como en el Mito de Sísifo, al instante que recrea el cuento Los Batracios, de don Mariano Picón Salas, cuando la espada del capataz y coronel de montoneras Cantalicio Mapanare decide, intoxicado de alcohol junto a sus peones, asaltar a la república para que lo ascienda a general.

No por azar, Simón Bolívar, ataca de modo directo el ideario republicano y germinalmente democrático que prende, en el caso de Venezuela, durante los años 1810 y 1811, sembrando los vientos que se han hecho tempestad secular.

Desde Cartagena, en 1812, a la caída de la Primera República, afirma que "nuestros conciudadanos no se hallan en aptitud de ejercer por si mismos... sus derechos"[119] a contracorriente de las creencias de nuestros Padres Fundadores, en su mayoría, cabe decirlo, egresados de la Universidad de Santa Rosa de Lima y Tomás de Aquino e integrantes de la primera Ilustración venezolana.

Más tarde, con su celebérrima Constitución de Chuquisaca de 1826 y como lo explico en *El problema de Venezuela*, mi discurso de incorporación a la Real Academia Hispanoamericana de Ciencias, Artes y Letras, en su sesión de Cádiz, concreta El Libertador su modelo final de ideario político, fraguado entre avances y retrocesos y al mismo ritmo en que se lo imponen las circunstancias de su tarea como guerrero en pro de la libertad hispanoamericana; pero concitando la severa y admonitoria protesta de Tomás Lander, amigo de Miranda y miembro de su propia Secretaría: "Los artículos 76 y 79 de la Constitución dictada... por el Libertador Presidente para la República de Bolivia es lo que ha sobresaltado nuestro celo, porque S.E. la ha considerado adaptable a Colombia, y como tal recomendándola para su establecimiento a los hombres públicos de ella; pero lo cierto es que los mencionados artículos erigen un Presidente *vitalicio e irresponsable* con la facultad de

---

[119] Simón Bolívar, *Discursos, proclamas y epistolario político*, Editora Nacional, Madrid, 1975, p. 43.

nombrar su sucesor en la persona del Vicepresidente y de conmutar las penas capitales, sin acuerdo de los tribunales que las impusieren".

E. *Venezuela está enferma*

Venezuela sigue enferma, en suma, y urge de los cuidados y la atención devota y leal de sus hijos mejor dotados y adiestrados, obligados a su recuperación moral.

Alguna vez, en circunstancia similar y ante el mal absoluto que llega a ocupar a su patria, Raúl Alfonsín, apóstol de la transición argentina, tuvo a bien señalar que "cada sociedad debe elaborar su propia respuesta, de acuerdo a sus peculiares condiciones y características políticas y sociales..."; pero observa que no se pueden construir los cimientos de una verdadera democracia desde una claudicación ética.

Sanar a Venezuela exige, en consecuencia, más allá y más acá de sus emergencias económicas y sociales, la vigencia plena de todos los derechos humanos para todos los venezolanos y el castigo severo de sus violaciones, que a la vez implican atentados del derecho a la democracia; la modernización de nuestro sistema político a la luz de las coordenadas del tiempo nuevo, según lo pedía el fallecido ex presidente venezolano Ramón J. Velásquez; y el encuentro de los consensos fundamentales para la edificación de una república democrática y plural que, con vistas a lo anterior, si posible, sea capaz de reinventarse en un esfuerzo de concertación entre distintos, sin renuncia a las cosmovisiones locales y hasta caseras, como el alcanzado por los padres del Pacto de Punto Fijo –Rómulo Betancourt, Rafael Caldera y Jóvito Villalba– el 31 de octubre de 1958.

La palabra orientadora y de fortaleza moral de la Iglesia Católica resulta crucial, como lo creo, en esta hora de nuestra patria. No podemos los católicos pasar de lado, como el viajero de la parábola.

## 12. EPÍLOGO DE LA VENEZUELA ENFERMA O PREFACIO DE OTRA HISTORIA ACERCA DE LA "POSDEMOCRACIA"

26 y 31 enero de 2015

*"La sociedad humana no puede ser una ley de la selva en la cual cada uno trate de manotear lo que pueda, cueste lo que cueste. Y ya sabemos, que no existe ningún mecanismo automático que asegure la equidad y la justicia. Sólo una opción ética, convertida en prácticas concretas, con medios eficaces, es capaz de evitar que el hombre sea depredador del hombre" (Cardenal Jorge Mario Bergoglio, 2005).*

En trámite de edición de nuestro libro *Memoria de la Venezuela Enferma,* cuyo epílogo recoge el presente texto, ocurre en Caracas un encuentro de ex presidentes latinoamericanos que convoca la Unidad opositora el pasado 26 de enero y tiene por anfitriones a María Corina Machado, Antonio Ledezma y, desde la cárcel, Leopoldo López; todos interesados en debatir experiencias sobre la democracia de hoy y entender mejor el papel del poder ciudadano, imaginando la transición que se le avecina al país ante la probable crisis terminal de su gobierno.

Seguidamente, en otro ambiente, se realiza otro foro con ocasión del 99° aniversario del nacimiento del ex presidente Rafael Caldera, animado por la necesidad de rehabilitar la política tan desacreditada ante las grandes mayorías y a cuyo efecto Luis Ugalde, jesuita, ex rector de la UCAB, afirma que necesitamos "una utopía, (el saber Venezuela) dónde quiere estar en 2.020 y expresarlo de una manera que movilice a todos de forma constructiva". "La utopía sola termina en un populismo desbocado. Un político debe meterse en el barro de la realidad", agrega.

### A. *La reivindicación de la política*

Se trata, en suma, de dos iniciativas –a las que me sumo como ponente– muy esperadas durante el curso de la última década, cuando el voluntarismo político –mutación del positivismo decimonónico o acaso balbuceo de la civilización digital en curso– se abre paso otra vez y prosterna a la razón, purgando los valores éticos que la democracia demanda desde siempre para el ejercicio del poder. Tras aparentes invocaciones ideológicas y una vuelta supuesta a las raíces de la identidad histórica perdida, con enlatados de propaganda y a conveniencia, manipulándose frases de ocasión tomadas del marxismo y hasta del Libro de los Libros, al término de ese tiempo no ocurre otra cosa que la paulatina transformación de la experiencia democrática y civil conocida en "política usa-y-tira". De ello habla Ralf Dahrendorf en su diálogo con Antonio Polito (*Después de la democracia*, 2002), observando el curso de los acontecimientos en Occidente al apenas inaugurarse el siglo en curso.

Obviar nuestro comentario personal sobre algunos temas de esos dos encuentros, que en buena hora nos dejan reflexiones que apuntan a lo esencial, equivale tanto como reducir las páginas de nuestro libro citado a la crónica de una tragedia, de suyo insoluble. Es como apostar a la desesperanza, que niega la condición perfectible de la obra humana y como autor me puede situar, equivocadamente, en una trinchera irreconciliable con mis convicciones. De allí la justificación de esta crónica larga y su análisis.

Al escribir cada semana mis columnas para la prensa nacional y extranjera, de ordinario opto por el camino del drama una vez como refiero las realidades cotidianas de la política, sin tener que destilarlas. El drama, a diferencia de la tragedia predica opciones, alternativas probables y posibles, por compleja y pesimista que resulte una situación.

Pero ello demanda compromiso con valores compartidos y constancia y coraje ante el futuro, además de adhesión –lo dice el padre Ugalde– a un mito movilizador que, tal y como lo plantea

Felipe Calderón, ex presidente de México, implica el deber existencial de luchar por lo que no se conoce o no se tiene y hasta se cree imposible, haciéndolo realidad.

### B. *La importancia del contexto*

Extenuada la opinión pública venezolana, escarnecida por otras noticias –fuera de la crisis del abastecimiento de alimentos, medicinas e insumos para la subsistencia de la población– que desnudan y muestran lo peor del rostro nacional, como el batírsele en cara que el presidente de la Asamblea –Teniente Diosdado Cabello– es, según su Jefe de Seguridad y compañero de armas, cabeza del narcotráfico doméstico, del llamado Cártel de los Soles, cabe entender su vehemente reclamo por soluciones urgentes y extremas. Y luego de que a Nicolás Maduro Moros –a la par e interpelado por ex presidente colombiano, Andrés Pastrana– se le recuerda haber contribuido con la elección de Ernesto Samper Pizano como Secretario de la UNASUR, obviando que permite que la presidencia de su nación neogranadina sea comprada por los capos de la droga, su exigencia en cuestión se hace todavía más apremiante.

Cercada y anímicamente doblegada, esa opinión pide de sus liderazgos distintos que acopien imaginación para ponerle fin a tan desdorosa situación, lejos de consideraciones de oportunidad.

No obstante, mal se puede avanzar en las soluciones necesarias y requeridas, a la vez que resolver la ruptura señalada entre la moral y el poder, si no se tiene cabal comprensión del origen de esa realidad que a todos los venezolanos nos golpea en las narices y del contexto que la sigue alimentando en sus manifestaciones más inmediatas; esas que constatan en vivo los ex presidentes que entonces nos visitan.

Pero en ello, en la realidad y su contexto, ¡he aquí la cuestión!, no se avienen pacíficamente los observadores y actores políticos; a riesgo de que para superar las urgencias presentes se conformen y hasta transen con los paliativos, que por algún tiempo ocultan nuestra enfermedad nacional sin ponerle un remedio eficaz. Y es esta, como lo creo, la tarea pendiente, la que es síntesis de las dos jornadas de reflexión reseñadas al inicio, para darle piso y fortalecer la unidad del país –que no puede ser perfecta en las actuales circunstancias, como lo señala el ex presidente de Chile, Sebastián Piñera– y para que sus liderazgos visibles asuman el desafío de un cambio pacífico y constitucional por vías incruentas.

Los ex presidentes Calderón y Pastrana, al igual que Piñera, quien al paso y con coraje hace un mea culpa y admite la indiferencia regional, la complicidad por omisión de la América Latina frente al grave deterioro que sufren la democracia y el Estado de Derecho en Venezuela atribuyéndola a injustificadas "solidaridades ideológicas", declaran haber conocido de fuente directa y constatado con dolor el cuadro cierto y no ficticio de violaciones generalizadas y sistemáticas de derechos humanos que se ha instalado. Todos los venezolanos lo sabemos, pero no todos creen padecerlo. Y esto es lo que cabe, justamente, considerar.

Escandaliza a los ex mandatarios saber de las colas cotidianas a las puertas de mercados y farmacias donde el pueblo, sin distintos de clases o credos, intenta obtener algún bien básico que probablemente no encuentre; inexplicable, lo afirman, en un país que habiendo sido potencia petrolera importa gasolina para su consumo, tiene un aparato productivo que es un cementerio, y dilapida durante los últimos tres lustros una cifra cercana a los 1.176 millones de millones de dólares americanos.

Los conmueve, aún más, la grave información que da cuenta de las "tumbas", especie de reclusorios construidos en los sótanos de la policía política, de dos metros por dos metros, para alojar bajo tierra y a bajas temperaturas a los presos más incómodos para el régimen de Maduro.

Al efecto y por lo pronto, en el segmento que personalmente ocupo en el diálogo con los ex mandatarios visitantes, digo que lo constatable es que los gobiernos de Hugo Chávez Frías y su causahabiente, incurren en más de 179 violaciones del orden constitucional democrático y bajo sus dictados se suceden atentados sistemáticos a la totalidad del articulado de la Convención Americana de Derechos Humanos; la que al paso denuncian éstos, ordenando desde antes el desacato de las decisiones y sentencias de los órganos de tutela del sistema interamericano, sin que ello escandalice, ni afuera ni adentro, como cabe repetirlo.

Expliqué que, así como en el pasado nuestras dictaduras justifican tales atentados a la dignidad humana sin escamotearlos, acaso arguyendo amenazas de grupos terroristas o el peligro del comunismo internacional, ahora se los oculta o niega como veraces por el gobierno, que diluye y hasta cuestiona su responsabilidad al respecto. En pocas palabras, esta vez se violan los derechos en nombre del respeto de los derechos de las mayorías, encarnados en el Estado, y una parte importante de la opinión pública, pasivamente, compra el argumento. Lo real no es real, en suma, y ello cabe subrayarlo, asimismo.

La Corte Interamericana de Derechos Humanos, en voto razonado de uno de sus jueces más respetados, Sergio García Ramírez, hace constar con preocupación la emergencia de dicho fenómeno extraño e inédito en la región –no solo en Venezuela– y sutilmente lo describe en los términos siguientes:

> *"Para favorecer sus excesos, las tiranías clásicas que abrumaron a muchos países de nuestro hemisferio, invocaron motivos de seguridad nacional, soberanía, paz pública. Con ese razonamiento escribieron su capítulo en la historia. En aquellas invocaciones había un manifiesto componente ideológico; atrás operaban intereses poderosos. Otras formas de autoritarismo, más de esta hora, invocan la seguridad pública, la lucha contra la delincuencia, para imponer restricciones a los derechos y justificar el menoscabo de la libertad".*

El ex presidente de Costa Rica y Premio Nobel de la Paz, Oscar Arias, en misiva que dirige al encuentro de los ex presidentes y para la audiencia venezolana, con justa razón denota, a fin de cuentas, lo que juzga de inexplicable: "Y sin embargo, el régimen chavista ha persistido a pesar de los augurios que desde sus inicios vaticinan el fin inminente de la revolución bolivariana".

Quizás, entonces, más que el diagnostico de nuestros padecimientos, en ello debo insistir apelando a un discurso de Étienne de la Boétie dicho hace medio milenio (1548), "de lo que aquí se trata –en estas páginas, resumen de mis consideraciones personales– es de averiguar cómo tantos hombres, tantas ciudades y tantas naciones se sujetan a veces al yugo de un solo tirano, que no tiene más poder que el que le quieran dar; que sólo puede molestarles mientras quieran soportarlo; que sólo sabe dañarles cuando prefieren sufrirlo que contradecirle".

## C. *Se trata de construir y no sólo reconstruir*

Planteadas así, las cosas, para mejor digerirlas y sobre todo resolverlas al final y asimismo con prontitud, cabe proponer como hipótesis que lo vivido hoy por los venezolanos es la consecuencia de algo más que una patada o traición histórica, o una equivocación colectiva en un instante de frustración política cuando todos a uno, en la Venezuela de 1998, gritan ¡que se vayan todos!

Media, a la luz del tiempo transcurrido y según parece, una muy compleja trama –anomia sobrevenida en lo interno, según lo apunta Rafael Tomas Caldera, moderador del encuentro homenaje a su padre, u obra del desorden internacional corriente, en criterio del panelista Julio César Pineda– que resulta, como lo explico varias veces en los años recientes, de un cambio global de paradigma; o dicho con ampulosidad, se sucede una ruptura epistemológica, un giro radical de Era en la vida de la Humanidad desde finales del siglo XX, que no se limita a un paso de período o edad, dejando una suerte de vacío transicional; y sobre la orfandad de nuevos ordenamientos –domésticos y universal– en lo inmediato, los espacios de poder son ocupados por traficantes de ilusiones y sus mesianismos desenfadados llenando dicho vacío.

No parecen bastar o ser suficientes, como referencias para explicar cuanto sucede, la caída del Muro de Berlín o el reagrupamiento sucesivo de las izquierdas alrededor del Foro de San Pablo con su parque jurásico a cuestas, una vez como la perspectiva liberal se declara, ensoberbecida, victoriosa ante el fin de la experiencia de las "democracias populares". Es tanto como imaginar que, agotada la bipolaridad mundial, en una suerte de círculo vicioso o por lo inevitable de los extremos de toda existencia –bien y mal, universales y particulares– se han restablecido éstos desde otros ejes geográficos de referencia, a saber, el iberoamericano o latino.

En *Reflexiones en esperanza*, libro escrito por el jesuita Jorge Mario Bergoglio en 1992, éste alude de modo pertinente a la emergencia de la posmodernidad y la identifica, antes bien, siguiendo a Romano Guardini, como la presencia de un desequilibrio corriente "entre el poder hacer y el poder vivir (o convivir) que causa al hombre una tremenda y creciente desazón".

En otras palabras, "la tentación de la política (en esta transición agonal) es ser gnóstica y esotérica, al no poder manejar el poder de la técnica desde la unidad interior que brota de los fines reales y de los medios usados a escala humana". De allí sus complejas secuelas, como las que se advierten en el laboratorio venezolano: "Como sucede siempre en estas épocas de transición, sufren una sacudida los últimos estratos del ser humano. Las pasiones primitivas despiertan con mayor fuerza: la angustia, la violencia, el ansia de bienes, la reacción contra el orden" conocido. "Las palabras y los actos adquieren cierto tono primitivo e inquietante", son sus palabras.

De modo que, volviendo a nuestro planteamiento y en palabras del mismo Bergoglio, "no podemos hablar de una antropología política para el hombre de hoy sin intentar una justa aproximación valorativa de la época" y en su conjunto. Y es eso lo que cabe, sin mengua de las emergencias de la hora, como salir cuanto antes –es un imperativo– de la diarquía dictatorial Cabello-Maduro y superar la crisis humanitaria en evolución.

La ruptura en el tiempo o en el camino recorrido por la historia que hemos conocido y desborda los espacios que a la vez desaparecen o se nos hacen subalternos –las fronteras artificiales y jurídicas de los Estados caen y se muestran impotentes ante los inéditos desafíos globales, tanto como emergen otras fronteras, ahora humanas y hasta fundamentalistas, dentro de los mismos Estados, causando divisiones o nichos culturales y raciales que se excluyen los unos a los otros como en un cáncer de localidades o "g-localización"– indica que la época o el contexto es cabalmente distinto; medra en espera, así lo creo y también lo dice Luigi Ferrajoli desde la escuela florentina de filosofía, la forja de categorías constitucionales nuevas y mejor adecuadas al siglo corriente, que restablezcan la tesitura social y política occidental y solucionen la anomia dominante sin una vuelta la centralidad estatal de vieja estirpe fascista.

Pero se requiere, sea lo que fuere, ponderar todo lo que ocurre a la luz de una narrativa ética o compromiso auténtico con una cosmovisión humanista, que no puede ser otra, incluso en defecto de referencias que se consideren útiles, que las leyes universales de la decencia constantes en el Decálogo. Se trata de asumir la realidad inmediata observada –Venezuela como narco-estado y su gobierno como violador contumaz e impune de derechos humanos– tal cual es, sin matizarla y lejos de hipotecas ideológicas; mas, igualmente se trata de dominar esa realidad junto a sus secuelas, mirando el contexto y ofreciéndole un nuevo cauce a la luz de otra perspectiva intelectual que resitúe al hombre de nuestro pueblo –varón o mujer– como señor y centro de lo creado y que, de suyo, le permita redescubrir su dignidad en la dignidad igual de sus congéneres. En síntesis, mirar las raíces fundantes, dominar y elevarse sobre lo inmediato hasta alcanzar lo trascendente, con miras a las generaciones futuras, es el reto planteado.

### D. *El diálogo entre el ideal y la realidad*

Veamos, en tal orden, algunas enseñanzas que puedan ayudarnos en la reconstrucción de esa identidad que nos de anclaje seguro para avanzar con realismo sobre el presente y tener el coraje de conquistar el porvenir, despejando las incertezas del momento y bajo la guía de una utopía posible.

#### a. *El ejemplo de Caldera*

En las realizaciones acometidas por el ex-presidente Rafael Caldera durante sus dos ejercicios de gobierno, en dos tiempos diametralmente distintos de la vida venezolana (1969-1973 y 1994-1999) y que preceden a la disolución social y política objeto de nuestras observaciones, éstos tienen en común lo paradójico: las dificultades de la elección presidencial, las severas limitaciones económicas del país, la falta de confianza en la estabilidad institucional por sectores de la opinión pública, la queja contra los partidos políticos. No obstante, el sistema en crisis, al término, logra ser decantado constitucional y pacíficamente.

¿Cómo fue posible sostener entonces la gobernabilidad del país?

Tristán de Ataide o Alceu Amoroso Lima, escritor y crítico literario brasileño, fundador que es de la democracia cristiana en su grande nación de origen lusitano, desde Petrópolis, en prólogo que escribe en 1970 para introducir el *Ideario de la Democracia Cristiana en América Latina* escrito por el gobernante hoy fallecido y con notas de su hijo Rafael Tomás, dice admirar en Caldera, justamente, su "realismo político".

Agrega, no obstante, que el ideario o la cosmovisión democrática de Caldera, sobre la que "es innegable que tan sólo el siglo XXI, al hacer el balance del siglo XX, podrá valorar con exactitud y sin incurrir en juicios temerarios", tiene como fuente a la doctrina social de la Iglesia; por lo que, de suyo, es contradictoria con las perversiones que luego sufre la democracia bajo el yugo de las prácticas políticas que se identifican como expresión de la ahora llamada "posdemocracia", que es coyuntural e inmediatista, tanto como populista: "Hacer televisión es un arma, es como el sexo adolescente, aquí te cojo, aquí te mato", es la expresión con la que la describe Pablo Iglesias, uno de sus practicantes (Programa La Tuerka, Madrid, 2012).

En Caldera lo claro es su desafío al escepticismo. Consiste ello, dice Ataide, en su rechazo, a un tiempo y a la vez, "del idealismo, el mimetismo y el oportunismo", prefiriendo que su "reciedumbre doctrinaria" y su lealtad insobornable a la sistemática del catolicismo social avancen como un río que debe salir de su cauce para regar las realidades, evitando transformarse en un pozo de agua. Y ese es el primer mensaje que nos interesa destacar.

Papa Francisco, en pleno siglo XXI, en su Exhortación Apostólica *Evangelium Gaudium* señala que, entre el ideal y la realidad ha de instaurarse un diálogo constante, evitando que la idea termine separándose de la realidad; y es eso, justamente, lo que define el accionar de Caldera como intelectual, académico, universitario, y como hombre de Estado que se forja en la trinchera de la lucha política cotidiana, cercano a los problemas de la gente y promotor, a la vez, de la idea de la Justicia Social como fundamento de la ordenación política y constitucional tanto doméstica como universal.

"Es peligroso –refiere el Santo Padre– vivir en el reino de la sola palabra, de la imagen, del sofisma". "La idea –la elaboración conceptual– está en función de la captación, la comprensión y la conducción de la realidad", reza su Exhortación.

Por ende, entre el ideario y la realidad, en un doble movimiento de sístole y diástole como el corazón lo demanda para funcionar, según su prologuista, en su momento, Caldera se propone una utopía –lo que pide el padre Ugalde– que al término no es tal según él o que acaso la es, como lo creo, pues nos vacuna contra la superposición de lo coyuntural y los tácticos de la política, huérfanos de convicciones y cultores de las medianías.

¿Cómo ataja aquél la realidad y la balancea de modo práctico con los ideales fundantes y que trascienden?, es a mi entender el punto de anclaje siguiente para la eficaz comprensión de nuestra actual realidad, en lo nacional como en lo global y occidental, y a fin de jerarquizar las acciones que, pasada la tormenta, permitan ajustar la transición en curso, caracterizada por la anomia social y política y la cosificación de la persona humana, reconstruyendo.

A ello me refiero, justamente, durante mi exposición en su efeméride 99°, pues le atribuyo a la conmemoración de ésta –*ephémeros* ó *efemeris*– su sentido exacto: "Tabla de valores que da las posiciones de los objetos astronómicos en el cielo". ¡Y es que Caldera, hombre de brega diaria, que hasta nos pide a los venezolanos –como Churchill– sangre, sudor y lágrimas en la hermosa tarea de renovar la esperanza, como líder y maestro es extraño, justamente, al providencialismo. Lucha por extirpar dentro de nuestra cultura nacional la devoción por el gendarme necesario y al cultivar como preferencia intelectual el Derecho social y de los trabajadores, sabe bien que nada bueno surge bajo el Mito de El Dorado y la guía del azar.

Conciliando el deber ser con el ser y mirándose –dentro de una concepción trialista del Derecho y de la política– en la idea de la Justicia, que impone, frente a la realidad y a la norma resolver siempre de modo tal que se potencie a la dignidad humana, apunta de modo preferente a todo aquello que fortalezca el desarrollo autónomo de la personalidad; "es necesario no olvidar que los más legítimos conceptos de la democracia han rehusado siempre encarnarse en el mero esquema de la forma, insistiendo más bien en la riqueza vital del contenido", afirma.

Seguidamente agrega que cabe "admitir que las formas vacías pueden servir y han servido frecuentemente para que las llene el egoísmo y la ambición de unos pocos, capaces de utilizar los instrumentos y de imponer por medios de coerción –que, aunque disimulados pueden llamarse físicos– sus intereses y su voluntad. Sería difícil estimar –añade– quien ha causado un mayor daño al prestigio de la democracia y a su poder de atracción sobre los pueblos: si los autócratas, que, al atropellarla de frente provocan por contraposición la nostalgia por ella, o los traficantes de la democracia, cuando se valen del engaño y del soborno sistemáticos para arrancar una falsificación de asentimiento colectivo a fines que no corresponden al bien común ni a la voluntad general".

Por lo mismo, debo hacer propia la narrativa que forja Caldera y pide considerar Tristán de Ataide por las generaciones actuales: "La democracia, aparte de su contenido sustancial (que rechaza "el desconocimiento monstruoso de los derechos más elementales de cada ser humano"), se reviste de formas... Pero es indudable que las formas logradas hasta ahora distan de ser perfectas y que convertirlas en fetiches sería desconocer la dinámica que mueve la historia. Si los tiempos cambian, las formas tienen que adaptarse a los tiempos...". Y es ese, no cabe duda, el debate pendiente de acometer entre los distintos liderazgos políticos e intelectuales; es el motivo del diálogo democrático reclamado en la actualidad para que sea real y no panfletario, más allá de las urgencias y si acaso existe el propósito de la recuperación de Venezuela con vistas a las generaciones del futuro.

No por accidente e incomprendido –el cambio demencial de Era no lo permite hacia 1998– al concluir su segunda presidencia reclama, sin ser oído, traer a la memoria colectiva, en una hora de incertidumbre, todo aquello que logra la democracia durante la segunda mitad del siglo XX. Sólo una vez como fallece, un equipo que dirige José Curiel Rodríguez, ministro de obras públicas durante su primera administración, salda esa deuda con el libro *Del pacto de Puntofijo al Pacto de La Habana* (2014). Pero pide Caldera, asimismo, se reflexione, a la par, sobre los valores éticos de la democracia, en tarea que acomete, no sin reproches internacionales de la prensa, la Cumbre Iberoamericana de Jefes de Estado y de Gobierno efectuada en Isla de Margarita, en 1997.

Amoroso Lima, en fin, aprecia que lo real de Venezuela es nuestra tradición militarista y dictatorial, pero recuerda que Caldera, en su instante y por lo dicho, propone, apalancado en una narrativa fundante y como desiderátum, la utopía de la "civilidad"; dado lo cual le huye, de conjunto, tanto a los belicistas como a los represores. Su pedagogía y forma de vida –me consta en lo personal– es la práctica de la libertad dentro del Estado de Derecho; que es el derecho de todos a todos los derechos humanos y su método preferente es la persuasión, el diálogo con vistas al Bien Común.

Las coordenadas, sin embargo, son otras en el siglo XXI, lo recuerda alguna vez el historiador y fallecido ex mandatario Ramón J. Velásquez. Pero las enseñanzas citadas, como lo creo, sirven y mucho.

### b. *La enseñanza del Cardenal Bergoglio*

Jorge Mario Bergoglio abunda sobre la cuestión conceptual anterior en su opúsculo *La Nación por construir* (2005). Aprecia que se asoma en el horizonte regional una nube de desmembramiento –así también lo apuntan Rafael Tomás y Pineda en el foro sobre Caldera– donde "la primacía de lo formal sobre lo real es funcionalmente anestésica. Se puede llegar a vivir hasta en estado de idiotez alegre –dice Monseñor Jorge Mario– en el que la profecía arraigada en lo real no puede entrar; la sociedad vive el complejo de Casandra".

Cambiar las realidades políticas por sobre la fuerza y hasta por encima del atropello de las maquinarias domesticadoras y de propaganda o de la exacerbación del populismo, es, por consiguiente, el desafío posible. Así lo observa el Cardenal Arzobispo de Buenos Aires. Pero se requiere lo que Ugalde explica en su disertación de Caracas, a saber, en primer término, re-jerarquizar la política.

En medio de la violencia abismal instalada –es nuestro caso, el de Venezuela– y de sus efectos disolutos en los ámbitos de la moral democrática y la dignidad de la persona humana, no pocos actores y vecinos, es lo que sorprende, siguen convencidos de que la gravedad de la situación que padecen no es tanta o acaso no es tal. Y cambiar la política, por el contrario, sólo es posible –no es imposible– una vez como se decide pasar "del nominalismo formal que estanca los conceptos a la objetividad armoniosa de toda palabra, camino de creatividad"; "desde el desarraigo retomar las raíces constitutivas"; "salir de los refugios culturales y llegar a la trascendencia que funda"; "caminar desde lo inculto al señorío sobre el poder"; en fin, como lo sugiere el hoy Papa, "desde el sincretismo conciliador que termina en una cultura de collage hay que caminar hacia la pluriformidad en la unidad de los valores. Y desde la puridad nihilista, a la captación de los límites de los procesos".

Una década antes de concluir el pasado siglo, todavía cura raso, Bergoglio se refiere al hombre moderno dentro de cuya soledad "acaecen" cosas, pero que es incapaz –desde su soledad– de aunar las cosas, de crear unidad; es lo que llama la interioridad romántica, que no es una interioridad óntica en donde la soledad es ecuménica, es decir, convoca y le da unidad de significado a las diversas experiencias del hombre.

El hombre moderno, afirma, "tiende a ser un entusiasta de las causas intermedias". La política, para jerarquizarse debe trascender "la tentación de la autonomía absoluta de la razón enloquecida. Jerarquizar lo político no es absolutizarlo ni minimizarlo. Es ubicarlo en su justo lugar como dimensión de la vida y de la historia de los pueblos", sostiene. Es, en otras palabras, o con otro ejemplo, la combinación entre idea y realidad, entre la citada sístole y diástole calderiana que describe Tristán de Ataide. O como lo advierte el padre Ugalde: "En política hay que tener resultados".

Afincado en su anterior elaboración y al enunciar las pautas para la jerarquización de la política, Bergoglio seguidamente las explica y precisa. Cuando habla del paso necesario desde el nominalismo formal en la política a la objetividad armoniosa de las formas, evitando la creación de "un mundo de ficciones con peso de realidad", recuerda lo urgente de luchar contra el desarraigo y volver a las raíces constitutivas de lo que somos; pues el hombre y el político, en su autonomía, al saborear el culto de la genialidad, la fama y la gloria, pierde su punto de apoyo en algo que trascienda a su misma fama y genio, a su personalidad, y al final se aísla y desarraiga, se sirve a sí mismo y no al Bien Común.

Añade, no obstante, que al abandonarse el refugio cultural para ir hacia lo que funda en la trascendencia, alcanzar puntos de apoyo propios no implica confundirlos con un retorno o nostalgia del pasado, que desarraiga cabalmente y sin fecundidad que prometa. Pide, seguidamente, ejercer nuestro señorío como hombres y políticos sobre el poder para que el poder no cobre sustancia en sí mismo y deje de responder al hombre y su dignidad; de allí que demande una conducta que, por cierto, sintetiza cabalmente al Pacto de Puntofijo (1958), a saber, el rechazo del sincretismo conciliador y el respeto por la "pluriformidad en unidad de los valores".

### E. *Nuestra historia democrática y sus narrativas antagónicas*

Veamos, de seguidas, con visión retrospectiva y para los fines de un balance que sintetice las distintas dimensiones (social, axiológica y normativa) de la realidad los datos que nos aporta la historia democrática reciente de Venezuela, antes de explicar los alcances de odre distinto que hoy y en la circunstancia la contienen.

En modo alguno intento regresar sobre los pasos del tiempo ya recorrido a fin de realizar un diagnóstico, o dirigir sobre este las culpas de lo que al fin y al cabo somos culpables todos, por tratarse de las resultantes de nuestro quehacer colectivo como pueblo y de ataduras culturales –o la falta de ellas por privar los mitos– que han retrasado nuestra emancipación. Y tampoco hago el papel de Diógenes de Sinope, buscando en el día y con una lámpara encendida a un "hombre honesto" que nos pueda salvar de nosotros mismos, pues de mesías debe curarse nuestra patria doliente.

Rómulo Betancourt, quien participa de la Conferencia de Bogotá de 1948, creadora de la Organización de Estados Americanos como mecanismo de seguridad colectiva de nuestras democracias –el llamado cordón sanitario a las dictaduras– y en una hora en la que basta oponer la experiencia dictatorial de nuestros gendarmes con los gobiernos civiles electos por el pueblo, advierte con clarividencia, en 1964, en su último Mensaje al Congreso de la República, sobre el enemigo que en ese instante tiene al frente la democracia y su iniciativa hemisférica:

*"Fácil resulta explicar y comprender por qué Venezuela ha sido escogida como objetivo primordial por los gobernantes de La Habana para la experimentación de su política de crimen exportado. Venezuela es el principal proveedor del Occidente no comunista de la materia prima indispensable para los modernos países industrializados, en tiempos de paz y en tiempos de guerra: el petróleo. Venezuela es, además, acaso el país de la América Latina donde con más voluntariosa decisión se ha realizado, junto con una política de libertades públicas otra de cambios sociales, con simpatía y respaldo de los sectores laboriosos de la ciudad y el campo. Resulta así explicable cómo dentro de sus esquelas de expansión latinoamericana, el régimen de La Habana conceptuara que su primero y más preciado botín era Venezuela, para establecer aquí otra cabecera de puente comunista en el primer país exportador de petróleo del mundo".*

Difícil era imaginar, apenas entrado el siglo XXI, que Cuba lograse colonizar a Venezuela y realizar su propósito sin mediar una acción insurreccional como la que patrocina durante los años '60 del siglo anterior. La penetración que del modelo marxista cubano tiene lugar a partir de 1998, como experiencia disolvente de la democracia que se predica en el Occidente y las Américas, es en efecto inédita.

América Latina, ese mismo año, es consciente de la amenaza que significa la emergencia de gobernantes elegidos por el pueblo quienes, durante su ejercicio, vacían de todo contenido la experiencia de la democracia como aproximación de la moral –de los valores éticos– a la realidad del poder y para contenerlo en sus tendencias hacia la arbitrariedad. Pero es Alberto Fujimori, del Perú, el mal ejemplo que se analiza.

De modo que, en 2001, con el dictado de la Carta Democrática Interamericana los gobernantes de las Américas reiteran el decálogo de nuestras convicciones democráticas compartidas; renuevan, creyendo inmunizarnos ante los peligros que acechan, el igual credo que predican sus antecesores reunidos en Santiago de Chile, en 1959, cuando nace la Comisión Interamericana de Derechos Humanos y aquellos sostienen que la democracia reclama de elecciones libres y justas pero que no bastan.

Tanto como ayer repiten que la democracia exige del Estado de Derecho, del control de la legalidad de los actos de los gobiernos y la independencia de los jueces; libertad individual y justicia social, fundadas en el respeto y tutela efectiva de los derechos humanos; alternabilidad de los gobiernos; libertad de expresión y prensa; pluralismo político, es decir, prohibición de la proscripción política por ser "contraria al orden democrático", entre otros estándares.

No son extraños dichos gobernantes, cabe decirlo y al predicar lo anterior, a las circunstancias o crisis que vive la democracia dentro de la misma democracia y que claramente exponen, desde la escuela francesa, Pierre Rosanvallon (*La démocratie inachevée*, 2000) y Alain Touraine (*Qu'est-ce-que la démocratie?*, 1994); uno para indicar la urgencia de "redefinir el imperativo democrático en una Era donde la sociedad civil se ha emancipado", otro para advertir que "entre las tendencias globales y el multiculturalismo absolutamente cargado de rechazo al otro, el espacio político se fragmenta y la democracia se degrada". Pero siendo conscientes todos, tanto como lo predica el último autor, que se requiere otra vez de "un conjunto de garantías institucionales que permitan combinar la unidad de la razón instrumental con la diversidad de memorias, el cambio con libertad; ya que, al fin y al cabo, la democracia es una política de reconocimiento del otro", concluye.

Al apenas cambiar los actores gubernamentales durante la primera década del siglo XXI en marcha, sobreviene y toma cuerpo, a través de métodos y modos distintos de los conocidos, la narrativa "posdemocrática" liderada desde La Habana y que, obviamente, antes que orientarse a salvaguardar la primacía de la persona humana por sobre el ordenamiento del Estado y como teleología de la democracia sin adjetivos, invierte los términos y cosifica los derechos fundamentales del individuo. Los hace objeto de atribución y distribución por parte del mismo Estado y sobre todo de su gobernante, pues el primero ya es incapaz de reconducir la idea de la unidad de su soberanía bajo la acechanza de la citada mundialización y su fractura social interna, animada por el derecho a la diferencia que reclaman distintos grupos de origen cultural, racial, comunal, de género, y hasta neo-religioso.

Cabe decir que tal predicado encuentra en Venezuela, después de casi medio siglo de experiencia constitucional bajo el paradigma del Estado social de Derecho, su validación en la idea de un supuesto desencanto democrático acusado por las mayorías latinoamericanas desposeídas o afectadas por la desaceleración del bienestar y que, obviamente, confunden a la democracia con el representante, con el funcionario indolente o corrupto, con el juez que no juzga de manera oportuna, o con el dirigente partidario o parlamentario que marca distancia con relación a quienes, agobiados por necesidades y urgencias cotidianas e incluso anímicas, se sienten víctimas del desafecto político.

Un Informe del PNUD –*Informe sobre la Democracia en América Latina: Hacia una democracia de ciudadanas y ciudadanos* (2004)– que más tarde hace suyo la propia OEA, una vez como también cambia de dirección y asume sus riendas el socialista chileno José Miguel Insulza, sirve al efecto como soporte intelectual de conveniencia. El documento en cuestión, preparado bajo la dirección del ex canciller argentino y luego sub secretario político del mismo Insulza, Dante Caputo, postula que, ante el desencanto, lo que cabe es fortalecer el rol del Estado y acepta como fatal que la gente privilegie sus necesidades económicas y sociales por sobre el bien de la libertad.

Pocos párrafos de dicho Informe bastan:

*"El corazón del problema es que, si bien la democracia se ha extendido ampliamente en América Latina, sus raíces no son profundas. Así, el Informe advierte que la proporción de latinoamericanas y latinoamericanos que estarían dispuestos a <u>sacrificar un gobierno democrático en aras de un progreso real socioeconómico supera el 50%</u>".*

*"Subsiste el desafío de agrandar la política, es decir, de someter a debate y decisión colectiva todas las materias que afectan el destino colectivo, lo cual a su vez implica más diversidad de opciones y <u>más poder al Estado para que pueda cumplir los mandatos ciudadanos</u>".*

El Informe Caputo o del PNUD, por cierto, parte de una perspectiva distinta de la que anima a los presidentes de las Américas hacia 1998 y antes enunciada, quienes optan por discernir pedagógicamente entre las democracias de origen y las de ejercicio dejando de oponer las dictaduras militares con los gobiernos electos, pues el tiempo es otro. Esta vez consideran mejor referirse, aguas abajo, a las nuevas modalidades de ruptura institucional democrática que tienen lugar en América Latina, destacando la manera en que éstas se cobijan bajo formas constitucionales alejadas de los golpes militares clásicos. Cita como ejemplos, el cierre del Parlamento provocado por Fujimori en 1992 o las salidas del poder de Sánchez de Losada en Bolivia, en 2003, y la de Aristid, en 2004. A la sazón, recuerda el 11 de abril de 2002 venezolano (la renuncia pedida por los militares a Hugo Chávez Frías y el brevísimo interinato de Pedro Carmona), y extrañamente no menciona en los antecedentes a los golpes militares clásicos del mismo Chávez, ocurridos en 1992.

De modo que, llegado 2004, la OEA con Insulza a la cabeza expide la Declaración de la Florida, a partir de la cual, en la práctica, se decide enterrar la Carta Democrática Interamericana y, al efecto, en el mismo año, el presidente Jimmy Carter, desde el Centro Carter, traba un debate con la Secretaria de Estado norteamericana, Condolezza Rice, para sostener el carácter no vinculante de la misma. Renace, así y a contracorriente del tiempo, con toda su fuerza, el principio de la No Intervención y la independencia de cada Estado para decidir sobre su modelo político más conveniente; oponiéndoles al otro principio, de orden público internacional, que emerge a partir de la segunda posguerra del siglo XX y sirve de límite al constitucionalismo de los Estados, a saber, el respeto y la garantía universal de los derechos humanos.

La historia posterior es harto conocida. La experiencia que nace con la constituyente venezolana de 1999 y luego validan el PNUD como la "nueva" OEA, se extiende hacia Ecuador con la Constitución de Montecristi de 2008 y la del Estado Prurinacional boliviano de 2009, ambas productos de constituyentes "originarias" y rupturistas como la venezolana, propulsoras del inflacionismo electoral de corte plebiscitario, y orientadas a la concentración del poder en manos del Jefe del Gobierno y su reelección perpetua, poniéndose fin a la idea de la alternabilidad democrática.

No huelga agregar, a todo evento, que no es nuevo en la región el debate que busca antagonizar o hacer incompatibles los derechos civiles y políticos con los derechos económicos, sociales y culturales, prefiriéndose éstos desde la óptica del Informe Caputo. De allí el planteamiento preciso que opone Betancourt a las amenazas y pretensiones de Cuba, desnudándolas en su falacia.

Desde los tiempos de nuestra Independencia, no obstante, Don Andrés Bello afirma que "los pueblos son menos celosos de la conservación de su libertad política, que de la de sus derechos civiles". "Los fueros que los habilitan para tomar parte en los negocios públicos le son infinitamente menos importantes, que los que aseguran su persona y sus propiedades", agrega el venezolano, hijo adoptivo de Chile, antes de declarar que "raro es el hombre tan desnudo de egoísmo, que prefiera el ejercicio de cualquiera de los derechos políticos que le concede el código fundamental del estado al cuidado y la conservación de sus intereses".

Rómulo Gallegos, primer presidente venezolano electo por el voto universal, directo y secreto, al asumir en 1960 la presidencia de la Comisión Interamericana de Derechos Humanos, persuadido de la tendencia marcadamente positivista y en boga desde inicios del siglo XX, que le sirve de fundamento al Cesarismo Democrático, riposta, oportuno, que si ello es así el deber del liderazgo político democrático y responsable es proveer al cambio de tal patrón y no profundizarlo. Y lo hace entender en los términos que siguen:

> *"En las altas esferas del espíritu –señala el famoso novelista– donde se mueve el pensamiento conductor de la experiencia humana hacia las realizaciones de la fraternidad universal por encima de las aspiraciones mezquinas, de los egoísmos intransigentes y, más aún, de las apetencias de zarpazo y dentellada que todavía puedan estar permitiendo que el hombre sea lobo para el hombre...toda actividad que sea ejercicio de buena calidad responsable debe dedicarse a procurar que la inmensa familia humana... tenga una igual, una misma posibilidad de disfrutar del bien del bien de la vida, al amparo del orden jurídico estrictamente respetado en todos los pueblos".*

F.  *La democracia cede en 1999*

En cuanto hace a Venezuela, de modo particular, a partir de 1999 cede cabalmente la perspectiva constitucional democrática. El propio Caldera, último presidente venezolano del siglo XX, la sintetiza desde antes invocando el contenido del artículo 43 de la Constitución de 1961. La norma prescribe que "todos tienen derecho al libre desenvolvimiento de su personalidad, sin más limitaciones que las que se derivan del derecho de los demás y del orden público y social".

Se trata, según el ex presidente fallecido, de lo sustantivo del modelo democrático posible y perfectible, ya que engloba en su predicado a los derechos individuales y los sociales, la expresión libre del pensamiento, fundar y dirigir una familia, establecer un hogar, trabajar, rendirle culto a Dios, sentirse asegurado en su proyecto de vida, es decir, en su persona, en su correspondencia, en sus bienes, y asociarse; derecho, el último, que trasladado al ámbito de lo político, plantea el derecho de participar en la vida política partidaria, elegir y ser elegido, y a través de todo ello incidir de manera informada en las cuestiones fundamentales que interesan a la comunidad. Y es ello, justamente, a lo que también se refiere Betancourt cuando denuncia las pretensiones de Fidel Castro.

Sin que se lo exprese nominalmente, a partir de entonces, bajo el pretexto de reivindicar nuestros orígenes bolivarianos y propender a la inclusión social dentro de una "democracia participativa", emerge, como primer hito de la perspectiva distinta sobre la "democracia", la Constitución de 1999.

Su artículo 3 hace constar, textualmente, que el desarrollo de la personalidad ya no es cosa que corresponda libremente al hombre –varón o mujer– en tanto que persona, sino que el Estado asume tal desiderátum como su tarea fundamental y tutelar. Crear un "hombre nuevo" a imagen y semejanza de los valores en que se sustenta el Estado para lo sucesivo y mediante la educación, es el propósito; valores que no son otros, según los artículos 1 y 102 constitucionales, que los inscritos en el pensamiento y la doctrina de Simón Bolívar. Y ese planteamiento, que en la práctica y a pesar de su parentela con el constitucionalismo cubano rescata de sus cenizas al gendarme necesario y al hombre de espada, padre bueno y fuerte que forma el pensamiento constitucional del mismo Bolívar, toma espacio y logra adhesión colectiva en medio de un paralelo inflacionismo nominal de los derechos humanos. Pero, como cabe repetirlo, se trata de derechos que para lo sucesivo caben y valen como tales derechos según lo determine el Estado y su gobierno, haciendo primar sus finalidades políticas y la misma seguridad de la Nación.

En crítica que formulo a dicho texto a pocos días de su aprobación mediante referéndum, el prologuista del breve libro que publico (*Revisión Crítica de la Constitución Bolivariana*, 2000), Roberto Viciano Pastor, profesor español quien a la sazón trabaja tras bambalinas con su equipo del Centro de Estudios Políticos y Sociales (CES) de Valencia (nicho intelectual del actual partido español Podemos), en la Asamblea Constituyente, bajo la dirección de su Vicepresidente, Julián Isaías Rodríguez Díaz, sutilmente desnuda la ruptura constitucional acontecida:

> "La observación del autor –la de Aguiar– es crítica desde una particular visión del derecho, de la función pública y del deber del Estado, y desde una priorización de los valores de la que, desde luego, no es espejo fiel la nueva Constitución".

Así las cosas, transcurrida una década de su experimentación, confiesa el ahora Vicepresidente del Tribunal Supremo de Justicia, Fernando Vegas Torrealba, lo que a los defensores del modelo democrático sin adjetivos escandaliza:

"Así como en el pasado, bajo el imperio de las constituciones liberales que rigieron el llamado estado de derecho, la Corte de Casación, la Corte Federal y de Casación o la Corte Suprema de Justicia y demás tribunales, se consagraban a la defensa de las estructuras liberal-democráticas y combatían con sus sentencias a quienes pretendían subvertir ese orden en cualquiera de las competencias ya fuese penal, laboral o civil, de la misma manera este Tribunal Supremo de Justicia y el resto de los tribunales de la República, deben aplicar severamente las leyes para sancionar conductas o reconducir causas que vayan en desmedro de la construcción del Socialismo Bolivariano y Democrático".

Se explica así, no de otra manera, la irrelevancia que alcanza la dignidad humana dentro de tal narrativa; pues antes que ser la persona, actor, sujeto y destinatario de la vida social y política, pasa a ser objeto del Estado, que prevalece con sus intereses. De la idea *pro homine et libertatis* que alimenta la experiencia de la democracia según el pensamiento de Betancourt y de Caldera, consistente con nuestras constituciones de 1811 y 1947, en los albores del siglo XXI y regresando sobre nuestra evolución histórica, no pocos actores políticos de esta hora –no sólo quienes detentan el poder– prefieren rescatar de los anaqueles del Antiguo Régimen, la idea *pro príncepes*. En el monarca, llamado presidente, encarnan tanto el Estado como la ley. "La ley soy yo, el Estado soy yo", declara Chávez en 2001, a la manera de Luis XIV.

La cuestión no es baladí, insisto.

En 1937, debatiendo sobre el constitucionalismo, Charles McIlwann, una de las más autorizadas referencias intelectuales sobre la función constitucional de limitación del poder, para que el poder lo tengan las leyes y no los hombres, advierte sobre el peligro de la alianza –lo reseña el profesor italiano Alessandro Pace en "Los retos del constitucionalismo en el siglo XXI" (IUS 21, 2008)– entre un reformador social y un constitucionalista liberal, pues "así como en el pasado luchar contra los abusos implicaba la defensa de los derechos individuales contra un poder despótico, extrañamente, hoy reformar los abusos se traduce para la mayor parte de los reformadores en un aumento de los poderes de gobierno".

Llegado los años '60, el mismo Caldera, refiriéndose al maltrato que desde entonces ya sufre la idea de la democracia y cuando Venezuela vive los embates de la subversión comunista, recuerda que tal relegamiento no es pionero. Apunta, así, que en Europa "allá por 1917, allá por 1923, allá por 1933, surgieron sistemas que apasionaron a los pueblos, que cautivaron la mente de los hombres y les hicieron menospreciar la idea de la democracia política como cosa archivada, como cosa vetusta y absurda para buscar otros caminos de redención social". Su revalorización, después de una larga historia de dolor, otra vez llega hasta nosotros, dice. Pero, ajusta el entonces joven presidente de la Cámara de Diputados, que "llegamos a la democracia, no por vía de una reconciliación desengañada, sino con la ilusión aún, con la tímida ilusión del primer encuentro". Todo, está por hacerse, como ahora, *ex novo*.

### G. *Ha cambiado el rumbo de la historia*

La creencia en esa distinta perspectiva "democrática" que toma espacio al apenas arrancar el siglo presente y que se oculta tras las ideas de la reinvención de la democracia o por el advenimiento de un nuevo estadio histórico y político que impone el revisionismo, explica como resultado lo también inexplicable y ya dicho: la violación de la democracia, del Estado de Derecho y los derechos humanos, en nombre de los mismos derechos y de la democracia, lo hemos dicho. No concita, empero y como hemos dicho, la reacción interna que cabe esperar, y en lo externo crece un muro de indiferencia –lo advierte el presidente Calderón– que el presidente Piñera, reitero, atribuye a "solidaridad ideológica".

Cabe preguntarse, por ende y a la luz de los antecedentes realistas y normativos expuestos, si acaso lo que hay es ¿una reinstalación en Venezuela de la experiencia comunista, en su versión heterodoxa y tropical cubana y acaso la repetición predecible de su fracaso social y económico conocido? Pues, si es así, basta para su conjura reivindicar los paradigmas que de la democracia postula la señalada Carta Interamericana de 2001 y luchar por ellos, a brazo partido, hasta lograrlo.

¿Cómo se explica que en pleno siglo XXI, a pesar del mal ejemplo venezolano, el formato busque repetirse en otras latitudes, como en Grecia y España, tanto como ocurre con sus variantes y especificidades, en Ecuador, Bolivia y hasta en Argentina?

A la hipótesis inicial planteada y a los datos o antecedentes puestos sobre la mesa, creo que cabe introducirle una variable, que sí es particular y novedosa, propia del siglo XXI y que adjetiva, además, a ese revisionismo socialista-marxista –como comunismo– de la era digital (Socialismo del Siglo XXI).

He aquí la verdadera innovación.

Coincide con la caída del Muro de Berlín un salto cuántico en la civilización humana. Como lo afirmo en mi reeditado libro *La democracia del siglo XXI y el final de los Estados* (2009, 2014), recordando a un viejo amigo quien fallece antes de conocer estos tiempos, repito con él que llega a su fin otra Era de nuestra historia, varias veces milenaria, que hace de la naturaleza objetiva y espacial como de sus bienes materiales el asiento de las ideas. La anterior, dice Juan Carlos Puig, ex canciller argentino, es "la del laboreo de los metales y comenzada hace más o menos veinte mil años en el cuaternario". No se trata del fin o el anuncio de otra época histórica. Las cosas materiales –la tierra y sus productos, las obras de ingeniería, los medios para el transporte– dispuestas hasta entonces por la naturaleza para colmar las necesidades del hombre, y que por lo mismo son la fuente del poder real y el núcleo objetivo de la racionalidad que da lugar a los credos civiles e incluso religiosos, ceden cabalmente en su importancia.

La Era en cierne –lo digo en mi citado libro– llega dominada por la inteligencia artificial, por la biotecnología, por las comunicaciones satelitales y la información instantánea. Lo instrumental o lo que cubre o encierra a esta suerte alma inédita o chispa del ingenio humano, característica del siglo XXI, tiene como elemento subyacente o acaso es su sustantivo el advenimiento de la realidad virtual. En otras palabras, presenciamos el tránsito desde el tiempo de la explotación del hombre por el hombre y a propósito de la materia –objeto de diatriba entre el marxismo y el capitalismo como de la mediación de la doctrina social de la Iglesia– hacia un tiempo que explota el tiempo y su velocidad, procurando una sociedad de vértigo, en movimiento y cambio constante, sin concesiones, incluso, para el tiempo.

No por azar Papa Francisco, en su citada Exhortación Apostólica, quizás refiriéndose a otro contexto, pone el dedo sobre la llaga y sintetiza lo antes dicho: "El tiempo es superior al espacio". Y apela a esa afirmación, exactamente, para contener lo que de disolvente pueda tener ese cambio de Era en la vida de la Humanidad: "El tiempo, ampliamente considerado, hace referencia a la plenitud como expresión del horizonte que se nos abre (permite revalorizar la cosmovisión y situarla con la mirada en las generaciones del porvenir), y el momento es expresión del límite que se vive en un espacio acotado". "Este principio permite trabajar a largo plazo, sin obsesionarse por resultados inmediatos", concluye.

Dicho lo anterior en términos coloquiales, así como las generaciones políticas del siglo XX se obsesionan o por los libros y los discursos o por el culto de las formas democráticas, transformándolas en dogma de fe, la del siglo XXI se basta, para resolver sus problemas, con los 140 caracteres de un Twitter. De allí el diálogo de sordos que se aprecia entre el gobierno y el país, y entre los mismos actores, sean del gobierno, sean de la oposición democrática, inmovilizándose y perdiendo fluidez la opinión pública.

### H.  *La posdemocracia, como final de la democracia*

Desde el 2000, con fines descriptivos se instala la idea antes mencionada de la pos-democracia, de estirpe inglesa y crítica desde la izquierda sobre los efectos perversos de la globalización para la democracia, al sobreponérsele el control mediático y propagandístico. Se renueva el populismo, pero esta vez con una fuerza inusitada, en yunta con la movilidad sin fronteras de los recursos financieros que facilitan la compra de medios de comunicación social y su concentración y el flujo exponencial de la propaganda. Su incidencia sobre lo político provoca la ruptura con el principio de la igualdad en la competencia por el acceso al poder, que es dominador en la democracia hasta entonces conocida.

Cabe advertir que la idea mencionada, atribuida por la literatura política al sociólogo británico Colin Crouch, antes que darle su bienvenida a la forma distinta de entender la democracia que a manera de ejemplo se instala en Venezuela y copian otros países (Ecuador, en lo particular, cuyo Estado al igual que el venezolano monopoliza la industria petrolera durante un largo decenio de elevación de precios), realiza una crítica acre al debilitamiento y abandono progresivo que ocurre del paradigma democrático que se afirma durante la segunda mitad del siglo XX. Habla, desde la izquierda, de una suerte de retorno en negativo y por obra de la globalización tanto industrial como mediática a la fase pre-democrática y la titula pos-democracia por ocurrir luego de la experiencia democrática. Explica que pierde importancia el fenómeno de la organización social sobre todo laboral, en su diálogo con la sociedad política. Aprecia que declinan los actores y los partidos de ésta, atados para sobrevivir a las mismas reglas de competitividad que forja la aldea global y sus mercados desregulados. Se trata, son sus palabras específicas, de "la reducción de los políticos a una figura más parecida a la de un tendero que a la de un gobernante, siempre tratando de adivinar los deseos de sus clientes para mantener el negocio a flote", según la recensión que de Crouch hace Segata, para Wordpress.

"La publicidad –dice el autor– no constituye una forma de diálogo racional", que es sustantivo de la democracia básica, como forma de decisión colectiva e informada sobre los asuntos de interés público.

Pues bien, se trata de la misma idea que con idéntico nombre vende Norberto Ceresole a Chávez Frías en 1995, cuando apenas inicia su marcha hacia la conquista del poder, al salir de la cárcel, por vía de los votos y no más de las balas. Con una particularidad, esta vez se la plantea –a la posdemocracia– como una crítica feroz a la democracia conocida y quizás declinante en sus formas, y se aprovechan con gula los modos que cuestiona Crouch, a saber, los que ofrece la cultura global y sus mercados para acceder al control de la gente, que es auditorio, y ejercer sobre ella todo el poder de dominación y convencimiento.

Ceresole, neofascista, quien medra hasta el final de sus días como beneficiario de las causas más radicales que encuentra en su camino, desde dictadores militares hasta guerrilleros y fundamentalistas islámicos, se presenta, no obstante, como antiglobalizador. Mas, lo que le importa es aprovechar la pérdida o el agotamiento de las mediaciones institucionales del siglo XX y el cuadro de anomia sobrevenido, en lo interno y lo internacional, para que sus clientes ocupen el espacio como articuladores personales (líder –pueblo– fuerza armada) y mediante el uso efectivo de lo innovador, las redes de comunicación satelitales. De suerte que, los modos de comportamiento político que auspicia la pos-democracia carecen de signo ideológico y si lo tienen es de oportunidad, por necesidad de la propaganda que mejor sostenga a la audiencia. Silvio Berlusconi, a quien cuestiona Crouch y pone como ejemplo, es un hombre de derechas.

La esencia de la pos-democracia es la relación directa del líder –animador o conductor de medios– con sus radioescuchas o televidentes, el pueblo mismo, sin interferencias ni mediaciones orgánicas. "Es apelar directamente al pueblo sin filtro alguno en parlamentos ni debates parlamentarios", a pesar de que las opiniones silvestres de la gente pueden ser superficiales y de ordinario oscilantes y dar lugar a debates no democráticos, pues la democracia reclama de discusión con conocimiento de causa, ponderada, acerca de los grandes problemas, como lo plantea Dahrendorf, en su libro antes mencionado.

La "posdemocracia" de estirpe chavista viene a sugerir, así, algo así como lo planteado por Friedrick Nietzche en "Así habló Zaratustra": Muerto Dios todo vale, cede la moralidad y emerge el poder sin trascendencia, el poder por el poder. Y Chávez desde Venezuela compra esa tesis y la hace realidad, para tornar lo virtual en real y hacer de la realidad una ficción, en propiedad, para transformar la política en falsos positivos.

Hoy, qué duda cabe, la manipulación de las formas democráticas es la piedra angular del socialismo chavista, correista, moralista, o kirchnerista, un basurero de la historia animado con partituras digitales.

La cuestión central, lo observo en una de mis anteriores columnas, no es, en síntesis, si hoy tenemos más o menos comunismo en Venezuela, sino cómo resolvemos acerca de esos modos nuevos de acceder y conservar el dominio sobre la gente que todavía se plantean desde la carcasa del Estado –suerte de franquicia o de esqueleto sin carnes– a partir de un matrimonio morganático entre medios y dinero, para sostener a las audiencias inertes, anestesiadas, embobadas. Y ello significa, como siempre y en contradicción con el ideario democrático que se explica en el ideario Caldera, el dominio sobre la personalidad y el libre discernimiento de los individuos, haciéndolos masa autómata que participa electoralmente, cotidianamente si posible, para luego encarnar en los novísimos médicos forenses de la democracia, sea que vistan de laureles o endosen trajes de paisano.

Así se explica que los gobernantes de actualidad en América Latina (Maduro en Venezuela, Correa en Ecuador, y hasta el mismo Juan Manuel Santos en Colombia), o Pablo Iglesias ahora en España, antes que gobernantes prefieren ser jefes de redacción de los medios de comunicación que regimientan o compran o a los que acceden mediando el acceso libre que tienen a los dineros públicos; o ser periodistas subterráneos, quienes gobiernan a través de las redes instantáneas moldeando minuto a minuto el imaginario, sin fijarlo, antes bien haciendo fotografías de los picos o instantes de la opinión para mostrarla como la opinión constante y replicarla *ad nauseam.*

José Hernández, columnista ecuatoriano de Sentido Común, es elocuente en su descripción acerca del fenómeno posdemocrático de Rafael Correa y del "correísmo", como prolongación de Chávez y el chavismo en Venezuela:

"La política para el correísmo se resume, entonces, en Correa: Vinicio Alvarado lo convirtió en un producto que, al igual que cualquier otro, debe seguir las leyes del mercado: estar siempre de moda, ser apreciado por los consumidores (buena salud en los sondeos y en las urnas) y no admitir, en el imaginario social, competidor alguno. Si Correa es todo, se entiende por qué él y sus seguidores no necesitan renovar idearios ni elaborar pensamiento político. Las encuestas y las guerras ganadas bastan. Ganar es el único desasosiego del producto-Correa. No convencer. No dialogar. No debatir. No demostrar que tiene la razón. Solo ganar. Ganar y sumar. Ellos han ganado más elecciones. Ellos lograron el mayor número de firmas para inscribir el movimiento. Ellos tienen más elegidos. Ellos tienen más votos en el país. Ellos han ganado más juicios. Ellos son más. La historia dará la razón solo a ellos…".

El poder, apalancado en el uso a profundidad de los medios de comunicación social y sus recursos, es al final obra de la propaganda, como en el nazismo. Sus elementos, potenciados con el recurso digital, se le emparentan. Venezuela, al caso, durante los últimos tres lustros, es un laboratorio de propaganda sobre obras que no existen pero adquieren realidad a través de la propaganda tupida y sostenida, visual o auditiva. Todos los autobuses del Estado, adquiridos recién y de suyo nuevos, a manera de ejemplo tienen afiches que indican que se trata de un vehículo "destruido por la oligarquía, recuperado en revolución".

Otro columnista ecuatoriano, Roberto Aguilar, revisando la experiencia de la propaganda comunista tras la Cortina de Hierro, en lo particular la de Alemania oriental bajo Erich Honecker, advierte los puntos en común con la experiencia actual:

Las ínfulas de refundación. "La sensación –literalmente producida por el aparato de propaganda– de que estamos viviendo los excitantes nuevos tiempos que conducen sin retorno a la nueva historia, coto exclusivo del hombre nuevo". Y cuenta el columnista cómo en el Ecuador la primera medida fue dejar que toda obra pública anterior se abandone y pierda hasta fijar en el imaginario el pasado como abandono, luego de lo cual se recuperan lentamente, como si fuesen obras nuevas del tiempo nuevo: "Es un cambio radical, una revolución".

- La ilusión de que esa nueva historia se construye sobre el progreso material: "La ingente inversión social –dádivas directas y crecimiento de la burocracia pública, en el caso venezolano– que multiplica las oportunidades de desarrollo y ofrece a la población trabajo, estudio, salud, dignidad, orgullo…".

- "El reconocimiento de que cada una de esas oportunidades es un don, algo que les es dado a una persona por intervención directa inesperada, casi milagrosa del Estado". Cuenta así el columnista lo habitual, a saber, la madre de un niño enfermo o con discapacidad mental quien llora sus miserias ante la televisión e invitada allí por el mismo gobierno, hasta que recibe una llamada inesperada de la Presidencia de la República. "Basta con acercarse a pedir y se os dará".

- "Este reconocimiento tiene una consecuencia: la población está atada al Estado por una insoslayable deuda de lealtad. Vive la servidumbre política de sentirse obligada a la retribución".

En tal estado de cosas, no cabe duda que la actividad ciudadana cede y no responde, haciéndose dominante el criterio de la reciprocidad. De allí que no sea fácil llevar al final y ponerles término a esas dislocaciones de la dignidad humana y la democracia de manera ortodoxa. Y si hay imaginación, hay esperanza.

De allí lo pertinente y como colofón al respecto del criterio de Javier Roiz (*El gen democrático*, 1996):

"En la democracia del fin del siglo XX ...el mundo interno (nuestro Yo individual) se conecta y desconecta, como nuestros vídeos internos, sin que podamos hacer nada, con centros de control que están fuera de nuestro alcance; y por último, los avances técnicos y sus manipulaciones nos disparan a un mundo que se ha hecho planetario ...La vida fluye por todas partes sin orden aparente ...El miedo amarga al ciudadano contemporáneo ...Pero llama la atención la fortaleza del individuo y su resistencia ante las agresiones políticas o las manipulaciones revolucionarias. Así las cosas, para lograr cambios que perduren, hay que acceder a lo que podríamos llamar los códigos fuentes del software ciudadano".

I. *Trazado hacia el porvenir*

Lo cierto, a fin de cuentas, es que los venezolanos de esta hora, sobre todo sus élites políticas en general, ceden y se dejan, nos dejamos tentar por estos modos de comportamiento propios del populismo digital; a la vez que las "franquicias" partidistas se atrincheran en sus glorias dentro de un contexto democrático formal que ya no existe, el del Estado como cárcel de la ciudadanía, sin entender que la democracia deja de ser forma de organización de los gobiernos para mudar en derecho humano de los pueblos, que han de garantizar los gobiernos, tal y como reza el artículo 1 que sirve de pórtico a la Carta Democrática Interamericana.

Los liderazgos emergentes de Venezuela, en consecuencia, deben redescubrir la importancia del liderazgo testimonial, que ha de ser constante, coherente, fundado en valores éticos, forjador de opiniones e incluso a contracorriente de las mismas opiniones, modulándolas o forjando otras, con clara comprensión de la realidad y sus desafíos.

Es un imperativo entender las coordenadas del tiempo que nos acompaña y poner el final como principio, como su principio o ideal, si lo entendemos como desarrollo de la perfectibilidad que nos es connatural a todos los seres humanos y si asumimos a la vida y su forma más excelsa, la actividad política, atada de manera irrenunciable a la dignidad del hombre y su trascendencia. No es una herejía que eventualmente nos asumamos como viudos de las revoluciones americana y francesa, fuentes de los estándares de la democracia que atamos a un contexto formal que se debilita aceleradamente, y que con coraje reinventemos la utopía democrática.

Basta observar la colisión que sufren los derechos humanos y su universalidad bajo el cruce de civilizaciones, que los relativiza y subordina al derecho a la diferencia; el Estado de Derecho con la fragmentación o pulverización de la leyes generales y abstractas, para darle paso a las cosmovisiones caseras y "g-localismos"; la separación de poderes y su complejo ritmo decisorio con la urgencia que demandan los asuntos globales y la aceleración de los cambios que ellos imponen; el ejercicio electoral con su secuestro por aristocracias digitales; la actividad orgánica de los partidos con las formas inorgánicas de participación política emergentes; la libertad de prensa con el periodismo subterráneo; en fin, la indiferenciación entre la vida pública y la vida privada por obra de la cibernética. Son todos asuntos que cabe discutir alrededor de la democracia, sin que admitan más dilación.

Si no la reinventamos, después de la democracia puede significar el diluvio existencial. Y en ello, debo decir que coincido con el "chavista" español Juan Carlos Monedero, quien critica que la "posdemocracia" indique nostalgia del pasado e indica que lo observable, según él, es "una detención de los procesos democráticos y, enfrente, nuevas formas de articulación política".

No comparto, empero, su miopía frente al resurgimiento e instalación de ese fascismo demodé y de corte caudillista bajo la Venezuela chavista o de Maduro o su afirmación en cuanto a que la democracia es conflicto permanente, lucha de todos contra todos; inconciliables como premisas con su otra afirmación según la cual el desafío democrático del siglo XXI implica criticar tanto como los liberales "el paternalismo, la ineficiencia, el clientelismo" del Estado social de Derecho; desde la óptica marxista, cuestionar la "alienación, el debilitamiento de la conciencia crítica ciudadana"; o desde el pacifismo, censurar el "entramado militar económico, el keynesianismo de guerra, la violencia"; pecados todos que tienen como ejemplo a la llamada revolución bolivariana, enlatado publicitario y virtual que se presenta como Socialismo del Siglo XXI, para adormecer a las masas.

¡Y es que quizás admira Monedero, desde su perspectiva, lo que mira como democracia y es simple oclocracia, es decir, la caracterización de la política en la democracia reinventada como "una pos democracia enfadada que entiende que no existe la posibilidad de recuperar el gobierno de las mayorías sin recuperar el conflicto! De allí qué, tanto él como Iglesias, seguidores de Chávez y de Maduro, admitiendo que el fin justifica los medios, evitan cuestionar y legitiman las distorsiones democráticas que denuncian y son una constante en el gobierno de aquéllos: "La permanencia de *zonas marrones* donde el Estado no actúa y donde la violencia urbana... es la norma", como "el oligopolio de los medios de comunicación", que ahora exacerban en sus efectos nocivos alienados con los gobiernos y movimientos terroristas que subsisten en el mundo y fortaleciendo la hegemonía comunicacional de Estado.

*"Todos, desde nuestras responsabilidades, debemos ponernos la patria al hombro, porque los tiempos se acortan... Es necesario proyectar utopías, y al mismo tiempo es necesario hacerse cargo de lo que hay. Ser creativos no es tirar por la borda todo lo que constituye la realidad actual, por más limitada, corrupta y desgastada que ésta se presente...Si vamos a tratar de aportar algo a nuestra patria no podemos perder de vista ambos polos: el utópico y el realista, porque ambos son parte integrante de la creatividad histórica. Debemos animarnos a lo nuevo, pero sin tirar a la basura lo que otros (e incluso nosotros) han construido con esfuerzo" (Cardenal Jorge Mario Bergoglio, 2005).*

## 13. EL PESO DEL PRESENTE Y LA ENSEÑANZA DE LA HISTORIA: PRELIMINAR AL LIBRO *LA RUINA DE LA DEMOCRACIA*

19 de octubre de 2015

Una vez más, nuestro dilecto y admirado amigo Allan R. Brewer-Carías, eje intelectual de la escuela de derecho público venezolana y punto de referencia para los juristas de Iberoamérica, nos reclama un prólogo para éste, su libro más reciente, *La ruina de la democracia*.

No puedo menos que ocuparme al efecto, sin hacer reservas. Se trata de acompañar –lo que es obligante e importa– una obra de estudio e investigación sostenida, cotidiana y de verdadera significación para la memoria nacional. De suyo impone su consideración colectiva.

Ella tiene para Brewer-Carías un propósito y destinatarios precisos. Busca, como en otras obras suyas, de igual tramado y períodos próximos pero distintos, fijar el deshacer de nuestra república contemporánea, Venezuela, por ahíta de la cultura del olvido. Y se trata de esa misma Venezuela cuyo régimen purga y lleva al ostracismo al propio autor en el momento mismo en que la república sufre de muerte moral, por acusar la pérdida de los lazos de identidad que lograran sedimentarla a tropezones a lo largo de los siglos XIX y XX.

¡Y es que al concluir el último siglo y alejársenos a los venezolanos nuestro ingreso al siglo XXI, se repite, además, el sino de esos dos siglos precedentes y ocurre una suerte de vuelta atrás y la prórroga de nuestra historia traumática durante el siglo XIX; hijo que es de la violencia y el desenfreno, procuradora del caudillismo rural, legítimo heredero del Decreto bolivariano de Guerra a Muerte; pero esta vez aderezada por la colusión de los gobernantes de nuestro Estado con la criminalidad trasnacional y el terrorismo.

En contra de la primera fenomenología –justificativa del cesarismo democrático y razonada por el positivismo de inicios del '900– combaten con denuedo y sin mayor éxito inmediato los menos, es decir, nuestra Ilustración doméstica y de espíritu liberal: la de los Padres Fundadores de 1811, la de 1830 que dibuja nuestra república conservadora desde la Sociedad Económica de Amigos del País, y las generaciones de 1928 y 1936; todos a uno hombres de levita, armados de ideas fecundas.

En línea con esa ilustración, este libro hace memoria con insistencia y sin miedo a repetirse en los conceptos. Busca machacarlos y hacernos entender que la ciudadanía que hasta ayer ostentáramos ha sido secuestrada en el presente y que, si no hay memoria, a pesar de ello la cultura de presente que nos ha sido consustancial sigue arraigándose. Nos prohíbe avanzar hacia el futuro. De modo que, si no hacemos memoria estaremos condenados a repetir nuestra tragedia, nuestra fatalidad huérfana de toda alternativa dramática; peor aún, nos hará incapaces "de reconstruir la democracia... revalorizando la democracia".

A. *El error de los grillos y el valor de la memoria*

Alguna vez le escuche decir a un fraterno amigo y escritor, que el poeta Andrés Eloy Blanco y sus compañeros de cárcel durante la dictadura gomera incurrieron en un error al arrojar al mar los grillos que les mordieran sus carnes en el Castillo de Puerto Cabello, el 1° de febrero de 1936. "Hemos echado al mar los grillos de los pies. Ahora vayamos a las escuelas a quitarle a nuestro pueblo los grillos de la cabeza, porque la ignorancia es el camino de la tiranía". Y lo cierto es que la memoria –y los museos de nuestros padecimientos– se nos ha ido de la memoria y las generaciones del porvenir atribuyen el recuerdo accidental de tales padecimientos a desvaríos de nuestro romanticismo tropical o a mudanzas de la realidad propia a la vejez.

No obstante, conviniendo con la enseñanza última o el desiderátum del poeta cumanés como lo es la educación, parece llegada la hora de sostener sin desmayo el recuerdo de nuestra historia lacerante a fin de darle sustento real a la pedagogía; para que de ella surja otra historia de civilidad permanente y nos sirva de permanente alerta. Para que no se limite la reconstrucción democrática deseada a otro fogonazo o intersticio, como el de la experiencia de la república civil que construyeran los universitarios de la FEV y la UNE sobre las dictaduras gomera y de Pérez Jiménez, y que enterraran con saña cainita los felones del 4 de febrero de 1992, privilegiando las espadas por sobre la razón.

No por azar, más allá de las aguas negras del neocolonialismo cubano y marxista que hoy hace presa de nuestra enferma nación venezolana, Hugo Chávez Frías esgrime con ardor, en 2004, al inaugurar la sede del Comando Regional No. 5 de la Guardia Nacional, la razón de fondo de su empresa: Reivindicar los fueros perdidos por la Fuerza Armada a manos de civiles.

El profesor Brewer-Carías hace de nuevo crónica jurídica del deslave de impudicia que ocurre en el centro del poder fáctico venezolano, ésta vez a lo largo del año corriente y que ha de decantar, Dios mediante, en un ejercicio de resistencia civil a través de la fuerza del voto indignado el venidero 6 de diciembre, con motivo de las elecciones parlamentarias; sólo posible –esa reconstrucción– si media memoria, si ella se afinca en la verdad, y si su propósito final es establecer la paz, el espíritu de la convivencia a través de la Justicia. Si acaso se destierra, en consecuencia, toda forma de olvido, todo intento de impunidad. Hacer Justicia, no huelga recordarlo, nada hace con la venganza y menos implica la resurrección de la ley del talión. El autor lo dice y vuelvo a repetirlo: "Reconstruir la democracia exige revalorizar la democracia", practicándola a toda costa y afirmándola en su ejemplaridad.

De modo que, el desafío, antes que implicar el silencio de las metrallas o la resignación que sugiere dentro de nuestra historia doméstica la paz de Pozo Salado[120], apunta al ejercicio de una racionalidad crítica y ética, sustantivamente humana y humanista, del camino hacia la convivencia pacífica en una verdadera democracia.

La cohabitación, el llamado salto de talanquera justificado en la idea del diálogo necesario manipulándola, es experiencia que se ha hecho constante entre nosotros y de allí la advertencia sobre los límites que a la misma impone la "democracia moral" en esta hora dilemática: "Las defecciones... deben más alegrarnos que sumirnos en la tristeza. Los impacientes [en la tarea de la reconquista de la democracia] están de sobra en nuestras filas, porque la impaciencia es la condición previa al entreguismo. Cuando el ideal se siente de veras, la capacidad de resistencia es ilimitada frente a la corrupción y al deshonor", escribe el joven Luis Herrera Campíns –luego Presidente de Venezuela– en 1953, desde su exilio de Santiago de Compostela.

Los trabajos que se insertan en este libro pueden servir, dentro de sus límites temporales y temáticos, para una mejor comprensión del contexto del período político 1999-2015, cuando se instala la perfidia revolucionaria en Venezuela –que nada tiene que ver con las revoluciones personalistas y en demasía que nutren a nuestra historia magra– y cuando la mentira de Estado se hace sustantiva al comportamiento social. Se trata, no obstante, y según lo dicho, de ensayos producidos a lo largo de 2015. Es el tiempo o el año en el que adquiere síntesis ominosa y se sale de madre el río envenenado en cuyas aguas se bañan los distintos titulares del poder público venezolano y que, feliz y aparentemente, busca su término de un modo agonal y por la inédita vía electoral. Esas aguas, contaminadas en su fuente, desde 1999, prometen diluirse al caer sobre el océano de libertad que forman las distintas generaciones de venezolanos que actualmente concurren con tesón y valentía a la empresa democrática refundacional.

---

[120] Relata Rafael Caldera (*Los causahabientes, de Carabobo a Puntofijo*, Panapo, Caracas, 1999) la anécdota de don Egidio Montesinos, quien para explicar a sus discípulos la tragedia venezolana del siglo XIX y la necesidad de la paz bajo la larga dictadura que inaugura el siglo XX, les habla de Paz, una señora del pueblo Pozo Salado, situado en el Estado Lara, quien era fea, tuerta y coja: "Muchachos, no lo olviden, paz, aunque sea la de Pozo Salado".

## B. *La diarquía Maduro-Cabello*

En el informe que presento recién, en calidad de Vicepresidente regional ante la Asamblea General de la Sociedad Interamericana de Prensa, en Charleston –escala histórica del largo periplo que realiza el Precursor de nuestra libertad, Francisco de Miranda– hago síntesis cabal y emblemática del muy amplio y variado panorama que ocupan las páginas del presente libro.

Dije, entonces, que el tiempo de la simulación democrática ha quedado atrás. Todavía más, instaurada la dictadura abiertamente y en lo inmediato durante 2015, se desplaza hacia los predios de la tiranía que ya ejercen sin miramientos, sin cuidado siquiera de las formas republicanas, la diarquía gobernante: Nicolás Maduro Moros y el Capitán Diosdado Cabello, presidente de la Asamblea Nacional.

Se trata, incluso así, de una historia larga y compleja, taimada al principio y en avance por etapas, que se inicia y es constatable en la actualidad desde cuando el finado presidente militar Hugo Chávez Frías decide pactar un modus vivendi con el narcotráfico colombiano, con las Fuerzas Armadas Revolucionarias de Colombia, durante el primer año de su ejercicio presidencial, en el mes de agosto.

Por lo visto Colombia se pacifica y la violencia de su narcotráfico ahora es nuestra, por decisión del gobierno venezolano. Y Cuba dice abandonar su largo aislamiento totalitario y nos lo deja como herencia gravosa y aceptada por el gobierno de Maduro y Cabello, quienes desde ahora y progresivamente militarizan nuestras fronteras, negándoles derechos y garantías constitucionales a sus habitantes.

En 2015, el Capitán Cabello es quien ordena la persecución judicial y la prohibición de salida del país de 22 directivos del diario El Nacional, el Semanario Tal Cual, y el portal web La Patilla, para silenciarlos. Como se sabe, dichos medios reproducen la información publicada en Madrid por el periódico español ABC, dada por el ex edecán del mismo Chávez –Capitán de Corbeta Leamsy Salazar– y luego hombre de seguridad del indicado Cabello, afirmando que éste dirigiría el llamado Cartel de los Soles. En pocas palabras, desde Venezuela –según lo declarado– operaría el tráfico internacional de drogas y el lavado de sus dineros criminales. La jueza venezolana María Eugenia Núñez es la encargada, a pedido del presidente de la Asamblea Nacional, de dictar la orden de restricción que impide salir de Venezuela a los dueños y directivos de los medios señalados.

Sucesivamente, tras la mencionada suspensión de garantías a lo largo de la frontera con Colombia –tema que aborda el libro de Brewer-Carías– arguyéndose la lucha contra el contrabando y ejecuta por fuerzas militares, ocurre la realización de un crimen de lesa humanidad que tipifica el artículo 7 del Estatuto de Roma de la Corte Penal Internacional. Es expulsada masivamente y obligada a emigrar, mediando actos de tortura que denuncian las propias víctimas desde la prensa internacional y colombiana, una población civil integrada por casi 15.000 neogranadinos. Son discriminados por razones de nacionalidad, a pesar de que viven integrados desde hace más de 200 años en la frontera viva occidental de Venezuela. Y ese crimen de trascendencia internacional ha lugar ante el silencio cómplice o la tolerancia de la mayoría de los gobiernos miembros de la OEA y del mismo Secretario de la UNASUR, el ex presidente colombiano Ernesto Samper.

Si no basta lo anterior, el régimen y su Tribunal Supremo, violando la Constitución y el Derecho internacional, luego disponen no acatar la decisión de la Corte Interamericana de Derechos Humanos que recién declara a Venezuela como responsable de haber violado la Convención Americana de Derechos Humanos, y le ordena restablecer la señal y bienes que le fueran confiscados a Radio Caracas Televisión, la más antigua del país y para igualmente silenciarla.

A renglón seguido, Naciones Unidas, a través del Alto Comisionado para Derechos Humanos se manifiesta "consternada". Y es que mediando recomendaciones de su Comité contra la Tortura, dada "la falta de independencia del Poder Judicial respecto del Poder Ejecutivo"; de su Relator contra la Tortura, quien confirma que han sido víctimas de tratos crueles y degradantes distintos presos políticos venezolanos, por opinar; y de su Grupo de Trabajo sobre Detenciones Arbitrarias, constatando que el líder opositor Leopoldo López ha sido arbitrariamente encarcelado; ocurre, a pesar de todo ello, la condena de éste a 13 años de prisión sin pruebas ni derecho a la defensa. La juez Susana Barreiro, operadora del citado Capitán Cabello, quien ahora busca refugio como pretendida funcionaria consular, es la autora del fallo que le redacta la Fiscalía. Considera que el discurso político de López, sometido a peritaje lexicográfico, es instigador de violencia que paradójicamente y antes bien propulsan asesinatos de Estado que ejecutan esbirros del régimen de Maduro en febrero de 2014. La cuestión es abordada con detalles en el libro, tanto como la sentencia de la Corte Interamericana sobre RCTV desacatada.

En fin, se han profundizado, además, las persecuciones y/o confiscaciones en el menguado sector privado, comercial e industrial, de sus dirigentes gremiales, acusándoles del actual desabastecimiento y el racionamiento oficial de alimentos y productos médicos que afecta a toda la población; obviándose, con el cinismo de quienes cultivan la mentira como fisiología del Estado, que se trata de una economía de importación cabalmente estatizada y afectada por la inflación más alta del mundo: La canasta alimentaria ha alcanzado un costo de 6 salarios básicos.

Luego de lo anterior, el régimen de la mentira se hace ahora desfachatez en Venezuela, por si no fuese poco lo ya descrito. Tanto que el Fiscal Nacional del Ministerio Público, Franklin Eduardo Nieves Capace, persecutor y acusador del señalado líder político Leopoldo López, una vez proferida la condena de éste huye. Y confiesa abiertamente ante el mundo que todo fue un montaje: ordenado por el gobierno de Maduro-Cabello y sus superiores; y que las pruebas judicialmente procesadas son producto de un forjamiento y falsas en su totalidad. El cometido ha sido tener tras las rejas e inhabilitar a López como luchador democrático, desde antes de la fecha de los sucesos de febrero de 2014 que lo comprometieran artificiosamente. ¡Insólito!

## C. *La reacción de los ex presidentes y el pedido de Brewer*

Treinta y seis (36) ex Jefes de Estado y de Gobierno iberoamericanos, bajo los auspicios de IDEA –Iniciativa Democrática de España y las Américas– han endosado las Declaraciones de Panamá y de Bogotá de 9 de abril y 23 de septiembre pasados, respectivamente, para confirmar la gravedad que acusa el contexto venezolano actual, descrito por Brewer Carías; y en la última piden de la comunidad internacional y su opinión pública, "otorguen su decidido apoyo y escrutinio a fin de que cuenten los venezolanos con un cuadro de garantías y justa competitividad como de transparencia que les permita realizar su compromiso de acudir a las urnas electorales" el venidero 6 de diciembre. Ello, para que la suspensión de garantías y la militarización no obstaculice el normal desarrollo de unas elecciones democráticas, y para que la ONU, la OEA y la Unión Europea luchen por alcanzar una observación técnicamente calificada sobre el riguroso andamiaje tecnológico-electoral impuesto por la dictadura. A fin de que tenga lugar, en suma, "el acceso por los partidos políticos al registro electoral y su auditoría, la apertura y el cierre legal y oportuno de las mesas de votación, en lo particular la posibilidad de que sean contados todos los votos sufragados y contrastados con los resultados electrónicos ofrecidos, asegurándose la transparencia del acto comicial y sobre todo ganar la confianza en el mismo de los electores".

Sin prensa libre, negado el Poder Electoral venezolano que conforman militantes del régimen a ser observado técnica e internacionalmente; e inhabilitados o encarcelados como han sido los líderes democráticos fundamentales como Leopoldo López; Antonio Ledezma, Alcalde Metropolitano de Caracas; el ex alcalde Daniel Ceballos; o inhabilitados políticamente, sin juicio, la diputado María Corina Machado y el dirigente político Carlos Vecchio, las elecciones parlamentarias del próximo 6 de diciembre pueden transformarse en una mascarada que intente relegitimar a los dos victimarios de las libertades, de la democracia y del Estado de Derecho en Venezuela, Maduro y el Capitán Cabello.

De allí el petitorio expreso que hace en su libro el profesor Brewer-Carías:

"Así como el régimen autoritario se impuso por la fuerza de una votación en 1999, ahora también por la fuerza de otra votación el pueblo podría iniciar el desalojo de esos dirigentes del poder, ejerciendo su soberanía a través de la elección de una nueva Asamblea Nacional, como acto político tendiente a desconocer el régimen ilegítimo que gobierna al país desde 1999, que ha contrariado los valores, principios y garantías democráticos establecidos en la Constitución, y ha menoscabado los derechos humanos".

También la SIP –lo que sólo se entiende en la actualidad y fue difícil comprenderlo a lo largo de los últimos 15 años– conoce por nuestra voz y reconoce algo que en nuestros escritos hemos compartido con el profesor Brewer-Carías, a saber, la citada naturaleza engañosa del llamado Socialismo del siglo XXI, denominación que sucede a la primaria y anunciada revolución bolivariana.

En Venezuela, tanto como ocurre en Ecuador, Bolivia y Argentina, se ha instaurado un régimen de la mentira, pariente del fascismo de mediados del siglo XX. Y en él ocurre "algo más profundo y complicado que una torva ilegalidad". Es "simulación de la legalidad, es el fraude legalmente organizado de la ilegalidad".

"Bajo tal sistema –lo recuerda un eximio jurista italiano, Piero Calamandrei– las palabras de la ley no tienen más el significado registrado en el vocabulario jurídico, sino un significado diverso. Hay un ordenamiento oficial que se expresa en las leyes, y otro oficioso, que se concreta en la práctica política sistemáticamente contraria a las leyes… La mentira política, en suma, como la corrupción o su degeneración, en el caso… se asume como el instrumento normal y fisiológico del gobierno".

D. *El servicio a la verdad*

El desiderátum, ante la ruina de la democracia bajo el peso de la mentira de Estado es la construcción *ex novo* de la democracia, sobre sus ruinas actuales, como lo plantea Brewer Carías. Y cabe decirlo con claridad y es la única manera de justificar los libros que como éste ha escrito el autor sobre argumentos convergentes acerca de lo que acontece en Venezuela; pues demanda encontrar una respuesta adecuada y práctica a las distintas interrogantes que pueden dificultar e incluso impedir su transición hacia la democracia: ¿Qué hacer con los responsables de violaciones graves de derechos humanos y hechos de corrupción, detentadores del poder que debería cederse por vías democráticas o de diálogo y no de la guerra? ¿Cómo reconstruir los lazos de afecto social, sobre todo en quienes han sido víctimas directas o las indirectas –como sus familias– de violaciones de derechos?

Se plantea, en otras palabras, lograr el paso de una a otra etapa y seguidamente la reconciliación nacional, pero a la vez atender y no morigerar a los reclamos de la Justicia, en modo de impedir las regresiones al cuadro de violencia institucional que se intenta superar y frustrar el anidamiento de tendencias hacia el ajusticiamiento popular, como ocurriera en 1958 con los esbirros de la Seguridad Nacional.

En la tradición latinoamericana, luego de férreas dictaduras o situaciones de violencia interna durante el siglo XX, al plantearse el camino de la reconstitución de la democracia –hoy lo vemos en Colombia y ayer en El Salvador, Argentina, Chile, Uruguay– la cuestión de mayor complejidad a resolverse es, justamente, la de la llamada Justicia transicional.

La experiencia demuestra, al efecto, lo pertinente de crear mecanismos susceptibles de fijar la verdad histórica de los hechos ocurridos en sus reales alcances y jerarquizaciones, junto a la identificación de los presuntos responsables, bajo una doble perspectiva: anclar la memoria a fin de que la ominosa experiencia vivida no se repita, y ofrecerle a la Justicia el material de trabajo que le permita determinar la "verdad judicial", previamente digerida por la opinión pública y para que los fallos de aquélla ayuden al restablecimiento de la paz y el goce de las libertades. Así lo advierto en mi libro *Memoria, verdad y justicia: derechos humanos transversales de la democracia*, publicado en 2014.

Cabe tener presente, no obstante, los riesgos –no solo en cuanto a la objetividad e imparcialidad debidas– que implican la investigación y sustanciación de los casos respectivos, en un cuadro dominante de falta de acceso a la información pública y huérfano de transparencia, cuando los acontecimientos son próximos, y sus responsables aún detentan poder.

E. *Prohibido olvidar*

Durante el período 1999-2015 han ocurrido en Venezuela muy graves hechos de corrupción y violaciones sistemáticas y generalizadas de derechos humanos al amparo de más de un centenar y medio de golpes al orden constitucional, purificados luego por el sirviente Tribunal Supremo de Justicia; lo que explica el reconocimiento por distintos órganos internacionales de protección de derechos humanos (ONU, CIDH) de la ausencia de independencia de la judicatura y su uso para la persecución política sistemática.

La ausencia de sentencias condenatorias del Estado dentro de las 45.474 sentencias dictadas por la Salas Político Administrativa y Constitucional del TSJ venezolano, es un emblema y habla por sí misma. Otro libro de Brewer-Carías, *Dismantling democracy in Venezuela* (Cambridge UP, 2010), el nuestro sobre *Historia inconstitucional de Venezuela: 1999-2012* (EJV, Caracas, 2012) y la de Antonio Canova y otros, *El TSJ al servicio de la revolución* (Galipán, 2014), son ilustrativas al respecto.

Vayamos a los ejemplos.

Entre 2004 y 2012 han sido estatizadas más de 2.150 empresas y 1.168 intervenidas, sin mediar compensaciones ni reparaciones a sus propietarios, quienes han sido perseguidos judicialmente por razones ideológicas, tachados por capitalistas, y ocurriendo así los efectos devastadores de orden económico y social que ahora se aprecian y tienen por víctimas a miles de trabajadores y la población venezolana en general, hoy al borde de una crisis humanitaria.

La lista de hechos relevantes y atentatorios de la democracia y el Estado de Derecho, a todo evento, es muy extensa y destaca por su esencia criminal y por la activa colusión del Estado para sus ejecutorias, que se traducen en violaciones masivas y sistemáticas de derechos humanos; e indica lo complejo de la tarea memoriosa y su sentido final, hacer Justicia e impedir, instalándolos en la memoria pública, que tales hechos se repitan en lo sucesivo, afincando la reconstrucción de la democracia sobre su eje vertebral, el servicio a la verdad.

a.   *Casos relevantes 1999-2015*

*Pacto del gobierno con las FARC, que incide en la conformación de un narco-gobierno y se traduce en el incremento demencial de las muertes por homicidio y los hechos de corrupción en el mundo militar y policial (1999)*

*Confiscación de fundos agrícolas y pecuarios (2001)*

*Escándalo de la financiación electoral española: BBVA (2002)*

*Masacre del 11 de abril, llamada Masacre de Miraflores (2002)*

*Listas Tascón y Maisanta, que provocan la "muerte civil" de millones de venezolanos (2003-2004)*

*Despido de 20.000 trabajadores de PDVSA y expulsión por la fuerza de sus familias de las casas que habitan en los campos petroleros (2003)*

*Represión popular por las firmas que peticionan el referendo revocatorio (2004)*

*Caso soldados calcinados en Fuerte Mara (2004)*

*Caso FONDEN: 116.716.349 US$ (2005-2013)*

*Masacre de Turumbán, Estado Bolívar (2006)*

*Inhabilitaciones políticas por la Contraloría (2007, 2008)*

*Condena arbitraria e ilegal de los comisarios de la PM, entre ellos Iván Simonovis (2010)*

*Masacre de El Rodeo y pacto de Cabello con los "pranes" (2011)*

*Extradición de Makled y descubrimiento del Cartel de los Soles (2011)*

*Declaraciones de los magistrados Eladio Aponte Aponte y Luis Velásquez Alvaray, señalando la colusión del Ejecutivo con el narcotráfico y el manejo político de la Justicia penal para castigar a los opositores (2012)*

*Tragedia de Amuay (2012)*

*Caso de las narco-maletas de Air France (2013)*

*Masacre de febrero o del Día de la Juventud (2014)*

*Expulsión masiva y discriminatoria por razones de nacionalidad de la población civil colombiana, mediante una inconstitucional suspensión de garantías (2015)*

### b. Desacato de sentencias de la Corte Interamericana de Derechos Humanos

*Caso Apitz y otros, 2008*

*Caso Perozo y Rios –Globovisión y RCTV, 2009*

*Caso Reverón Trujillo, 2009*

*Caso Barreto Leiva, 2009*

*Caso Usón Ramírez, 2009*

*Caso Chocrón Chocrón, 2011*

*Caso López Mendoza, 2011*

*Caso Familia Barrios, 2011*

*Caso Díaz Peña, 2012*

*Caso Uzcátegui, 2012*

*Caso Marcel Granier (2015)*

### c. Peculado y corrupción

*Caso Cavendes (2000)*

*Caso Plan Bolívar 2000/Cruz Weffer: 150.000.000 US$ (2000-2001)*

*Caso Sobornos Siemens: 18.782.000 US$ (2001-2007)*

*Caso Coimas-De Vido-Argentina (2002-2005)*

*Caso Nóbrega – Notas estructuradas: 300.000.000 US$ (2003)*

*Caso Bonos de Bandagro – Nóbrega – Plaza: 1.000.000.000 US$ (2003)*

*Caso Smarmatic – CNE (2004)*

*Caso Juan Barreto / Alcaldía Metropolitana: 320.487.000.000 BsF (2004-2008)*

*Caso Alvaray – Ciudad Judicial Lebrún: 6.857.000 US$ (2005)*

*Caso Meléndez-Tesorería Nacional-Notas Estructuradas: 9.000.000.000 US$ (2006)*

*Caso Diosdado Cabello – Puente Nigale: 57.000.000 US$ (2006)*

*Caso Antonini Wilson: 800.000 US$ (2007)*

*Caso nacionalizaciones de la Faja Petrolífera del Orinoco (2007)*

*Caso Bonos Argentinos (2007)*

*Caso Diosdado Cabello – Miranda: 480.000.000 BsF (2009)*

*Caso PDVAL: 4.000 contenedores/122.000 toneladas de alimentos (2010)*

*Caso Fideicomiso-BANDES-Argentina: 13.000.000 US$ (2010)*

*Caso FONDEN: 29.000.000 US$ (2011)*

*Caso Fondo Pensiones PDVSA (2011)*

*Caso Derwick: 1.000.000.000 US$ (2011)*

*Caso PDVSA y Desfalco Fondo Chino: 84.000.000 US $ (2011-2012)*

*Caso Ferrominera: 1.200.000.000 US$ (2013)*

*Caso SITME: 25.000.000.000 US$ (2013)*

*Caso Bioart-Arroz Argentino: 39.000.000 US$ (2013)*

*Caso Andrade y Tesorería Nacional/HSBC: 700.000.000 US $ (2015)*

*Caso Aguilera/Banco Madrid: 90.000.000 US$ (2015)*

*Caso Rafael Ramírez-BPAndorra: 4.200.000.000 US$ (2015)*

d.  *Crímenes de Estado y narcotráfico*

*Asesinatos del fiscal Danilo Anderson, de Antonio López Castillo y Juan Carlos Sánchez (2004)*

*Asesinato del ex fiscal nacional de aduanas, Gamal Richani, quien investiga al chavista Walid Makled, cabeza visible del narcotráfico endógeno (2005)*

*Asesinatos de Arturo Erlich y Freddy Farfán, tras "extravío" de 45 millones de dólares pertenecientes a FOGADE (2006 y 2009)*

*Asesinados los sindicalistas del oficialismo Richard Gallardo y Luis Hernández (2008)*

*Asesinatos del periodista Orel Zambrano y el veterinario Francisco Larrazábal, testigos en contra de Walid Makled (2009)*

*Muerte del gobernador de Guárico, William Lara (2010)*

*Caso de Lina Ron (2011)*

*Asesinato de Nelly Calles Rivas, jefe del PSUV en el Estado Sucre (2011)*

*Asesinato del ex gobernador apureño y capitán Jesús Aguilarte (2012)*

*Asesinato de la embajadora Olga Fonseca (2012)*

*Asesinato del General Wilmer Moreno, sub director de inteligencia militar (2012)*

*Masacre de la familia Pérez Pacheco, en Falcón (2013)*

*Asesinato del diputado Omar Guararima, jefe del PSUV en el Estado Anzoátegui (2013)*

*Asesinato de Juan Montoya, jefe del colectivo Secretariado Revolucionario (2014)*

*Asesinato del estudiante Bassil Da Costa (2014)*

*Asesinato del Capitán Eliecer Otaiza, ex jefe de la policía política (2014)*

*Asesinato del diputado Robert Serra (2014)*

*Asesinato de José Miguel Odremán, líder del colectivo 5 de marzo (2014)*

*Investigación de Diosdado Cabello y otros generales por la DEA (2015)*

Desbordan, por lo visto, los hechos ominosos que tiñen de luto y vergüenza a nuestra historia patria, acaso azarosa y con trazas de vileza suma, pero cuyo denominador común ha sido siempre la aspiración de libertad y el anhelo de un orden civil y democrático estable. En su momento anegarán, como ya se observa, las reclamaciones de Justicia y la demanda de las sanciones ejemplarizantes e indemnizaciones que se correspondan con lo ocurrido durante los tres últimos lustros y en el cuadro de una transición hacia la democracia que será muy exigente. Nada distinto se plantea en 1935, al término de la larga dictadura con la que arranca nuestro siglo XX y, en 1958, al alcanzarse el milagro del 23 de enero y derrocarse al régimen militar imperante hasta entonces.

Lo anterior obliga, por lo señalado, a valorizar la memoria histórica en la que trabaja con tesón Allan R. Brewer-Carías y cuya zaga seguimos otros juristas y analistas políticos venezolanos; tanto como se impone, desde ya, prever mecanismos que de una manera preventiva y responsable asuman el conocimiento, la sustanciación y la sucesiva denuncia de los casos más representativos de la violencia de Estado impuesta, para que sirvan al cometido de frustrar la impunidad y para darle a las víctimas y a la sociedad la satisfacción a la que tiene derecho.

## F. *Hacia la reconstrucción de la democracia*

Reconstruir la democracia estimándola en sus exigencias fundamentales y finalidades pide, no cabe duda, lo anterior. Pero el mismo autor se encarga de prevenirnos sobre lo vertebral y de fondo, al recordarnos que más allá de lo instrumental y reparador el desafío democratizador transita por contener al poder; cuyo ejercicio sin trabas es la fuente y explica sin justificarlos sus muchos crímenes, como los arriba mencionados y obra de quienes lo secuestraran, en nuestro caso, en nombre de un fraude "revolucionario".

"Por todo ello es que –según Brewer Carías– el principio de la separación de poderes es tan importante para la democracia, pues, en definitiva, del mismo dependen todos los demás elementos y componentes esenciales de la misma". Y no le falta razón. De allí la significación que adquieren las elecciones parlamentarias planteadas para el venidero 6 de diciembre, en procura de los equilibrios perdidos en Venezuela y de otro destierro más del autoritarismo secular.

Sabemos bien, en efecto, sobre la íntima relación que existe entre el mundo del Derecho y la política, justamente, por apuntar al tema crucial de la autoridad dentro de toda sociedad y su adecuada comprensión. No por azar C.J. Friedrich (*Filosofía del Derecho*, FCE de España, 1982) recuerda los problemas que se suscitan cuando una nación tiene una visión errónea de la democracia, por entenderla como oclocracia o "utopía anárquica" o por reducirla a la proclama que hacen las mayorías mediante el voto: como si acaso el mero consenso de los opinantes mudase las realidades objetivas.

De allí que, lo esencial, más allá de las formas necesarias e imprescindibles de la experiencia democrática, entre éstas el Estado de Derecho, desde el que se forja la supremacía de la ley y la sujeción a ésta de los titulares de los poderes públicos; junto a la importancia de la legitimidad de esas leyes rectoras dentro de un Estado, miradas desde el ángulo de su justicia y apuntaladas por la convicción social; al final, para que la autoridad de la misma ley y su acatamiento no llegue a confundirse ni degenere en dictaduras o despotismos ilustrados, cabe tener presente que la autoridad democrática es obra de un escrutinio crítico y un ejercicio estricto de la razón a la luz de los valores fundacionales de la misma democracia y su teleología. El respeto a la dignidad inmanente de la persona humana y su identidad cultural e histórica exige, tanto como contener el poder y escapar del frío formalismo de las leyes, realizar una obra cotidiana que demanda equilibrios –no sincretismos de laboratorio, menos pactos espurios– y que a diario vuelve sobre las raíces de la naturaleza perfectible del hombre como individuo y ser social, por ser individuo transcendente. Cabe tensionarlo en el presente con vistas a sus mismas raíces y como punto de anclaje para conquistar con seguridad el porvenir.

Al saludar y darle la bienvenida al libro del profesor Brewer-Carías e invitar a su cuidadosa lectura, me sirvo de sus propias palabras para el mejor acabado de este proemio y la mejor comprensión del mensaje que envuelven las páginas que siguen. En su obra *Historia Constitucional de Venezuela* (Editorial Alfa, Caracas, 2008, Tomo II), recuerda oportuno dos enseñanzas que pesan al momento de escarbar en búsqueda del camino democrático perdido, en un momento de crispación social y su explotación utilitaria por los déspotas de siempre: Los fundadores de nuestra república civil moderna, firmantes del Pacto de Punto Fijo, "no sólo aprendieron la dura lección del despotismo que se mantuvo durante 10 años encarnado por la dictadura de Pérez Jiménez, sino que, realmente, quizás lo que más aprendieron fue que la discordia interpartidista al extremo, desarrollada en el trienio 45/48, no podía ser un sistema político que podía funcionar, porque –más allá de sus aspiraciones democratizadoras– no estaba fundado en reglas de juego claras que permitieran la participación política".

"Los partidos políticos venezolanos, obligados por el despotismo a laborar en la clandestinidad, convinieron en una acción concertada y unida para abrirle a Venezuela caminos hacia el orden democrático", explica Rómulo Betancourt al revelar el propósito y las razones del hoy maltratado "puntofijismo", modelo de diálogo entre demócratas para alcanzar los predios de la democracia.

## 14. LLEGA A SU FINAL UN SISTEMA POPULISTA Y AUTORITARIO DIÁLOGO CON PACÍFICO SÁNCHEZ

El Impulso

20 de diciembre de 2015

Todas las amenazas que han venido profiriendo el presidente Nicolás Maduro y otros personeros del Partido Socialista Unido de Venezuela contra la oposición, después del tsunami electoral del 6-D, explica que llega a su final todo un sistema de carácter político, populista y autoritario, que ha durado 17 años.

Tal es la opinión del Dr. Asdrúbal Aguiar, abogado constitucionalista y director ejecutivo de Iniciativa Democrática de España y América (IDEA).

Es entendible, dice, que las cabezas responsables de este proceso, vale decir quienes han sido causahabientes de Hugo Chávez Frías, Nicolás Maduro, Diosdado Cabello y Jorge Rodríguez, al verse derrotados y al darse cuenta que el tiempo del ejercicio arbitrario del poder acabó, no digieren todavía este trauma.

Están como las viudas: llorando todavía a sus deudos, Tengo la esperanza de que poco a poco ellos vayan tomando noción de la realidad.

Obviamente, esto también revela que el Gobierno nunca –y eso lo sabemos todos– tuvo talante democrático.

## A. *Soporte de la soberanía*

**-En el pasado lo normal era que se aceptaran las derrotas. ¿Por qué ahora, no?**

-Hugo Chávez aceptó la suya en el 2007. Maduro a regañadientes acepta el resultado anunciado por el Consejo Nacional Electoral, pero no admite, a su vez, la derrota, tanto que después de ella, reincide en todos aquellos elementos que fueron los que los condujeron a este tsunami electoral, que les ha quitado poder dentro del parlamento. Vale decir, les ha quitado el soporte de la soberanía popular. Porque la soberanía popular reside en el parlamento, de acuerdo con el sistema constitucional venezolano.

En Venezuela no tenemos monarca, a pesar de que Nicolás Maduro se sienta heredero de un monarca.

Esta es una realidad que yo la considero transitoria. Maduro intenta impedir ese escenario dentro de su propia gente. Porque el problema no lo tiene con la oposición, sino básicamente con el pueblo chavista, que en el fondo lo responsabiliza a él, a Cabello y a Jorge Rodríguez, de esta derrota electoral.

Ellos han tratado en los primeros momentos de hacer ver una realidad, que obviamente, no resiste un análisis político serio.

**¿Cómo se explica?**

- Hay dos razonamientos que se deben tener en cuenta: uno, la oposición sacó 7 millones y medio de votos, a pesar de todos los elementos contrarios a una elección democrática que estuvieron presentes para el 6 de diciembre y que fueron radiografiados por el secretario general de la Organización de Estados Americanos (OEA), Luis Almagro, en la comunicación de 18 páginas que le envió a la rectora presidenta del CNE, Tibisay Lucena.

Allí hizo referencia de que estas eran unas elecciones a las que acudía la oposición con sus líderes fundamentales apresados, sin acceso a los medios de comunicación públicos y muy pocos medios privados dieron cobertura para hacer campaña electoral. Estas elecciones tienen lugar mediante una reingeniería en materia de reglas electorales, totalmente contrarias a los niveles de representatividad que debe ocurrir en toda democracia.

El Gobierno pretendía ganar, aunque fuera con una mayoría escuálida, quedarse con la totalidad de la Asamblea Nacional como ocurrió en la última oportunidad. No esperaba un efecto contrario.

El secretario general de la OEA habla del abuso de la clonación de la tarjeta de la Unidad Democrática por parte del gobierno y del proceso de chantaje a los funcionarios públicos para que votaran obligadamente por el chavismo.

En medio de estas condiciones, sin tener la oposición representación electoral, controlando ellos todo el andamiaje electrónico, teniendo todas las condiciones adversas, la oposición saca 7 millones y medio de votos.

**-¿Qué significa esto?**

-Que si las elecciones hubieran sido verdaderamente democráticas y si hubieran respetado las condiciones de justicia, equidad y competitividad, la oposición hubiese desbordado los diez millones de votos, indudablemente. Pero con todos los impedimentos, la oposición derrotó cabalmente al gobierno.

B. *Decisiones fundamentales*

La realidad venezolana está por hacerse, por construirse, afirma el Dr. Aguiar. El Gobierno sigue siendo el gobierno de Nicolás Maduro. En sus manos están las decisiones fundamentales que en materia de política económica y social pueden revertir esta situación.

Si el Presidente es inteligente y pretende sobrevivir políticamente a esta realidad, debe escuchar al pueblo, fundamentalmente. Y no escuchar tanto a los talibanes o radicales que están a su alrededor.

Debe escuchar al propio pueblo chavista, que junto con el pueblo no chavista, es decir, todos los venezolanos, que son sufrientes de la carestía de productos alimenticios y de medicinas, de la inflación más alta del mundo, de los índices de violencia más elevados en el mundo occidental, que han enviado un mensaje: Presidente, sáquenos del foso. Por eso, le hemos mandado esta señal, castigándolo con una elección parlamentaria, para que asuma la oposición.

Ellos, las cabezas del PSUV, han pretendido hacer ver algo absurdo. Dicen: La oposición sacó 7 millones y medio de votos, pero eso hay que repartirlo entre Primero Justicia, Acción Democrática, Un Nuevo Tiempo... para decir en definitiva que quienes están en la Mesa de la Unidad Democrática como conductores, no reúnen sino 90 votos y que quedan 22 desperdigados en pequeños partidos. Esto también es una desfiguración de la realidad.

**¿Por qué razón?**

- Los partidos políticos que hacen vida dentro de la oposición, cedieron y cruzaron sus espacios para que pudieran ingresar candidatos de otros partidos y de otros perfiles para asegurar, justamente, el bloque de la Unidad.

Esa fue una votación que hizo el pueblo venezolano, por cierto, no pensando en candidatos, no pensando en partidos, ni siquiera pensando en el partido de gobierno. Y es por eso que esta es una votación unitaria. Y así lo están entendiendo los 112 parlamentarios que hacen parte de la Unidad.

El gobierno lo hace como diciendo "nosotros somos la primera minoría y podemos negociar con algunos de la oposición."

C. *El barco se hunde*

Yo, en cambio, manifiesta el Dr. Aguiar le diría al Gobierno que nadie se sube al barco que se está hundiendo. Todos saben, incluso chavistas y antichavistas, que el Gobierno hace aguas y que solo podrá sobrevivir si, efectivamente, escucha el mensaje que le ha enviado la población al propio Maduro.

**- El Presidente ha expresado que no habrá cohabitación con la oposición. ¿No significa esto que se profundizará la crisis?**

-Entiendo que esa afirmación puede tener validez parcialmente.

**-¿En qué sentido?**

- Que hay dos modelos políticos y económicos que chocan. El modelo que ha llevado a Venezuela a un fracaso rotundo, desde el punto de vista económico y social. Vale decir, ha ocurrido un milagro económico a la inversa por tratar de recrear en los espacios políticos del país un experimento de naturaleza socialista, marxista, importado de Cuba, que ha fracasado en todo el mundo y que justamente la enseñanza que nos deja la caída del muro de Berlín. Ellos no han entendido eso. Y hay otra forma de ver la vida económica, social y democrática. Un espacio dentro del cual existe pluridad, libre iniciativa comercial y empresarial, la posibilidad de que todos desarrollen sus proyectos de vida y de personalidad, un país que se abre a las corrientes del bienestar. Hay dos modelos que ciertamente es difícil que puedan cohabitar.

Frente a esto, tanto el Gobierno como la oposición tienen que asumir la realidad sin desvarío ideológico.

**- ¿En qué sentido?**

Yo planteo esto como imagen gráfica o figura que explica lo que quiero decir. Cuando un paciente se está muriendo en una camilla es insólito que los dos médicos que lo están atendiendo se pregunten si comienza a operar por la izquierda o por la derecha. Hay es que tratar de salvar el paciente en medio de su crisis. Y lo cierto es que de acuerdo con las políticas implementadas o con la falta de decisiones que no han tenido lugar, el país tiene, le guste o no al Gobierno, carestía de alimentos y medicamentos. Tenemos la inflación más alta del planeta, los índices de violencia más elevados del mundo occidental, y una estructura con el narcotráfico.

D. *Los días contados*

**¿Se puede o no resolver la crisis mediante un diálogo entre el gobierno y el parlamento?**

- Creo que si el Gobierno no entiende que debe contribuir a resolver este tipo de problema, están contados los días del socialismo del siglo 21. Inclusive, como movimiento político. El pueblo venezolano no es tonto. Sabe lo que ha pasado. Por eso algunas personas dicen: yo fui chavista porque con Chávez estas cosas no habrían ocurrido; pero, no acompaño a Maduro porque éste lo que hizo fue enterrar el proyecto de revolución, generando una crisis económica y social que no tiene precedentes en la historia venezolana.

No se trata de cohabitar dos modelos totalmente antagónicos y con una suerte de sincretismo de laboratorio.

Lo que se trata simplemente es de ponerle sentido común a la crisis venezolana y avanzar en un conjunto de medidas que ayuden a paliar esta crisis. Ya veremos después cómo es el problema de reorganización del panorama político institucional de Venezuela. Pero, lo primero es sacar al país del foso en el cual se encuentra. Y obviamente, allí el Gobierno le cierra las puertas a esta posibilidad, tiene dos opciones: O asume sus responsabilidades como Gobierno o tendrá que irse.

**- ¿Ha jugado un papel importante en la celebración de las elecciones el secretario general de la OEA, el planteamiento de los ex jefes de Estado y la participación de los 6 ex mandatarios invitados por la oposición para estar presente durante el proceso comicial?**

- Son importantes los seis expresidentes los que vinieron en misión a Caracas.

Ellos representan a 38 ex mandatarios, integrantes de lo que se conoce como el foro IDEA, que es Iniciativa Democrática de España y América. Ellos como integrantes de ese club les han dado un acompañamiento a los venezolanos en ese proceso. Trataron de dialogar con las autoridades electorales y no pudieron. Fueron recibidos por la Canciller y el Presidente. Este les prometió que de perder las elecciones, él las reconocería. Inclusive con una expresión de la cual yo fui testigo de excepción. El Presidente dijo que él prefería perder las elecciones a comprometer la paz de Venezuela. Y eso se lo manifestó claramente a estos ex mandatarios.

Con relación a los planteamientos de Almagro cuando él advierte que estas elecciones en Venezuela se ganaron a pesar de no tener las condiciones de unas elecciones democráticas fue porque el pueblo estuvo por encima, y más allá, de su propia dirigencia oficial. Logró desbordar, repito, con un tsunami electoral.

Porque no es posible que ocurran las cosas que sucedieron, inclusive en los días finales. Eso de la clonación de tarjetas, de presión sobre los funcionarios públicos, el abuso de las cadenas por radio y televisión, tratar de invisibilizar totalmente a la oposición para no permitirle que tenga una competitividad razonable con el gobierno en el hecho electoral. Todas esas cosas requerirán de medidas muy concretas, entre otras, de la creación de un Poder Electoral que sea representativo del mapa político del país.

**-¿Qué es lo que más le llama la atención del CNE cómo órgano público?**

- No puede ser que el Poder Electoral haya sido durante 17 años un ministerio del Poder Ejecutivo. Esa es una cosa realmente insólita. Esto lo observan todos los analistas en materia electoral más allá de las bondades que pueda tener o no el aparataje electrónico que se usa para la realización del voto.

# 15. URGE RECONSTITUIR A VENEZUELA

14 de enero al 2 de abril de 2016

## A. *Llega la glasnost*

El 6D pasado se constata la indiscutible voluntad popular de cambio, en democracia, de los venezolanos. A la manera de un plebiscito contra el gobierno de Nicolás Maduro, las fuerzas de oposición asumen el control calificado de la vida parlamentaria, superando de modo inédito los obstáculos que a la competitividad electoral justa y con equidad impone el régimen despótico, militarista, marxista y totalitario de los causahabientes del chavismo; ese que, con anterioridad, avalan con sus votos los mismos venezolanos.

Desde afuera, el Secretario General de la Organización de los Estados Americanos, Luis Almagro y, desde adentro, los ex presidentes Andrés Pastrana, Laura Chinchilla, Luis Alberto La Calle, Mireya Moscoso, Jorge Quiroga y Miguel Ángel Rodríguez, integrantes de la misión de acompañamiento electoral de IDEA (Iniciativa Democrática de España y las Américas) que declara no grata el oficialismo, constatan lo anterior y asimismo que, con voluntad y sin armas, lo que es relevante, el pueblo derrota al autoritarismo y su corrompido Poder Electoral.

Se inicia así, según parece, el fin de una larga transición histórica. Ya dura una generación, 27 años. Además, con 17 años de rezago: los de la Revolución Bolivariana que muta en Socialismo del siglo XXI, se repite la fatalidad del ingreso postergado de Venezuela al siglo siguiente (1830-1936-2016) para parir un nuevo ciclo político.

La república conservadora inaugural de Venezuela, en efecto, dura una generación, 30 años (1830-1864), y la generación universitaria de 1928 corona su proyecto de república civil con el pasar de otra generación, en 1958. La República militar se gasta un tiempo similar, hasta la muerte de Juan Vicente Gómez (1908-1935), cuando Mariano Picón Salas declara nuestro tardío ingreso al siglo XX. La república civil de partidos cede y se agota al término del mandato de Jaime Lusinchi, en 1989, que exacerba el partidismo a tres décadas de su emergencia. Y la calistenia política del soldado Hugo Chávez desgrana otras tres décadas (1983-2013) hasta su muerte en patria ajena, Cuba, desde donde nos traiciona una vez más.

Durante estos últimos 30 años sobrevienen El Caracazo y los golpes de Estado de 1992. Se suceden gobiernos de verdadera transición (Pérez II, Caldera II, Velásquez, y el del mismo Chávez), pues ejercen el poder en medio de la anomia social, al margen o en contra del sistema de partidos que fuera propio del siglo XX.

Carlos Andrés Pérez y Rafael Caldera, feroces contendientes, dicen, coincidiendo, que es llegada la hora de mirar a Venezuela como un conjunto, lejos de sus parcelas, para procurar su reconstrucción o acaso reinventarla.

Pérez, en lo particular, se afinca en el desafío económico, en la mudanza hacia otro modelo que archive para lo sucesivo el "rentismo" petrolero. Caldera apunta hacia lo institucional, al fortalecimiento y relegitimación de la democracia representativa afirmando la participación popular a través de referéndums, incluidos el revocatorio de poder y el constituyente. Y al tomar posesión de su segundo mandato, el 2 de febrero de 1994, insiste en sostener la adhesión venezolana "a los valores democráticos", pues, como lo entiende, "nos adentraremos en el siglo XXI sin otra alternativa que ¡triunfar! Afirma y compara la circunstancia nacional con la que vive Bolívar en Pativilca, enfermo y abatido y quien responde lo dicho ante la pregunta de su interlocutor sobre ¿qué piensa hacer ahora?: ¡Triunfar!

Lo cierto es que, los sectores que efectivamente derrocan –dicho esto literalmente– a Pérez trastocando la costumbre de la alternabilidad constitucional forjada a partir de 1958, procedentes de su propio entorno político, a la vez juzgan que aprobar la reforma constitucional buscada por Caldera desde 1992 es un favor que no están dispuestos a hacerle ni que merece, según éstos. De modo que, afloran en el crepúsculo del siglo XX los mismos desencuentros y traiciones entre actores partidarios que tiñen nuestra historia patria –las "patadas" históricas– desde la Primera República, en 1811.

No se olvide, a propósito de los actos de amnistía que, en sede parlamentaria, hoy signan al momento venezolano y enervan la ira de los revolucionarios que aún gobiernan, un dato de interés: En el primer Congreso General de Venezuela, declarada la Independencia, sus diputados se dividen entre "godos" –europeos y canarios– y "patriotas" –españoles y criollos o hijos de españoles– y, tras la tormenta que causa ese parto republicano, se sobreponen o acaso se alimentan a la par los desafectos entre Simón Bolívar, El Libertador, y Francisco de Miranda, el Precursor y anciano maestro. La diatriba subalterna, la "saña cainita" de la que habla Rómulo Betancourt, posterga desde entonces el impulso y espíritu unitario de Venezuela.

Llegado 1999 –este cronista habla de "perestroika a la criolla"– algunos creen que la elección heterodoxa de un militar golpista por vía democrática y la configuración en paralelo de un parlamento plural y partidario, en el que el movimiento chavista V República es la primera minoría e incapaz de arropar a sus adversarios, predica para su tiempo el deseo de las mayorías por alcanzar un cambio profundo, pero a través del diálogo democrático. Se trata, sin embargo, de un error de perspectiva o de un desafío, pendiente. Y, como cabe admitirlo, el pueblo no deja atrás y vota como lo hace impulsado por las dos taras que nos dan identidad nacional en negativo desde nuestro instante germinal: El culto del gendarme necesario y el mito de El Dorado.

A Pérez II, como cabe recordarlo, se le elige con miras a lo último, la restitución de la Venezuela Saudita; y a Caldera II lo premian con el mando para que castigue a los "otros", por culpables de nuestra pobreza sobrevenida. Tanto como a Chávez lo elevan al poder ambas expectativas. Y el derrumbe reciente de su revolución coincide, paradójicamente, con su ausencia y la falta de herederos políticos poseedores de su misma fuerza carismática, y la caída, por añadidura, de los precios del petróleo luego de un largo período de francachela y corrupción sin paralelos en la historia patria.

La constituyente chavista convocada e instalada el año último del siglo pasado citado no se mira, en efecto, como se constata, en el desiderátum, en el hacer posible lo deseable: el cambio profundo y necesario, en democracia, con vistas al siglo en ciernes, el XXI; antes bien procura un modelo constitucional regresivo, de dominio personalista, de poderes públicos sin contrapesos para afirmar la relación directa entre el líder emergente y su pueblo, a través de los medios instantáneos de comunicación y su control hegemónico, sin mediaciones posibles.

Se habla por lo mismo de "posdemocracia" –lo predica Norberto Ceresole– para asegurar una vuelta al siglo XIX y a sus íconos, haciendo resucitar, otra vez, al César democrático y sujetando al pueblo a su paternalismo, por inmaduro para el disfrute supremo de la libertad (*Bolívar dixit*); mas, todo ello, ahora, bajo impulso del relativismo cultural y la inmediatez comunicacional que provee la globalización.

En esa compleja realidad, anestesiados por la bonanza, todos los venezolanos jugamos con los demonios de nuestro raizal primitivismo en la misma medida en la que, con gula, explotamos los activos de la modernidad, sin que trasciendan realmente al plano de lo colectivo y con sentido de permanencia. Pasa, así, otra generación (1989-2019 ¿?) que es aprendizaje, pero nos deja a todos, hoy, en la inopia, desnudos y en medio de la calle.

Algunos creen, empero, que basta el ejercicio electoral del último 6D referido –verdadero terremoto– para cambiar tan ominosa realidad. Después de casi 3 décadas de larga transición para reconstituirnos y ser nación, y luego de algo más de 3 lustros de ejercicio por Chávez y sus sucesores de un poder sin contenciones, conceptualmente fascista por dominar en él –fisiológicamente– la mentira, mixturando la ilegalidad con las formas legales, mal puede esperarse que tales desviaciones, con sus cargas atávicas, desaparezcan por arte de magia.

De allí que los "motores" antidemocráticos –obra de despedida y revancha de la Asamblea Nacional desapoderada, dirigida por el Teniente Diosdado Cabello hasta el 4 de enero último– hagan ruido o amenacen con sus despropósitos: como el rebanar de diputados opositores electos mediante "golpes judiciales", por parte de un

Tribunal Supremo cooptado e inconstitucionalmente designado en la hora nona; la forja de un parlamento comunal paralelo a la nueva Asamblea e inconstitucional; o la amenaza –ya hecha realidad en el presente– de desconocer todas las leyes que dicte la naciente Asamblea, no ejecutándolas el Poder Ejecutivo o declarándolas inconstitucionales el Tribunal Supremo inconstitucional, forjado en el último minuto.

Aun así, el último 15 de enero, antes de que arrecie el desconocimiento del parlamento por el resto de los poderes del Estado y despejado el temor de su ausencia, Nicolás Maduro, en calidad de Presidente Constitucional, se presenta ante éste y entrega allí la memoria de su gestión anual. Hace memorable y sugestiva la ocasión.

Pugnan en esa hora, como pudo apreciarse, dos narrativas opuestas, antagónicas; la de él, en minoría, pero legitimada por su voz de elección popular y abroquelado con las armas de la República, y la que expresa el diputado Henry Ramos Allup, representando a la mayoría colegiada, también electa y representante cabal de la soberanía popular. Ambas, a su manera, se dicen sensibles al crujir de los estómagos, al grito de la hambruna generalizada que acecha al país, dado que la realidad pesa más que las ideas y a los huérfanos de todo bien poco les importan los apellidos de la política.

Hay un parto con dolores en la casa de las leyes. El diálogo intenta abrirse espacio, no sin dificultades ni rechazos violentos por quienes permanecen en el ejercicio autocrático sobre el resto de los poderes públicos, pero nace y respira ese diálogo, tímidamente; se abre y frustra cada día que corre, pero se abre y cierra, asimismo, amenazado por el despropósito.

Maduro reconoce la jefatura política de Ramos Allup y éste, consciente de su responsabilidad histórica, lo acoge como legítimo gobernante. Le tiende la mano. Saluda, asimismo, a su puente apropiado, a su Vicepresidente de estreno, Aristóbulo Istúriz, ahogando con sorna a los cónsules del castrismo y los militares añorantes del despotismo derrotado. Y la "glasnost" es su primer golpe de timón, el de Ramos Allup. La prensa ingresa al hemiciclo, hasta ayer y bajo el Teniente Diosdado Cabello, sede de la censura y enemiga de la transparencia.

Mijaíl Gorvachov en 1985, comprende en su época lo inevitable y bien sirve ahora de pedagógico ejemplo. La "perestroika" significa para él y los rusos un cambio del modelo económico –lo propone hoy Maduro sin renunciar a su nominalismos marxista y entre avances y fuertes retrocesos que le imponen sus conmilitones; entre tanto Ramos le toma la palabra reclamando lo mismo– para dejar atrás el "totalitarismo económico de Estado" con sus resabios estalinistas, que son causas de la escasez y la inflación: "Este modelo económico –el suyo Presidente– es errado y las cifras así lo demuestran", le dice aquél al primero.

Concluye, todavía en apariencia, otro ciclo generacional con tres décadas a cuestas.

El problema de Venezuela, incluso así, sigue en pie sin solución de continuidad. Quizás pueda ser resuelto y definitivamente. De suyo demanda un esfuerzo de reconstitución política y social innovador. Por una parte, pugnan otra vez la democracia y el autoritarismo de raigambre histórica, y por la otra chocan, dentro de ambas narrativas, la perspectiva nominalista, orgánica y sacramental, la era de los espacios de poder y sus bibliotecas discursivas con otra, donde el espacio cede a lo virtual y lo domina el tiempo con su velocidad de vértigo, sobre el que discurren los internautas de la política sin más fardo que el voluntarismo personal.

No hay caudillos al acecho es verdad. Están bajo tierra y a los aspirantes de uniforme –que no ceden en sus ambiciones y comodidades– les pone freno el parlamento de estreno: "No hay golpes buenos, todos los golpes son malos" y "el militar activo que quiera hacer política, cuelgue el uniforme", remata la voz de su representante principal, Ramos Allup, un actor fundamental de la democracia y testigo de excepción que viene del pasado siglo.

Cuesta apreciar, a todas éstas, quiénes y cuántos son los actores que, tocados por el dios Kairos, conscientes del aquí y del ahora, sean capaces, como Jano, de captar la tensión necesaria hacia el pasado para mirar con ojo certero el porvenir.

## B. *La responsabilidad histórica de los militares*

Sea lo que fuere, en la Venezuela de coyuntura se da, ahora y para lo sucesivo e inmediato, una inédita coexistencia sobre el mismo espacio geográfico, entre una dictadura militarista-populista y electiva, con una democracia civil a secas; aquélla, atrincherada en el ejercicio de todos los poderes públicos, con excepción del parlamento, y ésta, en estreno, ocupando los escaños de diputados que la soberanía popular logra ganarles el pasado 6 de diciembre.

La minoría –deslegitimada como mayoría y en sus narrativas políticas– sostiene a rajatablas su dominio del poder constituido e impone todavía su primitiva cosmovisión, afirmando la violencia y la miseria generalizadas como medios que la reaniman en su cotidianidad y a la vez la amenazan destruir; pero por una sola razón sobrevenida, la razón de la supervivencia que apalanca con la fuerza, la que le endosa el Alto Mando Militar a partir del instante en que pierde el apoyo colectivo. Sin ésta fuerza, qué duda cabe, ninguno de tales poderes, sea el del Presidente de la República y Comandante en Jefe, sea la Sala Constitucional del TSJ o el Ministerio Público, osara desafiar, como lo hacen, la vigencia del Estado de Derecho en emergencia y a la soberanía popular que lo sostiene como expectativa democratizadora.

¿Cómo logrará resolverse este entuerto?, es difícil saberlo.

No hay vías que puedan imponerse a priori como dogmas. Sólo el hábil manejo de las realidades, salpimentado con una dosis de aplomo ético y paciencia, ha de facilitar que una u otra de las tantas opciones constitucionales que se barajan en Venezuela sea, al término, eficaz y antes de que el tremedal o la desesperación por sobrevivir ahogue a los venezolanos. Será la que mejor despeje este dualismo morganático que significa el que los minoritarios cultores de la muerte –a costa de masacres como la del 11 de abril, fabricada entre Hugo Chávez Frías y su Fiscal General, Isaías Rodríguez, o la del Día de la Juventud, o la de Tumeremo, en la que tienen metidas sus manos hombres de uniforme y caponas– se sobrepongan todavía a los cultores de la paz "varguiana". Será la que evite, además y bajo presión de lo agonal, un pacto de connivencia, de transacción entre la legalidad y la ilegalidad, de servicio, en fin, a la mentira de Estado. Es un riesgo latente.

Todas las vías, pues, han de llenar los vagones varios del ferrocarril que nos lleve hacia la reconstrucción de la civilidad. ¿Qué vagón calza y se adosa mejor con la puerta de salida en la estación ferroviaria?, no lo sabe, jamás, ninguno de los pasajeros que allí se bajan o se suben.

Lo cierto es que, luego de tres lustros y algo más de resistencia, los venezolanos logran frenar con mano firme y desafiante el deslave de impudicia revolucionaria que reina, y derrotan a sus armas y sus millonarios recursos, obra del peculado, con votos, sin miedo, y en el silencio del acto comicial. ¡Que se presente ahora –pasada la euforia electoral– más escandalosa!, ello es obra del ruido de la asamblea y sus diputados de mayoría, por desafiantes de la censura, de la hegemonía comunicacional y propagandística del gobierno, cuyas costuras ahora se le ven de un modo palmario e indubitable, lejos de la refriega verbalista.

Poner el dedo sobre la llaga es, sin embargo, pertinente.

Allá con sus responsabilidades históricas la Fuerza Armada, por incapaz y dado su comportamiento coludido –en medio de centenares de bajas civiles y ninguna de milicianos que ocurren a lo largo de 17 años– de estar a la altura de su misión, como de justificarla; más allá del oropel de los desfiles, de amorales compras de armamentos que no paran siquiera en medio de la crisis humanitaria corriente, o de la utilería que destila aquella en sus visitas al Cuartel de La Montaña, para cuestionar por anti-bolivariana a la Asamblea Nacional mayoritariamente electa por el pueblo.

Importa, sí, subrayar, sobre todo, la conducta de los Jueces supremos, a quienes me refiero en una de mis columnas para la prensa nacional y extranjera de estos días: "La culpa es de los cagatintas".

La Sala Constitucional –suerte de paredón de fusilamiento de las leyes– mal ha de encontrar como excusa para sus delitos de lesa patria, el argumento político, a saber, servir a los cometidos de la revolución que los nombra y destituye a su arbitrio, por superiores a la legalidad formal. No les sirve a sus miembros tal excusa, siquiera, en el acaso futuro, para beneficiarse de algún asilo político.

Un Estado de excepción o emergencia como el que acaban de imponer los togados en la República, desafiando al actual parlamento y su negativa, coloquialmente implica la suspensión de la ley y la restricción de derechos humanos. Por ende, en las democracias constitucionales jamás basta, para su forja, la sola voluntad política del gobernante. Es sacramental que concurra la opinión vinculante de la soberanía popular, como acto político no justiciable. A los jueces atiene, al respecto, solo ver y velar por la existencia o no de las garantías que lo hagan menos gravoso, y sólo eso. La vigencia de tales Estados, superados los obstáculos constitucionales, se explica en una expresión concursal ineludible y políticamente objetiva, sobre la que no puede opinar la Justicia.

De modo que, las violaciones de derechos humanos que se sucedan por la decisión "política" del TSJ usurpada, para forzar la vigencia de un decreto de "emergencia económica" que es obra de la voluntad unilateral de Nicolás Maduro y pone de lado la opinión de quienes representan a los afectados en la Asamblea, tienen desde ya como responsables individuales, interna e internacionalmente, a los Jueces supremos. Ello han de saberlo.

### C.  *Ponerle término a la farsa constitucional*

Pero vayamos a lo esencial.

Hablo de reconstituir a la nación como imperativo de la hora, evitando prevenciones o dogmatizar sobre los medios. Ya que, si hablo de constituyente para superar el corriente choque entre los poderes en Venezuela o, más exactamente, la inédita cohabitación entre la democracia y el autoritarismo sobre un mismo espacio jurisdiccional, no pocos podrán tachar mi tesis como parcial y los árboles impedirán mirar el bosque.

Que lo primero sea poner de lado al obstáculo más ominoso –ora Nicolás Maduro, ora el inconstitucional Tribunal Supremo forjado por el "pequeño Nerón" Diosdado Cabello– y, al efecto, demandar de aquél nos presente prueba de no ser colombiano o acaso revocarle el mandato o reducírselo, y a sus jueces despacharlos por colusión y corrupción, importa y mucho, pero no es lo fundamental.

Todas las vías que se dispongan para la ordenación social y política de nuestra anomia, siendo constitucionales mal pueden excluirse. Cada una ocupa, lo he dicho, un vagón distinto dentro del ferrocarril de nuestra historia por hacer. Y la política es hacer posible lo deseable.

Insisto, pues, en lo vertebral. Cabe desnudar, si acaso el propósito es darle viabilidad integral a Venezuela y reconstituirla, la gran farsa constitucional que seguimos viviendo.

Aprobada la Constitución de 1999 –suerte de tienda por departamentos que junta formas autocráticas y totalitarias de poder con expresiones inflacionarias y nominalistas de derechos humanos– la mayoría de los votantes que la aprueba es, en su momento, una minoría dentro de la mayoría con derecho a voto: Un 80% del 40% que acude a las urnas y se casa consigo mismo.

Ese esfuerzo constituyente fue una pérdida. De nada le ha servido al país para situarle, con pie firme y en su diversidad, en los predios del siglo XXI. Y para su autor, el fallecido Hugo Chávez, significa un mero comodín, dispuesto como táctica para vaciar de contenido la experiencia civil y democrática que llena la segunda mitad del siglo XX y reducir nuestra historia a la nada. Su objeto es, a fin de cuentas, comenzar la historia desde cero y reemprender la obra cesarista de dominación que visualiza y no concluye Simón Bolívar. ¡Una verdadera esquizofrenia paranoide!

Mientras tanto a esa mayoría que se muestra indiferente poco le importa sea violada de modo contumaz la Constitución, o que se le haga decir lo que no dice, sobreponiéndosele la razón revolucionaria.

Lo paradójico es que aquella, sin saber de qué se trata o qué modelo o narrativa expresa La Bicha –así se la llama popularmente– redactada y enmendada por el propio Chávez y validada por su Asamblea Constituyente de circunstancia, más tarde la asume como su catecismo. Pero lo usa, igualmente, como comodín, para oponerlo al gobierno en modo tal de dejarlo en evidencia como régimen de la mentira.

El saldo no puede ser más ominoso. Quienes violan la Constitución durante 17 años de forma sistemática, ahora critican a sus detractores y opositores políticos por irrespetarla y no acatarla; obviamente, no en su texto formal u ortodoxia sino en sus interpretaciones de conveniencia sentadas desde la práctica judicial servil.

Entre tanto, quienes no la acompañan en su nacimiento y la rechazan en la hora lejana o no les importa, hoy se empeñan en hacerla valer a rajatablas.

Hasta la saciedad he dicho que la vigente Constitución jerarquiza al Estado por sobre la personalidad del hombre y mujer venezolanos, cuyo desarrollo es atributo de éste (artículo 3); se propone forjar al venezolano bajo un patrón ideológico unilateral –el bolivariano– (artículos 102 y 1) que de suyo niega, en lo real, al pluralismo democrático; y para ello instrumenta un totalitarismo comunicacional de base formativa para dichos fines (artículo 107). Todavía más, según ella, el Presidente de la República es el dueño de todo y de todos (artículos 185, 203 *in fine*, 236-6, 236-20, 240, 252,322, 323, 326, 337).

A fin de cuentas, tras una retórica constitucional y legalista, nominal, discurre un juego de ping-pong entre la Asamblea opositora civil y la dictadura sin disimulo residente en el Palacio de Miraflores, auxiliada por la que alguna vez fuera casa de la Justicia. Mas, lo que parece preocupar al común no es el Estado de Derecho, sino la venida del Mesías –déspota de caponas y armado o uniformado con camisa tatuada de insignias y con gorra de beisbolista– que resuelva, de una vez por todas, el drama del "bachaqueo", la hambruna, y la inseguridad como males ominosos y generalizados.

Pero esos problemas se han hecho gravosos, justamente, por obra de una narrativa que prefiere prohijar el autoritarismo y la arbitrariedad e impedir la emancipación popular. Y eso, tan elemental, no logramos discernirlo a cabalidad. Reconstituirnos y encontrar equilibrios para la convivencia civilizada –que las reglas de juego encarnen en la conciencia nacional– es lo importante, que no lo parece.

# A MANERA DE EPÍLOGO

# PLAN PAÍS Y EL DESAFÍO
# RECONSTITUYENTE DE LOS VENEZOLANOS

Plan País, Gainesville, Florida, 22 y 23 de abril de 2016[*]

Columbia University, Nueva York, 29 de abril de 2016

Tras el conflicto formal de poderes que se observa en Venezuela –la Asamblea Nacional recién electa intentando cumplir con sus tareas de legislación y de control, y la espuria Sala Constitucional del Tribunal Supremo empeñada en castrar el ejercicio de la soberanía popular– y que algunos observadores aprecian de drama político, constitucional y electoralmente resoluble, lo cierto es que estamos en presencia de un deslave de anomia colectiva. El mismo, dada su complejidad, apenas suscita preguntas.

Hay un verdadero cisma constitucional en el país –copio la expresión atinada de otro colega a quien citaré más adelante– que de suyo implica o expresa la total ruptura de los lazos fundamentales que nos dan identidad común a los venezolanos, haciéndonos nación y también república. Vivimos un momento de reacciones intestinas, signadas por la ley animal de la supervivencia y la prostitución de los sacramentos mínimos del Derecho; esos que acatan, cuando menos nominalmente, hasta nuestros más ominosos regímenes militares del pasado, incluido el gobierno del comandante Hugo Chávez Frías, para disimular sus atropellos a la dignidad humana.

Evoca la actual circunstancia, y no exagero, el tiempo histórico de nuestra vergüenza patria: el del decreto de Guerra a Muerte

---

[*] Plan País, es una jornada anual que organizan los estudiantes universitarios venezolanos en Estados Unidos, con el propósito de dibujar la Venezuela que sueñan y aportar soluciones a sus ingentes problemas.

de 1813 que tanto lamenta Simón Bolívar, El Libertador, o el de la "guerra larga" o federal que emerge durante la segunda mitad del siglo XIX y como anticipo de la extensa dictadura que se traga la primera mitad y algo más de nuestro siglo XX. Y al afirmarlo no me erijo en profeta del desastre.

Sitúo la circunstancia nacional en su adecuado contexto, para que la terapéutica que reclame pueda ser la adecuada y efectiva.

El linchamiento o la quema reciente de una veintena de pequeños ladrones por sus aprehensores o víctimas, ante la mirada indiferente de los marchantes y en zonas urbanas del país, es el síntoma social inequívoco de lo dicho. Es más indicativo que las dolorosas hileras de viandantes a las puertas de mercados y farmacias mostrando –aquí sí– el doloroso rostro de nuestra crisis humanitaria. Responden tales ejecuciones a una lógica primitiva y peligrosa distinta de la suma de homicidios –en número de 27.875, equivalentes a 90 por cada 100.000 habitantes– sucedidos el pasado año de 2015[1]; crímenes que son, como se sabe, la consecuencia de la colusión revolucionaria con la empresa criminal del narcotráfico colombiano, pactada en agosto de 1999 por un emisario del mismo Chávez, el Capitán Ramón Rodríguez Chacín.

Hablar de crisis institucional o constitucional no es lo pertinente, pues significa que los poderes del Estado, en pugna recíproca, en alguna medida se mueven dentro de reglas de juego compartidas y cuyo cumplimiento asumen de buena fe, sin mengua de las discrepancias hermenéuticas y hasta extremas que tengan aquellos, comprometiendo incluso la gobernabilidad. Cumplir con la Constitución y las leyes, en la hipótesis, equivale a respetar a los otros y aceptar la vigencia de un interés público compartido.

A su vez y en otro orden, simular el cumplimiento o acatamiento de la ley, como fenómeno que se manifiesta en Venezuela desde el mismo instante en que es aprobada la actual Constitución, acaso reproduce lo que es propio del fascismo del siglo XX: un régimen

---

[1] http://www.lapatilla.com/site/2015/12/28/tasa-de-homicidios-en-venezuela-alcanzo-cifra-historica-de-90-por-cada-100-mil-habitantes/

de la mentira que, como lo describe Piero Calamandrei, tiene como notas distintivas "el gobierno de la indisciplina autoritaria, de la legalidad adulterada, de la ilegalidad legalizada, del fraude constitucional".

Pero ese no es el caso de la hora corriente. Anomia y cisma, es decir, ausencia de la ley y su desconocimiento abierto y cabal son las características del momento nacional; es lo que Émile Durkheim, en 1893, identifica como "un estado sin normas que hace inestables las relaciones del grupo, impidiendo así su cordial integración".

Antes del 6 de diciembre pasado los poderes públicos venezolanos simulan, en efecto, la vigencia de un orden constitucional, mientras no les desafía el descontento popular o merma estruendosamente la capacidad de contención populista que les permite la administración y dilapidación de la riqueza petrolera durante los 17 años precedentes. Hasta el fallecimiento de Chávez suman 178 las alteraciones graves que sufre nuestro orden constitucional, purificados por el Supremo Tribunal, tal y como lo reseñamos en nuestro libro sobre la *Historia Inconstitucional de Venezuela*, con prólogo del catedrático de derecho público y entrañable amigo Allan R. Brewer-Carías.

La práctica constitucional engañosa cede desde ese instante y para lo sucesivo, como lo muestran las más recientes sentencias de los jueces constitucionales supremos. La razón política revolucionaria priva y provoca el vaciamiento cabal de los contenidos del Estado de Derecho. La falacia jurídica –la encubierta reforma de la Constitución o el hacerla decir lo que exactamente no dice– deriva o muda en ruptura abierta de lo constitucional, por parte de la Sala Constitucional y en colusión con el Poder Ejecutivo. Entre tanto y en abstracto se da así la paradoja de un Estado cuya mitad la copa la democracia con su interpretación constitucional ortodoxa, mientras que la otra es secuestrada por los agentes del régimen chavista, para quienes el andamiaje constitucional es –si cabe– un medio o instrumento prescindible frente a la lógica de la conservación del poder y la salvaguarda de sus intereses criminales. El aseguramiento de la teleología del llamado Socialismo del siglo XXI, en declinación regional, pierde su significación.

En suma, luego del último 5 de enero, cuando la Asamblea se instala con su nueva composición partidaria y los opositores al régimen chavista de Nicolás Maduro Moros logran una mayoría calificada de diputados, la Sala Constitucional citada, cuya integración, a partir del 24 de diciembre previo, es la obra de un asalto inconstitucional procurado desde la Asamblea Nacional precedente –suerte de cuartel al mando del Teniente Diosdado Cabello– y en sus días postreros, decide instalar un "cordón sanitario" alrededor de ese parlamento que considera "enemigo". Mediante sentencias sucesivas, algunas *in audita parte*: (1) desconocen a diputados electos y proclamados a fin de afectar a la nueva mayoría política; (2) condicionan las competencias de la Asamblea para legislar, en lo inmediato, sobre la banca central y sobre amnistías, y en lo adelante obligándole a la espera de que la iniciativa "legiferante" sea autorizada por el gobierno; (3) le impiden ejercer su control sobre los demás poderes; (4) suspenden parcialmente su reglamento interno para obstaculizar la deliberación; en fin, (5) habilitan al Jefe del Estado para que legisle por decreto en materias económicas, a pesar de la reprobación por la Asamblea de un régimen de emergencia constitucional.

El colega José Armando Mejía Betancourt, quien escribe sobre el cisma constitucional mencionado para pedir de la Asamblea usar los recursos extraordinarios que contempla la propia Constitución y desconocer de modo manifiesto a la Sala Constitucional, a objeto –como lo cree– de resolver el entuerto en curso, hace constar lo evidente. La Sala Constitucional se ha erigido como supra-poder por encima de la Constitución, "utilizando desviadamente su poder para concentrar todo el poder público en manos del Presidente de la República". Causa, por lo mismo y en propiedad, un golpe de fuerza; ese que identifica como violación grave del orden constitucional "por uno de los órganos que ella misma creara y que se hallaba obligado a respetarla". Aún más, al propiciar la "destrucción del orden jurídico y fundarlo en anarquía, procura su auto-destrucción", según dicho autor.

La cuestión –vuelvo a la consideración vertebral y por ende de carácter político– es que lo anterior tiene lugar en el marco de una crisis económica y social sin precedentes históricos, bajo una suerte de milagro al revés susceptible de resumirse en pocas líneas:

Chávez y Maduro administran 2 billones de dólares, "una torre de billetes de 100 dólares que puede alcanzar la distancia entre la tierra y la luna ocho veces" y casi su mitad –890.000 millones de dólares recibidos de exportaciones de petróleo sin contar tributos, dividendos, emisiones de bonos– equivale al 70% de la renta petrolera normal venezolana durante 98 años[2]. Creyendo no necesitar del sector privado no petrolero de la economía y convencidos de que el ingreso petrolero es infinito y le permite al Estado importar todos los bienes esenciales, confiscan y paralizan el aparato productivo nacional. Al término, como era de esperarse, caen los ingresos petroleros, se agotan las divisas para la importación pública, cae el PIB en 12% estimado[3], la inflación anual ponderada llega a 392% para enero reciente. Se proyecta a 750% para finales del año y, según el Fondo Monetario Internacional, alcanzará 2.200% en 2017 y se disparará hacia una hiperinflación del 13.000%, de no corregirse radicalmente la política económica de sesgo cubano imperante durante algo más de tres lustros[4].

"Atrás quedaron los días de bonanza petrolera para imponer la revolución bolivariana", comenta The Economist.[5] Los niveles de carestía alcanzan al 65% y 85% en el área de medicinas, cifra sin precedentes durante los últimos 100 años. Las reservas han caído desde 20.000 millones hasta 14.000 millones en 2015, y el país tiene comprometido el 90% de sus ingresos petroleros con el pago de la deuda, que suma, consolidada, 249.523 millones de dólares[6].

¿Qué hacer a todas estas?

---

[2] http://runrun.es/nacional/venezuela-2/223603/el-chavismo-desaparecio-2-billones-de-dolares-en-16-anos.html

[3] http://runrun.es/nacional/venezuela-2/233973/que-pasara-con-la-economia-venezolana-en-2016.html

[4] http://economia.elpais.com/economia/2016/04/12/ actualidad/1460485173 _766551.html

[5] http://sumarium.com/the-economist-solo-una-negociacion-puede-prevenir-una-explosion-en-venezuela/

[6] https://www.informadorpublico.com/internacional/chavismo-multiplico-por-ocho-la-deuda-externa-de-venezuela

La política implica administración de realidades. Y alguna realidad pronto y al término se impondrá, fatalmente, incluso sin que nos movamos de nuestros asientos. Pero su inercia sugiere escenarios catastróficos y como autistas, si las cosas se le dejan al azar, en pocos meses nos seguiremos preguntando los venezolanos sobre ¿cuál será nuestro futuro como sociedad que ya no es? ¿Probablemente una guerra civil; su represión por los colectivos del régimen a fin de resistir; la insurgencia militar, en medio de una confrontación entre soldados institucionales y soldados narco-socialistas; el golpe de estado que predica el actual Ministro de la Defensa; la renuncia del presidente en medio del caos; o que los tiempos de un referéndum revocatorio no le ganen al ritmo de vértigo que nos lleva hacia el precipicio de la citada crisis humanitaria y el default, recrudeciéndose la desesperanza?

¡Y es que más que esperanza implica desesperación en espiral la recolección que en sólo 24 horas alcanza la oposición, de 1.100.000 firmas de ciudadanos a objeto de exigir del Poder Electoral la realización del referéndum revocatorio, habiendo demandado éste apenas 200.000 firmas!

La cuestión es que la desesperanza y la urgencia de suyo propician, en el común de las gentes y hasta en sus líderes, la renuncia de la utopía realizable; esa que es capaz de empujar la voluntad colectiva y comprometerla en un sacrificio hacia mejores derroteros y largo aliento, con perspectiva generacional; utopía o narrativa, cabe aclararlo, que es distinta de la utopía utópica propia de las religiones laicas, de los dogmas revolucionarios que desde siempre incuban el desprecio por la persona y tienen como vitrina de excepción a la experiencia "marxista-bolivariana".

Urge, pues, de otra perspectiva para el análisis y la acción, que deben asumir los constitucionalistas y los responsables de orientar a los venezolanos en esta hora nona. Hemos de imaginar y proyectar la Venezuela del futuro, sin reparar tanto en el futuro de Venezuela.

Hay que hacer posible lo deseable, y de allí mi consideración final.

Luis Ugalde en su Utopía política nos plantea recién, el reto de "esa desconocida realidad conocida que vamos buscando"; que debe servirnos de horizonte en la brega cotidiana, de referencia deseable y a la vez posible –más allá de la coyuntura del despotismo iletrado que nos desgobierna– y como susceptible de permitir que el ánimo constructivo vuelva a instalarse en el corazón de nuestro pueblo.

Cabe redescubrir, con urgencia, una narrativa que nos permita dibujar la Venezuela del porvenir. De no ser así, en lo inmediato –de sobrevenir una ruptura violenta o de resolverse el entuerto por milagrosas vías constitucionales en avance– es probable que cambiemos iletrados por letrados, militares por civiles, revolucionarios por contra-revolucionarios, prehistóricos por modernos, camisas rojas por gorras tricolor, pero todos a uno serán igualmente déspotas y alimentadores de mitos, que otra vez han de tornarse en decepciones y reiterar el equívoco de la política como oficio de mentirosos.

Lo primero, convengamos, es ayudar a que la transición resuelva esta especie de Abraxas que marca nuestra dualidad existencial y constitucional, con el menor costo posible, sin comprometer nuestro derecho a la democracia.

Las opciones siguen sobre la mesa. En lo particular, he declarado públicamente que no se excluyen, sobre todo por faltar consenso al respecto entre los opositores integrantes de la Mesa de la Unidad Democrática. Todas a una deben hacer parte de una misma estrategia que apunte al cambio de gobierno y la ordenación de una transición democratizadora. La tensa situación social y económica y su evolución habrá de determinar la viabilidad o no de tales opciones y su éxito (enmienda para la reducción del período constitucional; referendo revocatorio en curso; convocatoria de una asamblea constituyente; renuncia del Presidente, anulación de su juramento por ser nacional de Colombia); no siendo de desestimar, con vistas al despeje de obstáculos o al cisma creado por el comportamiento coludido del Tribunal Supremo, el desconocimiento –que ya muestra sus síntomas– de éste y de sus fallos por parte de la Asamblea Nacional, de conformidad con los artículos 333 y 350 de la Constitución.

A fin de reconstruir a la nación e imaginando la Venezuela del futuro, es pertinente y de modo inevitable, volver a las raíces, sin que ello implique recrear lo imposible, es decir, el pasado, pues las variables constitucionales de la era corriente dominada por la virtualidad global serán inéditas sino distintas. ¡Y es que cabe resolver el problema que nos recrea el constituyente de 1999, forzando nuestra vuelta al siglo XIX! ¡Ese es el pecado original que hoy cargamos a cuestas y explica buena parte de nuestro drama, a punto de hacerse tragedia!

A lo largo de nuestra historia constitucional, que muestra 26 textos fundamentales o 28 si se incluyen el Acta de la Independencia de 1811 y el Estatuto Constitucional Provisorio de 1914, salvo en el caso del programa constitucional sistemático y de sabios equilibrios que representa la Constitución de 1961 –madre de nuestra república civil y la de mayor vigencia, casi 40 años– nuestra evolución política se nutre de mitos y patadas. Pero más allá de aquéllos y de éste, simples circunstancias autoritarias motivan la mayoría de nuestras Constituciones –reformas de unas y de otras a fin de asegurar la permanencia en el poder de nuestros gendarmes civiles o militares, ampliándose o reduciéndose sus períodos– lo determinante a considerar es el fondo que anima a las grandes corrientes constitucionales que nos hacen presa y constan en pocas Constituciones que acotan a sus sucesivas o desarrollan las precedentes, a saber: 1811 (Federal, de gobierno colegiado), 1819 (Centralista), 1830 (Régimen mixto), 1864 (Federal, de presidencia mediatizada), 1874 (Centralización autoritaria del federalismo), 1909 (Centralismo dictatorial) y 1961 (Federal atenuada y democrática).

La Constitución de 1811, la primera, que se inspira en el modelo federal norteamericano y en la carta de derechos francesa, forja un modelo de estado liberal y democrático de derecho que, a su caída, la de la Primera República, es tildado de "patria boba" y prosternado por Bolívar luego de su traición a Francisco de Miranda, antes de que a él mismo le traicione José Antonio Páez. Con su Manifiesto de Cartagena, su Mensaje de Angostura de 1819 y su Constitución boliviana de 1826, El Libertador esgrime la incapacidad del pueblo para beneficiarse del bien supremo de la libertad; aduce la necesidad del César democrático o padre bueno y fuerte, tutelar y vitalicio, con derecho a escoger a su sucesor; y exige la gratitud imperecedera del pueblo a las armas, pues a éstas y no a las letras debe la república su existencia. Se consolida, así, entre nosotros, el mito del gendarme necesario, que explica el fracaso de la Gran Colombia, el divorcio entre Bolívar y sus compatriotas, determinando su muerte en el exilio, y que es recreado en 1999.

Esta filosofía constitucional, de neta estirpe escolástica, se mira en aquella parte que dice sobre la transferencia irrevocable de la soberanía en favor del monarca pero es diferente de la otra, que ilumina a la Constitución de Cádiz de 1812 y se le considera como constitución española originaria; mas aquélla deja su huella indeleble a lo largo de la primera mitad y algo más de nuestro siglo XX, luego de la apología que de tal perspectiva hace nuestra ilustración positivista, teniendo a la cabeza a don Laureano Vallenilla Lanz.

En 1830, al forjarse la actual república de Venezuela, un modelo mixto centro-federal –hijo de la nueva ilustración reunida en la Sociedad Económica de Amigos del País– logra la conciliación entre los extremos y el texto constitucional de entonces alcanza ser el segundo de mayor durabilidad tras el de 1961. Pero en 1864, tras el intento de centralización cabal de la organización del Estado que propicia el "monagato" en 1857 y la resurrección, en 1858, del texto citado de 1830, que fortalece la autonomía de las provincias y establece la elección directa del presidente y los gobernadores, emerge con fuerza, sobre la sangre inocente de los venezolanos, el mito federal y su radicalidad. La república se hace ingobernable; lo que permite la resurrección del centralismo personalista y militarista que todavía nos amamanta, a pesar de la república civil modernizadora que alcanza forjar el constituyente de 1961 con su modelo federal de armonía "…en los términos consagrados por la Constitución"; a un punto tal que permite el tránsito desde regímenes de fuerte intervención estatal de la economía a otros de moderada apertura liberal, y la preeminencia presidencial favorece el salto, tardío, es verdad, al régimen de elección directa de los gobernadores y alcaldes, y permite, con sus reglas y sin reformas, la elección del golpista Chávez, que la decreta moribunda el mismo día de su toma de posesión.

¿Acaso es llegada la hora de enterrar nuestros mitos, incluido el mito colombino de El Dorado? ¿Será posible plantearnos abiertamente y como desafío la reinstitucionalización de nuestra Fuerza Armada como eje de nuestra recomposición constitucional, en modo tal de que los venezolanos alcancemos emanciparnos social y políticamente? ¿Seremos capaces de ponerle punto final al apalancamiento de la diarquía dictatorial de Maduro y Cabello por parte de las bayonetas, cuyos fueros defiende Chávez hasta el momento de su muerte en La Habana y les encomienda el cuidado de su sucesor?

Termino con una reflexión propia de Ugalde, amigo fraterno y admirado sacerdote jesuita, quien desnuda al mito bolivariano en su ominosa capacidad de alienación: "El Estado (sustituto del Dios de los milenaristas), como entidad superior a todo orden sociopolítico, encarna el poder de toda la sociedad y la milagrosa capacidad de hacer todo nuevo... Aquí, de alguna manera, se confunden los planos políticos con los teológicos, y todo se convierte en un hecho salvacional pleno y definitivo". De modo que, para desterrar ese peligro –que late en el subconsciente de los venezolanos– cabe vivir, padecer y domeñar la realidad sin huidas ni moralinas. "Lo real –agrega Ugalde– por pobre que sea es lo único que tiene el hombre y con lo real, fecundado por el deseo y la utopía, va avanzando gradualmente. Los que rechazan lo real como negativo se bloquean para construir lo efectivamente positivo, es decir, lo humano, siempre limitado e imperfecto".

# FICHA CURRICULAR DEL AUTOR

**Asdrúbal Aguiar-Aranguren** (Caracas, 1949). Director Ejecutivo de IDEA (Iniciativa Democrática de España y las Américas) y miembro de la Junta de Directores de la Sociedad Interamericana de Prensa. Es abogado y doctor en derecho *summa cum laude*. Realiza sus estudios en la Universidad Central de Venezuela, la *Libera Università Internazionale degli Studi Sociali* (Roma) y la Universidad Católica Andrés Bello de Caracas. Es miembro de la Real Academia Hispanoamericana de Ciencias, Artes y Letras de España, de la Academia Internacional de Derecho Comparado de La Haya, de la Academia Científica y de Cultura Iberoamericana de Puerto Rico, y de las Academias de Ciencias Morales y Políticas y de Derecho y Ciencias Sociales de Buenos Aires; así como miembro de las Asociaciones Nacionales de Derecho Comparado y de Derecho Constitucional argentinas. Profesor Titular de carrera (Catedrático) en la Universidad Católica Andrés Bello, Profesor Titular Extraordinario del Doctorado de Derecho de la Universidad del Salvador (Buenos Aires) y Profesor Visitante de la Maestría de Magistratura de la Universidad de Buenos Aires, en las que enseña Derecho internacional público y Derecho internacional de los derechos humanos. Ha sido Coordinador fundador del Instituto de Altos Estudios de América Latina de la Universidad Simón Bolívar, del Programa de Altos Estudios de Administración de la Integración en el Instituto de Estudios Superiores de Administración (IESA), y del Centro de Investigaciones Jurídicas de la Universidad Católica Andrés Bello. Recibe el Gran Premio Chapultepec 2009 de la SIP por sus aportes a la defensa de la democracia y la libertad de prensa en las Américas. Es miembro de la Junta Directiva del Diario El Impulso (Barquisimeto) y Consejero Editorial del Diario Las Américas (USA). Fue Consejero Editorial del Diario El Universal (Caracas). Ha sido Embajador, Juez de la Corte Interamericana de Derechos Humanos, Gobernador de Caracas, Ministro de la Secretaría de la Presidencia, Presidente de la Comisión Nacional de Derechos Humanos, Vicepresidente de la Comisión Asesora de Relaciones Exteriores, Ministro de Relaciones Interiores, Encargado de la Presidencia de la República de Venezuela, y Presidente del Consejo Ejecutivo de Unión Latina (Tratado de Madrid, 1954).

Sus libros más recientes son *La opción teológico política de S.S. Francisco* (EJVI, 2015), *La democracia del siglo XXI y el final de los Estados (La hoja del norte, 2015), Memoria de la Venezuela Enferma* (Editorial Jurídica Venezolana, 2014), *Digesto de la democracia* (Editorial Jurídica Venezolana/Observatorio Iberoamericano de la Democracia, 2014), *El golpe de enero en Venezuela* (Editorial Jurídica Venezolana, 2013), *Historia inconstitucional de Venezuela 1999-2012* (Editorial Jurídica Venezolana, 2012), *Memoria, verdad y justicia: Derechos humanos transversales a la democracia* (Editorial Jurídica Venezolana, 2012), *Libertades y emancipación en las Cortes de Cádiz de 1812* (Editorial Jurídica Venezolana, 2012), *Los derechos humanos en la Convención Americana* (UCAB, 2010), *La Constitución de Cádiz de 1812: Fuente del derecho europeo y americano* (Obra colectiva, Ayuntamiento de Cádiz, 2009), *De la revolución restauradora a la revolución bolivariana* (Obra colectiva, UCAB/El Universal, 2009), *La libertad de expresión y prensa* (SIP, 2009), *El derecho a la democracia* (Editorial Jurídica Venezolana, 2008).

# ÍNDICE ONOMÁSTICO

# A

# I

Ibéyise Pacheco, 204
Ignacio Arcaya, 97, 139
Ignacio Ramonet, 181, 343
Isaías Medina Angarita, 391, 452
Ismael Pérez Vigil, 170
Iván Rincón Urdaneta, 156, 330
Iván Simonovis, 607, 608, 768

# J

Jackeline Sandoval, 649
Jacques Maritain, 549
Jaime Lusinchi, 263, 783
Jairo Altuve, 207
Javier Rois, 419, 434, 754
Jean-Marie Guéhenno, 434, 550
Jennifer McCoy, 288
Jesse Chacón, 362
Jesús "Chuo" Torrealba, 28
Jesús Aguilarte, 771
Jesús Belisario, 198
Jesús Plaza, 632
Jesús Sanoja Hernández, 656
Jesús Urdaneta Hernández, 79
Jimmy Carter, 23, 143, 167, 168, 243, 261, 264, 280, 282, 283, 284, 285, 286, 287, 288, 289, 290, 291, 293, 294, 295, 296, 327, 328, 344, 390, 522, 566, 602, 743
Johan Merchán, 206
Jonathan Taylor, 289
Jorge Arreaza, 597
Jorge Luis García Carneiro, 217, 525
Jorge Mario Bergoglio, 25, 48, 577, 698, 701, 711, 722, 726, 731, 732, 737, 738, 756
Jorge Rafael Videla, 259
Jorge Quiroga, 782
José Alejandro Márquez, 638
José Ángel Ocanto, 207
José Antonio Páez, 20, 517, 535, 683, 696, 802
José Curiel Rodríguez, 695, 736
José de Vasconcelos, 263, 666

José Enrique Rodo, 542
José Gil Fortoul, 489, 542, 573, 661, 673, 675, 691
José Gregorio Amaris Castillo, 642
José Gregorio Montilla Pantoja, 525
José Gregorio Vielma Mora, 623, 625, 626, 639
José Manuel Quevedo Fernández, 645
José María Vargas, 504, 537, 597, 609, 662, 666, 673, 695
José Miguel Insulza, 347, 426, 429, 461, 572, 584, 630, 741
José Miguel Odremán, 772
José Palmar, 639
José Roberto Rodman Orozco, 628
José Tomás Boves, 677
José Vicente Rangel, 72, 78, 98, 110, 136, 167, 171, 172, 261, 525, 585, 645
José Vicente Unda, 536, 663
Jóvito Villalba, 119, 166, 609, 681, 725
Juan Aguirre Lanari, 554
Juan Barreto, 153
Juan Germán Roscio, 454, 537, 663, 684
Juan José Ravilero, 604
Juan Manuel Carrasco, 629
Juan Manuel Santos, 525, 708, 752
Juan Miguel Matheus, 531
Juan Montoya, 627, 630, 631, 632, 634, 639, 772
Juan Pablo De Haro, 649
Juan Pablo II, 152
Juan Toro, 454
Juan Vicente Gómez, 16, 20, 86, 113, 114, 118, 119, 120, 371, 458, 512, 535, 610, 658, 664, 675, 696, 783
Julián Isaías Rodríguez Díaz, 152, 564, 605, 612, 745, 788
Julio Andrés Borges, 93, 306, 596
Julio Montoya, 629
Jürgen Habermas, 258

# K

Karl Popper, 490

# ÍNDICE GENERAL

III. SE ENTRONIZA EL
SOCIALISMO DEL SIGLO XXI

A MANERA DE EPÍLOGO

*Verba volant, scripta manent*

www.ingramcontent.com/pod-product-compliance
Lightning Source LLC
Chambersburg PA
CBHW021839020426
42334CB00013B/127